U0533594

地势坤，君子以厚德载物。

贾志刚 著

说春秋

孔子世家

History Stories on Spring and Autumn Period

7

Biography of Confucius

花山文艺出版社
河北·石家庄

图书在版编目（CIP）数据

说春秋 . 7, 孔子世家 / 贾志刚著 . — 石家庄：花山文艺出版社, 2024.4
ISBN 978-7-5511-6994-3

Ⅰ . ①说… Ⅱ . ①贾… Ⅲ . ①中国历史—春秋时代—通俗读物 Ⅳ . ① K225.09

中国国家版本馆 CIP 数据核字（2024）第 007368 号

书　　名：	说春秋 7——孔子世家
	Shuo Chunqiu7 KongZi Shijia
著　　者：	贾志刚
责任编辑：	董　舸
责任校对：	李天璐
产品经理：	董懿德
装帧设计：	人马艺术设计·储平
美术编辑：	王爱芹
出版发行：	花山文艺出版社（邮政编码：050061）
	（河北省石家庄市友谊北大街 330 号）
销售热线：	0311-88643221/34/48
印　　刷：	北京世纪恒宇印刷有限公司
经　　销：	新华书店
开　　本：	700 毫米 ×1000 毫米　1/16
印　　张：	38.75
字　　数：	620 千字
版　　次：	2024 年 4 月第 1 版
	2024 年 4 月第 1 次印刷
书　　号：	ISBN 978-7-5511-6994-3
定　　价：	78.00 元

（版权所有　翻印必究·印装有误　负责调换）

目录

第二四一章	"带路党"微子	3
第二四二章	勇士叔梁纥	13
第二四三章	父亲母亲	23
第二四四章	五父之衢	32
第二四五章	士的生活	42
第二四六章	南蒯和他的朋友们	52
第二四七章	开办私校	62
第二四八章	事业与家庭	72
第二四九章	公费学习	82
第二五〇章	会老子	92
第二五一章	三复白圭	102
第二五二章	全民公敌	111
第二五三章	小不忍则乱大谋	121
第二五四章	上路	132
第二五五章	孔子在齐国	140
第二五六章	君子和而不同	149
第二五七章	鲁国新形势	158
第二五八章	陪臣执国命	168
第二五九章	五十而知天命	178
第二六〇章	步入仕途	187

第二六一章	一鸣惊人	196
第二六二章	官升大司寇	204
第二六三章	隳三都	213
第二六四章	孔门风光	221
第二六五章	理想与现实	229
第二六六章	离开鲁国	238
第二六七章	再而三的挫败	248
第二六八章	学渣端木赐	257
第二六九章	师徒大战	266
第二七〇章	己所不欲，勿施于人	275
第二七一章	重回鲁国	285
第二七二章	开弓没有回头箭	295
第二七三章	丧家之犬	304
第二七四章	乐以忘忧	313
第二七五章	信仰危机	321
第二七六章	周游列国	330
第二七七章	众生相	341
第二七八章	登堂入室	351
第二七九章	仕途坎坷	361
第二八〇章	修《诗经》	370
第二八一章	快乐时光	381
第二八二章	诲人不倦	390
第二八三章	师徒与父子	399
第二八四章	冉有立功	407
第二八五章	落叶归根	416
第二八六章	叔孙州仇的挑衅	424
第二八七章	师徒决裂与和好	434

第二八八章	老来得孙	443
第二八九章	孔子发财	451
第二九〇章	冉雍和宓子贱	461
第二九一章	两个老大难	470
第二九二章	《春秋》和《左传》	479
第二九三章	德行的困惑	486
第二九四章	德和仁	495
第二九五章	樊迟和子张	503
第二九六章	吾道穷矣	515
第二九七章	子张和子游	525
第二九八章	道家的孔子	534
第二九九章	邻家孔大爷	543
第三〇〇章	致命的打击	555
第三〇一章	哲人其萎乎	564
第三〇二章	孔门后记	571
第三〇三章	孔子的心路旅程	584
第三〇四章	光照千秋	594
附:《史记·孔子世家》		602

孔子世家

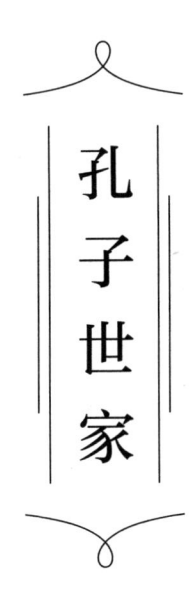

第二四一章

"带路党"微子

投敌

前1048年，商朝首都朝歌（今河南省淇县）。

入夜，暗淡的烛影下，三个人正在悄悄地商议着。这三个人，坐在正面的是微子，是当今商纣王的哥哥。侧面就座的，一个是太师，一个是少师，他们是商王宫里管理祭祀和礼乐的官员，权力不大，但是地位尊崇，并且随时可以见到纣王。

"唉，比干叔叔竟然被杀了，而且被挖了心。这，这是正常人类能做出来的事情吗？"说话的是微子，看上去表情很严峻。

比干是微子的叔叔，也是纣王的叔叔。近些年来，因为纣王沉迷骄奢淫逸，对百姓和大臣都非常暴虐，因此天下离心，比干看在眼里急在心中，仗着自己是纣王的叔叔，常常直言劝谏。

就在昨天，纣王终于对比干忍无可忍了。他一拍桌子，大声说道："叔啊，你整天说我，不累吗？啊！照你的说法，我就是个暴君呗，你就是个圣人呗。"

比干还想说什么，没等他开口，纣王怀里的妲己笑嘻嘻地接腔说，"哟，大王，想不到叔叔是个圣人啊，我听说圣人的心有七窍呢，好好玩哦。"

妲己一边说着，一边用手耍弄着纣王的胡子。

"你想看看吗？"纣王问妲己，妲己的美色和娇柔令他一往情深，为了妲己的快乐，他什么都可以做得出来。

"嗯哼。"妲己故作娇羞地点了点头，又用手去抚摩纣王的胸口。

纣王显然是被摸舒服了，他也在妲己的脸上摸了一把，一边摸一边说："美人儿，为了你，我掏心掏肺都愿意啊。"

说到这里，纣王顿了顿，然后说："当然，是掏别人的。"

"嘻嘻，嘻嘻。"妲己笑了，然后娇滴滴地说，"大王，你对我真好哦。"

比干在旁看着，一阵恶心，转身要走。

就在这个时候，纣王脸色一沉，大声喝令："来人，把这个老头子的心挖出来，让我的美人看看。"

卫士们一拥而上，将比干按倒在地。

比干万万没有想到会是这样的结果，他破口大骂："你们这对狗男女，我做鬼也不会放过你们的！"

"哈哈哈，做鬼去吧。"纣王哈哈大笑，就像踩死一个臭虫一样。

比干就这么死了。

"唉，"太师也叹了一口气，一脸愁容地说道，"箕子殿下也被抓起来了。"

箕子是微子的弟弟，也是纣王的弟弟。他跟比干一样为国家的前途担忧，也经常劝谏纣王。

昨天，比干被杀的消息迅速传遍了大街小巷，箕子吓得半死。按这样发展下去，自己被掏心掏肺的日子恐怕也不远了。

怎么办？

箕子决定装疯，他脱了自己的衣服，把自己弄得一身肮脏，然后跟奴隶们混在一起，晚上住在羊圈，自称跟上天是朋友。

"嗯，箕子疯了？"纣王听说自己的弟弟疯了，有些意外，因为这个弟弟一直非常聪明，是兄弟中著名的学霸，怎么无缘无故就疯了？

"哟，大王，疯子会咬人的，我好怕怕哟。"妲己说，装作很害怕的样子。

"美人，不用怕，我把他关起来。"商纣王为了讨美人欢心，他什么都愿意做。

纣王派人把箕子抓了起来，跟疯子们关在一个牢里。

"我听说，周人已经在孟津集结，准备攻打我们了。"少师压低声音说。

周国在商朝的西面，都城在镐京，也就是现在的陕西西安。周国一向臣服于商朝，不过最近数十年来发展迅猛，实力愈加强大。周国的上一任国君周文王姬昌曾经前来朝歌朝贡，结果不知怎的得罪了纣王，纣王竟然杀了周文王的儿子伯邑考，并且把周文王关押了很多年。

周文王回国之后就开始招兵买马，准备报仇。如今，周文王已经去世，他的儿子周武王即位，继续备战，准备讨伐商朝。

对于周人的动向，纣王其实是知道的，不过他根本不在乎。

"哼，一个朝歌街上杀猪的就能当上他们的执政大臣，有什么可怕的？"商纣王这样说，他指的是周国的执政大臣姜子牙，姜子牙从前就是在朝歌的长安大道上摆摊卖猪肉的。

"没错，一个破杀猪的，派几个小吏就能把他们收拾了。"妲己在一旁说，还挥舞着粉嫩的拳头。

就在几天前，周武王率军要来讨伐商朝，可是大军到了孟津，却收兵回去了。纣王听说之后哈哈大笑，说周人胆小如鼠，成不了大事。

"唉，周人并不是真的害怕，他们只是觉得还没有把握罢了。"微子说道，沉吟片刻又说，"两位，咱们还是来说说自己的事情吧。"

原来，微子从小在宫里长大，和太师、少师的关系非常好，长大之后不在宫里居住了，也常常和太师、少师往来。

眼看着纣王胡作非为，微子也是心急如焚，于是常常和太师、少师想办法劝谏纣王，纣王也知道他们总在一起。

如今，比干被杀，箕子被关进了疯人院，微子和太师、少师怕得要死。

"怎么办？殿下就拿个主意吧，我们都听你的。"太师和少师异口同声地说，他们见识少，没什么主意。

微子扫视了两人一眼，叹了一口气说道："唉，为国尽忠，也就落得个比干叔叔和箕子这样的下场，凭什么呢？他不把我们当人，我们不能不把自己当人。国家要亡，不是我们能够改变的啊。"

太师和少师对视一眼，两人都点点头。

太师说道："是啊，就算我们殉葬，又能改变什么呢？"

少师接着说："殿下，您的意思是？"

"我的意思嘛。"微子略微沉吟了一下，说道，"姬昌你们也是认识的，多好的人哪，愣是把人家逼成仇人。姬昌来的时候我曾经拜会过他，他的四儿子姬旦那时候还小，跟随他来，老成持重，我特别喜欢，如今他已经成了周公，是周国的栋梁之材了。两位，我看，你们不如去投奔周国吧。唉，君无道，臣投他国啊。"

"是啊是啊，那一次姬昌父子三人来，对我们也都很恭敬啊，好人哪。"太师附和道，似乎松了一口气。

"那，殿下和我们一道走吧。"少师说。

"不，我不能去。我要是去了就说不清楚了，知道的说我是被逼出走的，不知道的会说我是里通外国，颠覆商朝，谋取王位。"

"那，我们要是走了，你会更危险的。"太师说。说的倒是实情。

"不必担心我，纣王杀人，其实多半是听妲己的。妲己痛恨比干和箕子，对我倒还算客气。"微子说到这里，苦笑了一下，"时候不早了，你们回去收拾吧，明天天亮的时候我会派人去接你们，送你们去周国。到了周国，替我向姬旦致意。"

太师和少师匆匆离去，准备投靠周国去了。

微子安排了护送他们的人员车马，这才考虑自己的去向。

他知道，太师、少师一走，纣王一定会来收拾自己。自己不能留在朝歌城内，也不能投奔周国，装疯卖傻也不好使，怎么办？

好在天地广阔，有许多杳无人烟的地方，只要不怕吃苦，活命还是可以的。

"唉。"微子扫视了一遍自己豪华的王子府，这里将不再属于自己，自己将属于荒郊野岭了。

这一段记载在《史记·殷本纪》："纣愈淫乱不止。微子数谏不听，乃与太师、少师谋，遂去。……殷之太师、少师乃持其祭乐器奔周。"

带路党

转眼一年过去，微子已经习惯了荒野的生活。草屋、种地、打猎，微子和他的四个家臣就这样顽强地生活下去。令他略感安慰的是，他知道自己的家人并没有受到伤害，甚至纣王也没有派人来追杀他。

这一天来人了，是自己的家臣来福。

"来福，你来有什么事？"微子紧张地问，因为他看见来福很紧张。

"殿下，纣王死了。"来福说，似乎有些兴奋，还有些惊恐。

"啊，死了？怎么死的？"微子脱口问道。

"烧死的。"来福说，随后娓娓道来。

原来，周武王终于还是出兵了，天下三分之二的国家派兵跟随周武王。纣王亲自率领商朝大军迎战，双方在牧野决战。所谓牧野并不是一个地名，按照位置，朝歌分为城、郭、郊、牧、野，所以牧野就是商朝首都朝歌地区最靠外的地方。

纣王万万没想到的是，商朝军队临阵倒戈，士兵们高喊着杀死暴君的口号，放下了手中的武器，迎接周国军队的到来。

"哎呀，我的娘啊。"纣王惊叫一声，掉转车头，逃回了朝歌城。

纣王现在是众叛亲离，所有人都四散奔逃，就连美人妲己也不知道躲到了什么角落里发抖去了。

纣王呼天天不应，叫地地不灵，最后他穿上自己最豪华的满是珠宝的衣服，一把火烧死了自己。

纣王一死，朝歌城里乱成一团，人们惊慌失措，不知道该怎么办。

来福把情况大致跟微子说了一遍，最后说："国家要亡了，人民怎么办？到时候周国大军进城。说不定玉石俱焚哪。"

"走。"微子没有回答，只说了这一个字。

一乘马车急速进了朝歌城，朝歌城门大开，守门的军士早已经不见踪影。周国大军就在城外，据说是明日进城。城里的百姓惶惶不可终日，不知道等待着自己的是什么。

马车直接驶到了商朝的祖庙，从车上跳下一个人，就是微子。下车之后，微子并不停留，直接走进了祖庙。守庙的人还没有逃走，看见是微子到来，有些惊讶。

"殿下。"守庙的人恭敬地说了一句。

"赶快,挑最好的祭器拿三件过来。"微子脚下不停,急促地对守庙人说。

守庙人不敢多问,急匆匆地跟着微子进了庙,挑了最好的三件祭器给了微子,然后和微子一同抱到了车上。

"走,出城。"微子跳上车,对来福下令。

马车再次疾奔,直接出了西门。前面,就是周军大营。

来到营门,微子对守营的士兵说道:"请通报周王,商国罪臣子启携商国祭器投降。"

微子姓子,名启,所以自称子启。

士兵有些惊讶,进去通报去了。

不多时,一阵车马声传来,当前一乘战车停下,从车上下来两个人,一个是周武王,一个是周公旦,两人直奔微子而来。

这个时候的微子已经赤裸着上身跪在地上,三件祭器就摆在他的面前,这代表着整个国家。在纣王已死的情况下,微子有代表商朝的资格。

"罪臣子启请降。"微子说完,俯下身去不敢抬头。

周武王急忙走过来,双手搀起微子,说道:"微子殿下快请起,父王在世的时候常常说起殿下当初对他的关照,寡人感激不尽啊。"

微子抬起头来,眼里满是热泪。

"微子殿下,我是姬旦啊。"周公在一旁说。

微子的眼泪忍不住夺眶而出,一来是国家就要灭亡,二来是周武王和周公的温和态度令他感激。

微子声音颤抖着说:"大王,纣王无道,罪有应得。可是,百姓无辜啊,罪臣愿为奴仆,恳请大王放过百姓。"

周武王和周公对视了一眼,周公说:"殿下放心,纣王暴虐,我家大王则以仁义为本,绝不会伤害百姓。明日周国大军驻扎在城外,大王仅率领禁卫军进城,绝不会抢掠。麻烦殿下回去告知百姓安心,不仅明日无事,今后一切照旧。"

"真是仁义之师啊。"微子说着,又要下跪磕头,被周公拉住了。

这一段记载于《史记·宋微子世家》:"周武王伐纣克殷,微子乃持其祭器造于军门,肉袒面缚,左牵羊,右把茅,膝行而前以告。于是武王乃释微子,复其位如故。"

微子把好消息带回了朝歌城内，城内顿时一片欢呼。
第二天周武王入城，朝歌百姓夹道欢迎。
"欢迎欢迎，热烈欢迎。欢迎欢迎，热烈欢迎。"
商朝就这么结束了，时间进入了周朝。
之后，周武王撤出了朝歌。
周武王安抚了朝歌的百姓，修缮了商朝老臣商容的陵墓，用崇高的葬礼重新安葬了比干，从疯人院释放了箕子。

江山易主，风物依旧。
微子回到了自己的王子府，亲人们也都平安。
听说微子回府，许多人前来看望，其中有人就动员微子牵头，竖起反周复商的大旗。
"别折腾了，天下是天下人的天下，不是一个人的天下。纣王无道，而周人为我们除去了他，这不是好事吗？天道在周不在商，为什么要逆天道而行呢？"微子断然拒绝了，如果周人是暴虐之师，自然要奋起反抗。可是，周人是仁义之师，那么他们来主持天下又为什么不可以呢？
这一天，周公来登门拜访了。
周公非常有礼貌，以晚辈自称，一口一个殿下，完全看不到一丝胜利者的倨傲，这让微子感觉非常舒服和轻松。
叙礼完毕，进入正题。
"微子殿下，周国此次讨伐纣王，完全是为了天下百姓除暴安良，并非要觊觎商的土地、人民和财产，如今纣王已被剪除，妲己也已上吊自杀。我们准备放下干戈，让天下从此没有战争。周国军队也准备班师西归，我们希望能有一个贤能的商王，今后能够和平相处、互相帮助。所以，大王派我来恳请殿下就商王之位。"周公的话说得很客气，请微子出任商王。
周公请微子出任商王是有道理的，一来，微子声望极好、威望极高，商朝的百姓会认可他；二来，微子为人贤能，谦恭温和，今后不会成为周的敌人；

三来，微子是纣王的哥哥，并且是同母的哥哥，担任商王名正言顺。

那么，既然微子是纣王的同母哥哥，为什么当初他们父亲死的时候，微子没有即位，反而是纣王即位了呢？

事情是这样的，微子其母一开始就是个妾，所以微子算是个庶子。后来微子其母升为夫人，这时候生了纣王，就算是嫡子了。按规矩，嫡长子即位，所以，就是纣王即位了。

现在是周公请微子做商王，这不是天上掉下个林妹妹的好事情吗？通常情况下，谁会拒绝呢？

可是，微子却拒绝了，微子说："多谢周王陛下以及周公殿下抬爱，但是，我真不能当商王。虽然纣王暴虐，可那是他自己的事情，他的儿子并没有罪，还是让他的太子武庚禄父即位好些。"

微子的回答出乎周公的意料，所以他劝说道："还是殿下好些，殿下的为人我们是了解的，可是武庚禄父怎样，我们确实没有把握啊。"

见周公实话实说，微子也就实话实说了，微子说："我知道周公殿下是个直爽人，我也不妨直说。人人都知道我和太师、少师的关系，后来他们投奔了周国，所以很多人说我是内奸，就是想借助周的力量篡夺王位。后来又是我携带祭器前往周营请降，如果我做了商王，就落了这些人的口实，只怕到了后人的嘴里，我就跳进黄河也洗不清了。"

微子说出了他的真实顾虑，与权力相比，他更在乎名声。

周公没有再劝他，因为他理解微子。

周武王最终决定让武庚禄父继承了商的王位，但是为了防止他与周为敌，同时派出自己的三个弟弟管叔鲜、蔡叔度、霍叔处辅佐武庚禄父，实际上就是监督他，历史上被称为"三监"。

三年后，周武王去世。因为太子周成王岁数还小，而天下的情况还非常复杂，周公决定自己代理周王。

这引起了很多人的怀疑，很多人怀疑周公是要篡夺王位。这个时候，只有微子能理解他，他佩服周公的勇气和担当，但是又为他担心。

在周文王的儿子们中，大儿子伯邑考被商纣王所杀，周武王是二儿子，管叔鲜是三儿子，周公是四儿子。管叔鲜虽然能力远远比不上周公，可还是不服气，心说我是老三你是老四，就算轮也轮不到你当周王啊。不行，我要干掉你，我来当周王。

于是，管叔鲜串通两个弟弟蔡叔度和霍叔处准备起兵讨伐周公，武庚禄父也早就有造反之心，两家一拍即合，于是四人组团造反。

管叔鲜和武庚禄父请微子出山，被微子一口拒绝。

"就凭你们？"微子没这么说，心里却这么想，他知道这几个根本不是周公的对手。

果然，周公得知四人造反的消息之后，亲自率领周军主力讨伐，一个冲锋解决了问题。首犯管叔鲜和武庚禄父被处死，蔡叔度、霍叔处被贬为庶人。

武庚禄父的造反令周公十分恼火，因为商的实力还很强大，今后始终是周的威胁，周公决定对商进行几项处置。

第一，商今后不得称王，而是被封为第一等爵位，也就是公爵，成为周的诸侯。第二，商的百姓不得继续留居在朝歌，整体迁移到商人的老家宋地，建立宋国，都城睢阳。第三，分解商的百姓，将多个姓氏分派到镐京以及一些重要诸侯国譬如鲁国、齐国、卫国等，专门在这些国家从事商业活动，由这些国家与他们签署协议，他们负责国家的商业活动，保证物资充裕和市场平稳，不得哄抬物价，国家则保证不会干预他们的商业活动，两得其便。

确定了这些事项之后，周公又来拜访微子了。

不过这一次，周公以周王的身份前来。

"我为了周朝殚精竭虑，结果反而被许多人猜疑。现在，我更能理解你当初不做商王的决定了。"叙礼完毕，周公苦笑着说。

"这正是大王与众不同的地方啊，只要问心无愧，又何必管别人怎么说呢？说实话，大王的胆识和担当令我深感惭愧。"微子诚恳地说，在他看来，如果当初不是担心名声，担任了商王，那么整个商族也就不会落到如今的下场，甚至武庚禄父也就不会送命。说起来，是自己的担当不够。

见微子这样说，周公笑了笑，问道："这么说，这一次你不会拒绝了？"

微子也笑了笑，回答说："为了商的百姓社稷，为了天下的安定，也为了不辜负大王的信任，我就担任吧。"

　　商朝遗民被迁往自己的老家，在今天的河南东南部和安徽西北部，国名为宋，首都睢阳。微子被任命为宋国国君，公爵。

　　在分封仪式上，周公做了诰命，就是《尚书》中的"微子之命"。

　　微子，就是宋国的开国国君。

　　微子去世的时候，没有把君位传给自己的儿子，而是传给了自己的弟弟微仲。

　　经历了一代又一代，历史的车轮终于来到了春秋时期。

第二四二章

勇士叔梁纥

孔父嘉

这一年，是前710年，这时宋国的国君是宋殇公。

宋殇公的父亲是宋宣公，宋宣公去世的时候没有让宋殇公继位，而是让弟弟宋穆公继位。后来宋穆公去世的时候，也没有让自己的儿子公子冯继位，而是把他赶去了郑国，让宋殇公继位。

因此，公子冯仇恨宋殇公，宋殇公则视公子冯为眼中钉、肉中刺，这对堂兄弟彼此都是必欲除之而后快。

宋殇公在位十年，对外发动战争十一次，其中三次的目标是郑国，目的就是要杀死公子冯。

可惜的是，郑国不好惹。到现在公子冯没被杀死，反而得罪了郑国。

此时，宋国的太宰是华督、司马是孔父嘉。华督和孔父嘉都是宋国的公族，也就是说他们的祖上都曾经是宋国国君。换句话说，都是微仲的后代。从法理上讲，也都是微子的后代。

每次打仗，都是孔父嘉领军。不过，战绩不佳，上一次与郑国作战，宋军几乎全军覆没，只有孔父嘉弃车而逃，逃回了宋国。

所以到现在，宋国人得了恐郑症，一听说跟郑国打仗就头疼。

现在，宋殇公和孔父嘉又准备搞一个阅兵仪式，据说之后就要攻打郑国。

这一天华督上朝，基本上也没什么事。

"那什么，老华，你可以回家接孩子去了。"宋殇公对华督说，留下来孔父嘉商量阅兵的事情。

华督觉得很没趣，自己一个堂堂太宰，完全没有存在感啊。

华督灰溜溜地退了朝，回家的路上，迎面来了一乘豪华车，车上坐着一个风骚的女人。

华督的心情顿时好了许多，他禁不住回了一次头，两次头，三次头……直到那辆车消失在大街的尽头。

"好迷人啊。"华督忍不住说，声音有些含糊，因为口水就在唇边，原话是"美而艳"。

华督记住了车上的那个大字——"孔"。

原来，这是孔家的车，这个让华督痴迷的女人就是孔父嘉的夫人。孔父嘉夫人早就以美艳而闻名，华督这次见到，才真的相信有些传言是真的。

回到家里，华督进入了茶饭不思的节奏，满脑子都是孔夫人的音容笑貌。

"不行，我要把她变成华夫人。"华督一向不是一个果断的人，可是这一次他决定要果断一次，否则自己的人生将没有意义。

在冥思苦想之后，华督眼前一亮，有了主意。

睢阳城里弥漫着怨恨和绝望，为阅兵式而训练的士兵以及他们的家属都在为即将与郑国的战争而忧心忡忡，有些人甚至提前立下了遗嘱。

"老婆，如果我回不来，你就改嫁吧。"一个老公对老婆说。

"老公，你要是死了，我们孤儿寡母的可怎么活啊。"一个老婆对老公说。

"孩子，你哥哥就死在郑国了，你要是看见形势不妙，就赶紧逃命啊。"一个老娘对儿子说。

…………

宋殇公和孔父嘉已经辟过几回谣了，说是我们不会攻打郑国。可是根据人的经验，越是被他们否认的，发生的可能性就越大。在宋国，国君说的话往往是骗人的，而小道消息才是准确的。

离阅兵的日子越近，军队里的气氛也就越紧张，紧张到只要有人点一把火，这把火就一定能把整个宋国烧掉。

"弟兄们，我们不能坐以待毙啊。"军营里，一个士兵高声说道。

"孔父嘉又辟谣了，看来肯定要打郑国了。"有人呼应。

"我听说华太宰不想打仗啊，为什么不去找他给我们做主啊？"有人建议。

"对啊，我们现在就去。"

大家响应，满营士兵都去了太宰府。

太宰府里，华太宰也是愁容满面。

面对着满营的士兵，华督说道："兄弟们啊，谁没有妻儿老小？谁愿意妻离子散？我华某人一直就反对战争，可是，唉，你们懂的。"

华督欲言又止的样子，很有煽动性。

"我们不想去送死，华太宰，你要为我们做主。"士兵们纷纷高呼。

"大家还是走吧，如果孔司马知道你们来了，会杀了你们的。"华督继续点火。

"反正都要死，怕什么？"士兵们的怒气又被激发起来。

华督一咬牙一跺脚一瞪眼，扫视一遍眼前的士兵们。然后做出一副大义凛然的样子，大声说道："为了苍生，为了祖国，我，我豁出去了。大家跟我来，咱们找孔司马说理去。"

华督走在前面，众人闹哄哄地跟着，前往孔父嘉的家里去了。

一路上，有人喊起了口号。

一开始的口号是这样的："为民请命，不去送死。"

后来变成了："残害百姓，誓死不从。"

最后变成了："为民除害，杀死奸人。"

当人群来到孔府的时候，已经不用动员，愤怒的人群就像一股滚烫的开水一般不可阻挡。

孔父嘉来到门口，面对着乌泱泱愤怒的人群，他完全没有意识到事态的严重性，他用手指着一个带头的士兵，叱问："你要造反吗？嗯？你是哪个单位的？"

"老子是这个单位的。"带头的士兵从腰间抽出一把刀来，当头就劈了过来。

第二四二章　勇士叔梁纥

孔父嘉吃了一惊，转身要跑，哪里还来得及，士兵们在"砍死他"的怒吼声中蜂拥而上。

孔父嘉当场就永垂不朽了。

大家砍人的工夫，华督冲进了孔府，带领手下抢走了孔夫人。

听闻孔父嘉被杀，宋殇公大怒，亲自率领宫廷卫队前来镇压。

结果，也被愤怒的士兵们砍成了五花肉。

华督安置好了孔夫人，啊不，现在应该叫华夫人了。之后再出来主持大局，从郑国请回了公子冯做国君，就是宋庄公。

孔父嘉全家被乱军所杀，只有他的儿子木金父去参加同学会躲过一劫，之后逃到了鲁国。

按照春秋时期政治避难的准则，避难者在避难国享受降一级的待遇。具体来说，国君避难，享受卿的待遇，公子以及卿避难，享受上大夫的待遇。上大夫避难，享受下大夫的待遇。

孔父嘉在宋国属于卿一级，儿子木金父因此按照上大夫的级别处理。所以，鲁国给了他下大夫的避难待遇，具体来说，就是封他为防邑大夫，级别为下大夫。

按照当时的说法：五世亲尽，别为公族。也就是说，一个国君的后代，在五代以后就跟国君没什么关系了，就要自立为别的家族了。

孔父嘉恰好符合五世亲尽，因此他的儿子木金父就以孔父嘉的名字为姓，从此姓孔，史称孔防叔。

孔父嘉，就是山东孔姓的得姓始祖。

叔梁纥

孔防叔去世之后，儿子就成了一个普通的士，如同许许多多的士一样，享受士的待遇，在官府或者大家族当差，战争来到的时候则为国出征。

转眼过去了一百多年，孔家的这一代名叫孔纥，字叔梁，因此人称叔梁纥。

叔梁纥身高两米，高大威猛，是鲁国有名的勇士。

那一年晋国举行盟会，盟会结束后替宋国攻取一个小国偪阳。与会各国的军队都去了，其中就有鲁国的军队。

偪阳虽然是小国，但是防御做得非常好，联军攻打了一个月都拿不下来。

这一天，偪阳守军见"联合国军"也就这两把刷子，决定干一票。他们认为鲁国军队是比较弱的，因此决定拿鲁国军队开刀。

偪阳守军在鲁军攻打的区域开了城门，于是鲁国军队杀入城中。刚进去百十人，城上偪阳守军就把悬着的城门放下来了，要把那些进城的鲁军瓮中捉鳖，一网打尽。

危急时刻，只见鲁军中一个勇士大喝一声，跳下战车，双臂用力，将城门托住，进城的鲁军急忙后撤。这个勇士是谁？正是叔梁纥。

鲁军后撤，城头上偪阳军队开始射箭。

这时候，鲁军中又一员大将挺身而出，他把战车的一个轮子卸了下来，蒙上皮甲当作盾牌，左手持盾，右手握戟，上前帮助鲁军挡箭以及抵挡追兵。这员大将叫什么？狄虒弥。

"哇，古人说的力大如虎就是指这两个伙计吧。"鲁军主帅孟献子赞叹起来。

在叔梁纥和狄虒弥的帮助下，鲁军撤回安全地带。

偪阳守军一计不成，又施一计。他们从城头上放下一条长布，高喊："鲁国的兄弟们，有种的顺着布条爬上来。"

鲁军中又有一员大将应声而出，此人名叫秦堇父，当时一蹿而出，跑到城下，抓住长布就向上爬。偪阳守军一看，鲁军中还真有这样的二百五。等到秦堇父就要爬到城头，上面赶紧一刀切断了布，秦堇父摔了下来，当场摔昏过去。不一会儿，秦堇父醒了过来，上面又抛下布来，秦堇父又爬上去，上面又切断了布。这一次，秦堇父有了经验，虽然掉了下来，但是毫发无损。

"嘿，有种的再来。"秦堇父还来劲了。

城上又抛下来一条白布，秦堇父又爬上去，上面又是一刀给切断了。

"嘿，有种的再来。"秦堇父还要玩儿。

"你回去吧，我们没布了。"偪阳人服了。

秦堇父收拾好了三条布，回去了。然后每天拿着布去军中炫耀，说是这下孩子的尿布都不用买了。

最终，联军费了九牛二虎之力，总算是攻下了偪阳。

鲁国军队回到鲁国之后，论功行赏，叔梁纥因为力举城门，救了上百名鲁军，立下大功，因此被封为陬邑大夫。

叔梁纥也因此成为鲁国的国民偶像。

叔梁纥的心情好极了，一下子抖起来了。

鲁国是一个特别讲亲戚关系的地方。如果你不是跟国君一样姓姬的话，你基本上不会有什么前途。

孔家不姓姬，这已经够糟糕的了。更糟糕的是，孔家来自宋国，而宋国人的规矩是不和外族通婚。即便逃到了鲁国，当初那个叫孔防叔的祖宗还是立下了一个家族规矩：娶妻必须回宋国去娶。

就这一条该死的规矩，让孔家这么多辈以来在鲁国都没有一个亲戚。如果没有这条规矩，至少还有希望攀个高枝，说不定跟三桓家族套个亲戚什么的，今后也还有点儿发展可能性。

三桓家族是怎么回事？鲁桓公的三个儿子的后代分别是季孙氏、孟孙氏、叔孙氏，这三个家族瓜分了鲁国，实力比鲁国国君还要强。因为他们都是鲁桓公的后代，因此合称三桓。

叔梁纥也是从宋国娶的老婆，当初他父亲央人去宋国求亲，那一家说了："我女儿嫁过去也行，可是有一条要说清楚。我还有个小女儿，腿脚有些毛病，不太好嫁人。所以，娶我家大女儿要搭个小女儿，否则免谈。"

叔梁纥家在鲁国就是士，生活勉强过得去，娶一个老婆还行，娶两个有点儿吃力。可是人家提了这条件，没办法也只好咬牙答应了。

所以，叔梁纥娶了两个老婆，算是一妻一妾。

大老婆一口气给叔梁纥生了两个闺女，眼看快养不起，叔梁纥不敢再要孩子了。

这次从偪阳回来，叔梁纥做了陬邑大夫，从士升为大夫，待遇算是有了大幅的提升。从前只有禄田，每年有点儿粮食定量，吃不饱也饿不死，平时还要打打零工补贴家用。可是现在不同了，现在是大夫了，进入了贵族阶层，不是靠禄田过日子，有封邑了，日子宽松了许多，也没有从前那么忙了。

"不行，我要生个儿子，给孔家留后。"叔梁纥想，可以做点儿传宗接代的事情了。

叔梁纥的身体好，于是两个老婆轮着给他生孩子。

说起来，孔家似乎一向就男丁不旺，代代单传。好不容易叔梁纥这一辈生了四个男孩，谁知道两个大的夭折，小的早死，只剩下老三叔梁纥了。

叔梁纥的两个老婆一口气生了七个孩子，结果全都是闺女。

"唉，就算一窝猪崽儿也该有几个公的啊，怎么我这儿全是女儿呢?"叔梁纥欲哭无泪，不知道这该埋怨谁。

好在他的身体还好，学习愚公精神继续努力。

终于，小老婆又怀上了。

第十个孩子落地的时候，是个男孩。

"老天开眼哪。"叔梁纥欢呼起来，这下，不用再被人笑话了。

叔梁纥给儿子取名叫孟皮。

可是，没有高兴上一年，叔梁纥又开始郁闷了。

因为孟皮开始学走路，可是两条腿明显不一样长。

"唉，老天不开眼啊。"叔梁纥算是绝望了，他知道，孟皮是遗传了他娘的瘸腿了。

春秋的时候，瘸腿算是残废。如果一家有几兄弟，残废是没有资格继承家业的。国家打仗，残废可以不上前线，但是，在官府里服役也没有被提拔的资格。

这意味着，孔家又要没落了。

野合

月朗星稀，这是一个满月的夜晚。

叔梁纥从秦堇父家回来，两人一向是好朋友，常常到对方家里喝酒吹牛。两家住得不算太远，因此叔梁纥每一次都是走路往返，也就是半个时辰左右。

正走着，前面是一个小山丘，就听见一个女子的声音从山丘的后面传来。

"救命啊，救命啊。"声音极其凄厉，随后就听见搏斗的声音。

叔梁纥虽然已经五十多岁，可是毕竟是著名的勇士，当下拔出随身的佩剑，就向山后冲去。

山后，只见两个小流氓正拦住一个年轻女子欲行不轨。

"混账东西，还不放开那个女子！"叔梁纥大喝一声，两个小流氓吓了一跳，回头看，只见一个铁塔一样的大汉就在身后，这不就是勇士叔梁纥吗？

两个小流氓怪叫一声，撒腿就跑。

叔梁纥没有去追他们，看看那个女子，头发散乱，衣襟已经被扯开。

叔梁纥走上前去，正要问她，那个女子因为惊吓过度，竟然晕了过去，就倒在叔梁纥的怀里。

叔梁纥用一只手拨开她的头发，月光之下，只见一张脸庞分外娇羞。

过了一阵，女子醒了过来，急忙从叔梁纥的怀里挣脱出来。

"你，没有事吧？"叔梁纥问。

"我没事，回家晚了，被这两个流氓拦住欲行非礼，多亏孔大夫出手相救，无以为报。"女子说，声音也很甜美。

"哦，你认识我？"

"谁不认识鲁国有名的大英雄呢？"女子说着，羞红了脸，急忙整理自己的衣襟。

"那你是？"

"我是颜家的女儿，我叫颜徵在，就住在陬邑。"女子说，原来她家属于叔梁纥的治下。

叔梁纥想了想，似乎陬邑并没有颜家，或许是自己喝多了，忘记了。

"那你赶快回家去吧。"叔梁纥说完，自己转身走了。

走不多远，回头看，只见颜徵在依然站在那里，远远望着自己，并没有要回家的意思。

"你怎么还不走？"叔梁纥远远地问，他有些不高兴。

"我的脚扭了。"颜徵在说，指了指自己的右脚。

叔梁纥犹豫了一下，还是走了过去。他担心，如果自己就这么走开了，那两个流氓还会回来。

"让我看看。"叔梁纥对颜徵在说，指指她的脚。

颜徵在犹豫了一下，想要弯腰，似乎还有些困难。

"嘿，你怎么这么磨叽呢？"叔梁纥说，他是个勇士，一向爽朗惯了，此时也不管颜徵在是个女的，弯下身子，一把将颜徵在抱起来，然后放在地上。

颜徵在满脸通红，没有说话。

叔梁纥蹲下来去看颜徵在的右脚，脚踝已经有些肿了，他用手轻轻碰了一下，颜徵在哼了一声，显然有些痛。

"另一只脚呢？"叔梁纥问。

颜徵在听话地把另一只脚伸了过来，叔梁纥看看，摸了一下，光滑柔嫩。颜徵在只是哦了一声，并没有喊痛。

"嗯，这只脚没事。另一只嘛，也没事，消肿了就好了，如果没有肿的话，可能就伤筋动骨了。"叔梁纥说，他是个当兵打仗的人，对这些小伤小病倒是很清楚。

"多谢孔大夫了，无以为报啊。"颜徵在又说，声音似乎有些急促。

叔梁纥看了她一眼，禁不住心里一动："我这算英雄救美吗？"

"这样吧，我陪你一会儿吧，等你能走了，我送你回去。"叔梁纥说。

颜徵在笑了笑，没有拒绝，实际上这也是唯一安全的办法了。

两人肩并肩地坐着，叔梁纥感觉酒劲儿有些上来了。

"孔大夫，能不能给我讲讲你当年打仗的故事啊？"颜徵在轻声地问，语气里带着崇拜。

"好啊。"叔梁纥高兴了，这是他最喜欢讲的，好多年没人听他讲了。

于是，叔梁纥讲起了偪阳之战中自己的英雄事迹，说是整个联军震惊，各国的勇士都来找他表达敬意，自己从那之后名扬天下，还不仅仅是名扬鲁国而已。

叔梁纥说得高兴，颜徵在听得专心，两人不知不觉间就靠在了一起。

等到叔梁纥终于停下来的时候，颜徵在已经倒在他的怀里了。

"和你在一起好有安全感哟。"颜徵在仰着头轻轻地说，朱唇轻启，令叔梁纥心旌摇曳。

好久没有这样心动的感觉了。

叔梁纥伸出两只胳膊，将颜徵在紧紧搂在怀里。

皎洁的月光照在山丘下，见证了这个历史性的时刻。

时间过得真快，太阳出来的时候，叔梁纥昏昏醒来。他发现自己睡在山丘下，随后他想起自己昨晚从秦堇父家喝酒回来，路上英雄救美，然后与一个女子就在这里发生了一夜情。

可是，那个女子呢？

女子不见了。

那个女子叫什么？

怎么也想不起来了。

难道，那只是一场春梦？

叔梁纥冥思苦想了好一阵，却怎么也想不起来那个女子的名字，甚至长相也有些模糊。

"嘿，喝多了做了一场梦而已吧。"叔梁纥自嘲地笑了笑说，站起身来，拍一拍身上的土，回家去了。

这一段记载在《史记·孔子世家》，书中写道："叔梁纥与颜氏女野合。"

野合是什么？野合不是野百合，野合就是婚外性行为。

第二四三章

父亲母亲

叔梁纥的儿子

最近这些日子，叔梁纥感觉身体越来越差，心情也很糟糕。家里两个老婆九个女儿，整天闹哄哄的，就像来到了百鸟林。叔梁纥真不愿意在家里待着，平时没事就出去瞎转悠，快天黑才回家。

转眼间过了四五个月，这一天叔梁纥还是转到快天黑才回家。

到了家里，就看见老婆孩子都用怪异的眼神看着他，也不吵也不闹了，大家都很安静。

叔梁纥觉得很奇怪，习惯了没有休止的吵闹声，这突然的安静让他意识到一定出了什么事。

"你们怎么都不说话了？出什么事了？"叔梁纥问。

女儿们都躲开了，只剩下两个老婆在面前。

大老婆一脸严肃，盯着叔梁纥的眼睛说："今天下午来了个女人，说她姓颜，怀了你的孩子，要见你。"

"不可能。"叔梁纥不假思索地否定了。

两个老婆同时松了一口气，一共是两口气。

"我就说嘛，我家老公怎么说也是个大夫、贵族，怎么会跟一个贱民女子鬼混呢?"大老婆说。

"那贱女人说得有鼻子有眼的,说什么那天晚上被两个小流氓拦住了,多亏老公英雄救美,之后,你们就怎样怎样了。啊呸,臭不要脸的,想男人想疯了吧。"小老婆说。

"是啊,他们这些贱民贱得很,说不定是和哪个野男人怀上了个野种,想找个人家去讹。竟然讹到了我家,真是不自量力。"大老婆接着说。

叔梁纥有些发愣,因为她们口中的这个贱女人所说的与那天自己做的梦竟然一样,并且自己想起来那个女子就是姓颜。

"难道,那不是一个梦?"叔梁纥心想,他什么话也没有说,进了自己的屋子。

整个晚上,叔梁纥都没有睡着。

他反复地回想那个晚上发生的事情,最终确认那确实是真的,不是一个梦。

"可惜,她确实是个贱民啊。"叔梁纥暗自叹了一口气。

原来,在鲁国,颜姓来自两支。一支是鲁国开国国君伯禽封三子公子颜在颜邑,子孙以颜为姓,因此是鲁国的公族。另一支则是小邾国的人,在被鲁国占领之后,小邾国的百姓就使用开国国君曹伯颜的字作为自己的姓,也就是颜姓,这些人是被征服的,因此不被视为鲁国的士农工商阶层,只能从事最低等的工作,住在贫民区,所以被称为贱民。

而邹这个地方,就是原先小邾国的地盘,这里的颜姓才是原先这里的主人。

毫无疑问,颜徵在就是这一支属于贱民的颜姓。

因为贱民并没有户籍,所以他们其实并不属于叔梁纥的属民,这也是叔梁纥为何在那一天晚上想不起颜姓。

春秋时期是一个等级森严的社会,婚姻讲究门当户对,贱民是没有资格与平民通婚的,更不要说与卿大夫阶层通婚。

所以,叔梁纥是绝对不可能将颜徵在娶回家的。

但是,卿大夫甚至国君与家里的女仆或者与外面的野人、贱民生孩子也是可以的,譬如叔孙豹就与一个野人女子生了一个儿子,而这属于人家的家事,并没有人去嘲笑他或者谴责他。

所以,叔梁纥是可以把颜徵在接回孔家的,只是她的身份只能是仆人。至于颜徵在将来生的孩子是什么身份，这就取决于叔梁纥了。通常情况下，孩子的身份排名是：嫡生、庶生和野生。对于叔梁纥来说，分别就是大老婆的孩子、小老婆的孩子和颜徵在的孩子。

嫡生和庶生的孩子肯定是士，但是野生的孩子并不会自动获得士的身份，除非父亲给予他这个身份。

或许可以让颜徵在来家里，当然身份是女仆。

可是，叔梁纥有些犹豫，家里已经是两个老婆九个女儿，如果颜徵在再生个女儿，这家里简直就彻底没法待了。

"唉，等等再说吧。"叔梁纥暗想。

其实，他心里还有一个顾虑，那就是现在一家十好几口都靠叔梁纥一个人养着，压力之大，把这个绝世的大勇士也压得筋疲力尽。如果再把颜徵在弄回家里，家里一大帮老婆孩子非把颜徵在给吃了不可。

颜徵在再也没有来过，叔梁纥的身体则更是一天不如一天。

终于有一天，叔梁纥拄上了拐杖。

按着规矩，当一个下大夫的身体已经不能执行职责的时候，就要被免去职务了。通常的情况下，鲁国是个比较讲人情的国家，所以即便你身体状况不好，只要你的儿子可以替你执行职务，也会保留你的职务，直至你去世。可是，孔家的情况不是这样，叔梁纥显然已经难以执行职务了，而儿子孟皮是个残废，也不能替代父亲。

所以，上级很快就下达了命令，叔梁纥的邹地大夫的职位被免去，新任大夫很快就来上任。

邹地是待不下去了，叔梁纥决定全家搬回自己的老家防地去，那里有祖先的坟墓，还有祖屋一直都在。

自然，今后的日子会更加艰难了。

临走前，叔梁纥决定去看看颜徵在，看看她是不是已经生了，生的是儿子还是女儿。

叔梁纥在贫民区里问了许多人，才七拐八拐地来到一个破旧的房屋，恰好一个女人就在屋门口洗衣服。

看见叔梁纥来，女人站了起来。

叔梁纥一眼就认出来这就是颜徵在，与那个夜晚相比，她少了少女的娇羞，多了份母亲的稳重。

"是你吗？"叔梁纥问，声音苍老。

"你是？"颜徵在问，她不敢确认眼前这就是叔梁纥。那个晚上的叔梁纥强壮有力，声如洪钟，而眼前这个老头瘦骨嶙峋，说话有气无力。

"我是孔大夫。"叔梁纥说。

"你……"颜徵在说了一个字，然后就哭了起来，说不清是委屈还是激动。

叔梁纥有些手足无措，这个时候颜徵在转身进了屋子，很快就抱出来一个孩子。

"这是咱们的孩子。"颜徵在走到叔梁纥面前，一边说，一边亲吻孩子的脸蛋。

叔梁纥笑了，他看到一个男孩，他知道这是自己的儿子。

"多大了？"叔梁纥问。

"正好一个月。"

叔梁纥把孩子抱过来，亲了亲，然后还给了颜徵在。

"你是来接我们的？"颜徵在问，盯着叔梁纥的眼睛，充满了期待。

叔梁纥摇了摇头，他看到颜徵在失望的表情。

"不是，我是来看看你们。"叔梁纥说，他看到颜徵在眼中的泪水，所以把颜徵在轻轻地搂到了自己的怀里。"你看看我这个样子，我已经养不活你们了。"

颜徵在抬起头看看叔梁纥，似乎不太相信。

"你去过我的家了，你都看到了，我没有你想的那么富有。而且，我已经不是大夫了，我要搬到防地去了。"叔梁纥说着，眼里也有些湿润。

颜徵在突然从叔梁纥的怀里挣脱了出去，抹干了眼泪。

"好吧，那，至少你给我们的孩子一个名字吧？他可以姓孔吗？"颜徵在说，语气变得坚决起来。

"当然可以。"叔梁纥说，之后他开始思考应该给孩子一个怎样的名字，"唉，我们是在那个山丘遇上的，就叫他孔丘，长大了之后字仲尼吧。"

按照周人的规矩，男孩子要到了二十岁冠礼的时候才能有字，叔梁纥却直接给了出来，这意味着什么？

颜徵在显然注意到了这一点。

"那，你不准备让这个孩子获得士籍？"颜徵在问，神情又紧张起来。

按照周朝的规矩，当一户人家的孩子出世之后，就要向主管户籍的官员申报，以此获得自己相应的户籍，也就是士农工商。不同的户籍，会获得国家不同的奖励。

"那，再说吧。"叔梁纥说，没有肯定，也没有否定。

对于叔梁纥来说，如果为孩子申请了士籍，也就意味着承认了这个孩子，也就等于将要承担抚养孩子的责任。可是，他确实做不到。他想，也许过几年女儿们陆陆续续出嫁了，家里条件好一些了，能够把他们母子接过来，那时候再为自己的儿子申请士籍也来得及。

颜徵在一句话也没有说，转身回了屋子，咣当一声关上了屋门。屋子已经相当破旧，随着关门的声音，整个屋子都在摇晃，似乎要倒塌下来。

叔梁纥呆呆地看了一阵，终于还是迈开蹒跚的步子，转身走了。

路上，不停地有人在窃窃私语："看，那是叔梁纥，曾经威震天下的勇士，现在衰老成这个样子了。"

这一年，是鲁襄公二十二年，公元前551年。

叔梁纥第二天就搬家回到了防地祖地，那之后身体更加糟糕。

四年之后，叔梁纥撒手人寰了。

单亲妈妈

颜徵在实际上只有十七岁。

作为一个贱民的女儿，她一生下来就是一个贱民。这很不公平，但是命运就是如此。

颜徵在向往平民的生活，也梦想有一天能够嫁入平民的家庭，摆脱自己的悲惨生活。可是，她知道这很难。

叔梁纥是她的偶像，她是听着叔梁纥的传奇故事长大的。长一辈的女人们都把叔梁纥当成自己的梦中情人,说起他来都很兴奋。颜徵在偶尔会见到叔梁纥,都被他的雄壮和霸气所震慑。

那天晚上,她为人帮佣,直到天黑了才被允许回家,结果在路上被两个流氓拦住了。就在她接近绝望的时候,叔梁纥出现了。

那时候她很激动,甚至不敢相信叔梁纥救了自己,她觉得那一定是上天的安排,让自己能够有这样的机缘。

其实,她的脚并没有扭得那么厉害,她完全可以自己走回家。可是她想多看叔梁纥几眼,结果出乎意料的是叔梁纥竟然回来了,并且抚摩了她的脚,抱了她,还陪着她,给她讲故事。

颜徵在那时候激动得一塌糊涂,她奋不顾身地把自己献给了叔梁纥。

那是她人生中最幸福的一天。

那次一夜情之后没几天,颜徵在一个人偷偷地去了一趟那个与叔梁纥激情过的小山丘,除了回味之外,她在这里偷偷地祭祀了天地,祈祷老天能够给她一个儿子,一个叔梁纥的儿子。

或许是皇天不负有心人,没过多久她知道自己怀孕了。她激动并且紧张,激动的是她有了叔梁纥的孩子,紧张的是不知道叔梁纥会不会认这个孩子。

最好的结果就是叔梁纥不仅认这个孩子,而且把自己接去他的家里。就算自己只能做一个仆人,可是等自己的儿子长大了,自己就可以翻身了。而最糟糕的结果就是叔梁纥根本不认这个孩子,从此以后自己就要独立抚养孩子长大,并且这个孩子今后还是一个贱民。

颜徵在鼓足勇气去了叔梁纥的家里,谁知道叔梁纥不在,他的两个老婆将自己一通讽刺痛骂,叔梁纥的女儿也对自己投来仇恨的目光。

从那之后,她再也不敢去叔梁纥家。作为一个贱民,就算被叔梁纥的老婆们殴打了,她也无处去讨回公道。

等到孩子生下来了,满月了,颜徵在准备鼓起勇气再去一趟叔梁纥家,抱着孩子。

还没等她去,叔梁纥自己来了。

虽然叔梁纥已经衰老得不像样子,可是那一刻颜徵在还是开心的,她觉得自己看到了希望。

谁知道，希望迅速破灭了。

颜徵在在屋子里埋头痛哭了不知道多长时间，等她再出门的时候，叔梁纥已经走了。

她知道，一切幻想都只能抛弃了，从今以后，只能靠自己了。

唯一令她感到安慰的是，孩子现在有了名字，而且是孔家的名字。至少，孩子能够姓孔，今后就有成为士的可能。

颜徵在现在成了单亲妈妈，好在那个时代与后来不同，单亲妈妈并不会受到歧视。不过，抚养孩子是一个艰巨的任务。

颜徵在不是没有机会嫁人，事实上那个年代带着孩子嫁人也并不是什么特别的事情。可是，颜徵在拒绝了所有的提亲，因为她知道，一旦她带着孩子嫁人，也就意味着孩子今后将没有什么可能脱离贱民的身份。

颜徵在有两个姐姐，都已经嫁人，生活也都不容易。父母则已经病故，因此一切只能靠她自己。

颜徵在是个女人，又是个贱民，她所能做的也就是为人帮佣。如今有了孩子的负累，则是更加不容易。她没日没夜地干活，什么低贱肮脏的活都做，年纪轻轻就已经衰老得不成样子。好在，孩子一天天长大，并且非常乖巧听话，长得比一般的孩子都要高大，这让颜徵在感到欣慰。

到孔丘五六岁的时候，就已经可以跟着母亲干一些活了，洗衣服烧水等。再大一点儿，又能干更多的活。

孔丘三四岁的时候就发现别的孩子都有爹，自己却只有娘，于是他问娘："娘，我怎么没有爹呢？我也想要个爹。"

"孩子，你有爹，你爹是个勇士，叫叔梁纥。"颜徵在说，这是这里人人都知道的事情，没有必要隐瞒。何况，有一个贵族的父亲，这是一种荣耀。

"那他为什么不和我们在一起？"

"快了,过些日子,他就会来接我们了。"颜徵在说,她盼望着那一天早日到来。

孔丘高高兴兴地出去了，告诉别的孩子自己有爹，而且是个勇士，了不起。

有知道的孩子就嘲笑他，说他爹早就不要他们了，他不过是个孤儿。

孔丘哭着回家告诉母亲。

第二四三章 父亲母亲

"孔丘啊，这是他们嫉妒你。别跟他们玩，你要知道，你的父亲是贵族，迟早有一天你会成为士，会成为贵族。而他们，一辈子都只能是贱民。"颜徵在就这么说，眼里放出光芒。

孔丘似懂非懂地点点头，不过他记下了三个字："士、贵族"。

孔丘四岁的时候，叔梁纥死了，消息很快传到了邹地。得到这个消息，颜徵在很长一段时间情绪低落，整个人几乎要崩溃。要不是为了儿子，她几次都想到了自杀。

孔丘渐渐地长大，出奇地懂事，这让颜徵在重拾生活的勇气。

七八岁的时候，孔丘就跟着街坊四邻们去参加各种助丧助祭，赚些钱来补贴家用。

原来，周文化中婚丧嫁娶以及各种祭祀活动很多，礼仪也比较烦琐，很多脏活累活没人愿意干，于是这些贱民就去干这样的活。

因为可以赚到钱，孔丘很喜欢参加这样的活动。多数人都很讨厌死人，可是孔丘完全不当回事。

最赚钱的一项工作是充当尸，国君以及卿大夫们每年都会祭祖，祭祖的时候需要有人充当尸。具体来说，就是要躺在祖先的牌位旁充当尸，让祖先的灵魂附在尸的身上，用尸的耳朵去听子孙们的祝福、请求和汇报。

因为祖宗是要附体的，因此对于尸的要求比较高，必须是童子。当尸之前，要沐浴斋戒，干干净净躺在那里。而且，一躺就是一天，所以前一天以及当天都不能吃喝。

这活不累，但是很难受。

而且，这毕竟是当尸，还要被鬼魂附体，所以一般人家绝对不会让自己的孩子做这个，只有贱民的孩子去做。

但是，当尸的报酬非常高，毕竟是给祖宗用的，太寒酸说不过去。

孔丘也怕做尸，可是想想这能让母亲少干些活，孔丘又会争着去做。

有一次，一家大夫祭祖，需要找人做尸，几个孩子都要做，于是争了起来。

"我是叔梁纥的儿子，让我做吧。"孔丘大声说。

"哦？"大夫吃了一惊，他认识叔梁纥，知道叔梁纥的事迹。他看看孔丘，发觉他确实长得有几分像叔梁纥。"好，那就你吧。"

让一个有贵族血统的孩子充当尸，当然比纯粹的贱民的儿子要有面子得多啊。

回到家里，孔丘把酬劳都给了母亲，得意地告诉母亲自己是怎样争取到了做尸的机会。

颜徵在半响没有说话，之后苦笑了一下，自言自语："叔梁纥没有让你成为一个士，却让你成为一个尸，唉！"

孔丘十六岁的时候，颜徵在积劳成疾，终于不治，在绝望之中离开了这个世界。

附注：

《史记·孔子世家》："纥与颜氏女野合而生孔子，祷于尼丘得孔子。鲁襄公二十二年而孔子生。孔子生而首上圩顶，故因名曰丘云。"

关于"野合"，历来的解释多是"为圣人讳"，要么一语带过，要么牵强解释以竭力掩盖孔子是私生子这一事实。而事实上，"野合"在当时合理合法合礼，丝毫无损于孔子的形象。

还有人说野合，是指夫妻双方岁数差距五十岁以上的就是野合。

这种说法的根据在哪里？大概没人知道。不过，按照这种说法，叔梁纥应该在六十六岁娶颜徵在，七十岁生孔子，七十三岁去世。问题是，叔梁纥死于前548年。而在前563年为偪阳之战，也就是说，叔梁纥五十八岁还要作为士兵随军出征，还有能力托城门？这个，只在武侠小说里能看到。

后来山东有尼丘山，被说成孔子父母在这里祈祷。其实，所谓尼丘山，不过是后世给的名字。因为尼通泥，不可能以尼丘来命名一座山，这是常识，就像不能用石山来命名山，用水河来命名河一样。

《孔子家语》记载，叔梁纥五十余岁向颜家求婚，颜家三女儿徵在欣然往嫁，此说显然为掩饰孔子为野合所生而编造，完全讲不通，不采用。

第二四三章 父亲母亲

第二四四章

五父之衢

习惯成自然

穷人的孩子早当家。

孔丘从生下来就没有爹,娘是个贱民,亲戚们也都是贱民,贫穷且没有尊严。

奇怪的是,孔丘从小就很懂事,就知道母亲抚养自己的艰辛。当知道自己的父亲是一个著名的勇士之后,孔丘暗自下定决心,要成为一个士,一个贵族,不能让自己的母亲失望,要让自己的母亲过上好的生活。

长大一些之后,孔丘开始帮助母亲挣钱,什么脏活累活都干,什么挣钱的营生都学。而且,喜欢动脑筋并且专心,学什么都比别人快。

所以,孔丘掌握了很多技能。

多年以后回顾这段历史,孔子说:我因为年少时地位低贱,所以会许多卑贱的技艺。

关于孔子出身卑贱,在《论语》中是有记载的,是这样的:"子曰:'吾少也贱,故多能鄙事。'"

翻译过来就是我小的时候很卑贱,所以能做很多下等人做的事。

可是,历代对于这段话的解读,都不承认孔子出身卑贱,都是睁着眼睛说瞎话。

如果孔子出身不卑贱，他为什么要说自己卑贱呢？那不是犯贱吗？

挣钱最多最快的事情就是参与各种礼，虽然在这里做的依然是最脏最累的活。譬如打扫卫生、抬棺材、帮人哭丧这一类活计，这一类活除了看上去不太有面子之外，其实还有很多可取之处。首先，这不需要太多的技能，很容易上手；其次，这样的活挣钱比较容易，毕竟祭祀丧葬都是大事，事主出手会比较大方；再次，这个行当没有旺季淡季，因为人总是会故去的；最后，参加这类活动，基本上都是管饭的。

孔丘发现，同样是参加这一类事情，有的人挣钱多，能从事稍微有面子一些的工作；有的人挣钱少，只能从事最低级的工作。为什么？

孔丘很快就搞明白了，能够从事稍微有面子并且挣钱多的工作的人，是因为他们懂得更多的礼仪礼节，渐渐地在这个行当里有了些名气，因此事主愿意请他们帮助做更多的事情。毕竟，谁家也不是天天死人年年结婚，各种礼仪礼节还是需要熟手指点的。

那么，为什么有的人很熟练，有的人永远什么也不懂呢？

孔丘很快又明白了，因为有的人用心去做、用心去记、用心去学。

孔丘于是开始用心学习各种礼仪礼节，不懂就问，同行的小伙伴们都嘲笑他，他也并不在意。

渐渐地，孔丘对各种礼产生了兴趣。他发现，每一个丧葬嫁娶以及祭祀的活动中都有一个相礼，也就是司仪，他来决定整个过程怎样进行。而这个相礼不仅收入高，而且地位高，通常都是士，国家的祭祀婚丧上，相礼甚至是上大夫或者卿。如果自己成了这方面的行家，会不会就有了成为卿大夫的机会呢？

孔丘这么想，于是更加投入，渐渐地对各种礼如痴如狂地喜爱，乐在其中。

小小年纪，孔丘已经能对各种礼都说出个一二三四，渐渐地小有名气，能做更高级一些的工作，挣更多的钱了。

这个经历，对孔子后来的学习和教学都有巨大的影响。

所以孔子后来对弟子们说："懂得它的人，不如爱好它的人；爱好它的人，又不如以它为乐的人。"

这句话在《论语》中的原文是：

"子曰：'知之者不如好之者，好之者不如乐之者。'"

什么是乐之者？简单说，就是发烧友。

因为参加各种丧葬祭祀的时候太过投入，孔丘往往把这些礼节带到自己的生活中。街坊邻居们不以为然，或者笑话他人模狗样。可是孔丘是个有主见、有想法的人，他认为要成为贵族，首先要学会贵族的习惯，否则就算某一天你真的当上了卿大夫，也不过是戴上冠冕的贱民而已。

所以，从小到大以至到老，孔子始终保持着当初形成的习惯，对礼节都很讲究，这就是因为他从小从事这方面的工作。

譬如，孔子见到穿丧服、穿官服的人和盲人，即使对方年龄小，也会站起来致意，如果是路遇，一定会快步走过。

（《论语·子罕篇》："子见齐衰者、冕衣裳者与瞽者，见之，虽少，必作；过之，必趋。"）

这一点对孔子后来的教学理念也有深刻的影响，孔子后来说："小时候养成的习惯就如同天性一般，这就是习惯成自然。"

（《贾子新书·保傅》："孔子曰：'少年若天性，习惯如自然。'"）

孔丘十五岁那一年，鲁国发生了一件大事：叔孙豹死了。

鲁国现在已经实际上被三桓家族控制，其中，季孙家实力最强，叔孙和孟孙两家实力相当。

叔孙豹就是叔孙家的家长。

叔孙豹是一个非常出名的人，因为他特别有学问。他不仅在鲁国受尊重，出使各国的时候也都很受尊重。

那一年叔孙豹出使晋国，晋国权臣范匄问他："前人有句话叫'死而不朽'，你看我们家，在虞舜以上时代为陶唐氏，在夏代为御龙氏，在商代为豕韦氏，进入周为唐杜氏，现在当晋国为盟主之时，为范氏。都是名门大姓，这算不算不朽？"

范匄这人，十分贪婪而且狂妄，大家都不喜欢他，叔孙豹不想奉承他，于是说："据我所知，您这叫'世禄'，就是世代做官，而不是'不朽'。鲁国曾有一个叫臧文仲的大夫,去世很久了,但他的话至今流传,这才能叫'不朽'。我还听说,'大上有立德,其次有立功,其次有立言,虽久不废,此之谓不朽',树立楷模让人们学习是最高的,立下功劳是第二等的,留下名言是第三等的,这三者,时间再久也不会被人遗忘,才能称作'不朽'。"

叔孙豹的"三不朽"言论在当时就受到广泛赞扬,之后千古流传,叔孙豹也因此而不朽。

叔孙豹去世之后,在他的葬礼上使用了大路车。大路车是什么?就是只有诸侯才能使用的车。为什么叔孙豹可以破格使用大路车呢?因为当初他出使王室的时候,周王特别欣赏她,赠送他一辆大路车。回到鲁国,叔孙豹原本把大路车献给了鲁国国君,可是鲁国国君不敢接受,说是周王送给你的,我不敢要。所以,大路车就留在了叔孙豹这里,不过他从来不敢用。

到他去世,家臣们认为他一辈子没用过大路车,那不是等于辜负了周王的美意了吗?所以,葬礼上就用了。

叔孙豹的葬礼非常隆重,整个曲阜的百姓都来送葬,一来是叔孙豹名声好,二来是要看看大路车。

孔丘自然不会错过这样的机会,也跟着去看热闹,顺便学习礼仪。

不用说,整个葬礼高端大气上档次,极大地震撼了孔丘。

在整个葬礼过程中,叔孙豹的儿子叔孙牛担任了总指挥,耀武扬威,十分抢眼。

从葬礼回来,孔丘非常兴奋,为什么?

第一,他看到了叔孙牛在叔孙家的地位,而叔孙牛正是叔孙豹和一个野人女人所生的孩子。叔孙豹不仅认了这个儿子,还让他做叔孙家的管家。野人生的叔孙牛能有这样一天,为什么自己就不能呢?

第二,他看到了有学问的叔孙豹所得到的尊崇。

"我要像叔孙豹一样有学问。"孔丘暗暗下定决心,要努力学习。

《论语》中记载,"子曰:'吾十有五而志于学。'"

十五岁开始决心去学习,就是这个时候了。

葬母

孔丘十六岁的时候，母亲得了重病。劳累了一辈子的颜徵在是彻底倒下了，眼看着一天天走向鬼门关。

孔丘非常伤心，十六年来母亲含辛茹苦抚养自己，母子二人相依为命，如今母亲眼看不治，孔丘怎能不伤心？

孔丘没日没夜地守在母亲的榻前，照顾着母亲，祈求上天不要把母亲从他的身边抢走。

这一天，几个街坊四邻一同来看望颜徵在，颜徵在已经奄奄一息。

突然，颜徵在睁开了眼睛。

"不，不，不要吃我，不要吃我。"颜徵在竟然叫了出来，双手在空中乱抓。

孔丘急忙抓住了母亲的手。

"娘，别怕，别怕，儿子在这里。"孔丘说，他知道这是母亲在做噩梦。

颜徵在终于平静了下来，看着孔丘，泪水流了下来。

"丘啊，娘要死了，娘刚才做了个梦，梦见你把娘葬在了五父之衢，娘成了孤魂野鬼，好些恶鬼要来吃娘啊，娘怕呀。"颜徵在一边说着，手在颤抖，她依然在害怕。

"娘，不要担心。儿告诉你一个好消息，儿和防地的哥哥说过了，他同意把娘葬在孔家的祖坟。娘，以后有爹保护你，谁也不敢欺负你。"孔丘撒了个谎，他所说的防地的哥哥就是叔梁纥的大儿子孟皮。

"丘啊，你真是个懂事的好孩子。"颜徵在笑了，不知道她说的懂事是真的相信了孔丘的话，还是觉得孔丘懂得安慰自己。

颜徵在闭上了眼睛，再也没有睁开。

颜徵在就这样走了，一辈子辛苦忧愁，终于笑着离开了人世。

"娘！"孔丘趴在母亲的身上，失声痛哭。

按照周礼的规定，不同等级的人死之后的下葬时间和棺材的使用是不同的，士农工商这类百姓级别的，停丧两天，两个月后下葬。棺材是一棺一椁，棺在内，是木质的。椁在外，可以是木头的，也可以是石头的。

可是，对于贱民来说，越快下葬越好，能够有一个棺材就算不错了，多数是裹上一个席子了事。

卿大夫家里都会有一片祖坟，士农工商们也有专门的墓地。

可是，贱民们活着的时候只能住在贫民区，死后自然没有什么好地方埋葬。通常，曲阜这里的贱民们死后都埋在五父之衢。

五父之衢是个什么地方？

五父之衢当初是一个战场，周军与东夷的部队在这里决战，战死的东夷士兵都被埋葬在这里，因为无人祭祀，就成了孤魂野鬼。所以，五父之衢是个孤魂野鬼出没的凶地。之后，就成了贱民们的乱葬岗，贱民们死后就草草埋在这里，还有无头女尸、被处死的罪犯等，都被弃尸在这里。

这里也是人们诅咒发誓的地方，不仅老百姓来这里诅咒发誓，就是卿大夫们也来这里诅咒发誓。

当初，三桓瓜分了鲁国国君的军队，不过叔孙豹提出要把中军留给国君。于是，三家先是在鲁僖公的庙里盟誓，今后团结一心不内讧。随后就去了五父之衢诅咒发誓，说谁要是今后敢瓜分中军，就被厉鬼缠身不得好死。

现在，颜徵在死了，按这里的规矩，就只能裹上一床破席子，在五父之衢挖个坑草草下葬。

"孩子，你可不能干傻事啊，那可是掉脑袋的事情啊。"隔壁王大娘劝孔丘，那天孔丘说要把母亲葬在孔家祖坟的时候，她就在旁边，她知道孔丘根本没有找过孟皮。

按照鲁国的规矩，贱民如果擅自埋入贵族的祖坟，至少要砍脚，情节严重的，是要杀头的。

"王大娘，我是安慰我娘的，我怎么敢呢？"孔丘说，他知道，有些人怀疑他真的会做。

就在母亲去世后的第三天，孔丘决定埋葬母亲。

按照周礼的规定，出殡仪式应该在家里的大厅。很遗憾，孔丘家没有大厅。按照周礼的规定，如果家里没有厅，就在院子里出殡。很遗憾，孔丘家没有院子。按照周礼的规定，如果家里没有院子，就在家门口的街上出殡。很遗憾，孔丘家门口也没有街。

孔丘通知了街坊四邻和亲戚们:"我娘就在五父之衢出殡。"

出殡是什么?遗体告别仪式。

出殡之后,就是下葬。

尽管家里穷得家徒四壁,孔丘还是设法找了几块板子,做了一个很薄的棺材。然后用家里最后的钱请了隔壁邻居将自己母亲和棺材放上了隔壁邻居的车,一路前往五父之衢去了。街坊四邻和亲戚们有的送了一程,有的一直跟到了五父之衢。

隔壁邻居为什么有车呢?他就是专门做这个生意的,这一带的死人下葬都是他拉的。甚至,还接些外面的活。

到了五父之衢,隔壁邻居将车赶到一个实在没有路的地方,宣布就在这里出殡了。

"就埋在这里吧。"隔壁邻居跟孔丘商量,指一指旁边的一个坑,坑里还有一截人的大腿骨。

"嗯。"孔丘答应一声。

棺材就在车上,人们举行了告别仪式。之后,陆陆续续走了。

这样一个不吉利的地方,谁又愿意多待一刻呢?

等到所有人都走了,隔壁邻居对孔丘说:"咱们走吧。"

隔壁邻居的牛车拉着棺材,孔丘默默地跟在牛车的边上,慢慢地走着。从五父之衢到防地,需要走四五个小时的路。

这一切都是隔壁邻居帮孔丘出的主意:先来五父之衢出殡,让大家以为孔丘会把母亲葬在五父之衢。等所有人走了,再悄悄地去防地,把颜徵在埋在孔家的墓地。

隔壁邻居从前曾经去过孔家的墓地,因此他知道怎样走。

如果这件事情泄露了,隔壁邻居将比孔丘的罪名更重。为什么他愿意冒这样的风险帮助孔丘呢?因为他暗恋颜徵在好多年了。

孔丘的心情没有一点儿忐忑,他毫不畏惧,为了实现对母亲的临终承诺,为了母亲的灵魂安宁,什么风险他都不在乎。

走着走着，太阳落山了。

月朗星稀，这是一个满月的夜晚。

十七年前，就是这样的一个夜晚，叔梁纥遇上了颜徵在。

而十七年后同样的一个夜晚，他们再次相遇了。

隔壁邻居的记性不错，准确地找到了孔家的祖墓。一个种了三棵树的山坡上，就是孔家的墓地。

"你看，那边是叔梁纥的墓。"隔壁邻居指了指。

孔丘看了一眼，心情有些奇怪，说不清是激动还是怨恨。

按照事先的约定，两人在墓地最靠边的不起眼的地方开始挖坑。对于孔丘来说，只要能把母亲埋在这里就行了，至于和叔梁纥合葬，孔丘想也没敢想过。

月光不错，孔丘和隔壁邻居都不敢说话，小心翼翼地挖着坑，生怕引来什么人。

坑挖得不深，因为时间不够。两人小心翼翼地将棺材抬下车，费劲地将棺材放进了坑里，然后在上面盖土，尽量恢复原状，不要让人看出来。

直到天蒙蒙亮，两人才算完工，都已经一身的汗。

"快走。"隔壁邻居用颤抖的声音说，一来是害怕，二来是太累。

两人上了车，隔壁邻居轻轻地拍了拍牛背，牛车慢慢地上路了。

这一段，记载在《史记》中。

"丘生而叔梁纥死，葬于防山。防山在鲁东，由是孔子疑其父墓处，母讳之也。孔子为儿嬉戏，常陈俎豆，设礼容。孔子母死，乃殡五父之衢，盖其慎也。郰人挽父之母诲孔子父墓，然后往合葬于防焉。"

孟皮

回到家里，孔丘狠狠地喝了一罐子的水，一口饭也没有吃，倒在榻上就睡了过去，他实在是太累太困了。

一觉睡到第二天的中午，除了中间撒过两次尿，都是迷迷糊糊的。

一阵敲门声把孔丘从睡梦中惊醒，否则，他还能再睡一天。过去的三天，他几乎没有合过眼，没有吃过东西，悲伤再加上挖坑，他的体力消耗殆尽，整个人处于半虚脱的状态。

"谁啊？"孔丘低声问，勉强坐起来，却无法站起来去开门。

门被推开了，一个高大的身影闪了进来。孔丘注意到，这个人是个瘸子。

"糟了。"孔丘似乎猜到了什么，暗叫不好，一下子警惕起来。

"你就是孔丘？"来人问，声音却很温和。

"是。"孔丘低声回答。

"你知道我是谁吗？"

"你是谁？"

来人没有回答，而是坐在了榻上。

"我每天起得很早，醒来之后都会去四处转转。结果，我看到了你们。你，还有另一个人，赶了一辆牛车，对不对？"来人问。

孔丘的心里咯噔一下，眼前这个人毫无疑问就是自己的哥哥孟皮了，当然，人家可能根本不认自己这个弟弟。现在看来，自己将母亲偷偷葬在孔家祖墓的事情败露了，被人家发现了，找上门来了。

现在，只要孟皮去官府报案，孔丘和隔壁邻居的下场就可想而知了。

"你，你要告发我吗？"孔丘问，声音都有些颤抖。

"我是你哥哥，我怎么会告发自己的弟弟呢？"孟皮说，面带着坦诚的微笑。

孔丘的脑子嗡的一声，他简直不敢相信自己的耳朵，哥哥承认自己这个弟弟了，这意味着什么？

这意味着一切皆有可能。

"哥哥？哥哥。哥哥！"孔丘控制不住自己，一下子扑到了孟皮的怀里，失声痛哭起来。

几天前刚刚失去了母亲，失去了这个世界上最亲的亲人。孔丘原本以为自己不会再有亲人。没想到，自己又有哥哥了，又有亲人了。

孟皮抚摩着孔丘的头，叹了一口气，眼睛也湿润了。

"丘，爹死之前叮嘱过我，要我长大之后一定给你补报士籍。"孟皮说，现在，两兄弟面对面坐着。

原来，叔梁纥搬回防地祖屋不久就卧病在床了，直到去世，也没有办法把孔丘母子接过去。所以，在临死之前叮嘱了孟皮。

孟皮那时候也就十岁出头，并不具备为孔丘申请士籍的资格。叔梁纥去世，一家十二口的日子就过得更加艰难，自然也无法顾及孔丘母子。

后来，姐姐们一个个嫁了出去，家里总算稍有起色。原来，孔家的规矩是娶妻必须从宋国娶，可是女儿出嫁不必嫁回宋国。

孟皮刚刚娶了老婆，也是从宋国娶来的，而两个母亲也在不久前去世了。所以现在，孟皮家里就是他夫妻两人，日子比从前轻省一些。

原本，孟皮已经忘了自己还有一个弟弟，毕竟生活的压力让他想不了这么多。

可是两天前的早上，他发现有两个人在自己的祖墓旁鬼鬼祟祟不知道做些什么。想要过去看，可是自己是个瘸子，走不快。何况对方是两个人，自己也打不过。所以，直到那两人离开之后，孟皮才过去看。没费什么工夫就看出来，这是埋了一具棺材在这里。

谁会把棺材埋在我家的祖墓？

孟皮猛然想起来自己还有一个叫孔丘的弟弟，怪不得刚才那个少年的身形看上去眼熟，那就像自己的父亲啊。

这时候，孟皮想起父亲的临终嘱托了。

孟皮是个心地善良的人，他决定要帮自己的弟弟。

就这样，今天一大早出发，他一路打听，终于找到了孔丘。

第二四五章

士的生活

吃大餐

孟皮带着孔丘去了防地的老家，祭拜了祖先的坟墓，算是正式的认祖归宗，也算是被家族所承认。至于母亲的墓，埋的位置并不对，不过也就那样了，不去搬动了。

孔丘见过了嫂子，嫂子对他也不错。

之后，孔丘依旧回到了自己在邹地的家，生活还要靠自己，因为哥哥生活也不宽裕。

孟皮为弟弟注册了士籍，从此，孔丘成为一个士。

孔丘的身份提升了，立即在当地引起了轰动，有人为他高兴，有人嫉妒，有人羡慕，有人恨。

孔丘非常兴奋，因为这不仅改变了自己的命运，这也是母亲毕生的期盼。所以很长一段时间里，虽然衣服依然破旧，依然要做那些低贱的活，可是，孔丘整天都面带着笑容。

按照周礼，成年前丧父都属于孤儿，国家有义务抚养。孔丘既然已经具有了士的身份，因此可以得到禄。也就是说，每年秋收之后，他可以有一定量的粮食分配。

所以，孔丘开始盼望秋收的到来。

鲁国三桓家族不久前瓜分了鲁国的中军，鲁国中军被一分为四，季孙家独得两份，叔孙和孟孙家各得一份。中军贵族的所有封邑全部并入三家，而三家向国君进贡。

邹地原本是国君的地盘，现在，成了季孙家的地盘。

为了笼络人心，季孙家的家长季孙宿（季武子）想了一个办法：请曲阜地区的所有士到季孙家吃饭、喝酒、看歌舞表演。

布告贴出来之后，消息迅速传开，曲阜的士欢欣鼓舞，终于可以吃大户了。有酒有肉有表演，说不定还有礼品拿，谁不去谁是傻瓜啊。而且，人家季孙家请客，那是百年一遇的事情啊，谁还给脸不要啊？

所以一段时间里，曲阜地区的话题就是去季孙家吃饭。

孔丘所住的地方没有贴出告示，因为这里都是贱民，都没资格。不过，人们还是议论纷纷。

孔丘现在是有身份的人了，展眼望去，这一片方圆十里也就是自己有资格去吃这个大餐。去不去？当然要去，这是一个士的福利啊，这也是展示自己地位的机会啊。

到了那一天，孔丘去季孙家吃大餐了。

进到了曲阜城，只见熙熙攘攘的人群都是兴奋的士，每个人都在流着口水，仿佛已经看见了煮烂的猪蹄子。

孔丘的心情激动而又忐忑，这是自己第一次以士的身份出现，会发生什么呢？孔丘的心里完全没底。

孔丘一度想要退却，他有些心虚胆怯，毕竟这场面太大了。可是想想自己来时街坊邻居羡慕嫉妒恨的眼神，他又不能退却。

来到季孙家，季孙家的院子真的很大，里面已经是人声鼎沸，歌舞升平，肉香酒香扑鼻而来。

孔丘咽了咽口水，这辈子就没有吃过什么好的，今天可要甩开腮帮子大吃一顿。

到了季孙家门口，往里望去，人山人海，红男绿女，漂亮的女艺人们跳着舞，宾客们已经端着碗吃起肉来。人太多，只能自助餐了。

门口排着队，一个身材高大的年轻人正在根据花名册放人进去，有的认识的，点点头就进去了。有的虽然不认识，可是看看衣着派头，招呼一下也就进去了。

终于轮到了孔丘，他紧张地对那个年轻人挤出一点儿笑容来，就要进去。

"哎哎，伙计，你谁啊？谁让你进去了？"年轻人拦住了孔丘。

"我，我叫孔丘。"孔丘低声说，紧张死了，脸涨得通红。

"孔丘？"年轻人用怀疑的语气问，随便翻了翻户籍名册，之后对孔丘挥挥手，"嘿，我告诉你啊，我们这是宴请曲阜地区的士，不是请你这号人的啊，回去吧。"

孔丘欲哭无泪，又羞又怕，根本不敢辩解。

"哎哎哎，麻烦靠边一点儿啊。"身后的人不耐烦地将孔丘推去了一边。

那一天，孔丘不知道自己是怎样走回家的，回到家之后，他蒙头痛哭。第一次享受士的福利就遭受这样的打击，对于孔丘来说，确实是难以承受的。

"难道，哥哥骗了我？他根本没有为我注册士籍？"孔丘痛定思痛，他决定去找哥哥问个清楚。

第二天天没亮，孔丘就出发了，中午时分就到了哥哥的家。

"哎，丘，你怎么来了？昨天去季孙家吃大餐了吗？"孟皮问，他也听说了季孙家请客的事情。

"去了。"孔丘说完，泪水就下来了。

"你怎么哭了？谁欺负你了？"孟皮急忙问。

孔丘带着哭腔，把昨天发生的事情说了一遍。

"没理由啊，他怎么会漏了你呢？不行，我要为你讨个说法。"孟皮的脸色变得非常难看，虽然他是个瘸子，可是性格遗传自叔梁纥，眼里绝不揉沙子，就算季孙家势力大，他也要去为弟弟讨回公道。

孟皮没有多说什么，套上车，跟老婆说出去有事，带着孔丘赶往季孙家去了。

到了季孙家，孟皮报上自己的名号，守门人倒是知道，于是问他什么事，

"昨天在这里迎宾的是谁？我有事找他。"孟皮说。

守门人告诉他迎宾的人叫阳虎，是季孙家的副管家，你稍等一下，我找人通报一下。

正说着，就这么巧，阳虎来了。

"哎哟，他来了。"看门人说。

阳虎来到了近前，一眼看见孔丘，觉得奇怪，问道："嘿，伙计，你怎么又来了？"

孔丘没敢说话，看了看孟皮。

"阳管家，我是叔梁纥的儿子孟皮，这是我弟弟孔丘。"孟皮说。

"哦。"阳虎看了看孟皮，又看了看孔丘，虽然他很年轻，但叔梁纥他是知道的，他的语气变得温和起来。"孟皮先生，有什么事？"

"昨天我弟来参加季孙家的大宴，据说被挡在了门外，我想来问问是为什么？"孟皮说，语气也很温和。

阳虎看看孟皮，再看看孔丘，猛然大笑起来，笑得孟皮和孔丘都有点儿不知所措。

笑过了，阳虎这才说话。

"孟皮先生，这个事情吧，真不能怪我。你看看你弟弟这一身行头，虽然洗得挺干净，可是实在太破旧。破旧也就算了，我阳虎不是个以貌取人的人，比他穿得破旧的也不是没有。问题是，你看看他的腰上系着什么？"

阳虎说到这里，孟皮才注意到孔丘的腰间系着一条黑色的麻布腰带，这代表他还在居丧期。人家一个喜庆的大宴，你穿丧服来，不把你乱棍打出去已经是不错了。

而且，按照周礼，居丧期间，是不能参与娱乐活动的。

孟皮无话可说了。

孔丘恍然大悟，原来是自己违背了周礼。

兴师问罪而来，现在恐怕要赔礼道歉了。

"唉。"孟皮叹了一口气，先说了几句多多恕罪之类的话，之后解释起来，"阳大管家多多包涵了，我这个兄弟是刚刚拿到士籍的，好些规矩不懂。"

"哦，刚拿到士籍？"阳虎来了兴趣，于是问起来缘由。

孟皮就把孔丘的身世大致说了一遍。

"唉，不容易啊。"阳虎听罢，也是感慨一声，"不瞒你说，我原本是孟孙家的人，我父亲也是我爷爷野合而生，只不过还算生下来就是个士，比你弟弟强些，所以我后来来了季孙家打工。"

第二四五章 士的生活

说起来，阳虎和孔丘竟然有类似的经历。

在那一刻，孔丘觉得阳虎其实挺亲切。

阳虎走过来，拍了拍孔丘的肩膀。

"伙计，虽说你此前是贱民，可是你身上看不到贱民的那种贱气，反倒是有些文雅的气质。不说别的，你看你虽然穿得破旧，可是洗得干干净净，可见你是懂得自尊和尊重别人的。昨天的事情请别放在心上，今后有什么事要帮忙，直接来找我吧。"阳虎说，不像是在开玩笑。

"谢谢阳管家大人大量啊。"孟皮急忙在一旁说。

"嘿，客气什么，我喜欢这伙计，啊，你看看，咱们都是大个子啊，大个子之间好说话嘛。那什么，没别的事的话，我去忙了啊。"阳虎说完，见两人也没别的事，转身走开了。

这一段，见于《史记·孔子世家》。

"孔子要绖（音迭，春秋时期服丧时结在头上或腰间的麻布带子），季氏飨士，孔子与往。阳虎绌曰：'季氏飨士，非敢飨子也。'孔子由是退。"

很显然这是因为孔子自己违背周礼所以被驱逐了，可是《孔子家语》里非要说是阳虎上门羞辱孔子，恐怕又是为了遮掩孔子当时的失礼举动。用脚后跟想想，孔子当时才十七岁，穷困潦倒，阳虎为什么要去登门羞辱他？阳虎吃饱了撑的啊？

吃大餐事件让孔丘明白，自己要想成为一个名副其实的士，还需要学习更多的知识，尤其是礼仪的知识。

可是，身边全是贱民，虽说荷花出淤泥而不染，而茅坑的石头一定是臭的啊。怎么办？

孔丘把自己的困扰告诉了哥哥。

"你不妨找阳虎想想办法，他是季孙家有实权的人，人也豪爽，他说了会帮你，一定会帮的。"孟皮给他出主意。

按照周礼，士以上等级的男孩子享受义务教育，义务教育的内容就是六艺——礼、乐、射、御、书、数。六艺又分为小艺和大艺，书、数为小艺，属于基础教育；礼、乐、射、御为大艺，是用来报效国家的。

按照不同的年龄段，学习的内容是不同的。

根据《礼记》，六岁的时候就要开始学习数学和地理；八岁的时候就要学习各种日常的礼节；十岁就要住校，学习更多的礼节礼仪；十三岁学习诗、乐、舞；十五岁学习射箭和驾车。到二十岁，就要学习整套的周礼，参与各种正式的祭祀。

到孔丘的时期，因为鲁国已经被三桓瓜分得差不多了，所以国家的义务教育残存无几，三桓家族则为自己家臣的孩子们开设课程。

孔丘因为没有士的身份，所以十六岁之前的课程全部欠缺。

但是，没有享受国家的义务教育不等于就什么也没有学。孔丘从小好学，在各种祭祀活动中专心学习，有问题就向人请教，因此，孔丘自学成才，甚至连驾车都学会了，比一般士人家的孩子更有知识。

就这样，孔丘去找了阳虎。

"没问题，你来季孙家学习吧。"阳虎毫不含糊，答应了孔丘。

从那之后，孔丘有时间就会去季孙家里学习六艺的知识，而多数的时间依然要靠着打工挣自己的生活费。

秋收到了，孔丘领回了自己的第一份粮食。

生活，正在一点点变好。

生活，还是蛮有希望的。

娶妻生子

孔丘盼望着自己快快长大，因为到了二十岁就算成人，就可以去卿大夫家里打工了。那样，工作更体面，收入更高更稳定，就能离开贫民区，搬去平民区了。

转眼孔丘十九岁了。

这一天孔丘去看望孟皮，他隔一段时间就会去看望哥哥。

"兄弟，你今年十九岁了吧？"孟皮问他。

"是啊。"

"我们孔家有个规矩我要跟你说说。"孟皮的脸色很严肃，孔丘心里咯噔一下，不知道出了什么问题。

"你知道，我们孔家是从宋国来的，宋国有一个规矩，就是族内婚，不与外族通婚。我们家世世代代都是从宋国娶亲的，你嫂子也是宋国人。你也十九岁了，明年就行冠礼成人了，哥哥我想托人在宋国给你说一门亲事,你看怎样？"孟皮问，原来是娶媳妇这样的美事。

"行啊行啊。"孔丘忙不迭地说。

"那就这么定了，你嫂子他们村里有合适的就给你去说了。聘礼我会给你支持一些，不过主要靠你自己。"孟皮把需要什么样的聘礼给孔丘开了个清单，孔丘自己回去准备。

从那时候起，孔丘就多了一件事：准备聘礼。

随着年龄的增长、身份的变化、知识的丰富，孔丘这几年的收入一直在增加，因此准备聘礼并不是一件困难的事情。

按照周礼，男子二十岁称为弱，要举行冠礼，也就是成年礼。冠礼之后，就要戴冠，也就是帽子。同时，冠礼上要命字，也就是从此拥有自己的字了。孔丘字仲尼，现在可以正式使用"仲尼"了。

成年之后，就可以成亲了。

孔丘的冠礼由哥哥孟皮为他举行，孟皮亲自给他戴上了冠。

"兄弟，还有一件很重要的事情哥哥要跟你商量。"冠礼结束之后孟皮说，很严肃的样子。

"哥哥，你说，我听你的。"

"兄弟，你看哥哥我是个残废，身体也不好。按着规矩，残废是不能担任一个家族的家长的。从前你小，可是现在你转眼间成人了。所以，孔家的家长从此交给你来当了。"

"那，那怎么行？"孔丘吃了一大惊，如果自己当了孔家的家长，不是等于从此地位在哥哥之上了吗？

"兄弟，你不要以为这是一个美差，有什么便宜，不是的。"孟皮笑了笑，然后严肃地说，"我这辈子是没什么用了，可是你不同，虽然你出身低贱，可是好学、好强，有毅力，今后你一定会有出息。你做了孔家的家长，孔家的事就都是你的事，今后你的侄儿侄女们你都要管。"

孔丘无法推辞了，哥哥说的也是实情，哥哥的身体不好，说不定什么时候就走了，这也是把后事交给自己，自己能够推辞吗？当然不能。

事情就这么定了，不过孟皮并没有立即去更改注册，他要等到为孔丘娶妻之后再去做这个事情。

孔丘在成年之后做的第一件事情就是去找阳虎，请求在季孙家谋到一个职位。阳虎倒是很愿意帮忙，给了孔丘一个委吏的职务，具体地说，就是仓库管理员。当然，不是总库，只是季孙家的一处仓库。

这是孔丘有生以来的第一份固定职务，算是由此跻身白领阶层。

第二件事就是娶媳妇。

孔丘的媳妇姓亓官，就叫作亓官氏。

孔丘置办了一身新衣，驾着哥哥家里的那辆旧车，前往宋国去迎娶媳妇了。

根据媒人的说法，亓官氏长得花容月貌，家里是做房地产生意的。所以孔丘一路上很忐忑，生怕对方条件太好，看见自己这穷酸样子，说不定会悔婚。

到了老丈人家，孔丘忐忑的心算是放下来了，因为亓官氏长相一般，而老丈人家就是泥瓦匠。

"鲁国的大款来了。"村子里的人都这么说，在他们眼里，外国人都是大款。

"女婿，我女儿今后可以跟着你享福了。"老丈人也很高兴，当初来提亲的人忽悠了他，把孔丘说得家境富裕，颇有财产。

孔丘哼哼唧唧，也不好说自己实际上也是个穷光蛋。当然，他也决不会去忽悠老丈人。孔丘有做人的原则：不说假话；如果被迫一定要说假话，不创造性地说假话。

总之，老丈人对这个高大的女婿很满意，老丈人的女儿对未来也很期待。村子里的人们很羡慕这一家，因为即便没有嫁给齐国人，能嫁给鲁国人也算不错了。

就这样，孔丘带着亓官氏回到了鲁国，回到了自己家里。

"哦。"满怀希望的亓官氏看到自己的新家，难免有些失望。看上去，这里还不如自己的娘家。"原来你这么穷啊。"

孔丘的脸一下子变得通红，他知道会有见光死的这一天的。

"娘子，我知道说媒的人忽悠你们了，不过我真不知道他会忽悠你们。你看这样吧，我也不想骗你，如果你不愿意嫁给我，那，我再送你回去。"孔丘说得很真诚，他真是这么想的。

亓官氏原本是一肚子怨气，可是孔丘这么说，她反而无从发作了。一路上，孔丘对自己都很照顾，人肯定是个好人。再说了，自己嫁出来了，怎么还回得去？好歹说吧，鲁国大环境还算比宋国好，说不定今后的日子会好起来。

"唉，算了，嫁鸡随鸡，嫁狗随狗吧。只要你对我好也就行了。"亓官氏叹了一口气，索性认命了。

"我不会让你受穷的，我会努力的，我们会过上好日子的。"孔丘有些激动，拉着亓官氏的手说。

不管怎样，两人都接受了这个现实，大家都年轻，还有奔头。

新婚是甜蜜的，即便还是很穷。

孔丘更加努力学习，努力工作。

功夫不负有心人，三个月后，孔丘终于搬离了贫民区，搬到了平民区，住房条件和环境都好了许多。

功夫不负有心人，十个月后，孔丘迎来了自己的儿子。

"我有儿子了，我有儿子啦。"儿子出生的那一天，孔丘兴奋异常，想想自己，再看看儿子，儿子比自己幸福太多了，他生下来就住在自己家的房子里，有名分，生下来就是个士。

然后，好消息接着又来了。

就在孔丘儿子出生的第三天，当地主管户籍的官员上门了。

"孔丘先生，恭喜你喜得贵子，国君特地派我给你送来礼物，望笑纳。"官员说着，递上来一条鲤鱼。

"哇，国君都来给我祝贺了？！多谢多谢。"孔丘喜出望外，自己生个孩子，国君都来送贺礼，这也太荣耀了吧？

来人走了之后，孔丘决定为了纪念国君的礼物，给自己的儿子取名孔鲤，字伯鱼。

孔丘当时不知道的是，按照周礼，当一个士家里生孩子的时候，生了男孩，国家要奖励一条鱼。也就是说，每个士家里生了男孩，都会得到一条鱼或者类似的礼物，而这个礼物是以国君名义送的，但是国君并不知道。因此，这实在不是一件太让人激动的事情。

可是对于孔丘来说不一样，他毕竟是从贱民成为士，对于这得来不易的福利，他当然会更加刻骨铭心，会更加珍惜。所以，尽管鱼并不是国君亲自派人送的，可是孔丘把这份情算在了国君的头上。

第二四六章

南蒯和他的朋友们

一个篱笆三个桩

做了一年的委吏，孔丘被轮岗为乘田吏，管理畜牧，整天和牛羊打交道了。

孔丘的性格比较内向，做事认真，但是平时话少，与人打交道的能力不是太强。因此，在季孙家里，没人讨厌他，但是朋友也没几个。

阳虎偶尔会碰上他，每次都很热情。说起来，两人关系算不错。不过，阳虎是高管，孔丘知道自己跟他交不上朋友。

孔丘二十二岁那一年，季孙家中出了一件大事。

当初在孔丘母亲去世的那一年年末，季孙宿死了。季孙宿的儿子季悼子接任不久也去世了，于是季悼子的儿子季孙意如（季平子）现在是季孙家的主人。

季孙家的管家南遗也死了，其子南蒯成为季孙家的管家。

"连管家都世袭了？"孔丘感到惊讶，看来诸侯架空了周天子，三桓架空了鲁国国君，现在家臣又把三桓也架空了。

孔丘早就看出来了，季孙家好像是管家主事。

南遗是季孙家的老家臣，季孙宿在世的时候对南遗就很客气，所以南家在季孙家中地位很高。可是，季孙宿和南遗相继去世以后，如今的季孙意如对南蒯很不敬重。

这其实也不奇怪,一朝天子一朝臣嘛。

可是,南蒯不高兴了。

这时候的鲁国国君是鲁昭公,鲁昭公有个哥哥叫公子憖,跟鲁昭公关系还不错。

这个时候,鲁国的地盘都被三桓瓜分了,国君就剩下不大的几块自留地,算是给公子公孙们留下活命的固定资产。

所以,公子憖虽然贵为公子,名下实际上没有几亩地,个人资产还抵不上三桓家的普通家臣。对此,公子憖一直愤愤不平,暗地里恨三桓恨得牙痒痒,尤其恨季孙家。

放在平时,南蒯也不把公子憖当成一根什么葱,基本上没什么来往。

可是这一天,南蒯竟然登门拜访公子憖了。公子憖就觉得挺奇怪,论名义上的地位,自己跟季孙意如平级。可是论实权,自己连南蒯的马仔都比不上,这见了面怎么叙礼呢?摆公子的架子吧,感觉底气不足;低三下四吧,又觉得很没面子。

好在,两人一见面,这个问题就没有了。

"哎哟,公子殿下,久仰久仰啊。南蒯早就应该前来拜见了,只是俗务繁忙,拖到了今天。为表歉意,特送上玉璧三对,锦帛十匹,猪头一个,万望笑纳。"南蒯上来就是一通马屁,还送了不菲的礼物。

公子憖当时就笑了。

两人很快就谈笑风生起来,好像多日未见的好友一般。

"公子家里这装修风格甚是简约啊,不知哪里请的装修师傅?"南蒯假惺惺地问。

"简约?唉。"公子憖叹了一口气,脱口而出,"实不相瞒,这不是简约,这是没钱哪。"

"没钱?公子说笑了。"

"说什么笑啊?你是季孙家的大管家,难道不知道?鲁国名义上是我们家的,实际上是三桓家的啊。"公子憖忍不住抱怨起来,这正是南蒯要的效果。

第二四六章　南蒯和他的朋友们　　　　　　　　　　　　　　53

"公子，我也实不相瞒。虽说我是季孙家的管家，可是路见不平一声吼，吼着吼着我就想出手。我们南家也是世受国恩，我们也是周公的后代，凭什么他们三桓家族就能瓜分鲁国呢？所以我今天来找公子，就是想跟公子合作，赶走季孙，把他们的土地财产都收归国有，公子您来接替季孙的地位。我呢，给您当管家，把费地封给我就行了。"南蒯提出一个很诱人的建议。

公子憖当时差点儿晕过去，不是吓得，是激动得。

这真是天上掉下个林妹妹，林妹妹还背着一书包的馅儿饼。

"干，干。"公子憖一激动，说话都不利索了。

俗话说：一根篱笆至少三个桩，一个好汉也要两个帮。

南蒯和公子憖一商量，两个人好像还有点儿势单力薄，恐怕还需要人手。公子憖有个好朋友叫叔仲小，一向也很反感三桓，建议可以拉来做合伙人。

南蒯也认识叔仲小，叔仲家族是从叔孙家族分离出来的，看着叔孙家吃香的喝辣的，叔仲小的心里也是早就不平衡了，常常抱怨社会不公。

于是，两人找来了叔仲小，说是先干掉季孙，再干掉叔孙，那时候叔仲家族取代叔孙家族。

"好啊好啊。"叔仲小也是喜出望外，抱怨社会不公的人多半是因为自己不是既得利益者。如果自己能够成为既得利益者，就不去管什么公平不公平了。

现在，是三个人共谋大计了。

俗话说：一根篱笆至少三个桩，一个好汉也要两个帮。

不过，这个时候这句俗话是南蒯说出来的，他的意思是三桓虽然平时互相钩心斗角，但是关键时刻一定会互相帮助的。要对付季孙家，另外两家绝不会坐视。如果三家联合，那谁也奈何不了他们。

"怎么办？"南蒯问。

公子憖和叔仲小大眼瞪小眼，谁也不知道。

南蒯提出来的问题，看来还要南蒯自己来回答。

"拆了他们的桩啊。"南蒯说，他早就有了通盘的考虑。

"拆桩？怎么拆？"公子憖和叔仲小问。

南蒯扫了他们一眼，既有得意又有失望。得意的是看起来自己很高明，失望的是这两个货看来不是理想的伙伴。

"咱们离间他们。"南蒯说，随后压低了声音，"叔孙婼即位以来，已经接受了国君的三命为卿，三次任命，这地位已经超过了他的父亲叔孙豹，可是他何德何能？啊？叔仲，这个事情我和公子憖都不方便出马，你去比较合适，你就对季孙意如说叔孙婼三命为卿超越了他的父祖，是违反周礼的，让他自己把三命给退了。"

什么是三命？

按照周礼，人是要讲谦让的。因此，规定了很多辞让的内容。

譬如说求婚，第一次求婚，女方家长要说我家女儿又丑又懒，你家公子玉树临风，我家丑女配不上你家儿子；第二次求婚，女方家长要说我家女儿不懂事，你家儿子又能干又有爱心，我家女儿配不上你家儿子；第三次求婚，才答应。

譬如邀请对方进行投壶游戏，也有这个过程，要两次推辞，第三次才接受。为什么这样呢？因为对方的第一、第二次邀请可能都是客气话，要有第三次才算是真心邀请。所以，前面两次辞谢，就是给双方留面子。

通常，一个国家的官员级别为卿和大夫。按照周礼，鲁国应该有六个卿。但是三桓瓜分鲁国之后，鲁国就只有三桓为卿。三桓中，季孙为上卿，孟孙和叔孙为下卿。按照规矩，国君任命上卿，应该辞谢两次，到国君第三次任命才接受，这就叫三命，这是任命官员的最高礼遇了，说明国家缺你不可。下卿则是一命或者两命。

叔孙豹是下卿，他是两命为卿，那是因为叔孙豹德高望重。如今叔孙婼连续两次辞谢，搞得鲁昭公只得三命他为卿，这个确实是过分了。

南蒯的主意，就是要首先离间季孙家和叔孙家，然后再对季孙家动手。

用南蒯的话说，先拔了叔孙家这根桩再说。

三桓家的子弟平时在一块斗鸡走狗什么的，所以都很熟，所以叔仲小没费什么事，找了个机会去见季孙意如，把南蒯教给他的话对季孙意如说了一遍。

"唉，是啊。"季孙意如还真没注意到这个问题，听叔仲小这么一说，就觉得有道理。

季孙意如这人最大的特点就是不爱动脑子，当时就派人去找叔孙婼，说是你不应该接受三命，你自己去找鲁昭公，把那最后一命退回去吧。

叔孙婼一听，火气腾地上来了。

"这些年来，你们季孙家可没少祸害我们叔孙家。如果你们认为我们不对，你们可以讨伐我们。不过，我这三命是国君给的，是我应得的，我凭什么退回去？"叔孙婼为什么发这么大的火呢？因为最近这些年来，季孙家在背地里搞了叔孙家不少小动作。如今你季孙意如管得宽，管到了我们的头上，好啊，既然这样，咱们就撕破脸算了。

赶走了季孙意如派来的人，叔孙婼一不做二不休，随后去了朝廷。

"季孙欺人太甚，这不仅是欺负我们家，同时也是不把国君放在眼里，我要打官司，跟他们对簿公堂。"叔孙婼在朝廷一通大闹，鲁昭公也无话可说，只能劝他算了。

其他人也劝，好劝歹劝，总算把叔孙婼给劝回了家。

事情迅速就传到了季孙意如这里，他万万没有想到叔孙婼的反应这么大，再加上瓜分中军的时候占了便宜，本来就有些心虚。于是，又急忙派人去叔孙婼家道歉，说这个事情是自己被人忽悠了，忽悠自己的人就是叔仲小。在此表达诚挚歉意，希望双方捐弃前嫌，重建信任。

好说歹说，叔孙婼算是消了气，这件事就算是过去了。

虽然事情没有闹大，但季孙家和叔孙家的梁子算是结下了。不过，叔仲小从中挑拨的事情也曝了光，好一阵灰头土脸。

成功离间了季孙家和叔孙家，算是成功迈出了第一步。

第二步怎么走？

"以咱们的力量，两个桩的篱笆咱们也动不了。"南蒯说，现在他发现自己的这两个合作伙伴好像基本上没什么实力，必须要引入更有实力的合作伙伴。

而这个伙伴只有一个候选人，那就是鲁国国君鲁昭公。

"那怎么办？"公子慭和叔仲小问，他们说得最多的就是这句话。

"这个事情必须要得到国君的支持。"南蒯说，一边看着公子慭。

公子慭知道，上回离间季孙家和叔孙家的事情是叔仲小去干的，这回任务该轮到自己了。

"那，那我该怎么干？"公子憖问。

"你就去国君面前说季孙的坏话，说得越坏越好，总之就说他有野心想篡位，还想霸占后宫的所有美女。反正吧，你看着说吧。说到国君愤怒的时候，你就说我们几个人联合起来，找个机会把季孙意如给骗到宫中，就在宫中宣布他的罪状，没收他的家产和土地。然后大头归他，咱们占个小头就行了。"南蒯给公子憖支招儿，这事，也只能公子憖去做了。

"好好，好主意。"公子憖连声答应着。

公子憖找了个机会来到宫里，见到鲁昭公。

按照事先演练好的，公子憖在鲁昭公面前说了季孙家一通坏话，由于有南蒯提供素材，所以很有说服力，至少公子憖这么认为。

听完公子憖的话，鲁昭公沉默了。对于季孙家，他自然一直不满。不过公子憖突然来说这些，必然是有目的的，什么目的？

果然，看见鲁昭公不说话，公子憖认为鲁昭公是被气得说不出话来。

"主公，实不相瞒，现在有个大好的机会除掉季孙。"公子憖说得有些兴奋，声音不由自主地高了起来。

鲁昭公脸色一变，急忙示意公子憖低声说话。别看这是在后宫，保不齐就有季孙家的卧底。

"你说什么？"鲁昭公左右望望，见近处无人，这才轻声问道。

公子憖于是就把自己和南蒯以及叔仲小想要联合起来赶走季孙家的计划说了一遍，当然他们要捞好处的事情没有说。

"只要主公您找个借口把季孙骗进来，将他捉拿起来，土地财产全部充公，咱们就大功告成了。"公子憖说着说着声音又大了起来。

鲁昭公猛地做了一个住口的动作，看上去很是生气。

"你们吃了豹子胆了？不想在鲁国混了？不行。"鲁昭公一口拒绝，大大出乎公子憖的意料。原本，他以为鲁昭公能像自己一样兴奋。

公子憖蒙了，若是鲁昭公不参与，这事情八成要泡汤。

"主公，走过路过不要错过啊，这个机会可是打着灯笼都找不到啊。"公子憖还要劝,被鲁昭公打断了他的话:"我看你们是打着灯笼上茅坑,就是找死去了。别说了,这事我坚决不干。要干,你们自己干。"

鲁昭公铁了心,坚决不干。

公子憖再三劝说,鲁昭公死活不肯。到最后,公子憖没有劝动鲁昭公,倒被鲁昭公把自己说得动摇起来。

"是啊,军队都在人家手里,咱们凭什么跟人家斗啊?"公子憖越想越觉得这事情有点儿没谱儿。

"没错啊,你们凭什么跟人家斗?你以为季孙家和叔孙家成仇人了,别傻了,一旦季孙家危险,你看叔孙和孟孙家帮谁吧。"现在,轮到鲁昭公来劝公子憖了。

公子憖是越想越后怕,现在想的不是怎样对付季孙了,而是应该怎样保护自己。

"主公啊,我现在也觉得这件事情有点儿缺心眼了,可是我已经答应了南蒯了,要是我反悔,得罪了南蒯,我也没好果子吃啊,我,我可怎么办呢?"公子憖边说边拍脑袋,他现在是骑虎难下了。

鲁昭公想了想,想出一个主意来。

"这样吧,过几天我要去晋国国事访问。你跟我一块去,躲他一阵子再说,怎么样?"

"那太好了。"公子憖高兴地说,总算松了一口气。

三天之后,鲁昭公前往晋国进行国事访问,公子憖随行。宣布之后,当日起程,走了。

关键时候,公子憖和鲁昭公开溜了。南蒯用脚后跟想也能想明白是怎么回事,无非就是临阵脱逃。毫无疑问,自己被晾在旱地里了。

"我晕,公子憖这个没主意的东西,早知道不找他了。"南蒯这叫一个郁闷,如意算盘落空了。

公子憖溜了,叔仲小怎么样?

叔仲小也不怎么样。

虽然说离间了季孙家和叔孙家,可是自己也得罪了这两家,如果不赶走季孙,基本上自己今后也没什么混头了。所以,叔仲小到处散播谣言,当然其实也不是谣言，因为谣言的内容就是南蒯要联合鲁昭公和公子慭动手收拾季孙意如。

为什么要故意泄密呢？

一来，叔仲小是著名的碎嘴，肚子里连个屁也包不住；二来，也是变相逼南蒯和公子慭动手；三来，是要死一块死的意思，老子得罪了季孙，你们也别装好人。

季孙意如自然听说了，不过他没有问，傻瓜才问。但是，季孙意如明显提高了警惕，每次见到南蒯，表情都不太自然。

南蒯现在最大的感慨就是：不怕狼一样的对手，就怕猪一样的队友。

一个篱笆三个桩，现在只剩下一个桩了，装都装不下去了。

南蒯知道，以现在的形势发展来看，摊牌是必然的结果。

问题是，缺少了鲁昭公的支持，自己名不正言不顺，一旦跟季孙翻脸，另外两家肯定会联手对付自己，自己肯定不行。所以，摊牌就等于完蛋。

怎么办？三十六计，走为上计。你公子慭跑了，老子就不能跑？

南蒯想来想去，只有一个办法：回到自己的老窝费地，带领费地投靠齐国，寻求保护。

为什么费地是他的老窝？因为此前他是费地宰。

南蒯占据了费地，投靠了齐国，而公子慭在听说之后，知道事情败露，直接没敢回鲁国，也去齐国政治避难了。

谣言终于成为事实，季孙意如暴跳如雷，因为费地是季孙家的大本营，如果丢掉了，实力可就大大受损了。现在一回想，猛然想起当初叔仲小挑拨自己与叔孙婼之间的关系，总算是明白了前因后果。

"叔仲小这个混账东西跟公子慭和南蒯是一伙的，那两个都跑了，我建议驱逐叔仲小。"季孙意如向叔孙婼建议，他觉得叔孙婼会赞成。

"唉，我看就算了吧，冤冤相报何时了？"叔孙婼拒绝了，不仅拒绝了，还专门派人去找叔仲小，说自己原谅了他。

叔仲小感动得够呛，同时怨恨季孙意如。

季孙意如很恼火，这下坏人都是自己做了。

稀里哗啦的战争

季孙意如要攻打费地，所以季孙家进行了紧急动员。

春秋时期，对于士来说，平时为国家或者卿大夫服务，享受国家的补助。到了战时，每个人都有上战场的义务。

所有人都开始行动起来，包括孔丘。

到季孙家两年多了，孔丘没有进行过一次战斗训练。不仅孔丘，实际上在曲阜的所有士都没有接受过战斗训练。不仅这两年，五年内都没有过战斗训练。

换句话说，战备早已经荒废了。

由于季孙家瓜分了中军的一半，因此战车兵器等并不缺乏，人也不缺，但是缺少的是战斗的经验和有战斗经验的将军。

不过到这个时候，也管不了这些了，季孙家迅速组织了一百乘战车，准备攻打费地。

孔丘有生以来头一次正式穿上了皮甲，登上了战车，开始紧急作战训练。

俗话说：虎父无犬子。

人们以为叔梁纥的儿子一定也是一员猛将，可是很快就发现不是这么回事，孔丘根本不是当兵的料。力量不够大，射箭不够准，驾车还不稳。

最糟糕的是，他还有很多习惯动作，随时随地都是谦恭有礼的样子，这打起仗来，随时被灭。

"孔丘，你留在后方。"阳虎是孔丘的顶头上司，见孔丘一副尿样，干脆照顾他。

就这样，孔丘失去了唯一一次打仗的机会。

季孙意如派叔弓担任主帅领军攻打费地，队伍稀里哗啦而去，稀里哗啦而回。

稀里哗啦而去，是因为士兵们基本没受过训练，什么队列、号令等都不清楚，稀里糊涂跟着去，闹哄哄的像是过年的时候去拜年。

稀里哗啦而回，是因为队伍刚到费地，就看见南蒯率领的队伍队列整齐地冲锋过来，一支箭射过来，擦着叔弓的耳朵过去，叔弓怪叫一声，第一个逃命。于是，大家稀里哗啦就逃回来了。

因为费地挨着齐国，所以往常南蒯还是有训练的，比季孙意如这边的士兵强一些。

虽然败逃而回,不过伤亡并不严重,阵亡的只有四个,受伤的比较多。死的一个是被箭射死的,三个是翻车压死的,受伤的都是逃跑的时候掉下车摔伤压伤的。原因很简单,鲁国人讲亲情,看你跑了,根本不追杀。

孔丘的一个关系还不错的同事在逃跑的时候掉下车来,摔断了腿,结果还是费地的人把他救了,派了一辆车送了回来。

孔丘当时叹了一口气:"唉,让没有训练的百姓上战场,这就是害他们哪。"

这句话在《论语》里有记载,原话是:"子曰:'以不教民战,是谓弃之。'"

季孙意如非常恼火,可是又没有办法,自己还没有胆量亲自领军讨伐。

"不行,今后看见费地的人就抓起来。"季孙意如下令,打仗打不过,只能从老百姓身上出气。

命令刚一下达,一个叫作冶区夫的家臣就来提意见了,他说:"主公,这样不行啊。这样不就等于逼着费地人跟着南蒯了?要想收复费地,就要用和平的方式才行啊。"

"怎么个和平方式?"

"从现在起,但凡费地人,免费提供吃喝,提供衣服,提供住所,费地人一看咱们这么够意思,自然就会抛弃南蒯,回归您的怀抱啊。"

"嗯,我看行。"季孙意如同意了。

于是,重新下了一道命令,内容就是以上那些,只要看见费地人,好吃好喝好招待。

就这样,两年之后,和平方式成功,费地人赶走了南蒯,费地重归季孙家。

南蒯则逃奔齐国去了,不过在齐国他也并不受欢迎,齐国国君齐景公称他为叛徒。

"我不是叛徒啊,我只是想帮鲁国国君对付季孙家啊,我是为国尽忠啊。"南蒯急忙为自己辩解。

"尽个屁忠,你是季孙的家臣,却帮着国君对付季孙,你这个吃里爬外的东西。"齐国大夫韩晳骂他,替齐景公做了回答。

看来,忠君是不可以越级的。

第二四七章

开办私校

苦学周礼

这是孔丘第一次经历战争,这也是孔丘第一次经历内乱,这让孔丘对美好生活的期望大打折扣。原本,他以为每一个贵族都是文质彬彬、谦恭有礼的,以为成了士就有了美满的生活。可是现在看来,并不是这样的。

孔丘越来越感觉到,其实在季孙家里,人们对周礼的遵从并不是他从前想象的那样,很多人不把周礼当成一回事。

为什么南蒯会造反并且能造反?为什么季孙家根本不把国君放在眼里?

孔丘开始认真地思考这个问题。

终于他发现,一切的一切,都是因为大家都不遵从周礼了。

如果大家都遵从周礼,那么三桓就不会瓜分鲁国,那么南蒯也不能反叛季孙。

周礼是什么?

其实,最早的礼是商礼。

因为商朝是一个商业社会,人与人之间需要打交道,商业规则需要遵守,所以,商朝的时候制定了商礼,内容就是人们商业交往时的行为指南。

到了周朝,周公将商礼进行了改造,就成了周礼。

周礼的内容除了原先人际关系指南之外,还增加了人们生活起居,君臣卿大夫的行为指南,于是逐渐成了贯穿贵族生活工作的一整套行为守则。婚丧嫁娶、学习工作、人际交往、赌博下棋等,都有一套规则。而这套规则并非强制性的,而是基于自觉。人们以遵守规则为荣,以不遵守规则为耻。

因为秦朝以后中国人就不再遵守周礼了,所以我们现在对周礼没什么认识。不过周礼后来被日本人学走了,现在日本还有茶道、棋道等,其实都是周礼的变种。可以说日本的各种道,就是春秋时期的礼。

孔丘认为,周礼是完美的,如果人人都能遵从周礼,世界就会和平而快乐。而周礼的制定者周公就是孔丘的偶像,是他心目中最伟大的圣人。

鲁国国君就是周公的后代,鲁国就是世界上周礼最齐备的国家。为此,孔丘对自己生在鲁国感到幸运和光荣。

孔丘开始潜心研究周礼,越是研究,就越是感觉周礼是个好东西。

鲁昭公十五年(前527年),这一年孔丘二十五岁。春天的时候,鲁昭公决定祭祀鲁武公。这样的机会孔丘自然不会错过,于是前去围观了。

祭祀仪式由叔弓主持,如果叔孙豹还在的话,则是叔孙豹主持。

仪式刚刚开始,叔弓突然心脏病发作,死在祭祀现场。

"哎哟,这下怎么办?"孔丘很好奇,他确实不知道。

现场的做法是把叔弓的尸体抬了下去,然后换人主持,祭祀活动继续进行,不过把音乐歌舞的部分取消了。

后来孔丘知道,这样的做法是合乎周礼的。

孔丘这个时候感觉到,自己对周礼的研究还远远不够,特别是涉及诸侯这个级别的部分。问题是,如果要引起国君的关注和重视,恰恰是这个部分的周礼最为重要。

怎么才能学习诸侯这个级别的周礼呢?孔丘一时还没有想到办法。

鲁昭公十七年六月一日(前525年),鲁国发生日食。

"这个时候该怎么办?"孔丘来了兴趣,古人对各种异常天象都很重视,认为是上天在表达什么。那么按照周礼,应该怎样应对?

果然,卿大夫们在日食发生之后,都匆忙上朝讨论。负责祭祀的祝史前来请示，问需要什么样的祭品，以及该祭祀谁。

叔孙婼首先发言，他对周礼比较有研究，他说："按照周礼，发生了日食，天子就应该减少自己菜肴的数量，并在土地庙击鼓驱邪；诸侯则在土地庙祭祀，向土地神献上供品，同时也要击鼓驱邪。"

叔孙婼说完，祝史正要去做，季孙意如说话了。

"哎，等等，据我所知，只有在正月一日发生了日食才这么做，其他时间发生日食什么都不用做。"

季孙意如大声反对，好像还很有把握。

这下，大家都有些傻眼，上卿和次卿意见不一致，该听谁的？

"叔孙说得对，季孙说得不对。"太史终于发话了，他支持叔孙婼。在这类问题上，太史是权威人士。"恰恰是这个月发生了日食才这么做。这个时候日月星互相侵犯，因此才发生了日食。在这样的情况下，百官都要脱下朝服穿上便服，君主减少菜肴，搬出正寝，要派人击鼓驱邪，在土地庙祭祀并且献上祭品。这个月是夏历的四月，因此叫作孟夏。"

太史的话说完，季孙意如的脸色变得很难看，在这么多人的面前丢面子真是一件很没面子的事情。

所以，季孙意如决定来个不讲理，他摆摆手说："不对，你说得不对，他说得也不对，你们说得都不对。我对，就我对。啊，什么都不用干。就这样了，散朝。"

季孙意如发了话，谁也不能反对，于是一哄而散，各回各家，反正天塌下来有个子高的顶着。

虽然季孙意如的话没人敢反对，不过大家更加确定这伙计就是一个不学无术的东西。

孔丘知道了这个事情，又长了见识。不过他又感慨自己的知识不够用，还要好好学习。

秋天的时候，孔丘又有了一个学习的好机会。

郯（音谈）国国君来国事访问了，因为属于东夷国家，郯国没有爵位，国君就称为郯子。郯国在今山东郯城县，郯国的祖先是东夷族的少昊氏，嬴姓。

话说如今郯国有一棵古老的银杏树已有三千岁高龄，高四十二米，树围八米，直径二点六米。现在依然枝繁叶茂，生机盎然。

郯子来到，鲁昭公亲自设宴招待，叔孙婼作陪。

叔孙婼是个很好学的人，他问了郯子一个问题："我想请教，当初少昊氏的官名都以鸟来命名，这是为什么？"

郯子见叔孙婼向自己请教，有些得意，当时这样回答："少昊氏是我们的祖先，所以这个我倒知道。从前黄帝以云来记事，因此他的官名都是云，白云、乌云、棉花云什么的，上朝讨论问题就好像天气预报一样；炎帝以火记事，因此以火来命名他的百官；共工以水记事，因此以水来命名百官。太昊氏以龙记事，因此用龙命名百官。我们祖先少昊即位的时候恰好有凤鸟飞来，于是就用鸟来命名百官了。"

之后，郯子把当时用鸟命名的官名和现在的官名对应着说了一遍。最后，郯子说道："自从颛顼即位以后，就改变了这些做法，因为百官实际上都是管理百姓的，所以都用百姓的事情来命名了，一直就延续到今天。至于上古的官名，就都被忘记了。"

叔孙婼听完非常高兴，再三道谢。

孔丘听说这件事情之后，专门去求见郯子，向他请教。郯子热情地接待了他，这也是孔丘第一次和一国的国君谈话，非常高兴。

孔丘从郯子那里出来，逢人就说："我听说，天子失去了古时百官的制度，可是这些学问却保存在四周的蛮夷小国，看来真是这样了。"

郯子，就成为有文字记载的孔子的第一个老师。

孔丘一边努力学习周礼，一边以周礼来要求自己。

在季孙家里，孔丘一切都按照周礼来做，有的时候就显得与环境有些格格不入了。

尽管鲁国是周公的封国，从一开始就严格执行周礼。但是随着时间的推移，人们对周礼早就有些懈怠了，一些礼节被简化，一些礼节干脆就取消了。可是，只要是孔丘懂得的，他都会按照周礼去做。

譬如，季孙意如就是个纨绔子弟，在接掌季孙家之前基本上不务正业，一帮人混在一起没什么规矩,所以在他接掌季孙家之后,与家臣们的礼节都很简单,家臣们也乐得如此,大家轻松。

可是孔丘不一样,他对季孙意如毕恭毕敬,严格按照周礼来,所以偶尔季孙意如和他打交道,季孙意如都有些烦他,觉得太烦琐了。

所以同事们对他也有各种评价,有说他迂腐的、有说他谄媚的、有说他认真的,反正说什么的都有,孔丘也不在乎。

就算在家里,也是一样。

"你的规矩怎么那么多?"老婆亓官氏常常这么说,对于孔丘的一些习惯她实在是受不了。在她的家乡,没这么多规矩。

孔丘吃饭的时候绝对不说话,他认为这时候说话既不卫生也不健康,吃饭就该专心吃饭,有什么话吃完饭再说。

刚结婚的时候,孔丘每天从季孙家回来都比较晚,因为路途有些远。到家之后老婆已经做好了饭菜,老婆在家闷了一天,迫不及待想和老公说说话,所以一边吃就一边问老公今天有什么新鲜事。结果呢?孔丘一言不发,弄得老婆很恼火。后来时间长了,老婆也就习惯了,吃饭的时候就自己说话,你爱听不听。

每次吃饭,席子没有铺正不行,肉切得不方正孔丘也不吃,说这些不符合周礼要求。

"你爱吃不吃。"亓官氏后来实在受不了了,当年在家做姑娘的时候根本不做饭,如今给你做饭,你还这么多讲究?

吃饭是这样,睡觉也有讲究。

一般夫妻在床上都会说些悄悄话或者肉麻的话,可是,孔丘只要上了床,就闭嘴不说话了,说是躺着说话不合周礼。

不说话也就算了,孔丘对睡觉的姿势还有讲究。

孔丘睡觉绝对不会仰面朝天睡,并且要求亓官氏也不能那么睡。

"为什么?我就喜欢那么睡。"亓官氏说,这还是刚嫁过来的时候。

"因为只有人死了躺在棺材里才是这样的。"孔丘说,随后他解释说他小时候给人做尸,常常这样躺着一躺就是一天,所以后来只要这么躺着,就以为自己死了。

"哦。"那时候亓官氏倒也通情达理,她知道这是孔丘的心理阴影,就顺着他算了。

孔子的这些习惯,在《论语》中都有记载。

(《论语》:"食不语,寝不言。")

(《论语》:"席不正,不坐。")

(《论语》:"寝不尸,居不容。")

最让亓官氏受不了的,是孔丘的洁癖,衣服要干干净净,房间要一尘不染,厨房必须收拾得干干净净,院子里不能有一片落叶。

为了这个,两口子没少吵架。

"你一个贱民出身的人,装什么贵族啊?!"这是亓官氏每次最伤人的一句话,实在忍不住了才说的。

"不想做贵族的厨子,就不是一个好厨子。"孔丘每次都这样回答,当然,原句与此有区别,就是这么个意思。

让亓官氏略感安慰的是,孔丘从来不骂人,也从来不动手打人,他说君子动口不动手。

所以,每次吵架的结果,都是孔丘叹一口气,不再搭理亓官氏。

孔丘对周礼的研究越多,亓官氏就越烦他。

"你看,季孙家今天干的这件事情,整个程序是对的,可是第三步和第四步之间的承接与周礼不同。"孔丘每当有了新发现,就会情不自禁地对亓官氏说。

每当这个时候,亓官氏就会瞥他一眼,心想:你这不是吃饱了撑的吗?

"唉,再这样违背周礼下去,国家就要完蛋了。"有的时候,孔丘会发出这样的感慨。

每当这个时候,亓官氏就会"哼"一声,心说:你不过是根韭菜,操什么金丝楠木的心呢?

季孙家和国君有什么祭祀活动的时候,孔丘是一定要去的,并且第一个到最后一个走,所以每次回家都很晚。

"明天还上班呢,回来这么晚干什么?"亓官氏每次都没好气地问。

"这是个学习周礼的机会啊。"孔丘说。

"机会，机你个头啊。"亓官氏急了，随后就会大声吼叫起来，"那些没用的东西，你研究它们干什么？咱们小老百姓，想办法多挣几个钱养老婆孩子是正路。你看人家隔壁邻居的老婆，穿金戴银，吃的用的都是齐国产的名牌货，再看看我？啊，你说你整天整那些公卿大夫才整的东西干什么？哼。"

"老婆，你没看这个国家一天天衰败下去吗？如果有一天国家完蛋了，咱们都是亡国奴啊，那时候就惨了。我研究这些，就是要保证国家富强起来，咱们老百姓的日子也就安稳了。再说了，我研究这套要是被国君看中了，我也能当卿大夫啊。老婆，好日子就在前头了。"孔丘心情不错，不跟老婆计较，耐心解释着。

"啊呸，有这工夫，你也去走走门路拉拉关系，换个好点儿的职位，多挣点儿钱回来啊。你看人家隔壁叔清，人家跟你一年到的季孙家，人家现在混成什么样了？再看看你，啊！人家阳虎对你也不错，巴结巴结他就那么难吗？为了我们母子几个牺牲一点儿尊严就不行吗？"说到这里，亓官氏竟然伤心地掉下了眼泪，"我的命怎么就这么苦呢？怎么就嫁给了你这么个窝囊废呢？呜呜呜。"

孔丘不说话了，他忍着。

亓官氏哭着走开了。

而孔丘一天的情绪都不好，第二天他拼命调整情绪，继续研究周礼。

三十而立

渐渐地，孔丘以精通周礼而闻名于季孙家，并且很快在鲁国小有名气。季孙家遇上祭祀丧葬婚姻等事情，有时就会来向孔丘请教，这让孔丘自我感觉非常好。回家说给老婆听，老婆也很高兴，觉得老公的前途有希望了。

主持祭祀丧葬婚姻等仪式的人称为相礼，就是现在的主持人。以孔丘的水平，完全可以出任季孙家的相礼。可是，鲁国有个传统叫作亲亲上恩，换成现代话就是任人唯亲。有好的机会，首先考虑的是近亲，之后是远亲，之后是同姓。

可是，季孙家是周朝的国姓，姓姬，而孔丘是商朝的后人，姓子。

基本上就是说，在季孙家，就算天上同时掉十个林妹妹和两百个馅儿饼，也砸不到孔丘的头上。

换句话说，孔丘根本不可能担任季孙家的相礼，最多当个助手。

实际上，孔丘因为出身低贱，常常会受到歧视和嘲讽。

在季孙家，有些人提到孔丘的时候不称呼他的名字，而是叫"邹人之子"，意思是邹地的那个穷小子。邹地虽然也属于伟大首都曲阜，可是相对偏远，城里人一向瞧不起那里的人。

有一次，孔丘去太庙参观。太庙，也就是周公庙，因为周成王特命周公享受天子的祭祀规格，所以太庙里有很多天子规格的祭器，祭祀的过程也与鲁国其他的庙有区别。孔丘此前懂得一些，也有些不懂，去了之后每个祭器都要请教里面的官员，原先懂的就算是印证，原先不懂的就算是学习。

恰好那一天有季孙家的家臣也在，回去之后就对人说："谁说那个邹地的穷小子懂得周礼啊？去了太庙，什么都要问，像个白痴一样。"

后来有人把这话告诉了孔丘。

孔丘笑了笑，说道："啊，这没什么啊，不懂就问，这不正是周礼对我们的要求吗？"

对于这一类的讽刺打击，孔丘根本不往心里去。

这件事情在《论语》中有记载："子入太庙，每事问。或曰：'孰谓邹人之子知礼乎？入太庙，每事问。'子闻之曰：'是礼也。'"

孔丘的性格，话不多，根本不会拍马屁套近乎，与陌生人打交道的能力不强。换句话说，不属于社交型人才。

因此，孔丘最终认识到，自己在季孙家的发展上限是很低的，能当上一个管牲畜的基层小官已经到顶了，连家臣都算不上。

是混吃等死？还是另辟蹊径？

孔丘必须要做出抉择了。

通常，不爱说话的人更有主见。

鲁昭公二十年（前522年），孔丘做了一个人生中最重要的决定。这个决定不仅改变了他的命运，也改变了整个中国的进程。

孔丘决定辞去季孙家的工作，自己开设一所学校。之所以有这样的想法，出于以下几点原因。

首先，孔丘知道鲁国的传统以及自己的性格，是很难在季孙家有发展的，他不甘心就这样混一辈子。

其次，春秋末期，阶层固化已经被打破，士、农、工、商四种人之间的转化越来越多，很多农工商身份的人希望学习知识，却没有地方去学习。还有大量的野人获得土地，生活越来越好，也希望融入主流社会。如果自己开设私校，这些人就可以来学习，而自己靠收取学费也能过上不错的生活。

再次，三桓瓜分了鲁国，国君只能靠三桓的进贡生活，那么，原有的国家机构都面临生存危机，包括公立学校，多数名存实亡，大量的士也无法受到教育。

最后，也是最重要的，孔丘实在是太爱周礼了，他要通过自己的学校，让更多的人了解周礼，遵守周礼。

在鲁国历史上，此前曾经开设学校的只有一个人，那就是展禽，也就是柳下惠。不过严格说来，展禽算不上开设学校，因为那时候展禽年事已高，就在自家门前的大柳树下讲课，听者来去自由，也不需要缴纳学费。说起来，类似公开讲座。

因此，孔丘算得上鲁国历史上第一个开设私学的人，也是中国历史上第一个开设私学的人。

孔丘下了决心，于是去向阳虎辞职。

阳虎吃了一惊，说道："伙计，你要去教周礼？可是你知道不？你开设私校好像就是违背周礼的吧？"

"周礼中可没有说不许开设私校。"孔丘笑了笑说，他不确定阳虎是在跟他开玩笑，还是认真的。现在，阳虎已经是季孙家的管家了，他要是为难孔丘，孔丘这学校可就真的开不成了。

"可是，周礼中讲了公办学校，没有讲私立学校啊。"阳虎想了想说，并没有想要刁难孔丘的意思。

"可是，教人向善，教人学习周礼，难道周礼还不允许吗？"孔丘说。

阳虎又想了想，拍了拍孔丘的肩膀。

"伙计，说得好。去吧，祝你成功。"

阳虎笑了笑，同意了孔丘的辞职。

孔丘开办私校真的符合周礼吗？周礼中对此没有规定。

不过，从周礼的精神来推论，这是违背周礼的，至少是不受鼓励的。因为周礼中有明确规定学校公立，贵族和士才有受教育的权利。

甚至可以说，受教育是卿大夫和士的特权。

可是孔丘开设私校，等于向所有人开放了受教育的权利。

好在，既然周礼已经不再被严格执行，为什么在这个方面要较真儿呢？

所以，孔丘从一开始就是用反周礼的方式来教授周礼，以周礼叛逆者的身份来鼓吹周礼。

从一开始，孔丘就是一个矛盾体。

由这里我们看到，规则的破坏有它糟糕的一面，也有它积极的一面。伴随着规则的破坏，往往是思想解放、大胆创新，往往是社会更加包容。

孔丘开办私校的事情在整个鲁国引起轰动，因为这是开天辟地的一件事情。没有人对孔丘的做法提出质疑，大家都怀着好奇心来看这个年轻人要做些什么。

这一年，孔丘三十岁。

在三十岁上开创自己的事业，孔丘不再为别人打工，自立了。

用孔子在《论语》中的话来说，就是："吾三十而立。"

从这里开始，我们要改称孔丘为孔子了，因为他已经是孔老师了。

第二四八章

事业与家庭

招生

办学校第一件事，也是最难的一件事情就是招生。

孔子是如何招生的呢？没有记载。不过，不外乎摆路边摊这一种。

贴小广告是不可能的，因为那时候没有纸。

就在曲阜城里街边，孔子摆起了地摊。

围观的人很多，毕竟这是一个很新鲜的事情。不断地有人问，问什么的都有。

基本上，很多人听说过孔子，按照他的自我介绍，在季孙家服务十年，自学成才，曾经多次充当季孙家的相礼助理。这个，算有吸引力了。

有人当场测试孔子的知识，结果孔子对答如流，大家也就知道这不是个南郭先生。

来来往往的人中，卿大夫的子弟们对此不屑一顾，他们的身份决定了他们绝不可能来跟一个普通的士学习什么。

"伙计，你这学校教什么呢？"有人问。

"六艺，你想学什么，我就教什么。"孔子说，按照周礼，贵族和士需要学习六艺，也就是书、数、礼、乐，射和御，其中，书、数为小艺，十五岁之前就要学，十五岁以后则需要进阶。

孔子的想法是，不论你之前的学习程度怎样，我都能教，就算你是个文盲，我也能从认字开始教你。

"伙计，我想问问啊，你这个入学资格有没有要求啊？"又有人问，看上去有点儿畏缩的样子。

"入学资格？你指的是哪个方面的？"孔子反问他。

"这个，我不是给我自己问，我是帮我的邻居问问。他不是士，能不能来学习啊？"这人又问，其实，他根本不是帮邻居问，只是不想让别人知道自己不是个士。

"有教，无类。"孔子说，看他还有点儿没听明白，接着解释。"无论你是什么人，就算是野人，我都教。"

有教无类，就是无论你属于社会的什么族群，我都教你。

这句话，也在《论语》中有记载，子曰："有教无类。"

"那，伙计，我儿子十六岁，能来跟你学不？"又有人问，看上去，似乎是个商人。

没等孔子回答，旁边又有人插话。

"伙计，我爹七十二岁了，还想学习，能跟你学不？"这人话音刚落，引起了哄堂大笑。

孔子也笑了。

"只要过了十五岁的束发礼，都可以来，多大岁数都行。"孔子回答。

这句话，同样在《论语》中有记载："子曰：'自行束脩以上，吾未尝无诲焉。'"

对于"自行束脩以上，吾未尝无诲焉"这句话，通行的解读是错误的。通行的解读是这样的：只要自己拿着十余块干肉为礼来见我的人，我从来没有不给他教诲的。

这样的解读，把"束脩"解读为十块干肉，那么"自行"就是多余的，"以上"更是多余的，学费是多少就是多少，自古都是如此，譬如你为孩子交学费，你问老师学费多少，老师会说"三千块钱以上"吗？有人把"以上"说成"拿来奉上"，这跟说自己"贵姓"一样缺乏常识。

所以，这样的解读是错误的。

在这里，"行束脩"要解释为行束发之礼。按照周礼，男子十五岁束发，开始正式学习六艺。自行束脩以上，就是行完束发礼，十五岁以上。

孔子办私学虽然引起轰动，但是看热闹的多，问的人多，真正报名的少。对于普通老百姓来说，学费是一个方面的问题。主要的问题，还是大家心存疑虑，不仅对孔子的能力有怀疑，更重要的是担心孔子这个学校会不会随时被取缔。

在曲阜城里，孔子没有招到一个学生。孔子很失望，他没有想到情况会是这样。

可是，开弓没有回头箭，孔子也只好硬着头皮想办法了。

城里人不报名，那么就去郊区、去农村。孔子于是到郊区继续招生去了，学费也不得不降低。

还好，孔子总算招到了第一批十多个学生，这些学生多数住在郊区农村，多数连士都不是，只是家里略微宽松一点儿，被孔子画的大饼所吸引。其中有几个是孔子的熟人，算是半招半拽来的，学费减半，实际上就是来撑个场子。

譬如秦商，就是秦堇父的儿子，秦堇父就是当年在偪阳城下拽着白布往上爬的那个勇士。孔家和秦家一向关系不错，毕竟曾经一块扛过枪。后来是在孟皮的介绍下，孔子认识了秦商。

秦商比孔子小几岁，平时吊儿郎当没事干，家里也还过得去，至少人家是个正儿八经的士。这次孔子拉他来撑场子，二话没说，交了学费就来了，不过话说得很清楚："我可没时间上课啊，开学典礼去一趟就行了。"

再譬如颜繇，颜繇是孔子的母族，也就是跟孔子的母亲同族，说起来还是个远房亲戚。颜繇原本没兴趣，家里也没什么钱，自己还是个贱民，扛不住孔子软硬兼施，交了一半学费算是入学了，不过估计也没什么时间来学习。

还有曾点、冉耕等，家里都没什么钱，有的算个士，有的连士都不算。

开学的前一天，孔子在曲阜城的南门外摆了个摊，最后冲刺一下。

还是看的人多，报名的一个也没有。

就在孔子准备收摊的时候，一个洪亮的声音传来。

"哎，让一让、让一让，我看看这是在干什么呢？"随着声音，一条大汉拨开了众人，来到了孔子面前。

只见这条大汉二十岁上下，身高略低于孔子，可是膀大腰圆，十分粗壮，腰间挎着一把宝剑。大汉穿了一身肮脏破旧的袍子，看上去像个流浪汉。

孔子身高一米九四，可是稍有些驼背，这个大汉身高一米九上下，看上去反而比孔子还高。

大汉来到近前，上下左右看了孔子一遍。

"唉，伙计，你这是卖什么啊？"大汉粗声粗气地问，中气十足。

"卖学问。"

"卖学问？多少钱一斤？"大汉问，听那口气，不像是在讽刺孔子，而是没听懂孔子的话。

"我这是招生，我的学校明天开学，今天最后一天招生，有兴趣吗？"孔子故意问他，看这人就是个粗人，不可能对孔子的学校感兴趣。

"哦，难道，你就是孔丘？"大汉眼前一亮，他竟然知道孔子。

"正是，你怎么知道我？"

"嘻，现在谁不知道你啊？那什么，我听说你是天下最有学问的人，是吗？"大汉问，尽管声音很粗，不过看得出来并不是要存心挑衅的意思。

"过奖了、过奖了，天下第二吧。"孔子舒了一口气，谦虚了一下。其实，孔子并不认为自己的学问就有那么大，只是要和大汉开个玩笑。

"那也不错。不过呢，学问再大，有什么用呢？"大汉不以为然地说。

这种话如果是在平时，孔子根本不搭理他了。可是现在这么多人围观，回答他的话正好是在做宣传。

"那我问你，你有什么才能？"孔子反问，招生这么长时间了，什么样的人都遇上过，对于这样的问题，就要这样反问。

"我？"大汉果然没想到孔子会反问，愣了一下，然后撸起左边的袖子，露出胳膊上的肌肉，之后用右手指着左边胳膊的肌肉说："看看这儿。"

然后再撸起右边胳膊的袖子，用左手指指说："看看这儿。"

然后双手握着拳挥舞一下，盯着孔子的眼睛，问："怎么样？"

孔子笑了笑，说道："你这算什么？你听说过左青龙右白虎，中间文个米老鼠吗？你这无非如此而已。"

大汉一听，很不高兴，指指腰间的剑。

"我力大无穷，剑术高明，没人是我的对手。伙计，我给你舞两下看看啊。"

说完，大汉就要拔剑，人们急忙向两边闪开。

"别价别价。"孔子急忙按住了他的手，这要是误伤了人，自己可就算是聚众滋事了。"伙计，你说的我都信，可是我问你。你现在武功高强无人能敌，那如果再跟我学了学问，谁还能比得上你？"

"你就别忽悠我了，学问能有什么用？"大汉笑了，笑得很憨。

"话不能这么说，国君如果没有有学问的人给他提意见，国家就没法管理了；士人如果没有有学问的朋友提醒，人品就会糟糕。马要用鞭子驾驭，弓要用手来掌控。木头用绳墨才能削平，人接受规劝才能进步。接受知识注重学问，人就能够成功；远离知识，毁弃仁义，那就要犯罪。所以，君子不能不学习学问。"孔子讲了一堆，都是他常说的，随口就来。

"嘿嘿，你说得不对。南山有竹子，本来就长得很直，砍下来做箭，就可以射穿犀牛皮，又哪里需要学习呢？"大汉反驳，他也有自己的一套。

"那我问你，如果在箭尾装上羽毛，箭头装上铜头并且磨尖，不是能射得更远、更深吗？"孔子反驳，要是连这么个人都说不过，还怎么开学校？

大汉被孔子问住了，想了半天，这才说话："唉，是哦。"

见自己占了上风，孔子急忙趁热打铁，说道："伙计，你现在这么勇猛，像一只老虎。可是如果你学了知识，就会像老虎插上了翅膀，不是更加强大？"

大汉点点头，说道："嗯，你说得这么有道理，那我就跟你学学问。"

孔子笑了笑，却有些尴尬。因为他真心不想收这个大汉，可是这还是第一个现场要报名的。而且，人家要报名你却拒绝了人家，传出去了，谁还报名？

所以孔子略犹豫了一下，说道："这个，伙计，我这里可是学校，不是菜市场啊，不是说来就来说走就走的。你要报名，那就先把学费交了。"

孔子断定了这个大汉交不起学费，正好就能拒绝他。

"学费？"大汉看上去有些吃惊，似乎他没有想到还要交学费。

大汉伸手从袖子里掏了一阵，掏出来几个铜币。

"伙计，我就这几个钱，都给你，你看够不？"大汉说着，把钱递过来。

孔子扫了一眼，笑了，因为这点儿钱确实不够。

所以孔子摆摆手，没有接。

"不够？"大汉看明白了孔子的意思，他看了看自己的身上，最后把目光停留在了那把剑上，犹豫了一下，还是把剑摘了下来，递给孔子。"这把宝剑，给你。"

这是一把不错的剑。

孔子知道，对于这个以武艺而自豪的人来说，宝剑可能比他的生命还要宝贵。他竟然愿意用宝剑做学费，这份诚意是确定无疑的。

世界上，还有什么比诚意更珍贵的吗？

孔子决定收下他，而且不要他的学费。但是孔子随后想到了一个问题，从大汉的言谈举止来看，虽然他是个流浪汉，但是是有自尊的。如果不收他的学费，他一定就不会来了。怎么办？

略一思索，孔子有了办法。

"唉，算了，看你这么有心，现在倒可以不收你的学费，你只要在我的家里做些家务来抵，你看怎样？"孔子说道。这倒是一个好主意，既照顾了大汉的面子，又解决了好多家务活。

"好啊，就这么定了。"果然，大汉十分高兴，接受了这个条件。

孔子把自己家里的地址告诉了他，叮嘱他明天一早上学，不要晚了。

离婚

第二天一早，孔子早早起床，开了院门，等候学生们的到来。

开门的时候，孔子吓了一跳，因为门口坐着一个人，正是那个大汉。

"你怎么来这么早？"孔子问。

"嘿嘿，我昨晚就来了。"大汉揉着眼睛说。

"伙计，这又不是店铺打折，来这么早排号啊？"孔子笑了笑说，觉得这个大汉憨憨的挺有意思。

大汉跟着孔子进了院子，一眼看见墙边的笤帚，二话没说，抄起来就开始打扫院子。

吃早饭的时候，孔子知道大汉也没吃，特地给他盛了一碗，大汉满口感谢，三两口吃完，接着干活。

吃完早饭，孔子就在院子里铺了席子，这里就是他的教室了。

人都还没有来，孔子就与大汉交谈起来。这个时候，孔子才问起他的名字。

"我叫仲由，字子路，今年二十岁，未婚。"大汉一口气说完，原来他叫仲由。

"仲由？"孔子想了想，孟孙家和叔孙家都有姓仲的，所以他问，"那，你是孟孙家的？还是叔孙家的？"

"我是龟孙家的。"子路开了个玩笑，随后说起自己的身世。

原来，子路家住在卞地，从小父母双亡，姐姐将他养大，家里穷困潦倒。后来姐姐嫁了人家，将他带过去。偏偏子路性格好强，姐夫一家也不富裕，对他难免有些慢待，因此子路早两年就离开了姐姐家，四处流浪为生。现在，只能算个野人。

至于自己为什么姓仲，是不是跟孟孙家和叔孙家有什么拐弯亲，自己也不知道。

听完子路的话，孔子一阵感慨。说起来，子路的身世与自己还有几分相似呢。说不定子路的某一代祖奶奶就跟自己的母亲一样，怀了仲家的孩子，却成不了仲家的人。

想到这里，孔子对子路多了几分同情。

开学第一天，所有人都到了。

孔子让大家先自我介绍，之后无非是讲一通学习的重要性。然后一个个地询问现在的知识水平，好根据他们的不同水平进行教学。

学生们的水平差别不大，基本上就是认识一些字的和一个字也不认识的。年龄差别也不大，子路这样的算是最小的，比孔子小十岁。其他的都比子路大，比孔子小。

第一天上完课，别人都走了，子路没有走。

"先生，我再干点儿家务活。"子路说，之后收拾院子、挑水、劈柴、喂猪，样样都干。

眼看天黑了，子路还在找活儿干。

孔子知道，子路是没有地方去，可是也不好意思说想住在孔子的家里。如果让他走，他一定是在附近找个什么地方露宿一个晚上。

孔子亲自把柴房收拾好了，腾出一个榻的位置，铺上席子。

"由啊，你就住这里吧。我这里也就这个条件，别嫌弃，等今后先生有钱了，换大房子了，你就能住好一点儿的了。"孔子对子路说，他看得出来，子路虽然穷，可是自尊心蛮强，他不会求自己的。

"哎，好啊好啊，这就很好了。"子路喜出望外，有知识学，有饭吃，还有地方住，去哪儿找这样的好事啊。

而对孔子来说，子路憨厚肯干，武艺高强，今后的家里活儿有人干了，连保安都不用请了。

开学的第二天秦商就不来了，此后再也没来过。

其他的学生也都是三天打鱼，两天晒网，平时每天也就是五六个学生。

所有的学生中，基础最差的就是子路。可是所有的学生中，最好学的也是子路，什么都问，这让孔子想起自己小的时候那股好学的劲头，对子路平添了几分欣赏。

此外，冉耕和曾皙也都算好学，与其他人比起来，是有追求的。

学生们的学费显然不够支持孔子的家用，好在在季孙家打工十年，孔子还有些积蓄。不过，坐吃山空不是办法，何况孔子家也没有矿，必须要想别的办法来补贴家用、补贴学校。

所以，只要有机会，孔子就会去做相礼，或者带着学生们去帮人操办各种礼仪活动，顺便也算是带学生们实习。

而参加这样的活动越多，也就越增加经验。渐渐地，孔子在礼仪方面的名声就大了起来，特别到了秋冬季祭祀活动频繁的时候，活儿就有些接不过来了。还好，小的活动曾皙和冉耕已经可以独当一面了。

子路始终那么勤奋，不论是家务活还是学习。只要出门，孔子一定带着他，让他增长见识的同时，有他驾车和保护，放心得多。

时间很快过去了差不多一年，这期间学生有走的有来的，现在平时常来的有十多个，总算还是增长的势头。

就在孔子勉力支撑的时候，家里出事了。

孔子成亲已经十一年了，其间风风雨雨，老婆亓官氏与孔子之间的关系始终不是太和谐，吵架冷战都是常有的事情，孔子早已经习惯了。

第二四八章 事业与家庭

有的时候，孔子觉得夫妻之间不应该这样，应该亲近一些。每当这个时候，亓官氏就会认为孔子内心有愧，对他就是冷嘲热讽外加大喊大叫。有的时候，孔子心灰意懒，故意不搭理老婆，这个时候，亓官氏又会抱怨孔子对她冷淡。

近也不行，远也不行，孔子有时很郁闷。

"大致，家家都是这样吧。"孔子只能这样自我安慰。

孔子辞职之前是跟老婆商量过的，一开始老婆坚决反对，可是经不住孔子对梦想的描述，对前景的分析。最终，亓官氏同意了，并且开始做起了贵妇人的梦。

可是，理想很油腻，现实很寡淡。

当孔子的招生状况不大理想的时候，亓官氏并没有安慰他、鼓励他，而是抱怨。

"当初叫你别辞职，你不听，这下好了，全家喝西北风吧，哼。说什么自己创业，创你个头啊。说什么下海，淹死你吧。你看人家叔衡，跟你一块去季孙家打工，现在都混成副总管了，再看看你，你就是个窝囊废。"亓官氏喋喋不休，很多天阴沉着脸。

孔子的心情本来就不好，亓官氏这个时候还冷言冷语，让孔子感到阵阵心寒。

"你嫌我穷，你说我窝囊废，那你可以改嫁啊。"孔子实在忍不住了，第一次发起了反击。

"什么？你要赶我走？你这个没良心的东西，你以为天下就你一个男人，啊呸。"亓官氏发起了更猛烈的反击。

孔子没有再说什么，他对眼前这个女人实在已经厌倦了，他转身走了，任凭身后的亓官氏怎样哭骂。

开学的那一天，亓官氏还算配合，早上也起来忙碌。

可是，到了晚上又开战了，因为孔子收留了子路，她要孔子把子路赶走。这一次，孔子坚决没有退让。

随后，双方冷战了很长一段时间。亓官氏随时会因为不知道什么事情而发作，嫌老公挣钱少、嫌老公不管孩子、嫌老公的学生素质低……

一次又一次，亓官氏当着学生们的面与孔子争吵，哭闹，什么样的话都说。

孔子恼火而郁闷，要不是为了两个孩子，早就把亓官氏休了。

终于，孔子忍无可忍了。

"你走吧，回你的宋国去吧。"孔子下定了决心，对亓官氏说。

"走就走，谁怕谁？"亓官氏并不惧怕，她也早就厌倦了这样的生活。

强扭的瓜不甜，在一起都是痛苦，分开了都是解脱。

孔子让子路驾车送亓官氏回宋国娘家去了。

临行的时候亓官氏哭了，抱着一双儿女痛哭了一顿，这一走，基本上就是永别了。

孔子的心情也不好，他叮嘱子路一路上好好照顾亓官氏。

望着远去的老婆，不，是前妻，孔子久久无语。

"唉，这世上，女人真是难养啊。亲近她就无理取闹、得寸进尺，疏远她就抱怨，唉。"孔子自言自语，满怀惆怅。

在《论语》中有这样一段话："子曰：'唯女子与小人为难养也，近之则不逊，远之则怨。'"

这段话，历来被解读为孔子歧视妇女的证据。但是，我们不妨做一个简单的分析，孔子说女子难养，那么他养过几个女子？实际上只有两个，一个是老婆亓官氏，一个是女儿孔雀。孔子不可能这样说自己的女儿，这段话所说的就是亓官氏而已。所以，孔子的这段话只是一种对婚姻失败的感慨，就像现在一个与男朋友分手之后的女人常常会说"男人没一个好东西"，你能说这是歧视男人吗？

所以，这段话并不证明孔子歧视妇女。有趣的是，现代很多妇女很认同孔子这段话，说很多女人就是这样的。

第二四八章　事业与家庭

第二四九章

公费学习

高贵的学生

转眼四年过去。

这一年的春天,孟孙家的家长孟僖子去世了。

这一天,门外来了一辆豪车,真正的豪车,有人赶紧报告给了孔子,孔子急忙出去看。

豪车上下来一个年轻人,一身的贵气,十分潇洒。

年轻人看见孔子来到,急忙上前几步,躬身施礼。

"孔子先生,在下姬阅。"年轻人说,表情和语气都很谦恭,显得非常有教养。

"哦,有失远迎,有失远迎。"孔子急忙说,他认识姬阅,姬阅是孟僖子的次子,孟孙家的二当家,曲阜城里有名的高富帅,为人一向也很低调,被认为是三桓家族这一辈的翘楚人物。

因为姬阅封地在南宫,后来人称南宫适,去世后的谥号为敬叔,历史记载中称之为南宫敬叔。

所以,后面我们就称他为南宫敬叔。

两人叙过了礼,南宫敬叔说明了来意,他是来向孔子拜师,学习周礼的。

孔子很吃惊,怎么南宫敬叔这样层次的人竟然来跟自己这个民办教师学习周礼呢？这太不可思议了。

"那什么，南宫先生，我才疏学浅，恐怕教不了你啊。"孔子要谦虚一下，心里确实也有点儿没有底。

"仲尼先生，我知道您有疑虑。那我实话告诉您吧，来向您学习周礼，是家父的遗嘱。原本，家父想让我们兄弟两个都来，可是我哥哥实在难以分身，因此我就先来了，希望先生不吝赐教，不要推辞。"南宫敬叔恭敬地说。

现在，孔子不再忐忑了。

不过，一个新的问题浮上了孔子的心头：这孟僖子跟季孙意如一样是个著名的不学无术之徒，他怎么会让他的儿子来跟自己学习呢？

"啊，是这样的。"南宫敬叔是个很敏锐的人，他似乎看穿了孔子在想什么，于是主动解释起来。

说起来，话就长了。

话说孟孙家传到了孟僖子这一辈，孟僖子这人平时大大咧咧，稀里糊涂，不过人还不错。在鲁国，孟孙家有个传统，那就是长得帅，有女人缘。在孟孙家的历史上，好几辈都跟国君的老妈好上了。不仅有鲁国的，还有齐国的。

孟僖子也是个大帅哥，娶了几个妻妾，结果跟孔子的父亲叔梁纥一样，女儿生了一大堆，儿子一个也没有，眼看着孟孙家帅哥的血脉就要断根，把孟僖子给急得要命。

孟僖子不会生儿子的事情也成了鲁国人的笑谈，也有人觉得可惜。

有人看笑话，有人则看到了机会。

一个泉丘（今山东宁阳）的女子，除了人长得漂亮并且非常聪明之外，家里什么也没有了。有一天她听到人们在说孟僖子的笑话，突然有了一个想法。

泉丘女有一个好闺密，是她的邻居，也长得很漂亮。

这一天，泉丘女问她的闺密："妹子，想过好日子吗？"

"做梦都想啊。"

"机会来了，想不想赌一把？"

"赌。"

这一天，孟僖子心情不好，正在吃饭的时候，守门人说来了两个漂亮女子求见。

美女求见，孟僖子照例是要见的，孟家世世代代有一个传统，那就是风流倜傥。

看见美女，孟僖子心情就快乐很多，问道："两位美女，找我有什么事？"

这两个美女，就是泉丘女和她的闺密。

"我昨天做了一个梦，梦见我们家的帷幕挂在孟家的宗庙上了。一个神人在梦里对我说，孟家的后代就在我的肚子里。所以，我一大早就赶来了，我要嫁给你。"泉丘女直奔主题而来。不过呢，那个梦是她编的。

"哦，真有这事？"孟僖子有些将信将疑，难道自己生不出儿子，就是因为老天注定要让这个女子为自己生？

"要是我骗你，生小孩没屁眼。"

"啊，这倒不用了，我的孩子还是要屁眼的。"孟僖子笑嘻嘻地说，他决定试试看，反正自己也不吃亏，"这样吧，咱们找地方盟誓，怎么样？"

于是，孟僖子跟泉丘女和邻家女来到了土地庙盟誓。盟誓的内容是这样的：如果不能为孟僖子生儿子，泉丘女后果自负，自己回家并不得索要损失费；如果泉丘女生下了儿子，孟僖子就不能抛弃她。

最后，泉丘女提了个附加条件：我这闺密跟我一块来了，反正多一个不多，算我买一送一。如果生了儿子，我们两个都跟定你了。

孟僖子立即答应了，确实是多一个不多，只要家里有钱养得起，谁还嫌老婆多啊。再者说了，万一这闺密能生儿子不是也挺好？

泉丘女为什么拉上闺密呢？因为人多力量大，两个人生儿子的概率就提高了一倍，一旦生了儿子，两人的后半辈子就都有依靠了。

因为两个美女出身都不高，不能名正言顺带回家里。孟僖子在郊外安置了二人，算是金屋藏娇。

此后，孟僖子隔三岔五过去跟她们同住，结果泉丘女果然厉害，不仅生了儿子，而且一生就是两个，双胞胎。大儿子自己养，小儿子给闺密养。于是，两人都名正言顺进入了孟孙家，过上了衣来伸手、饭来张口的好日子。

这大儿子名叫仲孙何忌，后来接掌孟孙家，就是孟懿子；小儿子名叫仲孙阅，就是南宫敬叔。

说起来，南宫敬叔哥俩也都属于野合所生。

鲁昭公七年的时候，鲁昭公去楚国朝拜，谁也不愿意跟着去，说是楚国人是蛮子，不懂礼节。在鲁国，重大的出使是季孙家去，因为他们家是上卿。通常的出使是叔孙家去，因为叔孙家的人有学问。

"那我去，我去。"孟僖子自告奋勇，因为他不懂礼节，所以别的地方不敢去，怕丢人。现在听说楚国人不懂周礼，正好可以出趟国见见世面，还不怕丢人。

就这样，孟僖子跟着鲁昭公去了楚国。

孟僖子忽略了一点，那就是鲁国不挨着楚国，要去楚国，路上还得路过几个国家。

路过郑国的时候，郑国国君郑简公很热情，亲自到城外为鲁昭公接风洗尘，礼节非常周到。可是孟僖子作为首席陪同官员，竟然不知道怎样答谢，一时尴尬非常。

要知道，春秋时期这种高级别的宴会上，怎么说话、怎么敬酒、吟诵什么诗都是有讲究的。闷着头胡吃海喝，那是要被人瞧不起的。

好不容易离开了郑国，来到了楚国，孟僖子想这下好了。

谁知道，更糟糕。

到了楚国，楚灵王也在城外宴请鲁昭公，在周礼中叫作郊劳。楚国人的礼仪做得非常好，可是鲁国人完全傻眼，不知道怎样答谢。

弄来弄去，蛮夷之邦礼数周到，礼仪之邦反而很无礼。

孟僖子受了刺激，这叫一个后悔，这叫一个惭愧，这叫一个没面子。这不仅仅是丢孟僖子自己的人，这就是在丢鲁国的人啊。

回到鲁国，孟僖子直接把两个儿子叫过来，千叮咛万嘱咐要好好学习，不要像自己一样不学无术，走出国门为国家丢人。

后来，孔子开了私校，周礼讲得非常好，孟僖子几次想让儿子们来学习，可是一时放不下架子。直到临终的时候，孟僖子什么都看开了，于是叮嘱两个儿子去跟孔子学习周礼。就这样，南宫敬叔就来了。

明堂之旅

南宫敬叔做了孔子的学生,这立即在孔子学校引起了轰动,也立即在整个曲阜引起了轰动。

虽然同样在孔子的家里上学,但是南宫敬叔与其他学生的待遇是不一样的。其他学生都在院子里上课,南宫敬叔则在堂里上课。除了南宫敬叔的身份不同之外,还有一个重要的原因,那就是南宫敬叔的基础比其他人要好得多,大家完全没有可能在一块儿上课。

南宫敬叔也并不是每天来上课,而是约好了时间来上课。

自然,南宫敬叔的学费也很丰厚。

虽然地位比大家高得多,钱比大家多得多,可是南宫敬叔为人很谦和礼貌,一看就是世家子弟。

孔子的学生们因为地位低贱,很少有人敢于和南宫敬叔搭话,只有子路大大咧咧,没几天就和南宫敬叔混熟了,什么都说,南宫敬叔倒也不嫌他粗鲁。

南宫敬叔重点学的自然是周礼,很快他就发现孔子确实知识非常丰富,这对于一个自学成才的人来说真是不容易,所以,南宫敬叔对孔子更加佩服。

不过,南宫敬叔也发现了问题。

虽说孔子好学勤奋,懂得许多别人不懂的周礼。可是,从小的生活条件以及长大之后的工作环境都限制了他,他的生活圈子从来没有出过曲阜,所以他的见识明显不足,对礼的理解高度远远不够。

对这一点,孔子自己也坦然承认。

"唉,我一直想去一趟大城市洛邑,长长见识。我听说老聃的学问天下第一,要是能跟他请教周礼,这个问题他一定知道答案。"每当有什么问题孔子说不清的时候,他就会发出这样的感慨。

洛邑,确实是个大城市。洛邑是东周的首都,也就是现在的河南省洛阳市,在当时仅次于齐国首都临淄,是天下第二大城市。

俗话说得好:"说者无意,听者有心。"

南宫敬叔佩服孔子的为人和学问,一直就想帮他,可是他知道孔子的自尊心很强,绝不会接受无缘无故的帮助,因此一直以来没有想到用怎样的方式去帮他。

现在,他知道了。

"先生,虽说鲁国曾经是模范的周礼国家,可是现在确实不行了,别说跟卫国、晋国比,就是跟楚国也比不了,真是令人沮丧。如今糟糕的是,很多周礼的东西,鲁国已经没有人懂得了。先生您看这样行不行,我去请示一下国君,看能不能以公派的名义派您去一趟洛邑学习周礼?"这一天,南宫敬叔给孔子提了个建议。

"那当然好。"孔子眼前一亮说道,不过随后又有些沮丧,"唉,可是我不过是一个普通的士,国君怎么可能派我去呢?"

"不试怎么知道?我去试试看。"南宫敬叔说,既然孔子愿意去,他自然有办法。

南宫敬叔去找了鲁昭公,提出公派孔子去洛邑学习周礼的事情。

鲁昭公听了,微微一笑,说道:"你说的这个孔子,我也知道。若是往年呢,就派他去了。可是你也知道,今年粮食歉收,我这里也没有多少余粮了。"

鲁昭公的话看似委婉,实际上说得很清楚,那就是自己出不起这个钱。

"这我知道,公派孔子去呢,不需要您出钱,只要一个名义就好,这样一路上好走,到了洛邑也好与王室打交道。至于车马费用等,我来出。"南宫敬叔早就想好了方案,钱不是问题。

这是一个无法拒绝的方案,鲁昭公当即同意了。

对于孔子来说,这也是一个无法拒绝的方案。当然,一切都是以国君的名义,孔子并不知道实际上是南宫敬叔在支付费用。

南宫敬叔不仅安排了车辆,安排了一应的用品,甚至决定亲自陪同孔子前往。

于是,在一个阳光明媚的清晨,一辆两匹马拉的车向西面出发了。

驾车的是一条大汉,就是子路。后面的车厢里,是孔子和南宫敬叔。

一路顺利,经过宋国和郑国,孔子一行三人来到了洛邑。

来到洛邑,进城的时候盘查很严,这让孔子感到很奇怪,首善之都似乎不应该这样,而应该是路不拾遗,夜不闭户啊,为什么这样盘查呢?

原来,洛邑不久前发生了一场战争,周王已经被赶出了洛邑,现在在这里

第二四九章 公费学习

称王的是王子朝。

"为什么会这样?"孔子问南宫敬叔。

南宫敬叔倒是知道一些,他把事情的大致说了一遍。

原来,当初周公营造东都洛邑之后,陆陆续续分封了一些畿内侯,这些畿内侯的地盘都不大,就在洛邑周边,用以拱卫洛邑。畿内侯与诸侯相比级别要低,直接受周王管理。被封为畿内侯的主要是周王的庶子,一共十一家,分别是刘、单、原等家族。

而同期被封在镐京周围的主要是宗室重臣、周文王的嫡子等,譬如周公、召公、毕公、尹氏等,他们的封国不大,国君同时兼任周朝的卿大夫,通常都在镐京工作。

到后来西周东迁,原先封在镐京周边的这些诸侯也跟着搬了过来,原先的封地都没有了。而洛邑所剩的地盘已经很小,因此他们能够得到的封地也非常小。此时,洛邑的畿内侯们早就有了自己的势力,周王来到之后主要依赖他们。

因为立国国君的爵位、出身等的不同,原先在洛邑的畿内侯被称为小宗,搬过来的诸侯们被称为大宗。

名义上,大宗的地位高于小宗,但是小宗实力更强。因此没过多长时间,小宗的地位就高过大宗。至于经济实力,小宗更是碾压大宗。到春秋后期,小宗中的刘家和单家把持朝政。

大宗与小宗的矛盾越来越深,终于,大宗联合京城中的百工,拥立周悼王的庶兄王子朝为王,占领了洛邑,意图驱逐小宗。而刘家和单家为首的小宗则挟持周悼王对抗大宗,双方形成了对峙。

这段历史,史称"王子朝之乱"。

说白了,大宗和小宗之间的斗争,就是老革命和新贵之间的斗争。

孔子一行三人来到洛邑的时候,就碰上王子朝之乱。

还好,孔子三人有鲁国国君的文书证明,再加上来自鲁国,因此守城的士兵没有为难他们。

虽然正在经历战争,可是城里的秩序还是不错,毕竟首善之都,百姓的素质不错。

孔子三人在官方的客舍住下，当天就这样了。

三人出了洛邑城南门，前往明堂。

为什么第一站去明堂？

因为明堂是周初周公营建的，当时周武王去世，周成王年少，于是周公担任临时周王。周公用了六年时间平定了天下，于是召开天下诸侯大会，地址就在明堂。当时天下诸侯毕集，四周的戎狄蛮夷能来的也都来了。周公站在明堂正中的高台上，身边是九卿。诸侯站在明堂之内，戎狄蛮夷的君主站在明堂之外，周公就在这里颁布政令，颁布周礼、乐、度、量等。

所以，明堂是周礼的颁布地点，这里是周礼的圣殿。

在周代，明堂也是举行朝会、祭祀、庆赏、选士、养老、教学等大典的地点。不过，按照《周礼·考工记》的记载，明堂最一开始的作用实际上就是周公代理周王时的官邸，明堂的结构应该是中间有一个堂，堂的四周是九间屋子，分别属于周公的九个嫔妃。外围又有九间屋子，分别是九卿的办公室。

在周公将王位交还给周成王之后就搬出了这里，此后这里不再作为办公之用。

从记载来看，明堂并不豪华，非常简朴。

虽然有战乱，明堂这里始终是庄严肃穆的，交战双方都不敢在这里乱来。

明堂门外的墙上画着尧和舜、桀和纣的画像，画像的下面罗列了他们的事迹或者罪行，还有相应的儆戒的评语。旁边的墙上，则画着周公辅佐成王，抱着年幼的成王背对屏风，面向南接受诸侯朝拜的画像。

南宫敬叔也是第一次来伟大首都，看到周公的画像，不免好一阵激动，这就是自己的老祖宗了。

而孔子更加激动，他对周公的敬仰如江水滔滔，绵绵不绝。看见周公的画像，不禁肃然起敬，来来回回地审视着。

"这就是周朝兴盛的原因了，明镜可以见己，学古可以知今。君主如果不能学习如何安身立命，忽略眼前的危险，就如向后跑却想追上前面的人一样，不是很荒唐吗？"孔子喃喃自语，又像在和南宫敬叔说话。

明堂的门口有人把守，虽然平时人们可以进去参观，可是战乱时期就不对普通人开放了。南宫敬叔拿出了鲁国的文书,告诉守门人自己是从鲁国来,自己本人是鲁国孟孙家的人,周公的后人。而旁边这位先生是自己的老师,鲁国最博学的周礼专家孔子。所以,希望能够让我们进去参观。

看门人很是吃惊,几乎没有犹豫就放他们进去了。

明堂里有主持祭祀的官员,问明了孔子一行来的目的,非常热情地陪同他们参观,一边走一边介绍。

"哦,为什么这一件祭器与鲁国太庙的一模一样?"孔子问,鲁国太庙就是周公庙。

"啊,这不意外,因为周公享受天子的祭祀待遇。"主持祭祀的官员回答说。

孔子一路走一路问,这里与鲁国太庙确实有很多类似的地方,过去每次去太庙都会问一些问题,但是并不是都能得到满意的答复。所以在明堂,孔子几乎什么都要问,以便和鲁国太庙相印证。

自然,大多数的回答都是相同的。但凡有不相同的地方,孔子都会说出鲁国太庙的不同,与祭祀官员进行切磋。

"嗯,你真是个好学的人,我第一次见到你这么认真的人。"祭祀官员忍不住对孔子刮目相看,实际上,不仅孔子从他这里学到了不少,他也从孔子那里有所获益。

子路跟在后面也认真地听着,鲁国太庙他也去过,不过有太多的不懂。到了明堂,也只能听个马马虎虎。

"由,你看那角落里有一个陶罐,猜猜看是做什么的?"孔子指着陶罐问,一来是看子路有些没趣,想要让他轻松一些;二来孔子自己也确实不知道,因为陶器是不可能作为祭器的,却又不好问,所以干脆通过这样的方式转弯去问。

"这个。"子路哪里会知道,挠了挠头,想不出来,"我猜不出来。"

孔子笑了笑,去看主持祭祀的官员。

"这个,是周公洗头的时候用的,一沐三握发用的就是这个。"主持祭祀的官员回答。

原来,这是个著名的文物,这个罐子是用来盛水的,周公的夫人用来给周公浇水洗头用的。

"别看是陶器,老值钱了。"孔子开了个玩笑。

主持祭祀的官员听了,忍不住笑了笑,低声说:"孔子先生,我告诉你个秘密,你别告诉别人。这个是赝品,经过鉴宝专家的推荐,我们已经卖出去十好几个了。"

南宫敬叔在一旁听着,吃了一惊,问道:"这么说来,鲁国太庙的那个也是赝品?"

"正品存放在典藏室呢。"主持祭祀的官员说,用手做了一个保密的动作。

直到天色将晚,孔子才意犹未尽地告辞出来,回城里去了。

"叔啊,周公的才能是无人可以比拟的。可是,这并不是周公安定天下的根本啊,你知道周公安定天下靠的是什么吗?"路上,孔子问南宫敬叔。

南宫敬叔想了想,摇了摇头。

"靠他的谦恭和大度,他以此赢得了天下人的心。所以我说,一个人就算有周公那样的才华,如果他骄傲狂妄又心胸狭隘,那其他的都不用说了,他一定做不成什么事的。"孔子大声说着,这是他今天最大的收获。

孔子最后的这段话被记载在《论语》中,原话是:"子曰:'如有周公之才之美,使骄且吝,其余不足观也已。'"

第二五〇章

会老子

三缄其口

孔子高兴，所以晚饭的时候喝了点儿酒。不过，孔子喝酒很是克制，差不多就行了。相比之下，子路和南宫敬叔的酒量大得多，不过两人也没有多喝。

第二天一早，三人洗漱过，简单吃了早饭就出发了，今天要去的是太庙。洛邑的太庙是周朝始祖后稷的庙，比明堂更加庄严肃穆。

来到太庙，就见庙堂右边台阶前有一个铜人，铜人的嘴巴被封了三层。

孔子是知道这个铜人的，不过亲眼看见，还是禁不住一阵激动。他来到近前仔细地审视了一阵，然后转到了铜人的身后，南宫敬叔和子路则跟在孔子的左右。

在铜人的背上，刻着这样一段话："古之慎言人也，戒之哉！无多言，多言多败；无多事，多事多患。安乐以戒，无行所悔。勿谓何伤，其祸将长；勿谓何害，其祸将大；勿谓何残，其祸将然。勿谓莫闻，天妖伺人。荧荧不灭，炎炎奈何；涓涓不壅，将成江河；绵绵不绝，将成网罗；青青不伐，将寻斧柯。诚不能慎之，祸之根也；曰是何伤，祸之门也。强梁者不得其死，好胜者必遇其敌。盗怨主人，民害其贵。君子知天下之不可盖也，故后之下之，使人慕之。执雌持下，莫能与之争者。人皆趋彼，我独守此。众人惑惑，我独不从。内藏我知，不与人论技。我虽尊高,人莫害我。夫江河长百谷者,以其卑下也。天道无亲,常与善人。戒之哉!戒之哉!"

(原文见于《说苑·敬慎》孔子之周,观于太庙右陛之前,有金人焉,三缄其口而铭其背曰:"古之慎言人也……天道无亲,常与善人;戒之哉!戒之哉!")

"三缄其口",这个成语来自这里。

这段话什么意思呢?我们把它翻译过来是这样的。

"这是古代说话谨慎的人,小心啊,小心啊。不要多说话,说得越多,越容易坏事。不要多事,多事多祸患。必须居安思危,才能避免做后悔的事情。不要说人和不好听的话,不要做任何不好的推测和判断,否则,就会招来祸患。不要以为自己说话没人听见,鬼神分分钟知道你在说什么。小火扑不灭,就会成为大火;小水拦不住,就会汇聚成河流;细线斩不断,就会织成罗网;树苗砍不断,就会长成大树。说话不谨慎,就是一切祸患的根源。不要小看了这一点,这就是祸患的大门。

"强横的人不得好死,好胜的人一定会遇上对手。盗贼仇恨主人,群众厌恶官僚。君子知道自己不能面面俱到,因此保持谦恭谨慎,让人们喜欢自己,没有人与自己相争。人们都争着去那边,我就守在这边;人们都随大溜,而我只按自己的想法去做。所以我虽然比大家都高明,却没有人来仇恨我。江河能够汇集山谷的流水,就在于他的卑下;上天不会偏私,可是常常帮助好人。谨慎啊,慎之又慎啊。"

看完了这段话,孔子细细地玩味了一阵。

"记住啊,这上面的话虽然鄙俗,可是合乎事理啊。《诗》上说:'战战兢兢,如临深渊,如履薄冰。'如果一个人立身处世像这个样子,难道还会因为说话遭遇灾祸吗?"孔子指着铜人,对南宫敬叔说。

南宫敬叔点点头,似有领悟。

师徒三人来到庙门,又是南宫敬叔说明来意,看庙人爽快地让他们进去了,并且陪同他们参观。

进到庙里,立即感受到庄严肃穆的气氛,三人都保持着恭敬和小心。孔子按照自己学习过的知识认真地观察着,与自己的知识印证的地方,就会心一笑;

第二五〇章 会老子

恍然大悟的地方，就轻轻点头。一路下来，孔子的心情十分舒畅，感觉自己学到了很多东西。

突然，孔子看到一个奇怪的容器。他实在想不出这个容器的名称和用途，于是，他要发问了。

这是孔子的习惯，只要不懂的地方，他一定要问个清楚。

"请问，这是什么容器？"孔子小心翼翼地问看庙人。

"啊，这个叫作右坐之器。"看庙人说，看这么多年庙，这个问题还是第一次被人问。

孔子愣了一下，右坐之器他是学过的。

"我听说，右坐之器有一个特点，盛满了水就会倒，水太少就会倾斜，只有水的高度恰当的时候，才会立得正，是不是这样？"孔子问。

南宫敬叔盯着孔子，老师连这个都知道，真是太有学问了。

"哦，你知道？"看庙人也有些惊奇，他以为没人知道这个容器的秘密呢。"你说得对，是这样的。"

"可以试试看吗？"孔子问，想要验证一下。

"当然，那边有水，你们去盛点儿过来吧。"看庙人很高兴，欣然同意。

子路没等老师发话，走过去用一个陶罐从水池里灌了水，拿了过来。

右坐之器原本装着水，立得很正。

"你倒吧。"看庙人说。

子路看看孔子。

"倒吧，小心些，别太猛。"孔子叮嘱。

子路小心翼翼地向右坐之器里倒水，水倒得缓慢，右坐之器里的水越来越多，直到装满。这个时候，右坐之器猛地倒了下来，里面的水都流了出来。

"果真如此啊。"孔子很惊奇，又很高兴。

南宫敬叔把右坐之器扶起来。

"接着倒吧。"看庙人对子路说。

这一次，子路没有再去看孔子，径自慢慢地向里面倒水。

"你的手可以松开了。"见里面已经有了一些水，看庙人对南宫敬叔说。

南宫敬叔小心翼翼地松开手，右坐之器就歪歪斜斜地立着了，但是并没有倒。

子路继续向里面倒水，右坐之器一点点正起来，水装到一半的时候，右坐之器完全立正了。

子路看看看庙人，看庙人示意他可以停下来了。于是，子路停了下来。

"嗯，哪有满了而不倒的东西呢？"啧啧称奇之余，孔子有了一番感慨和领悟。

"先生，那么，要让满的东西不倒，有什么办法？"南宫敬叔问道。

"有啊，就是把里面的东西倒出来一些，不要让它那么满。"

"那，对应到人呢？"南宫敬叔又问。

孔子用赞赏的眼神看了看南宫敬叔，意思是你这问题真好，想了想，孔子回答道："高而能下，满而能虚，富而能俭，贵而能卑，智而能愚，勇而能怯，辩而能讷，博而能浅，明而能暗；是谓损而不极，能行此道，唯至德者及之。易曰：'不损而益之，故损；自损而终，故益。'"

这段话翻译过来是这样的："地位高的，要谦恭；事事圆满的，要谦虚；富有的，要节俭；出身尊贵的，要平等待人；聪明的，要能吃亏；勇敢的，要保持畏惧；口才好的，要敢于认错；博学的，不要卖弄高深；能看透世象的，要让自己糊涂一些。这样的做法，就是减损自己，避免太满。能做到这一点的，都是最有德的人啊。所以，《周易》里说：将要满的时候不自己减损反而增加的，最终一定会受损；将要满的时候懂得自损的，结果一定会很好。"

南宫敬叔一边听一边点头。

"先生，你说了这么多，好像只有一句跟我有关系啊。"子路在一旁说，他说的那一句，自然是勇敢的要保持畏惧。

"那多好啊，那说明其他方面你都做得很好了。"南宫敬叔开个玩笑，大家都笑了。

又是一天过去，孔子又是在黄昏时刻离开。

老子的忠告

随后的几天，南宫敬叔又带着孔子参观了几处，不过都不如明堂和太庙那样令孔子流连忘返。

这一天，一行三人前往典藏室而去。一路上，孔子的心情非常忐忑，因为他们要去见的是老子,传说中天下学问最渊博的人,孔子心中的偶像。想想看,一个粉丝去见自己的偶像,会是怎样的心情呢?

"老子会不会见我们呢?"孔子在路上问了几次,心里实在没底。

"会的,越是有学问的人,就越是随和。"南宫敬叔说,虽然年轻,他的见识可不少。

终于,三人来到了典藏室。

南宫敬叔向看门人说明了来意,说是鲁国来的孔丘特地前来拜会,却没有提到自己的身份。

孔子在一旁看着,暗暗地点头称赞。

去其他地方,都是南宫敬叔先提自己的名字,因为这些地方更看重身份地位,以鲁国孟孙家的二当家来,自然是贵宾。可是在老子这里,身份地位恐怕不好使,老子看重的是学问的高低,所以南宫敬叔直接报了孔子的名字。虽然孔子的名声还不够大,不过鲁国与周王室之间往来频繁,老子多少还是应该对孔子有些耳闻的。

果然,看门人进去通报之后不久,老子就亲自迎了出来。

老子五十多岁,看上去精神矍铄,十分慈祥。

孔子看见老子亲自前来,急忙施礼,老子还礼。

"现在还对周礼感兴趣的人不多了,难得啊孔丘。"老子很高兴,慕名前来他这里的人不少,可是真正好学的不多。他早就知道鲁国有一个孔丘开办私校教授周礼,也有些好奇。

孔子见老子夸奖,更加激动,一连串的问好以及敬仰之词。

老子先带着几人大致地参观了典藏室,一边走马观花,一边与几个人聊天。

说着说着,自然就说到了眼前的王子朝之乱。

"唉。"老子叹了一口气,然后说起自己的处境来。

原来,老子祖上在周朝开朝的时候就是典藏室之史,主管周朝的典籍,说起来呢也是周朝的王族。此后家族世袭,直到老子。

老子姓李,字聃。因为学问大、名气大,人人称他为老子或者老聃,没有人称呼他的名字,所以后来反而不知道他的名字叫什么了。

这次王子朝之乱,老子并不赞同。不过作为从西周搬迁过来的家族,老子不可避免地要站队，并且不可避免地要站到大宗这一边来。而且，典藏室就在洛邑城内，王子朝占领了洛邑，老子也只能留在洛邑，因此自然而然地被认为是王子朝的人马。

"唉，折腾什么？人哪，总是控制不住自己的欲望，到最后多半是竹篮打水一场空，连原本有的都失去了。"老子叹了一口气说，他并不看好王子朝的未来，因为小宗得到了晋国的支持。

走了一遍之后，大家座谈。

老子坐在了主人位，孔子坐在上首，也就是老子的左边，南宫敬叔坐在下首，也就是老子的右边，子路打横，坐在老子的对面。

"孔丘先生据说专心研究周礼，此次前来洛邑，是不是也是为了周礼而来呢？"老子首先发问。

"是，是，还想请老子先生多指教。"

"不过，我的看法可能与你不一样。"老子说道，随后把自己的道德理论大致说了一遍。最后说："孔丘啊，不妨说说你的看法。"

对于老子的看法，孔子并不十分赞同，但还是不得不佩服老子的高明。

想想看也是，老子已经五十多岁，主张无为而治也是正常。可是孔子正是三十多岁年富力强，正是进取的年龄，想法自然不同。

"我觉得，包括这次的王子朝之乱，以及鲁国的三桓专政，都是礼崩乐坏的结果。"孔子说出话来有些咄咄逼人的意思，随后孔子说到了尧、舜、禹、汤、文王、武王、周公等，又激烈地批判了三桓违背周礼，直接导致了鲁国的衰败。自己的志向就是改变这一切，在鲁国、在天下恢复周礼，让世界成为大同。

南宫敬叔就在一旁，脸色有些尴尬。

老子不动声色地听着，不过他也注意到了南宫敬叔的脸色颇为不自然。终于，他打断了孔子的话。

"子所言者，其人与骨皆已朽矣，独其言在耳。且君子得其时则驾，不得其时则蓬累而行。吾闻之，良贾深藏若虚，君子盛德，容貌若愚。去子之骄气与多欲，态色与淫志，是皆无益于子之身。吾所以告子，若是而已。"老子说道，这段话什么意思呢？

第二五〇章　会老子

"你所说的那些，说话的人都已经变成土了，只有他们的话还留着。君子如果得到时机就发挥，否则就隐居起来。我听说，高明的商人不暴露自己的底牌，高尚的君子不显露自己的贤能。我建议你少一些骄傲，少一些欲望，你亢奋的神色和不切实际的目标，对于你都没有好处。我能忠告你的，就是这些了。"

在老子看来，眼前这个年轻人还是太年轻，有激情却又容易激动，对当权者不满，却又不懂得克制。这样的性格实际上是很危险的，自己应当提醒他。

老子的话让孔子有些诚惶诚恐，他也意识到自己刚才的话太过激动。

"是。"孔子说，想起太庙门口那个三缄其口的铜人。

"既然你对周礼这么感兴趣，咱们就聊聊周礼吧。"老子决定转换一下话题，这也是孔子最感兴趣的话题。

聊到了周礼，孔子才发现自己的那点儿学问不够用了，自己所知道的真的只是皮毛，而老子才真正理解周礼的本质。

"老子先生，我有个问题。"孔子说。

"你说。"

"从前，八岁到十一岁的孩子死了，就在园子里埋葬，因此就用活动的床把尸体抬到墓坑旁，然后入殓下葬。后来下葬不在园子里了，地方远了，该怎么办？"孔子的问题很刁钻，不刁钻的问题也不用请教老子了。

"是这样的，当初史佚的孩子死了，墓地很远，召公就建议他先把孩子入殓了，然后再抬去墓地。史佚就说他不敢，于是召公去找周公，周公说有什么不敢，就这样做了。于是，史佚就把孩子装殓了，这才送去墓地埋葬。所以说，这个规矩早在史佚那里就改过来了。"老子讲了一个典故，解决了这个问题。

"哦，原来这样，我真是孤陋寡闻了。"孔子很高兴，困惑他很久的问题就这么解决了。"可是，我还有个问题。"

"你说。"

"父母死后，到了一百天卒哭之后，这个时候受征召打仗，是不是合乎周礼呢？还是有什么先例？"孔子问，这年头战争多，这个问题倒很有现实意义。

"嗯，夏朝和商朝的规定呢，就是守孝三年期间不用应征。这就是所谓的'君子不夺人之亲，亦不可夺亲也'。这事情到了周朝原本也是这么规定的，不过呢，"老子看了看孔子，又看看南宫敬叔，接着说，"贵国的开国君主伯禽破了一次例，他在卒哭之后立即出兵攻打了徐国。当然,当时的情况也是迫不得已。现在是个什么情况,我也说不清楚了。"

孔子笑了笑,他知道老子的意思,就是说当今没人讲究这个了。

"那,我还有个问题。"孔子还要问。

"你说。"

…………

孔子问了很多问题,老子都耐心地一一解答,似乎没有他解答不了的问题。

时间悄悄地流逝,转眼间不知道过了多长时间,直到老子说了这样一句话。

"要不,今天就到这里?我还要回家接孩子呢。"老子说,望了望窗外,天色已经快要黑下来了。

孔子不好意思地笑了笑。

"多谢先生的指点,不敢耽误先生接孩子的时间。不过,孔丘斗胆问问,我还能不能再来拜会您?"孔子问,他还有问题没有问完呢。

老子沉吟了片刻,突然眼前一亮。

"这样吧,光说呢也没劲,恰好明天有一个葬礼请了我做相礼,你明天一早来跟我同去,你来担任相礼,我在一旁指导,这样现场说法,你能有更好的理解。"老子提出来这样一个建议。

"那太好了。"孔子喜出望外。

第二天,孔子一行三人早早赶到典藏室,与老子会合后前去参加葬礼。老子将孔子介绍给了葬礼的家属,并告诉他们由孔子担任相礼。

对于孔子来说,担任葬礼的相礼并不是什么陌生的活,因此一切中规中矩,完全按照周礼进行。在灵柩运往墓地的途中,却发生了意料之外的事情。

天黑了,抬头看,太阳被月亮一点点挡住,发生日食了。

孔子有些傻眼,他从来没有遇到过这样的事情,不知道应该怎样处理。

"孔丘,把灵柩停在路的右边,大家停止哭泣,等待自然的变化。"老子给孔子下了指令,于是孔子急忙通知大家照办。不久,日食结束,于是继续行进。

"老子先生,为什么这样做呢?"等待的时候孔子问。

"因为这是合乎礼的。"老子回答,却没有解释。

此后一切顺利，直到葬礼结束，家属对孔子的主持表示满意。

回到典藏室，孔子还有问题要问。

"老子先生，我知道，灵柩已经出殡就不能返回，而谁也不知道日食会持续多长时间，既然这样，当时为什么要停下来呢？与其等待着耽误时间，继续走不是很好？"孔子问道，一路上他就在想这个问题。

老子喝了一口水，解释道："周礼中对这个问题没有现成的答案，所以我们只能推理。我们知道，诸侯朝见天子，早上太阳出来就出发，太阳落山就歇息。大夫出使，也是这样。下葬的时候，不能天不亮就出发，也不能天黑以后才歇息。因为披星戴月行走的人，不是江洋大盗，就是奔父母丧的。今天发生了日食，跟夜晚有什么区别呢？再说了，如果发生日食继续走，就等于暗示大家都是江洋大盗，或者诅咒大家的父母，这是不可以的。"

老子的一番分析，见情见理，孔子恍然大悟，深受启发。

"老师，您太高明了，这就是传说的举一反三吧？"孔子对老子的敬佩，是越来越强烈了。

终于，到了离别的时候。

老子将孔子师徒送到了门口，对孔子说："年轻人，我听说有钱人送人钱财，仁义者送人忠言。我没什么钱，还好有点儿仁义的名誉，所以我送你几句忠告吧：'聪明深察而近于死者，好议人者也。博辩广大危其身者，发人之恶者也。为人子者毋以有己，为人臣者毋以有己。'"

老子的这段话见于《史记》，什么意思呢？是这样的。

聪明睿智但是陷入危险的人，是因为他喜欢议论别人的是非；博闻善辩但是陷入麻烦的人，是因为他总是揭别人的短。所以，做子女的要站在父母的立场考虑问题，做臣下的要站在君主的立场发表看法。

"感谢老师的金玉之言，孔丘牢记在心。"孔子再三表示感谢之后，与南宫敬叔和子路拜辞而去了。

"孔丘，唉。"望着孔子远去的背影，老子摇摇头，叹了口气，他知道以孔子的性格，恐怕很难按照自己的忠告去做，所以，即便他很执着、很好学，恐怕他的理想也是无法实现的。

这一年，是鲁昭公二十四年，孔子三十四岁。

按《左传》记载："鲁昭公二十四年夏五月乙未朔，日有食之。"

根据《孔子家语》的记载，孔子还曾经"访乐于苌弘"，而其他典籍中没有这项记载。苌弘是刘文公的家臣，属于小宗。

第二五一章

三复白圭

嫁侄女

从伟大首都洛邑回到了鲁国,这一趟用了一个多月的时间。

曲阜城里,人人都知道孔子去了洛邑。因为孔子去洛邑是鲁昭公派遣的,是南宫敬叔亲自陪同的,单单这个规格就让人羡慕不已。

可以想象,当孔子回来的时候,人们会有多么好奇。

很多人上门来问候,来听孔子讲他这一趟的经历。

"孔子先生,首都什么样啊?"人们都这么问,说起伟大首都,大家都很向往。

每当这个时候,孔子就会绘声绘色地将自己在首都的见闻和感受说给大家,大家则毕恭毕敬地听着,时而发出赞叹声。

每次的最后,孔子都会专门说到老子。

"你们知道天下最有学问的人是谁吗?就是老聃啊。鸟,我知道能飞;鱼,我知道能游;兽,我知道能跑。野兽,可以用网捉住它;鱼,可以用鱼钩钓住它;鸟,可以用箭射它。可是,龙是我所不知道的,龙乘风上天,我们根本无法企及。我跟老子见面之后,发现他就是一条龙。没有什么是他不懂的,没有什么问题是他不能解答的,偶像啊!崇拜啊!"孔子开始赞叹,听的人则瞪大了眼睛,拼命去想象老子会是一个什么样的人。

孔子这段话记载在《史记》中，原文是："孔子谓弟子曰：'鸟，吾知其能飞；鱼，吾知其能游；兽，吾知其能走。走者可以为罔，游者可以为纶，飞者可以为矰。至于龙，吾不能知，其乘风云而上天。吾今日见老子，其犹龙邪！'"

于是人们感觉到孔子更有学问了，也更有涵养了，即便说话，都有了一些首都的范儿了。

从首都回来，增长了这么多见识，提高了如此大的境界，接受了天下第一学问家老子的教诲并且跟老子成为朋友，如此一层层的光环套在了孔子的身上，孔子一时间迅速成为广受尊重的学问家。

于是，很多人前来求学，包括此前不愿意屈尊前来的大夫的子弟们。

司马迁在《史记》中专门提到了这一点，所以他写道："孔子自周反于鲁，弟子稍益进焉。"

名气大增，学生的人数和档次提升，洛邑之行对于孔子来说绝对是名利双收的一件事情。

而洛邑之行之所以能够成行，完全要归功于南宫敬叔。在内心里，孔子感觉自己应该要回报南宫敬叔。可是，南宫敬叔要钱有钱，要地位有地位，自己有什么能够回报他呢？

不管怎样，现在孔子对南宫敬叔更加客气了。

这一天，南宫敬叔又来上课。这一次，南宫敬叔提出来要和师兄弟们一同上课，于是就在院子里上课。今天的这一课，讲的是德。

上课的时候，南宫敬叔提了一个问题。

"先生，当年羿是神射手，浇善于水战，但是两人都死得很惨。而大禹没别的本事，就会种地，结果是大禹拥有了天下。老师，这是为什么呢？"

孔子笑了笑，没有回答，因为他知道这是南宫敬叔明知故问，为的只是要帮助老师给其他人强化德的概念。

等到南宫敬叔告辞走了，孔子才对其他学生说："看见了吗，这就是君子，他刚才的话，就是在阐述德啊。"

(《论语》："南宫适问于孔子曰：'羿善射，奡荡舟，俱不得其死然。禹稷躬稼而有天下。'夫子不答，南宫适出。子曰：'君子哉若人，尚德哉若人！'")

什么是德？就是统治者以身作则。

羿和浇都以武力来强迫人们服从他们，最终不得好死。而禹只是自身做出表率，天下百姓就愿意跟随他。

几天以后，南宫敬叔又来了。不过，他不是来上课的。

南宫敬叔见到孔子，献上了一块白圭，白色的玉。在那个时代，这样一块玉足够买一套房屋了。

孔子大吃一惊，这可是价值不菲的礼物，为什么要给自己呢？

"你这是？"孔子问。

南宫敬叔有些腼腆地笑了笑，说道："先生，我请求您把您美丽大方的侄女嫁给我。"

"什么？"孔子以为自己听错了，这怎么可能？

好在，南宫敬叔紧接着做了解释。

原来，孔子去洛邑的时候，特地把儿女都送去了哥哥孟皮家里照看。这个时候孟皮已经去世，只剩下孔子的嫂子带着一个女儿一个儿子，女儿已经十六七岁还没有出嫁。

到孔子回到曲阜，一时没有抽出时间去接儿女，结果嫂子给他送过来了。驾车的就是孔子的侄女，因为孟皮夫妇体弱多病，这个女儿从小当儿子养，十分能干。不仅能干，而且漂亮，看上去十分干练。

南宫敬叔当时就在孔子的家里，眼看着干练漂亮的美女驾着车来到，当时就看傻眼了。上前搭讪了几句，两人就有一见钟情的感觉。从那天，南宫敬叔就准备求亲了。

周朝的时候，婚娶讲究门当户对。但是，春秋末期，人们似乎对这个也并不是太在乎，只要两情相悦就好。当初，鲁庄公就娶了平民的女儿党姑娘，南宫敬叔的母亲本身也是平民。

所以，南宫敬叔也没犹豫，跟哥哥一商量，哥哥赞成，于是就来求婚了。

为什么来找孔子求婚呢？因为孔子是孔家的家长，哥哥去世了，侄女的婚事孔子说了算。

"这个，我哥哥去世得早，嫂子也没文化，这个侄女就像个男孩子，没什么规矩，只怕配不上你。"孔子拒绝了，为什么要拒绝？南宫敬叔这样的地位高、教养好，又长得帅的人哪里去找？难道孔子不想侄女好？

当然不是，这只是周礼中的程序而已。

按照周礼，对第一次求婚，女方家长就要这样。

南宫敬叔当然也知道这个规矩，于是收起了白圭，说了几句其实你家侄女能干又有爱心，我还怕自己配不上她之类的话。

过了几天，南宫敬叔又来求亲，依然以白圭为礼物。

"这个，我这个侄女平时也没有什么裁剪的经验，只怕嫁过去伺候不好公公婆婆，你还是另找好的吧。"孔子再次拒绝了，这次换了个理由，这就意味着这也不是真的拒绝，还是个程序。

南宫敬叔又说了几句不懂可以学之类的话，走了。

又过了几天，南宫敬叔又来求亲，还是以白圭为礼物。

这一次，孔子直接就收了。

"你的诚意感动了我，好了，祝你们白头偕老。"孔子乐呵呵地把侄女许给了南宫敬叔，收到的白圭给了嫂子。

一切，都是按照周礼的程序做的。

为什么孔子愿意把侄女嫁给南宫敬叔呢？

这还用说吗？谁不想嫁给南宫敬叔这样的高富帅呢？这下，侄女有了好归宿，自己跟孟孙家成了亲戚，又没有辜负哥哥去世前的托付。

这件事情在《论语》中是这样写的："南容三复白圭，孔子以其兄之子妻之。"

搞笑的是，历来的解读都说"三复白圭"是念了三遍"白圭之诗"，孔子就把侄女嫁给了他。

什么是白圭之诗？是指《诗经·大雅·抑》的诗句"白圭之玷，尚可磨也，斯言之玷，不可为也"，意思是白玉上的污点还可以磨掉，我们言论中有毛病，就无法挽回了。这句诗是告诫人们要谨慎自己的言语，不要信口雌黄。

孔子因此认为他很谨慎，所以，就把侄女嫁给了他。

这样的解读纯属无稽之谈，想想都可笑。

那么，为什么历来的解读非要睁眼说瞎话呢？那就要说说周礼中关于求婚的一些规矩了。

按照周礼中婚礼的要求，求婚必须三次，每次都要带礼物，层级不同则礼物不同。南宫敬叔属于上大夫级别，应当以羔羊为礼物，在这里他上跳一级，使用了卿一级的礼物圭玉。从这个角度说，孔子接受了白圭有越礼的嫌疑。为了维护孔子的完美形象，历来的解读就只好说瞎话了。

其实在当时的情况下，各国都普遍越礼，南宫敬叔使用圭玉也勉强说得过去。

也正因为如此，孔子没有去较真儿，而是采取了变通的态度，接受了南宫敬叔的求婚，原本无可厚非。反而是历代的解读越抹越黑，损毁了孔子的形象。

孔子把侄女嫁给南宫敬叔的事情一时间也引起了轰动，一来，是这桩婚姻并不是门当户对，羡慕嫉妒恨的人很多，赞扬说好的也很多。二来，一些人怀疑这是孔子精心策划的，南宫敬叔属于是被套路的，孔子就是想通过这个办法攀高枝。

一时之间，说什么的都有。

于是，子路来问孔子。

"先生，你把侄女嫁给南宫适，是看中了他什么？老师你要说实话啊。"

子路是个直肠子，有什么说什么。

"南宫适这个人谨慎谦恭，没什么非分之想。国家有道，他能够保有自己的地位。国家无道，他也能保护自己不受刑罚。把侄女嫁给他，我心里踏实。"孔子这样解释。

孔子说的是有道理的，春秋时期很多人贪得无厌，为了追求更高的地位往往铤而走险，最终要么逃亡国外，要么就连命都丢了。

这段对话，在《论语》上也有记载。

"子谓南容：'邦有道不废；邦无道免于刑戮。'以其兄之子妻之。"

闵马父的儿子

从洛邑回来之后，孔子的学生数量增加了一些，层次也有所提升。

这一天，一位大夫模样的人来了，身旁还跟着一个少年。此人孔子认识，名叫闵子马，人们尊称他为闵马父。

闵马父是孔子尊敬的人,所以孔子见到他,非常高兴。

"仲尼先生,我把儿子送来给你调教了。"闵马父说,原来他身边的少年是他的儿子。

"闵大夫,孔丘才疏学浅,这个,实在怕有负重托啊。"孔子急忙谦恭一下,这是孔子的习惯,也是必要的礼节,并不是拒绝的意思。

"哈哈,先生过谦了,我关注你很久了,把儿子交给你,我放心。"闵马父说。

孔子知道不用再谦恭了,于是欣然接受。

闵马父是个人物,所以要介绍一下。

闵马父是鲁闵公的后人,这一点是公认的,鲁闵公因此也是山东闵姓的得姓始祖。

可是这里有个疑问,鲁闵公八岁即位,在位两年,十岁的时候就被庆父所杀,他怎么会有儿子呢?历来没有人对此进行解说,我们这里就来说说。

鲁闵公十岁被杀,但是正式进入了鲁国国君的序列。按照周礼,每一任国君都应当有后代祭祀。所以,遇上没有后代的情况,就要从兄弟那里过继,以免绝嗣。鲁闵公有一个哥哥公子般,十六岁的时候被庆父所杀,没有儿子。鲁闵公的弟弟是鲁僖公,因此只能是鲁僖公的儿子过继给鲁闵公,而这个过继给鲁闵公的儿子就以闵为姓。

这就是闵姓的来历,从道统上说,是鲁闵公的后人。从血缘上说,是鲁僖公的后人。

按着规矩,鲁闵公的后人世为大夫。

所以,闵马父同时是鲁僖公和鲁闵公的后人,还是大夫。

闵马父为人直率诚恳而且有学问,因此名声非常好,无论在国君那里还是在三桓那里都受尊重。

在《左传》里记载了闵马父的几则故事,显示了他的睿智。譬如他准确预测了周朝的王子朝之乱。

不过,最令人印象深刻的是下面的这个故事。

季武子(季孙宿)没有嫡子,于是立了小儿子季悼子(季孙纥),大儿子季孙弥很不高兴。因为季孙弥的字是钼,所以人称公钼,后代则姓公钼。

季武子任命公钼为马正,相当于家族部队的主管后勤这样的职务,公钼不肯接受。

公钼和闵马父是朋友,闵马父就劝他说:"你别这样!祸福无门,唯人所召。身为儿子,应该担心的是不孝,而不是自己的富贵。孝敬父亲、遵守父命,才是你应该去做的啊。若能孝敬父亲,你未必就会比你弟弟财产少;如果心怀不轨,也许最后还不如一个贱民过得好。"

公钼听完,觉得这话很有道理。

于是公钼听从了劝告,愉快接受了马正的职位,不仅对父亲很孝敬,而且恪尽职守。

季武子非常高兴,让他请自己喝酒,而纯银的酒具都是季武子自己带过去的,走的时候,都留给了公钼。季武子之后以各种方式为公钼增添财富,所以后来季武子去世的时候,公钼已经非常富有了,又出任鲁国的左宰。

祸福无门,唯人所召。这句话,就是闵马父的发明。

现在很多人啃老,整天打父母钱财的主意,到最后反而得不到什么。其实,应该像闵马父教给公钼那样做,对父母孝敬一些,难道父母还会把钱财给别人吗?

闵马父把自己的儿子送来孔子这里,孔子是感到非常荣幸的。可以说,这就是继南宫敬叔之后的第二块招牌了。

闵马父的儿子正好二十岁,名叫闵损,字子骞。孔子看他第一眼就喜欢上了他,闵损看上去非常文质彬彬,安静而又谦恭有礼,一身的正气,像极了他的父亲。

"闵损?这名字怎么这么奇怪呢?"孔子觉得闵损的名字真的好奇怪,怎么父母会给他取这么个不吉利的名字呢?所以孔子忍不住就问闵马父:"闵大夫,这孩子看上去就非常出色,可是为什么取这样一个名字呢?"

"唉,说起来跟他娘有关。"闵马父解释说,原来,闵损的母亲在生他的时候难产而死。因为生儿子而损失了母亲,闵马父给儿子取了这样一个名字。

"真是抱歉。"孔子为自己的问题勾起了闵马父的哀思而道歉。

闵马父笑了笑,表示这不怪孔子。

"仲尼先生，虽然这孩子名字不太好，但是人品一流，先生尽管放心。"闵马父说着，给孔子讲了一段闵损的故事。

闵损母亲死后，他的父亲又娶了一个继母，继母又生了两个儿子。俗话说：三伏的日头，后娘的拳头。基本上，继母对闵损不会太好。

闵马父自然看在眼里，有的时候会问闵损对继母的看法，闵损都会替继母说话，从来没有抱怨过。有的时候外人说些闲话，闵损也当没有听见。

总之，不论继母对他怎样，他都像尊敬自己的母亲一样尊敬继母。

一次，闵损给闵马父驾车，抓不住马的辔头，闵马父握着他的手，发觉他的手很冷，穿的衣服也很单薄。闵马父回去后，把继母生的儿子叫来，握住他的手，手是温暖的，穿的衣服也很厚。闵马父就对继母说："我娶你的原因，是为了我的儿子，现在你欺骗我，让我的儿子受冷，你走吧。"

这是要离婚的节奏啊，继母当场吓晕了。

闵损当时就在一旁，急忙说："爹，您听我说。如果母亲留在我家，您只有我一个儿子受寒；如果母亲离我们而去，三个儿子就都会受寒啊！"

闵损劝他的父亲，并没有怨恨继母。对他来说，他能理解继母对亲生儿子的偏爱。

闵马父看着闵损，一句话也不说，沉默了好久，然后走开了。

"孩子，你真是个懂事的好孩子啊，娘对不住你，娘改，娘一定改。"闵损的继母大受感动，搂着闵损哭了起来。

从那之后，继母待闵损像自己的亲儿子一样，关怀得无微不至，在外人面前更是一个劲地夸自己这个大儿子，一家人过得和和美美。

事实证明，后妈也是可以被感动的，但前提是亲爹要爱自己的儿子。所以，后妈有多毒，取决于亲爹有多恶。

在这一件事上，闵损包容了自己的继母，爱护了自己同父异母的弟弟，避免了父亲失去老婆。一个家庭不仅保住了，而且从此变得非常和谐幸福。

听完了闵马父讲的故事，孔子再看看闵损，闵损有些不好意思地笑笑。

"真是个孝敬的孩子啊，别人的闲言碎语都不能改变他对父母兄弟的爱啊。"

孔子赞叹道，对闵损更加喜爱。

孔子的这句话在《论语》中有记载，原话是，子曰："'孝哉闵子骞！'人不间于其父母昆弟之言。"

从那以后，闵损就做了孔子的学生。闵损就像他父亲所说的那样谦恭温和，尽管同学们的地位都比他低很多，可是他对师兄们都很尊重，平常的粗活脏活也都抢着干。同学们有什么向他请教的，都耐心地讲解，绝不会在言语上瞧不起。

所以，人人都喜欢他。

"这才是真正的贵族，真正的君子啊。"孔子时常暗自感慨，看来官二代并不都是学渣，他们的人品取决于家里的教养。

按着规矩，老师称呼学生一律称呼名，譬如孔子称呼子路就直接叫由。但是因为闵损地位特殊，并且品行高尚，所以孔子不仅将他当成学生，也把他当成好友，称呼他一律用字，也就是称呼他为子骞。

在《论语》中，对闵损的称呼一律使用闵子骞或者闵子，而从来不称呼他为闵损。

孔子还收获了自己的第一个国际学生漆雕开。

漆雕开是蔡国人，漆雕这个姓氏据记载是吴王的后人，也就是说出于姬姓。同时，漆雕也是个职业，大致是油漆工、雕刻工。因为吴国立国的时候非常荒蛮，吴王后代从事工匠也是很正常的。

据说漆雕开曾经无罪受刑而致残，但是似乎没有证据，因此不采用。

这个时期，蔡国在吴国和楚国的双重挤压下，百姓的生活非常动荡，所以类似漆雕开这样有手艺的工匠离开蔡国北漂到齐国、鲁国的情况是比较普遍的，漆雕开大致也是这个原因来到了鲁国。

漆雕开的个性沉稳内向，不贪婪有自知，这也是孔子喜欢的性格。

就这样，一边工作一边上学，漆雕开成了孔子的弟子。

后来，漆雕开的同族漆雕哆、漆雕徒父也都成了孔子的学生。因此在孔子七十二名有名有姓的学生中，漆雕就占了三个。后来，漆雕哆和漆雕徒父开校授徒，创立了漆雕氏之儒，这是后话。

第二五二章

全民公敌

季孙意如的烂账

孔子从洛邑回来转眼一年,学生虽然多了一些,但是整体层次依然偏低,经营状况依然就是维持。

这个时候,一件震惊天下的大事发生了。

这件事,是关于鲁国国君鲁昭公和孔子的老东家季孙家的。

鲁国虽然名义上是被三桓瓜分,实际上真正控制鲁国的是季孙家。自从季孙意如接掌季孙家,赶走了南蒯后,更加飞扬跋扈。

很快,季孙意如成了全民公敌。甚至,季家的疏族也对季孙意如充满仇恨。

怎么回事呢?

季公鸟和季公若是两兄弟,他们是季孙家的疏族,也就是旁支。两年前,季公鸟脑膜炎发作死了,留下了老婆季姒和孩子季甲,而家族的事情由季公若、族人公思展以及家臣申夜姑来照管。季姒年轻貌美,耐不住寂寞,跟厨师檀勾搭上了。

可是好日子总是不长,你这里偷腥,难免被别人闻到味,难免有羡慕嫉妒恨的。两人感觉到了危险,怎么办?

金盆洗手那是绝对不甘心的，私奔也是不合算的。所以，只有一个办法：先下手为强，干掉小叔子。

季姒是个好演员，她先让自己的丫鬟把自己打了一顿，专拣要害的地方打，譬如屁股拧青了一块，小肚子还留了一个手印。之后，季姒让这个丫鬟把自己的小姑子秦姬给请来了，哭哭啼啼脱个精光给她看。

"大妹子，嫂子的命怎么就这么苦呢？守个节怎么就这么难呢？你大哥不在了，你二哥他昨天晚上闯进了我的屋子，说什么不是小叔子我不是人，而是嫂子太迷人，然后就把我给……呜呜呜……我没脸活下去了……"季姒表演得不错。

"啊？"秦姬万分惊讶，她万万没有想到二哥季公若竟然是这么个人面兽心的人。

秦姬答应嫂子要帮她，却万万没有想到实际上嫂子才是个人面兽心的人。

当年季公鸟活着的时候，跟季孙意如的叔叔公甫的关系最好，两人是堂兄弟。季姒这个时候又派人去公甫那里哭诉，说是季公若要诱奸自己，被自己拒绝之后，公思展和申夜姑两个狗腿子就来威胁利诱自己，逼迫自己跟季公若好。

公甫很愤怒，恰好这时候弟弟公之来找他，说是秦姬向他反映情况，说季公若对季姒图谋不轨，动手动脚。

于是，公甫和公之两人就来找季孙意如，向侄子汇报季公鸟家的情况。

季孙意如是个出了名的不动脑子，听风就是雨，立刻大怒道："什么，这不是败坏我们季家的名声吗？"

按着季孙意如的意思，当时就把季公若三人都抓来砍了，不过公甫和公之劝他，说季公若怎么说也是你叔叔辈的，这点儿事也不至于就杀了他，再说了，家丑还是不要外扬，不如把公思展撤职，把申夜姑给杀了算了。

季孙意如办事的效率挺高，立即派人拘留了公思展，捉拿了申夜姑，把申夜姑送去了士师那里审判。

季公若听到了风声，一打听，知道是被人陷害了。

"这不等于是我连累他们吗？要是他们罪名成立了，不就等于我真的做过那种事了吗？"季公若急了，去找季孙意如评理。

季孙意如根本不见他，直接命令人把申夜姑给杀了。

你说这申夜姑招谁惹谁了？

从那之后，季公若对季孙意如恨之入骨。

再说另一件事。

郈家也是鲁国的公族，祖上也是鲁国国君，在鲁国也混得不错。

那时候鲁国很流行斗鸡，这是一项全民参与的运动，平头老百姓斗鸡，卿大夫也斗鸡。季孙家斗鸡，郈家也斗鸡。

别说鲁国喜欢斗鸡，齐国也喜欢斗鸡，全天下都喜欢斗鸡。鸡是天下的团宠。各国的公子公孙们喜欢去齐国的临淄吃喝玩乐，往往都带着鸡去，所以临淄常常有国际鸡展和国际斗鸡大赛。

季孙家和郈家在曲阜城住隔壁，两家经常斗鸡，并且下赌注。

那一年两家斗鸡斗得厉害，赌注也下得大，季孙意如对这件事情非常关注，下令只准胜不准败，说是事关家族荣誉。

季孙家的斗鸡士们有些坐立不安了，因为他们知道郈家的混血杂毛鸡非常生猛，恐怕自家的纯种走地鸡不是对手，怎么办？斗鸡士们大眼瞪小眼，瞪成了斗鸡眼的时候，终于想出了办法。

斗鸡大赛开始了，郈家的鸡率先出场，雄赳赳气昂昂，好不威风。之后季孙家的鸡也出场了，也很威武。

两家的鸡开战不久，混血杂毛鸡就败下阵来，被纯种走地鸡赶得满场跑。

郈家的人觉得事情有些蹊跷，后来一研究发现了问题。原来，季孙家的纯种走地鸡的鸡毛上抹了芥末，混血杂毛鸡啄了几下之后，眼睛就被刺激得睁不开了，只好落荒而逃了。

郈家的人很气愤，你出老千，我也玩阴的。

第二场比赛中，郈家的混血杂毛鸡装上了金属爪，威力大增。这一回，季孙家的纯种走地鸡被郈家的混血杂毛鸡一顿蹂躏，抓得奄奄一息。

季孙家斗鸡斗输了，按理，既然你们先耍赖，就不能指责别人不道德。可是，季孙意如不这么想，在他看来，季孙家的鸡就代表了季孙家，只能赢不能输，如今不仅输了，而且基本被抓死了，这不是太丢人了？

季孙意如首先把纯种走地鸡追认为"壮士"，之后强占了郈家的宅基地，还派人活捉了郈家的混血杂毛金爪鸡，以违背斗鸡规则的罪名杀掉，并且为自己的纯种走地鸡陪葬。

郈家惹不起季孙家，只能忍了这口气，不过，郈家全家恨死了季孙意如。

再来说另一件事。

臧家也是鲁国的公族，而且是世袭的司寇，当初臧文仲还是鲁国的执政，臧家的实力在鲁国仅次于三桓。

臧家和季孙家很早以前就结下了梁子。

鲁襄公二十三年（前550年），孟孝伯诬告臧纥（臧武仲）想要造反，季武子信以为真，于是出兵进攻臧家，臧纥于是逃到了齐国，他的弟弟臧为接掌臧家。从那之后，臧家和季家就算记下了一笔账。

后来臧为死了，儿子臧昭伯（臧赐）即位，与季家的关系还是非常冷淡。

那一年臧昭伯去晋国出差，他的堂弟臧会趁机偷了臧昭伯名叫偻句的龟壳，这可不是一般的龟壳，而是著名的龟壳，据说用来占卜非常灵验。臧会拿来占了一卜，占卜的问题是诚实好还是虚伪好，占卜的结果是虚伪比诚实好。

"太好了，我这人就比较虚伪。"臧会很高兴，平时就喜欢坑蒙拐骗，这下有理论支持了。

恰好臧家准备派人到晋国去探望臧昭伯，臧会主动请缨，于是代表臧家去了晋国。臧昭伯看见家里来人，非常高兴，询问家里的情况，臧会回答得一五一十。可是等到臧昭伯问起自己的老婆和自己亲弟弟的情况，臧会就不回答了，还装出一副有难言之隐的样子来。

"难道，他们之间有什么问题？你说，我能挺得住。"臧昭伯看臧会的样子，猜想大概是老婆跟弟弟上床了。

"没什么，真没什么，真的。"臧会继续装。

"兄弟，你就别瞒着我了。"

"大哥，没有的事，我怎么说呢？再说了，那些流言蜚语，不能相信的。"臧会装得挺像，越这么说，臧昭伯就越是怀疑。

最终，臧会还是没说，此后臧昭伯在晋国过得非常压抑。

终于，臧昭伯出差的任务完成了，急匆匆赶回国。刚进入鲁国，臧会就来迎接了。原来，臧会早就算好了臧昭伯这个时候会回来。

"那什么，兄弟，我老婆和我弟弟没什么吧？"臧昭伯就关心这个问题，一见面就问。

"啊，那，什么？没，没什么吧。"臧会吞吞吐吐，故意做出欲言又止的样子。

"你怎么这么磨叽？你说啊。"

"我，我真不知道。"

臧会就是不说，可是看表情，绝对是知道什么隐私。

臧昭伯很愤怒，看来弟弟和老婆确实有奸情。怎么办？

臧昭伯让臧会先回去，嘱咐他不要透露自己已经回来的消息，自己要突然袭击，捉奸在床，家法处置。

臧会得意扬扬地回去了，他就希望看到这样的效果，只有等臧家乱了，自己才有机会接掌臧家。

然而，臧昭伯在愤怒之后渐渐冷静下来，左思右想、想来想去觉得自己的老婆不是这样的人，弟弟也不是这样的人。于是，臧昭伯悄悄地来到了曲阜的城郊住下来，然后派人潜回自己家中进行观察。一连三天过去，潜伏的人的报告都是一样的：没有任何情况发生。

"太阴险了。"到这个时候，臧昭伯算是识破了臧会的诡计，心中一阵后怕。

臧昭伯随后回到家中，立即派人去捉拿臧会。

"他还挑拨离间，杀了他。"臧昭伯下令杀了臧会。

可是，臧会设法逃跑了，逃去了郈家的封地郈，郈家任命他为贾正，掌管价格。

人都逃了，臧昭伯也不好去捉，就这样算是放过臧会一条小命。不过臧昭伯说了：你最好就躲在郈，你要是敢回曲阜，最好不要让我知道，否则一定宰了你。

在郈地躲了一段时间，臧会觉得事情已经过去了，应该没事了，恰好郈家要去曲阜给季孙家送账簿，臧会就回了曲阜。

臧会回曲阜的消息不知怎的就被臧昭伯知道了，立即派了五个人去捉拿他。恰好臧会从季孙家出来，看见有人捉他，转身就跑，结果还是没跑掉，就在季孙家的家门口被捉住了。

本来，臧会这下就要完蛋了。可是这小子运气真好，正好碰上季孙意如出门，亲眼看见臧会被捉。

按理说，季孙意如跟臧会也没有什么交情，要是在大街上遇上这事情，根本就不会管。可是今天这事情就发生在季孙家的家门口，而且，臧会是来给季孙家送账簿的，要这样被捉了，季孙家不是很没有面子？

"你胆肥了，在我们家门口捉人？打狗还要看主人呢，再怎么人家臧会是来给我们家送账簿的，好歹算是个客人。啊，你们是不是不把我们家放在眼里啊？"季孙意如当时就火了，下令立即将捉拿臧会的五个人全部捉拿。

这下热闹了，捉人的反而被捉了，臧会受到了季家的保护。后来，季家和臧家两家协商，臧家向季家道歉，季家放人，同时要求臧家承诺不再追究臧会。

从那以后，臧家和季家的仇恨更深了。

鲁昭公被说动了

鲁昭公二十五年，叔孙婼前往宋国聘问，季公若随行。

为什么季公若随行呢？因为季孙意如派他为自己去宋国迎亲。

原来，季孙意如的原配就是宋国人，前几年死了，因此又求娶了宋元公的女儿。

那么，季孙意如为什么派季公若呢？

说起来啊，季公若的亲姐姐是小邾国国君的夫人，宋元公的夫人是小邾夫人的女儿，也就是说，季公若是宋元公夫人的舅舅。那么，宋元公夫人的女儿是季孙意如的远房外甥女。还好那时候论辈分只论男方，这样就没有人说季孙意如娶了外甥女了。

季公若对季孙意如恨之入骨，就打定主意要破坏这门亲事。

到了宋国之后，季公若对宋元公夫人说了季孙意如很多坏话，说他随时会被鲁昭公驱逐，说得宋元公夫人想要悔婚。宋元公夫人又去跟宋元公学说，说得宋元公也有点儿犹豫不决了。

于是，宋元公请乐祁来出个主意，乐祁是个聪明人。

"主公，放心吧，如果鲁国国君要驱逐季孙，只能是反过来被季孙驱逐。"乐祁看问题看得透彻，一针见血。

宋元公这才放下心来，依然决定把女儿嫁给季孙意如，把个季公若搞得很失落。

季公若把宋元公的女儿带回了鲁国，送到了季孙意如家里，表面上很高兴，心里面在打鼓。季公若知道，人家现在是一家人了，宋元公女儿迟早会把自己搞破坏的事情在床头上说给季孙意如，那时候，自己恐怕就要吃不了兜着走了。

季公若又后悔又害怕，可是世上没有后悔药吃，怎么办？

"干脆老子先下手为强，赶走季孙意如，老子来当季家的主人。"季公若这样想，有了主意。

季公若从宋国带回来一张弓，找了个机会把弓献给了鲁昭公的太子公为，顺便约了他一同出外打猎。

公为一直就对三桓不满，这很正常，三桓把鲁国给瓜分了，公为这个太子当得要多没劲有多没劲。

两人一边打猎一边闲聊，渐渐地就聊到了正题。

季公若先是说了一通季孙意如如何不学无术、专横跋扈等，最后说道："季孙意如的做法我看不惯，我早就想着帮助公室夺回自己的权力，扫荡三桓，拨乱反正，为鲁国的繁荣昌盛而奋斗终生了。"季公若把自己那点儿私仇提升到了为国家大义灭亲的高度，说得慷慨激昂。

"你，你说什么？"公为听了大喜。

"我要除掉季孙意如，把他全家都赶走，把土地还给公室。"季公若咬牙切齿地说，然后压低了声音，"可是，靠我自己做不到这一点，这必须你爹亲自牵头。现在恨季孙意如的人多了去了，只要主公登高一呼，全国人民都会跟从的。到时候灭了季孙意如，公子您可是最实惠的。"

"好，一言为定，我再请几个兄弟过来，大家一块儿商量。"公为欣然同意。

紧接着，两人进行了分工，外部力量由季公若来组织，鲁昭公这边，公为来动员。

第二五二章　全民公敌

公为悄悄地把弟弟公果、公贲请到了家中,把季公若的想法跟两个弟弟说了一遍。

"好啊好啊,太好了。"两个弟弟叫了一通好,这种打土豪分田地的活儿,换了谁,谁都会叫好。

可是,光叫好,谁也不敢去动员父亲。因为父亲早就告诫过他们:"谁也别到外面抱怨去,咱们有口饭吃就不错了。"

怎么办?三兄弟商量来商量去,最后想出一个办法:让鲁昭公的侍卫僚柤去说。

僚柤是个二愣子,没什么心眼的人,平时跟三个公子的关系还算不错,这一次公为特地给他送了一件礼物,就是季公若送给他的那张弓。然后,把委托他办的事情告诉了他。

"好说。"得了礼物,僚柤爽快地答应了,全然不去想这是件什么样的事情。

第二天该僚柤值班,接班的时候恰好鲁昭公还在睡觉,僚柤就进了卧室了。

"主公,醒醒,醒醒。"僚柤不管那些,直接把鲁昭公给叫醒了。

"什、什么事啊?"鲁昭公迷迷糊糊问,看见是僚柤,有些不高兴。

"那什么,是这样的。"僚柤也不管鲁昭公高不高兴,反正把自己任务完成了再说,当时将公为的计划说了一遍,劝鲁昭公当机立断。

鲁昭公原本还半梦半醒,寻思再睡一会儿,可是听到僚柤说的是这个事,当时就清醒了。没等僚柤说完,鲁昭公已经光着脚跳到了地上,顺手抄起一把大戟,一边骂一边向僚柤刺来:"你个挑拨离间的王八蛋,我今天非杀了你不可。"

僚柤一看大事不妙,转身就跑,一口气跑回家,这班也不敢上了。

其实,鲁昭公倒也不是真想杀他,否则,哪里能让他跑掉?

两三个月过去,僚柤不敢再去上班。直到鲁昭公派人来找他,说是既往不咎,现在可以回去上班了,僚柤这才继续上班。

僚柤恢复上班了,公为三兄弟又来找他帮忙,又给了礼物,僚柤于是又答应了。

"什么,你又说这个?"鲁昭公再次抄起大戟,不过这次没真刺他,只是吓唬他一下,警告他以后不许再说。

基本上，第二次的效果比第一次要好一些，僚苴也没有不敢上班。

公为三兄弟又来找他帮忙，又给了礼物，僚苴又答应了。

这一次，鲁昭公没有再拿大戟了。

"傻孩子，这样的事情不是你这样的人应该管的，专心当侍卫吧，啊。"鲁昭公语重心长地说，他知道僚苴只是缺心眼而已。

基本上，第三次的效果就已经很好了。公为三兄弟一商量，觉得父亲的态度基本上就是想干但是不敢干，所以，现在可以直接去劝说父亲了。

公果一向比较受宠，因此劝说父亲的任务就交给了公果。

公果去劝父亲了，鲁昭公对他说："孩子，这事情可是件大事啊，弄不好就得搬家，再弄不好，脑袋就得搬家，要小心啊。"

鲁昭公对公果说了实话，叮嘱公果要保密，自己再探探其他几个家族的口风。

到现在，鲁昭公基本上是被说动了。不过，还没有下定决心。

鲁昭公先是悄悄地找来了臧昭伯商量，他知道臧家和季孙意如有仇。

"我觉得很难成功，季孙家的实力太强大了。"臧昭伯还比较客观，感觉这事情太冒险。

鲁昭公又悄悄请来了郈昭伯商量，他知道郈家和季孙意如也有仇。

"我看行啊，季孙家虽然实力雄厚，可是仇家也多啊。俗话说：多行不义必自毙啊。"郈昭伯报仇心切，大力支持。

鲁昭公这个时候冷静分析了一下，臧昭伯这人生性小心谨慎，他反对是正常的；郈昭伯跟季孙意如仇恨极大，因此他支持也是顺理成章的。但是，正是因为这样，这两人的看法恐怕感性大于理性。要正确分析这件事情的前景，最好是找一个没有什么利害关系的人来讨论。

于是，鲁昭公找来了子家懿伯。子家家族也是鲁国公族，与三桓家族相处得也都不错，子家懿伯这人正直又智慧，因此他的看法会比较客观。

鲁昭公把事情一说，子家懿伯极力反对，他说："主公，这事情不能干啊，来劝您干这事的，都是怀着私心的。您想想啊，季孙家掌握鲁国政权也不是一年两年了，虽然他们的仇人不少，可是他们对自己的人还算不错，可以说人心在他们那里啊。这要是失败了，主公您还能住在这里吗？"

"这个……"鲁昭公有些犹豫了，他知道子家懿伯的话更有道理，"那，你走吧，不过千万要保密啊。"

子家懿伯知道鲁昭公这是信不过自己，既然这样，不如自己识趣一点儿。

"主公，我知道您怕我泄露了秘密。我要是把事情泄露出去，我不得好死。"子家懿伯先表了态，看鲁昭公还是不放心的样子，索性说，"这样吧，主公给我腾间屋子，我就住在宫里。"

子家懿伯就这么住在宫里了，有吃有喝还有人陪聊天，倒也不错。

第二五三章

小不忍则乱大谋

是可忍孰不可忍

鲁昭公迟迟下不了决心,直到秋季的时候,一件事情让他不再犹豫,决定动手了。

九月,鲁国祭祀鲁襄公。同期,季孙家举行家祭,祭祀季孙家的祖上季友。

关于祭祀,是有些规定的。

首先,不能越级祭祀。譬如说周文王、周武王只能是周王室来祭祀,诸侯无权祭祀。鲁国虽然也是周文王的后代,也不能祭祀周文王。鲁国国君只能祭祀历代的鲁国国君,最多到周公。鲁国的历代国君只能由国君来祭祀,三桓没有资格祭祀,就算三桓都是鲁桓公的后代,也不能祭祀鲁桓公。

其次,如果祖先是因犯罪而自杀的,是不能接受祭祀的。三桓家族中,季孙家祭祀开山鼻祖季友,孟孙家和叔孙家却不能祭祀他们的开山鼻祖庆父和叔牙,这两位都是因罪自杀的,不能接受祭祀。因此孟孙家祭祀庆父的儿子公孙敖,叔孙家祭祀叔牙的儿子叔孙得臣。

到现在,如果要祭祀黄帝、炎帝,只能是中央政府才有资格,叫作国家公祭。

由于三桓已经瓜分了鲁国,公室的收入只能勉强维持后宫的费用,已经养不起原先的国家歌舞团。因此,国家歌舞团的演职员工平时四处走穴,基本上成了社会演出团体，人民艺术家成了艺人。国家祭祀的时候，花钱雇他们来进行演出。

按照周礼，鲁国可以使用天子规格的礼仪祭祀周公。而实际上，到了春秋之后，鲁国祭祀历代国君都用祭祀天子的标准。于是，鲁襄公的庙里上演祭祀舞蹈，舞蹈名称为《万舞》，一共需要六十四名演员，组成八八演出方阵，称为八佾（音义）。

与此同时，季孙家的祭祀竟然也采用天子规格，也上演《万舞》。

鲁国国君本来已经是越礼了，而季孙家就更是越礼。

可是，会跳《万舞》的人只有六十六人，只够一套主力阵容外加两个替补队员。

怎么办？艺人们是见钱眼开的，谁出价高，就去谁家跳。

结果，全套主力阵容去了季孙家上演正宗《万舞》，而鲁襄公的庙里只有两个上了年纪的替补队员在跳《万舞》。

"这哪是万舞，这分明是二人转哪。"鲁昭公非常恼火，鲁国公族都很恼火。

孔子是不会错过这样的学习机会的，他去了季孙家观看《万舞》，也觉得季孙意如太过分了。

"在自己家里六十四个人跳《万舞》，季孙连这都可以忍心做得出来，还有什么不忍心做的呢？"孔子感慨道。

这件事情记载在《论语》中，原文是："孔子谓季氏：'八佾舞于庭，是可忍也，孰不可忍也？'"

是可忍，孰不可忍。这个成语，就出于这里。原意是"这都能做出来，还有什么做不出来？"后来转化为"这样的事情都能容忍的话，还有什么不能容忍的？"

事实上，不仅季孙家越礼，孟孙家和叔孙家也好不到哪里去。

在祭祀结束撤去祭品时，孟孙氏、叔孙氏、季孙氏三家都命令乐工唱《雍》这篇诗。这篇诗被收在《诗经·周颂》，是周王祭祀祖先的时候使用的。可是现在三家拿来用，实在是僭越得厉害。

"唉，'相维辟公，天子穆穆'这样的诗句，怎么能用在你三家的庙堂里呢？"孔子看到了，也是一声叹息。

"相维辟公，天子穆穆"就是《诗经·周颂·雍》中的一句，意思是"助祭的是诸侯，天子严肃静穆地在那里主祭"。

《论语》中记叙了这件事，这样写道："三家者以《雍》彻。子曰：'相维辟公，天子穆穆'，奚取于三家之堂！"

连孔子这样一个民办教师都觉得太过分了，何况堂堂一国国君的鲁昭公？

是可忍，孰不可忍？

叔可忍，婶不可忍。

鲁昭公决定动手了。

鲁昭公召集了臧昭伯和郈昭伯，商议出兵攻打季孙家。到了这个时候，臧昭伯也是义愤填膺，赞成动手了。公为兄弟几个又联络了季公若作为内应，伺机行动。

当时的形势是这样的，孟孙家势力最小，与季孙家几乎没有往来；叔孙婼在祭祀完之后，前往家族地盘阚地巡视去了。其余家族，对季孙家族都是既恨且怕。

如果明目张胆地向季孙家宣战，那就等于拿鸡蛋去碰石头。所以，必须出其不意。问题是，一旦鲁昭公开始召集军队，季孙意如立马就会知道。

怎么办？

臧昭伯出了一个不错的主意。

鲁昭公宣布要维修改造长府，长府是什么地方？是鲁国国君的仓库，不过这不是后宫那种专放金银财宝的仓库，而是堆放大件物资譬如战车武器的仓库。

鲁昭公公开地召集人手进行施工，为了表示重视，鲁昭公索性搬到了长府去住，亲自指导维修改造工作。

季孙意如听说了，也就是说了声"吃饱了撑的"，没当回事。

基本上，整个鲁国都认为这是吃饱了撑的。

这一天孔子也和学生们谈起这件事情，一向少有发言的闵损突然插了一句："原来那样不是好好的吗？折腾什么呢？"

对这话，孔子深表赞同，当场表扬他说："别看子骞同学平时不说话，只要开口，一定说到点子上。"

对这件事，在《论语》中这样写道："鲁人为长府。闵子骞曰：'仍旧贯,如之何？

何必改作？'子曰：'夫人不言，言必有中。'"

其实，季孙意如、孔子和闵子骞一样，都没有猜到这是鲁昭公的一个幌子，用这个幌子来秘密召集军队，随时动手。

所以，闵子骞其实没说到点子上。

九月十一日，根据季公若提供的情报，季孙家祭祀结束，该放假的都放假了，家里最为空虚。

"动手。"鲁昭公在长府下令。

于是，刚才还在进行施工的人们就在长府换上了盔甲，拿起了武器，驾着战车，鲁昭公亲自带队，神不知鬼不觉杀奔季孙家。臧家家兵、郈家家兵同时集结，分头杀往季孙家中。季孙意如万万没有料到鲁昭公会出兵讨伐自己，防备不及，被鲁昭公的部队杀进家中。

季孙意如知道大事不妙的时候，已经无路可逃了。好在家中修了一个高台，原先就是为了预防不测的，现在用上了。季孙意如带着亲兵躲上了高台，据台坚守。

鲁国已经多年不打仗了，因此三家的军队虽然人多，却攻不下季孙家的高台。

季孙意如在高台上也是战战兢兢，生怕下面点火烧台，那时候非烤熟了不可。

"主公，我犯了什么罪啊？拜托调查清楚好不好？能不能让我到沂上去，等待您调查清楚啊？"季孙意如对鲁昭公高喊，想要鲁昭公放自己去南面的封地。

"不行。"鲁昭公拒绝。

"那，能不能先'双规'啊，把我软禁在费地好不好？"季孙意如继续哀求。

"不行。"鲁昭公再次拒绝。

"那，那让我带五辆车出国流亡行不行？"季孙意如还在哀求。

"不行。"鲁昭公仍然拒绝。

季孙意如绝望了，现在他只能拼命抵抗，然后期待奇迹出现了。

子家懿伯看三家联军拿不下高台，感觉事情有些麻烦。

"主公，还是让季孙流亡算了。现在我们拿不下高台，而季孙家的人很可能就快赶来，到时候恐怕就麻烦了。"子家懿伯建议见好就收。

"不行,斩草不除根,春风吹又生,知道不?"鲁昭公是下定决心一定要杀掉季孙意如了。

"对,非杀了他不可。"郈昭伯说得咬牙切齿,恨不能亲手杀掉季孙意如。

问题是,攻不下高台,空有决心是不行的。而时间,对鲁昭公他们更为不利。

鲁昭公自然明白这一点,于是对郈昭伯说:"老郈,你去一趟孟孙家,说服他们帮助我们攻打季孙。"

鲁昭公的主意很好,一旦孟孙加入攻打季孙的行列,无论在士气上还是在实力上就都有保障了。

郈昭伯去了孟孙家。

就在鲁昭公攻打季孙家的同时,叔孙家和孟孙家在做什么?他们都没有闲着,两家都在讨论应对的策略。

叔孙家因为叔孙婼不在家,有些群龙无首,拿不定主意。这个时候,管家管不了这事,这事要由管兵的来管。于是,叔孙家的司马鬷(音宗,古时烹调的用具)戾挺身而出了。

"各位,主人不在家,我呢,虽然是管兵的,可是这么大的事情,我也不敢做主。我问问大家,如果季孙家被灭,对我们叔孙家来说,是好事还是坏事?"鬷戾搞了个民主决策大会,把家臣们都给召来了。

大家议论纷纷,不过最后达成一致意见:季孙家如果被灭,下一个就是叔孙家了。

"那还有什么好说的?出兵,救季孙。"鬷戾当机立断,是啊,还有什么好说的?

叔孙家的队伍杀奔季孙家,从季孙家西北角杀入,掩杀三家的队伍。三家联军原本就实力不强,信心不足,如今看见叔孙家的队伍杀到,知道没戏了,于是蜂拥而逃。鲁昭公见形势不妙,也只好逃回宫里。

那么,孟孙家呢?

孟懿子拿不定主意,正在犹豫,郈昭伯来了,请求孟孙家出兵讨伐季孙。孟懿子还是犹疑不决,于是登上自己家的高台远眺叔孙家,看见叔孙家出兵,知道那是去救季孙了。

第二五三章 小不忍则乱大谋

"既然叔孙救季孙，孟孙也只能救季孙了。"孟懿子终于下了决心。

孟懿子下了决心，郈昭伯就成了送死的，被孟懿子当场处死。

随后，孟孙家出兵，帮助叔孙解救季孙。

三桓一体，平时看不出来，一旦遇上大事，三桓一定团结一心。为什么这样？说白了，他们的利益是一致的。

鲁昭公仓皇逃回了后宫，好在，不管是叔孙、季孙还是孟孙，都没有追击鲁昭公的意思，甚至在鲁昭公逃回之后，三家也并没有派兵前来讨伐。

可是，谁也不知道明天会发生什么。

"主公，您可以派人告诉季孙家，就说是被我们这伙人劫持了才攻打他的。之后，我们都逃亡到国外。那样，您还可以待下去。不过，今后季孙家恐怕对您的态度不会像从前那么客气了。"子家懿伯为鲁昭公出了个主意，大家背锅，保全鲁昭公。

"唉。"鲁昭公叹了一口气，他知道子家懿伯是好意，也知道这是个可行的方案，事实上这样的做法在历史上有过很多次，而在鲁国尤其可行，毕竟鲁国人是讲亲情的，也是讲面子的，给个台阶让季孙下来，今后自己这个国君还有的做。可是，鲁昭公不想再这样窝囊地待下去了。"子家，当初听你的就好了，两次劝我我都没有听，是我的不对。我知道你的主意很好，但是，好汉做事好汉当，我忍不下这口气，也不会把责任推给大家。"

"唉。"子家懿伯也叹口气，他知道鲁昭公是个有担当的人，既然做了，他一定也做好了最坏的思想准备。

第二天一大早，鲁昭公到祖庙祭祀了祖先之后，带着臧昭伯、子家懿伯、季公若等人仓皇出逃，逃到了齐国。

季孙意如转危为安，在对叔孙和孟孙两家表示感谢之后，他要考虑怎么收拾眼前的烂摊子了。

臧家、郈家、季公若以及子家懿伯都不是问题，没收他们的封邑是迟早的事情，可是，鲁昭公该怎么对付？季孙意如很是挠头。尽管实际上鲁昭公只是个名义上的国君，可是鲁国是周礼国家，动国君这样的事情从来没有发生过，如果自己把鲁昭公废掉或者赶走，今后怎么向祖宗交代？

就因为这些顾虑，季孙意如并没有动手，他甚至也在想办法给鲁昭公一个台阶下，让双方能够和平共处下去。可是，第二天醒来的时候，他发现问题解决了，鲁昭公自己跑了。

"是他自己要跑，这不能怪我了。"季孙意如这样对自己说。

既然鲁昭公已经跑了，而且他的帮手们也都畏罪潜逃，那么，没收他们的封邑就是顺理成章了。

季孙意如首先没收了邱家的地盘和季公若的封邑，之后准备没收臧家的地盘，不过他再三考虑之后感觉如果让臧文仲的后代沦落到士的阶层，还是有点儿于心不忍。

"这样吧，臧家封地保留，臧会接任族长。"季孙意如保留了臧家的封地，给了臧会。

臧会高兴得简直要拿大顶，逢人就说："看见没有，虚伪就是比诚实好吧？嘿嘿，我就是个虚伪的人啊，哈哈哈。"

既然放过了臧家，季孙意如决定也放过子家懿伯，不仅保其封地，甚至根本不去管他们家的事情。也就是说，子家懿伯随时可以回来。为什么这么厚待子家懿伯呢？因为季孙意如知道子家懿伯是被迫参与的，他非常欣赏子家懿伯的才能。

对于鲁昭公攻打季孙不成，反而弄得自己不得不流亡国外这件事情，孔子认为这是应该忍却没有忍住，应当等待更好的时机。而其中的主要责任并不是鲁昭公，而是那些忽悠鲁昭公动手的人。

所以孔子说了：花言巧语破坏了鲁昭公的理智判断，小的事情没有忍住，大的图谋因此而被破坏。

孔子这几句话都在《论语》中，原话是："子曰：'巧言乱德。小不忍，则乱大谋。'"

各怀鬼胎

鲁昭公到了齐国，按照政治避难的规矩，齐景公热情招待。

"这样吧，我暂时把莒以西的两万五千户给您，我们随时听候您的命令，我会亲自率领齐国军队帮您打回鲁国。您放心，您的忧患，就是我的忧患。"齐景公送了一块地给鲁昭公，挺够意思。

鲁昭公非常高兴，千恩万谢，以为复国在望。

可是，子家懿伯劝鲁昭公不要接受齐景公的土地。

"主公，那块土地最好别要，一旦接受了土地，鲁国人就会以为您愿意留在齐国做齐国的臣子了，原先想帮您的人就会失望。再者说了，齐国人说话一向不算数的，靠他们是靠不住的。我看，咱们还是去晋国，请晋国人帮忙靠谱一些。"子家懿伯每次的主意都很正确，这一次也不例外。

"不，晋国人更不靠谱，那帮腐败分子怎肯帮忙？"鲁昭公再一次拒绝了子家懿伯的建议，他很讨厌晋国人，因为在晋国人那里吃过苦头，很不愿意跟晋国人打交道。

说起来，鲁昭公的想法不是没有道理。所以，子家懿伯没有坚持。

这一边，鲁昭公准备借助齐国的力量杀回鲁国，那么，鲁国国内怎样了呢？

叔孙婼在阚地听说首都发生战乱，鲁昭公被迫流亡，于是星夜赶回曲阜。在了解了事情始末之后，去见季孙意如。

季孙意如原本就有些怕叔孙婼，再加上这一次叔孙家救了自己，因此看见叔孙婼来到，十分恭敬。

"季孙，你竟然把国君给赶走了，大逆不道啊，连累我们两家也跟你挨骂啊。"叔孙婼没客气，指着鼻子斥责季孙意如。

在这件事情上，季孙意如本来就很心虚，被叔孙婼一骂，当时就慌了神。

"我错了，我错了还不行吗？我认打认罚行吗？随便你怎么处置我吧。"季孙意如给叔孙婼跪下，请求处置。

"哼，你了不起，你连国君都敢赶走，你连遗臭万年都不怕，我能把你怎么样？"叔孙婼白了他一眼，依然没好气。

"那什么，咱们把国君请回来怎么样？那我算不算改正错误了？"

"嗯，这是唯一的办法了，那就这么说了，我去齐国迎请主公回来。"叔孙婼想了想，事到如今，如果能把鲁昭公请回来，倒也算是个补偿的办法。

就这样，叔孙婼马不停蹄，立即北上齐国，请鲁昭公回国。

按照叔孙婼的想法，鲁昭公是愿意回鲁国的，因此，只要自己去请，鲁昭公回国就是水到渠成的事情。可是，他没有想到的是，事情比他想象的要复杂得多。

不错，鲁昭公是愿意回国。可是，跟随鲁昭公的人并不想就这样回国。对于臧昭伯和季公若来说，季孙意如可以放过鲁昭公，但是绝对不会放过他们。也就是说，如果鲁昭公就这样回国，他们是不能跟随着回去的，即便是季孙意如勉强放过他们，他们的封邑也肯定是讨不回来的，他们只能做一个士。所以，对于他们来说，回鲁国只能有一种方式：打回去，推翻季孙意如，夺回自己的封地。

当大家的目标不一致的时候，要做成任何一件事情都将是困难的。

臧昭伯和季公若最担心的事情，就是季孙意如把鲁昭公迎回鲁国这件事情。为了防止这样的事情发生，臧昭伯想了一个办法。

臧昭伯把所有跟随鲁昭公流亡的人召集在一起，进行了一次"洗脑大会"，洗脑的主要内容是两个方面。首先，他告诉大家三桓很坏很阴险，而且不择手段，他们很可能会利诱鲁昭公和大家回国，然后秋后算账收拾大家，所以，大家要保持警惕，绝对不相信三桓的任何说法；其次，要相信在齐国人的帮助下，鲁昭公反攻倒算杀回鲁国只是时间问题，到时候赶走三桓，好日子就在眼前了。

一通忽悠，臧昭伯把大家忽悠得群情激奋。趁着大家兴奋，臧昭伯提议大家盟誓，盟书早就准备好了，是这样写的："戮力一心，好恶同之。信罪之有无，缱绻从公，无通外内。"（《左传》）

什么意思？就是大家齐心合力，好恶一致，分清坏人，坚决跟着鲁昭公走，不跟国内外敌对势力有任何瓜葛。

勠力同心，这个成语出自这里。

大家稀里糊涂都跟着盟誓，只有子家懿伯看出了臧昭伯的意图。所以，他坚决不参加盟誓。

"我认为，三桓固然有罪，我们的做法也不恰当。如果我们能够跟三桓谈判，让国君回去，有什么不好呢？你们喜欢流亡就流亡好了，国君是应该回国的。

为了自己的利益而让国君流落在外，这才是最大的罪过。所以，我不参加盟誓。"子家懿伯果然是个聪明人，话说得一针见血。

可惜的是，群众总是不明真相。所以从来没有所谓的不明真相的群众，只有群众的不明真相。

叔孙婼从鲁国国内来到，鲁昭公很高兴，他知道叔孙婼与季孙意如不同，他一定是来请自己回去的。

果然，叔孙婼代表季孙意如向鲁昭公请罪，恳请鲁昭公回国。鲁昭公一口答应，毕竟在别人的地盘上住着不是那么自在，何况齐国也未必真的愿意帮助自己。

臧昭伯听说叔孙婼来到，立即就猜到了是怎么回事。

"看见没有，我没说错吧？这三桓立即就来忽悠主公了，主公很可能会听信他们的花言巧语。可是我们要保持清醒，要保护主公。"臧昭伯对流亡的人们说，之后安排鲁昭公的亲兵埋伏在路边，等叔孙婼回国的时候，半路上杀掉他，这样，鲁昭公也就回不去了。

鲁昭公的一个亲随叫左师展，他知道了臧昭伯的安排之后报告了叔孙婼，于是，叔孙婼不敢再从来路回去，绕了一个大弯回鲁国去了。

臧昭伯一计不成，再生一计，派人赶在叔孙婼之前到了曲阜，以鲁昭公的名义要求季孙意如恢复臧昭伯和季公若的地位，交还所没收郈家的封邑，否则鲁昭公就不回来。季孙意如一听就火了："不行，爱回来不回来。"

所以等到叔孙婼从齐国回到曲阜，把鲁昭公愿意回来的事情对季孙意如说了之后，没料到季孙意如却变卦了："算了，他根本就不想回来，那就别回来吧。"

叔孙婼万万没有想到季孙意如会变卦，更万万没有想到这一切都是臧昭伯在搞鬼，他只觉得自己被耍了，有一种吃苍蝇的感觉。

"我，我这不是成傻瓜了吗？我，我这不是欺骗了国君吗？我，我活着还有什么意思？"叔孙婼痛不欲生，干脆不想活了。

十月四日回到曲阜当天，叔孙婼斋戒沐浴，让家里的祝史祈祷老天让自己早点儿死去。十一日，叔孙婼的愿望实现了。

叔孙婼，一个鲁国好人，就这样死去了。

好人不长寿，说的就是叔孙婼这样的人。

臧昭伯派人搞鬼，鲁昭公不知道；季孙意如变卦，鲁昭公也不知道；叔孙婼在家里求死，鲁昭公也不知道。所以，鲁昭公还筹划着赶紧回国呢。

可是，整个流亡阵营中，只有两个人支持他回去，一个是子家懿伯，另一个是左师展，即便他的儿子公为等人，也都跟臧昭伯站在一条阵线上。

"我看，咱们当初是逃出来的，现在恐怕还要逃回去。"子家懿伯看清楚了形势，要想公开回去是绝对不可能的，只能悄悄地溜回去。

于是，子家懿伯和左师展商量，决定让子家懿伯留下来迷惑大家，左师展悄悄驾车带鲁昭公回去。

计策算是个好计策，可是真正实施起来，才发现什么计策都没有用。左师展的车刚刚备好，鲁昭公还没有上车，就被鲁昭公的亲兵们给发现了，直接把左师展揪了下来，要不是鲁昭公亲自出面，左师展就被当成内奸砍掉了。

没办法，鲁昭公和子家懿伯只好暂时忍着，另找机会。几天之后从鲁国传来消息，说是季孙意如变了主意，叔孙婼自己求死得逞。鲁昭公和子家懿伯知道，要回国是不可能了。

现在，鲁昭公只好安心住在齐国，等齐景公为他出兵了。

第二五四章

上路

理想

鲁国的剧变震惊了各国,这个周礼模范国家竟然也发生了这样的事情,有人惊愕,有人困惑,有人冷静地观察。

"为什么会这样?"孔子跟学生们讨论,那时候谈论国事还没有什么避讳,每个人都可以谈。

"为什么会这样?"弟子们反问。

"因为礼崩乐坏,国君不守国君的礼,臣子不守臣子的礼,才会有国君攻打臣子,臣子驱赶国君的事情。如果人们都遵守周礼,也就不会有三桓瓜分鲁国,不会有八佾舞于庭这样的事发生,就不会出现这样的局面了。"孔子说,他认为礼的破坏是根本的原因。

弟子们其实对这件事情并没有太大的兴趣,因为这虽然是大事,却跟大家没有什么关系。

可是,孔子认为这是一件大事,与每个人都相关的大事。因为这样的事情发展下去,就是整个国家失去秩序和规则,到时候国将不国,人们还怎么能平静地生活下去。

"大家看看,王室刚刚发生了王子朝之乱,鲁国又发生了国君和大臣之间的战争,其实何止啊,看看卫国、看看晋国、看看宋国、看看齐国,哪一个国家不是礼崩乐坏,秩序不存呢?要挽救这个崩塌的世界,只能靠恢复周礼啊。"孔子说,这是他这段时间思考的结果。

作为私立学校的校长,孔子从前的人生目标只是成为一个具有良好名声并且实现财务自由的人,至于改变这个国家或者这个世界,那是自己想都不用去想的事情。

可是现在,孔子突然发现,自己或许真的可以去改变这个世界了。因为,他突然觉得自己有机会改变这个国家了。

如果能够改变这个国家,为什么不能改变这个世界呢?

为什么孔子有了这样的想法呢?

首先,从鲁国的事情中他得出了结论,那就是这个世界之所以变得更糟,是因为礼遭到了破坏。而礼本身是一个完美的东西,礼是个完备的东西,不需要人们再去创造,只需要人们把它捡回来就行了,只需要恢复周礼就行了。

其次,鲁昭公虽然被赶走了,但是齐国答应帮助他,以齐国的实力,要帮助鲁昭公杀回来并不困难。到时候就能够驱逐三桓,收回土地,恢复周礼。

那么,这跟自己有什么关系呢?

从前,孔子作为一个民办教师,即便有想法也没有办法去说服鲁昭公,甚至连见面的可能性都不大。就算能见到鲁昭公,鲁昭公也不可能去对抗三桓,恢复周礼。

可是现在不同了,鲁昭公落难了,如果自己这个时候前往齐国去投靠鲁昭公,一定会受到欢迎的,一定会被另眼相待。那么这个时候,自己就有可能说服鲁昭公,到时候鲁昭公回到鲁国,就能按照自己的想法去做了。

那么,到时候不仅改变了鲁国,也改变了自己的命运,自己就会成为大夫,甚至卿,为自己的家族争光了。

第一步改变了鲁国,之后就能以鲁国为模板去改变世界。到那一天,自己就会成为第二个周公,千古流芳。

心动不如行动,机会总是留给有准备的人。

孔子决定立即行动，否则，等齐国大军帮助鲁昭公回来了，黄花菜都凉了。

孔子决定起身前往齐国去投奔鲁昭公，他把自己的想法告诉了学生们。

"季孙大逆不道，赶走了国君。国君流亡在外，我怎么能够安心留在国内呢？当年国君帮助我去首都学习周礼，对我有知遇之恩，我已经是国君的臣子了。偌大的鲁国，已经放不下一张书桌了。各位同学，我决定前往齐国，协助国君完成复国大业，有没有人愿意跟从我前往？"孔子对学生们说，原话不是这样的话，但是意思是这个意思。

学生们一片哗然，感觉不可思议。

"有人愿意和我一同去吗？"孔子又问。

"先生，我和你去。"子路应声而出。

但是，除了子路，再也没有人应声了。

孔子并不奇怪，因为这些学生既没有这么远大的理想，也没有见过什么世面，实际上带着他们也没有什么帮助。用现代话说，就是狗肉上不了正席。

孔子看了一眼闵损，他很希望闵损与自己一同前往。但是，他无法强迫他去。

"先生，我要问问我父亲。"闵损说，他知道孔子看他的意思。

就在当天晚上，闵损问了父亲的意思，回到孔子这里。

"先生，我父亲认为您根本没有可能见到国君。"闵损说。

"我知道会有困难，可是不试一试怎么知道呢？"孔子坚持，他有些失望，认为闵损肯定不会跟他去了。

"您一定要去？"

"是的，明天就去。"

"好吧，如果您一定要去，父亲让我跟您一同去。"

"太好了。"孔子喜出望外。

实际上，子路和闵损，正是孔子心中的最佳人选。

为什么孔子希望子路跟自己去呢？因为有子路在，孔子才有安全感。为什么孔子希望闵损跟自己去呢？因为闵损懂得上流社会的规矩，能拿得出手。

孔子虽然身材高大，但是性格温和，再加上讲究礼节，所以并不像一般的大个子那样令人望而生畏。相反，因为出身低贱，常常被人嘲笑欺负。

孔子的一个邻居姓曹，据说是曹刿的后代，家里有三兄弟。曹家三兄弟平时偷鸡摸狗，不务正业，常常欺负孔子，除了见面的时候冷嘲热讽之外，还常常隔着院墙向孔子家扔垃圾。对此，孔子知道惹不起他们，索性忍着。

孔子学校开学之后，曹家三兄弟变本加厉。孔子讲课的时候，三兄弟在院子那边大呼小叫，孔子忍了。

曹家三兄弟依然向孔子家里扔垃圾，孔子忍了。

可是，子路忍不了，因为扫院子的事情是他的。刚刚扫干净的院子，回头又脏了一片，不用猜也知道是隔壁扔过来的。

"算了，多行不义必自毙。"孔子劝说子路。

终于有一天，孔子这边正在上课，隔壁的垃圾又扔了过来，并且恰好就扔在子路的头上。

子路的火腾地就上来了，拔出剑来，就要去找曹家兄弟算账。

"由啊，不能杀人啊。"孔子急忙叫住他，如果子路杀了人，这学校恐怕就办不下去了。

子路把剑扔到了地上，头也不回，冲了出去。

出了孔家的院子，子路来到曹家门前，也不说话，一脚踹开了院门。

院子里，曹家三兄弟都在。刚扔了垃圾过去，正在那里偷偷地笑。冷不防看见子路踹门进来，吃了一惊。再看子路的头上还有刚扔过去的烂菜叶子，几个人忍不住哈哈大笑。

"让你们笑，爷今天要教教你们怎么做人。"子路大喝一声，冲了过去。

曹家兄弟也都很强壮，仗着人多，跟子路战成一团。

但是，他们还是低估了子路的战斗力，子路虽然以一敌三，身上、脸上都挂了彩，可是勇猛异常，你打我我忍着，我专门打一个人。

没多久，曹老大被子路打翻在地不能动弹。

之后，子路重点打击曹老二，又把曹老二打翻在地。

曹老三害怕了，不用子路打，直接跪了。

"大爷饶命，大爷饶命。"曹老三求饶了。

曹老大和曹老二见势不妙，也都跪在地上求饶。

"你们给我听着，如果今后再敢欺负先生，老子就直接打死你们。"子路说完，也不理他们，转身走了。

从那之后，曹家三兄弟再也不敢向孔子家扔垃圾，孔子上课的时候也不敢大声说话。在街上遇上了孔子或者子路，都是点头哈腰，不敢造次。

子路拳打曹家三兄弟的事情很快传遍了这一带，这一带的大小流氓个个惊心。

从前那些对孔子恶语相向的人都怕了，再也没有敢嘲笑辱骂孔子的了。

"自从我得到了仲由，再也没有谁敢辱骂我了。"孔子很高兴，这是他收留子路的时候没有想到的。

（《史记·孔子世家》：孔子说："自吾得由，恶言不闻于耳。"）

热脸贴上冷屁股

一行三人北上齐国，子路和闵损轮流驾车。

孔子的心情既激动又忐忑，这是他人生的新起点，一个伟大的志向迈出了第一步。

一路上，孔子滔滔不绝地讲自己的理论，讲周礼是如何完美，周礼将怎样把这个世界重新变成大同世界，讲应该怎样在鲁国恢复周礼，讲自己会怎样去说服鲁昭公。

闵损一路上话并不多，专心地听孔子讲。而子路会随着孔子情绪的变化而变化，也是非常的激动，似乎成功就在眼前。

"唉，先生，您觉得齐国怎么样？"子路问，他早就听人们说齐国是如何的繁华，百姓的生活是如何的富足。事实上，三桓家族的很多人都移民去了齐国。

"齐国不错，不过，从礼的角度来说，他们还是不如鲁国。"孔子想了想说，他也没有去过齐国，他只是听说齐国非常好。

"为什么呢？"子路问。

"鲁国虽然被三桓窃据了，但毕竟是周公的国家啊，这里礼的底子多厚啊。譬如说虽然国君逃去了齐国，可是三桓也不敢废掉国君，三桓也没有对臧家和子家懿伯赶尽杀绝。怎么说，大家心里还是有周礼，还是有敬畏啊。所以说，有这样的底子，鲁国要恢复周礼并不难啊。"

"那，齐国和鲁国相比差很多吗？"

"那也不是，齐国如果做出改变，就跟鲁国一样了。鲁国如果做出改变，就成了大同社会了。"孔子回答道。

这段对话也在《论语》中，原文是："子曰：'齐一变，至于鲁；鲁一变，至于道。'"

闵损一直驾着车没有说话，这时候却突然说话了。

"先生，我知道今天齐国的规则都是管子留下来的。管子曾经说过礼义廉耻国之四维，他也是用礼来治理齐国的啊，齐国的礼和鲁国的礼有什么不同吗？"闵损问，显然他不太认同孔子的看法，认为齐国更好。

"别提管仲了，这个人的格局并不大。"孔子说，管子他当然是知道的，他也知道齐国人是怎样地崇拜管子，可是在他看来，管子没什么了不起。

"那，先生认为管仲节俭吗？"闵损问。

"他在临淄有官邸，还有自己的封邑，还有鲁国送给他的小谷城，这三个地方都不用缴税赋和服杂役，简直富可敌国，他怎么可能节俭呢？"

"那么管仲知礼吗？"

"国君大门口设立照壁，管仲在大门口也设立照壁。国君同别国国君举行会见时在堂上有放空酒杯的位置，管仲也有这样的位置。如果说管仲知礼，那么还有谁不知礼呢？"孔子大声说道，他认为管仲的做法实际上也属于是可忍孰不可忍。

闵损没有再说话，不过他知道老师的说法与自己父亲的说法是不一样的。

这段对话在《论语》中也有记载。

> 子曰："管仲之器小哉！"或曰："管仲俭乎？"曰："管氏有三归，官事不摄。焉得俭？""然则管仲知礼乎？"曰："邦君树塞门，管氏亦树塞门。邦君为两君之好，有反坫，管氏亦有反坫。管氏而知礼，孰不知礼？"

一路疾行，三人来到了齐国阳州（今山东东平县），鲁昭公就暂住在这里。

孔子和两个弟子兴冲冲去找鲁昭公，第一次见国家领导人，尽管是流亡的，难免还是有些紧张。在去之前，孔子还专门和两个弟子演练了见国君的礼仪。

来到鲁昭公的临时住所，孔子师徒三人远远地下了车，步行过去。

"你们是干什么的?"守门的卫士大声喝问。

"在下孔丘,从曲阜来。如今国君蒙难,特来探望,希望为国君效力。"孔子小心翼翼地说,有些忐忑不安的样子。

"孔丘?干什么的?"守门的卫士接着问,他竟然不知道孔子。

"我,我。"孔子到这个时候突然发现,自己好像什么都不是,好像连为国君效力的资格都没有。

"仲尼先生是鲁国最有学问的人,现在教书育人。"子路插了一句。

"好了,不管你是谁。只要是鲁国来的,一律不见。"守卫的卫士板起了面孔说话,见孔子还不想走的样子,喝道,"赶快走开,否则别怪我们把你们当奸细。"

守卫的卫士直接赶人了,要不是看着子路身材魁梧、样貌凶恶,几乎就要动手打人。

闵损见势头不好,赶紧拉着孔子离开了。

郁闷,绝对的郁闷。

孔子现在是欲哭无泪,豪情万丈而来,谁料到当头一记闷棍。别说自己的政治主张根本没指望执行,就是见鲁昭公也见不到。正是一张热脸,贴上了冷屁股。

"怪不得国君会被赶走,看看他手下这帮人,唉。"孔子叹了一口气,对鲁昭公表示失望。

"我父亲说是手下的这些人不许鲁国来的人见国君,看来这是真的。"闵损在一旁说,不知道是为鲁昭公辩解,还是说明为什么自己的父亲断言孔子见不到鲁昭公。

现在孔子的处境非常尴尬,满怀希望轰轰烈烈地出来,如果连个响都没有就回去,就实在是太没有面子了。而且,还要担心季孙会不会派人来收拾自己。可是,如果不回去,怎么办?

孔子很后悔,早知这样,就绝不会来冒这个风险了。可是,后悔是没有用的。问题是,不管后悔不后悔,现在该怎么办?

孔子低头不语,使劲地挠着头,他无计可施的时候才会这样。子路也有些傻眼,在一旁呆呆地看着。

这个时候,闵损说话了。

"先生，出门之前我父亲告诉我，说如果见不到国君，先生又不愿意回鲁国的话，不妨去临淄看看。"

孔子抬头看看他，没有说话。

"去临淄？咱们人生地不熟，去了怎么办？"子路插了一嘴。

"这倒不必担心，我姥姥家是齐国的高家，高张是我的舅舅，咱们去投奔他就行了。"闵损说，原来在出门之前，闵马父都考虑到了。

鲁国和齐国几百年来就通婚，不仅国君通婚，大家族之间也都是世为婚姻，全都是亲戚。高家在齐国地位尊崇，是世袭的上卿，而高张就是高家的家长，后人称为高昭子。高家家大业大，并且与齐国国君齐景公的关系非常好。

听闵损说完，孔子眼前一亮，正是：山重水复疑无路，柳暗花明又一村。

"嗯，也好，这样离国君也近，随时可以听候召唤。"孔子求之不得，还心存侥幸。

就这样，一行三人来到临淄，一打听高家，人人都知道。

来到高家，闵损报上名号，求见舅舅。

"哎哟，我的亲外甥，都这么大了！"高昭子亲自出来迎接，他是闵损母亲的同胞哥哥，兄妹两人的感情一直都很好。

闵损见过了舅舅，又把情况大致说了一遍，把孔子恭恭敬敬介绍给了高昭子。

"仲尼先生的学问鲁国第一，知道齐国国强民富，百姓幸福度最高，特别想来看看，所以外甥我不揣冒昧，带着先生来了。"闵损说话非常得体。

"我外甥的老师就是我的客人啊，啥也别说了，就住家里吧。"高昭子人很热情，实际上当时齐国人都很热情，这是管仲留下来的规矩。

就这样，孔子师徒三人就住在了高家。

不过，孔子不愿意在高家混吃混喝，提出来想要做点儿事情。于是高昭子就让他辅导家族的孩子们学习六艺，类似一个私塾教师，名义上就是高家的家臣。实际上，高昭子对他非常客气，就当个客人对待。

过不多久，闵损见孔子安顿下来，舅舅对孔子也是真心不错。于是，闵损告辞了孔子和舅舅高昭子，回鲁国去了。

从那以后，孔子对闵损的父亲闵马父一直心存感激。

根据《史记》记载："孔子适齐，为高昭子家臣。"

第二五五章

孔子在齐国

管子的粉丝

其实高昭子早就听说过孔子，对他挺好奇。接触之后发现孔子不仅学识渊博，而且为人非常懂礼节，交往起来非常轻松。

齐国人与鲁国人有一点很大的不同，就是齐国人不太讲究出身，当初管仲、鲍叔牙等人都是士出身，一样成为国家的宰辅。

所以，高昭子很喜欢跟孔子喝酒聊天，两人无话不谈，成了好友。

孔子平时的事务并不多，并且时间都是自己安排，因此常常带着子路上临淄的大街上逛街，见识齐国的风土人情。

没过多长时间，孔子就发现齐国比鲁国富裕，人们的生活也远比鲁国要丰富多彩。在与人们的交谈中，孔子发现每个齐国人都对管子充满了崇敬，而且绝不是装出来的。

"管仲当年富可敌国，你们不嫉妒他吗？"孔子不禁好奇地问。

"他富那是他的本事啊，关键是，他让我们都富起来了。"大家都这么回答，并且用奇怪的眼神看孔子。

不仅是普通百姓，卿大夫们对管子的崇拜也是无以复加。在卿大夫们的眼中，对管子的尊崇甚至达到了与开国国君姜太公相当的地步，远远超过了齐桓公。

就这个问题，孔子也曾经请教过高昭子。

有一天与高昭子喝酒，孔子提出了一个问题，孔子说："从遵从周礼来说，管子在很多方面的规格达到了国君的水平，这算不算是越礼呢？管子这算不算是不懂得礼不遵守礼呢？"

高昭子瞥了孔子一眼，显然是不赞同孔子的说法，他说："仲尼啊，你们鲁国人啊太在乎这些形式了，却不去观察礼的本质。你不是第一个这样问我的鲁国人了，我就再给你讲一讲我们的看法。"

高昭子也喝得高兴，讲起了自己的看法。孔子聚精会神地听，高昭子则饶有兴致地讲。

"管子呢，在齐国是上卿，我们高家和国家都是周王亲自任命的世袭的上卿。可是，管子这个上卿比我们还高半级，一开始我们两家都不服气。后来人家管子把国家治理得非常好，我们两家就都服了。另外，管子还是齐桓公的义父。就凭这两点，管子的地位比国君也不低。管子上任的时候，是齐桓公亲自给他驾车。管子去世的时候，齐桓公像儿子一样亲自守在病榻旁。看见没有，国君自己都愿意放下身段，别人还有什么好说的呢？所以别说管子在几个地方用了国君的规格，就算所有方面都用国君的规格，我们也都认为是合理的，是应该的。"

高昭子说到管子，语气不自觉地充满尊崇。

"话虽然这样说，可是管子自己难道不应该约束自己吗？"孔子又问。

"仲尼啊，这你就不懂了。在该约束的地方，管子比任何人都遵守周礼啊。他不仅约束自己，还能约束国君呢。"高昭子说到这里，看看孔子，发现孔子有些懵懂，接着给他解释，"譬如说他出使洛邑，为了表彰他尊奉王室的功劳，周王要用上卿也就是大国诸侯的规格招待他，他坚决拒绝了，最后只接受了下卿规格的接待。再譬如齐桓公有一阵子想去封禅泰山，这可是只有帝王才能做的事情，管子最后也想办法阻止了齐桓公。在这些大是大非面前，管子从来没有含糊过啊。"

孔子有些发蒙了，这些事情其实他也知道，可是从来没有从这样的角度去思考过。现在听高昭子一席话，感觉非常有道理。

"是啊，您这么一说，倒真是这样。"孔子不是一个不认错的人，当即表示同意。

"仲尼啊，其实你想想，管子的治国理论就是四个字：'礼义廉耻'。礼被放在了第一位，管子怎么可能不知礼、不守礼呢？"高昭子见孔子被自己说服了，接着说。

"是啊！"孔子恍然大悟，非常高兴。

从那之后，孔子有时间就和齐国人谈论管子，高昭子家里有管子当年治理国家的言论书籍，孔子也借过来学习。

渐渐地，孔子成了管子的粉丝，对于礼的理解也上了一个台阶。

这一天，孔子与子路谈起了管子。

"先生，当初管仲辅佐公子纠，争位失败之后，齐桓公杀了公子纠，召忽自杀以殉，但管仲却没有自杀。就凭这个，管仲不能算是仁人吧？"子路说道，按照他的性格，他更喜欢召忽。

孔子瞪了他一眼，表示不同意。

"由啊，看问题不能从这么低的层次去看啊。想想看，在管子的辅佐之下，齐国称霸，给天下带来了几十年的和平。齐桓公数次召集各诸侯国的盟会，而不动用武力，这不都是管子的力量吗？这就是他的仁，这就是他的仁啊。"孔子激动地说，现在他已经不能容忍别人对管子的否定了。

（《论语》："子路曰：'桓公杀公子纠，召忽死之，管仲不死。'曰：'未仁乎？'子曰：'管仲九合诸侯，不以兵车，管仲之力也。如其仁，如其仁。'"）

子路有些吃惊地看着孔子，心说老师来的时候不是还说管仲格局不够、生活奢侈还不懂周礼吗，怎么现在成了管仲的粉丝了？当初贬低管仲的是你，如今赞扬管仲的还是你。子路是个轴脾气，什么事情想不通，就一定要追问到底。

"那，老师到底怎么评价管仲呢？"

"伟大的人。"

"不对，我觉得是个小人。"子路要跟老师争辩了，他经常跟老师争辩，"当年管仲游说齐襄公，结果齐襄公没理他，说明他口才不行；想扶立公子纠，结果又失败了，说明他能力不行；家族在齐国被灭了，却一点儿也不伤心，说明他没心没肺；被关在槛车里却一点儿也不惭愧，是没脸没皮；当初要害死齐桓公，后来又投奔齐桓公，这是没有贞操；召忽殉难，他却偷生，是没有仁德。这样的人是标准的小人啊，老师怎么说他是伟大的人呢？"

子路的这一套，全都是从孔子那里学来的，如今用来反问孔子。孔子笑了笑，对付子路，他还是有把握的。

"管仲不是没有口才，是齐襄公自己没有大脑；管仲也不是没有能力，是天时不对；管仲也不是没心没肺，是他知道天命；管仲也不是没脸没皮，是懂得克制自己；管仲也不是没有贞操，是知道权变；管仲也不是没有仁德，你想想啊，召忽是个一般的人才，如果不死呢，迟早也会被俘虏，还不如死了博一个好名声。可是管仲是什么人？他的能力是辅佐天子教导诸侯的，死了就是一堆烂肉，不死则功盖天下，泽被后代，为什么要去死呢？由啊，你真是不懂得这里面的道理啊。"孔子一番话，听得子路晕头转向，好像老师从前不是这么说的啊，可是听起来还很有道理啊。

《说苑·善说》：

> 子路问于孔子曰："管仲何如人也？"子曰："大人也。"子路曰："昔者管子说襄公，襄公不说，是不辩也；欲立公子纠而不能，是无能也；家残于齐而无忧色，是不慈也；桎梏而居槛车中无惭色，是无愧也；事所射之君，是不贞也；召忽死之，管仲不死，是无仁也。夫子何以大之？"子曰："管仲说襄公，襄公不说，管仲非不辩也，襄公不知说也；欲立公子纠而不能，非无能也，不遇时也；家残于齐而无忧色，非不慈也，知命也；桎梏居槛车而无惭色，非无愧也，自裁也；事所射之君，非不贞也，知权也；召忽死之，管仲不死，非无仁也。召忽者，人臣之材也，不死则三军之虏也；死之则名闻天下，夫何为不死哉？管仲者，天子之佐，诸侯之相也，死之则不免为沟中之瘠；不死则功复用于天下，夫何为死之哉？由！汝不知也。"

可是，子路还是想不通，想了想，又问："老师，那，管仲这么多优点，可是，他聚敛了那么多财产，不都是从别人手中抢的吗？"

孔子又瞪了他一眼，心说这小子怎么这么多问题。

"不错啊，管仲的财产是不少，可是都是该得的啊。所以，就算是他抢了别人的财产，别人也都服气啊。譬如他夺了伯氏的封邑，伯氏一下子从小康回到了温饱，人家到死也没有一句怨言啊。"这倒是实话，孔子见过伯氏的后人，到现在也都不怨恨管子。

子路还是一头雾水，不过他相信老师说的都是对的，管仲从坏人变好人了。

（《论语》："子路问管仲，子曰：'人也。夺伯氏骈邑三百，饭疏食，没齿，无怨言。'"）

在临淄，孔子常常会遇上鲁国来的老乡。有的是卿大夫的子弟到齐国来销金销银的，毕竟齐国的生活更加开放、更加丰富多彩；有的是到齐国来寻求出路的士们，这里比鲁国的机会毕竟要多得多。

相比较，在曲阜就很难遇上外国人。

孔子在这里偶尔还能遇上熟人，季孙家的家臣中就有些人出于各种原因移民到齐国。

这一天，孔子正在逛街，迎面过来一个年轻人，看上去非常精神。

"仲尼先生，您也到齐国了？"年轻人恭恭敬敬地问。

孔子一愣，从口音能听出来，这个年轻人是鲁国人。看上去稍稍有些面熟，却想不起来是谁。

"您是？"

"我知道先生认不出我来，我是公冶长。当初先生在季孙家的时候，我曾经见过先生。不过那时候我还小，先生自然不会记得我。"年轻人微笑着说，原来他名叫公冶长。

孔子确实想不起他来，不过可以肯定是见过的。公冶家是季孙家的疏族，所以公冶家的孩子都在季孙家受教育，孔子当时常常与季孙家的六艺教师交流，因此那里的学生应该都认识孔子。

公冶长很热情，当即就邀请孔子和子路吃饭喝酒，孔子也没有拒绝，他对这个年轻人的印象不错。

临淄非常繁华，街面上饭馆林立，哪个国家的口味都有。相比较，曲阜就逊色得多。公冶长请孔子吃饭的饭馆名叫王府饭店，洛邑风味，在临淄也是小有名气的。三人一边吃饭喝酒，一边聊天。孔子在家里吃饭绝不说话，可是在外面和朋友吃饭喝酒，也就随大溜了。

三年前公冶长二十岁冠礼之后就离开了鲁国，他不喜欢鲁国的生活，而是喜欢齐国的生活。来到临淄之后，和朋友合伙做买卖，就决定移民过来，不回鲁国了。

"哦，其实在季孙家里，你还是有机会的。"孔子说，他感觉公冶长人很机灵而且诚恳，很招人喜欢，再加上又是季孙家的人，并不是没有机会爬上季孙家的高层的。

"啊，我还是喜欢自己创业，自由自在地生活，在临淄做一个老百姓，只要自己努力，都能过得不错。说实话，我宁可做一个临淄的百姓，也不想做鲁国的卿大夫。"公冶长笑呵呵地说。

言谈之间，孔子知道公冶长在齐国也有很多亲戚，人脉很广。

几个人聊得很高兴，约好了过几天再聚，由孔子请客。

于是，一来二去，孔子和公冶长就成了朋友，平时有事没事在一起喝酒聊天。子路和公冶长也很投契，平时在孔子面前称赞公冶长。

在齐闻韶

孔子和高昭子平时交流的话题非常广泛，这一天两人说到了乐。

相对于诗和礼，孔子在乐方面的造诣就差了一些，主要是实地观摩的机会不多。在这方面，高昭子倒是懂得更多一些。不过，孔子的兴趣远远超过了高昭子，因此不断地提出问题。

"仲尼啊，我听说鲁国有天子之乐，比我们齐国要丰富一些。不过当初太公到齐国的时候带来了韶乐，似乎恰好是鲁国没有的。"高昭子说，当初姜太公被封在齐国，来到齐国的时候带来了士兵、工匠和乐师，而带来的乐师恰好懂得韶乐，因此齐国就拥有了韶乐。

孔子一听，来了兴趣，接茬儿说："是啊，我在鲁国没有听过韶乐。"

鲁国祭祀周公的时候孔子总去观看，因此鲁国的国家用乐孔子倒是听过。

"这样，明天恰好乐师们在太庙练习韶乐，我带你去看看。"高昭子说，他倒是个有心人。

孔子喜出望外，当即表示感谢。

孔子与子路随同高昭子去了齐国的太庙，也就是姜太公庙。按着安排，这一天就是乐师们演练韶乐的日子。看见高昭子来，乐师们纷纷行礼，高昭子也回礼，顺便向大家介绍了孔子和子路，说是两个鲁国客人来观摩韶乐。

孔子和子路静静地坐在一旁观看，孔子了解韶乐的背景，再加上自己有一些音乐的功底和理解，因此随着乐师们的演奏而沉浸于其中。子路则是两眼一抹黑，什么也听不出来。

到韶乐结束之后，孔子良久没有站起来，还沉浸在音乐之中，他被韶乐的恢宏所震撼。

"我实在想不到音乐还能够美到这个程度啊。"孔子由衷地感慨。

此后很长一段时间里，孔子闭上眼睛就感觉到韶乐在自己的耳边萦绕。他用了很长时间去回味韶乐，感悟其中与周礼的契合之处。

（《论语》："子在齐闻韶，三月不知肉味。曰：'不图为乐之至于斯也。'"）

转眼间过去了一年，这一年里，孔子始终在关注着鲁昭公，时不时地向高昭子打听鲁昭公的情况。实际上，孔子一直没有死心，还想着有机会再去鲁昭公那里。

其实，闵损离开的时候就把孔子来齐国的真实目的告诉了高昭子，因此高昭子知道孔子现在的心思。

"高大夫，最近可有敝国国君的消息？"这一天高昭子又请孔子喝酒，孔子顺便问起来。

"仲尼先生，有一个坏消息要告诉你。"高昭子说。

孔子一愣，没有说话。

"鲁国国君看来是回不去了。"

"为什么这样说？"孔子脱口问道。

"实不相瞒，我几天前刚从他那里回来。他现在已经不在齐国，他去了晋国。"高昭子喝了一口酒，说道。

"为什么去晋国？"

"这个事情说起来不是那么简单，咱们边喝边聊。"高昭子于是将事情的原委详细地说了一遍。

鲁昭公来齐国避难,齐景公答应派兵送他回国,这倒不是骗他。

在孔子求见鲁昭公碰了钉子之后不久,齐景公派兵攻占了鲁国的郓,然后鲁昭公搬去了郓居住,这样就不算是流亡在外了。

齐景公随后下达命令,关闭与鲁国的边境,准备亲自领军攻打鲁国。

季孙意如一看形势似乎不太好,怎么办呢?

这时候,季孙的家臣申丰提了个建议,申丰说:"主公,齐国国君有个宠臣叫梁丘据,这哥们儿非常贪婪,咱们贿赂一下他,让他去阻止齐国国君就行。"

季孙意如一听,这主意靠谱儿,于是把事情派给了申丰。

申丰从季孙家里拿了两匹锦缎,带着自己的副手女贾就上路了,走小道进了齐国,之后直奔临淄梁丘据的家。

申丰不认识梁丘据,但是跟梁丘据的家臣高齮是朋友。当下申丰找到高齮,把锦缎给他,请他去收买梁丘据。

"兄弟,这事情要是成了,我们不仅可以帮助你成为高家的继承人,还给你金银若干、粮食若干,怎么样,干不干?"申丰利诱说。

"干。"高齮眼都没眨。

想想也是,能给贪官当家臣的,不贪就怪了。

高齮拿着那两匹锦缎去见梁丘据,当时说了:"看见没有,这是我鲁国的朋友从鲁国偷运过来的,就这样的货色,我的鲁国朋友还有一车,就是边境关了运不过来。"

梁丘据是个老贪官了,一听就知道这话什么意思,再看看那两匹锦缎,成色真好。

"那好吧,这两匹先放这里吧。"梁丘据答应了。

贪官通常分为两种,一种是收了钱给办事的,一种是收了钱还不给办事的。春秋时期的贪官还是很有贪德的,收了钱一定给办事,没办成还会把钱退给你。梁丘据当时就去找齐景公了。

"主公啊,我突然想起一件事情来,感觉很不好,所以连饭也没来得及吃就赶过来了。"梁丘据很会说话,就靠着会说话得到了齐景公的赏识。

"什么事情感觉这么糟糕呢？"齐景公好奇地问。

"你看啊，宋元公为了鲁昭公的事情去请晋国人帮忙，结果自己死在路上了。叔孙婼来请鲁昭公回国，结果鲁昭公没回去呢，叔孙婼自己莫名其妙死了。这个，这个，我琢磨着是不是上天抛弃鲁国了呢？还是鲁国国君得罪了鬼神所以才到这地步呢？主公您说要亲自送鲁昭公回国，会不会也有危险呢？就是想到了这个，我才紧赶慢赶过来啊。"

别说，梁丘据真是个人才，这忽悠水平超一流。

梁丘据说的宋元公是怎么回事呢？原来，宋元公是个正义感爆棚的人，听说女婿季孙意如把鲁国国君赶跑了，义愤填膺，于是决定亲自去霸主晋国投诉，请求晋国干预，把鲁昭公送回去。结果，还没到晋国，就病死在路上了。

齐景公当时一听，倒吸一口凉气啊。看来谁帮鲁昭公谁死，自己这不是在找死吗？

"可是，我已经答应人家了，怎么办呢？"齐景公打退堂鼓了。

"好说啊，派别人去啊。"梁丘据出了主意，多损的主意啊。

"好，好。"齐景公说，用感激的眼神看着梁丘据，好像他是自己的救命恩人一样。

之后，齐景公派了公子鉏带兵攻打鲁国。

公子鉏也听说了齐景公和梁丘据的对话，心说：让老子当替死鬼啊？老子也不傻。

齐军士兵原本听说是国君亲自领军，现在改成了公子鉏，大家基本上也就猜到了齐景公没什么积极性了。

就这样，齐军和鲁军进行了一次交锋，结果不分胜负。

"想不到鲁军的战斗力这么强啊。"公子鉏对鲁昭公说，之后回临淄汇报工作去了。

没几天，齐景公派高昭子去慰问鲁昭公，意思无非是说鲁军战斗力很强，一时间拿不下来，等有机会再说吧之类的。

鲁昭公一看这架势，知道靠齐国是没戏了。没办法，鲁昭公索性前往晋国的乾侯去了，派人请求晋国给自己做主。

事情就是这么回事。

第二五六章

君子和而不同

功败垂成

"若要晋国人靠得住,除非老母猪会上树。"高昭子说,这在当时算是流行语了,晋国人说话不算数是世人皆知的。

所以,孔子现在确认鲁昭公确实是回不去了。

孔子的心情有些矛盾,一来是失望,鲁昭公回不去了,自己的梦想也就算破灭了。二来是庆幸,幸亏当初被鲁昭公的手下给拒绝了,否则现在跟着鲁昭公,今后可怎么办?

"仲尼先生,其实你也不必太失望。你来齐国的目的,闵损也早就告诉我了。我们齐国有句俗语:天涯何处无芳草,这个不行咱另找。我的意思啊,你不妨考虑考虑在齐国寻求发展。说实话,齐国比鲁国更有前途。如果你有兴趣想试试的话,我这里可以帮你联系一下国君,你跟他谈谈,说不定他会赏识你呢。"高昭子给了孔子一个建议。

为什么高昭子愿意帮孔子这个忙呢?一来是高昭子本身比较欣赏孔子,二来则是出于自身的考虑。

原来,齐国这个时候表面繁荣和平,背后也是斗争得厉害。齐国有四大家族,就是国家、高家、鲍家和陈家。国、高两家都是公族,他们的优势是历史悠久，树大根深。鲍家是鲍叔牙的后人，一直在稳步发展；陈家原本是陈国的公子完当初流亡到了齐国，齐桓公很欣赏他，还成了自己的女婿。几代人过去，发展得非常好。基本上四大家族分成了两派，国、高两家结盟，鲍、陈两家则互相支持，两派实力相当。朝廷里现在是晏婴执政，晏婴是个正直的人，虽然不愿意看着陈家坐大，可是也不喜欢国、高两家的做法，因此对两边都不支持。而梁丘据是齐景公的宠臣，这小子八面玲珑，谁也不得罪，也不好拉拢。

所以高昭子愿意推荐孔子，也是想着万一孔子被齐景公赏识重用，那不就等于自己这边的力量加强了吗？

对于高昭子的建议，孔子当然不能拒绝，这绝对是求之不得的机会啊。

正是：上天给你关上一道门，也会给你打开一扇窗。

高昭子很快兑现了这个机会，齐景公答应接见孔子。

这一天，孔子打扮得干干净净，随着高昭子去见国君了。这可是孔子第一次正式见国君，说不紧张那是骗人的。

好在齐景公很随和。实际上，齐景公这人一直就没什么架子，跟臣属们有的时候就像朋友一样随便。

所以，两人见礼之后，齐景公呵呵一笑，孔子就感觉轻松了很多。

"仲尼先生，高大夫对你的才能赞不绝口啊，说你是鲁国最有学问的人，寡人深表敬佩啊。寡人愚昧，还请先生多多指教啊。"齐景公说道。春秋时期的国君多半比较谦虚，都这样说话。

"主公过奖了，孔丘实在不敢当啊。"孔子松了一口气，不再紧张，不过按照礼节也是要谦虚一次的。

"在治国方面，先生有何高见？"

"咱们齐国是一个大国，治理一个大国最重要的是什么？是公信力啊。因此，处理政事必须谨慎小心，否则就会丧失公信力，那就什么也做不成了。"孔子说，公信力是他最看重的治国之道。

"嗯，说得好，说得好，公信力很重要。"

"还有啊，要节约财政开支，爱护自己的臣民。役使人民要遵照农时，我们知道，当年管仲只在农闲时节才会动用民众服役的。"孔子见齐景公高兴，接着说。

孔子为什么要说这样一段话呢？因为齐景公在位十分奢侈，大兴土木，并且不顾农时征用百姓，导致怨声载道。孔子在这里劝齐景公要节俭，不要太奢侈，同时要按照周礼的规定，在农闲的时候才搞工程，农忙的时候让老百姓安心种地。

（《论语》："子曰：'道千乘之国，敬事而信。节用而爱人，使民以时。'"）

"仲尼先生说得太好了，寡人受教了。还有吗？"齐景公挺高兴，他就是这样一个人，对于好的建议和批评都能欣然接受，但是改不改是另外一回事。

"君君，臣臣，父父，子子。"孔子说道，这是他早就准备好的说辞，随后做了一个简单解释，"君守君礼，臣守臣礼。父守父礼，子守子礼。人人守礼，则天下等级分明，秩序井然，大同世界有何难哉？"

"说得好啊！"齐景公大声称赞道，这个提法太有新意了，"如果君不守君礼，臣不守臣礼。父不守父礼，子不守子礼。大家都不守规矩，这天下不就乱成一锅粥了？就算有粮食，恐怕寡人也吃不上了。"

（《论语》："齐景公问政于孔子。孔子对曰：'君君，臣臣，父父，子子。'公曰：'善哉！信如君不君，臣不臣，父不父，子不子，虽有粟，吾得而食诸？'"）

高昭子在一旁见两人聊得投机，忍不住也附和道："是啊是啊，管子曾说，'礼义廉耻'国之四维，与仲尼先生的君君、臣臣、父父、子子是不谋而合啊。"

几人谈论了一阵礼，又说到了鲁国发生的事情。

"仲尼先生，你怎么看鲁国发生的事情呢？"齐景公问。

"鲁国的问题就在于礼崩乐坏啊，若是周礼还能被遵从，国君怎么能被臣子赶走呢？"孔子分析说，他一直在强调礼。

谈话持续了一个多时辰，齐景公对孔子表现出了欣赏的态度。

"仲尼先生，你的才能寡人了解了，就留在齐国吧。让你得到季孙在鲁国的执政地位——"齐景公说到这里，顿了顿，孔子就觉得一阵兴奋，简直是一步登天的感觉啊，正要谦让两句，齐景公接着说了。

"那，恐怕是不行的。"齐景公跟了这么一句，这一个大喘气，差点儿让孔子出洋相。

"不过呢，让你担任类似孟孙家的卿还是可以的。那什么，高大夫，你陪仲尼先生先回去，我还要跟晏丞相商量一下。"最后，齐景公算是表了态，准备给孔子一定的待遇。不过，还需要丞相晏婴来定夺。

高昭子知道，这已经是超乎理想的结果了。

于是，孔子和高昭子告辞了齐景公，高高兴兴地回去等通知了。

晏婴是齐景公的丞相，齐景公非常依赖和尊重他，把他当成了自己的管子。大小国事，都要请教晏婴才敢定夺。

这一天晏婴来见齐景公，齐景公顺便就把孔子的事情说了一遍，说是鲁国来了一个孔丘孔仲尼，学问非同小可，经过高昭子的推荐，自己认为这人不错，准备给他封邑，留下来担任晏婴的助手，今后接晏婴的班。

"不，主公，孔丘这个人我知道，不能用。"出乎齐景公的意料，晏婴竟然强烈反对。

"为什么呢？"齐景公问。

"为什么？孔丘来齐国已经一年多了，所以他的一些说法我还是了解一些。这个人非常自以为是，不能教导百姓；喜欢礼乐，却不懂得治理国家；嘴上夸夸其谈，行动力很差，干不好自己的本职工作；提倡厚葬，提倡长年守孝，劳民伤财，重死人不顾活人；治理国家，手段才是最重要的，可是孔丘那点儿精力都花在面子上了，穿衣戴帽讲究得不得了，用他教育学生那套东西教育百姓，那怎么行？周朝越来越衰弱，可是乱七八糟的礼节越来越多，音乐越来越多。如今孔丘的这一套就是这样，讲究繁文缛节，讲究排场和歌舞，哗众取宠。看上去很博学，实际上都是些没用的垃圾；看上去很努力，实际上根本没有想到百姓的疾苦。"晏婴说得很激动，把孔子的学说贬得一无是处。

既然晏婴的态度这么坚决，齐景公知道自己是不能留下孔子了。

齐景公派人请来了高昭子。

"高大夫啊，这个孔仲尼先生呢确实不错，不过呢，我老了，没什么雄心壮志了，留下他怕耽误了他的前程，不如让他去辅佐那些年轻有为的君主去吧。"齐景公对高昭子说。

高昭子知道这肯定是晏婴反对，原本还想为孔子争取一下，想了想，觉得因此而得罪了晏婴并不是一件好事。所以，高昭子没说什么就离开了。

（《论语》："齐景公待孔子曰：'若季氏，则吾不能；以季，孟之间待之。'曰：

'吾老矣，不能用也。'孔子行。"）

高昭子带回来的坏消息就像一盆冷水兜头浇在了孔子的头上，让孔子难免有些沮丧。

"这，为什么国君会改变主意呢？"孔子问。

"实不相瞒，国君一定是跟晏婴商量了，这一定是晏婴的意思。"高昭子也是实话实说。

"可是，晏婴怎么知道我？"

"是不是先生对晏婴有过些什么议论，传到了晏婴的耳朵里？"高昭子委婉地说，他知道孔子初来齐国的时候根本看不上晏婴。

孔子眨了眨眼，想了想，说道："我初来齐国的时候，确实曾经说了些议论晏婴的话，难道就是这些话的原因？"

孔子苦思冥想，高昭子看他痛苦，于是对他说："仲尼啊，晏婴这个人是个光明磊落的人。他既然阻止了国君用你，一定会让人来告诉你原因的。另外啊，他这人没有私心，你也不要因此而埋怨他。"

孔子点了点头。

那么，孔子到底说了晏婴些什么呢？

原来，初到齐国的时候，孔子对管仲和晏婴都缺乏足够的了解，因此对两人的评价都失之偏颇。

对晏婴，孔子曾经这么说过："晏婴侍奉过三任国君，前两任被杀了，他都没有殉难。并且，他得到三任国君的信任，为什么？这说明他有三颗心，而不是一颗心。"

孔子为什么这么说？因为他那时候认为晏婴三心二意，不能够一颗红心忠诚于一个国君。

后来，孔子对晏婴有了一些了解，印象好转了很多，对于他侍奉三任国君的事情理解了，不过，他依然对晏婴有些看法。

所以，孔子后来又说："晏婴辅佐三任国君，齐灵公比较不拘小节，晏婴在他面前就很严整，以此来纠正他。齐庄公比较文弱，晏婴就在他面前表现得勇武，以此来纠正他。现任的国君比较奢侈，晏婴就在他面前表现得很节俭，以此来

第二五六章 君子和而不同

修正他。这些，都是君子的行为。可是，他也就是对国君尽职尽责，对自己的手下就不怎么样了，这可算不上君子。"

当然，孔子在与齐国人交往的过程中还说过一些其他的，不过那些都不重要了。

过了两天，果然晏婴派人来找孔子了。

"您好，您就是孔丘先生？晏平仲大夫请我来给您带个话。"来人说，态度还算不错。

"啊，您请说。"孔子有些紧张。

"国君没有任用您，是晏平仲大夫提议的，因为您的学说并不适合齐国，请您理解。"来人说话依然很客气。

"啊，理解，理解。"

"晏平仲大夫还有两件事要向您解释一下。"

"啊，请讲。"

"您说他有三心，实际上从前梁丘据也这么说他。晏平仲大夫让我告诉您，他之所以能和三位国君都相处融洽，不是他有三颗心，而是因为他只有一颗心，那就是国家利益这颗心。有这一颗心，别说跟三个国君，就算跟一百个国君也能和谐相处。如果有三颗心，跟一个国君也处不好。"

"是啊是啊，这话是我说错了。"孔子当时认错了，他早就知道自己说错了。此时既不抵赖，也不拒绝认错。

"还有啊，您说晏平仲大夫对手下不好，算不上个君子。晏平仲大夫说了：我这种人非常节俭，为什么呢？因为等待我提供祭品祭祀的同族人就有好几百人，而等着我封邑的粮食养家糊口的士人也有好几百人。我的俸禄都给了他们，那么我跟你相比，到底谁对下面的人好一些呢？"

"我错了，我听说啊，如果一个人比别人强，那就把别人当朋友；如果一个人不如别人，那就把别人当老师。现在我随便议论晏平仲大夫，他批评得对，确实批评得对，他就是我的老师啊。麻烦您替我向晏平仲大夫赔罪。"孔子又认错了。

来人没有再说什么，告辞走了。

孔子被训了个狗血喷头，旁边子路早就愤愤不平了，这时候说道："先生，我看晏婴就是仗势欺人，这个使者就是狗仗人势，他姥姥的。"

孔子看了子路一眼，笑了笑说："由啊，看见没有，古人说过：言发于迩，不可止于远也；行存于身，不可掩于众也。一个人的言行，别人都看在眼里。不该说的话，千万不要乱说。我私下议论晏婴，却没有说到点子上，我确实错了。错了，就要认错，就要道歉。错了，却不敢认错，却不改，那就是真的错了。"

孔子倒没有生气，相反他觉得来人说的都是对的。

孔子的原话在《论语》中："子曰：'过而不改，是谓过矣。'"

"他姓晏的难道就是圣人，就没有过错？"子路还是很气愤。

"由啊，救民百姓而不夸，行补三君而不有，晏子果君子也。人家晏婴先生造福这么多人，人家到处吹嘘了吗？人家弥补了三个国君的不足，人家居功自傲了吗？没有啊，晏婴，那就是君子的典范啊。"

"先生，你难道一点儿也不怨恨晏婴吗？"子路有些不解地问。

"是的，晏婴说过：君子和而不同，小人同而不和。晏婴是个君子，我也是个君子，政见不同而已，有什么好怨恨的呢？如果晏婴认同我的政见，我相信他也不会在意我对他说的坏话。"孔子坦然地说。

"是哦。"子路恍然大悟的样子，禁不住佩服孔子的胸襟。

(《论语》："子曰：'君子和而不同，小人同而不和。'")

孔子坦然地接受了现实，不过他也知道，再在齐国待下去已经没有什么意义了，而家里还有儿女挂念着。所以，几天之后，孔子和子路告辞了高昭子，回鲁国去了。

按《史记》：

> 鲁昭公之二十年，而孔子盖年三十矣。齐景公与晏婴来适鲁，景公问孔子曰："昔秦穆公国小处辟，其霸何也？"对曰："秦，国虽小，其志大；处虽辟，行中正。身举五羖，爵之大夫，起累绁之中，与语三日，授之以政。以此取之，虽王可也，其霸小矣。"

这段记载十分可疑，根据《左传》，鲁昭公二十年齐景公并没有访问鲁国。即便是齐景公来访，向一个民办教师请教秦穆公的事迹也是没有可能发生的。

所以，可以确切地说，孔子第一次见齐景公是在鲁昭公二十六年。

第二五六章　君子和而不同

回鲁国

从齐国回鲁国，尽管有些失落，但是回家的喜悦还是掩饰不住的。孔子和子路一路上交换着驾车，一路说笑，心情还是很愉快的。

泰山是齐国和鲁国的界山，泰山本身则不属于任何一个国家，而是直接属于周王。因为周王太远也管不到，泰山实际上就成了三不管地带。

路过泰山的时候，孔子突然听到有女人哭泣的声音，声音非常凄惨。循着哭声望去，果然看见一个中年妇女正在痛哭。

"听这人的哭声，似乎有好几重悲哀啊。由啊，你去问问是怎么回事。"孔子觉得好奇，派子路去问个究竟。

子路下了车，走了过去。

"大嫂，遇上什么事情了，哭得这么伤心？"子路大声问。

"唉，别提了。当年我公公被老虎吃了，后来我老公又被老虎吃了，今天我儿子也被老虎吃了。我怎么这么倒霉啊，我的天啊，呜呜呜。"中年妇女一边说，一边哭。

子路一听，觉得有点儿不可思议，所以跟着问："那，我就不明白了。明知道这里有老虎，你们怎么不离开呢？"

中年妇女抬头看了看子路，一边哭一边说："因为这里没有苛政啊，呜呜呜。"

原来，因为泰山属于三不管地带，住在这里不用缴纳税赋，也不用服役。

子路把打听到的情况向孔子转述了一遍，孔子叹了一口气："由，你要记住啊：苛政比老虎更可怕啊。"

这段故事，记载于《礼记》：

孔子过泰山侧，有妇人哭于墓者而哀。夫子式而听之，使子路问之曰："子之哭也，一似重有忧者。"而曰："然，昔者吾舅死于虎，吾夫又死焉，今吾子又死焉。"夫子曰："何为不去也？"曰："无苛政。"夫子曰："小子识之，苛政猛于虎也。"

苛政猛于虎，这个成语出于这里。

终于回到了自己的家，家还是那个家，不过将近两年没有住人，已经没有什么人气儿。

院子里稀稀落落有些树叶，因为临走的时候孔子托付曾晳等几个弟子有时间帮着来扫扫院子。看来，不久前刚来过。

与院子相比，屋子里则满是灰尘和蜘蛛网了。

孔子和子路用了整整一天时间把屋子和院子打扫干净，第二天，孔子和子路又去了嫂子家里，把自己的儿子女儿接回了家。这将近两年时间里，儿子和女儿都交给嫂子抚养了。

女儿孔雀已经十五岁了，对于女孩子来说，十五岁就该及笄了，也就算是成年了。或者说，到了可以出嫁的年龄。

将近两年不见，女儿已经成熟了很多，看上去非常漂亮。孔子一向就喜欢自己的女儿，却对儿子不是太满意。从性格上说，儿子孔鲤的性格比较迟钝，还很固执，这一点很像他的母亲。而女儿孔雀就很机灵，非常招人喜欢。

"闺女，爹两年没见你了，你还好吗？"孔子用充满爱意的目光看看女儿，轻声问。

"爹，我好想你啊。"孔雀说着，扑到了父亲的怀里，哭了起来。

孔鲤站在一旁，有些不知所措。

回到家里，孔子给了儿子女儿一大堆礼物，都是从齐国带回来的。两个孩子非常高兴，不住地发出惊叫声。

看着女儿，孔子一脸的幸福完全掩饰不住。

其实，孔子之所以匆忙回鲁国，还有很重要的一件事情。

原来，在齐国的时候，孔子很喜欢公冶长，有一次跟子路聊天的时候，就流露出要是有这样一个女婿，自己就算放心女儿的未来了。说者无心，听者有意，子路后来就把这些话说给了公冶长。

子路是看着孔雀长大的，自然很了解她。当下就把孔雀怎样乖巧可爱、长相甜美等都告诉了公冶长。又说小姑娘恰好十五岁，可以出嫁了，你要是喜欢的话，赶紧求亲，否则就轮不到你了。

所以在齐国的时候，公冶长就登门求亲了。孔子了解公冶长的为人和背景，认为这是女儿的好归宿，在公冶长第三次求亲的时候，就答应了这门亲事。

所以，孔子急急忙忙回到鲁国，也是为了完成这桩亲事，把女儿嫁到一个好人家。

第二五六章　君子和而不同

第二五七章

鲁国新形势

重操旧业

回到鲁国，孔子面临一个选择。

一个是去季孙家或者孟孙家求职，以孔子现在的名气，以及当初在季孙家的人脉，以及和孟孙家的裙带关系，要去做一个家臣并不是一件困难的事情。

另一个就是重打锣鼓另开张，重新开始自己的私立学校。

最终，孔子选择了第二种。

孔子学校重新开张，又是一轮新的招生。从前的学生有些又回来了，有些则没有回来。与此同时，又招收了一批新学生。

孔子现在不仅曾经留学首都洛邑，还曾经在最繁华、最先进的大都市临淄进修了两年，见过大世面。这一点，就好像先去英国牛津留学，后来到了美国哈佛做访问学者，再回到铁岭来教书的感觉一样。

这些都为孔子的学校加分不少，吸引更多的人前来报名。

很多人会问起孔子在齐国这两年的经历，孔子就会告诉他们临淄是怎样的繁荣，告诉他们自己对管子印象的巨大改变，告诉他们自己所听过的韶乐是多么美妙，告诉他们自己和晏婴之间的故事。

"看来，晏婴是个小心眼，齐国人就是小市民。"有人就会这么说。

每当有人这么说的时候,孔子都会告诉他们:"其实不是你们以为的那样,晏平仲是很和善的人,与他交往时间长的人,都会很敬重他。我一点也不怨恨他,内心里把他当成一个大哥。虽然他严厉,但是是我的错。"

于是,人们更敬重晏婴,也更敬重孔子。

在《论语》中记载了孔子关于晏婴的评价。"子曰:'晏平仲善与人交,久而敬之。'"

就在孔子学校重新开张之后不久,发生了一件事情。

吴国的公子季札前往晋国出使,回国的路上特地去了一趟齐国,然后经过鲁国回国。

到鲁国的时候,季札的长子突发心肌梗死而死,于是季札决定就地葬掉儿子再走。孔子听说了,说:"季札是吴国最懂礼仪的人,我们要去观摩一下。"

于是,孔子带着几个弟子去现场观摩季札怎样埋葬儿子。

季札首先找人挖了墓穴,墓穴不深,还没有挖到泉水。季札长子入殓的时候,就穿着平时穿的衣服。下葬以后,又在墓地上堆土,长宽和墓穴相当,高度到可以让人靠。土堆好之后,季札袒露左臂,往右绕着土堆走,一边走一边哭,走了三圈。之后季札对着墓说:"骨肉又回到土里去,这是命中注定的事情。你的灵魂无所不在,无所不在。"说完,季札就带着随从上路了。

"嗯,季札的做法完全符合礼制。"孔子对学生们说,他也算是又学到了知识。

孔子在等待着公冶长来迎娶自己的女儿,可是公冶长没有等来,却等来了一个坏消息。

"公冶长被抓起来了,据说是非法集资诈骗罪。"这一天季孙家有人从齐国回来,把这个坏消息告诉给了孔子。

"啊,真的?"孔子吃了一惊,毕竟那是自己的准女婿。

"这还有假?"

孔子迅速地镇定下来,他回想自己跟公冶长打交道的细节,觉得这个人无论如何不可能去诈骗别人。

"这,老师,要不要退了这门亲?"一旁子路有些惴惴不安地问,毕竟这件事情是他撮合的。

"不，虽然他被抓起来了，我相信他一定是无罪的。"孔子说，他相信自己的眼光。

时间过去不久，公冶长来迎亲了。来到之后解释了自己被抓的原因，原来那是他的合伙人涉嫌诈骗，结果把他牵连了进去。不过事情很快查清楚了，他被无罪释放。

公冶长高高兴兴抱得美人归，孔子也为自己的女儿有一个好归宿而高兴。

因为公冶长是季孙家的人，季孙家还特地送来了贺礼。

这件事情也在《论语》中有记载："子谓公冶长：'可妻也。虽在缧绁之中，非其罪也。'以其子妻之。"

经历了将近两年的折腾，孔子现在总算是安下心来做教育、做学问了，至于跻身卿大夫阶层的目标，看来太遥远、太不切实际。

孔子开始将教育当成自己一生的职业，以及谋生的唯一方式。因此，从这个时候开始，孔子在教学和学问上狠下功夫，不再像从前那样虚浮，对于世态也看得比较淡然。

心态摆对了，位置摆对了，孔子的境界也就开始有了大幅提升。

三年后，到鲁昭公三十年，这一年孔子四十岁。这个时候孔子已经非常博学，看事物能够客观分析，一针见血。

"嗯，我对人世间的道理感到不再迷惑了。"四十岁这一年，孔子这样总结自己。

在《论语》中的原文是："子曰：'吾十有五而志于学，三十而立，四十而不惑。'"

鲁昭公之死

鲁昭公三十二年，鲁国出了一件大事，鲁昭公薨了。鲁昭公死在了晋国的乾侯，到死也没能回到鲁国。

为什么会这样呢？难道晋国人没有帮助鲁昭公？

事情说起来稍微有点儿复杂。

当初鲁昭公见齐国靠不住，于是前往晋国的乾侯，请求晋国帮忙。原本晋顷公有意帮助鲁昭公，可是当时晋国执政的中军元帅范鞅是个著名的腐败分子，他收了季孙家的贿赂，劝说晋顷公不要管鲁昭公。

到鲁昭公三十一年，这一年范鞅退居二线，魏舒担任中军元帅，而晋定公登基，决定出兵帮助鲁昭公回国，借这件事情重树威望。这个时候，老腐败范鞅又跳了出来。咱前面说了，春秋时期的贪官是有贪德的，一日收钱，终身服务。范鞅就是这样一个负责任的腐败分子。

范鞅知道自己现在的位置无法阻止晋定公出兵，那么就只能曲线救国了。范鞅派人紧急去了鲁国，把当前的情况通报给季孙意如，让他火速前来晋国主动认罪，范鞅可以保证他的人身安全。

季孙意如于是起程前往晋国，范鞅先去通报了晋定公，晋定公的意思，来了正好就地捉拿。

"主公，咱们是大国，是霸主，要有大国风范啊。人家主动前来认错，咱们反而抓人家，那不成抗拒从严，回家过年；坦白从宽，牢底坐穿了？今后谁还敢来啊？我看不如这样，主公您也别见他，就让下军元帅荀砾接见他，如果他愿意认错，愿意亲自去把鲁昭公给请回去，那不就行了吗？咱们不用出兵，还把事办了，主公您的威望不是一下子就起来了吗？"老腐败一通忽悠，晋定公觉得也有道理，于是就按照他的建议去办。

荀砾接见了季孙意如，季孙意如痛哭流涕，认错态度极其诚恳，表示要痛改前非，愿意和荀砾一起去乾侯把鲁昭公请回曲阜。

于是，两人前往乾侯去见鲁昭公。

到了乾侯，季孙意如当然不敢去见鲁昭公，怕那帮仇人杀了他。所以，荀砾去见鲁昭公，把事情说了一遍。

"跟季孙回去吧。"子家懿伯建议。

"不要。"臧昭伯又跳出来反对，接着说了自己的理由，"晋国人一句话，季孙意如就乖乖地来了，如果主公坚决要求赶走季孙意如的话，晋国人一定也会帮忙的。"

臧昭伯的话得到众人的附和，鲁昭公有点儿心动了，他原本同意子家懿伯的建议，现在则决定试探一次。

"荀元帅，感谢贵国国君替我们伸张正义。我回鲁国可以，不过我再也不想见到季孙意如，他在我就不回去，我回去他就得滚蛋。我不是说气话，我对河神发誓。"鲁昭公以为自己严正表明态度之后，荀砾立即就会向季孙发驱逐令。

"这个……"荀砾有些吃惊，心说帮你娶个媳妇，你还非要帮你把孩子也生了，你这不是太过分了吗？想是这么想，话不能这么说，荀砾想了想说，"我家主公的意思就是让贵国君臣和谐，冰释前嫌。如今您提出这样的要求，我做不了主，请允许我回国向国君汇报一下。"

荀砾很生气，觉得鲁昭公这样的人真不值得帮。所以说完话，离开鲁昭公的住所，对在外面等候的季孙意如说："算了，你们国君还不肯原谅你，你自己回国，该干什么还干什么去吧。"

季孙意如一听，笑了，请你你不回去，这可不赖我了。这页就算翻篇儿了，晋国人也不会再找自己的麻烦了。

季孙意如高兴了，屋子里鲁昭公一帮人都有点儿傻眼，这荀砾一走，不知道什么时候才会再回来了。何况，荀砾刚才的口气和脸色都不太好，明显是非常生气。

大伙没什么话说，各自散掉了。

"主公，现在唯一的办法，就是偷偷出去，追上季孙，他一定会带主公回国。"子家懿伯出主意，这个时候，也只有他能给鲁昭公出主意。

"好。"鲁昭公这个时候总算明白了，子家懿伯每个主意都是好主意，都怪自己从前不听他的。

主意是个好主意，可是太晚了，臧昭伯一伙人早就防着这一招呢，车马全控制了。

"唉。"鲁昭公叹了一口气，他知道，最好的机会错过了，要活着回鲁国的可能性已经越来越小了。

身体不好，心情也不好，什么都不好。

鲁昭公三十二年，鲁昭公终于在绝望中死去。

死前，鲁昭公拿出自己压箱底的宝物赏赐给跟随自己流亡的大夫们，结果没有人要。最后还是子家懿伯率先接受了，其余人才接受。不过等到鲁昭公死后，子家懿伯又把接受的赏赐还给了鲁昭公的管家，其余人也都还掉了。

春秋时期的人，无论再怎么样，起码的廉耻和自尊还是保持着的。

这，就是传说中的贵族精神吧。

鲁昭公死在国外，有一个大问题：谁来继任。

按理，应该是鲁昭公的太子，太子是谁？公为？错，鲁昭公已经把他给撤了。为什么撤他？好几个理由，听起来很搞笑的理由。

两年前的时候，鲁昭公给了二儿子公衍一件羔羊皮衣，然后让他去把一块美玉献给齐景公。公衍结果把美玉和皮衣一块儿献给了齐景公，齐景公一高兴，把阳谷封给了他。鲁昭公非常高兴，因为他一直就很喜欢阳谷这个地方。

"嗯，还是公衍比较会办事。"鲁昭公现在喜欢公衍了，再想想自己流落国外，都是当初公为撺掇的结果，气就不打一处来，"公为这个王八羔子，不配当太子。"

既然有心要废掉公为，让公衍做太子，鲁昭公又想起公为的很多不是来。想来想去，其中的一件让鲁昭公最为恼火。

原来，当初公为和公衍的母亲一块进入产房，结果公衍先生出来。公为的母亲对公衍的母亲说："好姐妹，咱们一块进来的，不如咱们一块儿出去向老公报喜，这就是双喜临门了。"

公衍的母亲想想也是，就答应了，孩子生出来之后，一直没抱出去。三天之后公为出生，公为一出生，公为的母亲也没跟公衍的母亲打招呼，也不管什么双喜临门之类的话了，直接叫侍女给抱出去见鲁昭公报喜去了。就这样，本来是弟弟的公为成了哥哥，被立为太子，而本来该是太子的公衍成了一般的公子。这事情鲁昭公早就知道了，不过两个都是自己的儿子，所以也就将错就错了。只是如今看公为不顺眼，又想起来了。

"公为，你这个骗子，还没出生就骗我，你骗了我这么多年了，还害得我流亡海外，我今天要废掉你的太子。"鲁昭公把这个账算到了公为的头上，其实这事还真不赖公为，当初他也是被抱出来的，而不是自己跑出来的。

总之，鲁昭公废了公为，立公衍为太子。

只是，一个流亡的国君，他立的太子能够成为国君吗？

第二五七章　鲁国新形势

季孙意如对鲁昭公其实并不怨恨，鲁昭公随时回去他都欢迎。当初鲁昭公逃去齐国的前几年，季孙意如每年都派人给鲁昭公送马，还送衣服、鞋子。可是鲁昭公不领情，每次都把马卖掉，把送马的人扣押起来，当然，衣服、鞋子留下来穿。几年之后，季孙意如不再送了，再送就是脑子有毛病了。

其实，这也不怪鲁昭公，扣人卖马的是臧昭伯他们干的，他们就是要让季孙意如对鲁昭公更多些怨恨。

鲁昭公死在了晋国，这让鲁国人民感觉很不舒服。季孙意如也觉得有些愧疚，于是决定把鲁昭公的灵柩接回来，安葬在祖墓。另外，谁来当国君的问题，季孙意如也已经考虑好了，他要立鲁昭公的弟弟公子宋为国君。

季孙意如派叔孙不敢（叔孙成子,叔孙婼之子）前去齐国迎接鲁昭公的灵柩，临行之前特地交代："子家子（子家懿伯）这人我了解，非常有能力，人品也好，所以你一定要让他回来，等他回来，我愿意跟他共同执掌国政。"

这辈子，季孙意如就这件事情做得最地道。

叔孙不敢就这么去了乾侯，到了之后，第一件事就是要见子家懿伯。

"几件事情跟您通报一下，第一，鲁昭公不能回国，都是公衍、公为在捣鬼，所以他们谁都不能担任国君，我们已经决定立公子宋为国君了；第二，虽然您跟随鲁昭公出亡，可是您的封邑、职位等一切待遇都从来没有改变过；第三，季孙特地叮嘱我，邀请您回国和他共同执政；第四，现在跟随鲁昭公的人中，谁能回国谁不能回国，您说了算。"叔孙不敢对子家懿伯很恭敬，一五一十转达了季孙意如的意思。

说句良心话，季孙意如也算是很够意思了。

出乎意料，子家懿伯拒绝了。

"立新君是一件很严肃的事情，要卿大夫们商议，还要用守龟占卜之后才能定，我不敢发表意见。至于谁能够回去，其实很简单，当初随着鲁昭公攻打季孙的谁敢回去？其他人都应该回去。至于我，鲁昭公只知道我随他流亡，不知道我还会回去，所以，多谢好意了，我是一定不会回去的。"子家懿伯说得其实很清楚，不管季孙怎样宽宏大量，实际上跟他有仇的人是无论如何不敢回去的，而自己也决定不再去沾惹鲁国的是非。

子家懿伯，真正的高人哪。

真正的高人，总是能正确地判断形势，总是能拒绝眼前利益的诱惑。

灵柩上路，子家懿伯送到齐鲁交界处，留在了齐国。其余的人此时还不知道谁来接任国君，还抱有公衍即位的侥幸心理，于是一路跟随，一直到曲阜郊区。这个时候，大家才知道公子宋已经准备即位了。

"快逃命吧。"臧昭伯大叫一声，率先逃命，攻打过季孙的人都逃往国外去了，没有攻打过的人则留了下来。

一切，都如子家懿伯所料。

公衍、公为等公子选择了留下，他们不愿意再流亡了，而且叔孙不敢也早已经保证了他们的安全和今后的应得地位。

鲁昭公灵柩回来，季孙意如下令把鲁昭公的墓和祖墓分开。

"你生前不能侍奉国君，死后还把他的墓跟祖墓分开，您是用这个来表明自己的过失吗？就不怕被后人骂吗？"大夫荣驾鹅反对。

"噢，是啊。"季孙意如跟他爹季武子一样，别人一说什么，他就恍然大悟。

"那，给他取个不好听的谥号怎么样？"季孙意如说，总之就是想贬低鲁昭公。

"你这不还是找骂吗？"荣驾鹅又反对。

"噢，是啊。"季孙意如又觉得有理，于是给了鲁昭公"昭"的谥号。

不过终究，季孙意如还是把鲁昭公的墓与历代国君的墓隔了一条道。

鲁昭公下葬之后，公子宋登基，就是鲁定公。

鲁定公登基之后的第一件事，就是任命叔孙不敢和仲孙何忌（孟懿子）为卿，原来，这两位都是在鲁昭公流亡期间继承了父亲的卿位，但是没有国君的正式任命。

这一年是鲁定公元年，孔子四十三岁。

树欲静而风不止

就在孔子准备安心做一个教书匠的时候，国内外却发生了一系列的大事，令孔子重燃了从政的念头。

鲁国现在的格局是：国君鲁定公，三桓则分别是季孙意如（季平子）、仲孙何忌（孟懿子）和叔孙不敢（叔孙成子），而权力在三桓，权力核心又在季孙意如。

季孙意如家中又分为两派，一派以大管家阳虎为首，仗着季孙意如的信任，为所欲为。另一派是季孙意如的儿子季孙斯以及季孙家的家臣仲梁怀，他们很反感阳虎，跟阳虎对着干。

鲁定公五年，季孙意如前往鲁国东部视察，结果在回来的路上因病去世。于是，季孙斯接任，就是季桓子。

阳虎主持了葬礼，要求用一块宝玉为季孙意如陪葬。

"不行，这块宝玉是国宝，当初鲁昭公流亡国外，咱们主公佩戴着这块宝玉管理国家。现在我们有了国君了，主公就不能佩戴了，又怎么能用来陪葬呢？"仲梁怀不给，他以为现在季孙斯掌权，自己的靠山比阳虎要硬了，因此可以不给阳虎面子了。

阳虎没办法，因为仲梁怀是家里的财务总管，宝玉在人家那儿放着呢。

葬礼的时候，阳虎把这事情告诉了好朋友公山不狃，公山不狃也是季孙家的家臣，担任费邑邑宰，也就是季孙家大本营费邑的总管，地位和实力仅次于阳虎，两人是好朋友。

"他以为有靠山了，不把我放眼里了，我打算赶走他。"阳虎愤愤地说。

"算了，他也是为了主公的名誉，您就别放在心上了。"公山不狃劝说阳虎，他觉得这不算是个大事。

这事情就算这么过去了。

季孙斯接任之后，照例要巡视一遍自家的地盘。于是，让阳虎管理家务，自己带着仲梁怀去了。

第一站就是费邑，这里是公山不狃在治理，治理得不错。公山不狃带着季孙斯四处巡视，一路上照顾得也不错，季孙斯也很满意，对公山不狃非常客气。可是，仲梁怀一向就认为公山不狃是阳虎一伙的，这个时候应该打击。所以，仲梁怀到处挑刺儿，态度也很无理，这让公山不狃非常恼火。

"怪不得阳虎想赶走他，这种人就应该赶走。"公山不狃现在算是恨透了仲梁怀，派人去联络阳虎，商量怎样赶走仲梁怀。

季家最有实力的两人联手收拾仲梁怀，如果放在从前，这不是问题，可是现在季孙斯即位，仲梁怀是他的头号心腹，要赶走仲梁怀，季孙斯这一关就过不了，怎么办？

"一不做，二不休，连季孙斯一并收拾。"阳虎和公山不狃商量来商量去，决定干一票大的。

促使阳虎和公山不狃下定决心的另一个原因是，仲梁怀不间断地在季孙斯面前说他们的坏话，季孙斯对他们的态度越来越差，随时准备炒他们的鱿鱼了。

第二五八章

陪臣执国命

阳虎上位

季孙意如六月去世，到九月二十八日，阳虎和公山不狃发动了政变，两人首先囚禁了季孙斯和公父文伯，然后以季孙斯的名义驱逐仲梁怀。仲梁怀一看大事不好，驱逐就驱逐吧，总比砍头强，于是赶紧带着老婆孩子逃去了齐国。

基本上，鲁国有头有脸的人物，如果不想或者没法在鲁国待下去了，第一选择都是去齐国。

季孙斯被关了半个月，一开始还很强硬、很恼怒，认为这样大逆不道的行为一定会受到谴责，家族里的人一定会来救自己，孟孙家和叔孙家一定会来救自己。可是，后来他才发现，谁也不会来救自己了，季孙家都是阳虎的势力，叔孙不敢人如其名，胆小如鼠，真是不敢来救自己。而孟懿子不仅胆小，而且跟阳虎本来就是一家，更不会得罪阳虎。

"那什么，我服了还不行吗？"季孙斯终于服软了，现实面前，实力比什么都好使。

"服了是吧？早说啊，签盟约吧。"阳虎准备了一份盟约，大致意思就是今后这个家虽然季孙斯还是老大，但是阳虎说话才算数。

盟约就这么签了，季孙斯就这么成了阳虎的傀儡。第二天，祭神诅咒，释放季孙斯，同时驱逐了公父文伯等几个季孙斯的死党。

到现在，季孙斯算是能体会到鲁国国君的那种无奈了。

阳虎掌控了季孙家，叔孙和孟孙也都纷纷服软。于是，阳虎摇身一变，成了执掌鲁国大政的人。

当年，叔孙不敢去世，儿子叔孙州仇（武叔）即位，岁数还小，更加不敢说三道四。

阳虎执掌国政，与其他任何刚开始执掌国政的人一样，迫切想要通过某种方式确立自己的威信，让国内的人民畏惧，让大家知晓，而最好的办法是什么呢？战争，阳虎是这么认为的。

第二年，阳虎率领季孙斯和孟懿子出兵偷袭郑国的匡地，取得胜利。攻打匡地的原因有两个，第一个自然是要表现自己的军事领导才能；而更重要的是，郑国此前曾经攻打晋国，所以此次攻打郑国等于是为晋国出气。

去的时候是悄悄地出发，回来的路上阳虎命令鲁军在经过卫国的时候绕了个圈子到卫国首都，从南门进东门出，意思是说我阳虎的鲁国军队很牛，给你们看看。卫国国君卫灵公大为恼火，要不是大夫们劝住，当时就要跟鲁国开战。

从郑国取胜归来，阳虎派遣季孙斯和孟懿子两人前往晋国，季孙斯是进献郑国的俘虏和战利品，孟懿子则是专门去向晋定公夫人进献礼品。一次派出两个卿，单这规格就让全鲁国人民对阳虎的权势侧目了。

年底，阳虎又组织了一次盟誓，参加者是鲁定公、季孙斯、孟懿子、叔孙州仇，当然，还有阳虎自己，盟誓的内容还是大家伙从今往后要听阳虎的。

盟誓完毕，阳虎还没完。

"各位老大，啊，咱们再去五父之衢诅个咒吧。"阳虎半商量半命令地说，大伙没办法，只好去了五父之衢。

来到了乱葬岗五父之衢，阳虎挑了一个地方摆了案子，放上了猪头，开始诅咒。

"从今儿开始，大家都要团结在国君周围，听季孙、孟孙、叔孙的话，跟阳虎走。谁要是违背了这个盟誓，让他恶鬼缠身，口眼歪斜，全身溃烂而死。"阳虎先念，然后其他几个人跟着念，这几个人一边念，心里一边问候阳虎的老娘。

第二五八章　陪臣执国命

转年到了鲁定公七年，齐国大夫国夏率军进攻鲁国。阳虎亲自领兵，带着季孙斯和孟懿子迎战。阳虎和季孙斯在一辆战车，阳虎驾车；孟懿子和孟家大总管公敛处父一辆战车，公敛处父驾车。于是，滑稽的一幕出现了。

"虎哥，这仗怎么打？"公敛处父问。

"我看，夜袭。"阳虎说。

"行不行啊？"公敛处父问。

"肯定行。"阳虎说。

两个司机讨论，两个坐在车上的主人干瞪眼没资格发言。

就这样，鲁军确定了夜袭的打法。

鲁国和齐国打仗始终有一个问题没有办法解决，那就是两国之间实在是亲戚太多，打着打着仗就能发现对面是自己的小舅子，要么就是二姨父。所以，给亲戚通个风报个信就太正常了。这次也是这样，鲁军的计划第一时间就被送到了齐军主帅手中。

"可恶的阳虎最喜欢偷袭，咱们设好埋伏，全歼他们。"国夏制订了计划。

问题是，有人给齐军送信，也必然有人给鲁军送信。

所以，齐军的计划也第一时间送到了阳虎这里。

得到齐军已经有准备的消息的时候，鲁军正准备出发，怎么办？

"不行，就算他们有准备，我们也不怕。"阳虎还要打。

季孙斯瞪了瞪眼，没敢说话。

"不行，这样肯定要打败仗。"公敛处父反对。

孟懿子用感激的眼神看看公敛处父，也没敢说话。

"不行，我们不能就这么作罢。"阳虎还是坚持。

季孙斯和孟懿子都敢怒不敢言，他们都看着公敛处父，只有他能救命了。公敛处父没有说话，他在想怎样才能说服阳虎。

就在这个时候，孟孙的家臣苫夷大声叫了起来："阳虎，你要是让两家的主人都落难的话，我发誓一定杀了你。"

苫夷是孟孙家的第一猛将，阳虎也有些怕他。

"嗯，那好吧，既然不能进攻，咱们撤吧。"阳虎竟然服软了，当然他也感觉进攻确实太冒险了。

当晚，鲁军撤退，避免了一场大败。

第二年，齐鲁之间又进行了两场边境战争，鲁国两战皆败。

一时间，三桓遭到家臣控制的事情成了街谈巷议的头号话题，每个人都在谈论这件事情，孔子自然也有自己的看法。

"唉，上行下效啊。"孔子感慨道。

"先生怎么这样说呢？"子路在一旁问道。

"当初王室失范，才导致王权丧失，霸主兴起。鲁国也是这样，公室内斗，导致国政沦入三桓手中。三桓失道，家政、国政都被家臣把持。这不就是上行下效吗？如果大家遵守周礼，天下就会安定富裕，周王又怎么会失去权威呢？可是，周幽王烽火戏诸侯，自己带头破坏周礼，也就把王室的权威丧失掉了。所以说，周礼的丧失，往往是从上面开始的。"

"是哦。"子路恍然大悟。

"世道的轮替，也是越来越快。你看看，从周武王建立周朝，到周平王东迁王室失去权威，经历了三百多年，十三个王。后来天下大乱，直到齐桓公、晋文公等霸主来匡正天下，从齐桓公称霸到齐简公被田常所杀，田家把持齐国，正好过了十个国君。晋文公称霸到晋顷公，晋国朝政被六卿把持，晋国国君成为摆设，则恰好是九个国君。所以，诸侯来号令天下的，其本身也维持不了十世。

"再说鲁国，从鲁宣公开始，季孙家的季文子执掌国政，经历了季武子、季平子，到现在是季孙斯，已经四代执掌鲁国国政了。现在，季孙家反而被家臣掌控，由此可见，如果大夫家族把持国政，最多也就是五世就要被家臣所取代。那么家臣执掌国政呢？撑死了三代吧。"孔子做了这样一通总结，有理有据。

"那，家臣之后，会是什么人执掌国政呢？难道是家臣的家臣？"

"那就不是我们能够知道的了。"孔子说，然后叹了一口气，"唉，如果天下有道，周礼不被破坏，又怎么可能大夫家族控制国家呢？如果天下有道，人们都遵从周礼，百姓又怎么会妄议国政呢？"

《论语》：

孔子曰："天下有道，则礼乐征伐自天子出；天下无道，则礼乐征伐自诸侯出。自诸侯出，盖十世希不失矣。自大夫出，五世希不失矣。陪臣执国命，三世希不失矣。天下有道，则政不在大夫。天下有道，则庶人不议。"

....

孔子曰："禄之去公室，五世矣。政逮于大夫，四世矣。故夫三桓之子孙，微矣。"

子路的成长

鲁国乱得一塌糊涂的同时，孔子的学校则迎来了办校以来人气最旺的阶段。

冉家世代在季孙家做家臣，虽然势力不如阳虎，可是家族人多，在季孙家也是颇有影响力的。说起来，冉家的祖上是周文王的小儿子冉季载，季载最早被封在聃国，后来改为沈国。季载的后人有以冉为姓，后来到鲁国，因为与鲁国同姓，渐渐发展成大族。

孔子的第一批学生中有一个冉耕，就是冉家的人。

因为看到季孙家里很乱，因此冉家有人就把子弟送到孔子这里来上学。冉家的孩子一个叫冉雍，一个叫冉求，两人是族兄弟，同岁，都比孔子小三十岁。冉雍，字仲弓，性格沉默寡言，忠厚老实。冉求，字子有，非常聪明勤奋，做事踏实，孔子尤其喜欢他。

梁鳣与冉家兄弟同岁，祖上是晋国的大夫梁益耳，因为与赵盾争夺权力失败被杀，子孙逃往鲁国。梁鳣家里也是世代在季孙家做家臣，如今被父亲送来孔子学校学习。

季孙家家臣的子弟自然都是士。

新来的弟子里，还有商人的子弟。

原来，当初周公封在鲁国，长子伯禽率领着族人前来，同时前来的还有商朝的几个姓氏。在早期封诸侯的时候，大凡周王的子弟建国的，都要搭配商族，一来是要分拆商族，二来是每个国家都需要商业。商人虽然政治地位不高，经济地位却很高。

在鲁国有亳社，就是商族人祭祀祖先的神社，亳社也是鲁国的大社，很多重大的活动在这里举行。

商瞿，字子木，小孔子三十岁，他就是商族人。商瞿性格沉静，家族是商人的祝史，因此商瞿很擅长卜筮。

除了商人，还有外国人。

孔子在齐国高昭子家的时候，认识一个高家的族人老高，老高跟子路的关系非常好，当时老高有一个儿子只有七岁，十分憨厚呆萌，孔子和子路都很喜欢他。

如今，老高把儿子从齐国带到了鲁国，投入孔子的师门。

老高的儿子叫高柴，字子羔，小孔子三十一岁，小子路二十一岁。高柴矮小瘦弱，性格看上去有些木讷。

"子路兄，这孩子老实巴交，个子又小，我怕他在这里人生地不熟的，会被人欺负。"老高临走的时候对子路说，意思自然是请他多关照。

"高大哥，这你放心，你的孩子就是我的侄子，有我照看着他，谁敢欺负他？"子路拍着胸脯说。

不仅有外国人，还有鲁国土著。

在伯禽来到之前，鲁国这里生活的是东夷人。东夷人主要从事的是农业，基本上没有机会进入政治上层。

宓不齐，字子贱，小孔子三十一岁，他就是这里土著的后代。

宓不齐个性淡泊，不好与人争竞，孔子也很喜欢他。

颜路是孔子第一期的学生，跟孔子是远房的亲戚，也就是孔子的母族。对颜路这个学生，孔子很不喜欢，因为他喜欢斤斤计较。颜路实际上也就上了半年学，之后再也不来了。可是这次他把自己的儿子送来了，说儿子是块读书的料。

颜路的儿子名叫颜回，字子渊，小孔子三十岁。

颜回看上去呆头呆脑，似乎反应很慢，话少到基本不说的地步，孔子并不喜欢他，不过看在颜路的面子上，勉强收了他。

现在，子路成了名副其实的大师兄。

同时，他还是助教。

同时，他还是校长助理。

屈指算来，子路在孔子这里已经二十年了。

二十年中，子路的进步真的是非常大。

初来的时候，子路的身上还带着那种流浪汉特有的吊儿郎当的个性，什么都不在乎，什么都无所谓，什么都懂的样子。

"周文王为什么没有伐商呢？"这一天孔子上课的时候问到了这个问题，看看大家。

"嘁，这个还不知道？因为他打不过商纣王。"子路抢答。

"为什么打不过商纣王呢？"

"因为商纣王力气大啊，能徒手打死老虎啊。"子路得意地说，似乎自己也有商纣王那样的力量。

"由，我教给你的，你明白了吗？明白了就是明白了，不明白就是不明白，这才是明白的态度啊。"孔子当场训斥子路说，这明显就是没有认真听讲。

类似这样的例子很多，孔子很不喜欢他那种不懂装懂的架势。

渐渐地，子路在改正自己，回答问题前要经过更深入的思考了。确实不懂的，也不再假装懂了。

(《论语》："子曰：'由，诲汝知之乎？知之为知之，不知为不知，是知也。'")

子路刚入学的时候，因为穷，只能穿一件破旧的麻布袍子，没有换洗，就这么一直穿着，衣服又脏又臭。

其他的师兄弟们虽然也不富裕，但是好在有自己的家，衣服就算旧一些，却不破旧，也不肮脏。相比较，子路就寒酸得多了。不过，子路和他们在一起并不自卑，而是神态自若。

南宫敬叔来的时候，自然是一身名牌。尤其到了天冷的时候，人家穿的可是裘皮的袍子，跟子路的麻布旧袍子一比，那绝对是天壤之别。

不过，子路就算跟南宫敬叔在一起，也是神态自若，该说什么说什么。

孔子觉得子路的心理素质不错，所以曾经当着同学们的面称赞子路："穿着破旧的麻布袍子，与穿着狐貉皮袍的人站在一起而不感到羞耻的，大概只有仲由吧。《诗》写道：'不嫉妒，不贪求，又有什么不好呢？'"

受到老师的表扬，子路很得意，常常背诵这首《诗经》里的诗。

看着一身破衣服却自鸣得意的子路，孔子又有些恼火。孔子之所以表扬他，是为了避免他自卑,是为了不让人们瞧不起他,但是这却成了他自甘落后、不求上进的自我麻醉剂了,这不行。

所以,孔子这一天特地把子路叫来。

"由啊,贫穷却不以为羞耻,这说明你心理素质好。可是,贫穷本身不是羞耻吗?你不觉得羞耻,别人还以你为羞耻呢。谁愿意和一个贫穷的人交朋友呢?谁愿意和一个破衣烂衫的人在一起呢?贫穷并不可怕,可怕的是甘于贫穷。不以贫穷为羞耻是对的,但是甘于贫穷就是一种羞耻了,把贫穷当成光荣的事情到处去说,就更是羞耻了。"孔子对子路一通教训。

可是子路没听明白,还问呢:"老师,您的意思是?"

"由啊,人如果生来贫穷,那不能怪他。可是,一辈子贫穷,那就是他不长进了。你现在穿着破旧,这不怪你,但是这不是光彩的事情,你要努力去让自己穿得好一些,让自己也能穿上裘皮长袍,你要为之而奋斗啊。"

孔子这么一说,子路恍然大悟,脸一下子红了。

"那,先生,那我该怎么奋斗呢?"

"好好跟我学,学好周礼,学好做人,一旦有机会,你就能够抓住了。"孔子说,这是在教导子路,实际上也是在勉励自己。

从那之后,子路学习更加刻苦了。

(《论语》:"子曰:'衣敝缊袍,与衣狐貉者立,而不耻者,其由也与?不忮不求,何用不臧。'子路终身诵之。子曰:'是道也,何足以臧?'")

这一天,孔子的老朋友原壤来看望孔子,两人原本都在季孙家打工,那时候成为好友。孔子离开季孙家不久,原壤也离开了,因为他不想受那份约束,回家种地去了。

原壤对功名利禄没什么兴趣,对生死也很看得开,属于穷快活的那一类人。有空闲的时候,原壤就会来孔子这里串门聊天,大家都认识他,子路跟他也很熟。

孔子与原壤聊天,子路作陪。

两人说到了鲁国的乱象,有些担心今后会全国大乱,民不聊生。

"到时候你怎么办?"原壤问孔子。

"大不了我扎个筏子漂流海上,漂到扶桑东瀛去。"孔子开玩笑说,其实他连游泳都不会，坐船就害怕。

"老孔啊，你就吹吧，就凭你这两下子，怎么去？"

"有人和我去啊。"

"谁肯和你去？去了不淹死啊？"

"谁？"孔子一眼看见子路，指了指他，"由啊，他一定跟我去。"

"哈哈哈。"原壤笑了，也指了指子路，"也就是他了。"

"哈哈哈。"子路也笑了，他很得意，他认为这是老师对他的肯定，自豪地大声说，"那当然了，水里水里去，火里火里去，只怕先生不肯带我去呢。"

孔子也笑了，他决定敲打子路一番。

"由啊，你算说对了，我真不会带你去。"

"为什么，先生还能找到比我勇敢的吗？"子路有些惊讶地问。

"你那不叫勇敢，叫好勇，叫卖弄勇敢。你啊，除了好勇之外，还有什么本事拿得出手呢？"

原壤觉得这师徒二人的对话很有意思，于是盯着子路，看他怎么说。

"先生啊，难道君子就不崇尚勇敢吗？"子路不服气地问。

"君子以义作为最高尚的品德，君子有勇无义就会作乱，小人有勇无义就会偷盗。由啊，如果你不懂得义，你的勇敢就不是一个优点了。"孔子说，这才是他今天要说的要点。

子路很长时间没有说话，他在思考老师所说的话。

《论语》：

> 子曰："道不行，乘桴浮于海，从我者其由与！"子路闻之喜。子曰："由也好勇过我，无所取材。"
>
> …………
>
> 子路曰："君子尚勇乎？"子曰："君子义以为上，君子有勇而无义为乱，小人有勇而无义为盗。"

"先生，那，那我怎么办呢？"子路严肃地问。

"学习啊，由啊，你听说过六种品德和六种弊病吗？"

"没有。"

"你坐下,我告诉你。信奉仁而不爱好学习,它的弊病是受人愚弄;信奉智慧而不爱好学习,它的弊病是行为放荡;信奉诚信而不爱好学习,它的弊病是被人利用;信奉直率却不爱好学习,它的弊病是说话尖刻;信奉勇敢却不爱好学习,它的弊病是犯上作乱;信奉刚强却不爱好学习,它的弊病是狂妄自大。"孔子说。

《论语》:

子曰:"由也,汝闻六言六蔽矣乎?"对曰:"未也。""居,吾语汝。好仁不好学,其蔽也愚;好知不好学,其蔽也荡;好信不好学,其蔽也贼;好直不好学,其蔽也绞;好勇不好学,其蔽也乱;好刚不好学,其蔽也狂。"

"先生,您能说得具体一点儿吗?"

"好,一个个来。好仁不好学,一个人心地善良、待人真诚,却不能分辨谎言骗术,就会被人愚弄;好知不好学,一个人很机智聪明,却不知道该用在什么地方,就会卖弄,不约束自己的行为;好信不好学,一个人讲求信用却不知道分辨真伪,就会被人利用。好直不好学,一个人只追求直率,却不懂得场合的不同,说话就会刻薄尖酸;好勇不好学,一个人卖弄勇敢,却不懂得收敛,就会作乱;好刚不好学,一个人看上去刚强坚定,却不懂得反省,结果就成了狂妄。"孔子一句一句地解释,一口气说了下来。

"先生,您说得太多,能不能简单一点儿?"

"好,一个人如果不学习,就没有见识,就不懂得变通。不懂得变通,就会一根筋。任何性格,任何品德,如果只是一根筋而不懂得变通,最终都不会有好结果。"

"那么先生的意思,学习就是为了懂得变通?"

"也可以这么说。"孔子想了想,点了点头。

第二五九章

五十而知天命

阳虎造反

俗话说：树欲静而风不止。

孔子一门心思专注于教书，倒也自得其乐。

这一天刚刚下课，听见有人在喊自己。

"仲尼先生，仲尼先生。"一个陌生的声音传来，回头看，一个陌生人站在自己面前，孔子不认识他，好在他做了自我介绍。"我是阳虎大夫的家臣，主人派我来，请您去一趟。"

原来，是阳虎的人。现在，阳虎也混了一个鲁国上大夫的名头。

孔子有些意外，自己跟阳虎的关系还算不错，可是双方地位差距太大，所以也没什么交往。这个时候阳虎派人找自己，会有什么事呢？

"啊，不知阳虎大夫有何指教？"孔子问。

"阳虎大夫知道先生怀才不遇，因此想请你出来做事，发挥自己的才能。"来人说，原来他是阳虎派来请自己出山的。

"那什么，我恐怕不行，真不行。阳虎大夫了解我的，我也就是教书育人这点儿本事吧，国家大事真不行。麻烦你替我感谢一下阳虎大夫，我就不去叨扰了。"孔子拒绝了，为什么拒绝呢？因为他总觉得阳虎这样"陪臣执国命"，名不正言不顺，不会干长久。

来人见孔子不去，也不能强迫，只好走了。

第二天一大早，昨天来的那人又来了，这次没有空着手来。

"仲尼先生，这头猪是阳虎大夫送给您的，您一定收下。"阳虎派来的人带来了一头小猪，这样的礼物在当时非常贵重了。

"哎哟，感谢感谢。"孔子客套了一番，收下了小猪。

对于阳虎送猪，孔子心中难免有些感激，毕竟人家执掌着这个国家，自己不过是个民办教师。人家两次派人上门，还送了一头猪，这说明人家看得起自己啊。

感激归感激，可是，去不去当阳虎的官呢？孔子前思后想，觉得还是不去比较理智一些。可是，即便不去当他的官，也不能得罪他啊，况且，人家对自己也不错。

孔子决定去阳虎的府上回谢，可是又怕阳虎当场要自己出来当官，自己恐怕就无法拒绝了。怎么办？

孔子决定找一个阳虎不在家的时间去阳虎家里，这样礼数尽到了，还能躲开阳虎。

几天之后，孔子探听到阳虎不在家，于是赶紧上路去了阳虎家。果然阳虎不在，孔子报了自己的名字，留了些感谢的话，又叮嘱阳虎的家人一定转达，这才心情轻松地回家。

俗话说：无巧不成书。

就在回家的半路上，孔子迎头遇上了阳虎，躲都躲不掉。

这下，没办法了。

"伙计，你过来，我问你个问题。"阳虎对孔子说，明显带着霸气。孔子走近了些，听他说。"身怀高深的学问，却不为国效力，这是仁吗？"

"不是。"孔子低声说，没办法，阳虎的气场比自己强。

"想做大事却不抓住机会，这样的人算是明智吗？"

"不算。"

"日月飞逝，时不我待，伙计，抓紧吧。"

"好，我跟你干。"孔子说，他被说动了。

"好。"阳虎很高兴，拍了拍孔子的肩膀，走了。

《论语》：

> 阳货欲见孔子，孔子不见，归孔子豚，孔子时其亡也，而往拜之，遇诸途，谓孔子曰："来，予与尔言。曰：怀其宝，而迷其邦。可谓仁乎？"曰："不可。""好从事而亟失时，可谓知乎？"曰："不可。""日月逝矣，岁不我与。"孔子曰："诺。吾将仕矣。"

孔子是真的被说动了，他那颗潜藏多年的从政的雄心又被激发出来。

"阳虎很真诚啊，值得跟他干。"孔子对自己说，可是，仅仅是这个理由不足以说服自己，所以他接着又说了，"其实，表面上是跟他干，实际上还不是在为国效力？"

当天晚上，孔子做了一个梦，梦见自己当上了鲁国的大夫，每个人对自己都很尊敬。自己还代表鲁国出访宋国，去祖坟上祭祀了祖先。

可是，梦醒之后，回到现实。

孔子不愿意主动上门去找阳虎，他怕学生们说他言行不一，说他一边骂阳虎陪臣执国命，一边却又去上门巴结。孔子在等待阳虎派人来直接任命他，这样他就可以说自己是被迫的。

可是，阳虎终于还是没有派人来。是阳虎反悔了吗？不是，是阳虎顾不上他了。

阳虎有几个死党，他们是季寤、公鉏极、公山不狃、叔孙辄和叔仲志，其中季寤、公鉏极、公山不狃是季孙家的，季孙斯对他们都不太好，叔孙辄在叔孙家也很不得志，叔仲志则是鲁国大夫，也干得很没劲。于是，五个兄弟都投靠了阳虎，几个人最近密谋一件大事。

"干掉三桓，取而代之。"阳虎在几个人的撺掇下，决定干一票大的。

按照最终的计划，干掉三桓之后，季寤接管季孙家，公山不狃出任家宰；叔孙辄接管叔孙家，而阳虎接管孟孙家，因为他本身就是孟孙家的人。

到了十月，按照惯例祭祀历代国君，阳虎在浦圃安排了一个宴会招待季孙斯，准备在这里干掉季孙斯。之后，再分别干掉孟懿子和叔孙州仇。

宴会定在了四日。二日，孟懿子的家宰公敛处父发现曲阜城里的气氛有些异常，派人侦察了一番，说是季孙家的部队开始处于戒严状态。

"主公，季孙家的部队开始戒备，出了什么事情？"公敛处父问孟懿子。

"没有啊，刚才我还碰上季孙斯，没说到这个事情啊。"孟懿子很吃惊，不知道要发生什么。

"不用说了，那一定是阳虎在调动军队，看来他要发动叛乱了。季孙斯固然很危险，我们孟孙家恐怕也不能置身事外啊。"公敛处父最近也听到一些风声，立即就明白摊牌的时间到了。

"那怎么办？"孟懿子有些慌张起来，内心里，他还是很怕阳虎的。

"我们明天出兵，先把季孙斯救出来再说。"公敛处父有办法，在鲁国如果还有一个人不怕阳虎，这个人就是公敛处父了。

十月三日，阳虎带领着季孙斯出城祭祀，阳虎的车在最前面，季孙斯的车在中间，阳虎的弟弟阳越在最后压阵。季孙斯这些天来受到严密监视，他已经知道了阳虎的阴谋，知道自己现在非常危险，而眼下可能是唯一的逃生机会了。

"林楚，你们家世代都是季孙家的忠臣，你也要做到这一点啊。"季孙斯对自己的御者说，御者林楚自然是阳虎派给他的，季孙斯抱着死马当作活马医的心态，试图拉拢他。

"你现在说这些还有什么用呢？阳虎都要下手了，我帮不了你。"林楚把话说得很清楚，事到如今，说了也无妨。

"还来得及啊，你带我去孟孙那里吧。"季孙斯用近乎哀求的语气说。

"倒不是我怕死，我是怕这样也救不了主公啊。"林楚再次拒绝，不过有些犹豫。

"不试怎么知道呢？你要是救了我，官升三级怎么样？"季孙一看有戏，赶紧利诱。

林楚没有再说话，他只是用余光扫视着前后左右。

岔路口到了，最后一个岔路口。

林楚突然一拉缰绳,将车带进了岔路,随后啪啪啪连甩三鞭,车飞奔出去。

季孙斯舒了一口气,最后的希望还在。

林楚的车进了岔路,身后阳越的车也跟了进来。

"站住。"阳越在后面大声喊着,前面的车则跑得更快。

阳越抽出箭来,对着前面的季孙斯射去,可惜车太颠,箭都射偏了。

一直追到孟孙家的大门口,大门开着,林楚的车直接冲了进去。之后大门关上了,等到阳越的车冲到近前,他没有看到季孙斯,只看到一支箭向自己的面门飞来。

箭,插在阳越的眉心。

在公敛处父的安排下,孟孙家早有准备了。

事发突然,季孙斯的逃跑打乱了阳虎的部署。阳虎明白,孟孙家早已经有了准备。如今,只能立即出兵讨伐孟孙,将孟懿子和季孙斯一网打尽。

于是,阳虎首先劫持了鲁定公和叔孙州仇,随后调集曲阜城里的军队,进攻孟孙家。孟孙家的军队在数量上不如阳虎的队伍,不过公敛处父已经连夜从孟孙家的大本营成地调集了部队,此时恰好赶到,双方人数对比立即逆转。

阳虎的部队和孟孙家的部队进行了两次交战,终于,阳虎的部队被击败了。

阳虎逃进了鲁定公的公室,抢了鲁国的国宝宝玉和大弓,之后逃往自己的封邑阳关。阳虎的同伙们也都纷纷出逃,而公山不狃此时还在费地,听说阳虎战败,因此占据费地叛乱。当初的盟友们纷纷前往投奔,其中就包括叔孙辄。

一手遮天,不可一世的阳虎就这样完蛋了。快,实在是太快了。为什么这样快?因为阳虎没有对突发事件预留应急方案。

所以,世事难料。

没过多久,阳虎主动派人来退还了宝玉和大弓。

第二年,三桓联军攻打阳关,阳虎逃往齐国。

逃到齐国之后,阳虎向齐景公请求借兵攻打鲁国,当然说辞就是要帮助鲁国国君驱逐三桓。齐景公原本想答应他,可是鲍文子表示反对。

"主公,我曾经在鲁国的施家当过家臣,知道鲁国人怎么回事。别看他们内部看起来挺乱,其实他们很讲究亲情,一旦对外,就会很团结。所以,鲁国并不好打。再说阳虎这人，可不是东西了。季孙家对他好，他就对付季孙家。您留着他，说不定什么时候他会反过头来对付您。"鲍文子一番话，让齐景公恍然大悟。

"那什么，阳虎啊，我不能帮你了，把你送去海边监视居住怎么样？"齐景公对阳虎说。

"好啊好啊，早就想看看大海了。"阳虎欣然答应，其实都是装的。

"那好吧，先去西郊等待吧。"齐景公下令，派人送阳虎去临淄西郊某处监视居住。

阳虎设法逃走了，借道宋国逃往晋国，投靠了赵鞅。这是后话。

拒绝诱惑

费地是季孙家的大本营，因此占据费地的公山不狃俨然是现在最具实力的人。

季孙斯对这个情况有点儿手足无措，要讨伐公山不狃吧，可是自己的兵力都在人家手里。要借孟孙和叔孙家的兵力合围费地吧，可是一仗下来，自己的老本可就都完蛋了，今后自己就要老大变老三了。

怎么办呢？

季孙斯是一点儿办法也没有。

公山不狃现在也不太好办，论兵力自己肯定强于季孙斯。可是，如果真的出兵攻打曲阜，那就成了名副其实的叛乱了，而且费地的人民未必愿意跟他去。

怎么办呢？

"我们不能在这里等他们来讨伐，我们要招贤纳士，扩充力量，做强自己，一旦时机来到，才能顺势而为啊。"叔孙辄提出建议，于是两人开始探讨有哪些人才可以招纳。

"嗯，阳虎当初想吸纳孔丘，我看，我们也可以去请他来。"公山不狃想起孔子来，叔孙辄也觉得不错。

于是，公山不狃派人悄悄来到孔家，请他前往费地，辅佐公山不狃。

这个时候的孔子正暗自庆幸，庆幸自己当初禁受住了诱惑，没有上阳虎的贼船，否则不知道现在在哪里了。

可是同时孔子还有些懊恼，好不容易有个人赏识自己，结果还完蛋了。

就在这个时候，公山不狃派来的人到了。

"我家主公认同您的学说，欣赏您的才能，请您前往费邑共谋大事。"来人这么说。

"好，好，好，多谢你家主公的信任啊，那什么，您请先回，容我考虑一下。"孔子没有当场接受邀请，也没有拒绝。

来人走后，孔子左思右想，去？还是不去呢？

还是去吧。

他决定去，因为他渴望有一个地方能够实践自己的学说。

去的话，带谁去？当然带子路。

所以，孔子把这件事情告诉了子路，把自己的决定也告诉了子路。

"先生，不要啊。就算没地方去，也不至于去公山不狃那里啊。"子路一听，瞪圆了眼睛，想都没想，立即反对。

"不能这么说啊，人家这么大老远来请我，这么有诚意，肯定会重用我啊，我可以在那里实施周礼。治理好费地，然后再进一步推广，治理好鲁国啊。"孔子说。

"先生，公山不狃什么人？陪臣，叛臣，去投奔他，跟您老人家的主张背道而驰啊。"

"可是，由啊，你不知道啊，这个公山不狃跟阳虎不同，他是个君子啊。当年我跟他就是同事，我了解他啊。"孔子辩解说，这一点他并没有撒谎，公山不狃的为人确实值得称道。

"先生啊，他是个君子又怎么样？您说过君子有勇而无义就会作乱，他现在不就在作乱吗？"子路用孔子教给他的话来反驳孔子。

"可是，这怎么说也是个机会啊。"孔子有点儿沮丧，怎么自己还辩论不过子路了呢？

"以阳虎的实力，尚且一天就被击败，公山不狃不过是占据了一个城，而且名不正言不顺。如果去投靠他，那不是打着灯笼上茅坑——找死吗？"子路大声说道，算是说到了要害上。

孔子没有再说话，其实子路所说的问题他何尝没有想到，他原本就有些犹犹豫豫，被子路这样一说，终于打消了去投奔公山不狃的念头。

"由啊，你说得对。其实，我也并不是就真的想去，我只是跟你开个玩笑，看看你能不能做出正确的判断。"孔子说，给自己找了个台阶。

不管怎样，孔子没有去公山不狃那里。

人，可以激动，可以感动，但是，不能冲动。

《论语》：

公山弗扰以费畔，召，子欲往。子路不说，曰："末之也，已，何必公山氏之之也？"子曰："夫召我者，而岂徒哉！如有用我者，吾其为东周乎？"

阳虎和公山不狃的两次邀请，孔子两次险些上贼船，想起来，他禁不住有些后怕。

为什么自己总是控制不住自己的欲望？为什么总是蠢蠢欲动？为什么总是弄不清形势？

孔子这样自问。

孔子反思的结果，是他认识到小的形势要服从于大的形势，认清了全局才能认清局部。这就像周朝取代商朝一样，当商纣王无道的时候，天命就已经不在商朝这里，而在周朝这里。所以他明白了天命的所在，就能够正确地站队。否则，就无法做出正确的抉择。

现在也是一样，周朝虽然衰落，但是周天子并没有荒淫无道，周朝的同姓诸侯也依然强大，因此天命依然在周朝。明白了这一点，自然也就该明白公山不狃这样的家臣是掀不起大浪的。

"要保持一颗平常心，顺应本心，不要强求。"孔子告诫自己，他认为自己总算明白了什么是天命。

这一年，孔子五十岁，孔子觉得自己已经能够很从容地对待世事了。

《论语》中这样写道："子曰：'吾十有五而志于学，三十而立，四十而不惑，五十而知天命。'"

俗话说：有心栽花花不开，无意插柳柳成荫。

也不知道是子路的嘴不严，还是其他什么原因。总之，阳虎和公山不狃两次来邀请孔子并且都被孔子拒绝的事情迅速传遍了整个曲阜，这让孔子的名声一下子大了许多，也受到广泛的称赞。有的说他坚守道义，有的说他明辨是非，有的说他睿智机警。

事情很快传到了南宫敬叔那里，听说老师拒绝了公山不狃，南宫敬叔对老师又是敬佩，又是愧疚。敬佩的是老师高风亮节，不为所动；愧疚的是公山不狃都知道老师的才能而要重用他，自己却没有推荐过老师。

南宫敬叔到处讲老师的事迹，他的层面自然不同，听到的人都是卿大夫。很快，鲁定公就知道了这件事情，于是请南宫敬叔来问问孔子是个什么人。

"主公，孔子是我的老师，学问那是鲁国第一天下第二，自从天下第一老子人间蒸发之后，他就是天下第一了。我听说阳虎就曾经请他出山，被他拒绝了；前段时间公山不狃又请他去费地，也被他拒绝了。这人有气节、有知识，还倡导周礼，我猜想啊，如果我们再不用他，说不定什么时候卫国、宋国、齐国、晋国就都来挖他了。"南宫敬叔自然要为老师兼老婆的叔叔吹捧一番，说得鲁定公瞪大了眼睛。

"那什么，这样的人才，咱们自己要用啊。"鲁定公眼前一亮，做出了决定。

第二六〇章

步入仕途

中都宰

鲁定公九年，孔子五十一岁。

鲁定公任命孔子为中都宰，一个私立学校教师成为中都宰，一个没有任何背景的人成了大夫，这在鲁国历史上还是头一次。

中都是哪里？中都宰是干什么的？中都是鲁国的一处地名，按鲁国的规矩，有宗庙的所在称为都，否则称为邑。中都有鲁国宗庙，因此称为都，地点在今山东汶上西。中都宰就是中都地方行政长官。

而中都是鲁国公室不多的几块自留地，因此孔子算是鲁国官员，而不是三桓的家臣。

孔子的兴奋劲儿可想而知，虽然中都不过是一个小地方，可是这至少算是实现了一个小目标。

在任命之前，鲁定公亲自接见了孔子。

"仲尼先生，寡人知道你是个有学识的人，并且精通周礼。寡人想问你，如果让你治理中都，你有信心吗？"鲁定公问，虽然是废话，却也是规定动作。

"当然有，如果您用我，一年就会有明显变化，三年就会大见成效。"孔子信心满满地说。

（《论语》："子曰：'苟有用我者，期月而已可也，三年有成。'"）

鲁定公点了点头，表示满意。

"那，你能不能简单地用一句话来告诉寡人你准备怎样治理中都？"鲁定公接着问。

孔子愣了一下，他原本准备了长篇大论来讲述自己将怎样运用周礼来治理中都，可是现在只能用一句话，这可怎么办？

在这里插播一段故事，古希腊的故事。

说是一个国王召来了一帮经济学家，要他们总结一下经济学。这帮人花了一年时间写了十二本书给国王，国王一看就扔一边去了，说这太长了，老子没时间看。于是大家把书精简到了一本，国王一看，又扔一边了，说老子还是没时间看，你们能不能总结成一句话？国王还给了期限，到期如果不能总结出这一句话，全体砍头。

经济学家们绞尽脑汁，怎么也想不出这么一句话来，眼看到了期限的最后一天，大家都绝望了，看来明天的太阳是看不到了。怎么办？

趁脑袋还是自己的，临死之前吃顿好的吧！

一伙人就这么去了个馆子准备撮一顿。到了馆子才发现谁都没钱，哀求了半天，老板也不肯赏赐他们一顿饭，并且扔下了这么一句话：告诉你们，天下没有免费的午餐。

听完这话，经济学家们一片欢腾，为什么？

因为他们终于找到了国王要的那一句话，就是：天下没有免费的午餐。

好了，插播结束。

鲁定公要孔子用一句话来说明自己怎样治理中都，孔子想了想，找到了这一句话。

孔子说："当百姓自身的素质、能力达到可任用的水平，就任由他们发挥；如果达不到，那就通过教化、培养提升他们的认知和能力。"

这句话的原话在《论语》中，原话是："子曰：'民可使，由之；不可使，知之。'"

对于上面这句话，历来的断句是"民可使由之，不可使知之"。

历来的解读都是"让老百姓按照我们说的去做就行了，不要让他们知道为什么这样做。"

按照这样的解读，孔子被扣上了愚民思想的帽子。

但是，传统的断句和解读都是错误的。

为什么传统的断句是错误的呢？为什么说传统的解读也是错误的呢？

我们来做一个简单分析。

首先，如果按照传统解读，反推回原文，应该是"民可使之，不可知之"。这才是纯正的春秋语言。相反，"民可使由之，不可使知之"在语法上根本就是错误的。

其次，在孔子的思想中，找不到其他例证来佐证他的愚民思想。

最后，孔子原本是个民办教师，他做的事情就是"知之"，就是把知识、把周礼教授给普通百姓。如果他有愚民思想，那就等于否定自己，就是扇自己的嘴巴，就是搬起石头砸自己的脚。

基于以上原因，这句话的断句一定是"民可使，由之；不可使，知之"。

在中国历史上确实有人提倡愚民，愚民思想有两个源头，或者说两种形式，它们是截然不同的。

第一个源头是老子，他提倡愚民思想。第二个源头是商鞅，他施行愚民政策。

二者的区别在哪里？

老子的愚民思想是为了世界的和平，他认为，战争是因为人们的欲望。如果人们愚蠢，欲望就不会多，战争就会消失。所以，老子说要"小国寡民"。不仅寡民，更要小国。老子的愚民思想不仅仅是愚民，更重要的是要愚君，统治者变傻才是最重要的。

所以，老子的目的是善良的，手段则是统治者和人民都要愚。

商鞅呢？商鞅的愚民是为了让老百姓死心塌地为统治者去打仗、去死，让老百姓失去思考的能力，失去反抗的意志。所以，商鞅的愚民政策是血腥残暴非人性的，他禁止人们学习、禁止旅行、禁止集会、禁止各种享受。他要把人们变成牛一样的劳动力、变成狼一样的战士、变成老鼠一样的生育机器。

所以，商鞅的愚民是反人类的。

令人不可思议的是，有很多人在批判莫须有的孔子的愚民思想，有一些人在抨击老子的愚民思想，却没有人去批判商鞅和秦始皇的愚民暴行。甚至，还有很多人称颂他们的伟绩，为什么？

孔子把学校交给曾晳、冉耕等几个第一批的学生继续管理和教学，自己则带着子路、冉有、高柴等几个学生前往中都上任。

来到中都，孔子按照自己的"民可使，由之；不可使，知之"的理念，在开始的第一个月里没有任何的举措，只是走街串巷，了解当地的民情。

令孔子高兴的是，这里的民风非常淳朴，毕竟这是中都，历来的教化都相当好，百姓们安居乐业，很守规则。

"先生，我有一个问题想要问问。"子路总是有问题，不等孔子回答，直接问了起来，"我从小生活在卞地，那里的人好勇斗狠，两句话不合就拔刀相搏，每天街上没有死人才是新闻。后来到了曲阜，投入先生的门下，发现曲阜这里人们恭敬有礼，人们喜欢聚在一起谈论天下大事。后来又随先生去了临淄，才知道齐国人整日忙忙碌碌，到了傍晚则吃喝玩乐。现在来到了中都，这里的人安居乐业，少有争竞。还有许多我们没有去过的地方，恐怕又是不同的民风。为何都是周天子的天下，这民风民俗的差别这么大呢？"

"由啊，这是一个好问题啊。"孔子表扬了子路，却没有回答，而是问冉有："求，你怎么看这个问题？"

"大师兄的问题，也是求的问题，请先生解惑。"冉有说，他是这样的一个人，即便他有自己的想法，他也不愿意显示自己比大师兄高明。

孔子满意地看了冉有一眼，他知道冉有这样回答的本意。

孔子说："人的天性其实是很相近的，可是后天的教化不同，于是习俗习惯就会有很大差别了。"

孔子这句话非常著名，在《论语》中的原文是："子曰：'性相近也，习相远也。'"

"先生说得对，看看我，从前我在卞地，就好勇斗狠。后来得到了先生的指教，现在斯文得简直就像小绵羊了，哈哈哈。小冉，是不是啊？"子路爽朗地笑着问。

"是是是，大师兄斯文得一塌糊涂。"冉有笑着说。

孔子也笑了。

"先生，求也有个问题。"冉有笑过了说，他不像子路那样不等孔子回答就直接发问,他要等待孔子同意。

"你说。"孔子说,冉有身上自带的贵族气质令他非常欣赏。

"先生怎样看夷狄与华夏的不同?"

"求啊,这也是一个好问题。"孔子说,思索了一下回答道:"我们华夏虽然说各地的教化不同,可是毕竟都有教化,多多少少的都要遵从周礼,就算是荆楚也是华夏之地。可是,夷狄不同,他们根本没有教化,没有教化就没有规矩。所以,夷狄就算有国家、有国君,也是乱七八糟;而我们华夏,就算没有国君,我们的百姓也能按照规矩行事,也不会乱。"

"先生,我知道夷狄的人非常骁勇并且骑马作战,可是打仗总是打不过华夏,最终一个个被消灭,是不是就是这个原因呢?"子路问道。

"由啊,你的进步已经令我有些惊讶了。"孔子由衷地说,子路越来越喜欢动脑筋,并且话都能说到点子上了。

(《论语》:"子曰:'夷狄之有君,不如诸夏之亡也。'")

中都的情况符合"民可使,由之"的标准,因此孔子并不准备进行大规模的教化,他所需要做的就是在某些方面进行修补,以此重申周礼。

按照《孔子家语》的说法:"孔子初仕为中都宰,制为养生送死之节:长幼异食,强弱异任,男女别涂,路无拾遗,器不雕伪。为四寸之棺,五寸之椁,因丘陵为坟,不封不树,行之一年,而西方诸侯则焉。"

从这段描述来看,中都这里的生活似乎有些简慢攀比。

孔子的做法,首先强调长幼有序,男女有别,能力有差,这就是所谓的"养生",就是让强者担任更重的职责,弱者能够受到照顾。

器不雕伪,就是用器不要做过多的修饰,以实用为主。人死后的棺椁限制了厚度,这样就能节省费用。墓地就建在山丘上,不要专门起坟立碑,这样就减少了对耕地的浪费。

其他方面,孔子并没有去干预大家的习惯。

短短一年时间,中都变得更加和谐,更加有秩序了,实现了路不拾遗。

尽管中都只是一个小城市,治理中都的成功不代表孔子就能够治理一个国家。但是,这是孔子踏踏实实地实现了一个小目标。

除了自身的成功之外，更令孔子高兴的是弟子们的进步，确切地说是子路和冉有表现出来的管理才能。

对于冉有的才能，孔子其实一点儿也不惊奇，冉有性格严谨，再加上有家族的背景，从入学第一天孔子就看出来他的与众不同。

真正令孔子惊讶的是子路，俗话说"江山易改，本性难移"，孔子一直担心子路无法从他的流浪汉气质中走出来，可是现在看来，子路已经体现了一个贵族的气质。

"看来，我当初对仲由的承诺能实现了。"孔子暗地里为子路高兴。

孔子发现，子路身材魁梧，声音洪亮，再加上性格豪爽，这些都为他的领导力加分。

孔子在中都的治理，冉有和子路是最重要的执行者，高柴则差了很多。冉有办事总是稳妥恰当，有头有尾，把事情交给他就等于放进了保险箱，一定给你做好了来交差。相比较，子路的办事能力就差一些，办法也不如冉有多。基本上，七成的事情是冉有去做，子路只能做三成。至于高柴，主要是跟着两位师兄打下手。

可是令孔子奇怪的是，中都百姓最喜欢的不是冉有，而是子路，人人看见子路都打招呼，似乎人人跟他是好朋友。

于是孔子留意观察了。

这一天，恰好孔子也在，两个人来找子路。一个张大哥，一个马大哥。

"你们找我？"子路问，他并不认识这两个人。

"由哥，我们有纠纷，想请您给评判评判。"马大哥说，原来，这里人都把子路叫作由哥，这两个人也是听说子路善于断案，所以两人有纠纷争执不下，一致决定来找子路解决。

"好说好说，那这样吧，你先说。你说了，他再说。"子路很爽快地答应了，请两人坐下，每人端了一碗酒。

孔子静静地坐在一旁，看子路断案。

马大哥和张大哥开始分别讲述他们之间的纠纷，原来，两人还是儿女亲家，这一年张大哥的独生女儿嫁给了马大哥的儿子。张大哥的女儿从小当儿子养，特别能干，不仅能帮家里干地里活儿，从前在家里织布，每年还能赚不少钱。

如今嫁给了马大哥的儿子，马大哥家里一下子增加了不少收入，可是张大哥家里的收入减少了不少。

张大哥一算，好像嫁女儿的彩礼钱还不够女儿一年的收入，就觉得亏了。于是，就提出马大哥家里应该再补一些彩礼。马大哥不干，说是自己是按照周礼的规定给的，不能再加。于是，亲家两个争执不下，这才来到子路这里请求评判。

"你看看，名义上我是嫁个女儿过去，实际上等于还白送了一个儿子。"张大哥最后说。

孔子在一旁听着，觉得这个案子不好断。

"马大哥，张大哥，你们承认对方说的都是实话吗？"子路问。

"是，是。"两人点头。

"行了，既然彩礼钱已经按照周礼给了，就不能加了。不过，每年农忙的时候，马大哥，让你儿子抽一半的时间去帮老丈人干活儿，等于还给他一个儿子，就这样了。"子路当即断案，也不等两人回答，端起自己的酒说道，"来，咱们三人干了这碗酒，这事情就算解决了。"

马大哥和张大哥互相看看，端起了酒。

三人喝完酒，马大哥和张大哥道了谢，有说有笑地回去了。

整个过程，孔子一句话也没有说。

"由这个案子断得好啊，既公平又不伤和气，今后还能增加这两亲家的感情。"孔子寻思，禁不住地叫起好来，"用一两句话就能解决争执的，大概也就是由了。"

现在孔子算是明白了，子路就凭着这个本事，在中都百姓中已经树立起了威望。

后来孔子又知道，子路答应别人的事，一定会做到，绝对不会食言，这也是中都百姓喜欢他的原因。

这件事在《论语》中有记载，原文是："子曰：'片言可以折狱者，其由也与？'子路无宿诺。"

对于上面这句话，历来的解读把"片言可以折狱"解读为"只听了单方面的供词就可以判决案件"，此解读为大错。真是这样断案的话，不就成了偏听偏信了？那子路还不是要制造大量的冤假错案吗？

这里的"片言"不是原告、被告的"片言"，而应该是子路的"片言"；"折狱"也不等于判决案件，而应该是解决纠纷的意思。

小司空

孔子治理中都成绩斐然，鲁定公非常高兴，认定了孔子是个人才。于是，一年之后，提拔孔子为小司空。

司空是个什么职位呢？是主管建设方面的官员，级别为卿。小司空呢？

鲁国原本没有小司空这个职位，而三桓家族季孙家世袭了司徒，孟孙家世袭了司空，叔孙家世袭了司马。因此，鲁定公只能任命孔子为小司空了，具体级别是中大夫。可是在《史记》及《孔子家语》中都说孔子被任命为大司空，这都是错误的。

在正式任命之前，鲁定公和孔子进行了一番交谈。

"仲尼先生，您把中都治理得这样好，真是大材小用了。所以我想请先生来帮助我治理国家，请您告诉我，治理国家有什么诀窍？"鲁定公原本还有些担心这个民办教师干不好，没想到他干得不错。

"治理国家，要么靠暴力、靠权力，也就是靠刑罚；要么靠教化、靠引导，也就是靠周礼。这两种方法的区别是很大的，前者可以让臣民顺服，但是人们没有尊严，缺乏羞耻，把规则当成束缚自己的枷锁，只要有机会就会违法乱纪。后者则不同，人们有尊严，懂得羞耻，把规则当作有利于自己的工具，因此懂得自我约束。简单说吧，治理国家，要靠周礼而不是靠刑罚。"孔子说。这段话可以说精准地总结了孔子以礼治国的思维方式。

这段话在《论语》中是这样的："子曰：'导之以政，齐之以刑，民免而无耻。导之以德，齐之以礼，有耻且格。'"

"先生说得对，那么怎样让百姓知礼守礼呢？"鲁定公问，周礼就是他的老祖宗周公制定的，他自然知道是个好东西。

"这要从国君您开始，您要是喜好周礼、遵从周礼，就能给百姓树立楷模，百姓就会跟随，就会守规则，就容易治理了。"

（《论语》："子曰：'上好礼，则民易使也。'"）

"可是，我听说百姓更喜欢追逐利益啊，用利益来诱使他们会不会更有效？"鲁定公问，他觉得利比礼似乎更管用。

"不对，如果一切依照利害关系来行事，就会产生怨恨。"

(《论语》："子曰：'放于利而行，多怨。'")

"那么我们换一个话题，你认为君臣之间该怎么相处？"鲁定公问。

"还是要依据周礼啊，国君要按照礼的要求对待大臣，大臣要对国君给予自己的职位尽心尽力。"

这段对话也记录在《论语》中，原话是："定公问：'君使臣，臣事君，如之何？'孔子对曰：'君使臣以礼，臣事君以忠。'"

鲁定公想了想，基本上认同孔子的说法。

"那，我听说仲尼先生非常博学，我想问问，有句话叫作一言以兴邦，一句话就能让国家兴盛，有这样的事情吗？"

鲁定公的这个问题有些难度，不过这难不倒孔子，孔子呵呵一笑间，有了答案。

"主公，话不能这么说，不过也差不多吧。人们常说：'做国君很难，做大臣也不容易。'如果知道'做国君很难'这句话，这句话不是差不多可以让国家强盛吗？"

孔子的话让鲁定公稍微费了一点儿时间去理解，之后点了点头表示同意。

"先生说得对啊，知道做国君难，才会全力去做好啊。那，有没有一句话可以使国家衰亡呢？"

"主公，话不能这么说，不过也差不多吧。人们常说：'当国君其实没什么好处，唯一的好处就是没有人敢批评。'如果很喜欢'没有人敢批评'这句话，那这句话不是差不多能让国家衰亡吗？"

"哦，寡人明白了。先生的意思是要听得进批评，容得下批评，寡人牢记了。"鲁定公说。

《论语》：

> 定公问："一言而可以兴邦，有诸？"孔子对曰："言不可以若是其几也。人之言曰：为君难，为臣不易。如知为君之难也，不几乎一言而兴邦乎？"曰："一言而丧邦，有诸？"孔子对曰："言不可以若是其几也。人之言曰：予无乐乎为君，唯其言而莫予违也。如其善而莫之违也，不亦善乎？如不善而莫之违也，不几乎一言而丧邦乎？"

第二六〇章　步入仕途

第二六一章

一鸣惊人

夹谷会

在小司空的位置上,孔子的作为并不大,因为这原本就不是他擅长的领域。对于这段历史,史书上基本没有记录,只有《孔子家语》中有些溢美之词。

按《孔子家语》:"定公以为司空,于是乃别五土之性,而物各得其所生之宜,咸得厥所。"

实际上,孔子不事稼穑,对于土地和农业并不熟悉,同时孔子也并不重视农业。所以,他对于鲁国农业的贡献实在是不提也罢。而且,孔子在这个职位上仅仅干了几个月,根本没有可能去"别五土之性"。

孔子真正做的一件令人印象深刻的事情还是他的本行。

当年鲁昭公归葬鲁国,季孙意如想把他埋在祖墓外面,中间挖一条沟。后来在人劝说下作罢,但是依然把昭公埋在祖墓南面,与历代国君的墓保持了距离。孔子担任司空之后,在昭公墓的南面挖了沟,让昭公墓和历代国君的墓成为一体。

鲁定公十年春天,孔子担任小司空。到当年夏天,孔子被提升为司寇。这一年,孔子五十二岁。

能够在这么短的时间被提升为司寇,孔子遇上了两个机缘。

第一，世袭司寇的臧会死了，臧会的儿子还小，因此这个位子暂时空了出来，而臧家不像三桓家族那样不能动；第二，齐、鲁两国和好，夏天的时候鲁定公将会在齐国的夹谷会晤齐景公，需要一个卿随从，可是三桓既没有胆识也缺乏必要的礼仪知识。这个时候，鲁定公想起了孔子。

司寇原本是个卿，可是自从三桓专政之后，司寇就失去了卿的地位，只能算是上大夫。但是不管怎么说，至少听起来是个卿，稀里糊涂可以过关。

就在这样的背景下，孔子成了司寇。从职位和级别上来说，仅次于鲁定公和三桓，位居第五。

孔子被任命为司寇的同时被通知将担任齐鲁夹谷会的鲁方相礼，也就是鲁定公的助手。孔子非常高兴，唱着鲁北小曲回到了家。子路为他驾车，一路上就感觉老师这辈子没这么高兴过，禁不住有些奇怪。

"先生，什么事让你这么高兴？"子路一边赶车，一边问。

"嘿嘿，我当上鲁国司寇了，哈哈哈。"孔子忍不住大笑起来。

"先生，我记得您说过，君子祸患来了不畏惧，得到了福禄也不会格外高兴。可是今天您升官发财之后，却高兴成这样，为什么呢？"子路问，他差一点儿就说成您这是不是有点儿小人得志呢？

"嘿嘿。"孔子还在笑，换了平时，子路这样提问一定会被讽刺一番的，可是现在孔子心情好，所以也不恼火。"没错，我说过这样的话。可是你听说过'身处高位却能善待百姓是一种乐事'吗？就是周公那样的。哈哈哈。"

子路没有再问了，他知道这始终是老师的梦想，周公是老师的偶像。如今，老师有机会做周公了，高兴一点儿也是自然的。不过，子路还是觉得老师有点儿过头了。

在随鲁定公参加盟会之前，孔子做了大量工作，对各种情况都做了预案。

鲁定公十年夏天，鲁定公与齐景公在夹谷相会。在盟誓的地方，齐国方面已经搭起了土坛，准备好了盟誓现场。两国国君在坛下相会，然后同时登坛。就在这个时候，坛下传来了一阵喊杀声，原来，是齐国人派来的莱夷俘虏在那里舞刀弄枪，意图非常明显，就是制造紧张气氛，让鲁国人害怕，从而在盟誓

第二六一章　一鸣惊人

的时候占据上风。

孔子早就料到了这一点,他迅速上坛,把鲁定公搀了下来,然后命令鲁国卫队准备战斗,孔子大声喊道:"士兵们,拿起武器准备战斗,誓死保卫国君吧。我们两国国君在这里盟誓,这些夷族俘虏竟然大声喧哗,耀武扬威。自古以来,外族人不能图谋中国,夷狄不能扰乱中华,俘虏不能出席盟会,军队不能以武力相威胁,否则就是不祥,就是不义,就是无礼。我相信,这肯定不是齐国国君能够做出来的。"

齐景公坐在坛上,听着非常尴尬,于是挥挥手,让莱人全部撤走。

之后,鲁定公才在孔子的陪同下,重新登坛。随后,开始盟誓。

两国盟誓的盟书是事先双方商定好的,鲁定公和齐景公正要盟誓,齐国的相礼梁丘据突然说话了。

"啊,那什么,有句话忘写了,稍等稍等,加上一句话就来。"说完,让人把盟书拿走,在上面添了一句话。

盟书重新拿上来,孔子看了一眼,上面添了这样一句话:"今后齐军出国征战,如果鲁国不派三百乘战车随行,就要受到惩罚。"

"那什么,我们也有句话忘写了。"孔子说,然后派大夫兹无前也添加了这样一句话:"如果齐国不把侵占鲁国汶阳的田地还给鲁国,而要让鲁国派兵跟从的话,也要受到惩罚。"

盟誓结束,基本上还是比较圆满。齐景公很高兴,决定要宴请鲁定公。

孔子很担心齐国人又要借宴会出什么幺蛾子,可是又不能不出席,因此决定找个什么理由让齐国人取消宴会,想来想去,想了个办法。于是,孔丘前去拜会齐景公的相礼梁丘据。

"老梁啊,这个,齐、鲁两国多次盟誓,过去盟誓的情况你知道不?"孔子问。

"这个,我,我不知道。"梁丘据当然不知道,他只知道齐景公爱吃什么、爱穿什么、爱什么样的女人。

孔子一听,心中暗喜,忽悠这样没用的东西,是比较有把握的。

"那我告诉你吧,过去呢,盟誓结束之后,两国国君就都回家了,从来不搞什么宴会这类东西。为什么呢?第一,宴会太费事,人家工作人员忙活盟誓已经很辛苦了,再整个宴会,那就更加辛苦了;第二呢,牛樽、象樽这样的酒器是不能拿出宫的，钟磬这样的乐器也不能在野地里演奏。如果宴会上这些东西一应俱全，那就是违背了礼法；如果这些东西都没有，那这样的宴会就太简陋，简直就是大排档了。宴会简陋，那就是贵国国君的耻辱；可是违背礼法，那也是贵国国君的耻辱。所以我看，宴会就免了吧？"孔子运用礼法来忽悠梁丘据，梁丘据自然只能被忽悠。

梁丘据把孔子忽悠他的话拿去忽悠齐景公，齐景公自然也只能被忽悠。

"算了算了，宴会取消。"齐景公取消了宴会，大家各自回家了。

根据协议，齐国人归还了侵占鲁国的郓地等三处田地，不过孔子所说的汶阳的田地终究还是没有归还。

夹谷会让孔子一炮走红，迅速成为冉冉升起的政治明星。在鲁国国内，孔子声名大振，因为自从齐桓公称霸以后，鲁国在跟齐国的交往中就没有这么扬眉吐气过。

躺着也中枪

孔子在夹谷会上的表现得到各国一致好评，这让孔子很得意。不过回到鲁国家里的时候，他却非常沮丧。

孔家空空荡荡，好像刚被洗劫过一般。

"人呢？人都去哪里了？"孔子很吃惊，大声问着。

"同学们，先生回来了，都出来啊。"子路大声喊着，他还准备向同学们讲一讲老师是怎样义正词严、大义凛然地让齐国人服软的呢。

平时，孔家都很热闹，因为有很多学生是住校的，不论是研习学问还是嬉笑打闹，总是人气很高，为什么今天看不到人？难道是知道老师回来，都去迎接，却走错了路？

"先生回来了？"从教室里走出一个人来，是颜回。

"同学们呢？"子路大声问，他给老师驾车。

"都去少正卯那里听课了。"颜回说。

"都去了？"孔子瞪大了眼睛。

"除了我。"

孔子没有再说话，只是，他的眼中露出了凶光。

这已经是第三次出现这样的情况了。

自从孔子担任中都宰之后，教学的事情就过问得比较少了，而曾晳等人代课，学生们反映也不是太好。

就在这个时候，另外一所私人学校开张了，校长名叫少正卯。

少正卯是鲁国的闻人，也是个学问很深见识很广的人，那么，他的学校教授什么呢？

其实，自古以来，少正卯讲的是什么，从来也没有人知道。不仅别人不知道，其实孔子也不知道。

少正卯的学校也招收了不少学生，一时间与孔子的学校双峰对峙。

孔子的学生们原本就对代课老师们的水平不满意，如今听说少正卯讲课非常独到，因此都有些好奇。

少正卯创造了一种新的扩大影响的模式，那就是公开讲座。公开讲座的时候，所有人都可以来听课。

孔子的学生们听说有公开讲座，一传十、十传百，反正校长也不在，子路也不在，曾晳等代课老师性格又软弱，没有人能镇住他们，干脆去听少正卯的讲座。此前，就发生过两次孔子学生集体去听少正卯讲座的事情，反响十分热烈。这一次，索性大家都去了，只有颜回一个人没有去。而代课老师们眼看没有学生可教，曾晳带头回家干私活儿去了，有的代课老师则干脆跟学生们一块儿去听少正卯的讲座。

三次发生同样的事情，说明什么？说明少正卯讲得不错。

孔子很恼火，他相信如果单挑的话，他绝不惧怕少正卯，甚至还能从少正卯那里夺来一部分学生。可是，如今的竞争是不对等的，自己有很多政务要处理，而少正卯可以专心教务，自然占据上风。

怎么办？

当天晚上，孔子学校召开了教职员工会议，由孔子主持。

在会上，孔子严厉批评了曾晳和巫马期，认为在自己离开期间两人的工作很不负责任，也缺乏办法。在这一点上，子路还是值得信赖的。

"大家认为应该怎么办？"孔子批评完之后，问大家。

会场的气氛很压抑，大家都低着头不说话。

孔子看看子路，希望他发言，可是奇怪的是，子路竟然保持沉默。按照孔子的想法，子路这个时候原本应该拍案而起："我守住大门，看谁再敢去？"

"回，你怎么看？"孔子问颜回，颜回作为学生代表参加。

"我没有听过少正卯的课，不知道他讲得怎样。不过，既然大家都爱听，自然有可取之处。我想，我们还是改进自己的教学吧，我们自己讲得好了，大家就不会去听他的了。"颜回说。他总是喜欢反思，性格也比较温和。

孔子看了他一眼，对这个回答并不满意。

"点，你说说。"孔子点名要曾皙发言。

"这个，根据去听过少正卯讲课的老师和同学的反映，少正卯的课讲得很好，不仅有知识，而且能和现实结合，批评时政的内容很多，大家有共鸣。我们几个老师可能都没有这个水平，老师您讲得好，但是您现在的身份恐怕也不能批评时政了。总之吧，很难。"曾皙比较悲观，也提不出什么办法来。

其余的人先后也发了言，也提了些建议，譬如孔子今后多点儿时间来讲课，譬如孔子也搞点儿免费讲座等，还有的建议采取把带头去听少正卯讲课的学生开除等惩罚性措施。

建议提了不少，可是有用的一条也没有。要么就是可操作性太差，要么就是适得其反，把学生逼到少正卯那里去。

"子路，你呢？"孔子问子路。

"我，我想去听听少正卯讲课。"子路说，内心里，他倒没有觉得少正卯的出现是个什么坏事。

孔子没有再说话了，他的脸色非常难看。不过，他已经下了决心。

在孔子从夹谷回来的第二天，也就是上任司寇第七天，孔子下令捉拿了少正卯，然后以"寻衅滋事"的罪名在宫门前处死，之后陈尸三天。

杀了少正卯，少正卯的学校自然也就不复存在了。

孔子杀少正卯的消息传到孔子的学校，听到的人都沉默不语，看见孔子都低下头急忙走开。学生们是惭愧，是恐惧，还是敢怒不敢言？

这个时候，只有一个人敢于质问孔子，谁？子路。

"老师，少正卯是鲁国的名人，老师刚当上司寇，怎么就杀了他？"子路问。他想不通老师为什么要这样做？

"由啊，这些真不是你能够理解的。我告诉你为什么要杀少正卯，有五种人必须要杀，比强盗小偷更该杀。第一种人分得清事理，但是内心险恶；第二种人说话虚伪，但是很有辩才；第三种人行为邪僻，但是坚定不移；第四种人志向愚陋，但是知识广博；第五种人行为不正，但是表面好施恩泽。这五种人都有懂得思辨、知识渊博、聪明通达的好名声，但是实际上不是这样。如果让他们大行虚伪的一套，招摇撞骗，他们的智慧能够感染群众，强大的势力能够独立于世，这是奸人中的枭雄，不能不杀。凡是这五种人中的一种，都应该杀，而少正卯兼有五种罪行，所以先杀了他。

"当年商汤杀蠋沐，姜太公杀潘址，管仲杀史附里，子产杀邓析，这四个人不能不杀。杀他们的理由并不是他们白天做强盗晚上当小偷，而是他们是倾覆国家的败类。当然，这样的做法会让君子怀疑，让蠢货疑惑。诗中写道：'忧心悄悄，愠于群小。'（《诗·邶风·柏舟》）就是这个意思。"

孔子说了一大通，子路默默无语地走开了。

这一段故事见于《说苑》。

孔子为鲁司寇，七日而诛少正卯于东观之下。门人闻之，趋而进，至者不言，其意皆一也。子贡后至，趋而进，曰："夫少正卯者，鲁国之闻人矣！夫子始为政，何以先诛之？"孔子曰："赐也，非尔所及也。夫王者之诛有五，而盗窃不与焉。一曰心辨而险；二曰言伪而辨；三曰行辟而坚；四曰志愚而博；五曰顺非而泽。此五者皆有辨知聪达之名，而非其真也。苟行以伪，则其知足以移众，强足以独立，此奸人之雄也，不可不诛。夫有五者之一，则不免于诛。今少正卯兼之，是以先诛也。昔者汤诛蠋沐，太公诛潘址，管仲诛史附里，子产诛邓析，此五子未有不诛也。所谓诛之者，非为其昼则攻盗，暮则穿窬也，皆倾覆之徒也！此固君子之所疑，愚者之所惑也。《诗》云：'忧心悄悄，愠于群小。'

此之谓矣。"

历史上，关于孔子是否杀少正卯，颇有争议。而这段故事，见于《荀子》《史记》《孔子家语》和《说苑》，不见于《左传》《论语》。

如果孔子杀少正卯，这就是他历史上最大的污点。为什么这样说？

孔子安给少正卯的罪名都是莫须有的，没有一个真实的罪行，都是"诛心"与强加，都是思想犯罪。什么是内心险恶，什么是说话虚伪，什么是行为邪僻，什么是志向愚陋，什么是行为不正？所有这些，不都是你孔子说什么就是什么吗？要是少正卯是司寇而你是民办教师，少正卯也可以用这些罪名来杀了你。

说来说去，就是假公济私，公报私仇，因为少正卯抢了你的风头，吸引了你的学生，你在嫉妒仇恨之中利用国家机器消灭竞争对手而已。

但是，这其实都是《荀子》杜撰的，根本没有发生过，既没有这回事，也没有少正卯这个人。为什么荀子要杜撰这样一件事情？因为荀子的学说是礼法并用的，他是支持"逆我者亡"的。所以，荀子培养出来的学生韩非子和李斯都是这样的做法。

不仅这个是编的，所谓"太公诛潘址，管仲诛史附里"也都是荀子编的。

不管怎样，我们还是来做一个简单的论证。

第一，如果真有这样的事情，此事应该见于《左传》或者《论语》。

第二，孔子是鲁国司寇，所管辖的是卿大夫之间的诉讼。但是，少正卯并不是卿大夫，根本不归他管。

孔子这个司寇实际上也就是个空衔，因为鲁国被三桓瓜分，即便是曲阜城里的诉讼恐怕也轮不到司寇来管。

孔子追求的是礼治而不是刑治，少正卯根本没有死罪，孔子不会杀他。

如果孔子杀少正卯，一定会引起当时的争议和谴责。可是，历史记载中根本没有。

所以，不仅孔子杀少正卯这件事情是杜撰的，少正卯这个人也是子虚乌有的。

这件事情，孔子真是冤枉。

第二六二章

官升大司寇

师徒升官

孔子所表现出来的能力不仅让鲁定公极为赞赏，就是季孙斯也深表佩服。所以在夹谷会之后，季孙斯专门来见鲁定公。

"主公，孔仲尼在夹谷会的表现实在是太惊艳了，说实话，比我能力强，我愿意与他共执国政。"季孙斯主动提出来要给孔子分权，要知道，自从三桓瓜分鲁国之后，鲁国的国政一直就在季孙家手中，如今主动提出来分权，这令鲁定公大为意外。

"这，好哇。"鲁定公回答，想了想，说，"可是，他只是司寇，不是卿啊。"这确实是一个问题，名不正则言不顺啊。

季孙斯想了想，如果把孔子的级别也提到卿，那就等于与三桓平级了，这对三桓来说绝不是一个好的信号。而且，另外两家也未必同意。可是，鲁定公说得也有道理。

就在季孙斯挠头的时候，鲁定公想起一个主意来。

"那这样，将他从司寇升级为大司寇，虽然不是卿，可是比上大夫高，听起来也不比卿的级别低，怎么样？"鲁定公知道季孙斯不愿意让孔子也成为卿，所以干脆不为难他。

"主公，好主意，就这样定了。"季孙斯欣然同意。

就这样，孔子成了大司寇。

孔子成为大司寇之后的第一件事就是去拜会季孙斯，一来是拜谢他对自己的推荐；二来是寻求今后的支持。孔子知道，自己要想有所作为，是离不开季孙家的支持的。

季孙斯自然是设宴款待，孔子一时内心诸多感慨。自己成为士之后第一个来到的卿大夫家就是季孙家，那一次被阳虎赶了出来。后来第一份工作也是在季孙家，那时候季孙斯是季孙家的少主人，自己不过是个打工的，地位悬殊。而现在，自己成了季孙家的贵客，与季孙斯平起平坐了。

两人互道问候，寒暄之后，季孙斯提出一件事来。

"仲尼先生，你看我这里经历了阳虎之乱之后是一片狼藉，元气大伤啊。到现在，我也没有物色到新的家宰人选，既要能干还要忠心耿耿的，现在实在是难找啊。不知道仲尼先生的学生中有没有合适的人选？"季孙斯问，阳虎的事件对他刺激很大，其实能干的人不是没有，但是季孙斯对他们都不放心，倒觉得孔子的学生背景比较简单，不大容易成为下一个阳虎。

"哦？"孔子吃了一惊，实在是没有想到竟然还有这样的机会，他想到的第一个人选就是子路。"我觉得仲由不错，忠诚直率又精力充沛，他应该行。"

孔子推荐了子路，在孔子的第一批学生中，像曾晳、冉耕这样的人虽然人品不错，但是老实巴交，胆小怕事，上不了台面。第二批学生岁数又太小了一点儿，这样的重任只怕无法承担。子路虽然出身低贱，可是这些年来勤奋好学，再加上天生的天不怕地不怕，又曾经跟自己见过世面，所以他是最恰当的人选了。

孔子把子路的情况大致介绍了一番，怎样任劳任怨，怎样公正无私，怎样言出必行，怎样果断坚决，怎样聪明睿智等，总之是拣好的说。

"听说他还是个勇士？"季孙斯问，其实他早就从侧面了解了孔子的学生，对子路早就感兴趣。

"正是，我出门在外，都靠他保护啊。"

"好，就这么定了。"

一顿饭的时间，子路的前途解决了。

孔子把事情告诉了子路，子路大吃一惊，因为他知道，季孙家的家宰在权力上简直可以说是鲁国第一。自己一个流浪汉出身的人就要成为鲁国权力第一的人，做梦也不敢梦到啊。

"先生，我行吗？"子路问，在孔子的印象中，这是子路第一次担心自己的能力。

"你当然行。"孔子鼓励他，这个时候必须鼓励。

"先生说我行，那我一定行。"子路一下子来了信心，因为他对孔子的话是非常相信的。不过想了想，子路问道，"行是行，可是我毕竟没有做过家臣，没有侍奉过君主，我该怎样去做呢？"

这是一个好问题，子路确实有这个问题。孔子对这个问题非常满意，这说明子路很善于思考问题。

"不要欺骗自己的君主，但是，有什么意见直接提出来，不要遮掩。"孔子说，这是他的经验，这样做，就能做到问心无愧。

（《论语》："子路问事君，子曰：'勿欺也，而犯之。'"）

孔子告诉子路，凡事要依礼而行，按照规矩去办，这样的话，就能够长久地做下去，也就不必担心别人说自己的坏话。

老师做了大司寇，子路做了季孙家的管家，孔子师徒一时之间风头无两。

子路在季孙家干得中规中矩，做事很有原则，绝不会投机取巧，季孙斯对他印象不错。不过因为过于死板，季孙家的人对他的反映不是太好。总之，还算不错。

孔子最担心的是子路出身寒微，到了季孙家这样的大家族，会不会有些不良的习惯招人瞧不起。不过很快，通过一件事，孔子的顾虑就打消了。

原来，按照季孙家的习惯，祭祀祖先都是从下午开始布置，真正祭祀的时候就到了傍晚天黑，于是点上灯继续祭祀。孔子在季孙家的时候就是这样，孔子发现到了傍晚的时候，忙碌了一下午的人们个个都是一脸疲态，有的还打着哈欠。所以虽然祭祀的礼仪完成了，可是大家没有敬畏之心，只想着早点儿回家去洗洗睡下。那个时候，孔子就说这样的祭祀还不如不祭祀。

子路担任季孙家家宰之后没多久，又碰上祭祀祖先，人们按照老规矩还是下午开始布置。到了傍晚天擦黑,子路下令大家把要布置的物件放在院子里,然后回家休息,第二天再来。

第二天一大早,人们来继续布置,上午进行祭祀。这个时候,人们精力充沛,感情也因此更专注。

孔子知道之后非常高兴,逢人就说:"谁说仲由不知礼啊?这事情的处理证明他真正理解了礼的意义啊。"

这一天,卫国大夫颜浊邹到鲁国来出差,顺便拜访孔子。孔子设宴招待,两人谈得非常投机,酒也喝得不少,渐渐地,无话不谈了。

"我最近有件事情很烦恼。"颜浊邹说着说着,突然发起愁来。

"什么事?"

"我只有一个亲妹妹,我们感情非常好,我爹我娘死的时候,都叮嘱我要照顾好妹妹。后来我把她嫁给了一户人家,谁知道没几年时间,老公得了个怪病死了,如今弄得我妹妹年轻守寡,孤苦伶仃,我不知道该怎么办呢。"颜浊邹说,原来是他妹妹的事情。

"改嫁啊。"孔子说。

"改嫁?《周礼》允许吗?"

"当然了,改嫁之后,只要去媒氏那里登记就好了,《周礼》上写明了啊。"

"那太好了。"颜浊邹高兴起来,可是随后又有些发愁,"可是,我妹妹是个寡妇,还带着个孩子,好人家谁愿意娶她啊?再说了,她也怕周围人笑话啊。"

孔子想想,倒也真是这么回事。突然,他眼前一亮,想起一个主意来。

"颜大夫,我倒有个想法,不知道你有没有兴趣?"

"您说。"

"我有一个弟子名叫仲由,比我小十岁,一直还没有娶亲。虽然出身卑微,但是身体好、性格直,还很好学,如今已经做了季孙家的管家,跟你妹妹也算是门当户对。仲由这人虽然性格粗一点儿,但是对人好,知道疼人。还有啊,你妹妹嫁到鲁国来,也不用担心周围人的嘲笑了。"孔子想给子路说门亲事,从前早就想过这事,可是一直没有遇上合适的,如今子路也当了官,颜浊邹的妹妹条件也不错,两人正好般配。

第二六二章 官升大司寇

"那敢情好啊。"颜浊邹一听，非常高兴。

第二天，孔子安排颜浊邹和子路见了面，把事情说了，双方都很满意。

就这样定了亲，寡妇再嫁，没那么多麻烦事，颜浊邹回卫国不久，亲自把妹妹送了过来，简单成了亲。

从此以后，子路算是有老婆的人了，两口子十分恩爱，这是后话。

叔孙家事

大司寇在级别上不低，不过实际上能做的事情不多，特别是在鲁国。

鲁国已经基本上被三桓瓜分，鲁国的法律在三桓那里是不适用的，三桓各有各的法律，各自有各自的执法机构。三桓家的人以及为三桓家打工的人，他们之间的诉讼都属于三桓自己家来处理，与国家无关。

所以，孔子这个大司寇能够管的实在太少了。

而孔子对于诉讼本身就很不喜欢，他认为如果大家都懂得谦让，就没有诉讼可以发生了。所以，但凡诉讼，他都会先调解，实在没有办法了，才进行审判。

所谓孔子曾经治理鲁国的说法，都是无稽之谈。

准确地说，孔子只是鲁定公的司寇，而不是鲁国的司寇。

从这个角度，进一步说明孔子并没有杀少正卯，因为少正卯这么出名的人不可能与三桓家没有千丝万缕的联系，只要三桓发个话，孔子就只能乖乖地放人。

就在孔子当上大司寇的当年，鲁国发生了一件大事。不过，这件事情与孔子没有关系。为什么鲁国的大事与孔子没有关系呢？因为，鲁国是三桓的，三桓的事情不需要孔子来管。

当初叔孙不敢（叔孙成子）要立叔孙州仇（叔孙武叔）为继承人，郈邑宰公若藐劝叔孙不敢不要立叔孙州仇，可是最终叔孙不敢还是立了叔孙州仇。

叔孙州仇为此记恨在心，等到叔孙州仇即位，决定要干掉公若藐，可是不敢明着动手，一来怕被人笑话，二来郈邑是叔孙家的大本营，正面对抗只怕还未必是公若藐的对手。

明的不行，怎么办？好办，来暗的。

叔孙州仇派自己的心腹公南去办这件事情。公南是叔孙家的马正，公南先找了人去暗杀公若藐，结果没有成功。之后，公南把这个任务交给了郈邑的马正侯犯。

马正这个官听起来好像就是管马的，似乎跟孙悟空那个弼马温没什么区别。可是那个年代不一样，没有马就没办法打仗，马正基本上相当于如今的主管装备的官员，权力不小。

侯犯接受双重领导，在郈邑受公若藐领导，在马正这条线上，接受公南的领导。现在是一个领导要杀另一个领导，而这个要杀人的领导又是领导的领导授意的，怎么办？在权衡利弊之后，侯犯决定杀掉公若藐。

侯犯派自己的手下拿着自己的剑去了公若藐的办公室，公若藐看见有人拿着剑进来，问："这是谁的剑？"侯犯的手下提着剑就过去了，公若藐猝不及防，被一剑刺死。

杀个人有的时候很难，有的时候简单得超乎想象。

杀死了公若藐，侯犯又有些犯嘀咕，他认真回顾了一下历史，发现替人杀人的人最终都成了替罪羊。如今自己杀了公若藐，却没有任何拿得出手的理由，成为替罪羊的概率非常高。怎么办？

侯犯最终做了一个决定：要想不当替罪羊，那就自己决定自己的命运。侯犯首先杀死了那个被派去杀人的手下，随后宣布："叔孙州仇心胸狭隘，心黑手狠，竟然收买这个人杀害了公若藐。我们怎么能为这样的人卖命呢？"

侯犯带领郈邑，宣布独立。

"兄弟，对不起了，谁让你替我杀人呢？"侯犯望着被杀的手下的尸体，心中暗说，有些庆幸，也有些惭愧。

侯犯率领郈邑造反，令叔孙州仇始料未及，原准备让侯犯来做替罪羊，谁知道他竟然先动手了。没办法，到了这个时候，只能出兵了。

问题是，现在叔孙州仇能够动员的兵力还不如郈地的兵力强大，所以，要讨伐侯犯，夺回郈地，就必须要向季孙家和孟孙家借兵。

叔孙州仇首先来到了季孙家，见到季孙斯，略微寒暄之后，叔孙州仇话入正题。

"大哥，不瞒您说，我是跟您借兵来了。"叔孙州仇也没有隐瞒，把要攻打郈地的事情说了一遍。

"唉，"季孙斯先叹了一口气，之后开始说话，"兄弟，我就知道你是来借兵的。我不是不想借，我真是没有兵可以借。现在我们家的大本营费地还被公山不狃占着呢，虽然没有宣布造反，可是跟造反没什么区别，我这里的命令他们根本就当放屁。我的兵力也就是曲阜这点儿人马，你要愿意，都借给你也无妨。"

季孙斯说的都是实话，自从阳虎造反失败之后，公山不狃就占据着费地，基本相当于独立，季孙斯无力讨伐，只能睁只眼闭只眼，假装什么都不知道。

叔孙州仇来之前就想到可能是这样的结果，人家季孙斯也没骗自己，情况就是这么个情况。

于是，叔孙州仇前往孟孙家借兵。孟懿子接待了叔孙州仇，两人又寒暄一阵，然后进入正题。

"兄弟，这样吧，这事情呢我也决定不了，我派人去问问公敛处父，看看能不能借兵。"孟懿子要去问公敛处父才行，公敛处父是孟孙家的家宰。

孟懿子的回答倒是比季孙斯好点儿，不过也好不到哪里去。

两天之后，孟懿子派人来给叔孙州仇回话，说是公敛处父拒绝借兵。

"不过，孟孙家在曲阜的兵力可以借给你们。"来人这样转达。

叔孙州仇干瞪眼，看来另外两家跟自己这边没什么区别，唯一的一点不同是，自己这边是宣布造反，另外两家是等同独立。

怎么办？实在没办法了，就只能靠自己了。

叔孙州仇动员了全部家族力量，在鲁定公十年秋天攻打郈地。结果自然是攻不下来，这还多亏了侯犯不好意思反攻，否则叔孙家的部队就凶多吉少了。

到了这个时候，叔孙州仇猛然回过味来，既然国内借不到兵，为什么不去向齐国人借兵呢？于是，叔孙州仇派人向齐国借兵，齐景公二话没说，派兵帮助叔孙州仇攻打郈地。

对付一个叔孙州仇，侯犯绰绰有余。可是如今齐国人掺和进来了，事情从国内战争演变成了国家间问题，事情就麻烦了。所以，侯犯有点儿犯难了。

叔孙州仇暗地里派人进城，把郈地的工正驷赤悄悄请到了自己的大营。

"老驷啊，我叔孙家一向待你也不薄啊，关键时刻，不要站错了队啊。"叔孙州仇要说服驷赤做卧底，讲了小道理之后，紧接着上大道理，"再者说了，郈地的事情不仅仅是叔孙家的事情啊，而是整个鲁国生死存亡的问题啊。这四分五裂的，国家迟早要灭亡啊，到时候大家都是亡国奴啊。"

也不知道是原本就想做卧底，还是被叔孙州仇说动了，驷赤动心了。

"嗯，我的态度在《扬之水》最后一章的四个字中。"驷赤没有直接回答，而是卖了个关子。

《扬之水》是《诗经·唐风》中的一首，叔孙州仇学习成绩一般，真想不起来，于是马上让人拿《诗》来查，结果在最后一章找到四个字："我闻有命"。

这四个字的意思叔孙州仇明白，就是"听您的命令"。叔孙州仇十分高兴，当即给驷赤磕了一个头。

驷赤是一个出色的卧底，因为他做得很出色。

驷赤悄悄回到城里，第二天去见侯犯。在侯犯造反之前，两人级别相同，都是"正"，平时关系也不错。

"老驷，如今齐鲁联军围攻我们，你看怎么办？"侯犯看见驷赤，向他讨教，正中驷赤下怀。

"老侯啊，咱们处于鲁国和齐国之间，如果哪个国家都不侍奉，那就等于对抗两个国家，那就是找死啊。所以我觉得啊，不如投靠齐国人，这样齐国人就会帮助我们继续占领这个地方。"驷赤的主意，就是把郈地卖给齐国人，就是卖国。

"嗯，这个主意好。"侯犯觉得这个主意不错，这个主意也确实不错。

侯犯于是派人前往齐军，请求齐国人派人来谈判。

就在这个当口儿，驷赤也派了人在城里传播假新闻。

"侯犯准备用郈地和齐国人交换土地，然后齐国人会把我们都迁走。"假新闻就是这样的，不是假的假新闻，是真的假新闻。

城里的人们开始惊慌起来，搬家可不是一件好事，房子、祖坟、土地、初恋情人等，哪一样不让大家流连？何况，鲁国人搬到齐国，那不是二等公民吗？谁也不愿意搬家。

"我们不搬家，我们不搬家。"郈地的人们开始聚集，坚决反对搬家。

群体事件正在酝酿中。

由此可见，假新闻的危害有多么巨大。

这个时候，驷赤又来找侯犯了，把外面群情激愤的事情添油加醋描述了一番。

"啊，那怎么办？"侯犯很吃惊，他感觉有点儿众叛亲离。

"我感觉大家要造反了，看来他们还是向着叔孙家的。我看，与其等死，不如干脆跟齐国人做个交易，用郈地去交换齐国的土地。另外，在门口放些皮甲，以防万一啊。"驷赤的主意就是要推波助澜，至于放皮甲在门口，完全是别有用心。

侯犯有些乱了方寸，于是又派人去齐军提出土地交换方案。

现在，假新闻成了真新闻。

由此可见，很多假新闻很容易变成真新闻。

当齐国使者来到城外的时候，驷赤又派人沿城高喊"齐国军队来了，齐国军队来了"。一时间，城里乱成一团，大家纷纷赶去侯犯家门外，恰好门口放着很多皮甲，于是大家穿上皮甲，进攻侯犯家。

到了这个时候，侯犯依然被蒙在鼓里。

"报告，全城人都来攻打我们了。"有人来报告，夸张了一点儿。

"老侯，不要怕，我带人去抵抗他们。"驷赤还在装，好像很仗义。

"别，老驷，众怒难犯啊。算了，跟他们谈判吧。"侯犯这时候清醒了，他知道这时候来硬的就是找死。

于是，侯犯亲自到门口和大家商量，请求大家放自己一马，自己马上消失，前往齐国政治避难。侯犯的请求得到大家的同意，于是，侯犯带着一家老小和手下，仓皇逃往齐国去了。

就这样，叔孙州仇算是收复了郈地。

第二六三章

隳三都

子路妙计安天下

叔孙州仇收复了郈地,对季孙斯是个刺激,因为费地还在公山不狃手里。如何收复费地,现在是季孙斯迫切想做的事情了。

直接出兵攻打费地是不可行的,一来兵力不足,二来有些师出无名。可是,也不能就这么装聋作哑下去。

"子路,你有什么好主意?"季孙斯跟子路商量这个事情。

"我觉得,如果让公山不狃把费邑的城墙给拆了,咱们就可以攻打他们了。"子路回答。

季孙斯一听,瞪了子路一眼,心说你这话说得太缺心眼了,人家凭什么拆城墙啊?虽然这样想,季孙斯嘴上没有这样说。

"那当然好,可是你怎么能让他拆城墙?"季孙斯问,斜着眼看子路。

"老师曾经教导我们说,按照古代的规矩,卿大夫家里不能私藏武器,卿大夫的封邑城墙总长不能超过百雉(一雉为三丈)。如今费邑的城墙远远超过这个长度,都属于违法建筑,凭这个让他拆城墙怎么样?"子路搬出这么个理由来,让季孙斯有点儿哭笑不得。因为季孙家违背这个规矩都不是一代两代了,如今自己拿出这么个说法,那不是贼喊捉贼吗?

"这么做意图太明显了，等于就是逼着公山不狃公然造反啊。"季孙斯对这个说法不满意，而且他觉得这样做显得自己不占理。

"那万一他不造反呢？再者说了，他造反总比现在这样强吧？只要他造反，我们再讨伐他不就名正言顺了？"子路接着说，他看出季孙斯的不满了，不过他是个有主见的人，他要把自己的意思表达完整。

"那也是啊。"季孙斯突然觉得子路的建议好像还真有点儿道理，也许可以试试，贼喊捉贼也不失为一种办法。"这样，我再跟另外两家商量下，看看他们的意思。"

季孙斯的意思，是怕自己这样做导致另外两家的反对，反而弄巧成拙。可是，让他意料不到的是，叔孙州仇和孟懿子竟然纷纷表示支持。

"拆，该拆，咱们一块儿拆。再不拆，咱们都完蛋了。"叔孙州仇和孟懿子都这么表示。

这个时候，季孙斯才真正冷静下来分析现状。

现状是，三家的家臣都很强横，谁管理这三个地方都有可能造反。那么，能不能不用家臣，而用自己的兄弟去管理这三个地方呢？不能，因为用兄弟更危险。家臣最多是造反，兄弟就要篡位了。于是，要防止家臣坐大，唯一的办法就是削弱这三处的力量。

对于季孙家来说，公山不狃占据了费邑；对于叔孙家来说，一个马正侯犯就能凭借郈邑造反，今后随时都有可能出现第二个侯犯；对于孟孙家来说，公敛处父现在就占据着成地，孟孙家族都要看他的眼色。

拆毁三地的城墙，实际上成了英雄断臂。

高度一致，现在三家高度一致，就是要拆掉三地的城墙。问题是，除了叔孙家可以说拆就拆之外，另外两家都做不到，特别是孟孙家，现在跟公敛处父表面上还能维持，如果这时候要去拆成地的城墙，那就等于是向公敛处父挑战，那他哪里敢啊？而季孙和孟孙不拆，叔孙家也不敢先拆。

旧的问题解决了，新的问题又来了。

"子路啊，你的主意好是好，可是，我们三家不敢干啊。"季孙斯又找子路商量，他现在觉得子路挺有办法。

"简单啊,让国君下令,不就行了?"子路的主意很正,因为如果是国君下令,那么三桓在家臣们面前就可以把事情都推给鲁定公了。

主意不错,可是,还是不行,因为季孙斯知道,就算借个胆子给鲁定公,他也不敢下这个命令。突然,他想起一个好办法来。

"子路啊,我倒觉得,这个事情最好是你老师提出来,国君同意,然后我们就能开始了。"季孙斯的意思,这个恶人就交给孔子来做了。

当然,孔子肯不肯做,就要看子路怎么去跟老师说了。

子路是个聪明人,可是他更是个直率人,政治斗争这根弦绷得不够紧。在子路看来,给季孙家打工,就要为季孙家卖命,这是必然的。同时,拆除三家的城墙,削弱三家的力量,也符合孔子"君君臣臣"的理念。

所以,子路很高兴地接受了这个任务,去找孔子了。

孔子最近比较郁闷,因为基本上无所事事。自己这个大司寇名义上地位很高,实际上没什么地位,走到外面,还不如三桓的家臣好使。不说别人,就说子路,在外面的面子就比自己大得多。外国使臣来访,多半去见子路,不来见自己。所以,孔子很郁闷。

孔子对三桓很有意见,为此,甚至对子路都有些不满,认为子路太为季孙家卖命了。

子路来见孔子,孔子还是很高兴的,很久没有见到子路了。子路向老师问过安,闲谈了几句,之后进入正题。

"先生,季孙斯准备拆毁费地的城墙,据说另外两家也有意思要拆掉郈地和成地的城墙,不过,没有国君的命令,他们不敢擅自行动。"子路说,他知道孔子对三桓不满,因此话说得有点儿模棱两可,故意没有说透。

"噢,他们为什么要拆?"孔子觉得有些奇怪,这不是老虎要扒自己的皮吗?

"先生,实话实说。一方面呢,他们是要遵从古代的规矩,把超大的城墙拆掉。另一方面呢,他们是担心家臣实力过强,占据三个城市造反。所以,他们要削弱这三个地方。"子路把话说得比较明白了,他知道老师很聪明,这点绝对能看出来。

"我想到了,可是,季孙家这样做,不是等于跟公山不狃摊牌吗?"孔子果然看得清楚，一句话说出了要害。

"迟早要摊牌啊。"

"嗯，也是这么个理儿。说起来呢，这也是好事，也是朝着君君臣臣的金光大道上前进的。那么，我能做什么？"孔子问，他知道子路来找自己绝不仅仅是要把这件事情告诉自己。

"先生，三桓拆自己的城墙呢，不太好自己向国君申请。所以，季孙的意思，是想请先生向国君提出这个建议，然后国君下令，他们就好做了。"

"好，没问题，我明天就提建议。"孔子爽快地答应了。

按孔子的想法，这件事情做成，鲁国就朝回归周礼的道路上迈进了一大步，下一步三桓主动退出历史舞台，国君重新掌控国家，鲁国很快就能强盛起来，而自己作为大司寇就完全有可能成为鲁国恢复周礼的总设计师，从而成为鲁国历史上的周公。

可是，他没有想到的是，没有人会自愿退出历史舞台，特别是既得利益群体。

隳三都

鲁定公十二年（前498年），孔子按照子路的说法，向鲁定公提出了拆毁三地城墙的建议，而鲁定公早已经从季孙斯那里得到暗示，知道这是三桓自己设计的，因此乐得送这个人情。

"大司寇的建议很好，违法建筑必须拆除。那么，这件事情就请大司寇监督执行。"鲁定公把事情直接派给了孔子，让孔子当这个得罪人的角色。

孔子很高兴，他以为得到了名垂千古的机会。可是实际上，他不过是得到了充当替罪羊的机会。

历史上，这件事情叫作"隳三都"，因为郈、费和成分别是三家的都城。隳，就是毁坏的意思。

孔子把命令传达到了三家，三家纷纷表示完全拥护国君的英明决定，表示要不折不扣地执行，为鲁国的国家完整和社会进步做出自己应有的贡献。

叔孙州仇第一个拆除了城墙，因为郈现在在他的管治之下。

郈被隳，在鲁国引发强烈反响。

"看来，为了大家的利益，叔孙家牺牲了小家的利益。"整个鲁国，对叔孙家一片赞扬声。

季孙斯于是派人前往费，命令公山不狃立即隳掉费。

公山不狃万万没有想到季孙斯竟然使出这样的英雄断臂的办法来对付自己，看来，三桓这次又是集体行动。隳，还是不隳？隳掉之后，没有了城墙的费随时会受到攻击；如果不隳，那么就是公然对抗季孙斯、公然对抗国君，以及公然对抗全鲁国人民。

"怎么办？"公山不狃真没办法，于是找来叔孙辄商量对策。

"怎么办？隳也不行，不隳也不行。所以啊，舍不得孩子套不住狼，不如我们干脆直接起兵打进曲阜，把三桓都给办了，然后我入主叔孙，你就代替季孙，再把阳虎弄回来入主孟孙家，咱们来当三桓，岂不是很好？"叔孙辄的主意就是以攻为守，孤注一掷。

公山不狃接受了叔孙辄的建议，悄悄整顿兵马，突袭曲阜。

没有人想到公山不狃竟然会先下手为强，季孙斯想到了公山不狃会公开反叛，但是也没有想到他竟然会来偷袭曲阜。

大家都被打了个措手不及，在被公山不狃活捉之前，叔孙州仇、孟懿子和鲁定公能够做的唯一一件事情就是逃命，而且都逃到了季孙家。当年季武子曾经修建一个高台，十分坚固，就是为了紧急避难的时候使用。这座高台现在叫作武子之台，当初季孙意如被鲁昭公攻打的时候就躲在这个高台上，如今三桓、鲁定公和孔子都逃到了武子之台上躲避。

公山不狃率领费地的军队开始攻台，不过武子之台实在是太高太坚固，坚固到不可能被攻克。

与此同时，三桓家的军队和公室的卫队开始集结，曲阜的百姓们听说公山不狃竟然敢攻打国君，敢攻打三桓，大家从家里拿了武器，集结在一起，准备帮助国君和三桓的军队迎击公山不狃的队伍。

很快，首都百姓们浩浩荡荡杀向武子之台，而孔子发现援军来到，于是命令大夫申句须和乐颀率领台内的季孙家兵出击。

公山不狃的队伍在内外夹击之下崩溃了，被首都人民一路追击。公山不狃和叔孙辄见大势已去，不敢再回费地，直接逃奔齐国去了。

季孙斯乘势收复费地，然后隳费。

三都隳了两都，看上去，一鼓作气，就能完成隳三都的历史重任了。

可是，事情没有那么简单。

成地由公敛处父掌管，公敛处父当初在阳虎之乱中立下大功，救了三桓，不仅在孟孙家说一不二，就是另外两家对他也敬畏三分。公敛处父当然知道这次隳三都的真实目的，他也当然不愿意就此让出自己的权力。不过，公敛处父知道，如果公然叛乱，像公山不狃一样先动手，无异于自取灭亡。

那么，公敛处父怎么办？他自有自己的办法。

公敛处父派人来找孟懿子，这样说："成地是鲁国北面的保障，同时也是孟孙家的根据地。如果隳成，就等于向齐国人敞开国门，也就等于是孟孙家自取灭亡。所以，你就假装不知道，我不隳成。"

孟懿子对于隳成原本就有些犹豫，毕竟公敛处父不是公山不狃，并没有背叛孟孙家。如今听公敛处父这么说，索性就按照公敛处父的说法，睁只眼闭只眼，爱隳不隳。

季孙和叔孙对于孟孙家不隳成持无所谓的态度，反正自己的心腹大患已经除掉，管他孟孙家怎么样。

鲁定公持什么也不知道的态度，反正一切都是三桓安排的，爱怎么整怎么整，爱整成什么样整成什么样。

只有一个人很认真，认为一定要隳成，否则就是失败。这个人，就是大司寇孔子，他一门心思要做鲁国的周公。

"主公，公处敛父不隳成，我们集合公室的兵力和季孙、叔孙两家的兵力，强行拿下成地。"孔子向鲁定公提出建议。

"这，你先去问问季孙和叔孙吧。"鲁定公兴趣不大，不过如果孔子愿意做这件事情，去试探一下季孙和叔孙的态度也行。

于是，孔子去找季孙斯。

"啊，这个，大司寇的想法很好，我非常支持。不过，我们刚收复了费地，人心还没有安抚，不敢轻举妄动啊。"季孙斯拒绝了，建议孔子去找叔孙看看。

于是，孔子去找叔孙州仇。

"啊，那什么，这是个很大胆的想法啊，去找过季孙了吗？"叔孙州仇问，他要首先弄清楚季孙家的态度。

"他们刚收复了费地，人心未定，不敢轻易出兵。"孔子实话实说。

"啊，那什么，你看，我们的情况还不如季孙家。那什么，天冷了，多添件衣服啊。"叔孙州仇同样拒绝出兵。

孔子现在明白了，三桓一体，季孙和叔孙一定是和孟孙站在一边的。

"好，看我拿下成地，再一个个收拾你们。"孔子一定要拿下成地，在他看来，只要拿下成地，就等于公室战胜了三桓，下一步就可以把土地和军队归还公室，周礼将在鲁国发扬光大。

孔子再次来找鲁定公，把季孙和叔孙的态度介绍了一遍。

"唉，那就算了吧。"鲁定公并没有惊讶，他想到了会是这样的结局。

"不，三都已经隳了两都，拿下成地就大功告成了，公室的复兴指日可待。主公，机不可失，时不再来啊。我建议，公室出兵攻打成地，得道者多助，正义必胜，我们一定能够拿下成地。"孔子热情高涨，坚持要攻打成地。

"这个……"鲁定公被孔子说得有点儿激动起来，不过他马上就想到了自己是怎样坐在这个位子上的，三桓能让自己坐上来，也能让自己滚下去。现在要想的恐怕不应该是复兴公室，而是怎样避免成为第二个鲁昭公。想到这里，鲁定公的激情又回到了冰点。"恐怕不妥啊。"

孔子从鲁定公的表情变化察觉到了鲁定公内心的恐惧和犹豫。

"主公，我知道这件事情主公不方便出面，这样，我来组织攻打成地。"

"这个，那就试试吧。反正隳三都就是你负责的，以后也不用请示我，想怎么做就怎么做吧。"鲁定公先把自己撇干净，准备看看热闹再说。

现在，主角们都在看热闹，跑龙套的孔子热情高涨。

孔子非常兴奋，立即派大夫申句须和乐颀率领公室军队攻打成地。公室的军队远远少于成地的部队，根本不是公敛处父的对手。而申句须和乐颀是一百个不愿意，硬着头皮率领部队出发了。

公室军队来到成地驻扎，公敛处父命令关闭城门，拒不出战。申句须和乐顾在城外装模作样挑战了几天，一边挑战一边祈祷成地军队千万不要出来。公敛处父很给面子，他知道自己的军队一个冲锋就能把公室军队打回曲阜，不过他不愿意那样，把事情闹大了，谁都没有好处。

几天之后，申句须和乐颀收兵回曲阜。

隳三都行动至此宣告半途而废，而成地成为中国历史上最大的拆迁钉子户。

第二六四章

孔门风光

贼夫人之子

同一件事情，站在不同的立场，目的就不同。

在隳三都的问题上，三桓是为了削弱家臣的力量，而孔子是为了削弱三桓的力量。所以，事情开始的时候大家的方向是一致的，但是随着事态的进展，大家的分歧日渐加大，也就从盟友成了敌人。

这就是三桓和孔子之间的微妙关系。

尽管隳三都中途而废，孔子还是在想尽办法要削弱三桓。因为，三桓对孔子的意见越来越大，孔子对三桓的不满也越来越大。

子路为季孙斯打工，屁股自然而然就坐在了季孙家的立场上。因此，孔子对他也越来越不满。只是，子路对孔子还是一如既往地敬重和崇拜。

公山不狃被赶走，费地重新回到季孙家族的手中，季孙斯决定聘请一个新的费邑宰。与当初聘用子路的思路一样，季孙斯不愿意从现有的家臣中提拔，而愿意从外部找一个人来。

"子路，有没有好的人选啊，给我推荐一个费邑宰啊。"季孙斯信任子路，让他推荐一个人选。

子路非常高兴，这下可以拉兄弟们一把了。

"好啊，我去找先生商量一下，看看什么人比较适合。"子路说，这么大的事情，自然要找孔子商量。

子路兴冲冲来到了孔子家，为了表示对老师的敬重，也为了证明自己混得不错，子路穿了一套新衣服，看上去十分华丽。

"由啊，你来做什么？"孔子看见子路，既不满又高兴。不满的是子路很长时间没来了，高兴的是子路终于还是来了。

"来看望先生，还有件事情要请教先生。"子路说，他总是这么直率，直接把目的说出来。

孔子突然用奇怪的眼神看着子路，看得子路都有些茫然，老师要干什么？

"由啊，来看望我就来看望我，穿得这么花哨干什么？"孔子眯着眼问，问得子路有点儿发愣，老师平时穿衣都很讲究啊，自己穿得时髦点儿难道不对吗？

"先生，这，有什么不合适吗？"

"长江源于岷山，它的源头，水的极大处也就是浮起酒杯；到了江津，不并列船只，不避开风势，简直就渡不过去，不都是下游许多水流注入的原因吗？你看你现在穿得这么花哨，颜色这样鲜艳，天下谁还能超过你呢？"孔子的意思，你别这么招摇，你能混到今天，还不是大家帮助你的结果？

子路一听，知道老师对自己有看法了，算了，不跟老师争了，顺着他算了。

子路急忙退了出去，自己还有些衣服在这里，于是换上从前的旧衣服，再来见孔子。

训斥了子路一顿，孔子心情好了很多，再看见子路进来，态度也就温和了许多。

"由啊，你记住，我告诉你。爱忽悠的人，不可靠；爱出风头的人，不靠谱。把自己的才智表现在外面的人，是小人。所以，君子知之为知之，不知为不知，这是说话的要领。能就说能，不能就说不能，这是行为的准则。说话合乎要领就是智；行为合乎准则就是仁。又智又仁，还有谁能超过你呢？"孔子又是一通大道理，听得子路直点头。

"先生教训得对。"子路说，倒是出于真心。

"说吧，什么事情？"孔子心情好了很多，和气地问。

子路把季孙斯让他推荐费邑宰的事情说了一遍，特地来问问孔子的意见。

"那你觉得你这些师弟中，谁比较合适呢？"孔子问。

"我觉得高柴比较合适啊，您看呢？"子路说，他跟高柴父子的关系都很好，也想帮高柴。

孔子一听，显然有些失望，对子路说："由啊，我知道你跟老高的关系好，想帮他的孩子。可是你知不知道，你这么做，实际上是在害他的孩子啊。"

"为什么？这个机会可是打着灯笼也找不到的啊。"

"高柴要能力没能力，要学问没学问，要风度没风度，要高度没高度，让他去当费邑宰，真不行。"

"这，我觉得高柴性格稳重且有原则，又是齐国高家的人，没有问题啊。"子路争辩，他觉得高柴不错。

"啊呸。"孔子有些生气了，咽了一口唾沫，大声说，"他那点儿学问，能干什么？不再学习五年以上，他甭想去当官。"

"先生，那里有百姓，有土地，边干边学就行了，不一定非要读书才能学到东西啊。"子路还在争辩，他觉得自己在季孙家当管家也学到了很多知识。

"哼，你就狡辩吧，我就讨厌这种狡辩的人。"孔子很生气，话说出来也有些火药味了。

这段对话记载于《论语》，原文是："子路使子羔为费宰，子曰：'贼夫人之子。'子路曰：'有民人焉，有社稷焉。何必读书，然后为学。'子曰：'是故恶夫佞者。'"

子路没有再说话，他实在没有想到会是这样的场面。

孔子意识到自己有些失态了，毕竟子路不仅是自己最信任的学生，还是季孙家的管家，于公于私，不应该这么不给面子。所以，孔子喝了一口水，平复自己的火气之后，决定改用商量的语气来和子路说话。

"由啊，老高不仅仅是你的朋友，也是我的朋友，难道我就不想帮他的孩子吗？高柴是个不错的孩子，很努力，人品也好。但是，每个人的能力适合不同的工作。费这个地方是季孙家的心脏，季孙家的每个人都盯着费邑宰这个位置。可以说，费邑宰既要承受季孙家臣们的觊觎，又要承受季孙斯的猜忌，不是一般人能够去做的，弄不好命都搭进去了。这个人必须八面玲珑，随机应变，小心谨慎，要能让下属服气，还要能让季孙斯放心。你说，高柴能坐这个位子吗？"

孔子把利害分析了一遍，然后看子路的反应。

子路一时没有说话，不过表情已经不像刚才那样抗拒。过了一阵，子路才开口。

"先生，高柴确实不适合。"子路服气了。

子路服气了，孔子的心情也好了很多。

"那，先生觉得谁行呢？"子路问。

"求啊。"

"求谁？"

"就是求，不是求谁。"

"那不还是求吗？究竟是求谁啊？"

"你的师弟冉求啊。"孔子哭笑不得，他说的求是冉有，子路理解成了要去求谁。

"嘻，冉求师弟啊。"子路现在才弄明白。

师徒两人都笑了。

孔子推荐了冉有，不过又有些后悔，为什么呢？

原来，自从子路去了季孙家，冉有就正式接任了孔家的管家。冉有的能力明显在子路之上，这一点每个人都承认。在孔子的弟子当中，最具有管理才能的就是冉有。

冉有的性格也很好，善于与人沟通。此外，冉有家世代是季孙家的家臣，在季孙家颇有人脉，这一点也是他的优势。

所以，没有人比冉有更合适了。可是，孔子又有些舍不得，这是他有点儿后悔的原因。

"对啊，冉求最合适啊，我怎么没有想到他呢？"子路非常高兴，实际上在季孙家当管家这段时间，他的手下就有不少冉家的人，冉家在季孙家的人脉还是很广的。并且，冉有在季孙家似乎有些名气，岁数稍大的家臣们说起"冉家的那个孩子"都竖大拇指，说这孩子稳重、懂事，又能干。

就这样，子路向季孙斯举荐了冉有，冉有面试一次过关，季孙斯对他非常欣赏，立即任命他为费邑宰。

这一年，冉有只有二十四岁。

孔子师徒三人分别担任鲁国大司寇、季孙家家宰、季孙家费邑宰，现在几乎都可以说"孔门执国政"了，孔门一时之间风光无两。

闻斯行诸

身份地位的变化，随之而来的是朋友圈的变化。

子服景伯是鲁国的公族，担任鲁国的中大夫，在这一代卿大夫中算是比较出色的人物。子服家和闵损家是世交，子服景伯和闵损是朋友。通过闵损的介绍，子服景伯早就认识了孔子，有的时候还会上门来请教周礼的事情，跟子路也是一见如故，早就成了朋友。

这一天齐国派大夫间丘明来鲁国结盟，按着对等原则，鲁定公派子服景伯去和间丘明签署盟约。子服景伯第一次做这样的事情，感觉有点儿心里没底，因此决定事先演练一下，请闵马父和孔子去给做个指导。

结盟的地点在鲁僖公的庙，子服景伯将手下集合起来进行布置，闵马父和孔子就在旁边观看，有不对的地方就进行纠正。

终于布置完毕了，子服景伯最后告诫自己的手下："你们在盟会时万一有失误，就表现得恭敬一些。"

孔子觉得这个叮嘱挺好，子服景伯够细心。

可是，闵马父当时就笑了。

"闵叔，您为什么笑呢？"子服景伯问。

"我笑你太骄傲了，从前正考父从周的太师那儿讦点了《商颂》十二篇，首篇是《那》，它在结尾处说：'自古在昔，先民们在祭祀的时候，每天早晚都温和而恭敬，执事者更是恭敬有加。'先圣王教人恭敬，还不敢说是创之于己，声称是'自古'，称古代为'在昔'，称古代的人为'先民'。如今你告诫下属说'有失误就表现出恭敬'，真是太自大了。周恭王能遮掩他祖父和父亲的过失，所以才谥号为'恭'。楚恭王能知道自己的过失，所以也谥号为'恭'。现在你教属下官员说'有失误才恭敬'，那么没有失误的恭敬又是怎样的呢？"闵马父说道，他的意思是，恭敬是一件很不容易真正做好的事情，应该从头到尾都要恭敬。等到有失误了再去恭敬，那就晚了。

孔子听了，禁不住点头赞同。

孔子和子路双双升官之后，出于工作的原因，子服景伯跟孔子和子路的走动更多了，跟孔子的关系甚至比一般的师生关系还要近一些。

公西圭也是鲁国的公族，封邑不在曲阜，在今天的河南濮阳，这一天专程前来曲阜拜会孔子。

孔子没有见过公西圭，不过第一次见就感觉不错，因为公西圭文质彬彬，非常有礼。公西圭不是一个人前来，还带着他的儿子，看上去也就是十岁上下，眉清目秀，十分安静，看上去就让人喜欢。

两人见过了礼，公西圭说了几句场面话，就进入了正题。

"仲尼先生，我这次来见您，其实是因为我的儿子想要见您。"公西圭说，原来，他儿子名叫公西赤，今年十一岁，对周礼十分痴迷，可是公西圭那边属于鲁国的边远地区，周礼水平本来就比较低，自然也没有什么精通周礼的先生。因此公西赤整天央求父亲带他来见孔子，想要拜孔子为师，学习周礼。

公西圭爱子心切，于是带着儿子前来拜会孔子。

孔子听了，非常高兴。不过，一来他现在身为大司寇，国事繁忙，难以教学；二来公西赤岁数太小。所以孔子婉拒了收公西赤为徒，不过答应，一旦公西赤满了十五岁，就可以来入学了。

孔子当场问了几个关于周礼的问题，公西赤都能答上来，这让孔子有些吃惊，他知道这孩子的底子非常扎实。

正说着，子路风风火火地走了进来。

"先生。"子路行过礼，说道，"弟子有事来请教。"

"说吧。"

"有人给我提了一个建议，我觉得挺好，想问问老师是不是可以去做。"子路说，说完，看看公西圭父子。

公西圭知道子路的意思，因为自己是外人，子路希望自己回避，之后才把事情具体地讲给孔子。

公西圭正要起身告辞，孔子对他摆了摆手，示意他留下。

"由啊，你应该去和年长些的家臣商量一下，再决定是不是做。"孔子对子路说，并没有要听他具体讲下去的意思。

子路知道孔子的意思，于是起身告辞走了。

子路刚走，门人来报，说是冉有来见。

不多时，冉有进来了。看见公西圭父子，说话似乎有些犹豫。

"求，你这是从费地来？"孔子问。

"是，因为公事来曲阜，顺道来看望先生。"冉有恭恭敬敬地说。

"好，似乎还有什么事吧？但说无妨。"孔子看冉有的表情，知道他一定有事，只不过因为有外人，所以不方便说。

公西圭准备告辞，孔子又示意他不必。

"啊，是这样的，有人给我提了一个建议，我觉得挺好，想问问先生是不是可以去做。"冉有的问题和子路竟然是一样的，这也难怪，冉有上任时间不长，确实有些事情拿不准。

"求啊，既然你认为是个好建议，为什么不去做呢？别犹豫，去做。"孔子坚定地说，挥了挥手。

"好，弟子知道了。"冉有说完，告辞孔子，走了。

"刚才来的是我的两个弟子，先来的是仲由，现在是季孙家的家宰；后来的是冉求，现在是费邑宰。"孔子对公西圭说。

看到孔子这样忙，公西圭觉得自己是应该告辞了，正要告辞，儿子突然说话了。

"先生，我想问一个问题。"公西赤眨着一双大眼睛，说道。

"那你说来听听。"孔子和蔼地说。

"仲由和冉求都说有一个好建议，要不要去做，为什么您对仲由说要跟年长的家臣商量，对冉求却说别犹豫，去做呢？"

孔子愣了一下，没想到这个孩子竟然提出这样一个问题来。

"孩子，真是一个好问题啊。听我跟你解释，之所以让仲由去跟年长的家臣商量呢，是因为仲由的性格比较急躁，有时候考虑问题不周到。所以我要他去和年长些的家臣商量，这样就能稳妥一些。而冉求性格过于谨慎，喜欢瞻前顾后，犹犹豫豫，因为我要把他往前推一点儿，所以让他立即去做。"

"哦，我明白了。"公西赤明白了，笑了。

公西圭也是恍然大悟，禁不住暗中叫好，看来孔子真是名不虚传，教书育人真的是一把好手，今后把孩子交给孔子，一定大有前途。

"先生真是因人施教啊，公西圭今天真是大开眼界。"公西圭由衷地说。

"嗐，我这也是摸索出来的，原先我想改变仲由的性格，可是成效甚微，应了'江山易改,本性难移'那句俗话。性格改不了,怎么办呢？只好用习惯去弥补。譬如仲由，急躁的性格无法改变，但是他可以养成凡事与年长的家臣商量的习惯，这样就能弥补他急躁的缺点了。"孔子向公西圭解释。

"先生高见。"到了这个时候，公西圭只有佩服的份儿了。

"少成若天性，习惯如自然。"孔子补了一句。

这一段故事也见于《论语》，原文是：

子路问："闻斯行诸？"子曰："有父兄在，如之何其闻斯行之？"冉有问："闻斯行诸？"子曰："闻斯行之。"公西华曰："由也问'闻斯行诸？'，子曰：'有父兄在。'求也问，'闻斯行诸？'，子曰：'闻斯行之'。赤也惑，敢问。"子曰："求也退，故进之；由也兼人，故退之。"

第二六五章

理想与现实

孔子断案

尽管大司寇的权力并不大，但是孔子还是想按照自己的想法治理鲁国。当然，三桓的地面他是管不到的。

按照孔子的理念，治理国家要靠礼，而不是刑。或者按照他的说法"礼不下庶人，刑不上大夫"，他认为至少在卿大夫这个阶层不适于用刑法，而要靠周礼。甚至，士这个阶层也应该这样。

按照礼的原则，卿大夫是具有人格尊严的，而对他们用刑就是破坏他们的尊严。所以，即便他们犯了死罪，也应该让他们以有尊严的方式死去。所以，卿大夫的死法都是在家里自杀，方法自选。与此同时，卿大夫也应该懂得周礼，自己犯了过错，会主动地自我惩罚或者请求国君处罚自己。

孔子认为，周礼是一种完备的规则，从周王管理天下到百姓的婚丧嫁娶，总之社会生活的各个方面都应当遵从礼的规定，而且是自觉遵从礼的规定。

因为礼对于社会的不同阶层有不同的要求，所以礼也是社会等级的体现。如果人们都能自觉地遵从周礼，那么也就能够自觉地遵从自己所处的社会等级。当人们安于自己的等级的时候，就不会有非分之想，因此这个社会就安定了。

等级社会并不意味着低等级的人就被剥夺了尊严，实际上是各个等级有各个等级的尊严，不同等级之间的人也都尊重对方。

事实上，整个周朝，没有过农民起义或者奴隶起义，倒是发生过国人起义，也就是都市市民起义。国人起义的结果都是国人胜利，其目的都是赶走暴虐的国君或者权臣。譬如，周厉王就是被国人赶走的，到死不敢回去。这说明，在周礼之下，大众的权利是受尊重的。

那么，在礼被制定之前，或者说当某些领域没有礼的规定的时候，怎么办呢？譬如三皇五帝的时候就没有礼，那时候怎么办呢？譬如某些新生事物没有礼的约定，怎么办呢？

孔子认为，这个时候，人们要遵从义。实际上，礼就是义的体现，是义的具体化、规范化。

孔子说："君子对于天下的事，当没有适用的礼来规定，也没有法令禁止的时候，就按照义的原则去做。"

孔子这句话的原文在《论语》中，"子曰：'君子之于天下也，无适也，无莫也，义之与比。'"

在这一点上，孔子是在齐国的时候受到管仲思想影响而得来的。管仲提出"礼义廉耻"的概念，礼是最高层级，来自义。

那么，什么是义呢？就是人们在社会生活中主动去遵从的一些美德，譬如谦让、诚实、守信等。

孔子将义总结为十点，称为十义。十义是："父慈、子孝、兄良、弟悌、夫义、妇听、长惠、幼顺、君仁、臣忠，十者谓之人义。"

十义所讲的全都是人际关系，所以孔子又加了"讲信修睦，尚辞让，去争夺"，这些，就构成了礼的来源。

孔子总结说："故礼也者，义之实也。协诸义而协，则礼虽先王未之有，可以义起也。义者，艺之分，仁之节也。协于艺，讲于仁，得之者强。仁者，义之本也，顺之体也，得之者尊。"

这里，孔子说义是礼的本源，仁，又是义的本源。这就是为什么后来孔子在推行周礼失败之后，去全力讲仁。

既然自己全力推崇周礼，自然就要从自己做起。因此，孔子在朝廷上严格按照周礼的规定去与鲁定公相处，礼节非常周到甚至到有些烦琐的地步。为此，有些人认为孔子是在谄媚，而三桓也觉得孔子这样做令他们有些难堪。不过孔子不在乎别人怎么说，自己先做好自己再说。

（《论语》："子曰：'事君尽礼，人以为谄也。'"）

要以礼来治理鲁国，首先就要明等级，恢复原先公卿大夫士农工商的等级，恢复鲁定公的老大地位。问题是，这立即就碰上了石头，因为三桓控制鲁国已经很多代了，僭越周礼早就成了习惯。这个时候你来讲周礼，要他们让出权力，要他们遵守自己原本应当遵守的周礼，那怎么可能？

所以，当孔子一门心思要恢复鲁国公室的利益和权力的时候，在平时的言行中都表现出对三桓的制约和不满。必然地，这引发了三桓的不满，并且渐渐地强烈不满。

三桓不满，鲁定公则是战战兢兢，鲁昭公的教训就在前面，自己不做缩头乌龟行吗？所以，孔子的所有建议，只要是涉及三桓的，鲁定公一概驳回。

次数多了，鲁定公也开始对孔子不满。他知道孔子是为自己好。可是实际效果却是恰恰相反，这简直就是在给自己埋地雷，简直就是把自己往死路上推啊。

隳三都结束之后，孔子在鲁国政坛上的日子开始难过起来。

司寇原本是负责卿大夫之间诉讼的，可是到了这个时期，因为鲁国国君的地盘已经很小，卿大夫的数量也大幅缩水。事实上，多数的大夫实际上是三桓的家臣。也就是说，真正属于鲁国国君管辖的大夫寥寥无几。

而负责士之间诉讼的，名叫士师。

因为曲阜城里多数的士是在为季孙家效力，所以属于国君管辖下的士的数量也不多。于是，士师的职位被取消，孔子这个大司寇也就兼任了士师。

孔子认为，只要是诉讼，就一定会有罗生门，一定是公说公有理，婆说婆有理，一定有很多说不清楚。自己也是个人，就算自己尽力去公正判案，肯定还是避免不了偏差。所以，最好是大家以周礼去约束自己，根本就不要有诉讼。

（《论语》："子曰：'听讼，吾犹人也，必也使无讼乎。'"）

孔子不喜欢诉讼，不喜欢诉讼人在自己的面前争辩。因此孔子办案采取了一种此前没有过的方式。

审理案件的时候，孔子会安排两名讼师，类似于现在的律师或者陪审团。首先，诉讼人提出各自的主张和论据；之后，孔子让一名讼师首先发表意见，论述自己对于案件的看法；再之后，又让另外一名讼师发表意见。两名诉讼的意见发表之后，孔子断案："某某讼师说得正确，按照他的意见判决。"

按《说苑》：

> 孔子为鲁司寇，听狱必师断，敦敦然皆立，然后君子进曰："某子以为何若，某子以为云云。"又曰："某子以为何若，某子曰云云。"辩矣。然后君子几当从某子云云乎。

有一对父子之间发生了诉讼，具体什么原因没有记载，不过不外乎土地钱财。父子二人吵吵闹闹，来到了孔子这里。

孔子一看就有些恼火，怎么父子之间还能打官司呢？不行，我要给他们一点儿教训。

孔子把父子二人关在了一个牢房，之后并不审理。这一关，就是三个月。三个月之后，父亲实在忍不住了，请求撤诉，孔子准予撤诉，释放了父子二人。

孔子的意思就是要告诉他们：自相残杀，只能两败俱伤。

父子诉讼的案件很快传到了季孙斯那里，季孙斯非常不高兴。恰好冉有就在面前，季孙斯当着冉有的面批判起孔子来。

"孔子忽悠我了，他从前对我说，治理国家最重要的是提倡孝道，如今这个不孝的儿子不是一个很好的反面典型吗？为什么不杀掉他来教导百姓呢？真是太无理了。"季孙斯话说得很气愤，借此发泄他对孔子的一贯不满。

"先生大概有他自己的想法吧。"冉有小心地为孔子辩解了一下，见季孙斯的脸色难看，于是找了个别的事，把话头岔开了。

从季孙斯那里出来，冉有感觉到事情比想象中要严重，仅仅这件事情，季孙斯犯不着如此光火。

冉有来到了孔子家中，他要把季孙斯的反应告诉老师，看老师有什么说法。

"唉，执掌国政的人治国无道，却要杀掉有过失的百姓，这是不合理的；不能教育民众遵守孝道，却以不孝来处置案件，这是杀害无辜的人。军队打了败仗，不应该拿士兵开刀；法治不健全，又怎么可以处罚百姓呢？身处上位的人教化不力，百姓犯罪的罪过就不在百姓。法令松弛，可是处罚随意，这就是残害百姓；随意征收税赋，增加税种，就是残暴百姓；不经试行就要求百姓去遵守，这是残虐百姓。当治理国家时没有这三种情况，才能执行刑罚。《康诰》里说得好啊：'刑罚要合乎礼义，不是随心所欲，不是执法者想怎样就怎样。'其含义就在于执政者要教化为先，刑罚为后。对老百姓，先对他们进行道德教化，自己身体力行，之后才能让他们服从；如果这样还不行，再以尊崇贤人、树立榜样的方法勉励百姓；如果这样还不行，那就废黜无能之辈；如果还是不行，才可以用教令的威势让百姓忌惮。如此进行三年，百姓就步入正轨了。如果有奸邪之徒不听从教化，再以刑罚对待这种人。那么，百姓就知道什么是犯罪行为了。《诗经·小雅·节南山》中说道：'天子是毗，俾民不迷'，所以，不必使用威势弹压，不必使用刑罚。而如今不是这样，教化淆乱，刑罚繁多，只能使百姓更迷惑而触犯刑罚，又滥用刑罚，结果就是刑罚越多越制止不了犯罪。三尺的墙，即便空车也不能越过，为什么呢？因为陡峭。百仞的山，重载的车也能翻越，为什么呢？因为山岭上的坡路是逐渐抬高的。现在的世俗就像这高山，败坏的时间已经太长了，靠刑罚怎么能阻止呢？"孔子讲了一大通，核心思想就是三桓对鲁国的统治已经败坏很多年了，想靠刑罚治理这个国家已经是没有办法了。而话外之音，就是孔子对三桓的强烈不满。

冉有是个聪明人，当然知道老师的话就是针对季孙斯的。自己现在是季孙家的人，当然不能顺着孔子批判季孙斯，可是同时，也不能反驳老师。

所以，冉有对孔子的话未置可否，搭讪了几句，告辞走了。

冉有没有把孔子的话转告季孙斯，可是孔子自己跟弟子们说起了这件事情，结果很快传到了季孙斯的耳朵里，他不仅对孔子更加不满，对冉有也产生了不满。

祸起萧墙

冉有在费邑做得非常出色，比子路还要出色。不过，越是出色，孔子反而越是不高兴。理由很简单，因为屁股决定脑袋。冉有的屁股坐到季孙家之后，想法与老师已经完全不同，处处为季孙家着想，而不是为鲁国着想。

临近费邑有一个小国叫作颛臾，这是一个东夷国家，没有封爵，世世代代都是鲁国的附庸国。季孙斯决定灭掉这个国家，并入费邑，成为季孙家的地盘。为什么非要灭掉颛臾呢？理由其实很简单，三桓瓜分了鲁国，可是附庸国依然向公室纳税，三桓并没有什么利益。灭掉颛臾，本质上就是抢夺鲁国国君的利益。

因为颛臾国家很小，季孙斯把任务直接拍给了冉有。在事先征求意见的时候，子路和冉有都表示反对，不过既然季孙斯决心已下，两人也只能服从。

在出兵之前，子路和冉有来看望孔子，同时把事情向老师汇报一下。毕竟，这是国家间的战争，孔子也是国家领导人，如果不来汇报，到时候老师又该不高兴了。

"先生，季孙斯准备攻打颛臾了。"冉有把事情大致介绍了一遍。

"求啊，这可是你的失职了。颛臾从前是周朝让他们主持东蒙山的祭祀的，而且已经是鲁国的附庸了，为什么要讨伐它呢？"孔子立即表示反对，也表示对冉有的不满。

"先生，都是季孙斯想去攻打啊，我和子路师兄都表示反对了。"冉有料到了老师的态度，急忙为自己开脱。

"求啊，周任有句话说：'尽自己的力量去负担你的职务，实在做不好就辞职。'有了危险不去扶助，跌倒了不去搀扶，那还用辅助的人干什么呢？你说的话显然不对。老虎、犀牛从笼子里跑出来，龟甲、玉器在匣子里毁坏了，这是谁的过错呢？"孔子更不高兴了，他觉得冉有和子路没有尽力，尤其是冉有。

"先生，话说回来，颛臾城墙坚固，而且离费邑很近。现在不把它夺过来，将来一定会成为鲁国的忧患的。"冉有继续辩解。

孔子最恨的就是冉有站在季孙家的立场上说话，听冉有这么说，火一下子就起来了。

"求，君子最痛恨的，就是那种不敢说出自己的真实目的，找其他借口来辩解的做法了。我听说，不论是国家还是家庭，不怕财富少，而怕分配不公平；不怕贫困，而怕动乱。财富分配公平了，也就没有所谓贫穷；大家和睦，就不会感到财富少；社会安定，也就没有倾覆的危险了。正因为这样，如果远方的人还不归服，就用仁、义、礼、乐招徕他们；已经来了，就让他们安心住下去。现在，仲由和冉求你们两个人辅助季氏，远方的人不归服，而不能招徕他们；国内民心离散，不能保持稳定，反而策划在国内使用武力。我只怕季孙斯想要夺取的不是颛臾，而是国君的利益吧。"孔子一番话，说得清清楚楚，说得冉有和子路两人默然无语，悻悻离去。

最终，冉有还是率领费邑的部队灭了颛臾。

这一段也记载在《论语》中：

> 季氏将伐颛臾，冉有、季路见于孔子曰："季氏将有事于颛臾。"孔子曰："求，无乃尔是过与？夫颛臾，昔者先王以为东蒙主，且在邦域之中矣，是社稷之臣也，何以伐为？"冉有曰："夫子欲之，吾二臣者，皆不欲也。"孔子曰："求，周任有言曰：陈力就列，不能者止。危而不持，颠而不扶，则将焉用彼相矣。且尔言过矣。虎兕出于柙，龟玉毁于椟中，是谁之过与？"冉有曰："今夫颛臾，固而近于费，今不取，后世必为子孙忧。"孔子曰："求，君子疾夫舍曰欲之，而必为之辞。丘也闻有国有家者，不患寡而患不均，不患贫而患不安，盖均无贫，和无寡，安无倾。夫如是，故远人不服，则修文德以来之。既来之，则安之。今由与求也，相夫子，远人不服而不能来也，邦分崩离析而不能守也，而谋动干戈于邦内，吾恐季孙之忧，不在颛臾，而在萧墙之内也。"

不患寡而患不均，这个成语来自这里。
既来之，则安之。这个成语也来自这里。
分崩离析，这个成语还是来自这里。
祸起萧墙，这个成语还是来自这里，意思是内部发生祸乱。
萧墙，是国君宫殿大门内（或大门外）面对大门起屏障作用的矮墙，又称"塞门"；萧墙的作用，在于遮挡视线，防止外人向大门内窥视。上文中的萧墙之内指代鲁国国君，有说法指代三桓或者季孙家内部，是错的。

孔子对冉有和子路真的很不满，即便是与外人交谈的时候，孔子有时候也表现出对两个弟子的失望。

一次，季孙家的季子然与孔子谈起他的两个在季孙家供职的弟子。

"子路和冉有算得上出色的大臣吗？"季子然问，他很欣赏这两个人，以为在他们的老师面前夸奖他们，他们的老师一定会很高兴。

"嘿，我以为问谁呢，问他们啊。"孔子有点儿不以为然，然后以不屑的口气说，"所谓大臣，就是要以道义来辅佐君主，做不到就不要干了。子路和冉有嘛，也就是两个家臣吧。"

"那么，他们会一切听从季孙斯的命令吗？"季子然对孔子的回答有些惊讶，于是接着问。

"嗯，如果是杀父杀君这样的事情，他们也不会干的。"孔子回答，他发觉刚才有些贬低自己的弟子了，现在要挽回一点儿来。

《论语》：

> 季子然问："仲由、冉求，可谓大臣与？"子曰："吾以子为异之问，曾由与求之问。所谓大臣者，以道事君，不可则止。今由与求也，可谓具臣矣。"曰："然则从之者与？"子曰："弑父与君，亦不从也。"

子路和冉有夹在季孙斯和孔子之间，一个得罪不起，一个不愿得罪，因此两人经常要充当传话的角色，把季孙斯的话传给孔子，然后被孔子训斥一顿；或者把孔子的话传给季孙斯，然后看季孙斯的白眼。

作为季孙家的管家，子路尽管尽职尽责，可是不够圆滑，因此得罪了一些人。而冉有年纪轻、资历浅，被很多人嫉妒。

当季孙斯对孔子强烈不满之后，对于孔子的弟子子路和冉有的态度也就有了一些变化，不再像从前那么信任。所谓墙倒众人推，很多人看到了排挤子路和冉有的机会，于是纷纷到季孙斯面前说他们的坏话。

公伯寮也是孔子的弟子，这个时候也在季孙家打工，他一向对子路不满，觉得是机会收拾子路，同时保全自己了。于是，他就去季孙斯那里说子路的坏话，恰好子服景伯在季孙斯那里，听到了公伯寮说的坏话。

子服景伯知道子路为人刚正不阿，很讨厌公伯寮。不久，子服景伯碰上了孔子，把这件事情告诉了孔子。

"先生如果想要收拾公伯寮，那就说一声，以我的力量，足够把他宰掉。"子服景伯说，他确实有这个实力。

"唉，算了，大道如果能施行，那就是命；如果不能施行，那也是命。公伯寮能改变什么呢?"孔子谢绝了子服景伯的好意，这个时候，多一事不如少一事，何况，公伯寮好歹也是自己的学生，下不了手。

《论语》:

> 公伯寮诉子路于季孙，子服景伯以告，曰："夫子固有惑志于公伯寮，吾力犹能肆诸市朝。"子曰："道之将行也与，命也；道之将废也与，命也。公伯寮其如命何!"

第二六六章

离开鲁国

辞职

孔子并不是一个合格的政治家,他把对季孙家以及三桓的不满都表现了出来,这就必然引发三桓对他的不满。鲁定公害怕引火烧身,对孔子也开始敬而远之。渐渐地,孔子被边缘化,成为一个摆设,季孙斯基本上不再找他商量国家大事。

季孙的家臣们自然看到了这一点,于是子路和冉有受到越来越多的投诉,尤其是子路。季孙斯开始疏远他们,处处掣肘他们。

鲁国人是出了名的讲人情、讲面子,因此季孙斯虽然不再信任子路和冉有,却没有直接炒他们的鱿鱼,只是以疏远和冷淡来传达自己的态度。

子路迅速被边缘化,他很聪明,他知道季孙斯的盘算。于是,子路提出了辞职。季孙斯假惺惺地拒绝了两次,子路第三次提出来的时候,季孙斯同意了。

于是,子路离开了季孙家,回到了孔子学校。

冉有的处境比子路要好一些,至少费地的手下们并没有暗地里告他的状。不过子路的辞职让冉有确信自己在季孙家已经没有前途了,所以冉有很快也提出了辞职。

就这样,冉有也离开了季孙家。

孔子门下混得最好的两大弟子都失去了职位，对于孔子来说是个异常沉重的打击。他知道，下一个辞职的就该轮到自己了。

作为大司寇，孔子是有自己的封邑的，尽管封邑并不大。一旦辞职，按照规矩，必须将封邑一并交还。同样按照惯例，国君会收回封邑，但不会全部收回，一部分依然是会给孔子做封邑的。

也就是说，即便是辞职，孔子也不必为将来的生活而担忧。他不仅会继续拥有封邑，还可以继续开办他的学校，依然可以很体面地在鲁国生活下去。

孔子所不甘心的并不是钱财或者生活，他不甘心的是自己的治国理念失去了实践的机会，自己失去了发挥才能的平台，国家失去了恢复周礼的可能，天下失去了一个以礼治国的范本。

但是，孔子知道，辞职已经是不可避免的事情。

问题是，以什么理由辞职？孔子不愿意以贬低自己的方式辞职，譬如说自己"能力不足""身体不适""老婆生孩子要照顾"之类的理由，孔子需要一个台阶，需要一个保有尊严的辞职。

很快，这个台阶就来了。

到了秋收之后，鲁国郊祭周公。按照周礼，只有天子享受郊祭，而鲁国享受一份特权，就是可以郊祭周公。郊祭周公之后，按着惯例，祭祀用的肉要分发给大夫们。祭祀用的肉倒不是多么好吃，而是代表了地位和荣誉，一般人花钱买都不卖给他。

可是，今年的祭肉也不知道是被人贪污了还是根本就没人管，总之祭肉就没有分到大夫家里。自然，孔子也没有收到。

孔子认为这是一件很严重的事情，必须要向鲁定公反映。

可是，鲁定公三天没有上朝。自然，孔子就见不到他。

为什么鲁定公三天没有上朝呢？

原来，齐景公不知道哪根筋动了，说是为了增进和鲁国的友好关系，送了一批美女过来给鲁定公。齐国是当时世界上娱乐业最发达的国家，送来的这些美女并不是一般的民间女子，而是娱乐圈的美女，具体点儿说，就是一帮歌女舞伎,或者是女艺人。

按着规矩,邻邦送来的好东西首先给执政大臣,执政大臣再汇报给国君,国君来决定怎么处置。

孔子刚做大司寇那段时间,这种事情都是先给他处理。可是这一次,这件事情季孙斯自己来处理了,摆明了要把孔子晾起来。

季孙斯接受了齐国来的女艺人们,然后去向鲁定公汇报。

"主公,齐国国君送来了一帮女艺术家,您看怎么处置?"季孙斯问。

"那,您觉得呢?"鲁定公问,心说我说了算吗?

"我觉得吧,这个齐国的女艺术家们确实不错,咱们年轻的时候都去过临淄看过齐国女艺术家们的表演,可是老百姓没看过啊。咱们为什么不与民同乐呢?干脆,咱们在南城让她们公演三天,秋收了嘛,让大伙都开开眼界,乐呵乐呵。"季孙斯说。

"那好啊,那就这么办了。"鲁定公当场同意,也没有多想,毕竟季孙家也喜欢搞这一类的活动来拉拢人心。

齐国女艺人们就开始在曲阜南门外进行表演了。连演三天,观众天天都是爆满。季孙斯也没闲着,微服前往观看。不仅自己去看,还拉上了鲁定公微服前往。还别说,看演唱会的感觉比宫廷歌舞更带劲,毕竟气氛不同。

就这样,鲁定公和季孙斯连续三天观看演出,就没有上朝。

孔子现在终于明白季孙斯要搞齐国女艺人公开演出的目的了,就是要告诉鲁国人民孔子已经被架空了,就是要让孔子有挫败感,乖乖地辞职走人。

孔子决定辞职了,他认为现在他有两条理由可以辞职。第一是祭肉没有送来,第二是国君沉溺于女色歌舞。

鲁定公十三年(前497年),孔子不辞而别,离开鲁国,前往卫国,同行的有子路、冉有、颜渊等多名学生。

(《论语》:"齐人归女乐,季桓子受之。三日不朝,孔子行。")

按《史记》的说法,孔子离开鲁国是中了齐国人的反间计,齐国人认为孔子能耐太大,他治理鲁国会让鲁国成为霸主,因此必须除掉他。齐国人想出反间计,送了美女艺人给鲁定公,于是鲁定公三天不上朝,郊祭又不给大夫送祭肉,孔子因此失望而离去。离开鲁国的时候，孔子还唱了一首歌："彼妇之口，可以出走；彼妇之谒，可以死败。盖优哉游哉，维以卒岁！"

《史记》的说法完全经不起推敲。

去卫国

孔子为什么要去卫国？

这是子路的建议。

原来，子路的大舅子颜浊邹在卫国混得不错，他有个好朋友名叫弥子瑕，在卫国国君卫灵公面前很受宠。

按照子路的说法，孔子可以通过弥子瑕去见卫灵公，以孔子的名声才能，在卫国也能受到重用。

孔子是知道弥子瑕的，知道他确实很受卫国国君卫灵公的宠信。

"嗯，卫国好，咱们鲁国是周公的后代，卫国是康叔的后代，鲁、卫两国就是兄弟国家，政治上出于一脉啊。卫国好，卫国好。"孔子笑着说，他决定去卫国了。

（《论语》："子曰：'鲁卫之政，兄弟也。'"）

孔子一行满怀着信心，向卫国驶去。

为孔子驾车的是子路，他看上去很兴奋，因为去卫国是他的主意，靠的也是他的路子。所以，他难免有些得意。

一边驾车，子路一边和孔子聊着，探讨着在卫国可能得到的礼遇，以及卫灵公会以怎样的方式来欢迎他、重用他。

"先生，卫国国君等着您去治理国家呢，您将会先做什么？"子路突然问孔子，那劲头，似乎孔子已经被任命为卫国的上卿一样。

"嗯，正名吧。行政的名称、程序等，都要规范。"孔子想了想说，实际上一路上他都在想这个问题，子路的乐观情绪也感染了他。

"先生啊，您这太不直接了吧。俗话说得好：干就是了。正什么名啊？嘿嘿。"子路不以为然地说，在他看来，干实事才是最重要的，而正名不属于干实事。

孔子有点儿吃惊，子路从前跟自己说话都是恭恭敬敬的，而现在这样的语气明显是有些膨胀了。

"由啊，你的话太粗鲁了。对于君子来说，不懂就是不懂，不能胡说八道，要向人请教。我说的名不是名称的意思，而是程序的意思。名不正则言不顺，政令的程序不正确，人们就不会信服。人们不信服，你这事情就办不成。什么事都办不成，礼乐就没有人去学习遵守。礼崩乐坏，只靠刑罚就会宽严失当，老百姓就会不知所措。所以，君子发布命令一定要准确表达，遵循正确的程序，而不是稀里糊涂想起一出是一出。现在，你知道为什么要正名了吗？"孔子严厉地问。

"哦，我明白了。"子路说，他就是这样一个人，只要意识到自己错了，立即就改，绝不会去掩饰。"先生，您这么说，我想起我在季孙家的一些事情来了，有的时候我要做某件事，明明是对的，可就是执行不下去，说起来人人都有理，就是我没有理。当时我还觉得是他们在针对我，现在想起来，好像多数是我没有按照程序去做。"

"由啊，我就欣赏你这点，懂得了道理，立即就去反省自己。"孔子笑了笑说，刚才批评过了，现在安抚一下。

这段对话记载在《论语》中，原话是这样的：

子路曰："卫君待子而为政，子将奚先？"子曰："必也正名乎。"子路曰："有是哉，子之迂也。奚其正？"子曰："野哉，由也。君子于其所不知，盖阙如也。名不正则言不顺，言不顺则事不成，事不成则礼乐不兴，礼乐不兴，则刑罚不中；刑罚不中，则民无所措手足。故君子名之必可言也，言之必可行也。君子于其言，无所苟而已矣。"

名不正则言不顺，这句话就出自这里。
传统的解说，把这里的"名"解读为名分。但是，正确的解读是程序。
既然说起来了正名，师徒二人就说了下去。
"先生，说到正名，您认为谁做得最好？"子路问。
"还用说，管仲啊。"
"那，还有谁呢？"

"郑国的子产啊。"孔子说。子产是郑国的上卿，执政郑国很多年，具有非常高的声望，这个时候，子产已经去世几十年了。孔子随后解释说："每次颁布行政命令之前，都是裨谌起草，世叔修正，子羽修饰，最后子产定稿。在文字上、表达上、程序上都是层层把关，最后颁布的时候人们就会非常清楚了。"

（《论语》："子曰：'为命，裨谌草创之，世叔讨论之，行人子羽修饰之，东里子产润色之。'"）

子产管理郑国，发布政令都很谨慎，必须经过四个人的程序，并且发挥各自的长处。裨谌是郑国著名学者，也是中国历史上的著名星象学者；世叔是游吉，子产的族侄和主要助手，为人谨慎公正；子羽名叫公孙挥，子产的堂弟，擅长辞语；经过这三个人的写作和修改，政令不仅严谨，而且用词恰当优美，最后子产再做润色，然后发布。

孔子和弟子们来到卫国，投奔了颜浊邹，颜浊邹倒也热情，把孔子介绍给了弥子瑕。

见到弥子瑕，孔子也被他的英俊所震撼，太帅了。

弥子瑕是晋国人，后来被晋国派驻卫国。再后来卫国与晋国交恶，弥子瑕干脆就留在卫国，成了卫国的大夫。

因为人长得帅并且口才好，卫灵公非常欣赏他，经常邀请他到宫里聊天喝酒，就成了嬖臣，似乎是专门靠讨好卫灵公过日子的。其实，弥子瑕还是很有才华的。

有一次，弥子瑕正在卫国首都楚丘，母亲生了重病。为了尽快赶去看望母亲，弥子瑕竟然假传君命，让卫灵公的御者驾着卫灵公的车赶回家里。按照卫国的刑法，私驾国君马车的人要判断足之刑，要砍脚的。

后来卫灵公知道了这件事，不但没有责罚弥子瑕，反而称赞道："你真是一个孝子啊！为了替母亲求医治病，竟然连断足之刑也无所畏惧啊。"

还有一次，弥子瑕陪卫灵公到果园游览。弥子瑕伸手摘了一个又大又熟透的蜜桃，用袖子擦了擦就吃了起来，味道真好。弥子瑕顺手把吃剩的桃子递给了卫灵公，卫灵公毫不犹豫地吃下了剩下的半个桃子，还说："子瑕真是爱我啊，这么好吃的桃子自己不舍得吃，给我吃！"

弥子瑕是个爽快人，当场答应帮助孔子牵线搭桥。几天以后，果然卫灵公召见孔子。

"啊，久闻大名，如雷贯耳啊。"卫灵公也还不错，非常客气。

孔子急忙说了些听闻主公求贤若渴，特来投奔之类的话。

"那什么，在鲁国的待遇怎么样？"卫灵公够爽快，很快进入正题。

孔子把自己在鲁国当司寇的薪水和福利待遇等说了一遍。

"好，就按照鲁国的待遇吧。"卫灵公很大方。

一切顺利，孔子觉得下一步就该任命自己为卿了。

"啊，先生可以回家休息了，住所我会让人安排。啊，祝你在卫国生活顺利。"下一步没有了，卫灵公只给了待遇，没给职位。

孔子表示了感谢，不过内心有些失落。

不管怎么样，现在吃喝不愁了。可是，几个月过去了，卫灵公再也没有召见过孔子，更不要说重用他。

其间，孔子请颜浊邹去弥子瑕那里问过，不过弥子瑕支支吾吾，说是卫灵公对孔子兴趣不大，自己也帮孔子说过几次，无奈卫灵公没什么表示。

匡地历险记

事情到了这一步，子路很是尴尬，想起当初信誓旦旦拍胸脯，现在才知道话说得太满了。

不过孔子倒没有责怪他，这样的事情谁能说得准呢？

失望之余，孔子不愿意再在卫国待下去了。

孔子当初做大司寇的时候，陈国的司城贞子曾经到鲁国出使，与孔子很谈得来。因此，孔子决定来一次说走就走的旅行，去陈国。

"树挪死，人挪活，我要去陈国，陈国是太姬的后代，正宗周礼国家，我们去一定受欢迎。"孔子对弟子们进行了动员，之后整装出发。

孔子委托颜浊邹把卫灵公给自己的房屋、粮食等退还给了卫灵公，带着弟子们上路了。

卫国首都楚丘在今天的河南省滑县，陈国则在今天的河南省周口市。因此，要去陈国，就要向南经过宋国。

一路行走，孔子一行来到了宋国的匡地（今河南省长垣市）。匡地原本是宋国的土地，后来被郑国侵占。八年前鲁国的阳虎曾经在晋国的命令之下攻打郑国，拿下了这里。可是鲁国和郑国之间隔着宋国，于是鲁国把匡地送给了宋国。所以，这里现在又属于宋国了。

孔子的弟子中有一个名叫颜高的，是鲁国著名的勇士，勇猛程度在孔子的学生中仅次于子路。颜高虽然与颜回同姓，但不是同族。颜高的祖上是鲁国的公子颜，因此，颜高属于鲁国公族。

因为是勇士，打仗自然少不了他。

六年前鲁国与齐国发生过一次战争，颜高也参加了。当时鲁军在城下挑战，齐军坚守不出，于是鲁军都下车坐在地上。颜高的弓是硬弓，要用三钧的力量才能拉开，大致相当于今天的一百八十斤。当时颜高炫耀自己的力量，大家都很好奇，于是都要试试他的弓，把他的弓给传开了。谁知道这个时候齐国人开城杀来，颜高的弓却找不到了，结果被齐国人在腿上射了一箭，还好他抢了同伴的弓把齐国人射死，这才保住了自己的命。

"唉，显摆要人命啊。"事后颜高这么感慨。

阳虎夺取匡地的战斗颜高也参加了，如今故地重游，来到了匡地，颜高非常兴奋。

来到匡地城外，孔子下车来休息。这时候，颜高凑过来了。

"先生，看见城墙上那个缺口没有？当年我就是从那个缺口杀进去的。"颜高得意地说，一边用手指给孔子看。

孔子对打仗没什么兴趣，不过还是顺着颜高的手指看了过去。

这一看不打紧，麻烦来了。

城头的军士远远看见一伙人过来，不知道是什么来路，十分小心，因为这是边境地带，不能不小心。等到孔子下了车，军士们的眼睛就瞪大了。

"咦，这人有点儿眼熟啊。"军士们议论起来。

等到颜高对着缺口指指点点，孔子向这边张望的时候，军士们同时喊了起来："啊，阳虎来了。"

原来，孔子的身形竟然很像阳虎。

第二六六章·离开鲁国

当初，阳虎率领鲁军占领这里的时候，对当地百姓十分残暴，因此匡地人都对阳虎恨之入骨。

"杀了狗日的阳虎。"守城军士立即报告了匡地大夫匡简子，匡简子一阵惊喜，"王八蛋，当初强奸我老婆，想不到你竟然敢送上门来。"

匡简子立即率领精兵，杀出城门。

当一阵喊杀声传来的时候，孔子师徒还不知道出了什么事情，但是他们知道，喊杀声一定是针对他们的。怎么办？颜高不愧是打过仗，见不远处有一处废弃的院子，立即要同学们保护着孔子先进院子，准备防守。

"怎么回事？怎么回事？"孔子有些摸不着头脑，急忙上车，随着学生们涌入那个院子。子路负责贴身保护老师，颜高断后。

大家刚进院子，匡地的精兵就追到了，将院子团团包围。

"阳虎，你给我滚出来。"匡简子在外面大喝，却没有急于进攻，为什么没有急于进攻？匡简子有点儿怀疑是不是看错了人，因为这一帮人多数穿着儒士的衣服，不像是打仗的。还有，这个时候，阳虎怎么会来这里？

匡简子的一声大喝，让孔子和他的弟子们明白了究竟是怎么回事。

误会，彻头彻尾的误会。

大家都看着孔子，等着老师的指示。

"颜高，告诉他们弄错了。"孔子现在很镇定。

"匡的兄弟们，你们弄错了，我们不是阳虎。"颜高大声喊着。

"不要骗我们了，我们看见阳虎了。再不出来，我们就要进攻了。"匡简子不相信，也高声喊道。

"我们真不是阳虎。"

"阳虎，你这个孬种，敢做不敢当。别以为你们在晋国混了几年，我们就听不出你们的鲁国口音了。"

匡地人说什么也不相信里面不是阳虎，还骂骂咧咧，嘴里没有好话。

现在事情更麻烦了，怎么解释也没有用，弟子们都很害怕。

"先生，我出去跟他们拼了。"子路忍不住了，提着剑要出去跟宋国人拼命。

"慢着。"孔子喝住了子路，之后用很镇静的语气对他说。"为什么讲究仁义的人也不能免俗呢？如果是不学习诗、书，不研究礼、乐，那是我的过错。可是长得像阳虎，那不怪我啊，那只能说是上天注定的啊。由，来，你开始唱歌，我给你伴奏。"

子路犹豫了一下，放下了手中的剑。

"哎……"子路放声高唱起来，伴随着孔子的琴声。之后，所有人都跟着一起唱起来。

歌声高亢悠扬，直冲云霄。

在外面的匡地人听得有些不知所措，一群眼看就要被杀的人竟然还能这样沉着地唱歌，并且唱得不卑不亢。

"算了，撤吧，他们确实不是阳虎。"匡简子现在确认里面确实不是阳虎了，因为阳虎没有这样的修养。

匡人解除了包围，孔子和弟子们都长出了一口气。

"唉，显摆要人命啊。"颜高再一次感慨。

"颜高啊，你看看你，两次了，都是因为炫耀而遭遇危险。君子不应该炫耀啊，只有小人才炫耀啊。"平安了，孔子总结了教训。

（《论语》："子曰：'君子泰而不骄，小人骄而不泰。'"）

"先生，这么危险的情况下，您为什么还能这么镇定呢？"子路忍不住问。他一直以为自己最勇敢，老师很胆小，可是从今天的事情看来，老师比自己勇敢多了。

"为什么？我告诉你。自从周文王之后，礼乐典章制度就在我这里了。如果老天想要让这些沦丧，就不会让后人掌握了；既然老天不让这些沦丧，匡人又能把我怎么样呢？哈哈哈。"孔子笑了，充满着自信。

（《论语》："子畏于匡，曰：'文王既没，文不在兹乎。天之将丧斯文也，后死者不得与于斯文也；天之未丧斯文也，匡人其如予何！'"）

第二六七章

再而三的挫败

诚信与变通

匡人解除了包围,却阻止孔子一行通过宋国,理由很简单:你们虽然不是阳虎,可是你们是鲁国人,我们讨厌鲁国人。

孔子还想跟他们商量,得到的回答是:"从哪儿来,回哪儿去。走得慢的话,当心我们会改变主意。"

"算了,这就是命吧,我们回卫国吧。"孔子无奈地决定。

一行人匆匆忙忙折返向北走,一路不敢歇脚,来到了卫国的蒲地,总算能停下车来歇个脚。

眼看天色将黑,前后还没有人家,好在正是夏天,一行人埋锅烧饭,就准备在野外露营一晚,然后上路。

这个时候,发现出问题了。

原来,烧饭这件事情一路上都是颜回在干,现在准备烧饭了,才发现人丢了,颜回不见了。

"怎么回事?颜回丢了?"孔子一听,头都大了,"这,这要是颜回有个三长两短,我回去怎么和他爹交代呢?"

那么,为什么颜回丢了,到现在才发现呢?

一来，大家走得匆忙，生怕匡人追上来，因此都只顾走路，没注意少了人；二来，颜回的性格很内向，平时基本上不说话，也不和人来往，因此没朋友，也就没有人关注他。

孔子一边安排其他人做饭，一边派子路、颜高等几个胆子大、武艺高的人沿原路回去找。

一个多时辰过去，子路等人回来，说是没找到。

整整一个晚上，孔子没能入睡。一闭上眼，就仿佛看见颜回被匡人捉住，严刑拷打百般羞辱之后吊死在城头上。

到了第二天早上，孔子正在发呆，就听见弟子们一阵喧哗，抬头去看，看见远远地颜回慢慢腾腾走了过来。

孔子大喜，也顾不得师道尊严，腾地站起来，迎了过去，弟子们也都跟了过去。

来到近前，只看见颜回虽然一脸疲惫，却衣衫齐整，没有受到伤害的痕迹。

"回啊，吓死个人哪，我以为你死了呢。"孔子说，语气中又是高兴又是生气。

"先生在，回怎么敢死呢？"颜回冷不丁来了这么一句。

孔子当时就惊呆了，心说这小子平时像个闷葫芦，怎么突然会开玩笑了？

这一段见于《论语》，"子畏于匡，颜渊后。子曰：'吾以汝为死矣。'曰：'子在，回何敢死？'"

原来，颜回走路本来就慢，路上还拉肚子，结果落了伍，之后又迷了路。

别看颜回平时看上去胆子小性格内向，关键时刻倒也不害怕，一路打听着追过来，天黑之后还找了一户人家住了一晚上，饱餐了一顿。天没亮就又出发来追，终于追了上来。

从那之后，孔子对颜回的印象大为改变。

而颜回发明"子在,回何敢死"这个句式后来竟成为官场的流行句式，譬如"领导不醉，我怎么敢醉""领导醉了，我怎么敢不醉"之类。

蒲地是公叔戌的封地，孔子跟他见过几次，也还算比较熟。

"咱们今天可以好好休息,好好吃一顿了。"孔子对弟子们说，大家都很高兴。

可是，他们高兴得太早了。

来到蒲地的城池，就看见城门关了一半，还有士兵把守，城头上也都有士兵来回巡逻。乍一看，似乎是要打仗的意思。

"怎么，难道卫国和宋国要开战？"孔子自言自语，不自觉地紧张起来。

来到城门，不等孔子开口，为首的军官就先问起来了。

"什么人？哪里来的？到哪里去？"

"啊，我是公叔戌的朋友孔丘，从卫国到宋国，现在从宋国回楚丘去。"孔子报上名头，按着规矩，守城士兵就应该让人去通报这里的主官，安排接待。

"你是要去楚丘吗？"

"是的。"

"兄弟们，把他们包围起来。"为首的军官下令，城门里闪出几十个士兵，个个手持武器，将孔子一行包围起来。

孔子愣住了，难道阳虎也得罪了蒲地的人？没听说过啊。他回头看看颜高，颜高也是一头雾水的样子。

"你们要干什么？"子路大声喝道，他才不害怕。

"我家主公一心为国，却被国君夫人诬陷造反，不得不被迫造反了。所以，现在我们不是卫国人，而是卫国的敌人。你们要去楚丘，就是我们的敌人。"为首的军官说。

原来，卫灵公的夫人名叫南子，是一年前从宋国娶的，非常贪婪。听说公叔戌是卫国首富，家里有很多奇珍异宝，于是常常派人来要。公叔戌一开始还忍着，后来南子越来越过分，公叔戌忍无可忍，索性拒绝。

于是，南子就在卫灵公面前说公叔戌的坏话，说他要造反。卫灵公也早就眼红公叔戌的财产，趁机就相信了南子的话，准备收拾公叔戌。公叔戌听到风声，索性逃回自己的封地，真的造反了。

孔子一看，这不就是传说中的无妄之灾吗？无缘无故被匡地人包围，现在又是无缘无故被蒲地人包围，这找谁讲理去？

"唉，原来如此啊。可是，我们是无辜的啊。"孔子说。

"别说这些没用的，只要去楚丘的，都是我们的敌人。"领头的军官根本不讲道理。

"这样吧，我们不去楚丘了，我们是鲁国人，我们回鲁国吧。鲁国不是你们的敌人吧？"孔子问。

"鲁国不是，我家主公说了，鲁国是我们的朋友。"

"那能让我们走了吗？"

"不行，要盟誓。"

"盟誓就盟誓。"

于是，孔子和领头的军官就在城门外盟誓，盟誓的内容无非就是什么我们坚决不去楚丘，今后也坚决不能帮助卫国来对付蒲地等。

盟誓之后，孔子一行才得以离开。

虽然好吃好喝泡汤了，好歹算脱离了困境。

过了蒲地向北，就是楚丘方向。向东，就是鲁国方向。

孔子下令一路向北。

"先生，咱们不是去鲁国吗？"子路问。

"谁说去鲁国？"孔子反问。

"先生不是和蒲地人盟誓了吗？"

"我们是在胁迫下盟誓的，不算，神灵也不会听的。"孔子说，笑笑。

"哦。"子路看了老师三眼，自言自语，"看来，世界上没有绝对的诚信啊。"

"君子要守信用，但是也要懂得变通。"孔子对子路说。

"变通？"子路想了一路，也没想明白。

招摇过市

折腾了一番，孔子带领着弟子们灰溜溜地又回到了楚丘。这一次，依然是住在子路的大舅子颜浊邹家里，颜浊邹依然去找弥子瑕帮忙，弥子瑕则去跑卫灵公的路子。

没过几天，弥子瑕来了。

"仲尼先生，先告诉你一个坏消息，再告诉你一个好消息。坏消息是，主公说了，所有想在卫国出仕的人，首先要见见南子夫人。"弥子瑕来向孔子通报，先卖了个关子。

这确实是个坏消息，这意味着什么？意味着要在卫国当官，就必须首先由一个不懂得治理国家的女人来面试。对于孔子来说，这几乎就是侮辱。

"好消息是，南子夫人有兴趣接见你。"弥子瑕接着说。

这是个好消息吗？这不是个好消息吗？至少，这是个机会。

孔子决定去见南子。

南子究竟是一个怎样的人呢？

南子是卫灵公从宋国娶回来的夫人，十分漂亮动人，而且很风骚、很撩人，卫灵公被她迷得神魂颠倒，五迷三道，难以自已，诸事不思。南子的名声非常不好，说是在宋国的时候就招蜂引蝶，到了卫国，又和弥子瑕勾搭不清。

听说孔子要去见这样一个声名狼藉的女人，弟子们都表示不赞同。尤其是子路，更是坚决反对。

"怕什么？我都是奔六十的人了，还怕被她迷惑了吗？"孔子坚决要去。

与孔子同行的是冉有和子路，冉有驾车。

车到后宫，被拦在外面，子路和冉有在门口等待，孔子被带了进去。

"南子听说很漂亮，倒要看看到底长得怎么样。"孔子暗想，他不是个好色之徒，可是爱美之心人皆有之，看看也无妨。

可是，让孔子有些失望的是，他根本没有机会看到南子。

接见在卫灵公的客厅里进行，一道帷幕隔开了主人和客人，只能影影绰绰看到对方。不过，在孔子进来的过程中，南子早已经看过了孔子。可是，一个五十六岁的老头实在没有什么欣赏价值了。

孔子在帷幕外行礼，南子则在帷幕内还礼，孔子能听到南子身上玉佩首饰的碰撞声。随后两人进行了不算长的对话，对于南子来说，她所感兴趣的实在不是孔子所感兴趣的。大致，南子想听的就是家长里短，而孔子想讲的是礼义廉耻。就像真正的禅师碰上了娱乐明星，他们之间的共同话题实在是难以想象。

孔子不知道南子的问题跟治理国家有什么联系，而南子也觉得孔子超级没趣。对话的结果就是没有结果，最后南子客气地请孔子出去了。

孔子感觉非常沮丧，他很后悔来见这个女人。

可是，事情还没有完。

就在孔子要走的时候，卫灵公派人来了，说是恰好要出门，问孔子有没有兴趣同行一段。

"机会来了?"孔子的心头又燃起希望,这是一个接近卫灵公的机会。

于是,孔子和子路、冉有在门外等候。不多久,卫灵公的车队出来了,卫灵公和南子在第一辆车上,这一次,孔子看见了南子的真容,那是真漂亮,即便孔子这样对女人基本没兴趣的人也有些惊艳。

卫灵公派人来告诉孔子,他们将要去的地方与孔子的住所在同一方向,不妨同行一阵,让孔子的车就跟在卫灵公的车后,其他的车都在孔子的车后。

"驾。"卫灵公和南子的车蹿了出去。

"走。"冉有也挥出了鞭子,孔子的车紧跟着出去了。

身后,十多辆车紧跟着。

车速非常快,驾车的人大声呵斥着路上的行人,大街上所有的人都驻足观看。卫灵公出门一向如此,根本不管首都人民的安全,只要自己快。而南子更是非常享受这一切,高声地与卫灵公说笑着。那些狼狈躲闪的人都敢怒不敢言,向着车队离去的方向吐口水。

冉有很不自在,他不想这么快,可是被夹在车队中间,不得不这么快;子路则有些愤怒,他一向讨厌权贵们这样显示特权的方式;而孔子非常尴尬,他不知道人们会怎么看自己,他怀疑这会让卫国人开始讨厌自己。

"唉。"一路上,孔子不停地叹气。

好容易到了分手的岔道,孔子的车从车队中脱离出来,冉有长长地舒了一口气,把车速放慢下来。

这一段见于《史记》,原文是:"灵公与夫人同车,宦者雍渠参乘,出,使孔子为次乘,招摇市过之。"

招摇过市,这个成语出于这里。

"老师,我说过不去见那个女人吧?你非要去,怎么样?怎么样?"气头上的子路忍不住指责起孔子来,口气也非常生硬,还有些讽刺。

孔子像只斗败的公鸡一样垂头丧气,见子路指责,自己无话可说,于是对天发誓:"我他娘的要是有什么私心杂念,天打五雷轰。"

(《论语》:"子见南子,子路不说。夫子矢之曰:'予所否者,天厌之,天厌之!'")

子路见逼得老师发誓,也不好再说什么。

第二六七章　再而三的挫败

冉有不说话，默默地赶着车。

"唉。"孔子叹了一口气，摇摇头。"这个世界真是完蛋了，我真是没有见过喜欢德超过喜欢美色的。唉，完蛋了。"

（《论语》："子曰：'已矣乎！吾未见好德如好色者也。'"）

孔子显然不是南子的菜，这次见面对孔子在卫国的从政愿望毫无帮助。只不过，卫灵公又给了孔子上一次的待遇，这样孔子依然可以在卫国安心地待下去。

卫国的君子们

当初吴国公子季札出访卫国的时候，对卫国的印象非常好，说卫国君子很多。还举了些名字，譬如蘧瑗、史狗、史鳅、公子荆、公叔发、公子朝等，如今二十年过去了，这些人中有的已经去世了。

孔子是听说过季札的说法的，到了卫国之后也听人们说起哪些卿大夫非常贤能等。

既然有这么多君子，为什么不去和他们结交呢？

所以，孔子主动与卫国的权臣们以及君子们结交，以他的学问和诚意，大家倒也很快接受了他。大致孔子结交的人物有蘧伯玉（蘧瑗）、史鱼（史鳅）、公子荆、公明贾等人，都是卫国的名人显达。

公子荆是卫灵公的弟弟，可是从来不因为这样而傲慢或者贪婪，从来不说"我哥是国君"之类的话，反而他是一个谦谦君子，为人和蔼可亲，并且知足常乐。当他刚刚有些财产的时候，他就说"足够了"；财产多一些的时候，就说"差不多了"；富足的时候，就说"哇，我很满足了"。

（《论语》："子谓卫公子荆：'善居室，始有，曰苟合矣；少有，曰苟完矣；富有，曰苟美矣。'"）

去世的公叔发又叫公叔文子，他是卫献公的孙子，也是卫国当年名气最大的人，以贤能而著称。当初公叔文子有一个叫作僎的家臣，因为很有能力，公叔文子把他推荐给国君，和自己一并做了大夫。孔子在卫国听说这件事情之后，称赞说："公叔文子值得得到'文'的谥号。"

(《论语》:"公叔文子之臣大夫僎,与文子同升诸公,子闻之曰:'可以为文矣。'")

有一次孔子去公明贾府上拜访,说起了公叔文子,孔子提出一个问题来。

"我听说公叔文子不说话也不笑,什么财物都不要,是不是这样啊?"孔子问,这是他在卫国听来的,觉得公叔文子有些不可思议。

"说这话的人太夸张了,一个人成这样了岂不是成了怪物?"公明贾笑了,他觉得孔子有点儿天真,"实际上是这样的,公叔文子在恰当的时间说话,因此人们喜欢他的话;真正高兴的时候才笑,因此人们感受到他的真诚;不义之财不取,因此他发财人们也不会嫉妒。"

"这样啊,原来是这样啊。"孔子恍然大悟,感觉到公叔文子真是个高人。

《论语》:

子问公叔文子于公明贾曰:"信乎,夫子不言、不笑、不取乎。"公明贾对曰:"以告者过也,夫子时然后言,人不厌其言。乐然后笑,人不厌其笑。义然后取,人不厌其取。"子曰:"其然。岂其然乎!"

史䲡是卫国的大夫,字子鱼,因此又叫史鱼。史鱼性格正直,刚正不阿,孔子对他很是敬佩。不过这个时候史鱼已经身患重病,孔子无缘和他结交。即便这样,孔子依然在弟子面前称赞他。

"史鱼真的很正直啊,国家政治清明的时候,他像箭一样正直;国家政治紊乱的时候,他也像箭一样正直。"孔子说。

(《论语》:"子曰:'直哉史鱼。邦有道如矢,邦无道如矢。'")

关于史鱼还有一段故事,当初公叔文子上朝的时候邀请卫灵公去自己家里吃饭,卫灵公很高兴地接受了邀请。退朝之后,公叔文子把这件事情告诉了史鱼,史鱼大吃一惊。

"老兄啊,你这是找死啊。"史鱼语出惊人。

"啊,为什么?"公叔文子吓了一跳。

"你想想看啊,你家这么富有,很多东西连国君的后宫都没有,而国君是个很贪婪的人,他看到你富有的家会怎样想?"

"哇，是哦，我怎么没想到这一点？可是，主公已经说了要来，怎么办？"公叔文子很害怕，让史鱼为他想办法。

"怎么办？没办法了。"史鱼说，要取消对国君的邀请，往往会招来嫌疑，"不过，只要你礼节周到，不出问题，国君也不会对你怎么样。但是，你儿子可不像你这么谦恭，他很骄纵，估计你能善终，你儿子很悬。"

不管怎样，公叔文子还是设宴招待了卫灵公，宴席上非常小心谨慎，还送了些奇珍异宝给卫灵公。临走，卫灵公还在四处观瞧，看看有什么好东西可以要过来。

公叔文子还算是得以善终了，可是他的儿子公叔戍终究还是没能守住家业。

第二六八章

学渣端木赐

老夫子蘧伯玉

说起卫灵公，有一段故事。

卫灵公的父亲是卫襄公，卫襄公的夫人姜氏不能生育，小妾周合聪明伶俐，还很漂亮，卫襄公很喜欢她。周合生了个儿子名叫孟絷，可惜的是孟絷生下来腿就有残疾。

两个主持朝政的官员叫作孔成子和史朝，两人同一个晚上做了同样一个梦，梦见卫国开国君主康叔下令让公子元接掌卫国。

后来周合又生了个男孩，取名叫元。同年，卫襄公突然病故，因为老大有残疾，所以卫襄公一直没有立太子。那么，现在谁来继任国君呢？

孔成子和史朝一碰头，发现两人都做过同样的梦。可是，光靠一个梦决定谁当国君似乎也不太好。于是，两人卜筮了一回，结果也是立元比较好。最后，确定立公子元为国君，就是卫灵公。

那一年，卫灵公刚刚出生。在孔子来到卫国的时候，已经是卫灵公三十八年。

蘧瑗的字叫伯玉，后代人们都以蘧伯玉来称呼他。

蘧伯玉和孔子有很多相似之处，那就是很讲究礼法。

有一天晚上，卫灵公和夫人在后宫闲聊，忽然听得远处传来车驾的声音，声音越来越近，听着这车就要从宫门前飞驰而过。可就在这时，马车的声音消失了，车子似乎停了下来。又过了那么一小会儿，马车的声音再次响起，可是很显然已经过了宫门。

"这是谁的车？怎么这么怪？"卫灵公觉得很奇怪。

"这一定是蘧伯玉的车。"夫人说了。

"你怎么知道？"

"我听说，为了表达对国君的敬意，路过宫门要停车下马，步行而过。真正的贤臣，不因为光天化日才持节守信，也不会因为独处暗室就放纵堕落。蘧伯玉是我们卫国的贤人，对国君尊敬有加，为人仁爱而智慧。他一定不会因为是在夜里就不遵礼节，驾车奔驰而过。这一定是他了。"夫人说得很肯定。

卫灵公不大相信，第二天派人暗地查访，才发现昨夜驾车之人正是蘧伯玉。

"夫人，我派人查过了，那个人不是蘧伯玉，这回你猜错了。"卫灵公故意骗老婆，看她怎么说。

"那我就要恭喜你了，我本来以为我们卫国只有蘧伯玉这样一个出类拔萃的君子，既然昨天晚上那人不是他，那么你就又拥有一位贤臣了。"夫人说，这个夫人不是后来的南子。

蘧伯玉还是一个非常低调、非常懂得反思的人。

蘧伯玉五十岁生日那天举行了一个宴会，许多亲朋前来祝寿。

"蘧大夫，能不能跟我们说说，您这五十年来最大的收获是什么？"席间，有人问道。

蘧伯玉想了想，这才说道："我这五十年最大的收获，就是我知道了自己过去四十九年来所犯的过错。"

这就是"蘧伯玉年五十而知四十九年非"，后来人们就用"知非"或者"知非之年"来代称五十岁。

蘧伯玉就是这样的人，随时在反思自己的过失。

孔子来到卫国的时候，正好蘧伯玉辞官在家。

因为蘧伯玉比孔子年长三十岁，这个时候已经年过八十，所以孔子自然是以后辈的身份登门拜访。

两人认识之后，发现两人之间的见解非常接近，当时就有一种相见恨晚的感觉。只不过，蘧伯玉也帮不上孔子。

一时之间，孔子在卫国也看不到政治前途，好在衣食无忧。反正闲着也是闲着，索性就继续自己的教育事业。

这一天蘧伯玉来看望孔子，顺便观摩他的教学。看完之后，对孔子的教学方法赞不绝口。

"仲尼啊，我觉得教书育人没有谁比你更强了。"蘧伯玉当面夸奖。

"夫子过奖。"

"我这里有一个孩子，我想交给你来教导，不知道能不能收下。"

"那有什么问题，是夫子的什么人？"

"是我一个侄女的儿子，今年二十多岁了，要叫我一声姥爷。孩子很聪明，可是毛病很多。他父亲想让他进入仕途，他却只对经商感兴趣，他爹还说不过他，唉。我琢磨着，或许你能够改变他。"蘧伯玉说，看得出来，他所说的这个孩子就是个刺头，不好对付。

"交给我吧，夫子放心，仲由刚入学的时候毛病更多，这不现在成了一个君子了吗？"孔子信心满满地说，要是一个毛孩子都对付不了，还怎么治理国家呢？怎么去推行自己的学说呢？

蘧伯玉亲自带着那个侄外孙来了。同行的，还有蘧伯玉的侄女婿。

"这位是仲尼先生。"蘧伯玉首先介绍了孔子，之后指了指自己的侄女婿。"这位是我的侄女婿端木巨大夫，那边那个年轻人就是他的儿子端木赐。赐，过来见过先生。"

端木巨看上去是个君子，对孔子十分恭敬。可是他的儿子端木赐一副毫不在乎的样子，晃晃悠悠地走过来，百般不情愿地行了个礼，闪去了一边。

"混账东西，到了先生这里，还是这副吊儿郎当的样子。"端木巨对儿子的表现很不满意，大声呵斥道。

端木赐嘟哝了一句什么，歪着脖子不看这边。

"哦，端木大夫，你这姓氏莫非是商人？"孔子问，端木这个姓氏他还是第一次听说，因此怀疑这是不是周朝初年留在卫国的商族人的姓氏。

"好多人这样问了，其实不是。"端木巨笑了笑说，随后解释起来，"我家祖上与楚国同源，当初鬻熊生了两个儿子，长子熊丽，次子侸叔，字端木。后来熊丽的儿子熊绎被封到了楚国，侸叔的儿子典依然留在王室效力，以父亲的字为姓，叫端木典。此后周平王东迁，端木家族也跟随到了洛邑。到我爷爷那一代来到卫国，从此就成了卫国人。"

几人又聊了几句，端木巨奉上了拜师礼，十分丰厚。

"仲尼先生，我这个劣子不成器，都是因为我夫妻二人教子无方，所以我想把他放在先生这里管教，不知可否？"端木巨提出要让端木赐住校，孔子转头看看端木赐，只见他一脸的不忿。

"我倒没有问题，只是这里条件比较差，不知道令郎能不能受得了？"孔子说，内心里是不希望端木赐住下的。

"受不了也要受。"端木巨冷笑道，随后对端木赐说："除非我派人来接你，不得擅自回家。"

"嗯嗯。"端木赐算是答应。

端木巨又把端木赐叫到一边，叮嘱他今后在学校要尊敬师长、友爱同学、注意个人卫生、干活儿不要偷懒之类的。

这一边，蘧伯玉则低声和孔子交谈，告诉孔子这个侄外孙虽然有些顽劣，但是人极聪明，心地不错。如果调教得当，将来一定大有发展。

从语气和表情看得出来，蘧伯玉其实很是喜欢这个侄外孙的。想想也是，要不是内心喜欢，老爷子八十多岁了还亲自来送他？

"夫子的眼力差不了，我粗粗看他两眼，虽然有些桀骜不驯，眼神里却没有一点儿邪气，实际上是个好苗子啊，我会尽力的，夫子放心。"孔子说，他相信蘧伯玉的眼力。

当天，端木赐就留了下来。

蘧伯玉和端木巨告辞以后，孔子叫人安顿了端木赐，之后把子路和冉有叫了过来。

"这个新来的同学叫端木赐，是蘧伯玉的侄外孙，你们也都看到了，今天老爷子亲自送来的。据说习惯不是太好,可是我看上去还是个好孩子。今后呢,你们两个作为师兄,要多帮助他一些。"孔子当面叮嘱两人。

"好,他要是不听,我就揍他。"子路挥了挥拳头,确实,从前稍微刺头一点儿的学生都是被子路的拳头给震慑的。

"唉,不行不行。他要是在我这里挨揍,我怎么去向夫子交代?"

"那,我别的就不会了。"子路摊摊手。

"求啊,那你就多费心吧。"孔子对冉有说。

"好。"冉有说,他一直就是一个话不多的人。

端木赐被安排和冉有等人睡在一铺四个人的大通炕上,这是端木巨当初自己提出来的,要孔子不要给端木赐特殊待遇,什么都跟同学们一样就好。孔子自然乐得如此,这少了不少的麻烦。

端木赐似乎对住宿条件的恶劣并不在乎,屋子里的味不太好闻,端木赐也就是抽了两下鼻子,之后就适应了。

当天晚上,端木赐就和师兄弟们混熟了,似乎跟大家都是老朋友。

冉有偷偷来跟老师说了大概的情况,孔子笑了笑,看来这小子适应能力挺强,也能吃苦,这倒是富家公子中少见的。

"好,这就好,看来没有他父亲所说的那么顽劣嘛。唉,卫国多君子,都这么谦恭啊。"孔子说着,放心了许多。

可是,他高兴得太早了。

学渣端木赐

端木赐上课的第一天,孔子就见识到了什么叫顽劣。

孔子授课在院子里,每个人一个草垫垫在地上,孔子坐着讲,弟子们坐着听,需要演示的时候才会站起来。

端木赐的位置在正中央,这是孔子特地让子路安排的,目的是让他不能分神。

不过大家坐下之后,孔子立即就后悔了。

原来,包括孔子、子路和冉有在内,所有人的衣着打扮都很朴素,唯有端木赐衣着光鲜，又坐在正中央，那种违和感实在是太强烈。

端木赐一开始还能端端正正坐着，认认真真听讲。可是过不多久，就开始摇晃起来，一会儿抠抠脚，一会儿挠挠头，好像身上有一百个虱子在开奥运会一样。之后，就开始昏昏欲睡。

孔子强忍着没有说他，心想一般人似乎也没有这么长时间坐过，或许过几天就好了。

到课间休息的时候，端木赐伸了伸腿，站了起来，打了一个世纪大哈欠，似乎从大梦中刚刚醒来。

之后，他就来了精神。

"这位师兄，您贵姓？"端木赐跟身边的一个同学套起了近乎。

很快，两人就聊了起来，说是聊起来，实际上就是端木赐在那里谈笑风生。很快，大家喝水、上厕所回来，看端木赐在那里讲得眉飞色舞，都凑过来听他说。

"这小子上课没心思，下课来精神，麻烦。"孔子心中暗说，看来这小子没那么好对付。

继续上课，端木赐又是一副无精打采的样子。

当天课程结束之后，孔子让子路把端木赐叫了过来。

"赐啊，这第一天上课，还好吧？"孔子慈祥地问。

"嗯嗯嗯，还行吧。"端木赐无所谓地说。

孔子有些不高兴，心说：什么叫"还行吧"？

"那么，今天的课程，你觉得学到了什么？"

"嗯？"端木赐瞪了瞪眼，没下文了。

"你觉得自己学到了什么？"孔子又问。

"先生讲了什么，我就学到了什么呗。"

孔子一听，这小子嘴皮子挺利索，还有些抗拒心理。再问下去，不知道会发生什么。

所以，孔子没有再问这个问题，说了些好好学习、不要辜负父母的苦心之类的话，让他走了。

事情越来越糟糕。

端木赐的表现没有任何的起色，依然是上课无精打采，下课精神百倍。他出身富家，父亲是大夫，母亲家则是卫国的大族，他本人喜欢经商，有很多商人朋友。因此，端木赐比同龄人的见识要多得多，据他自己吹牛说他去过晋国、齐国和洛邑，什么都见过。

每当下课，端木赐就无所事事，专门找人聊天，因为见识广，说话又风趣，渐渐地，大家都喜欢听他海阔天空地忽悠。甚至后来，就算他不去找人聊天，同学们也会找他。

而端木赐所说的，不是风花雪月，就是吃喝玩乐，最多讲一讲生意经。用孔子的话说，都是不务正业的内容，与孔子所宣讲的周礼完全不沾边儿。

端木巨偶尔会派人来看看端木赐，也给他带些生活用品。每次都会问起端木赐的表现，孔子不好说他表现差劲，只说还需要适应。

端木巨给端木赐送来的生活用品数量和质量都一般，因为他知道孔子的学生多半并不富裕，所以不想让端木赐显得自己太特殊。但是，端木赐有一些一块儿做生意的朋友，听说端木赐在孔子这里学习，常常前来看望，每次都带着好吃好喝的来。

端木赐倒是个非常大方的人，好吃好喝的都当场拿出来给同学们吃。

"随便拿啊，谁也别客气，我的就是你们的。"端木赐每次都这么说也这么做，他的东西，从来都不收起来。

又能聊，又大方，同学们都喜欢他。

这样的同学，谁不喜欢？

可是，孔子麻烦了。

随着端木赐的如鱼得水，上课更加不听讲，甚至有的时候插嘴。渐渐地，老师在上面讲，他在下面讲。要不是害怕子路发火，他的声音就比孔子的声音还大。更糟糕的是，好多同学受他的影响，也渐渐地不能专心学习了。

孔子原本安排了冉有去帮助端木赐，可是很快冉有就败下阵来，原因很简单，冉有说不过端木赐，完全说不过。

还有更过分的事情，那就是端木赐根本不把孔子放在眼里。

"你们学的这些有什么用？什么用都没有。先生知道的那点儿东西，还不如我。"端木赐有的时候说得口顺，连这样的话也说。

事实上每个人都知道，端木赐从一开始就不服孔子。他基本上不听课，偶尔听一下，课后一定跟同学们说老师说得不对，自己才是对的。

很快就有学生把端木赐的话学给孔子，孔子似乎也没有什么好的办法，总不能把端木赐叫来训斥一顿吧？如果端木赐老老实实听从训斥也还罢了，如果他反唇相讥，怎么办？怎么办都不合适。

更过分的是，端木赐还喜欢把学校的事情对他在外面的狐朋狗友们去说，并且添油加醋。于是，外面就有了一些关于孔子学校的流言。

孔子后悔死了，后悔当初收下了他。

可是，现在还能把他送回去吗？

孔子是个要面子的人，当初答应蘧伯玉会把端木赐调教好，如今把端木赐送回去，怎么向蘧伯玉交代？

可是，如果就纵容他这样下去，对其他学生就太不公平了。端木赐家里有钱，学不学都无所谓。可是其他人不一样，其他人还要靠学习去改变自己的命运。

"害群之马呀，怎么办呢？"孔子很纠结。

就在这个时候，蘧伯玉来了。

"仲尼啊，端木赐表现怎样？"蘧伯玉问孔子。

"啊，还不错，不过还需要适应。"孔子硬着头皮说，不想让蘧伯玉看轻自己。

"哈哈，仲尼啊，我看你也是心口不一啊。"蘧伯玉笑了，见孔子有些尴尬，拍了拍他的肩膀，"这个端木赐是我看着长大的，他什么样我最清楚。他娘是我们蘧家下一辈里最出众的姑娘，学识比男人还强，我也最疼她。可惜在端木赐小的时候，他娘就去世了。他爹从那之后不肯再娶，一个人带大了他。端木赐聪明机灵、讨人喜欢，从小在蘧家和端木家都招人疼。结果，就成了这个无法无天的混世魔王。在你这里，我相信也把你折腾得够呛。"

"嘿嘿。"孔子苦笑了一声，算是承认。

"他爹管不了他，伤透了脑筋，是我建议他把孩子送到你这里来的。他爹在来之前发过誓，如果他在这里不争气，就把他逐出家门。唉，仲尼啊，看在老夫的面子上，容他些时间吧。"蘧伯玉也是叹了口气。

"夫子，实话实说，这孩子本质并不坏，人又聪明，我也很想改变他。可是，我现在真是没有办法，不知夫子有什么指点？"孔子问，蘧伯玉的面子他是没有办法驳的。

"我知道，对付狂妄的人，最好的办法就是比他还要狂妄，打消他的气焰。之后，你才能让他静下心来服从你。"蘧伯玉说，这也是这一次来想要告诉孔子的。

"对啊。"孔子眼前一亮，当初对子路的教导不就是这样吗？看来，自己对端木赐是太过纵容了。"必须敲打他，夫子是这个意思吗？"

"正是，你尽管放心去做，我和他爹都站在你这边。"

第二六九章

师徒大战

斗争

这一天讲《诗》，孔子讲的是《邶风·式微》。

"式微，式微！胡不归？微君之故，胡为乎中露？式微，式微！胡不归？微君之躬，胡为乎泥中！"孔子高声诵读，之后，准备讲解。

"嘿嘿，这么简单，谁不知道？"端木赐在下面小声说，口气里带着不屑。

换了往常，孔子就当没有听见。可是今天，孔子决定给他些颜色看看。

"端木赐同学，既然你知道，你说说式微是什么意思？"孔子发问。

所有人都看着端木赐，因为所有人都知道他是个学渣。

"这个，这个，式微吗，就是个人名，有个人叫式微。"端木赐说。

哄堂大笑。

"那，胡不归呢？"孔子接着问。

"那，也是个人名。这首诗就是讲这两个人，他们是邻居，有一天，他们……"端木赐还要说，孔子摆摆手，示意他闭嘴了。

端木赐撇撇嘴，似乎自己还有可以发挥的。

"柴，你说说。"孔子叫高柴来说。

"先生，我没有读过这首诗。我觉得这首诗是说天黑了，可是却不能回家。

为什么不能回家？因为还要给国君干活，还要在露水中、在泥水中干活。所以，整首诗是说农民的辛苦。"高柴的声音不大，但是说话合乎礼节。

"柴啊，你所说的也算是有此一说。虽然不是正解，却也不错，说明你是用心在学。"孔子表扬了高柴，又点了冉有："求，你说说。"

"先生，这个我是学过的。"冉有先承认了这一点，显得很谦恭诚实，"这是黎国国君逃难到了卫国，他的随从劝他回国的事情。式微中的式是指车的轼，式微的意思就是马车都已经破败了，我们在卫国的时间已经很长了，该回国了。"

孔子满意地点了点头，冉有的学问功底真深厚。

孔子把整首诗的背景详细讲解了一遍，每个字该怎样解释也都说了一遍。

到最后，孔子扫视了所有人一眼，缓缓说道："每个人都应该像求这样，不仅用心学习，而且懂得谦恭礼让。可是，有的同学就不是这样。"

说到这里，孔子顿了顿，把目光落在了端木赐的身上，于是所有人都把目光落到了端木赐的身上。

端木赐顿时感觉浑身不舒服，尴尬地笑了笑。

"唉，有的同学，狂妄而不直爽，无知而不谨慎，信口开河而不守信用，这种人我真不知道他将来怎么办。"孔子说完，宣布下课。

每个人都知道孔子说的就是端木赐，因此下课之后人人都躲得远远的，只剩下端木赐一个人最后离开。

端木赐的脸色非常难看，这是他在孔子学校受到的最严厉的批评，而且是当众。虽然他认为孔子很软弱，虽然他觉得孔子那点儿东西不值一提，可是，起码的师道尊严他是知道的，他没有胆量挑战孔子。

这一天，端木赐很郁闷，没人理他，他也不想理别人。

（《论语》："子曰：'狂而不直，侗而不愿，悾悾而不信，吾不知之矣。'"）

端木赐着实安静了几天，但是很快就故态复萌了。只不过，他在课堂上不再敢耍小聪明，他也知道，孔子要在课堂上让他出丑实在是一件简单至极的事情。

课下，端木赐依然故我，在同学们面前满嘴跑火车。

这一天，端木赐在宿舍里照例开始海阔天空地侃大山，大家也听得津津有味。

"那一年我们哥儿几个去洛邑做生意，做什么生意？贩大枣过去，换绸缎回

第二六九章　师徒大战

来。那一家伙赚大发了，知道靠谁吗？全靠我，我家在洛邑有亲戚。而且，我们家亲戚和周王是亲戚。周王那一次要接见我们，本来都安排好了，可是……"端木赐说得眉飞色舞，唾沫星子乱飞。

就在这个时候，孔子突然来了。

大家看到孔子，急忙施礼，恭恭敬敬地站立在一旁。端木赐虽然也站立着，却是一副满不在乎的架势。

孔子正眼也没有看他，对其他几个弟子说："我来是想告诉你们，要做一个君子。君子说话要谨慎，言过其实，说到了做不到，那是君子的耻辱啊。"

"是，是。"弟子们说。

端木赐却没有张嘴，因为他知道孔子这话是在说他。

(《论语》："子曰：'君子耻其言而过其行。'")

这个时候，孔子转头看看端木赐，摇了摇头。

"唉，跟同学们整天在一起，说的都是不着边际的话，耍的都是小聪明，今后怎么办呢？难哪，难哪。"孔子又摇了摇头，转身走了。

端木赐满脸通红，十分恼火。

孔子的原话在《论语》中，是这样记载的："子曰：'群居终日，言不及义，好行小慧，难矣哉！'"

连续被孔子羞辱斥责，端木赐咽不下这口气，他决定要反击。当然，他没有傻到要正面对抗的程度。相反，他很聪明，他决定用一种巧妙的方式来让孔子下不来台。

端木赐开始认真听讲了，也开始认真地思考问题了。总之，他开始努力学习了。

同学们都感到奇怪，怎么这小子突然脱胎换骨了？难道正应了那句俗话：不挨骂，长不大。被孔子骂醒了？

可是，孔子知道，事情没那么简单，一个学渣要成为一个学霸，是需要很多的曲折的。像端木赐这样自认天赋很高的人，绝不会就这样被制服的。

不管怎样，这小子开始认真学习了，这就是一件好事。

这一天，孔子讲为什么要敬鬼神。

等到孔子讲完的时候，端木赐突然提问了，这是他入学以来第一次主动提问题。

"先生，我有一个问题可以问吗？"端木赐问，一脸阴险的笑容。

"当然可以。"孔子笑着说，他知道这小子一定没安好心。

"先生让我们要敬鬼神，那我想问问，人死之后究竟有没有知觉呢？"端木赐问，问题一出，举座哗然，这个问题太刁了，毕竟谁也没死过，谁知道死了之后是什么情况？

什么是鬼？按照当时的说法，人死了之后就成了鬼。

如果孔子说人死之后还有知觉，端木赐马上就会问："你没死过，你怎么知道？"孔子就有点儿难办了。

如果孔子说人死之后没有知觉，端木赐就会说："既然连知觉都没有了，还敬畏他干什么？"孔子又不好回答。

端木赐认真听讲，就是为了要抓孔子的漏洞。

"这是一个好问题，非常好的问题。端木同学最近学习很认真，能提出这样的问题，说明他还很善于思考嘛。"孔子说了几句废话，为的就是争取时间来对付这个问题。

端木赐当然知道孔子这堆废话并不是真的要表扬自己，他很得意地笑着，左右扫视了同学们一眼，甚至还转头跟后面的同学眨了眨眼。

就在这个工夫，孔子已经想到了答案。

"端木同学，我要是说人死了还有知觉呢，就怕孝顺子孙葬我的时候过分隆重；要是我说没有知觉呢，又怕不孝子孙把我扔到五父之衢乱葬岗喂狗。所以，这个问题我不能回答你。你如果真想知道，等你死了之后，自己慢慢去体会吧，那时候知道也不晚。"孔子回答。

"哈哈哈。"又是哄堂大笑。

端木赐愣在了当场，他万万没有想到孔子还能这么回答。

"想不到，老家伙还真有两把刷子。"端木赐暗想。

按《说苑》：

> 子贡问孔子："死人有知无知也？"孔子曰："吾欲言死者有知也，恐孝子顺孙妨生以送死也；欲言无知，恐不孝子孙弃不葬也。赐欲知

死人有知将无知也？死，徐自知之，犹未晚也！"

端木赐的第一次反击失败了，他有些恼火，但是绝不甘心。

他学习更加努力了，这时候他发现其实学习也没有想象中那样痛苦，还能从中得到快乐。这个时候他又发现，其实这个老家伙还真是有两把刷子，很多道理讲得很清楚，让自己也有眼前一亮的时候。

但是，他还是要反击。

这一天，孔子讲周朝取代商朝这段历史，说到了商纣王的骄奢淫逸和暴虐，举了很多例子，学生们都觉得商纣王确实太坏，商朝确实应该完蛋。

这个时候，端木赐看到了机会。

"先生，我觉得商纣王根本没有那么坏。"端木赐大声说道，以至于大家都来看他，"我觉得是墙倒众人推，谁要是名声坏了，什么坏事都算到他的头上，好事也说成坏事。所以，君子就像水一样不能处于下流，否则什么脏东西都跑他身上去了。"

子贡的话也收录在《论语》中，"子贡曰：'纣之不善，不如是之甚也。是以君子恶居下流，天下之恶皆归焉。'"

"哦，那你举个例子说说啊？"孔子没有直接反驳他，而是给了他一个问题。

"好啊，例子还不多的是？譬如后人说他什么酒池肉林，用池子装酒，猪肉挂起来成了林子。这怎么可能呢？谁家的酒是用池子装的？两天就蒸发完了，说这话的显然是外行嘛。还有啊，挂那么多肉，多大味啊，招多少苍蝇啊，商纣王傻啊？"端木赐说得唾沫星子乱飞，不过大家觉得他说得有道理。

"赐啊，你这话说得有道理。"孔子当场表扬了他，他也觉得端木赐说得有道理。

"就像我，先生讨厌我，怎么看我都不顺眼。"端木赐嘟哝了一句，以为孔子上了自己的套。

"这么说，你是下流君子了？"孔子笑着回了一句。

又是哄堂大笑。

孔子的课程讲到了齐桓公称霸。自然，核心的内容是在讲管子。孔子毫不掩饰自己对管子的敬仰，溢美之词不绝于口。

端木赐当然是知道管子的，作为一个向往经商的人，端木赐对管子也是相当崇拜的。按理说，在对管子的崇拜上，他和孔子是一样的。可是，为了让孔子难堪，他决定临时充当一次"管黑"。

"先生，我有一个问题。"端木赐打断了孔子的话，显得非常粗鲁，就连在一旁的子路都瞪了他一眼，心说这小子比我还粗鲁。

孔子倒并没有介意，他知道要彻底击垮这小子，就要让他爆发出来。

"你说吧。"孔子说。

"先生，您说管仲这人又是仁又是义的。我认为，这家伙就是个不仁不义的东西。他原本跟着公子纠，可是齐桓公杀了公子纠，他不为公子纠去殉难也就算了，竟然还投靠齐桓公，这不是不要脸吗？啊，还有比这更不要脸的吗？"端木赐的话，不是在打管子的脸，而是在打孔子的脸。

孔子的脸色变得有些难看了，对自己不敬他可以容忍，可是对管子不敬，他不能容忍。

"那么我告诉你什么叫作仁，管子辅佐齐桓公，称霸于天下，让诸侯安定，百姓安居，外族不敢入侵。你知道吗，卫国原来的首都是朝歌，后来被北狄烧了，是管子派齐国士兵来为卫国修建了楚丘。没有管子，今天你能坐在这里吗？直到现在，天下还蒙受着管子的恩泽。要是没有管子，别说卫国，可能整个天下都已经成了北狄的地盘，我们都成了野蛮人的奴隶，披散头发露着膀子。管子胸怀天下，怎么可能像街头的二货们一样，为了一点儿鸡毛蒜皮的小事就付出自己的性命，死在一个臭水沟里都没有人知道呢？"孔子慷慨激昂地为管子辩解，毫不留情地痛斥端木赐。

端木赐有点儿傻眼，原本以为以子之矛击子之盾，用仁义来刁难孔子，谁知道又被痛斥。

"小兔崽子跟我斗？你还嫩了点儿。"孔子暗想。

《论语》：

  子贡曰："管仲非仁者与？桓公杀公子纠，不能死，又相之。"子曰："管仲相桓公，霸诸侯，一匡天下，民到于今受其赐。微管仲，吾其被发左衽矣。岂若匹夫匹妇之为谅也,自经于沟渎而莫之知也?"

斗争升级

　　连续的失败,让端木赐非常恼火、非常沮丧,他憋了一肚子的火想要发泄。随后的几天,他变得异常安静。

　　终于,这一天他再也按捺不住自己,他要与孔子正面抗衡了。

　　这一天孔子讲君子的行为,举了许多人的例子,譬如周公、柳下惠、蘧伯玉等人,其主题就是"仁者爱人"。

　　"先生,我有一个问题要问。"端木赐又是大声打断孔子的话,非常大声。

　　孔子瞥了他一眼,有些恼火。

　　"说。"孔子严厉地说。

　　"先生总是说君子爱人,那我想问问,君子难道就没有讨厌、憎恶的人吗?"端木赐问道。

　　每个人都看出来,这就是找碴儿抬杠来了。

　　"当然有。"孔子决定给他迎头痛击,打击他的气焰,于是也大声说道,"君子厌恶揭人短处的人,厌恶身居下位却诽谤上位者的人,厌恶莽撞而无礼的人,厌恶固执而不通道理的人。"

　　孔子的话非常严厉,而每一句都直指端木赐的软肋。端木赐平时话多,免不得说别人的坏话揭别人的短。端木赐身为一个学生,却不懂得尊重老师,还暗地里说老师的坏话。端木赐常常在课堂上表现得粗鲁无礼,老师同学们给他讲道理却根本听不进去。

　　每个人都知道孔子这是在说端木赐,有的人暗自幸灾乐祸,有的人对端木赐投来鄙夷的目光。

　　端木赐的脸涨得通红,拳头握得紧紧的,胸口不住地起伏着。

　　孔子原本准备宣布下课,让端木赐的闷气憋在心里。可是看看端木赐的状况,他决定让他把自己的戾气发泄出来。

　　"赐,你有什么厌恶的人吗?"孔子问,声音还算温和。

　　"有,当然有。"端木赐大声说,盯着孔子,"我厌恶剽窃别人的知识的人,厌恶不谦虚却以为自己很勇敢的人，厌恶攻击别人却以为自己很正直的人。"

端木赐所说的这三种人，就是他眼中的孔子。

他认为孔子没什么学问，都是剽窃古人的。他认为孔子很不谦虚，但是却以为自己很勇敢。他认为孔子喜欢批评学生，却以为自己很正直。

话说完，端木赐的情绪平息了很多，他觉得自己心头的怒火发泄了出来。

孔子笑了笑，没说什么，宣布大家可以去休息了。

《论语》：

子贡曰："君子亦有恶乎？"子曰："有恶。恶称人之恶者，恶居下流而讪上者，恶勇而无礼者，恶果敢而窒者。"曰："赐也亦有恶乎。""恶徼以为知者，恶不孙以为勇者，恶讦以为直者。"

从那以后，端木赐再也没有挑衅过孔子，他很聪明，他也知道上一次的正面对抗是孔子手下留情了。如果再对抗下去，只能是自取其辱。

端木赐老实了很多，平时的话也少了很多，不过学习上依然是吊儿郎当，提不起精神。说起来，就是因为跟孔子斗气的那股气泄了，干什么都没劲。

孔子知道，在这场对抗中自己取得了完胜。但是，取胜并不是自己的目的，自己的目的是要帮助端木赐走上正途。

可是，下一步该怎么办呢？

当初子路来的时候，孔子也是采用同样的办法让子路服软的，之后子路就对自己言听计从了。可是，端木赐不是子路，端木赐是个超有主见的人，要改变他并不容易。

就在孔子无计可施的时候，发生了一件始料未及的事情。

这一天下课之后，一辆豪车来到了孔子的学校，端木巨匆匆下了车，之后一声不吭来到了宿舍。

这一天端木赐异乎寻常地在读书，看见父亲冲了进来，从父亲铁青的脸色看出来大事不妙。

"爹。"端木赐刚说完一个字，被端木巨一把揪住，连拉带拽拉出了院子。

"不争气的兔崽子，端木家的脸被你丢尽了，给我滚回去吧。"端木巨推搡着端木赐上了车,端木赐已经吓傻了,什么也不敢问。

同学们看着,也是议论纷纷。

孔子听见外面吵嚷,正要出去看,就看见冉有跑过来。

"先生,端木赐的父亲要把端木赐给带回去,已经上车了。"冉有大声说。

"什么?"孔子听了,急忙出了院子。

这个时候,端木巨正要上车。

"端木大夫,这是怎么回事?"孔子高声问道,三步并作两步走到车前。

看见孔子出来,端木巨的脸色好了一些。

"仲尼先生,我今天才知道这个小兔崽子竟然在您这里胡作非为,成了一个学渣。我实在没脸让他待下去了,我也没脸去见您,所以我直接把他带走,在全家族宣告他的过错,将他逐出家门。"端木巨说着,激动起来。

孔子抬头看看车上的端木赐,只见他吓得脸色发白,一动不敢动。

"端木大夫,其实没有您想的那么糟糕,赐虽然有些顽皮,秉性还是不错的,最近这段时间尤其有所进步。我看,还是把他留在这里吧。"孔子替端木赐求情,虽然端木赐是个学渣,却不是不可救药的那种。

"仲尼先生您就别安慰我了,他的事情,他那帮狐朋狗友早就传遍了。不行,这样的东西,迟早是我家族的败类,你不要拦着我。"端木巨说完,迈步上了车,就要下令御者出发。

孔子没有犹豫,两三步来到马车前,拦住了马车。

"仲尼先生,唉。"端木巨叹了一口气,不得不又下了车。

"端木大夫,人孰无过,过而能改,善莫大焉。"孔子说道。

端木巨看看孔子,其实他也并不真正忍心将儿子逐出家门。如果孔子还愿意收留儿子,说不定儿子真能改过呢。

"那,仲尼先生,我就多多拜托了。这小子再有什么胡作非为,您一定要告诉我,我来收拾他。"端木巨说完,就要给孔子下拜,被孔子一把拦住了。

端木巨的车绝尘而去,临走前一句话也没有对端木赐说,只是狠狠地瞪了他几眼。

端木赐呆若木鸡地站在原地,久久不动,直到冉有招呼他回去。

第二七〇章
己所不欲，勿施于人

学渣的转变

父亲的震怒对端木赐的触动非常大，在他的记忆中父亲从来没有这样愤怒过，从来没有这样失望过。

同样，孔子对他的保护也令他深深感动，虽然老师平时讽刺自己、打击自己，可是关键时刻，老师却拦住了马车，全力在为自己辩解。

痛定思痛，痛何如哉？

端木赐深深地为自己过去的荒唐行为而后悔，他去向孔子表示感谢和愧疚，而孔子温和地安慰他、鼓励他。

从那之后，端木赐再一次认真听讲了，不过这一次的认真听讲不是为了跟老师抬杠，而是真心为了学习。

端木赐沉默了十多天，这十多天里，子路、冉有等师兄弟都来安慰他，让他感到温暖。

渐渐地，端木赐又恢复了他的活力，话又多了起来。只不过，过去那种不着边际的废话、大话少了很多，跟师兄弟们讨教探讨学业的内容多了很多。

端木赐在课堂上也会提问，不过现在提出的都是真心想要知道答案的问题。

下了课，端木赐也会向孔子去请教。

"先生，我想做一个君子，不知道该从哪里开始。"这一天端木赐来问孔子这个问题，孔子很高兴，这说明端木赐想要进步了。

"赐啊，要做一个君子，首先要做到的就是自己先做了，然后再去说。"孔子语重心长地说道，针对端木赐喜欢吹牛的缺点。

(《论语》："子贡问君子。子曰：'先行其言而后从之。'")

端木赐在孔子学校其实没有朋友，这一点他自己也清楚。虽然他很能说，并且很大方，但是同学们似乎并不认为他值得成为朋友。想想也是，一个大忽悠，就算是有钱的大忽悠，终究也是靠不住的。

端木赐听从了老师的教导，不再说那些没谱儿的话，也不再说那些没把握的话，竭力去改变自己在同学中的大忽悠形象。

他以为，这样他就能交上朋友了。

可是，他依然没有朋友，还有一些同学对他敬而远之，甚至根本不来往。

端木赐感到困惑，于是又来请教老师。

"先生，我很想和同学们成为朋友，可是却没有人愿意和我交朋友，您能告诉我该怎么做吗？"端木赐问。

听到这个问题，孔子笑了。

"你知道为什么有的人很有钱，却依然得不到别人的尊重吗？"孔子问。

"我知道这种人就是被称为土豪的那种人，可是为什么他们得不到别人的尊重呢？我不知道。"端木赐回答。他就有朋友，说是朋友，实际上就是酒肉朋友，根本算不上真正的朋友。

"因为他们不懂得尊重别人，所以别人也就不会尊重他。"

"可是，我不是土豪啊，我也尊重别人啊。"端木赐说。

"那么，你说说你是怎么尊重别人的。"

"我现在不吹牛了，也不拉着别人跟我聊天了。而且，我还常常主动帮助别人啊。"

"你怎么帮助别人呢？"

"我比别人有钱，我还很大方。"

"那只能说明你是土豪。"

"看到别人做得不对的,我会给他提出来。"

"如果他不改呢?"

"我就接着说,反复跟他讲。"

"结果呢?他改吗?"

"好像,好像还不改。"

说到这里,孔子又笑了。这么长时间的相处,他已经非常了解端木赐的性格了。端木赐聪明而且见识多,自信而且热情,因此,只要他认为是好的,他就希望别人都这样做。看到他认为不对的,就直接建议别人改正。如果别人不听从他的建议,他就反复地说。

"赐啊,有的时候,你认为对的,未必就真的对。有的时候,你认为对的确实是对的,但是别人不认为对,你说多了,别人就会怀疑你的动机了,结果反而提防你、反感你。还有,你比大家都有钱,你说话太直接,人们就会认为你仗着有钱而轻视他。所以,即便你对别人有忠告,也要用好的方式。如果别人不听,那就不要再说了,否则就会自取其辱。做到了这些,你就会有朋友了。"孔子循循善诱,说到了重点。

"哦,原来这样!"端木赐恍然大悟。

上面的这些都在《论语》中有记载,而这一句的原文是这样的:"子贡问友。子曰:'忠告而善道之,不可则止,毋自辱焉。'"

端木赐的性格,自信而热情,自己认为对的,就希望别人也这样认为,就希望别人也同样去做。这一点,就像现在血型学里所说的 O 型血的性格,喜欢强加自己认为对的东西给别人。

经过孔子的教导之后,端木赐觉得老师说得对,自己确实应该去改。

于是,从那之后,端木赐跟同学们说话讲究分寸了,看见自己认为不对的,也不像从前一样直眉瞪眼给人家指出来,而是比较婉转地表达。尽量不给同学们提建议,有的时候实在忍不住,也会采取比较恰当的方式。如果同学不听,也忍着不去再说。

过了一段时间,端木赐发现自己和同学们的关系确实改善了许多,过去那些对自己敬而远之甚至怀有戒备心的同学也能和自己正常交往了。

"看来先生确实有两把刷子。"端木赐现在暗地里已经不把孔子叫老家伙了,真心有些佩服了。

有了进步,端木赐很得意,他决定到老师面前自我表扬一番。

"蒙先生上一次的教导,弟子我认真改了,现在大家都愿意跟我交往了。"这一天端木赐来跟孔子说。

孔子一看,这小子这是讨表扬来了,不行,不能让他骄傲,还要打击他一下。

"那,你有什么心得吗?"孔子问。

"我吧,我不想别人的看法强加给我,我也不想把自己的想法强加给别人。"端木赐得意地说,他觉得这句话一说出来,老师一定会挑大拇指表扬自己悟性高。

孔子听了,当时就笑了。

"哈哈哈,哈哈哈。"孔子哈哈大笑,笑得端木赐有些摸不着头脑,就算老师高兴,也不至于到这样的程度吧。

"先生笑什么?"

"赐啊,俗话说江山易改本性难移,你所说的,是你做不到的。"孔子笑着说。

"先生,我这不都做到了吗?"端木赐不服气地说。

"赐啊,我知道你很努力,进步也很大,这很好了,继续努力吧。"孔子又及时地给了勉励。

(《论语》:"子贡曰:'我不欲人之加诸我也。吾亦欲无加诸人。'子曰:'赐也,非尔所及也。'")

端木赐从小聪明过人,学什么都很快,在两大家族中都有"神童"的称号,两大家族的人都很喜欢他。也正因为如此,他有些骄傲自满。

很快,端木赐又有些故态复萌了,又有些压抑住不住内心那种喜欢指指点点的躁动了,又开始一而再,再而三地把自己的意愿强加到别人的身上了。

要改变一个人的天性,确实是很困难的。

孔子当然知道端木赐一定会这样,所以他一直在关注着端木赐。

这一天下课之后,端木赐又在批评一个同学,想要他接受自己的看法。可是,这个同学就是不愿意接受他的看法。两人渐渐地争吵起来,声音越来越大。

"你这人怎么这么倔呢?这明摆着的事情你怎么就看不见呢?"端木赐激动

地说，他觉得这个同学真是个榆木脑袋。

"拜托你走开好不好？我不想听你说。"同学也是很烦端木赐了，说话也不耐烦起来。

"唉，你怎么不识好人心呢？"

"谁知道你是不是好人啊？"

端木赐气得摇头晃脑，还要说什么。

这个时候，孔子走了过来。

看见孔子，两人都不说话了。

"赐啊，看来你真是很贤能啊,要是我的话,可没这么多闲工夫。"孔子笑着说，话里话外的意思很清楚：不是说了你做不到吗？怎么样？

端木赐的脸当时就红了。

（《论语》："子贡方人，子曰：'赐也贤乎哉，夫我则不暇。'"）

端木赐属于悟性好的那种人，理解力强、学东西快。所以，孔子渐渐开始喜欢他，有的时候跟他开玩笑。

实际上，不是所有的人都可以开玩笑的。有的人心眼小，开不了玩笑；有的人悟性低，也开不了玩笑；有的人天性严肃，也开不了玩笑。

在孔子的弟子中，子路属于心胸大但是悟性不够的，孔子有的时候跟他开玩笑，结果子路不能领会，但是也不介意。最后的结果，就成了孔子挖苦他了。

冉有聪明，但是天生严肃谨慎，他和孔子之间根本形不成开玩笑的气氛。

唯有端木赐不同，他聪明开朗，又喜欢讨人欢心，本身就特别喜欢开玩笑。所以孔子见到端木赐就有想开玩笑的感觉，从前两人关系紧张，孔子讽刺他、挖苦他，看他尴尬气愤的样子就觉得好笑。现在两人关系改善了，当然更要开玩笑，只不过玩笑的气氛不同了。

这一天上课，孔子说到了自己的几个得意门生，譬如南宫敬叔、闵损和还没有正式入门的公西华，对他们十分赞赏。

端木赐有些吃醋了，他觉得自己也很优秀，不比他们差。

"先生，您看我怎么样？"孔子喝水的时候，端木赐问道。

孔子一看，知道端木赐想要得到表扬。

"赐啊，你就是个器具。"

"器具？什么器具？"端木赐问。

"瑚琏。"

瑚琏是一种宗庙中的祭器，非常华贵、重要。

"嘿。"端木赐发出得意的声音，左右扫视着，似乎自己比所有人都强。

同学们也都看着他，有的羡慕，有的嫉妒。

"不过，君子不能像一个器具。"孔子大声说道。

片刻沉静，然后是哄堂大笑。

端木赐愣了愣，也笑了，他从孔子的笑容里看出来他在和自己开玩笑。

"赐啊，一个君子，不能仅仅满足于一个方面的知识，应该博学多思。所以，你还要努力啊。"等到大家不笑了，孔子解释说。

《论语》中用了两章来记叙这件事情。第一章是："子贡问曰：'赐也何如？'子曰：'汝器也。'曰：'何器也？'曰：'瑚琏也。'"

《论语》第二章是："子曰：'君子不器。'"

端木赐在不断的进步中，孔子和端木赐的关系也越来越亲近。为了让端木赐的父亲端木巨放心，孔子还派人去向端木巨报告了端木赐近段时间的巨大进步，端木巨于是亲自来到孔子学校，一来看看儿子是不是真的洗心革面，二来感谢孔子对儿子的教育。

端木巨并没有失望，儿子身上的浮躁之气减少了很多，言谈举止之间踏实了很多，端木巨又测试了儿子一些诗书礼乐的知识，发现儿子确实有了很大的进步。

"仲尼先生，多亏了你啊。"端木巨深表感谢。

"赐是个好苗子啊，所谓浪子回头金不换，他将来一定大有成就的。"孔子当着端木赐的面在他父亲面前表扬了他，端木赐心里难免有些得意。

端木巨走了之后，孔子特地将端木赐叫来，要给他一些忠告。

"赐啊，你的进步我都看在眼里，今天给你说说怎样才能做一个君子。"孔子说，他认为已经到了认真与端木赐讨论这个问题的时候了，"君子要让自己庄重，做人不庄重，别人也就很难尊重你。学习不庄重，知识就很难学得扎实。做事要认认真真，有始有终，做人要说话算数，讲究诚信。另外，我知道你喜欢交朋友，但是，不要什么样的朋友都交，要与比自己强的人做朋友，这样你才能进步。还有啊，有了过错不要怕承认，不要怕改正。"

这段话见于《论语》："子曰：'君子不重，则不威，学则不固。主忠信。无友不如己者，过则勿惮改。'"

孔子一口气说了许多。每句话都针对端木赐的不足。

端木赐认真地听着，不停地点头。

"先生的教导，弟子终身铭记。"端木赐说，他深深地感受到老师的关爱。

"赐啊，一个人要成为君子，要受人尊重，首先就要学会做人啊。如果不懂得做人的道理，就算再有本事，就算再富有，就算再有权势，也不过是沐猴而冠啊。"

端木赐回味着老师刚才说的话，突然想起什么来。

"先生，弟子想问，有没有一句话能够让弟子终身遵行的？"端木赐说，原来，他觉得刚才孔子说的虽然句句在理，可是毕竟太多方面，自己做起来可能会难以掌握。所以，想讨个巧，看看有没有更简单的方法。

孔子笑了笑，这样的问题，大致也只有端木赐会问。

"有的，一个字，就是恕。什么是恕呢？就是己所不欲，勿施于人，自己不愿意的，不要强加给别人。"孔子说。

"己所不欲，勿施于人？"端木赐重复着，突然眼前一亮，"是啊先生，我的毛病就是出在这里啊。我休息的时候不想被人打扰，可是我总在宿舍里大声谈笑。我不喜欢别人在我面前炫耀，可是我却总在同学们面前炫耀。我懂了，我懂了。"

看着兴高采烈的端木赐，孔子笑了。

这一段的原话也在《论语》中。"子贡问曰：'有一言而可以终身行之者乎？'子曰：'其恕乎！己所不欲，勿施于人。'"

己所不欲，勿施于人。这是孔子对子贡的教导，其实也是孔子对所有人的教导。

从那之后，端木赐有了脱胎换骨的变化，说话做事都要考虑别人的感受，人人都喜欢他了。他和冉有成了最好的朋友，因为他知道冉有的身上有很多值得他学习的地方。

端木赐，字子贡。

因为他已经从一个学渣成为一个君子，我们必须要尊重他了，所以后面我们要以子贡来称呼他了。

刺杀后妈

原本，孔子就已经打算安心做一个快乐的教书匠了。

可是，很快发生了一件孔子意想不到的事情，令他不得不做出改变。

卫灵公的夫人南子在宋国的时候有一个情人叫作宋朝，说起来还是她的堂哥。宋朝是春秋时期著名的美男子，几乎与公孙子都齐名。后来的史书都说宋朝是个花花公子。

自从到了卫国，南子时刻想念自己的老情人。如今，卫灵公对她言听计从，只要她愿意，卫灵公甚至愿意为她摘天上的星星。于是，南子提出来想见自己的旧情人。当然，不能说是自己的情人，只说是自己从小玩到大的堂哥。

"好，没问题。"卫灵公爽快地答应了，他只要南子高兴。

卫灵公亲自派人去宋国请宋朝前来卫国访问，食宿、路费等全包。当年秋天，宋朝高高兴兴来到了楚丘。老情人相见，二话不说，自有分教。

卫灵公也非常喜欢宋朝，总是邀请他到宫里来游玩。

卫灵公还很喜欢一个人，这个人名叫祝鮀，字子鱼，是卫国宗庙里的祝史，口才十分了得，卫灵公每次出国都一定要带着他。

祝鮀和宋朝是卫灵公最信任的两个人，孔子曾经感慨说："要想混得好，若是没有祝鮀的口才，就要有宋朝的美色，这不是太难了吗？我在当今这个世界上算是没戏喽。"

（《论语》："子曰：'不有祝鮀之佞，而有宋朝之美，难乎！免于今之世矣。'"）

卫灵公为南子请来老情人的事情在整个楚丘传得沸沸扬扬，除了卫灵公之外，谁都知道他戴上了绿帽子。

这个时候，太子蒯聩出使齐国回来，路过宋国的时候，宋国人知道来人是卫国太子，于是故意嘲笑他，唱道："既定尔娄猪，曷归吾艾豭？"歌词大意是：既然已经给你们的母猪配种了，怎么还不把我们的公猪还回来？

你说这宋国人的嘴也够损的。

蒯聩早在齐国的时候就听说了南子把宋朝请去楚丘相会的事情，如今听到宋国人这样唱歌，知道宋国人在嘲笑自己，当时十分恼怒。

"这个宋国臭娘们，我要杀了她。"蒯聩下定决心，要除掉南子。

回到楚丘，蒯聩求见南子，借口很简单：送点儿齐国土特产。

南子对蒯聩早就图谋不轨，毕竟蒯聩二十多岁的小伙子，比卫灵公这个老头子更有情趣。再者说了，如果搭上蒯聩，等卫灵公死了，自己还能过好日子。所以，对于蒯聩的请求，南子毫不犹豫地答应了：单独接见。

蒯聩带着家臣戏阳速去见南子，戏阳速表面的任务是跟班提包，真正的任务是充当刺客。

"阳速啊，我们去见南子夫人，记住，只要我回头看你，你就上去杀了她。"临行前，蒯聩布置了任务。

"好的，您放心吧。"戏阳速答应得很干脆。

两人就这样到了后宫，蒯聩带着戏阳速进去了。

"太子，辛苦了，你真是心中有我啊。"看见蒯聩，南子非常高兴，话说得一语双关，意含挑逗。

"嘿嘿，夫人身体可好？"蒯聩说，说完，回头看看戏阳速。

按着预先的布置，戏阳速就该拔刀杀人了。要杀南子非常容易，因为这里除了蒯聩、南子和戏阳速之外，只有几个宫女。

戏阳速准备拔刀，就在这个时候，他的脑海中浮现出了一个人，谁？齐国的公子彭生。当年公子彭生为齐襄公杀了鲁桓公，结果后来当了替罪羊，被齐襄公所杀。

"难道，我要当替罪羊？"戏阳速犹豫了。

就在戏阳速犹豫的时候，南子回答问题了。

"身体好不好？试过才知道啊。"南子挑逗蒯聩。

蒯聩见戏阳速没有动手，只得转回头来。

"啊，是啊，是啊，试过才知道。"蒯聩敷衍着说，又回过头去看戏阳速。

戏阳速又握紧了剑柄，可是这个时候，他的脑海中又浮现出一个人来，谁？郈地马正侯犯的那个手下。这件事情过去的时间不长，可以说是历历在目。替人杀人，往往就是替人背锅。

第二七〇章　己所不欲，勿施于人

"难道，我要替蒯聩背黑锅？"戏阳速又犹豫了。

就在戏阳速第二次犹豫的时候，南子终于产生了怀疑。

"太子，你怎么总是回头？"南子问。

"啊，那，没什么。"蒯聩转回头来回答南子的问题，紧接着再次回头去看戏阳速，使劲使眼色。

戏阳速有点儿紧张，手中的剑抽出来一半，这个时候，他的脑海中又浮现出一个人来，谁？韩厥。想当年栾书动员韩厥杀晋厉公，被韩厥严词拒绝，最终，韩家得保安全。

"我，我要学韩厥。"戏阳速这样对自己说。

蒯聩非常恼火，既然戏阳速不动手，是不是自己亲自动手呢？他一边犹豫，一边回头去看南子。这时候，哪里还有南子？南子见势不妙，已经悄悄地溜了。

"救命啊，救命啊，太子要杀我了。"外面传来南子尖厉的叫声，叫声越来越远，显示南子跑得很快。

"怎么回事？"远远地，似乎是卫灵公在高声问。

蒯聩知道，现在自己唯一能做的事情就是赶快逃命。

蒯聩逃命而去，戏阳速也逃命而去。不过，两人逃命的方向并不相同。

当天，蒯聩逃往宋国，之后辗转逃到了晋国，投奔了赵鞅。

戏阳速并没有逃命，他留在了卫国，因为他知道自己是安全的。果然，卫灵公震怒之下要杀蒯聩，却放过了戏阳速。

"都是戏阳速害了我。"蒯聩在晋国逢人就说，结果这话传回了卫国。

"嘿嘿，这不是我害了太子，是太子成心在害我。"戏阳速说，他要为自己辩解，"太子要杀他的母后，本来就是个不义之举。他自己不动手，让我动手，我要是拒绝，他就会杀我灭口，所以我只好答应。可是，如果我真的杀了夫人，他肯定拿我做替罪羊，让我给他背黑锅。所以我只能答应他却不真正动手，这是我保住自己的唯一办法了。俗话说'民保于信'，老百姓要保护自己只能用信用，所以我就用道义作为我的信用来保护自己。"

戏阳速的说法非常具有说服力，因此并没有多少人指责他。

"凭什么我们就要为权贵们背黑锅？"大家都这么说。

第二七一章

重回鲁国

梁园虽好

蒯聩刺杀南子未遂事件牵连了许多人，蒯聩的朋友们纷纷被驱逐或者主动出逃，其中就包括卫灵公的哥哥孟挚的儿子公孟驱。

自从宋朝来了之后，弥子瑕的地位就有些尴尬了。因为宋朝更年轻更帅，又和南子关系不一般，因此卫灵公就有些移情别恋。这次蒯聩刺杀南子未遂事件虽然没有直接牵连弥子瑕，但是他和蒯聩的关系好是大家都知道的。

所以，这加快了弥子瑕的失宠。

这一天弥子瑕在宫里不知道怎么惹恼了卫灵公，卫灵公竟然史无前例地大骂他，骂得很难听，并且翻旧账。

"你这个家伙真是胆大包天，当初竟然敢假冒寡人的名义私用寡人的车，你就不怕寡人砍了你的脚？啊，还有啊，你啃了两口的桃子，竟然给我吃，你以为你是谁啊？啊呸。"卫灵公竟然把这两件事情给翻出来了，但是说法完全不同了。

弥子瑕吓得个半死，好几天不敢去见卫灵公。

弥子瑕失宠，间接也影响到了孔子，毕竟他是弥子瑕引荐给卫灵公的。虽然孔子并没有被卫灵公迁怒，但是他感觉自己在卫国彻底没有希望了。

"如果只是开学校，为什么要在卫国呢?"这个时候，孔子不得不考虑离开卫国了。

此时此刻，晋国正在进行一场内战。晋国六卿分为两个阵营进行战争，范家和中行家为一派，赵家、魏家、韩家和知家为一派，后者还裹挟了晋国国君。

范家和中行家战败，但是在齐国、卫国、郑国、鲁国等国的支持下，还在纠结残余势力与赵简子率领的赵家作战。但是屡战屡败，覆灭已经不可避免。

这个时候，范家的家臣佛肸占据了中牟，坚决不肯投降赵简子。

中牟紧邻着卫国，也不知道怎么回事，佛肸对孔子很是欣赏，于是派人来请孔子去帮助他治理中牟。

"好，我去。"孔子当场就答应了。

"不能去。"子路当场反对。

"为什么不能去?"孔子问。

"从前我听先生说过：'如果置身其中是一种不明智的做法的话，君子是不去的。'现在佛肸占据中牟对抗晋国，灭亡就在旦夕之间，您却要去，这如何解释呢?"子路还是直言直语，并不考虑孔子的面子。

"没错啊，我是说过这样的话。可是，不是说坚硬的东西磨也磨不坏吗?不是说洁白的东西染也染不黑吗?我难道是个苦味的葫芦吗?怎么能只挂在那里而不给人吃呢?"孔子后面的话有些喃喃自语的意思，并没有什么底气。

《论语》：

> 佛肸召，子欲往。子路曰："昔者由也闻诸夫子曰：'亲于其身为不善者，君子不入也。'佛肸以中牟畔，子之往也，如之何?"子曰："然，有是言也。不曰坚乎，磨而不磷;不曰白乎，涅而不缁。吾其匏瓜也哉?焉能系而不食。"

孔子终究还是没有去中牟，其实他何尝不知道去中牟是一个愚蠢透顶的选项，他何尝不知道那是一个找死的选择，他只是有些不甘心。

既然中牟不能去，待在卫国也没什么意思，那就回鲁国吧。

梁园虽好，不是久恋之家。

孔子决定回鲁国，对于他自己来说是充满着失望的。而对于弟子们来说，则夹杂着失望和激动。失望的是跟随老师出来却没有结果，激动的是终于可以回家了。

孔子把自己的决定告诉了蘧伯玉，蘧伯玉表示支持。端木巨提出来想让子贡跟随孔子回鲁国，孔子说好，子贡也很愿意。

就这样，孔子一行在离开鲁国两年后，踏上了归途。

孔子回到了鲁国，回到了自己的家。

家里还算整洁，院子里干干净净，屋子里也没有蜘蛛网，一切都与离开的时候一样。唯一不同的就是少了些人气，因此树木显得不是那么苍翠。

这两年，儿子孔鲤在这里看家。早年，孔子按照商人的习俗，给儿子从宋国娶了一门媳妇。可是十多年过去了，儿媳妇的肚子一直就是扁平的，一儿半女都没有生产出来，也不知道是儿子不行还是儿媳妇不行，或者儿子和儿媳妇都不行。

孔鲤的性格很像宋国人，固执不开窍，所以孔子一直就不太喜欢他。孔子也曾经想要让儿子学习诗书礼乐，可是儿子不仅没兴趣而且完全缺乏天赋，最终孔子只能放弃了。

所以，后来孔子把心思都放在教学上了，让儿子老老实实做个平常人，平平安安过一辈子就算了。

当初临走的时候孔子叮嘱儿子看好家，每天扫扫院子，隔段时间整理一下房间。看来，儿子做得不错。不管怎么说，就算儿子不够聪明，至少诚实勤劳，也不错了。

子路、冉有等几个弟子都来帮忙收拾家里，一切妥当，各回各家了。孔子这里，就只留下了子贡住在家里。

孔子隔天去拜见了鲁定公，尽管当初走得不愉快，礼节还是需要保持的。看见孔子，鲁定公很高兴，尽管当初走得不愉快，可是毕竟当初相处得还不错。

鲁定公没有再给孔子安排官职，但是给了他致仕大夫的待遇。

看上去，鲁定公的身体似乎不是太好。

孔子也去拜会了季孙斯，两人见面虽然有些尴尬，礼节还是保持着。互相问候了一番，也就这样了。

子路和冉有也都去拜会了老东家，季孙斯倒也客气，嘘寒问暖，不过也就这样了。倒是季孙斯的儿子季孙肥和冉有一向就很莫逆，私下里约了冉有喝酒。冉有特地叫上了好朋友子贡，结果子贡一通海侃，和季孙肥也成了朋友。

后来有事没事，冉有常常和子贡去季孙肥那里喝酒聊天。

冉有是个有心人，有心想要缓和孔子和季孙家的关系。于是，把这个想法告诉了子贡。

"子贡啊，你有什么办法吗？"冉有问。

"这个简单啊，让先生和季孙斯喝顿酒我做不到，可是，要让先生请季孙肥吃个饭喝个酒聊个天应该是可以的啊。"子贡很聪明，几次接触下来，已经弄清楚孔子和季孙家的那点儿恩怨情仇了，他知道季孙斯对孔子成见比较深，可是季孙肥似乎还挺尊重孔子。

"那这样，先生那边你去说，季孙肥这边我去说。可是，谁请谁比较合适呢？"

"当然是先生请季孙肥啊。"子贡说，事情其实不难理解，季孙肥如果要请孔子，那绕不过季孙斯。可是，孔子请季孙肥比较简单，就算季孙斯知道也无所谓。

于是，两人分别行动了。

冉有这边好说，季孙肥欣然同意。

子贡这边就要费点儿心思了，好在子贡够聪明。

"先生，季孙肥最近总是请冉有和我喝酒吃饭，总让人家请也不太妥当。所以，冉有师兄回请了季孙肥一次。我虽然是卫国人，也不能不有所表示啊，所以我说了下次我做东。所以，我想借先生的地方做个东，不知道行不行？"子贡很狡猾，他知道如果直接说让孔子请季孙肥，孔子会担心别人说他巴结季孙家，不一定会同意。可是这样说的话，他一定会同意。

"好啊，这有什么问题？"果然，孔子欣然同意。

"那什么，既然在先生家里，先生不露面恐怕也不太好，弟子在先生家里请客却忘记了先生更是不对。到时请先生一并出席，也算弟子孝敬先生。"子贡这话说得十分圆滑，由不得孔子不同意。

"那好啊，我就跟你们年轻人凑个热闹吧。"孔子的内心，其实也想见见季孙肥。

就这样，名义上子贡做东，实际上是孔子请客。

听说孔子宴请季孙肥，子路也要来凑个热闹，于是，孔子、子路、冉有和子贡都在，季孙肥则一个人前来。

虽然冉有比较闷，孔子比较矜持，可是子路爽朗，子贡话多，季孙肥的话也不少，席间还是非常热闹的。与所有的鲁国卿大夫子弟一样，季孙肥也去过临淄，对齐国还是比较熟悉，因此跟孔子和子路聊起一些齐国的事情。

聊过一阵齐国，又聊起当初子路和冉有在季孙家效力的事情来。

"先生，您认为子路可以管理国家吗？"季孙肥突然问。

"由个性果断，治理国家当然没问题。"

"那，子贡呢？"季孙肥问，又冲子贡笑了笑。

"赐吗？赐通达事理，处事灵活，治理国家当然没问题。"

"那，冉有呢？"季孙肥接着问。

孔子听完笑了，季孙肥也笑了。

"你们是好朋友啊，你不知道求的才能吗？他要不能，谁还能呢？"孔子说。

季孙肥点点头，表示认可。

这一段记录在《论语》中：

> 季康子问："仲由可使从政也与？"子曰："由也果，于从政乎何有！"曰："赐也可使从政也与？"曰："赐也达，于从政乎何有！"曰："求也可使从政也与？"曰："求也艺，于从政乎何有！"

不幸而言中

孔子知道自己在鲁国的仕途已经没有希望，于是继续开自己的学校。不过，现在心里踏实多了，就准备做一个快乐的私立学校校长，就这样下去了。

高柴住在了子路的家里，回了一趟齐国探望了父母，随后又回来了。

公西赤的父亲又带着公西赤来拜会了一次，公西赤已经十四岁了，举止之间已经透出一股君子的气息，孔子对他赞不绝口。

孔子是冬天回鲁国的，转眼到春天，又是新的一年。

一月的时候，邾国国君邾隐公前来鲁国朝见鲁定公，朝见的仪式在僖公庙，这种仪式在室外，百姓可以前往观看。

这个时候还没有开学，大家都在家里和家人过年，只有子贡在孔子家里无所事事，于是孔子就带着他去看这个朝见仪式，顺便学习一下相关的周礼。

虽说邾国是小国，邾隐公爵位和地位都比鲁定公要低，但是朝见的仪式上双方是按宾主方式进行的。

其中的一个步骤是邾隐公向鲁定公献玉，两人对拜，邾隐公双手献玉，鲁定公双手去接。按照惯例，地位低的手低，地位高的手高。也就是说，邾隐公献玉的手应该由下而上，鲁定公的手在稍高一点儿的位置去接。同理，地位低的人应该面部略朝下，地位高的人则应该面部略上仰。

可是，实际的情况是邾隐公的手高并且仰脸，鲁定公却是手低并且略俯面。

回到家里，孔子问子贡有什么感想。

"先生，我觉得吧，从周礼的角度来说，这两个国君都活不长。"子贡大声说。

"赐，小声点儿。"孔子急忙示意子贡放低声音，这话可不是什么好话，"为什么这么说呢？"

"先生教给过我们，礼嘛，事关生死存亡。人的左右周旋，进退俯仰，都可以从礼中找到根据。朝会祭祀、丧葬征伐，都是礼的体现。现在是正月，按照周礼，国君根本不应该见面，所以说他们的心中都已经没有礼了。这么重要的事情不合礼，国君能不死吗？再说了，邾隐公的姿势，表明他高傲；鲁定公的姿势，表明他很虚弱。高傲接近于祸乱，虚弱接近于疾病。鲁国国君作为主人，恐怕会先死的。"子贡分析，卖弄着他最近学习的礼法知识。

孔子听完，禁不住多看了子贡两眼，心想这小子行啊，不仅学以致用，而且善于观察。不过，孔子知道，如果自己在这里赞同子贡的话，这小子一定会到处去说。用不了几天，季孙家就知道了。再过几天，一定会传到鲁定公的耳朵里。

"赐啊，其实你想多了，只是鲁国国君最近身体不好，有点儿精神不集中而已。"孔子故意这样说。

到了五月，鲁定公果然重病身亡。

"哈哈，看我说得多准。"子贡得意地四处炫耀，生怕别人不知道。

国君死了，你还兴高采烈，这不是一件很危险的事情吗？

"唉，这件事情被这小子不幸而言中，他就又开始多嘴多舌了。"孔子感慨之后，告诫子贡赶紧别再说这事，免得惹祸上身。

这件事情记载在《左传》中，原文是："仲尼曰：'赐不幸言而中，是使赐多言者也。'"

不幸而言中，这句成语，就出自这里。

这是子贡第一次来鲁国，他早就听说鲁国人礼节比较多。来到之后，发现真是如此，不仅礼节多，各种祭祀也多。平时没事，孔子就带着他到处转，讲解各种礼节礼仪。

这一天，两人来到了鲁国太庙，也就是周公庙。孔子已经来过很多次了，庙里的人都认识他，见他来，都很恭敬。

孔子在太庙里走路说话都很小声，给子贡讲解的时候，语气里透着对周公的崇敬。

两人在太庙整整转了一天，天快黑才回家。

"先生，我知道周公制礼，于是天下才安定下来。我不知道，他当初对自己的儿子有什么教导？"子贡问。

"当初鲁公伯禽前来鲁国建国的时候，周公对他说：'君子不疏远他的亲属，不使大臣们抱怨不用他们。旧友老臣没有大的过失，就不要抛弃他们。'"孔子说。

"说是这样说，可是怎样才能做到呢？"

"包容，要做到这些，最重要的就是包容，就是不要对人求全责备。"

这段话的原文也在《论语》中，"周公谓鲁公曰：'君子不施其亲，不使大臣怨乎不以。故旧无大故，则不弃也。无求备于一人。'"

"不要对人求全责备？"子贡想了想，猛然有所领悟，"对了，有的人跟亲戚邻里关系都不好，和谁合作都是不欢而散，问题好像就是对别人求全责备啊。我总是喜欢指点别人，也算是对人求全责备吧？"

"赐啊，你说得真好，学习了就能用到自己的身上，这才是学习的目的啊。"孔子禁不住要表扬子贡一番。

"先生，能不能再给我说说礼为什么这么重要？"子贡问，在卫国的时候其实孔子说过，不过那时候子贡上课三心二意，根本没弄明白。

"好，那我给你说说。"孔子很高兴，他就是这样，只要弟子们愿意学，他什么时候都愿意教，"只是恭敬而不懂得礼，就会觉得很辛苦；只是谨慎而不懂得礼，就会畏缩拘谨；只是勇猛而不懂得礼，就会制造祸乱；只是直率而不懂得礼，就会说话尖刻。"

"先生，为什么呢？"

"因为礼就是规则，就是度。不懂得礼，你就不知道度，你就会过度。恭敬过度，就会很辛苦；谨慎过度，就会畏缩拘谨；勇猛过度，就会制造祸乱；直率过度，说话就会尖酸刻薄。"孔子解释道，其实这四点，恰好是颜回、冉有、子路和子贡需要注意的。

原文在《论语》中是这样的，"子曰：'恭而无礼则劳，慎而无礼则葸，勇而无礼则乱，直而无礼则绞。'"

"懂得了度，做事才能恰当，是这样吗？"子贡接着问。

"是了，我把它称之为中行，就是不偏不倚的意思。一个人如果不懂得中行，那就要么过分，要么不足。过分的呢就会莽撞，不该做的他要去做；不足的呢就会畏缩，该做的他不敢做。"孔子继续讲解。

（《论语》："子曰：'不得中行而与之，必也狂狷乎！狂者进取，狷者有所不为也。'"）

鲁定公去世不久，他的夫人定姒也去世了。

鲁定公的儿子姬将即位，就是鲁哀公。

到秋天的时候鲁定公下葬，结果下葬那天恰好遇上大雨，于是按照周礼延迟，另外择日下葬。这下，孔子又有了一个讲解丧葬礼仪的现实例子了。

鲁哀公元年，吴王夫差率领吴军进攻越国，越王勾践投降，吴军占领了会稽山，在会稽山上发现一个人的骨头，骨头超大，能装满一辆车。

"这是什么的骨头？"吴国人纷纷猜测，实在猜不出来。

"这是什么的骨头?"吴国人问越国人。

"我们也不知道啊,要不是你们挖出来,我们都不知道这里还有骨头。"越国人也是一脸蒙的样子。

恰好,这个时候吴王夫差派人去鲁国出使。

"鲁国人比较有学问,你顺便问问鲁国人知不知道。"吴王夫差叮嘱使者。

使者来到了鲁国,办完了正事,想起这件事情来了。问了几个人,都说不知道,有人说孔子最有学问,你为什么不去问问他?

于是,吴国使者登门请教来了。

"仲尼先生,我们挖到了一副人骨头,想向您请教是什么人的骨头。"使者上来就这么问。

"啊,这个,凶杀案不是我的业务范围啊。"孔子说,他以为是什么地方发现了无名女尸,来找他破案的。

"啊,先生误会了。"吴国使者把事情的起因说了一遍,孔子这才明白。

"嗯,你说的这个事情倒是有个历史可以解释的。"孔子略微想了想,眼前一亮,想到了答案,"上古的时候,大禹治水,在会稽山召集各国君主开会,结果防风氏迟到了,大禹将他杀了,陈尸荒野。据说防风氏是个巨人,他的骨头就能装满一辆专车,这骨头是最大的。"

"啊,是这样的?"吴国使者第一次听说这样的事情,瞪大了眼睛,"那,那他不是神了?"

"不,不是的。山川的神灵兴云播雨,足以管理天下,山川的守主就是神。社稷的守主就是公侯,山川的祭祀者就是诸侯,都属于王者。"

"那,防风氏是干什么的?"

"他是汪芒氏的君主,负责守卫封嵎之山,山神是釐姓。在夏朝,称为防风氏;在商朝,则是汪芒氏;在周朝,就是长翟,现在叫大人。"孔子解说得非常清晰,而长翟,前些年还有。

"那,人究竟能有多高呢?"

"人嘛,僬侥氏只有三尺高,应该是最矮的人了;而长翟最高,但是不超过十尺。"

"哇,您太有才了,圣人哪。"吴国使者感叹道。

这段对白，历史上多认为纯属杜撰，近于神话。

其实未必，长翟在春秋早期还有，是一个翟人部落，这个部落的人身材十分高大，都是巨人。

按《左传》记载，长翟部落叫作鄋瞒，首领名叫侨如，还有四个兄弟叫焚如、荣如、简如、缘斯。长翟部落最早从属于赤狄，勇猛善战，但是后来北狄内乱并分裂。长翟部落脱离赤狄，五兄弟分头进攻齐、鲁、宋、晋等国，虽然个个身高力大，可是毕竟人数少、没战术，结果死个精光。大哥侨如被鲁国大夫叔孙得臣射伤，之后被活捉处死。就因此，叔孙得臣给儿子取名叔孙侨如。

孔子解答了吴国人疑难问题的事情迅速传开，孔子再次声名大噪。一个人对此很不高兴，也很不服气，他认为孔子实际上是在忽悠没有文化的吴国人。

这个人是谁？季孙斯。

恰好这个时候季孙斯听到一个奇闻，在他自己的封邑费地，前段时间挖井，结果从井里挖出来一个土缶（音 fǒu，口小肚大的容器，用来装酒或者汲水）奇怪的是，土缶里竟然装着一只死羊。

"你孔丘不是说自己博学吗？看我耍弄你一次。"季孙斯想了一个坏主意，派人也去向孔子请教。

季孙斯的使者来到了孔子家，说是主人有疑难问题请教。

"仲尼先生，事情是这样的。我们在费地挖井，结果井里挖出一个土缶来，土缶里面还有一条死狗，请问这是怎么回事？"来人说，故意把羊说成了狗，就等孔子出洋相了。

孔子笑了，心说幸亏今天上午我也听说了这件事情，否则一定上套了。

"据我所知啊，应该是羊才对，为什么呢？我听说啊，树木和石头的精怪是夔（音 kuí，古代传说中的单足兽）和魍魉（山精），土中的精怪应该是羵（音 fén）羊（古代传说中的土中神怪）。所以，应该是羊。"孔子不慌不忙地说，得意地笑了。

来人见计谋已经被揭穿，十分尴尬，搭讪了几句，走了。

第二七二章

开弓没有回头箭

宰我

孔子又收了一批弟子，其中有宋国人原宪，字子思，原宪为人老实巴交，和颜回有得一拼。还有鲁国人宰予，字子我，也称宰我，小孔子三十岁，也是商族人。宰我非常聪明，似乎总在思考。同时宰我具有商族人那种犟劲，喜欢较真儿，孔子非常喜欢。

两个学生，都是孔子看好的。

不过很快，孔子就发现宰我很难对付。为什么说难对付？

因为宰我的逻辑分析能力超强，总是能够从孔子的话里发现矛盾之处，然后来找孔子辩论。

有一次，宰我来找孔子提问题。

"先生，我听荣伊说过，黄帝活了三百年，那黄帝是人呢，还是神呢？怎么能活三百岁？"

孔子一愣，心说大家不过随便说说，上古的事情谁还追究？可是这小子竟然就抓住不放了。

"予啊，夏商周的事情都是现成的，够你钻研了，黄帝那么远的事情，我看你就不要那么认真了。"孔子说，一般的弟子到这里就不会再追问了。

可是，宰我不是"一班"的弟子，他是"二班"的。

"先生，我知道上古的事情有点儿说不清楚，我这问题有点儿钻牛角尖，可是，我还是想弄明白。"宰我的架势，就是孔子要是承认自己是信口胡说，他就不问了。

孔子一看，这小子这么倔，可是我也不能在他面前认错啊，怎么办？孔子想了想，想了个办法。

"予啊，我给你讲讲黄帝的故事吧。"孔子开始从黄帝的出生讲到了黄帝怎么战胜炎帝，"一统江湖"，奠定中华文明，"你看，黄帝这么伟大，活着的一百年给百姓造福；之后的一百年，百姓敬畏他的神灵；再之后的一百年，百姓沿用黄帝的教化，天下才发生了本质的变化。"

孔子这一通忽悠，讲得唇干舌燥，总算是勉强圆了回来。

"哦，那实际上还是只活了一百年。"宰我说，他还是认为孔子和荣伊在信口雌黄。

此事见于《大戴礼记》和《孔子家语》。

过了几天，孔子讲到了父母去世之后，儿子要守孝三年。

下课之后，宰我又来了。

"先生，我觉得吧，三年的丧期太长了。"宰我上来就说。

"嗯，为什么？"孔子问，他可是最提倡孝道的人。

"三年丧期，也就意味着三年之内不能修习礼仪，礼制岂不是必然毁坏？三年不能演奏音乐，音乐岂不是必然荒疏？旧谷吃完了，新谷就该登场了；古人钻燧取火而改变火种，我认为守孝一年时间也就够了。"宰我的说法，就是反对三年丧期。可是他说得有道理，如果守孝三年造成礼崩乐坏，岂不正是孔子不愿意看到的？

孔子一听，非常恼火，这不是不孝吗？

"我问你，三年丧期之内，吃白米，穿锦衣，你感觉心安理得吗？"孔子强压着火，问宰我。

"没问题啊。"

"君子守丧，吃什么都不觉得好吃，听什么音乐都不觉得好听，所以他们不会像你那么想。你觉得心安理得,那就按照自己的想法去做好了。"孔子大声说,说完,扭过脸去不再理他。

宰我没趣地退了出去,可是孔子的气还没消,对身边的弟子们说:"宰我就是混账东西,不懂得仁爱的家伙。孩子出生三年,才离开父母的怀抱。三年守丧,是满天下的规矩。宰我对他的父母难道连三年的爱心也没有吗?"

这段故事,记载于《论语》:

> 宰我问:"三年之丧,期已久矣。君子三年不为礼,礼必坏;三年不为乐,乐必崩。旧谷既没,新谷既升,钻燧改火,期可已矣。"子曰:"食夫稻,衣夫锦,于汝安乎?"曰:"安。""汝安则为之。夫君子之居丧,食旨不甘,闻乐不乐,居处不安,故不为也。今汝安,则为之。"宰我出,子曰:"予之不仁也。子生三年,然后免于父母之怀。夫三年之丧,天下之通丧也。予也有三年之爱于其父母乎?"

宰我就是这样,什么事情都要讲个逻辑。这让孔子有的时候很难堪,不过这也让孔子在讲课的时候更加严谨,否则,就要担心宰我来问问题了。

再回卫国

转眼间孔子回到鲁国将近两年,到了鲁哀公二年的大年初一。

按照周历,每个月的初一为朔,十五为望。按照周礼的规定,周天子每年秋冬之际,就把第二年的历书颁给诸侯,诸侯把历书放在祖庙里,并按照历书的规定每月初一日来到祖庙,杀一只活羊祭庙,表示每月听政的开始。

进入东周之后,周天子已经不再颁布历书,不过鲁国自有历官,因此自行告朔之礼。可是到了孔子时代,鲁国君主只是在每年元月初一才去告朔,其余各月就都免了。

上一年的元月初一,鲁哀公还没有除丧,告朔之礼就由季孙斯代为进行。因此,这是鲁哀公第一次主持告朔之礼,格外隆重。

这样的机会,孔子自然不会错过,因此就带着弟子们前往观礼。

尽管孔子已经不是大夫，鲁哀公和卿大夫们见到孔子还是非常尊重，纷纷行礼问好。弟子们看到，对老师也是更加信服。

孔子此前是参加过告朔之礼的，对整个程序非常熟悉，因此在来之前就给弟子们做过讲解。到了现场，就不再说话了，弟子们有问题也只能结束之后再提。

整个仪式就是走过场，虽然看上去大家还是很严肃，可是认真就谈不上了，基本上人人都盼着早点儿结束、早点儿回家接孩子。换言之，节奏很快，仪式感有些不足。

告朔之礼很快就结束了，之后各回各家。这个时候，孔子领着学生们在现场进行答疑解惑。

基本上，大家的疑惑也不多，因此也没什么好问的。

在周公的牌位前，放着一个巨大的铜盘，上面摆着一只献祭的山羊，还散发着膻腥的气味。按着周礼的规定，凡是用于祭祀的牛羊，养着以备使用称为牢，杀而未烹称为饩，烹熟了称为飨。这只羊就是饩羊，杀了却没有烹熟。

"既然告朔之礼不过是走走过场，全无诚意，何必要牺牲掉这只羊呢？把羊去掉算了。"子贡对孔子说。

"赐啊，你爱这只羊，可是我爱这个礼啊。人已经敷衍了事、心不在焉了，只有这只羊还认认真真、至死不渝地趴在这里。要是连这只羊也没有了，这个礼就真的没有了。"孔子半开玩笑半认真地说。

大家听了，都在暗暗地笑。

（《论语》："子贡欲去告朔之饩羊。子曰：'赐也！尔爱其羊，我爱其礼。'"）

俗话说：树欲静而风不止。

就在孔子踏踏实实教学，准备一辈子做个教书匠的时候，意料之外的事情又发生了。

这一天，有人从卫国来了，孔子认识，这是蘧伯玉家里的人，名叫蘧通。

"仲尼先生，夫子让我来看望您，顺便有件事情看您是不是感兴趣。"蘧通见过孔子，恭恭敬敬地说。

"多承夫子惦记了，敢问是件什么事？"

"这事说起来稍微有点儿长，我先把最近卫国发生的事情跟您说说。"蘧通说完，见孔子点点头，于是接着说起来。

原来，不久前卫国大夫史鱼去世了，史鱼这个人非常正直，并且是蘧伯玉最要好的朋友，他一直认为蘧伯玉才是治理卫国的最佳人选，不断向卫灵公推荐，结果卫灵公就是不听。

临死之前，史鱼对他儿子说："我身为卫国的大夫，一直以来极力向国君推荐蘧伯玉，劝国君疏远只会拍马屁的弥子瑕，可是一直没有成功，这是我的一大过失。活着的时候没有尽到职责，死了也就不能享受礼遇。所以，我死之后，把我的灵柩就放在窗户外面就行了。"

史鱼死了之后，儿子遵照他的遗嘱，把他的灵柩就停放在窗外了。按照周礼，是应该停放在厅堂的。

史鱼去世，卫灵公第一个前来吊唁。为什么卫灵公第一个来呢？因为史鱼是史朝的儿子，当初卫灵公能够当上国君，靠的就是史朝和孔成子，因此卫灵公对这两家一直感恩戴德，私下里的关系都很好。

卫灵公来到之后，发现灵柩放在窗户外面，很是惊奇，于是找来史鱼的儿子责问。

"主公，这是我父亲的遗嘱啊。"史鱼的儿子把父亲临终前的话说了一遍。

卫灵公的脸色变得非常难看，他一向是信任史鱼的，如今史鱼用这样的方式来劝谏自己，自己不应该再让他失望了。

"都是我的过失，我改，我改还不行吗？"卫灵公表了决心，当即命令把史鱼的灵柩抬进了厅堂。

回到朝廷，卫灵公立即下令任用蘧伯玉执掌国政。

蘧伯玉执掌国政之后，就派了蘧通来找孔子。

"夫子一直很欣赏仲尼先生，也知道先生志向高远。如果先生不嫌卫国太小的话，夫子就邀请先生前往卫国，与夫子共同治理卫国，不知先生意下如何？"蘧通说。原来，蘧伯玉是派他来邀请孔子出山的。

"好啊好啊，我去，我一定去，我这就去。"孔子那颗从政的心立即又燃烧了起来。他和蘧伯玉的治国理念高度一致，关系又好，他相信，只要两人同心协力，周礼治国一定能在卫国实现，当年卫康叔治下那个繁荣昌盛的卫国很快就会重现。进而就可以推行到天下，成康之治就在眼前了。

见孔子爽快地答应了，蘧通也很高兴。

于是，两人又聊了一阵。

"夫子最近在做什么？"孔子问。

"夫子想要减少自己的过失，可是却做不到。"蘧通说。

"夫子所做的事情，真是我们学不到的啊。"孔子感慨一声。

聊了一阵，蘧通就要告辞，说是蘧伯玉等他的回话，孔子挽留再三，蘧通坚持要走。

"既然使者坚持要走，我就不再挽留了。拜托使者转达我对夫子的问候。"孔子说。

于是蘧通拜辞孔子，而孔子向他拜了两次。

之后，孔子带着子路和子贡将他送上了车，挥手道别。

"使者啊，使者啊，这才是真正的使者啊。"等到蘧通的车走远了，孔子又感慨道。

"先生为什么这样说呢？"子贡问。

"我问他夫子在做什么，他说夫子想要减少自己的过失，这是在说夫子的自省；又说夫子做不到，这又体现了夫子的谦恭。一句话里说出了夫子的两样美德，恰当又不过分，还有比这更好的语言吗？"

"哦。"子贡点点头，若有所思。

这一段见于《论语》：

　　蘧伯玉使人于孔子，孔子与之坐而问焉，曰："夫子何为？"对曰："夫子欲寡其过而未能也。"使者出。子曰："使乎！使乎！"

这时，一旁子路提出来一个问题："先生，为什么刚才要拜使者两次呢？"

"是啊，这是周礼的规定吗？"子贡说，他也想问这个问题。

孔子笑了笑，说："这倒不是周礼的规定，是我认为应该这样。为什么呢？就像你拜托一个人给你朋友送礼物，这时候你应该准备两份礼物，一份给朋友，一份给所托的人。我拜使者两次也是这个意思，一次是委托他带给夫子的，一次是拜谢他的。"

（《论语》："问人于他邦，再拜而送之。"）

三天之后，孔子带领着弟子们再次踏上了前往卫国的道路，上一次随孔子去卫国的弟子有些没有去，而有些上一次没有随孔子去卫国的弟子这次则跟着去了。

孔子的心情非常好，比上一次去卫国的心情还要好，因为这一次是蘧伯玉邀请自己去，不仅更加靠谱儿，而且想想今后与蘧伯玉合作就高兴。

一路轻快，一行人就来到了卫国首都楚丘。卫国不是个大国，楚丘也算不上国际大都市，但是因为地处几国交界所在，再加上商业传统，所以楚丘还是非常繁华，人口也很多。

"人真不少啊。"孔子在车上发出赞叹，要知道在春秋时期，人口是一个国家最大的资本。

"先生，人口已经很多了，接下来该怎么办呢？"冉有问，驾车的是子路，冉有陪着孔子坐在车上，他想知道孔子将会怎样来治理卫国。

"人口多了，下一步就是要让人们富足。管子曾经说过，仓廪实而知礼节，衣食足而识荣辱。所以，要富民。"孔子说，这是他早就想好了的，来之前，他还专门学习过管子的治国思想，从中学习到了不少。

"那，富民之后呢？"

"要教化，让人们懂得周礼，这样，人们就能知礼节、识荣辱了。"孔子说，扫视着车外的集市人群，似乎一切都在掌握之中。

"驾。"子路大声喊着，马车加快了速度。

《论语》：

子适卫，冉有仆。子曰："庶矣哉！"冉有曰："既庶矣，又何加焉？"曰："富之。"曰："既富矣，又何加焉？"曰："教之。"

俗话说：计划不如变化快。

俗话又说：谋事在人，成事在天。

当孔子一行兴冲冲地来到蘧伯玉家的时候，得到的却是迎头的一盆冷水。

"仲尼，真是个有信用的人啊。"蘧伯玉非常热情，不过言语中似乎有些尴尬。

蘧伯玉将孔子迎到了客厅，又叮嘱人安排宴席接待孔子一行。

"仲尼啊，事情有些变化，我也来不及通知你。"蘧伯玉说。

"什么变化？"孔子心里咯噔一下，看来不会是什么好消息。

"我被免职了。"蘧伯玉说，随后把情况大致地做了介绍。

原来，蘧伯玉上任之后，强调以周礼治国，于是在一些事情的处置上和卫灵公无法合拍，导致卫灵公的不满，再加上南子等人在背后说坏话，因此卫灵公以年岁大需要休息为理由罢免了蘧伯玉，任命孔成子的儿子孔圉为上卿，管理国家。

"夫子也不必太在意，既然如此，正好可以在家里享受天伦之乐。"孔子听说，急忙安慰蘧伯玉。

"嗐，这算什么？让我做，我就尽心尽力地完成自己的职责；不让我做，我也高高兴兴继续生活。"蘧伯玉笑了笑说，并没有任何沮丧的意思。"可是，这么大老远地把你请来，我却不在其位了，这让我过意不去啊。"

"嗐，人算不如天算啊，上天注定就该如此，怪不得夫子。"孔子忙说，话是这样说，不过语气之中还是有些失望。

"仲尼啊，我知道你的为人，虽然你不在意，我却不能不在意。你看这样行吗，孔圉这个人也是个君子，为人不错，对我也很尊重，我已经跟他打过招呼了，请他在国君面前推荐你，你不妨去试试。行的话，跟孔圉共事也是蛮不错的。"蘧伯玉说，通常，类似这样的事情，卸任者都会对继任者心怀怨恨，可是蘧伯玉没有，他还称赞孔圉。

孔子暗自赞叹蘧伯玉的气量，也感慨卫国确实君子很多。

"恭敬不如从命了，多谢夫子。"孔子道谢，语气中似乎轻松了很多。

当晚，蘧伯玉宴请孔子，谈笑风生，没有丝毫因被免职而失落的感觉。

"夫子真是个君子啊，国家有道，需要他出来，他就责无旁贷；国家无道而不用他，他也高高兴兴回家养老。唉，不容易啊。"孔子悄悄地对子路说。

（《论语》："子曰：'君子哉蘧伯玉！邦有道，则仕；邦无道，则可卷而怀之。'"）

蘧伯玉没有说错，孔圉向卫灵公推荐了孔子，卫灵公决定召见孔子。不过，卫灵公知道孔子的理念与蘧伯玉相同，因此兴趣并不是很大。

会见的当天，卫灵公打着哈欠，一副应付差事的架势。

两人有一搭没一搭地聊了几句，大家都觉得很尴尬无趣。

"孔丘先生，能不能给我讲讲布阵打仗的学问？"卫灵公突然问，他知道孔子没有打过仗，因此故意刁难他。

"不好意思，没学过，我主要研究祭祀礼法之类的学问。"孔子说，他明白卫灵公的意思，因此干脆一口回绝。

话不投机，典型的话不投机。

天上，一行大雁飞过，嘶鸣着向北而去。

卫灵公仰起头来看大雁，把下巴留给了孔子。

孔子摇摇头，他知道自己该告辞了。

孔子知道自己在卫国是不可能有前程可言的了，待在这里已经没有任何意义，可是回鲁国的话实在太丢人，一定会被三桓笑话。

"算了，一不做二不休，天下之大，不只有鲁国和卫国而已，走，明天就走。"孔子下定决心要来一场说走就走的旅行。

第二天，孔子带领子弟们上路了，蘧伯玉也不好拦阻。

（《论语》："卫灵公问陈于孔子。孔子对曰：'俎豆之事，则尝闻之矣。军旅之事，未之学也。'明日遂行。"）

第二七三章

丧家之犬

再入宋国

去哪里？依然是陈国。

其实，对于去陈国，孔子也并没有什么把握，毕竟陈国是个小国，政治一向也不怎么样。不过，开弓没有回头箭，现在也只能硬着头皮向前走了。

从卫国南下，孔子不敢再走匡地，于是干脆穿越曹国。在曹国，孔子师徒并没有待太长时间，因为曹国是个小国，随时会被灭掉的那种，孔子对这个国家毫无兴趣。

穿过曹国，进入了宋国。

孔子为什么对宋国没有兴趣？因为孔子知道，宋国对他没有兴趣。整个周朝，即便是楚国、吴国和越国这样的国家，对周礼在表面上都是或多或少要遵从的，只有宋国是个例外，宋国人在骨子里认为他们还是商朝人，他们的礼法是商礼而不是周礼，因此，他们对孔子的学说毫无兴趣。

孔子一行迤逦来到宋国首都睢阳附近，走得累了，在路边的一棵大树下休息。

"弟子们，咱们最近在讲周礼，这样吧，闲着也是闲着，咱们就在这棵大树下进行一次两国国君相会的演习。"孔子走到哪里，都忘不了要演练自己教给弟子们的知识。

于是，弟子们拿出随身带着的乐器和礼服，穿戴好了，有人扮演国君，有人扮演相礼，有人扮演一般工作人员，然后开始演练，孔子在一旁现场指导。

原本一帮人突然来到这里就让人好奇，又是一帮外国人，当地人就更好奇。这帮外国人还换衣服拿架势好像要演戏一般，当地人就好奇得不得了。当礼乐声响起，十里八乡的都来看热闹了。

孔子一看围观的人多了，心头高兴。

"嗯，让宋国人也见识一下周礼吧。"孔子让弟子们要认真演练，演练完一项，继续演练另一项。

宋国的百姓们看稀罕，看得带劲。

事情迅速传到了睢阳城里，惊动了宋国的司马向魋。向魋，又叫司马桓魋，所以也叫桓魋。

"什么？一帮鲁国人在我国境内演练周礼？这不是上门挑衅吗？你们以为你们是谁啊？以为自己是晋国人还是楚国人啊？或者是吴国人？"向魋一拍桌子，令人去杀了这些鲁国人。不过有手下立即表示这样做可能引发纠纷，还是算了吧。向魋想了想，说："那，就去把那棵大树给我砍了，看他们演练个屁。"

于是，向魋的人火速赶到，二话不说，把那棵大树给砍了。

"你们为什么砍大树？"子贡去和宋国人讲理。

"为什么？我们司马桓魋说了，你们故意在我们国都演练周礼，是上门挑衅，知道不？"向魋的手下基本上表达了向魋的意思。

"那你误会了，我们是鲁国人，要去陈国，路过这里，顺便演练一下而已，不是针对你们啊。"子贡急忙解释。

"去哪里？"

"陈国。"

"陈国？嘿嘿，你们等着。"向魋的人放下这句话，走了。

子贡感觉宋国人似乎话中有话，可是怎么想也想不出来话中是什么话。

"别管他们，我们继续演练，难道砍倒一棵大树就能阻止我们吗？"孔子下令，就在大树旁边继续演练。

"先生，我觉得情况有些不对劲，咱们还是走吧。"子贡劝孔子。

"怕什么？既然上天把高尚的德行赋予了我，向魋能把我怎么样？"孔子不肯，又拿出了在匡地时候的牛气。

（《论语》："子曰：'天生德于予，桓魋其如予何！'"）

没等大家摆好架势，一个看热闹的宋国人走了上来，直接来到孔子身边。

"鲁国人啊，快逃命吧，再不走，他们就调集军队来杀你们了。"宋国人说。

"为什么？"孔子有点儿紧张了，急忙问。

"为什么？公子辰和公子地的事情你们不知道吗？"宋国人反问。

"那什么，不要练了，赶紧收拾好东西走人，越快越好。"孔子变了脸色，不再坚持演练，而是立马逃命了。

为什么孔子听到公子辰和公子地就要逃命？

宋国的国君是宋景公，他非常宠信向魋，两人好得像一个人一样。

宋景公有个弟弟叫公子地，公子地非常宠信蘧富猎，好得也像一个人一样。公子地把自己的家产分成了十一份，分给蘧富猎五份。

公子地有四匹白马，都是好马，经常拿出来炫耀。向魋就看上了这四匹白马，找个机会请宋景公帮他弄过来。

"没问题，你喜欢什么我就给你弄什么。"宋景公也不含糊，派人去向公子地要，就说是自己想要。

听说是国君要，公子地没办法，只能给送了过去。

宋景公拿到这四匹马，当即命令人把马脖子和马尾都染成红色，送给了向魋。向魋非常得意，用这四匹马套上车就出去炫耀了。向魋的马车在大街上转悠，早就有人去报告了公子地。

"什么？原来是你把我的马给弄去了。"公子地本来就瞧不起向魋，如今知道自己的马是被他抢去了，当时就火了。

公子地也没客气，立即派了人出去，正碰上向魋，把向魋揪下车来，一顿暴打，之后又把四匹马抢了回来。

向魋挨了一顿打，马也被抢走了，皮肉之伤之外，又大大地折了面子，在手下的搀扶下去见宋景公。

"我，我没脸在宋国混了，我，我干脆去鲁国算了，呜呜呜。"向魋哭诉完自己的悲惨遭遇，就要流亡去鲁国。

"你不能走啊,你走了,我怎么办啊,呜呜呜。"宋景公拉住向魋,不让他走,又让人把大门关上。

两人抱头痛哭,把眼睛都哭肿了。

宋景公有个同母弟弟叫公子辰,看见宋景公哭成这个样子,觉得这下子让国君很没有面子,需要找一个合适的方法来解决问题,想来想去,想到了一个办法。

"哥啊,你能把家产分给蘧富猎,却舍不得给向魋四匹马,这也太不公平了。为了给主公一个面子,我建议你出国流亡。我敢说,不等你走出国境,主公就会派人来挽留你,这样给主公一个面子,对大家都好。"公子辰大概是从书上看到这个办法,就告诉了公子地。

"好,好。"公子地也觉得自己这个事情做得有点儿过分,应该首先做出姿态来。

于是,公子地宣布流亡,带着一家老小前往陈国了。

公子地一家磨磨蹭蹭地走,就等着宋景公派人来挽留,谁知道一直走到了陈国,宋景公都没有派人来挽留。这下,弄假成真了。

"可恶的公子辰,忽悠我啊。"公子地在陈国大骂公子辰。

公子辰呢?

宋景公不肯挽留公子地,公子辰就去请求他挽留,可是宋景公说什么也不肯。

"太不仗义了。"公子辰大骂宋景公,骂完之后,就觉得是自己害了公子地,"我要是不流亡,不就等于是我欺骗了哥哥?"

公子辰很仗义,随即也流亡去了陈国。

第二年,也就是鲁定公十一年(前499年,孔子时任鲁国司寇),公子辰和公子地在陈国的支持下联手进入宋国的萧地,以此为据点背叛了宋国。

从那时候开始,宋国与陈国之间处于敌对状态。

破败的陈国

孔子师徒急匆匆逃走,不过不敢向南走,因为向南是陈国,向魋一定会追过去。于是，孔子师徒转头向西，先到郑国，再从郑国转道陈国。

这一天来到了郑国的一座城邑，不知道什么原因，孔子竟然和弟子们走失了。弟子们很着急，于是分头去找。子贡和冉有一组，一边走一边问。正走着，前面来了一个农夫。于是，子贡上前去问。

"请问，有没有看见一个身材高大的老人？"子贡问。

农夫想了想，说："嗯，我倒是看见一个人在东门转悠，身材很高，有点儿驼背，东张西望的样子，像一只丧家之犬。"

"没错，那肯定是先生了。"子贡断言。

于是，子贡和冉有赶往东门，果然看见孔子在那里转悠。

"先生，可算找到你了。"子贡和冉有都松了一口气。

"你们怎么找到我的？"孔子问，他也松了一口气。

于是，子贡把那个农夫的话复述了一遍。

"哈哈哈。"孔子笑了，想了想说，"他对我的外形说得不准，可是说我像丧家之犬，倒是很准确啊。"

按《史记》：

> 孔子适郑，与弟子相失，孔子独立郭东门。郑人或谓子贡曰："东门有人，其颡似尧，其项类皋陶，其肩类子产，然自要以下不及禹三寸。累累若丧家之狗。"子贡以实告孔子。孔子欣然笑曰："形状，末也。而谓似丧家之狗，然哉！然哉！"

丧家之犬，这个成语来自这里。

这一年，是鲁哀公三年（前492年），孔子六十岁。

即使被人说成丧家之犬，孔子也能欣然接受，确实是耳顺了。

所以在《论语》中，孔子说："吾六十而耳顺。"

孔子并没有前往郑国国都新郑，因为他根本没有去郑国寻求发展的想法。为什么不在郑国寻求发展呢？原因大致有以下几点。

首先，郑国被公族瓜分，其情况比鲁国还要严重，因此所谓的君君臣臣是无法受欢迎的;其次,郑国本身对周礼也并不感冒,还制造了刑鼎,运用了竹刑,本身就是对周礼的否定;最后,鲁国和郑国之间处于敌对状态,鲁国人在这里很难被相信。

所以,孔子师徒很快通过了郑国,之后进入陈国。

孔子一行来到陈国,从进入陈国的那一刻,孔子的心就凉了半截儿,为什么?因为陈国是他所见过的最为破败的国家。

"为什么国家变成了这个样子?"孔子沿路问过几个人。

"我们是个小国啊,大国灭我们就像捏死个臭虫一样。实际上,楚国已经灭了我们好几次了,然后又让我们复国,跟猫捉耗子一样。你说说,这朝不保夕的日子,谁还有心好好过啊,唉!"一个人说。

孔子想想,觉得有道理。

"今天在这里过,明天还不知道去哪里过呢,花那么多心思种地干什么?"又一个人说,他说他亲家一家人就被楚国人强迫迁去了江夏。

孔子想想,觉得有道理。

"兵荒马乱的,活着就不错了。"又一个人说,他说陈国夹在大国之间,谁不高兴了都来打陈国,楚国、吴国、宋国、郑国等,谁放个屁陈国都要说香香香,说慢了都不行。

孔子想想,觉得有道理。

陈国,典型的危邦,随时会被灭亡的国家。

"先生,记得您说过,危险的国家不要进入,动乱的国家不要停留。陈国这样的国家不仅危险而且动乱,咱们是不是别去了?"子路说,他倒并不是担心自己的安全,他感觉自己一个人都能横扫这个看上去毫无生机的国家。

(《论语》:"子曰:'危邦不入,乱邦不居。'")

"由啊,你说得没错。可是,既然来了,还是看一看吧。"孔子的语气也很无奈,是啊,大老远来了,总不能就这么回去吧。

孔子一行终于来到了陈国的首都,见到了司城贞子。

见到孔子一行,司城贞子虽然看上去很热情,却能让人感觉到他的无奈和尴尬。是啊,一来来了一帮人,这要多么好客才会真心欢迎啊?这要多么缺心

第二七三章　丧家之犬　　　　　　　　　　　　　　　　　　　　　　309

眼才会这么好客啊?

不管怎样,司城贞子还是设宴款待了孔子一行。

席间,孔子说起了路上的观感,结果司城贞子的回答和其他人一样,说一句话叹一口气。

"唉,今天我能在这里招待您,明天说不定就成了楚国人或者吴国人的奴仆了,这样的日子,真不是人过的啊。"司城贞子吐着苦水,倒不是装出来的。

自然,大家也说到了孔子来陈国的目的。

"仲尼先生啊,恕我直言,我看您就算了吧,现在整个陈国从上到下都是混吃等死的状态。就像一个将死的人,你再去给他讲远大理想有意义吗?"司城贞子直言相告。

"唉,你说的是啊。"孔子也同意。

"仲尼先生,再恕我直言,我家里也没有余粮了。所以,我就不邀请您住在我家里了,我会去国君那里请求给您安排住所和粮食。"司城贞子说的也是实话,陈国这些年来基本上年年都处于饥荒状态。

"理解理解,给您添麻烦了。"

孔子没有请求司城贞子帮自己求见陈国国君,司城贞子也没有去帮孔子求见陈国国君。不过司城贞子说话算数,为孔子一行争取到了住处和粮食。住处是一处破败的房子,也就仅仅够遮风挡雨。粮食刚刚够吃,饿不着也吃不饱。

"这是个什么破国家?卫国的乞丐也比这里的百姓过得好。"子贡闲不住上街去转,却发现街上一片荒凉,连个卖窝窝头的都没有,人们穿的衣服也都是补丁连补丁。

每个人都这么想,原先还抱怨自己的国家多么糟糕,现在却发现自己的国家、自己的生活原来是多么美好。

"咱们就算是在体会苦难吧。"孔子对弟子们说,离开陈国是必然的,但是刚来就走又有些不太好,何况,还没有想好去哪里。

不管怎样,大家住了下来,条件艰苦一点儿,可还是可以上课的。

陈国国君是陈怀公,他自然知道孔子的大名,不过他丝毫没有见孔子的念头。一来他对孔子的学说提不起兴趣,二来他的朝廷实在破败不堪,感觉自己丢不起这个人。

有一天,大致是打扫卫生时,在朝廷的房梁上发现了一只隼,只剩下骨头,与骨头在一块的是一支楛木箭,箭长一尺八寸,箭头是用石头做成的。这只隼和这支箭有什么来历?陈怀公听说孔子在陈国,于是派人去请教。

"这个嘛。"孔子想了想,知道了答案,"这只隼的年头可不短了,为什么这么说呢?因为这支箭。当年周武王灭了商朝,命令各个国家进贡,肃慎氏就进贡了楛木箭。当时周武王把珍玉分给了同姓诸侯,而把远方的贡品给了异姓诸侯,肃慎氏的楛木箭当时就给了陈国。你们不妨去库房里查一查,估计还有这种箭。"

陈怀公让人去仓库查了一番,还真就查出来这样的箭,一看记录,还真是周朝初年陈国开国祖先陈胡公从周朝带过来的。那么很显然,这只隼就是在当时被射中,结果死在了梁上。

"哇,太牛了,真有学问。"陈怀公赞叹,赞叹归赞叹,有学问归有学问,陈怀公并不需要孔子这样的人。

司败是陈国的一个官职,相当于鲁国的司寇。陈司败就是陈国的司败,原名叫什么已经没有记载。

陈司败有一天请孔子做客,孔子带着弟子巫马期同去。巫马期姓巫马,名施,字子期,比孔子小三十一岁,鲁国人,与冉有同一批成为孔子的学生。巫马期为人诚实肯干,话不多。

为什么孔子只带着巫马期呢?因为陈国比较穷,就算是卿大夫也都比较穷,所以请客的时候不能带人多了,否则人家下次就不敢请你了。每次有人请客,孔子都只带一两个学生,基本上就是轮着去,这次就轮到了巫马期。

陈司败的请客,基本上也就是礼节性的,所以也就是海阔天空地聊天,没什么确定的话题。

"请问仲尼先生,鲁昭公懂得周礼吗?"陈司败随意问。

"那当然了。"孔子不假思索,信口回答。在他心里,鲁国人不能让陈国人笑话,所以事事要维护鲁国。

陈司败不再说这个话题。

过了一阵,孔子上厕所,陈司败对巫马期说:"我听说君子不应该偏袒,难

第二七三章 丧家之犬

道孔子也要偏袒吗？鲁昭公娶吴王的女儿为妻，称之为吴孟子。可是，鲁吴同姓，应该叫吴孟姬才对啊。周礼说了同姓不婚，如果鲁昭公懂得周礼的话，那不是人人都懂了吗？"

等到孔子告辞之后，巫马期把陈司败的话转告给了孔子。

"我孔丘真是幸运啊，一有过失，别人就会给我指出来。"孔子说，他承认自己错了。

《论语》：

> 陈司败问："昭公知礼乎？"孔子曰："知礼。"孔子退，揖巫马期而进之，曰："吾闻君子不党，君子亦党乎？君取于吴，为同姓，谓之吴孟子。君而知礼，孰不知礼？"巫马期以告。子曰："丘也幸。苟有过，人必知之。"

第二七四章

乐以忘忧

鲁国的消息

孔子在陈国期间得到了两个鲁国的消息，其中一个算是好消息。

第一个消息是当年夏天鲁国的司铎宫发生了大火，大火越过国君的宫室，烧毁了桓公庙和僖公庙。救火的人都喊着要保护国库的财物，南宫敬叔赶到之后，命令负责管理周朝典籍的官员赶紧把书搬出来，并且下令："这些书都交给你了，如果有损失，唯你是问。"

子服景伯也赶到了，命令掌管法令礼数的官员赶紧把礼书搬出来，同样警告他不得损毁，否则将会依法处置。

季孙斯也亲自前来救火，并且命令救火受伤的人必须立即撤下来，因为财物烧了还能再造，人死了就不能复活。又命令把文献收藏起来，说："旧的典章不能丢失。"

富父槐来到，说："没有准备而叫百官仓促办事，就好像拾起地上的汤水。"因此就拆去火道上的干枯易燃物品，围绕宫廷四周开辟火巷隔火。

由此可以看出来，不管鲁国人是不是在严格遵守周礼，至少他们依然秉承以人为本的思想。大火烧来的时候，人的生命放在第一位，其次是典籍和礼书，最后才是财物。

消息传到了陈国，孔子慨叹一声："这恐怕是上天要毁掉鲁桓公和鲁僖公的庙吧。"

为什么孔子要这样说呢？因为三桓就是鲁桓公的后代，而鲁僖公是鲁桓公的孙子。也就是说，鲁桓公和鲁僖公正是三桓和鲁国国君的分水岭。这次鲁桓公和鲁僖公的庙被烧，孔子认为就是上天要抛弃鲁国的象征。

说起来，类似的例子孔子家里也有一次。

那还是孔子当初做大司寇时候的事情，有一天孔子家的马厩失火了，大火把马厩烧成一片赤地。

"伤着人没有？"孔子回家的时候见到失火，急忙问家里人。

"没有。"

"那就好。"孔子没有再追问什么，至于马怎么样，孔子根本没问。

（《论语》："厩焚。子退朝，曰：'伤人乎？'不问马。"）

在孔子眼中，人的生命才是最重要的。但是，这不等于孔子对自己家里养的动物没有感情。

有一次，孔子家里的狗死了。

"赐啊，阿黄死了，你去帮为师把它葬了吧。"孔子没有把狗扔到野地里喂狼。

"好的，我去挖个坑埋了它。"说完，子贡就要去招呼几个师兄弟干这活。

"慢着慢着，不能就这么直接埋啊。"孔子急忙叫住了子贡，对他说，"我们鲁国有句俗话。用坏的帐篷不要扔，将来用来埋马；用坏的伞盖不要扔，将来用来埋狗。我家里穷，没有伞盖。那，就用席子埋它吧，不要让它的头埋在土里。"

后来，孔子的马死了，就是用废弃的帐篷包裹起来埋葬的。

孔子这人，讲人性、重感情。

两个月后，季孙斯死了。

季孙斯得了重病，临死之前，给近臣正常布置了一个任务："兄弟，有一件事情你要替我完成啊。我的夫人南孺子快生了，生下来要是个男孩子，就报告国君，立他为继承人；如果是女孩子，就立肥为继承人。"

肥就是季孙肥。

等到季孙斯死了之后，季孙肥就临时管理季孙家，一直到季孙斯下葬，南孺子这孩子都没有生下来。

这一天季孙肥在鲁哀公那里，南孺子在家里生了，结果还真就给季孙肥生了个弟弟。正常于是带着南孺子赶到鲁哀公这里报告，结果发现季孙肥也在。

"什么事？夫人怎么来了？"季孙肥问，其实他心里都明白。

正常暗叹倒霉，可是这时候也不能不说，于是当着季孙肥的面，把当初季孙斯的遗嘱说了一遍。

"那太好了，我可以把担子卸下去了。"季孙肥说得轻松而又诚恳。

"那什么，共刘，你跟他们去一趟，任命那个孩子为季孙家的继承人吧。"鲁哀公派了个大夫去季孙家，当场宣布自己的任命。

一行人来到季孙家的时候，晚了。

季孙斯的小儿已经被人掐死在床上了。

"哎哟，兄弟，兄弟，你死得好冤哪，一定是正常这个吃里爬外的人干的，我要替你报仇。"季孙肥挤出了几滴眼泪，然后去看正常，他要让正常做这个替罪羊。

正常早已经不见了，他早就料到了这个结果，逃到了国外。

于是，季孙肥成为继承人，就是季康子。季孙肥下令捉拿凶手，同时派人去请正常回来，说是冤枉他了。

"我正常要是回去，就是精神不正常了。"正常哪里敢回去？

其实，谁都知道凶手是谁。

季孙斯也是老来糊涂，他因为爱南孺子，所以爱她为自己生的孩子。可是，他这样的遗嘱却恰恰害了自己的小儿子。正常在这件事情上也不正常，如果他真的明智的话，就根本不应该按照季孙斯的话去做，那样他也就不用流亡国外了。如果他还想在季孙家继续吃香喝辣的话，就应该把季孙斯的话悄悄告诉季孙肥，然后说这是老主人老糊涂的时候说的话，不能作数，今后您就是我们的一把手，我们坚决跟您走。这样的话，季孙肥也不用杀自己的弟弟，季孙斯的小儿子也不会刚生下来就被杀死，正常还能过得更好，岂不是大家都好？

不管怎么说，季孙肥接掌季孙家，对于孔子特别是冉有来说，这应该是个好消息了。

来到楚国

孔子在陈国待了不到一年，他决定去一趟蔡国看看。

一年前，蔡国被吴国迁到了州来，也就是今天的下蔡。就在孔子去的前两个月，蔡国刚刚发生了一次政变，蔡昭公被杀。之后，蔡国再次投靠楚国。

蔡国这个国家的情况比陈国还要糟糕，夹在吴、楚两个国家之间，内部又很乱。他们已经搬过几次家了，不是他们愿意搬，而是楚国命令他们搬。

在蔡国，孔子没有任何记录留下来。大致，孔子以鲁国卸任司寇的身份在蔡国得到了一处封邑，之后和弟子们就在这里学习了。历史上，孔子也没有蔡国的弟子，可以看出他在蔡国也并不受欢迎。

那么，孔子到蔡国的目的是什么呢？应当是把这里当成一个跳板，在这里进行观察，看看吴国和楚国哪个国家的机会好些，之后前往这两个国家中的一个。

在蔡国待了不到一年，孔子离开蔡国，前往楚国。

去楚国是孔子不得已的决定，因为在蔡国实在没法待下去了。楚国是孔子此前不考虑去的国家，因为他始终认为楚国是蛮夷之地，不是华夏国家，不值得他去。即使孔子知道现在楚国人的周礼水平比中原国家一点儿也不差，甚至更强，他还是不愿意去。

可是，不去楚国去哪里？吴国？吴国比楚国更蛮夷。

孔子没有去楚国国都郢都，他的心里没有把握，他去的地方是叶，他要找的人是叶公，叶公是谁？沈诸梁。

为什么找沈诸梁？因为沈诸梁是当今楚国的顶梁柱，在楚国德高望重的人物。如果得到沈诸梁的认可，孔子在楚国就算是得到了承认。

还有一点，沈诸梁是楚国最有学问的人。

孔子一行向东而去，半天时间就离开了蔡国，因为蔡国实在太小。

进入楚国之后，明显地能够感觉到楚国人的精神面貌是不同的，毕竟是大国，尽管百姓也不算富裕，可是至少不用担心朝不保夕。

这一天来到了阿谷这个地方，晴空万里，微风轻吹，天气令人十分惬意，大家的情绪都因此而轻松。

前面是一条小溪，一个美丽的村姑正在那里洗衣服。"哇。"大家都情不自禁地赞叹起来。

孔子没有"哇"，也没有流口水，不过眼看着红花青草，也感觉非常养眼。

孔子终于来到了叶地，沈诸梁非常欢迎他，他听说过孔子的学问，而他本身也是很有学问的人。

叶公不像陈国人和蔡国人那样抠抠搜搜，直接令人给孔子一行安排了豪宅，大国上卿的派头十足。

"真是国家强大，人也活得大气啊。"孔子禁不住内心感慨。

叶公用一个豪华宴会来招待孔子一行，自从离开卫国之后，孔子一行就没吃过什么好的，今天总算是能够大快朵颐了。

两人的第一次会面沈诸梁就向孔子请教了治国之道，结果孔子大讲礼乐，讲周公，讲成康之治。

"仲尼先生，你说的这些很好，不过好像离我们太远了些。我想问问，具体来说，我们楚国应该怎样做？"沈诸梁找个机会，把话题引到了他关注的层面。

"那，那什么。"孔子讲理论讲得带劲，突然出来一个现实的问题，愣了一愣，然后说，"提高国内老百姓的幸福指数，让外国人纷纷移民到楚国。"

孔子这句话记载在《论语》中："叶公问政。子曰：'近者说，远者来。'"

沈诸梁笑了笑，心说这不是该怎么做的问题啊，这是做好了自然会得到的结果啊。

"那，还是说说礼吧。先生说了半天的礼，我听得七七八八，还是有些不太明白，我举个例子好不好。我们楚国曾经有一个人偷了别人家的羊，于是他儿子把他给举报了，我们楚国认为这样的人是正直的人，不知道在鲁国是怎样的？"沈诸梁举了个例子，想看看是不是符合孔子所说的周礼。

"我们鲁国不是这样的啊，在我们那里，父亲犯了罪，儿子为父亲隐瞒；儿子犯了罪，父亲为儿子隐瞒。我们认为，这才是正直的做法啊。"孔子说，他觉得楚国人的做法缺乏人性的一面。

"看来，鲁国和楚国的区别还是很大啊。"沈诸梁感慨，同时看了孔子一眼。

第二七四章　乐以忘忧

谈话非常友好，沈诸梁始终很客气，对孔子的学识也很佩服，不过，他觉得孔子的理论太过时了，而且绝对不适合于楚国。

在《论语》中，叶公语孔子曰："吾党有直躬者，其父攘羊，而子证之。"孔子曰："吾党之直者异于是，父为子隐，子为父隐，直在其中矣。"

基本上，这一次的会面就是这样了。

"先生，为什么叶公问政，您说要安抚本地的，招徕远处的；鲁定公问政，您说要任用贤臣；齐景公问政，您说要节俭。同样的问题，为什么有不同的答案？"回到住处，子贡悄悄来问孔子。

"这是因为各国的情况不同啊。鲁国三桓专政，鲁哀公需要强有力的大夫；齐景公非常奢侈浪费，齐国人民怨声载道，因此他需要节俭。楚国不一样啊，楚国国土大，但是都城小，各地的城市也小。要知道人口不论多少，城市才是核心。城市小则百姓缺乏归属感，因此需要增强凝聚力，吸引外国人前来。各国的情况不同，治理的方法自然不能一样。"孔子解释说，非常可惜，叶公没有给他解释的机会。

"原来如此。"子贡恍然大悟。

不管怎样，孔子师徒就住在了叶地。不过，孔子再也没有见过沈诸梁，几次求见，沈诸梁都以太忙为由婉拒了。一来是对孔子的学说没有兴趣；二来确实也忙，因为楚国又要与吴国开战了，沈诸梁需要准备随同楚王出征。

孔子自然知道沈诸梁的意思，既然自己在这里不会有什么机会，还留在这里干什么呢？就算沈诸梁不好意思赶自己走，自己难道就赖在这里吗？

那么，下一步去哪里？出来将近两年了，孔子其实看得很清楚了，自己的将来只能在卫国或者鲁国。现在这样灰溜溜回去固然没面子，可是迟早都要回去的，晚回去就不如早回去。

"咱们还是走吧。"孔子对弟子们说，弟子们对于孔子的决定也是既失望又高兴。失望的是好不容易歇下脚过几天舒坦日子，又要上路了。高兴的是终于可以回家了，不用再漂泊了。

要走，自然就要辞行，为了避免大家尴尬，孔子并没有自己去辞行，而是让子路代表自己去辞行。

这一次,子路顺利见到了沈诸梁。或许是因为沈诸梁确实今天有时间,或许是因为沈诸梁认为人家要走了还不见有些说不过去。

子路表达了孔子对于沈诸梁的感谢之意,以及辞行的意愿。沈诸梁同样表达了对于孔子对自己信任的感谢,同时表示很遗憾因为政事繁忙而不能关照孔子,不过并没有表达挽留。

"子路先生,我想问您一个问题。"沈诸梁突然说。

"叶公,请讲。"

"我想问问,仲尼先生究竟是个怎样的人?"

"这……"子路被问傻了,他从来没有想过类似的问题,怎么回答呢?老师讲的都是礼乐,好像挺迂腐,可是做起事来好像还挺灵活。子路很犹豫,生怕说错了会给沈诸梁错误的导向。"这个,这个,我一时也说不清楚。"

沈诸梁笑了笑,没有再问什么。

子路回来见到孔子,把刚才发生的事情说了一遍。

"嗐,你怎么说自己说不清楚呢?"孔子对子路的表现有点儿不满意。

"那,我该怎么说呢?"

"你就说'先生这个人啊,学习起来就忘记了吃饭,快乐起来就忘记了忧愁,人老心不老,好像忘记了自己已经一把年纪了。'唉,早知如此,让赐去就好了。"孔子说。

这段话在《论语》中的原文是这样的:

> 叶公问孔子于子路,子路不对。子曰:"汝奚不曰:其为人也,发愤忘食,乐以忘忧,不知老之将至云尔。"

子路离开之后,去找子贡了。

"兄弟,有件事情要你指教。"子路对子贡说。

"大师兄,什么事?"

于是,子路把刚才发生的事情以及孔子的话说了一遍。

"为什么该那样说呢?"子路问。

"大师兄，先生的心思你还不知道吗？他不希望别人尴尬，也不希望自己没面子。所以，先生一方面希望叶公不要为了没有帮上自己而愧疚，另一方面不想在叶公面前表现得太失望，以免被对方看不起。简单说，希望给双方都留下自尊。"子贡果然更理解孔子。

"嗯，接着说。"

"先生的话表达的就是感谢你的帮助，虽然最终没有帮成，但是没关系，我很快乐，并没有因此而失望伤心。"

"哦。"子路恍然大悟。

第二七五章
信仰危机

君子固穷

孔子一行又上路了，孔子尽量让自己显得高兴一些，可是依然掩饰不住满腹的惆怅和沮丧。大家的情绪都很低落，整支队伍无力地向北走去。

"先生，怎么走？"子路问，意思是走什么路线。

"走老路。"孔子说，头也没抬。

子路知道，所谓的老路，就是走陈国。

沉闷，令人窒息的沉闷，空气似乎已经不再流动。

突然，前面传来一阵歌声，或者说，一阵嘶吼声，或者说，原生态唱法的歌声。什么人在唱？唱的什么？沉闷的队伍为此一阵骚动。

终于，唱歌的人出现了。一个破衣烂衫的流浪汉迎面走来，一直到了孔子的车头前，依然在高唱。现在，大家能够听清楚了。

"凤凰啊凤凰，有什么鸟用？过去的事啊，后悔有啥用？未来的事啊，谁也说不清。完蛋啊完蛋，当权的鸟人。"流浪汉唱着，从孔子师徒身边走了过去。

"凤凰？没什么用？"孔子极度低落的情绪一下子竟然高亢起来，这难道不是在说我吗？这人是我的知音啊。

孔子从车上跳了下来,因为车走得很慢。

"先生,先生,请留步。"孔子对流浪汉的背影高声喊着,想要跟他谈谈,谈谈周礼,谈谈音乐,谈谈人生理想。

流浪汉没有回头,因为他不是什么先生,他就是个流浪汉。

弟子们见老师的喊声没有用,大家一起帮着喊起来:"先生,先生,请留步。"

大家一起喊的时候,流浪汉禁不住停下来回头看。可是当他看着那么多双眼睛用奇怪的眼神盯着自己的时候,他怕得要死。

"哇。"流浪汉怪叫一声,像兔子一样逃命而去了。

这段故事很有趣,也记载在《论语》中:

> 楚狂接舆歌而过孔子曰:"凤兮凤兮,何德之衰。往者不可谏,来者犹可追。已而已而,今之从政者殆而。"孔子下,欲与之言,趋而避之,不得与之言。

所谓楚狂接舆,意思是一个楚国的流浪汉来到了马车旁。但是历史上的解释是楚国狂人名叫接舆,而且是姓陆名通字接舆。试问,孔子根本没有跟人家说上话,怎么知道人家叫接舆?

史上多以为此人是个高人,其实不过是个流浪汉。至于流浪汉骂当官的,有什么好奇怪的吗?

流浪汉的歌曲为什么这么有文采?这有什么奇怪吗?当年公孙枝和宁越不是都当过流浪汉?春秋末期天下动荡,大量的士乃至于卿大夫都失去了自己的家园,其中很多人当上了流浪汉。这些人中,很多人是很有才华的。

流浪汉的出现没有让孔丘师徒的情绪变得更好,但是至少让这支队伍的沉闷改变了很多,大家有了话题,开始有了议论声,于是,步伐更快了一些。

几天之后,来到了一条江边,江的那一边,就是陈国了。可是,渡口在哪里呢?

不远处,两个楚国农民正在耕地,于是孔子派子路去问路。子路下了车,孔子就接过了缰绳,在车上等待。

"喂,老乡,请问渡口在哪里啊?"子路大声问道。

两个农民早已经注意到了这样一队人马，不过他们并没有在意，自顾自地耕着地。直到子路来问路，才停下来。

"喂，那个拿缰绳的是谁啊？"农夫甲反问。

"是我的老师孔丘。"

"孔丘？鲁国的那个百事通孔丘？"农夫甲有些吃惊，好像是看到了明星。

"对。"

"那不用问了，他什么都知道，自然也知道渡口在哪里啊。"农夫甲用讽刺的口气说，似乎很是蔑视孔子。

子路这时候的情绪不高，所以不愿意跟他计较。不过从根本上说，经过这段时间的失败，子路对老师的信心也是大打折扣。

"那，这位老乡，你能不能告诉我啊？"子路去问另一个农夫，农夫乙。

"你是谁？"农夫乙问。

"我，我是仲由。"子路心说，你们这些老农民怎么这么多问题？

"孔丘的弟子？"

"是。"

"天下到处滔滔洪水，谁能改变？我看你啊，与其跟着一个要辅佐别人的人，不如跟我们一块儿躲避乱世吧。"农夫乙一边说，一边还在耕地。

问路没问到，反而被教训了两番，按着往日的脾气，子路就要动手打人了。可是奇怪的是，这一次子路竟然没有生气，还隐隐觉得这两人说的都是对的。

子路回到孔子身边，把两人的话对孔子学了一遍。

孔子一脸的怅然。

"唉，飞禽和走兽是不可能合伙成群的，其实我和他们的看法也没有什么区别。只是，如果天下有道的话，我难道还想去改变什么吗？"孔子说，然后陷入沉思。

《论语》：

> 长沮桀溺耦而耕，孔子过之，使子路问津焉。长沮曰："夫执舆者为谁？"子路曰："为孔丘。"曰："是鲁孔丘与？"曰："是也。"曰："是知津矣。"问于桀溺，桀溺曰："子为谁？"曰："为仲由。"曰："是鲁孔丘之徒与？"对曰："然。"曰："滔滔者天下皆是也，而谁以易之。

且而与其从避人之士也,岂若从避世之士哉?"犹而不辍。子路行以告,夫子怃然曰:"鸟兽不可与同群,吾非斯人之徒与而谁与?天下有道,丘不与易也。"

孔子师徒终于还是找到了渡口,顺利过了江,进入了陈国地界。

走不多远,路过一座城邑,只见许多民工在修城门。城门外驻扎了一支军队,看旗号是楚军。孔子师徒的队伍从城边过去,孔子端坐车上不动,子路就觉得有些奇怪。

"先生,您说过啊,按照礼法,如果遇上三个人,就应该下车;如果遇上两个人,就应该站起来扶着轼。修城的人这么多,怎么您竟然坐得这么安稳?"子路发问。

孔子其实正在思考问题,因此而忽视了眼前的一切。可是子路这么问起来,还真不好说是自己没注意。

"啊,这个,是这样的。"孔子随即想起一个理由来,想一个理由对他来说很容易,"我听说啊,国家要灭亡了却不知道,这是不智;知道国家要灭亡却不去反抗,这是不忠;反抗了却不能为国捐躯,这是不廉。这些修城门的陈国人都是这类货色,我为什么要为他们起立呢?"

子路无语。

按《说苑》:

> 楚伐陈,陈西门燔,因使其降民修之,孔子过之,不轼,子路曰:"礼过三人则下车,过二人则轼;今陈修门者人数众矣,夫子何为不轼?"孔子曰:"丘闻之,国亡而不知,不智;知而不争,不忠;忠而不死,不廉;今陈修门者不行一于此,丘故不为轼也。"

战争很残酷,吴国和楚国在陈国境内对峙,孔子师徒不敢穿越,于是沿着陈蔡边境前进。所到之处,见到的都是残垣断壁。陈国的百姓要么携家而逃,要么被吴军杀死。

孔丘师徒一路前行,竟然见不到一个活人。

一天,两天,三天,孔丘师徒走了三天,随身携带的粮食都已经吃完,却没有地方去讨要粮食。师徒们忍饥挨饿，子路带着师弟们好歹从残垣断壁之间弄些吃的东西出来，保证老师能吃个半饱，弟子们就都靠一点儿汤汤水水充饥。

即便大家都饿得面黄肌瘦，孔子依然每天要弟子们操习礼法，每天弹奏礼乐，吟诗唱歌。大家伙儿本来就饿得昏头昏脑，走路都困难，谁还有心思搞这些？别人不敢说，子路敢说。

"先生，到了这种地步还有心思唱歌，是不是不合乎礼法啊？"子路问孔子，他有些恼火。

"由啊，君子唱歌是修养心性，一般人唱歌是给自己壮胆。你连这一点都不理解，还跟我学什么呢？"孔子也有些恼火了，对子路大声说。

"先生啊，君子也有走投无路的时候吗？"子路问，依然明显带着不满。

"君子也有这种时候啊，不过，君子走投无路仍会坚持节操，小人要是走投无路了，什么事情都能干出来。"孔子回答，他感觉到子路的不满，因此话里也带着讽刺。

这段话在《论语》中的原文是这样的：

在陈绝粮，从者病，莫能兴。子路愠，见曰："君子亦有穷乎？"子曰："君子固穷，小人穷斯滥矣。"

"俗话说：恶有恶报，善有善报。老师您为天下奔忙这么长时间了，可是上天竟然不开眼。我看，干脆咱们归隐算了。"子路说，他显然受到了那两个农夫的影响。

孔子看着他，叹了一口气。

"《诗》里写道：'匪兕（音寺，犀牛）匪虎，率彼旷野。'不是犀牛不是老虎，沿着旷野快快逃命。难道我的学说不对吗？为什么会落到如此地步呢？"孔子问子路，似乎也有些沮丧。

"先生啊，是不是您的德行还不够呢？会不会是您的智慧还有欠缺呢？"子路受到孔子的诱导，把自己心里的疑惑和盘托出了。

信仰危机，这就是信仰危机。

面对子路的信仰危机，孔子一下子警惕起来。人可以没吃没喝，但是不能没有信仰。所以，孔子振作了，他要挽救子路的信仰。

"是这样吗？"孔子瞥了子路一眼，把庄严的神情运到了脸上，很严肃地说道，"由，你过来坐下，我要跟你好好说说。"

子路走近了，坐了下来。

"你认为聪明人就无所不知吗？那么比干怎么还会死于非命？你认为良言相劝就会被人感谢吗？那伍子胥怎么还会被杀？你认为清廉的人就一定会被重用吗？那伯夷、叔齐怎么还会被饿死？学识渊博的君子不被任用的多的是，难道仅仅是我孔丘一个？芝兰生在深山老林，并不因为无人欣赏就不吐露芬芳；君子修习礼乐、推崇仁德，也并不因为贫穷困顿就败坏节操。贤和不肖是才能问题，做和不做是为人的问题。遇不遇上明主是时机问题，死亡和生存是命运问题。有渊博的才能却没有机遇，即使有天大的本领也无法施展；但是一旦遇上了机遇，要施展才能又有什么难的呢？所以，君子要抓紧时间修养身心，等待时机的到来。"孔子一番话，让子路没话可说。

子路走了，孔子想了想，让人把子贡叫来了。

"赐啊，《诗》里写道：'匪兕匪虎，率彼旷野。'难道我的学说不对吗？为什么会落到如此地步？"孔子用同样的问题问子贡，看他怎么回答。

子贡尽管也有些不满，可是不像子路那样都暴露出来。

"先生，我觉得吧，您的主张或许太过高深、太过超前了，因而天下人不能接受您，能不能稍微降低一点儿标准呢？"子贡的话还是比较圆滑。

"赐啊，一个好的农夫善于耕种，但是不一定善于收获。一个工匠巧于制作，但是不一定了解市场；君子研究自己的理论学说，主次分明，有条有理，但是不一定就会被人们接受。现在不研修完善自己的学说，却只求能被人接受，赐啊，你的志向也不远大啊。"孔子又把子贡批评了一顿，禁不住也有些失望。

子贡还想说什么，嘴唇动了动，终究没有说出来。

"赐啊，农民伯伯种下种子，却不一定能长出禾苗；长出禾苗，却不一定能结出果实。可是，因为这个就不去播种吗？就不去施肥吗？"孔子又问道。

(《论语》："子曰：'苗而不秀者有矣夫！秀而不实者有矣夫！'")

孔子又想了想，让子贡把颜回叫来。

"回啊，《诗》里写道：'匪兕匪虎，率彼旷野。'难道我的学说不对吗？为什么会落到如此地步？"孔子用同样的问题问颜回，看他怎么回答。

"先生，您的学问博大精深，以至于天下人都不能接受您。"颜回开头的话竟然和子贡一样，孔子禁不住屏住了呼吸，看他接下来怎么说，"虽然这样，先生您还是致力于推广并实践它，没有人识货，那是各国统治者的耻辱。先生您有什么忧愁吗？虽然不被接受，但是这更显示出先生您的君子本色啊。"

不管是不是出于真心，颜回的话确实说得太好听了，说得孔子眉开眼笑。如果从拍马屁的角度来说，这样的马屁确实是出类拔萃的。

"还是你了解我啊，你说得太有道理了。如果哪天你发了财，我愿意去给你当管家。"孔子高兴地说，他真是越来越喜欢颜回了。

按《史记》："颜回曰：'夫子之道至大，故天下莫能容。虽然，夫子推而行之，不容何病，不容然后见君子！夫道之不修也，是吾丑也。夫道既已大修而不用，是有国者之丑也。不容何病，不容然后见君子！'夫子欣然而笑曰：'有是哉，颜氏之子！使尔多财，吾为尔宰。'"

偷食的人

弟子们都饿得走不动了，于是几个还能走得动的人分头去找粮食。

子贡的运气不错，竟然找到了一个当地的农夫。也是子贡聪明，用自己随身带着的金银，跟农夫换了一袋粮食。这个农夫也是偷偷从城里出来回家看看的，于是把自己家里藏的粮食拿出来换了财宝。

子贡背着粮食回到了孔子师徒停留的地方，大家看到子贡背着粮食回来，一片欢呼，总算是看到了活路。

"那什么，赐你辛苦了，休息一下。仲由、颜回，你们去煮饭。"孔子非常高兴，现在他确信自己的弟子中最能干的是子贡。当然话说回来，子贡也最有钱，换了别人，也拿不出金银去换粮食。

子路和颜回早已经准备好了煮饭的罐子，当时到了一堵断墙后面，临时垒了一个简易的灶台，点上火，开始煮饭。为什么要在墙后呢？为了避风。

饭煮上了，子路又去那些被毁坏的民房里找吃饭的碗去了，就剩下颜回一个人看着火。

第二七五章 信仰危机

子贡走得很累，靠着墙休息，突然想要小便，于是起身去墙后撒尿。恰好路过颜回煮饭的地方，于是，发现了一个惊天秘密。

只见颜回的黑手伸向了煮饭的罐子，从里面挖出一把饭来，放进了自己的嘴里。

"哇。"子贡当时差点儿喊出来，心说这个伪君子，平时在大家面前人五人六的，老师还说他是道德楷模，让大家学习他，可是现在，他竟然借职务之便偷吃粮食。

"要是被子路看见，非打死他不可。"子贡暗说。

子贡决定不要打草惊蛇，自己先把小便解决了，然后把事情反映给老师，揭穿颜回的伪君子真面目，让老师来处置他。

子贡小便完之后，悄悄地来到了孔子这里。

"先生，我有个问题。"子贡说。

"赐，说吧。"孔子很亲切，因为子贡换来了粮食。

"仁德廉洁的人，是不是在穷困的时候就能不守节操呢？"子贡问。

"嘿，不守节操的人，怎么能称为仁德廉洁呢？"

"那么，颜回这样的，是不是会坚守节操？"子贡忍不住，把颜回说出来了。

"那当然了。"孔子觉得问题有些怪，不过他对颜回很有信心。

"嘿嘿。"子贡冷笑了两声，把自己刚才看到的事情说了一遍，然后等孔子说话。

"赐啊，我对颜回观察的时间已经很长了，虽然你这么说，我还是不怀疑他，我觉得一定有原因。这样，你不要再说了，我来问问他。"孔子想了想说。

于是，孔子就让其他弟子把颜回叫来了。

"回啊，前几天我梦见先人了，难道是先人在启示和保佑我吗？你做好饭拿进来，我要把它进献给先人。"孔子没有直接问，而是撒了个谎说要祭祀先人，从侧面来套颜回。

"先生，这饭已经不能拿来祭祖了。"颜回回答。

"为什么？"孔子和子贡都有点儿惊讶。

"是这样的，刚才煮饭的时候，有烟灰掉进了饭里。不管它吧，饭就脏了；扔掉吧，太可惜了，所以，我就把弄脏了的饭吃掉了。等会儿分饭的时候，就从我的那份里扣掉。"颜回解释，神态自然，完全不知道子贡早已经来告过一状了。

按照周礼，如果一份饭脏了的话，就不能拿来祭祀祖先了。

"你说得对啊，要换了是我，我也会把脏了的饭吃掉的。"孔子说完笑了，让颜回继续去煮饭。

等到颜回走开了，孔子才对子贡说："我对颜回的信任，并不是从今天才开始的啊。"

子贡感到惭愧，脸憋得通红。

从那以后，原本有些瞧不起颜回的子贡对颜回的品德心服口服了。

第二七六章

周游列国

归去来兮

子贡的粮食让大家吃了个半饱，好歹有了走路的力气，于是继续前进。一路上，子路又抓了一头不知谁家跑丢的小猪，烤来给大家吃了。

走到第七天上，大家又是颗粒未进，实在有些走不动了。

这个时候，孔子师徒已经到了城父（今河南省宝丰县）。楚军大营就在前面，再往前，就是吴军大营。

"赐啊，还是你吧，去楚军大营看看能不能弄点儿吃的。"孔子又给子贡布置了一个任务，他知道子贡的口才最适合去完成这个任务。

子贡没有推辞，一个人去了楚军大营。到了楚军大营，直接报上名号，要找叶公沈诸梁。沈诸梁看见子贡，倒也热情，子贡说起孔子师徒这些天来路上的艰辛，沈诸梁也感到吃惊。

"仲尼先生要去哪里？"沈诸梁问。

"去卫国。"

"这里现在已经是战场，非常危险，吴国人十分野蛮，到时候误伤了你们也不一定。这样吧，我派人护送你们原路回到楚国，再从楚国经郑国回卫国吧。"沈诸梁倒真是个好人，当时派了一队家兵，带齐了一路上的干粮，随着子贡走了。

有沈诸梁提供的粮食，有楚军的保护，孔子师徒现在算是脱离了危险。

"回去吧，回去吧。鲁卫的年轻人胸怀大志但是行为粗率，文采斐然但是不知道怎样节制自己。我啊，还是回去教导他们吧。"孔子叹息，他知道，自己已经不可能在治国上有什么进取了，回去教书育人才更现实。

（《论语》："子在陈曰：'归与，归与！吾党之小子狂简，斐然成章，不知所以裁之。'"）

这一天又回到了楚国地界，子贡驾车，子路脚气发了，落在了后面。

"先生，我们跟着先生遭受的这场苦难，大概这辈子是忘不掉了。"子贡说，他一辈子娇生惯养，哪里吃过这样的苦？现在到了安全的地方，想起来还是后怕。

"嘿，你这是什么话？"孔子不高兴了，黑着脸说，"俗话不是说嘛，胳膊断了三次，就成了良医了。这一次的遭遇对于我来说就是一次幸运啊。你们跟着我受这次难，都是幸运的人啊。做君主的不受点儿磨难，成不了好君主；有高远志向的人，不受点儿挫折就不能建立功业。从前，商汤被困在吕，周文王被囚在羑里，秦穆公经历了崤谷的耻辱，齐桓公经历了长勺的惨败，晋文公被骊姬追杀，这之后才成就了霸业。我们这一次困厄，从寒到暖，又从暖到寒，只有贤人才能领会其中的收获，但是要说出来也未必说得清楚。"

子贡想想，倒也是这样。

"赐啊，你让由来驾车吧。"孔子对子贡有些恼火，决定让他下车走路。

"子路师兄，子路师兄。"子贡倒没意见，虽然他看不起子路的智商，但是觉得子路还是个很直爽的老大哥。

子路没有应声。

又喊了几句，子路还是没有应声。

子路丢了。

子路一个人在后面，走错了路。越走越不对，问问路人，才知道走错了，于是向回走，到了岔路口又问了路，这才回到正路。

这一耽误，时间就长了。

又走了一程，看看天色黑了，子路还没赶上大队，难免有些心慌。还好，前面一个老农夫用拐杖挑着锄草的农具。子路上前去问:"老丈,有没有看见我先生啊?"

"你先生是谁啊?"老农夫问。

"鲁国孔丘啊。"

"哼,四体不勤,五谷不分,什么狗屁先生?"老农夫说得很不屑,似乎对孔子很不满。说完,老农夫把拐杖插在地上,锄草去了。

子路一听,这口气似乎应该是见过老师的,否则怎么平白无故这么骂人?想想看,老师似乎还真是这样。

子路没有说话,拱手站在一旁。

过了一阵子,天渐渐黑了,老农夫看见子路很恭敬地站着,于是招呼他跟自己一块儿回家。到了家里,老农夫杀了家里的鸡,为子路做了饭,之后招待子路吃肉喝酒,留他住了一个晚上。

第二天一早子路起程,急匆匆追赶孔子,结果没有追出太远,发现孔子和师弟们都在等自己。

子路把自己路上遇到的事情对老师说了,孔子说:"嗯,这是隐者啊,高人哪。走,我跟你回去向他请教请教。"

于是,子路驾车,和孔子回到了老农夫的家里,可是恰好老农夫出去了。两人等了一阵子,没有等到,于是失望而归。

"有学问却不做官是不对的。长幼间的关系是不可能废弃的;君臣间的关系怎么能废弃呢?想要自身清白,却破坏了根本的君臣伦理关系。君子做官,只是为了实行道义的。至于道行不通,我早就知道了,唉。"孔子说完叹了一口气。

《论语》:

> 子路从而后,遇丈人,以杖荷蓧,子路问曰:"子见夫子乎?"丈人曰:"四体不勤,五谷不分,孰为夫子?"植其杖而芸。子路拱而立,止子路宿,杀鸡为黍而食之,见其二子焉。明日,子路行以告,子曰:"隐者也。"使子路反见之,至则行矣。子路曰:"不仕无义。长幼之节,不可废也。君臣之义,如之何其废之。欲洁其身,而乱大伦。君子之仕也,行其义也,道之不行,已知之矣。"

从楚国，经由郑国，孔子师徒顺利地回到了卫国。这一年，是鲁哀公六年（前489年），孔子六十三岁。

孔子从鲁哀公二年离开鲁国前往卫国，到鲁哀公六年回到卫国，在近五年的时间里，先后去了卫国、曹国、宋国、陈国、蔡国和楚国，史称"周游列国"。

司马迁吹过的牛

关于孔子的这段历史，《史记》中的记载却不是这样的，来看看司马迁是怎么记载的。

《史记》中写道：

> 闻孔子在陈蔡之间，楚使人聘孔子。孔子将往拜礼，陈蔡大夫谋曰："孔子贤者，所刺讥皆中诸侯之疾。今者久留陈蔡之间，诸大夫所设行皆非仲尼之意。今楚，大国也，来聘孔子。孔子用于楚，则陈蔡用事大夫危矣。"于是乃相与发徒役围孔子于野。不得行，绝粮。

这段话说，孔子师徒在陈国和蔡国期间，楚国派使者来邀请孔子去楚国任职，孔子决定前往。这个时候，陈国和蔡国的大夫们就在私下里商量说："孔子是个贤人啊，对诸侯的事情看得清楚，往往一针见血。这段时间在我们两国住着，咱们对人家也不太好。现在楚国来聘请他，他要是被楚国所用，我们只怕就要歇菜了。"

于是，陈国和蔡国联合起来发兵包围了孔子，孔子进退不得，粮食也吃完了。

这个说法纯粹属于胡扯，为什么呢？

当时的形势，陈国是楚国的扈从国，蔡国也已经倒向楚国。楚国要的人，这两个国家怎么敢阻拦？怎么能阻拦？再者说，有没有孔子，楚国要灭陈蔡都是小菜一碟。

再则，陈蔡两国要联合行动，恐怕他们之间商量的工夫，孔子都已经到了楚国了。

再则，以陈蔡两国的兵力，何必围孔子？直接砍了埋掉不是更省事？

再则，假如真是如此，《论语》为何没有提到？

所以，孔子师徒受困于兵荒马乱，无处讨食，与陈蔡两国没有任何关系。

再看《史记》中的另一则。

> 昭王将以书社地七百里封孔子。楚令尹子西曰："王之使使诸侯有如子贡者乎？"曰："无有。""王之辅相有如颜回者乎？"曰："无有。""王之将率有如子路者乎？"曰："无有。""王之官尹有如宰予者乎？"曰："无有。""且楚之祖封于周，号为子男五十里。今孔丘述三五之法，明周召之业，王若用之，则楚安得世世堂堂方数千里乎？夫文王在丰，武王在镐，百里之君卒王天下。今孔丘得据土壤，贤弟子为佐，非楚之福也。"昭王乃止。其秋，楚昭王卒于城父。

是什么意思呢？

说楚昭王派兵来迎接孔子，想封给孔子七百里的土地。

楚国的令尹子西赶紧劝阻他说："大王您是不是脑袋被门夹了？咱们楚国的祖先在受周天子分封时，封号是子爵，封地只有五十里，现在咱们这么强大了。而孔丘讲述三皇五帝的法度，阐明周公、召公的功业，大王给他七百里地，再加上这些贤能的弟子，您这不是养虎贻患吗？"

"你说得对啊。"楚昭王于是打消了原来的想法。

这一段，也是瞎扯。

子贡、颜回等人这时候不过是孔子的学生，顶多是个三好学生，根本没有历练，更不要说有什么能力显示出来。子路虽然做过季孙家的管家，也从来没有带兵打仗，而楚国历来尚武，竟然自以为不如一个鲁国人？再说宰予，宰予在孔子这里也就是嘴皮子厉害，还没听说他做官如何出色。所以，子西不可能说这样的话。

再则，子西是个非常无私的人，如果他真的认为孔子非常贤能，他首先要做的恐怕是让贤，而不是阻止楚昭王。

再者，楚国尚武，对于周礼一向敬而远之，就像叶公好龙一样。所以，楚国不可能重用一个反对战争的人。

事实上，楚昭王从来也没有请过孔子。

以上两则杜撰的历史，不过是司马迁要为孔子脸上贴金而已。

求仁得仁

经历了千辛万苦，孔子一行总算是回到了卫国。

蘧伯玉为孔子接风洗尘，席间说起这一趟的艰辛，蘧伯玉也是大为感慨。

"仲尼啊，你这是知不可为而为之啊。天道如此，不是人力可以改变的。歇歇脚吧，哪里也别去了，就住在我这里，教书育人，把希望寄托在年轻人的身上吧。"蘧伯玉劝孔子。

"夫子说的是，那就又给夫子添麻烦了。"

"哪里的话，你在这里，也算是给卫国的年轻人造福啊。"

从此，孔子就住在蘧伯玉的家里，继续招生教学。

从浮躁回归平实，从好高骛远回归现实，这就是孔子这一趟南方之行的最大成果了。

在孔子离开卫国的这段时间，卫国发生了一件大事。

卫灵公死了，孔子刚离开卫国的时候，卫灵公就死了。

当初卫灵公为了南子赶走蒯聩之后，一直没有立太子。直到卫灵公死前，才立了另一个儿子公子郢为太子，而公子郢从一开始就不愿意，到卫灵公死后，公子郢坚决不肯当卫国国君，而推荐蒯聩的儿子姬辄继承君位，最终，姬辄登基，就是卫出公。

这个时候，蒯聩和卫出公之间的关系就很复杂了。

按理，卫出公可以把父亲请回来当国君，可是卫出公不愿意，他觉得国君的位子比老爹更重要。而蒯聩也可以选择待在国外，毕竟是自己的儿子出任国君了，应该为儿子高兴。

可是，父子二人谁也不肯让谁。

就在卫出公继任的时候，蒯聩也在想办法回来当国君。当时晋国内部正乱，赵鞅顾不过他来，于是只派了阳虎帮助他。阳虎带着人假装为卫灵公奔丧，袭击了卫国的戚地，然后以戚地为蒯聩的据点，随时准备赶走卫出公，抢走卫国国君的宝座。

卫出公知道父亲有赵鞅的支持，因此不敢轻易攻打戚地，不过布置了重兵防范父亲。

就这样，卫国形成了父子对峙的局面。

孔子回到卫国之后，卫出公特地派使者前来慰问，并且依照大夫的待遇支给粮食。自然，孔子表达了感谢。使者告辞，孔子让冉有去送。

"子有先生，来的时候国君让我问问仲尼先生有没有想法要在卫国出仕，刚才我也没得机会问，麻烦先生帮我问一问。"使者悄悄对冉有说。

"好，好。"冉有应承下来。

送走了使者，冉有发觉有点儿问题，为什么使者自己不问呢？冉有想不明白，也就不敢贸然去问，因为一旦问不好，可能被孔子训斥。

于是，冉有去找子贡帮忙。

"兄弟，刚才卫君的使者来，本来想要问先生有没有兴趣辅佐国君，可是他说没有机会问，暗地里让我去问，这是怎么回事呢？"冉有问子贡，在这方面，子贡比自己强很多。

"我估摸着是这么回事，如果使者见先生的时候，先生问起了卫国的事情，使者就会借机问先生有没有兴趣了。这样看来，先生根本没有提卫国的事情，使者弄不清先生的意思，因此没有主动提出来。"子贡分析。

"对啊，幸亏我没有贸然去问。那，你觉得先生有兴趣辅佐卫国国君吗？"

"你觉得呢？"子贡反问。

"如今卫国国君父子相争，从父子的角度说，先生应该支持父亲，也就是支持蒯聩；可是从君臣的角度说，他又应该支持国君。所以，我真是弄不清。"

"嗯，我帮你从侧面问问。"子贡说，他也对这个答案感兴趣。

子贡假装请教学问，来找孔子了。

"先生，伯夷、叔齐是两个什么人？"子贡问孔子。

"古代的贤人啊。"孔子说,看见子贡来请教问题,孔子很高兴。

伯夷、叔齐是什么人呢?是商朝末年孤竹国国君的长子和三儿子,父亲去世之后,都不愿意即位,因此双双逃离孤竹国。后来,周朝取代了商朝,伯夷、叔齐认为周朝是反叛,坚决不肯吃周朝的粮食,最终饿死在首阳山。

"那么,他们有没有什么怨恨呢?"子贡问,并没有说怨恨的原因是什么,是放弃了国君的位置,还是饿死在首阳山。

"求仁而得仁,有什么好抱怨的?"孔子说得不以为意。

"弟子明白了。"

子贡从孔子那里出来,把与孔子的对话讲给了冉有。

"先生不会去辅佐卫君了。"子贡说。

"为什么?"

"先生说伯夷、叔齐求仁而得仁,就是说他们既然自己选择了自己的道路,坚持了自己的理念,就算饿死也不会后悔。那么,先生怎么会因为出仕就放弃自己做人的原则呢?所以,他一定不会在卫国出仕了。"

"兄弟,你说得对啊。"冉有恍然大悟。

于是,冉有去告诉卫出公的使者,说是孔子无心出仕,只想专心教学。

这一段故事出于《论语》:

冉有曰:"夫子为卫君乎?"子贡曰:"诺,吾将问之。"入曰:"伯夷叔齐,何人也?"曰:"古之贤人也。"曰:"怨乎?"曰:"求仁而得仁,又何怨?"出曰:"夫子不为也。"

求仁得仁,这个成语出自这里。

孔子在卫国重新开学校的事情很快成为一个话题,有人感慨,有人嘲讽,有人赞赏,说什么的都有。

学生的情况也是这样,有的学生离去,又有新的学生入学。

公西赤从鲁国来了,他已经是一个二十岁的青年,刚刚行过了冠礼,成了成年人。只见公西赤玉树临风,文质彬彬,言谈之间就是一个标准的君子,格外令人喜欢。见到公西赤，孔子非常高兴。按照周礼，男子二十岁行冠礼之后就有了自己的字，公西赤的字是子华，因此，从现在开始，他就改称公西华。

曾晳也从鲁国来了，还带着儿子曾参，曾参只有十六岁，曾晳也算是老来得子。曾晳的到来给孔子带来的是惊喜，因为在第一批弟子当中，曾晳老成持重，特别适合事务性的工作。有了曾晳，孔子学校中的总务就算有人了。曾参跟随父亲，也拜在孔子门下，曾家父子就成了继颜路、颜回之后，第二对父子均为孔门弟子的人。

曾晳来到，孔子特地设了一个便宴为他接风洗尘，同时还叫来公西华，又叫了子路和冉有作陪。原本也要叫上子贡，恰好子贡回家探望父亲未回，因此就没有来。

孔子心情不错，大家也都很高兴，酒就喝得很尽兴，曾晳酒量一般，生怕自己喝多，喝过一阵之后，提出要为大家鼓瑟助兴。于是，曾晳鼓瑟，其他人喝酒聊天。

"各位，不要因为我年龄比你们大，你们就不好意思说。你们平常总说'没有人了解我'。如果有人了解你们，任用你们，你们会怎样做？"孔子突然提出了这个问题。

"我先说。"不等别人应声，子路就第一个说话了，他总是这样急性子。好在，这里除了曾晳比他大之外，其他的都是师弟，他抢第一个倒不算失礼。

孔子笑了笑，他就知道子路一定不会谦让的。

"一个中等国家，处在两个大国之间，外有强敌，内有灾荒。让我去治理，三年时间，我会让老百姓既有勇气对抗强敌，又懂得治理国家的道理。"子路一通豪言壮语，说完，自顾自喝了一大口。

在当时，鲁国和卫国都属于中等国家。

"求，你呢？"孔子问冉有，他其实更看好冉有。

"我嘛，没有子路哥那么大的志向啊。"冉有说着，笑了笑，"我呢，给我一个方圆五六十里或者七八十里的小国家让我去治理，大概也是三年时间吧，我能让百姓富足。至于礼乐这样的事情，要等待君子来做了。"

冉有说话君子范儿十足，前面一段表达自信，后面一段表达谦恭。

孔子点了点头，觉得这个回答不错。

"赤，你说说吧?"孔子又问公西华。

公西华笑了笑，想了想说："我不敢说我能做什么，我愿意学习。祭祀宗庙，或者接待外国君主盟会这类事情，我愿意穿上礼服，戴上礼帽，做一名助理相礼。"

孔子点点头，对公西华的回答很欣赏。

曾皙正在一旁鼓瑟，瑟声不高，因为他知道不能干扰了这边的谈话。此时一曲尚未终了，孔子耐心地等着。

一曲接近尾声，孔子才发问。

"点，说说你啊。"孔子对曾皙说。

"铿"的一声，孔子的话音落的时候，恰恰是曾皙瑟声结束的一刻。

"我的志向和他们都不一样啊。"曾皙笑笑说。

"没关系啊，人各有志啊。"孔子说。

"我的志向不大，晚春的时候，穿着轻薄的衣服，会同五六个朋友，带着六七个孩子，在沂水边沐浴，在舞雩台上跳舞，唱着歌一路归来。"曾皙说，他的志向，类似于隐者了。

"我的志向跟你一样啊。"孔子慨叹。

子路、冉有和公西华离开之后，曾皙留了下来。

"先生，你觉得三个人说得怎样?"曾皙问。

"都说出了自己的志向啊。"

"那，老师为什么对子路的话有些不以为然?"

"治理国家要靠礼，可是他说话还是一点儿礼让都没有，所以我笑话他。"

"冉有谈的不是治理国家吗?"

"怎么见得方圆五六十里就不是个国家呢?"

"那公西赤呢? 他说的不是有关国家的事吗?"

"祭祀和盟会，不是国家的事是什么事? 公西赤要是只能当助理相礼，还有谁能当相礼呢?"

曾皙没有问为什么孔子说他的志向与自己相同，他知道，经过了周游列国的失败，孔子已经明白他无法拯救天下，教书育人、享受生活才是他应该尽力去做的事情。

《论语》:

子路、曾皙、冉有、公西华侍坐，子曰："以吾一日长乎尔，毋吾以也。居则曰：'不吾知也！'如或知尔，则何以哉？"子路率尔对曰："千乘之国，摄乎大国之间，加之以师旅，因之以饥馑，由也为之，比及三年，可使有勇，且知方也。"夫子哂之："求，尔何如？"对曰："方六七十，如五六十，求也为之，比及三年，可使足民。如其礼乐，以俟君子。""赤，尔何如？"对曰："非曰能之，愿学焉。宗庙之事，如会同，端章甫，愿为小相焉。""点，尔何如？"鼓瑟希，铿尔，舍瑟而作，对曰："异乎三子者之撰。"子曰："何伤乎？亦各言其志也。"曰："莫春者，春服既成，冠者五六人，童子六七人，浴乎沂，风乎舞雩，咏而归。"夫子喟然叹曰："吾与点也。"三子者出，曾皙后，曾皙曰："夫三子者之言何如？"子曰："亦各言其志也已矣。"曰："夫子何哂由也？"曰："为国以礼。其言不让，是故哂之。""唯求则非邦也与？""安见方六七十如五六十而非邦也者？""唯赤则非邦也与？""宗庙会同，非诸侯而何？赤也为之小，孰能为之大！"

第二七七章

众生相

冉有走了

子贡回家探望了父亲，希望自己可以去经商了。可是端木巨坚持子贡应该在仕途上发展，因此让他继续回到孔子那里学习。

无奈，子贡回到了孔子学校。

子贡想向孔子提出来去经商，可是他担心孔子会直接反对，想来想去，想了个法子。

什么法子？曲线救国。

"先生，我已经厌倦了学习，对于先生您说的治国之道又很困惑。所以，我想休息了。"子贡故意这样说。

"那，你怎么休息啊？"孔子问。

"我，我干脆去从政吧。"子贡说，虽然实际上他对从政没什么兴趣，可是一定要这么说。

"你以为从政可以休息啊？"孔子笑了，毕竟从政也是自己对弟子们的期待，"《诗》说：'温恭朝夕，执事有恪。'从早到晚都要保持恭敬，随时随地都要小心谨慎。你说容易吗？你能得到休息吗？"

"温恭朝夕，执事有恪。"出自《诗经·商颂·那》。

"那，我回家去侍奉父母，当个孝子，行不行？"子贡早就想好了说辞，他知道孔子很重视孝，因此说回家当孝子保证不会被批。

"你以为那简单啊？"孔子又笑了，他觉得子贡很可爱，"《诗》中写道：'孝子不匮，永锡尔类。'要当个孝子，也不是那么容易啊。"

"孝子不匮，永锡尔类。"出自《诗经·大雅·既醉》，意思是孝子的孝心无穷尽，祖宗永赐你们好。

"那，那我老婆孩子热炕头，怎么样？"子贡想了想，说一个很没有志气但是至少合乎人情的理由。说完，他看着孔子，担心这一次会挨批。

"嘿嘿，这倒是人人都想的。"出乎子贡的意料，孔子并没有生气，反而笑了。确实，回到卫国之后，孔子心态平和了很多，不再像从前那样动不动豪言壮语了。"《诗》中写道：'刑于寡妻，至于兄弟，以御于家邦。'老婆孩子热炕头也没那么舒服的。"

"刑于寡妻，至于兄弟，以御于家邦。"出自《诗经·大雅·思齐》，意思是给老婆做典范，推及自己的兄弟，然后来治理国家。引申就是，处理好与老婆的关系，比治理国家还要难。

"那，那我去结交朋友行不？"子贡有点儿沮丧，老师总能找到合适的诗来跟自己说事，自己想反驳都找不到根据。

"朋友？"孔子这一次没有笑，瞪了子贡一眼，"《诗》中写道：'朋友攸摄，摄以威仪。'结交朋友也很累的。"

"朋友攸摄，摄以威仪。"出自《诗经·大雅·既醉》，意思是朋友之间可以相互辅助，所用的就是威仪。

"那，那，那我去当农民，回家种地总行了吧？"子贡无可奈何，说要回家种地。为什么说无可奈何？因为孔子最讨厌学生去种地，他认为那样是浪费了所学的知识，是对老师和知识的亵渎。

"种地？当农民？哼。"果然，孔子冷笑了一声，"《诗》中写道：'昼尔于茅，宵尔索绹。亟其乘屋，其始播百谷。'当农民伯伯，辛苦死你。"

"昼尔于茅，宵尔索绹。亟其乘屋，其始播百谷。"出自《诗经·豳风·七月》，意思是农民白天割茅草，夜里搓绳索，抓紧时间修房子，还要赶着种庄稼。

"那，那……那这辈子就没有休息的机会了？"子贡现在的思维有点儿混乱了，这不怪他，只能说孔子的忽悠太到位了。

孔子笑了，站了起来，然后指指远方。

"你看那里。"孔子说，子贡也站了起来，顺着孔子手指的方向看了过去，"你看那座坟墓，高高的。看它那么高，好像山巅；看它的侧面，又好似鬲。到了那个里面，就可以躺着休息了。"

说完，孔子陷入长长的沉思。

子贡已经被完全带入了孔子的思路，望着坟墓，他油然而生一股敬意，脱口而出："死真的是一件了不起的事情啊，君子休息了，小人终结了。死真了不起，我爱死。"

"我爱死"后来成为一个习惯用法，意思是特别喜欢。

从头到尾，子贡没有机会提出想去经商。

第二天，冉有来找他了。

"兄弟，有件重要的事情要你帮忙。"冉有说，话语竟然有些急促，子贡就知道这事情一定真的很重要。

"你说。"

"是这样的，季孙家的家宰老了，季孙肥决定请我回去担任季孙家的家宰。我家里已经来人告诉我了，大概再过几天，季孙家就该来人了。"冉有说。

"好事啊，季孙肥跟你的关系我都知道啊，你的能力去做季孙家的家宰绰绰有余，这有什么问题？"

"兄弟你是不知道啊，当初子路师兄和我都在季孙家做家臣，后来先生和季孙家关系不好，我们也就都辞职了。从那时候，先生就反对自己的弟子去卿大夫家做家臣。如今季孙家来招我，去呢，怕先生生气；不去呢，机会又丧失了。所以，我现在有点儿为难。你能不能帮我去先生那里探探口风？"

"这倒确实是个现实的问题啊，从前大家跟着先生，是指望先生能够在某个国家执掌国政，大家也跟着成为大夫，为国君效力。可是如今这情况，要做大夫是没指望了，如果再不能去卿大夫家里做家臣，难道大家喝西北风去？如果回家务农，那跟着先生学了这么长时间的礼乐岂不是都白费了？我估摸着，先生现在的想法该有改变了。这样吧，我去问问先生什么意思。"子贡说，冉有的这个问题其实是许多人的问题，子贡觉得有必要弄清楚。

"那，你可别直接问啊。"冉有急忙提醒，他怕子贡把话说得太直接，弄得孔子下不来台，为了面子坚持原来的说法。

"那当然，我想想怎么说比较好。"子贡说，其实这不需要冉有提醒，在这方面，他比冉有想得更多。

第二天，子贡去见孔子。

"赐啊，令尊可好？可有代我向他问好？"孔子见到子贡回来，很高兴。

"父亲身体很好，让我向先生问好呢。对了，这里还有我父亲给您的礼物。"说着，子贡将礼物取出来递给孔子。

"嘻，令尊总是这么客气，代为多谢他了。"孔子接过礼物，笑呵呵地说。

"先生，我有一件事情想要请您指教啊。"子贡神神秘秘地说，声音压得比较低。

"哦？你说。"

"先生，我这次回家，无意中找到了一块美玉，好多年前得到的。先生觉得是找个好匣子收藏起来呢，还是找个好价钱卖掉呢？"

孔子看了看子贡，笑了，他瞬间知道子贡问这话的目的了，因为这实际上也是最近困扰自己的问题。他知道现在不应该再反对弟子们去做卿大夫的家臣，可是他又不愿意直接公开地说，他也在考虑该以怎样的方式去解决这个问题。

"卖掉啊，卖掉才能产生价值啊，去找个好买家吧。"孔子说得毫不犹豫，要是放在从前，那可有好一番大道理来讲的。

子贡笑了，会意地笑，他知道孔子刚才为什么笑了，他也知道孔子知道自己是为什么笑了。

（《论语》："子贡曰：'有美玉于斯，韫椟而藏诸？求善贾而沽诸？'子曰：'沽之哉，沽之哉！我待贾者也。'"）

几天之后，季孙肥派的使者到了。

来人首先向孔子表达了问候，之后说明了来意。

"我家主人想请冉有回去，担任季孙家的家宰。"来人是来请冉有的，这一点孔子倒是料到了。

"好。"孔子没有犹豫，当即就同意了。

来人有点儿吃惊，他知道自从子路和冉有离开季孙家之后，孔子就一直反对弟子们去做卿大夫的家臣，因此在来之前季孙肥就叮嘱过他，要他想办法说服孔子，实在不行干脆直接找冉有。

孔子派人找来了冉有，实际上冉有已经知道季孙肥派人来了。

"求啊，季孙家请你回去，去吧，你的才能做季孙家的家宰绰绰有余，只是记得要依礼行事。"孔子叮嘱。

"是，弟子记得先生的教导。"冉有尽管内心中有些回家的兴奋，表现得却依然镇静。

当天，孔子令人置备了宴席，一来为季孙家的使者接风，二来为冉有送行。

次日，冉有登程回鲁国去了。

回到鲁国，季孙肥当即任命冉有为季孙家的家宰。实际上，季孙肥执掌季孙家之后就想派人去召冉有来做家宰，不过那时候冉有还在随孔子周游列国。

此后，冉有在季孙家尽心尽力，上上下下打理得井井有条，在季孙家迅速建立了权威。

好学生颜回

"周游列国，我最大的收获就是颜回啊。"孔子常常这样说。

孔子为什么这样说呢？

俗话说，患难见真情。

俗话还说，危难知信念。

周游列国无疑是一趟苦难行军，每个人都受苦受难。这个过程中，子路忠心耿耿、兢兢业业，冉有勤勤恳恳、恪尽职守，就连子贡这样的富二代都承受下来，并且基本没有怨言，这些都让孔子欣慰。

但是，子路和子贡都有些信念动摇，其他人也是如此，甚至孔子也都有心灰意懒的时候。唯一一个信念没有动摇的人是谁？是颜回。

就凭这一点，孔子就要对颜回竖大拇指了，孔子就要佩服颜回的意志力了。

颜回刚入学的时候，其实孔子一点儿也不看好他，觉得他呆头呆脑傻乎乎的。后来发现他实际上并没有那么傻，有的时候私下观察他，觉得他还行，还能有些自己的想法。不过，那时候也就这样了，觉得他不傻而已。

所以，在周游列国之前，孔子平时出行或者找学生聊天，基本上不带他玩儿。

可是现在回想起来，孔子觉得颜回其实真不错。

"嗯，从前我和颜回谈话就算谈了一整天，他也从不提反对意见和疑问，好像是个蠢货。现在看来，他在回去之后还是有所思考、有所发挥的，他其实一点儿也不蠢啊。"孔子这个时候反省自己，觉得从前错看了颜回，"现在想想，从前能够整天上课都不懈怠、不困倦的也就是颜回了，当时以为他是傻，现在看来那是他的意志力啊。"

（《论语》："子曰：'吾与回言终日，不违，如愚。退而省其私，亦足以发，回也不愚。'"）

（《论语》："子曰：'语之而不惰者，其回也与？'"）

等到孔子周游列国回到卫国之后，孔子就喜欢带上颜回一起玩儿了。

这一天，孔子带着子路、子贡和颜回出去游玩，登上附近的农山。来到山顶，极目四望，孔子不禁悲从中来。

"登高望下，使人心悲，几位弟子，说说你们的志向吧，我想听听。"孔子说，他觉得自己奋斗一生，一事无成，只能把希望寄托在弟子们身上。

按着惯例，以及按着脾气，或者按照资格，都是子路第一个发言。

"我希望得到白羽如同月亮，赤羽如同太阳，钟鼓之音直冲云霄。旌旗翩翩，在大堤上盘旋飘扬。我率领军队出击，击败敌人，夺取土地。嘿嘿，这样的事情只有我能做到，这两位兄弟可以跟着我混，哈哈哈。"子路说完，大笑起来。

"勇士啊。"孔子说道，之后去看子贡。

子贡看看颜回，颜回笑笑，示意子贡先说。子贡也笑笑，意思是不客气了。

"我嘛，当齐国、楚国两军对峙，旗鼓相当、难分上下，两国军队就要交战的时候，我愿意穿着白色衣冠，在两军的白刃之间游说两国，凭着我的三寸不烂之舌，化干戈为玉帛，让两国和平万岁。嘿嘿，这个，恐怕只有我能做到。子路大哥、颜回兄弟，你们可以做我的随从，嘿嘿。"子贡说完，嘿嘿地笑了。

"辩士啊,轻轻松松化解战争于无形啊。"孔子说,语气里有些赞叹的意思。之后,孔子去看颜回。

颜回笑了笑,却没有说话。

"回,你怎么不说?难道你没有志向?"孔子问他,其实他最想知道颜回的志向。

"文韬武略,两位师兄都已经说过了,恐怕我没什么可说的了。"颜回笑着说,很谦恭的样子。

"我知道你的志向一定与他们不同,你还是说说吧。"孔子非要颜回说。

"那我就说说。"颜回还是一脸的笑容,慢慢说来,"我听说鲍鱼和兰芷不能收藏在同一个箧子里,尧舜和桀纣不能治理同一个国家,两位师兄的志愿和我不大一样。我想能够辅佐一位圣明的君主,不要城墙,不要护城河,把武器锻造成农具,让天下一千年没有战争,这样的话,又何必子路师兄奋勇作战,又何必子贡师兄游说于军前呢?"

"美哉,德乎!姚姚者乎!"孔子的赞叹声脱口而出,姚姚者乎,就是很得意的样子。

子路和子贡都有些不以为然,颜回的愿望听上去很美好,可是实现起来基本不可能啊。

"先生,能不能说说您的愿望?"子路问孔子。

"我的愿望就是颜回刚才说的啊,我愿意带着衣服跟颜回混啊,哈哈哈。"孔子笑了,今天他很高兴。

人前人后,孔子总是表扬颜回,认为他是大家学习的榜样,每个人都应该像他一样努力学习,坚持不懈。

眼看着颜回成了孔子心目中的三好学生,很多人暗中不服气。但是,真正敢于表现出来的,也就是子路而已。

有一次,恰好颜回和子路在孔子身边,孔子灵机一动,决定问他们一个问题。

"闲着也是闲着,何不说说你们的志向呢?"孔子说。

子路想了想,孔子现在已经很少去谈什么拯救天下这一类的伟大理想了,自己如果动不动还说什么治理国家的理想,似乎显得有点儿缺心眼。

"先生，我的志向吧，就是把自己的车马、酒肉、锦衣等都拿出来和朋友们分享，就算用坏了也不遗憾。"子路说，其实这不是他的志向，而是他期望的生活方式。他喜欢交朋友，又很大方，为朋友付出钱财是他的快乐。

"由啊，你终于懂得享受生活了。"孔子笑了笑说，他知道这就是子路的本色。

"回，你说说啊。"

"我愿意不夸耀自己的长处，不表白自己的功劳。"颜回想了想说。

孔子微微一笑，没有评价，但是他知道颜回的回答完全是跑题了，他所说的只是他的境界，而不是他的志向。

子路似乎有些不屑于颜回的回答，径直问孔子："先生，我想听听您的志向啊。"

"我嘛，让长者跟我打交道感到安心，朋友们和我打交道对我信任，年轻人和我打交道后会怀念我。"孔子平淡地说。

"哈哈哈，我和先生是一样的，都是跟人打交道啊。"子路爽朗地笑道，他觉得自己的志向和孔子没什么区别，而颜回的志向，那叫志向吗？

《论语》：

> 颜渊、季路侍。子曰："盍各言尔志？"子路曰："愿车马衣轻裘与朋友共，敝之而无憾。"颜渊曰："愿无伐善，无施劳。"子路曰："愿闻子之志。"子曰："老者安之，朋友信之，少者怀之。"

几天之后，巧合的是又是子路和颜回在孔子身边，几人聊起了蘧伯玉，对他的处世态度非常佩服。

"回啊，像夫子那样，用我呢，我就去干；不用我呢，我就隐居起来。我看在我们这些人里面，只有我和你才能做到吧！"孔子说。

颜回憨憨地笑了笑，没有说话。

子路有些不高兴了，心说颜回这个书呆子有什么用呢？他能干什么呢？

"先生，您如果统率三军，那么您和谁在一起共事呢？"子路愤愤然地说，意思是真正有用的还是我这样的。

"由啊，赤手空拳和老虎搏斗，徒步涉水过河，死了都不会后悔的人，我是不会和他在一起共事的。我要找的，一定要是遇事小心谨慎，善于谋划而能完成任务的人。"孔子说。

子路嘴上不再说话，心里还是老大的不服气。

《论语》：

> 子谓颜渊曰："用之则行，舍之则藏，唯我与尔有是夫。"子路曰："子行三军，则谁与？"子曰："暴虎冯河，死而无悔者，吾不与也。必也临事而惧，好谋而成者也。"

子贡对颜回也不是那么服气，他觉得颜回过去确实不错，可是现在自己也不比他差。

这一天，子贡对孔子说："先生，您觉得贫穷但是不谄媚有钱人，以及富有但是不会傲慢地对待别人，哪个更不容易？"

子贡的话，明眼人一听就知道是在说颜回和他自己。意思很清楚，颜回能做到贫穷但是不自卑，我也能做到富有但是不骄傲，我不比他差。

孔子当然是个明眼人，子贡的那点儿小心眼怎么瞒得过他。

"都不错啊，能做到这两点都很不容易了。"孔子先肯定了子贡的进步，随后说："但是，这两样还不如贫穷但是还能保持快乐、富有但是遵从周礼啊。"

子贡一听，知道这是老师在提醒自己对于礼的理解还不够，这不就是说自己骄傲吗？想想，似乎老师说得有道理啊，自己有了一点儿进步就以为很了不起了，这不就是骄傲吗？

"先生，《诗》中写道：如切如磋，如琢如磨。人的品质就应该像加工玉石一样，一点一点磨炼，不能稍有进步就以为已经完美了，是这样吗？"子贡说。

"赐啊，你的进步真是让我刮目相看啊，你都学会抢答了，我刚说完一个道理，你就能运用《诗》去理解了。不错不错，今后可以跟你讨论《诗》了。"孔子很高兴，他确实看到了子贡的进步。

子贡得意地笑了，这还是第一次被老师在《诗》的学习上表扬。

《论语》：

子贡曰:"贫而无谄,富而无骄。何如?"子曰:"可也。未若贫而乐,富而好礼者也。"子贡曰:"《诗》云:'如切如磋,如琢如磨。'其斯之谓与?"子曰:"赐也,始可与言《诗》已矣。告诸往而知来者。"

"赐啊,你觉得你和颜回谁更强一些?"孔子问。

"那当然是颜回了。"子贡眼都没眨一下,接着说:"颜回听到一个道理,能够推知十个,我呢,最多能推知两个,差远了,差远了,不是一个数量级的啊。"

孔子听了,点了点头。

"我也这么看,你比不上他,我也比不上他。"孔子深有感触地说。

《论语》:

子谓子贡曰:"汝与回也孰愈?"对曰:"赐也何敢望回。回也闻一以知十,赐也闻一以知二。"子曰:"弗如也。吾与汝弗如也。"

第二七八章

登堂入室

第三代弟子

如果不算零零散散招收的弟子，那么，曾皙、子路等人算是孔子的第一批弟子，冉有、高柴、子贡、颜回等人算是孔子的第二批弟子，现在孔子新招收的这一批弟子算是他的第三批弟子。公西华和曾参都是他的第三批弟子，除此之外，还有几个人需要说到。

卜商，字子夏，只有十八岁。子夏非常聪明，因此孔子留他在身边一边学习一边服侍自己。言偃，字子游，比子夏小一岁，少年老成，十分稳重，孔子也很喜欢他，同样留在身边。颛孙师，字子张，比子游又小一岁，做事认真，性格倔强，孔子也将他留在身边。子张的祖上是陈国人，在齐桓公时期流亡到了鲁国。再加上有时也会前来的曾参，算是孔子门下第三期弟子中的几位翘楚了。

因为几个人平时都在孔子身边，住也住在一起，又都很有个性，所以很快就开始暗中较劲。子夏人很聪明，对知识理解得很快，个性比较高傲。子游也很聪明，也是一个高傲的人，因此两人之间就有些互相瞧不起。子张性格倔强，略有些死板，而子夏和子游都有些不拘小节，所以子张认为他们品德不够好，而他们则认为子张太过死板。就这样，三人之间钩心斗角。唯一的例外是曾参，一来曾参和他们不住在一起，二来曾参性格恬淡、与世无争，因此曾参和三人的关系都还不错。不过，因为平时在学问上与子夏交流比较多，所以跟子夏走得稍微近一些。

孔子自然把一切都看在眼里，他知道这些都是人之常情，说不上谁对谁错。因此，孔子的做法就是尽量引导他们，尽量一碗水端平，能够让他们和平相处、成为朋友。

因为家里比较穷，子夏在钱财上看得很重，比较吝啬。

子游家里比较富足，平时就比较大方。时间长了，在这上面就有些瞧不起子夏。

有一次，孔子要出行，看天色似乎要下雨，孔子正在犹豫要不要拿雨伞的时候，跟随他出行的子游说话了："老师，子夏有把好伞，叫他拿来用吧。"

子夏确实有把伞，是子贡才送给他的。子夏当个宝一样收藏着，平时根本不舍得用。子游之所以建议用子夏的伞，就是想让子夏难受。

"别出这馊主意了。"孔子当然知道子游的算盘，也当然不会上当，"子夏这个人不是那种很大方的人，你这不是要为难他吗？偃啊，跟一个人交往，尽量交他的长处，不要触碰他的短处，这样就能长久地交往啊。为什么有的人朋友多呢？因为他能包容别人的短处。"

子游见自己的小算盘被老师说破，一脸的尴尬。从此以后，再也不敢玩这种小心眼了。

按《说苑》：

> 孔子将行，无盖，弟子曰："子夏有盖，可以行。"孔子曰："商之为人也，甚短于财！吾闻与人交者推其长者，违其短者，故能久长矣。"

子张的个性倔强、认死理，只要自己认为是对的，谁也无法改变他；只要他认为是错的，谁也不能让他去做。因为不懂得变通，很多师兄弟不喜欢他。

有一天，子路来了。子路现在没有住在孔子这里，而是住在大舅子颜浊邹那里，老婆孩子也都在那里。后来的这些小师弟因为来得晚，不知道子路和孔子之间那种特别的关系。

子路带着一把瑟来的,想要来跟孔子请教。

恰好这一天孔子出门去了,随他出去的是子夏和子游,留在家里看门的是子张。

"师弟,先生在吗?"子路看见开门的是子张,问。

"大师兄,先生出门去了,请您过一阵再来。"子张说,通常都是这样说。

"嗯?我带这个瑟这么沉,我等等吧。"子路说,说着,把瑟放在门口,就要进去。

子张急忙拦住,因为按着规矩,如果主人不在,不熟悉的客人要在院子外面等,熟悉的人可以在院子里等,但是不能进入厅堂。

"大师兄,您不能进去。"子张说。

子路愣了一下,眼睛一瞪,一把将子张推到了一边,迈步进了厅堂。

"我当年跟着先生走南闯北的时候,还没有你呢。"子路骂了一声,坐了下来。子张见子路发火,不敢再说什么,躲开了。

过了一阵,孔子回家,进了院子来到厅堂的门口,猛然发现一个瑟竖在门口,仔细一看,是子路的。

"嗯,怎么由的瑟会在我的门口呢?"孔子自言自语,这个时候,子张走了出来。

子张正要投诉子路,子路也走了出来。

看到子路,孔子非常高兴,两人一边说着话,一边走了进去。

过了一阵,子路离去。

"先生,我认为大师兄对先生不敬。"子张这个时候来告状了,随后把事情的经过说了一遍。

孔子听完,呵呵一笑。

"师啊,你大师兄也就是进了厅堂,又没有进入卧室啊,有什么关系呢?"孔子为子路辩解了一番,随后他告诉子张,子路与别人不同,他不仅是自己的弟子,也是自己的兄弟、朋友和家人,他随时可以来自己的家。

这一段记载于《论语》:

子曰:"由之瑟,奚为于丘之门?"门人不敬子路。子曰:"由也升堂矣,未入于室也。"

这段话的译文是这样的：孔子说："仲由的瑟，为什么在我门口呢？"弟子们认为子路对老师不敬。孔子说："仲由嘛，他只不过是去了客厅，没有进卧房啊。"

有趣的是，传统的译文是错误的。传统的译文是这样的：子曰："仲由弹瑟，为什么在我这里弹呢？"孔子的学生们因此都不尊敬子路。孔子便说："仲由嘛，他在学习上已经达到登堂的程度了，只是还没有入室罢了。"

登堂入室，原本就是进入客厅和进入卧房的意思，可是后来将错就错，成了形容一个人学问很高明的成语。很多成语都是这么产生的。

子贡和子夏都很聪明，子贡很喜欢子夏，经常关照他。子夏家中很穷，子贡常常资助他一些，两人因此就走得更近。

有一次，子贡陪孔子聊天，说着说着，话题就到了几个小字辈的弟子身上了。

"先生，您认为师和商谁更贤能一些？"子贡问。

孔子知道子贡和子夏的关系好，自己说什么，一定会传到子夏那里去，岂不是又要生是非？

"师有点儿过，商则有点儿不够。"孔子说。意思是子张迂腐了点儿，子夏则市侩了点儿。

"那，是子张贤能一些了？"

"过了和不够是一样的啊。"孔子说，他才不会说谁比谁好呢。

这一段记载在《论语》中。

子贡问："师与商也孰贤？"子曰："师也过，商也不及。"曰："然则师愈与？"子曰："过犹不及。"

过犹不及，这个成语来自这里。

子路再出仕

在冉有回鲁国之后，孔子就在考虑其他弟子的出路。当然，是跟随他周游列国的第二批弟子的出路。

孔圉现在依然是卫国的上卿,孔子和他的关系还不错。公叔戌当年占据蒲地反叛,不过一年以后他就逃往鲁国去了,蒲地回归了卫国,现在成了孔圉的封地。

"仲尼先生,我知道子路很能干,想请他做蒲地宰,您看怎样?"这一天,孔圉对孔子说。

孔圉为什么看好子路呢?一来,子路曾经在季孙家做过家宰,有一定的管理经验;二来,蒲地是卫国的主要兵源地,民风比较彪悍,需要子路这样的勇武之人去管理。

"好啊。"孔子当然同意。事实上,如果只有一个机会给弟子们,他一定给子路。

当天,孔子就告诉子路准备去蒲地上任了。

"先生,当初在季孙家做家宰,也就是凭着一股热血就去了,真没什么准备。现在回想起来,很多事情做得不好。这次去之前,先生跟我说说该怎样治理蒲地吧。"子路当然愿意去,但是希望老师给些指点。

"要百姓做的事情,自己先做到。"孔子想了想说。

"还有呢?"

"不要懈怠。"

"就这些?"

"就这些。"

子路似乎有些不甘心,可是又不知道该怎么问,于是闷着头走了。

(《论语》:"子路问政。子曰:'先之,劳之。'请益。曰:'无倦。'")

第二天子路去拜见孔圉,孔圉向他介绍了蒲地的大致情况,吩咐他需要注意的事情。之后,就可以去上任了。

临走之前,子路来向孔子辞行。

"先生,怎样才能做一个君子呢?"子路问,其实就是换个说法来向孔子讨教治理蒲地的方法。

"修养自己,使自己庄重端肃。"

"就这样就可以了吗?"

第二七八章 登堂入室

"修养自己，使身边的人们有安全感。"

"就这样就行了吗？"

孔子笑了。

"由啊，我知道你想要怎样。你想要修养自己，使百姓都安居乐业。修养自己使百姓安居乐业，这个，尧舜也怕难以做到吧？"孔子说。

子路也笑了笑，与孔子告辞后走了。

子路走后，子贡凑了过来。

"先生，子路师兄的志向自然是使百姓安居乐业，为什么先生不鼓励他反而打击他呢？"子贡问。

"赐啊，你也知道由的性格，他处事急躁，考虑不周，并且精力旺盛。我担心他急于事功，反而会折腾百姓。而且，蒲地民风彪悍，弄不好会激起民变。所以，我要降低他的目标，让他把主要精力用在修养自身上，这既是保护他，也是保护蒲地的百姓。"孔子解释道。

"弟子明白了。"子贡恍然大悟，这时候他想起在鲁国的时候季康子说过的子路的故事，深感孔子的考虑真是非常周全。

《论语》：

子路问君子。子曰："修己以敬。"曰："如斯而已乎？"曰："修己以安人。"曰："如斯而已乎？"曰："修己以安百姓。修己以安百姓，尧舜其犹病诸？"

不久，孔子又推荐高柴做了楚丘的士师。士师，主要审理士一级的诉讼。孔子认为，高柴虽然有些木讷，但是为人正直、坚持原则，并且有慈悲之心。这些，都被孔子认为是一个合格士师的特质。

子路走后不久，孔子生了一场大病，他从来没有这样病过。

"也许，我要死了。"孔子说，很多弟子也都这样担心。

子路听说之后，急忙赶了回来。

看到病恹恹没有一点儿精神的孔子，子路心急如焚，亲自伺候汤药。

一两天过去，见孔子的病情没有明显的好转，子路急了，他竟然去找了蘧伯玉家里的祝史，要他帮自己向上天祷告。

"上天啊，把夫子身上的病转移到我身上吧。"子路的祷词就是这样写的，要知道，春秋时期的人对于祈祷是非常看重的，因为他们相信上天是可以听到他们的祈祷的。当初周武王病重的时候，周公就曾经祈祷把周武王的病转移到自己的身上。

又过了两天，孔子的病略有好转。这时候，有人把子路祈祷的事情告诉了孔子。于是，孔子让人把子路叫到了自己的病榻前。

"由啊，听说你为我祈祷了，有这事吗？"孔子有气无力地问。

"有啊，《诔》书上不是说了：在大小神祇那里为你祈祷。所以，祷告是有用的。"子路说。

"呵呵，我已经祈祷很久了，真的有用吗？"孔子勉强笑出来。

"一定有用的，这不是都有好转了。"

"由啊，你公务繁忙，就不要在这里陪我了，我这里有人照顾。"

"不，他们粗手粗脚的，我不放心。"

"由啊，你才是粗手粗脚啊。你在这里，别人都没法照料我了，你还是走吧。"孔子一定要催他走。

子路知道，这是老师不愿意自己在这里受累。想要不走，又怕孔子不高兴，反而伤了身体；走吧，又确实放心不下。

最后，子路想了一个办法。

"先生，既然这样，那我就走了。"子路答应了孔子。

子路确实还有一摊子事情等着他去做，他决定回蒲地，但是把跟随他前来的两个下属留在这里，命令他们："你们要像臣子伺候国君一样伺候仲尼先生，见到仲尼先生要行君臣之礼，不得有任何的怠慢。"

子路又向医生了解了孔子的病情，得知孔子的情况正在好转，应该没有大碍之后，这才放心地走了。

《论语》：

> 子疾病，子路请祷。子曰："有诸？"子路对曰："有之。《诔》曰：

祷尔于上下神祇。"子曰："丘之祷久矣。"

从楚丘到蒲，子路在石门这个地方住了一个晚上。

因为要急着赶回去，子路第二天起了一个大早，来到城门的时候城门还没有开。等了一阵子，守门人才来到，见子路早早等着，感觉有些奇怪。

"请问，你是从哪里来的？"守门人问。

"啊，从孔丘那里。"

"孔丘？就是那个明知没戏却还要去做的人吗？"

"哈哈哈。"子路笑了，点点头，上路了。

这一段记载于《论语》：

> 子路宿于石门，晨门曰："奚自？"子路曰："自孔氏。"曰："是知其不可而为之者与？"

不可为而为之，这个常用语，就来自这里。

子路为什么这么急着赶回去呢？因为这时候正好是春耕结束，子路看到蒲地的水利系统不完善，担心暴雨来临造成水灾，在春忙之后，需要组织当地百姓兴修水利，挖沟造渠。就在紧张筹备的时候，孔子病了，子路放下手头的事情去看望照顾孔子。现在既然回来，自然就要抓紧时间去完成自己的计划了。

子路征集民工准备开始兴修水利，自然有人愿意、有人不愿意，还有人强烈不愿意。

按照周朝的规则，凡服公役的，自备干粮。

"我们实在家里没余粮啊。"有人就这样说，还有一些人找别的借口，总之都在子路这里诉苦。

子路也知道蒲这个地方的民风一向不是太温和，治理起来比较费力。现在看来，确实如此，当初治理季孙家的时候就没有这么多刺儿头。

子路想来硬的，可是上任时间不长，子路不太愿意把事情闹得太僵。并且，子路也知道一些人家确实收成不好。

"这样吧,中午这一顿饭用我的薪俸给大家免费提供。"子路宣布。

这样,蒲地的水利工程红红火火地开工了。

这一天,子路正在工地上指挥大家干活儿,子贡来了,同时来的还有子路留在孔子身边的两个下属。看见他们来到,子路心里一沉。

"赐,难道先生他?"子路问,言语之间十分紧张。

"大师兄别这么紧张,先生的病已经好了。"子贡笑了笑说。

"是吗?太好了。"子路这才放下心来,又问两个下属:"怎么样?你们没有偷懒吧?"

"我们按照大人您的叮嘱,没日没夜地伺候先生呢。"那两人急忙说。

"赐,他们说的是真的吗?"子路向子贡求证。

"大师兄,先生很生气啊。"子贡很严肃地说。

"啊,为什么?难道他们的礼数不周?"子路瞪了两个下属一眼,把两个下属吓了一跳。

"恰恰相反啊,不是礼数不周,而是礼数周到过分了。"子贡又笑了笑,然后解释起来。

原来,子路走后,孔子的病情稳步好转,两天前已经可以自己走路了。除了体力还有些不足之外,其余都已经恢复正常。

"你们两位辛苦了,可是,你们为什么在我面前用君臣之礼?"孔子问子路的两个下属。

两个下属互相看看,谁也没有说话,似乎有些为难。

"算了,不用你们说了,我知道这一定是由交代你们的。"孔子没有再逼问他们,内心里他挺感激这两个人。"由总是忽悠我,我现在就是个平头百姓,没有资格有家臣啊。可是你们看看他,愣是让你们来给我做家臣,这是让我骗谁呢?骗老天爷吗?唉,为什么要这样做呢?其实让我的弟子们伺候我就行了,与其死在你们的手里,还不如死在弟子们的手里啊。再说了,就算我死了得不到风光大葬,弟子们总不至于把我扔到荒郊野外去喂狗吧?"

《论语》:

子疾病,子路使门人为臣。病间,曰:"久矣哉,由之行诈也。无

第二七八章 登堂入室

臣而为有臣,吾谁欺,欺天乎?且予与其死于臣之手也,无宁死于二三子之手乎。且予纵不得大葬,予死于道路乎?"

子贡把孔子的这些话复述一遍给子路,子路哈哈大笑。

"先生就是这样,特好面子,不管他,咱们该怎么做就怎么做啊。"子路大声说着,他太了解孔子了,他知道孔子虽然表面上在骂自己,心里还是在念自己的好。

两个下属这才轻松下来,也跟着笑起来。

"对了,赐啊,先生让你来,一定有什么话要对我说吧?"子路问,他渴望得到老师的指点。

"据说大师兄为服役的百姓提供一份免费的午餐,有这事吗?"

"有啊。"

"先生很担心你,让你立即停止供应免费午餐。"子贡说。

"为什么?先生平时总是叫我们要仁德,可是真正做起来又要阻止我,为什么?"子路很不解地问。

"先生说,规矩就是规矩。既然有了规矩,就应该按照规矩去做。规矩的存在,自然有它的道理。规矩一旦被破坏,秩序就会失去。你开了这样的一个头,今后卫国人服役就都会提出这样的要求。如果你认为老百姓确实不够吃,也应该上报给孔悝大夫,然后从公家的仓库里拿出粮食来救济大家。如今你私自用自己的粮食给大家,是要让百姓怨恨君主,而感激你。你想想,后果是不是会很严重?"子贡回答,这是孔子教给他的。

"是哦。"子路恍然大悟。

到这个时候,子路回想起自己做蒲地宰前和孔子的对话,他才领悟到孔子那些话的含义。

"那,夫子还有什么要对我说的?"子路问,他相信老师肯定还有教导给自己的。

"夫子让我送你三个字:不折腾。"子贡说。

第二七九章

仕途坎坷

子贡出仕

办学目的决定了办学思路,决定了教学方针。

从前孔子办学,是希望学生们和自己一样或者跟随自己去拯救天下,去用周礼来实现成康之治。所以,那个时候孔子所教的、所说的都是周礼,都是贵族六艺,都是作为卿大夫应当怎样去做。

也正因如此,那时候孔子所教出来的学生如果没有进入仕途,就注定一事无成,就注定是在虚度时光、学无所用。

现在,孔子终于明白自己是无法拯救天下的,即便自己可以知不可为而为之,可是弟子们需要养家糊口,需要有一个确切的前途。这个时候再去一门心思讲周礼,一门心思要朝卿大夫的方向上发展不仅不现实,而且是对弟子们的不负责任。

所以这个时候,孔子知道自己必须改变教学的方向。

过去,孔子的做法是"述而不作",只讲述古人的,不发明自己的。因为他认为古人的就是完美的,自己完全没有必要去发展。而现在,孔子既然已经在仕途上失去了兴趣,那么自然要在学术上找到新的寄托。

所以,孔子决定修编《诗》。到了孔子这个时代,有记载的诗已经有三千多篇。

事实上，在孔子之前，就已经有人删编过《诗》。而孔子也准备对这三千多篇诗进行删编，当然，是按照自己的标准。

孔子知道，仅仅靠自己来做这项工作是不太可能的，必须从弟子们中挑选出几个助手，哪些人比较适合呢？孔子要先考察一番。

除了自己有修编《诗》的计划之外，孔子对学生的教学重点也进行了调整。

从前的教育以"六艺"为主，其中的重点又是礼乐诗书，重中之重则是礼乐。现在，六艺依然是学习的内容，礼乐诗书也依然是重点，但是，现在最需要强调的是怎样做人、怎样与人相处，而这个学问，孔子称之为"仁"。

为什么要强调这一点呢？因为现在学生们的教育目标就是做一个普通的人，或者做一个普通的卿大夫的家臣，需要的不再是治国的理念和理论，而是与人相处的学问和技巧。和自己的雇主、和同僚、和下属、和乡里父老等，这些，将是大家的立命之本。当然，这些本身也是周礼的范畴。

"先生，我记得您从前讲礼讲乐不讲仁，为什么现在却开始强调仁呢？仁真的有那么重要吗？"子贡有些不理解，来问孔子。

"赐啊，管仲曾经说过礼义廉耻。廉耻是基础，礼义是目标啊。礼是什么？就是义的规则啊。可是礼并不是从一开始就有的，三皇五帝的时候哪有什么礼呢？所以君子生活于世上，如果遇上什么事情是礼所没有规定的，怎么办？就按照义的原则去做好了。那么义又是怎么来的呢？就是艺和仁所要求的思维方式。艺就是才能，仁就是与人相处之道。好的与人相处之道能够尊重别人也得到别人的尊重，这就是义的来源了。我们追求义却不去教导人们，就等于种庄稼只撒种子而不耕耘。如果我们教导人们的方法不合于仁，就等于只耕耘而没有收获啊。如果我们懂得了仁却不能运用，那就等于收获了粮食却不去食用。如果我们懂得了运用却不能成为我们的习惯思维，那就等于吃了粮食却不能消化啊。赐啊，礼很重要，但是仁更重要。"孔子一番长篇大论，这也是这段时间他不停思考的结果。

子贡听得有些似懂非懂，他觉得孔子说得对，可是又觉得这些似乎与孔子之前说的有些不同，他需要时间来切换。

按《礼记》：

故礼也者，义之实也。协诸义而协，则礼虽先王未之有，可以义起也。义者，艺之分，仁之节也。协于艺，讲于仁，得之者强。仁者，义之本也，顺之体也，得之者尊。故治国不以礼，犹无耜而耕也。为礼不本于义，犹耕而弗种也。为义而不讲之以学，犹种而弗耨也。讲之于学而不合之以仁，犹耨而弗获也。合之以仁而不安之以乐，犹获而弗食也。安之以乐而不达于顺，犹食而弗肥也。

　　子贡对于当官依然毫无兴趣，尤其看到子路当官之后忙得脚不沾地，却依然费力不讨好。

　　他想去经商，可是父亲不同意。现在，他想先说服孔子，再让孔子帮助自己去说服父亲。这一天，他又来试探孔子。

　　"先生，假若有一个人，他能给老百姓很多好处又能周济大众，怎么样？可以算是仁人了吗？"子贡问，他为什么问这个问题呢？因为子贡从前曾经和孔子讨论过这个问题，子贡说他如果经商的话，挣到了钱去周济百姓，不是一样是在拯救天下吗？

　　所以，这次子贡又提出这个问题，就是说自己想去经商，希望老师支持自己。

　　孔子当然知道子贡的心思，可是他坚持认为只有出仕才是正道，其余都是歪门邪道。

　　"赐啊，你说的这岂止是仁，简直就是圣啊，尧舜要做到这点都十分困难啊。什么是仁？就是为了自己生存而帮助别人生存，为了自己成功而帮助别人成功。能在现实中推己及人，那就是实现仁的方法了。"孔子的意思很清楚，他绝不相信经商能够做到这一点，自然也就是表示不支持子贡去经商。

　　《论语》：

　　　　子贡曰："如有博施于民，而能济众，何如？可谓仁乎？"子曰："何事于仁，必也圣乎！尧舜其犹病诸！夫仁者，己欲立而立人，己欲达而达人。能近取譬，可谓仁之方也已。"

不久，孔子推荐子贡做了信阳宰。子贡不想去，可是不能不去。

出发上任之前，照例，子贡要向孔子请教治理地方的办法。

"先生，我从前没有做过官，所以现在实在有些忐忑，请先生指教。"子贡说。

"嗯，为政分成两个层次，一个是管理国家，一个是管理地方。管理国家，最重要的是三个方面，一个是粮食要充足，一个是武力要常备，一个是公信力要建立。"孔子高屋建瓴，先从国家层面说起。

"那，如果这三点不能同时做到，哪一个要先舍弃呢？"子贡问，这是他思考问题的方式，就是从最坏的角度去准备，朝最好的方向去努力。

"武力吧。"孔子想了想说。

"那，如果还要迫不得已再去掉一项呢？"

"粮食，人生自古谁无死？可是，失去了公信力，国家也就失去了存在的根本。"孔子说，见子贡的表情有些困惑，解释道，"粮食不足，人们忍饥挨饿，甚至有人会饿死。但是，只要公信力在，秩序就在，渡过难关之后，很快就会恢复正常。如果失去了公信力，国家失去了秩序，陷入混乱，那么今后吃不饱肚子的日子就多了，死的人会更多。"

"弟子明白了，做生意也应该这样，就算亏本，也不能失去信用。只要信用在，生意就有的做，赚钱就只是早晚的事。可是如果失去了信用，就不会再有人和你做生意。如果大家都不讲信用，大家就都没有生意做。"子贡恍然大悟，但是立即把话题引到了做生意上。

"赐啊，你就知道做生意。"孔子笑了，他在想，这小子要是把这个聪明劲用到做官上，那该多好啊。

这一段记载于《论语》。

> 子贡问政。子曰："足食，足兵，民信之矣。"子贡曰："必不得已而去，于斯三者何先？"曰："去兵。"子贡曰："必不得已而去，于斯二者何先？"曰："去食。自古皆有死，民无信不立。"

"按照先生的说法，治理地方也是要信用先行吗？"子贡接着问。

"当然，一个人如果没有信用，这个人能干什么呢？信用对于人来说，就像车的辕、船的舵一样，缺了它寸步难行。"

《论语》："子曰：'人而无信，不知其可也。大车无輗，小车无軏，其何以行之哉？'"

"弟子记住了，我还有一个问题要问先生。如果一件事情，百姓都说好，要不要去做？"子贡又问出一个问题来，这是他最近在思考的问题。

"不要。"

"那，如果百姓都说不好的，要不要去做？"

"不要。"

"那，什么事情可以做呢？"

"百姓中的好人都说好的，恶人都说不好的，就可以去做了。"孔子说。

子贡觉得有点儿困惑，这样的话，还有什么可以做的呢？

《论语》：

> 子贡问曰："乡人皆好之，何如？"子曰："未可也。""乡人皆恶之，何如？"子曰："未可也。不如乡人之善者好之，其不善者恶之。"

子贡去了信阳，很快他就发现无论他做或者不做或者怎样做，总有人对他不满，他尝试按着孔子的教导去区分哪些是好人、哪些是恶人，可是一切都是徒劳。好人和恶人之间并没有什么确切的区分标准，额头上也没有写着。

他觉得很累，而且毫无成就感。

两个月过去，子贡疲惫不堪，他决定辞职了。

就这样，子贡仅仅做了两个月的官，就回家了。

回到家里，端木巨瞪了他两眼，不再搭理他。子贡知道父亲对自己很失望，可是他实在无法忍受官场的痛苦。

于是，子贡来到学校见孔子。

"赐啊，你的个性似乎真是不适合出仕。不过，人也是可变的，你不妨去鲁国冉求那里，看看他是怎样做的。"孔子给了子贡一个建议，他对子贡出仕还是不死心。

子贡想想，这个时候去冉有那里似乎是一个不错的办法，毕竟冉有是自己最好的朋友，说不定他能帮助自己，至少，可以去散散心。

于是，子贡前往鲁国，找冉有去了。

颜回出仕

冉有、子路、子贡都出仕了，孔子现在最操心的就是颜回了。

为什么呢？

一来，子路、冉有都曾经出任季孙家的高级家臣，都有一定的财富积累，可以说就算不出仕，也衣食无忧。子贡更是不用说，家境殷实。可是颜回不同，颜回家里很穷，只有出仕才能改变现在的状况。

二来，颜回是自己树立的学习标兵，他的前途实际上影响着很多人的信心。

三来，最重要的是，颜回的身上承载着孔子的希望。周游列国使得孔子实现自己主张的梦想落空了，他已经知道自己是"知不可为而为之"，换言之，他已经没有了自信。可是，在颜回的身上，他看到了信心，也许，自己的梦想要靠颜回去实现了。

可以说，颜回的身上承载了孔子最后的希望。

也正因为如此，孔子对其他学生强调的是仁，教大家怎样与人相处；而对颜回依然在强调礼，教给他怎样治理天下。

一次，颜回来向孔子请教什么是仁，毕竟同学们都在谈论仁。

"先生，请问什么是仁呢？"颜回来问孔子，他很少提问，除非确实有困惑。

"仁？"孔子一时间没有回过神来，因为他对每个弟子的回答都不同，都是针对他们的性格弱点，可是怎么回答颜回呢？"仁，就是克己复礼，用周礼来约束自己。如果每个人都克己复礼了，天下就实现仁了。"

看，孔子对颜回一开口，就是天下。

"那，具体该怎么做呢？"

"非礼勿视，非礼勿听，非礼勿言，非礼勿动。凡是不符合周礼的，不要看、不要听、不要说、不要做。"

"好的先生，虽然我不够聪明，但是我会全力以赴去这么做的。"颜回这么说，他也决心这么做。

这段对话非常著名，出自《论语》。

颜渊问仁。子曰："克己复礼为仁。一日克己复礼，天下归仁焉。为仁由己，而由人乎哉？"颜渊曰："请问其目。"子曰："非礼勿视，非礼勿听，非礼勿言，非礼勿动。"颜渊曰："回虽不敏，请事斯语矣。"

"非礼勿视，非礼勿听，非礼勿言，非礼勿动。"现在，颜回每天都要背诵一百遍这十六字格言。

颜回原本说话做事就谨小慎微，从那之后，更加谨慎。听到的、看到的，首先第一步想的就是这是不是合于周礼。如果不合于周礼，就要立即走开。平时同学们说话开玩笑，颜回也都要考虑是否合于周礼。

所以，颜回平时基本上不和同学互动，也不参加同学们的活动。而同学们对他也多半是敬而远之，因为什么事情一旦带上他，就会立即没有了趣味，大家都扫兴。

实际上，别说别人，孔子也渐渐地不愿意带他一起玩儿了。

这一天，颜回又来向孔子请教。

"先生，克己复礼，天下归仁。可是，该怎么治理国家呢？"颜回很认真地问，似乎就有一个国家正在等着他去治理。

"嗯，要实行夏朝的历法，乘坐商朝的路车，戴周朝的帽子。音乐嘛，都用韶舞，那些靡靡之音，譬如郑国的音乐歌曲什么的都不要听，要远离奸佞小人。"孔子说，这是他的治国理想。

"好的，弟子记住了。"颜回说，不过，夏朝的历法是怎样的，商朝的大车又是怎样的，他完全没有概念。

（《论语》："颜渊问为邦。子曰：'行夏之时，乘殷之辂，服周之冕，乐则《韶》《舞》。放郑声，远佞人。郑声淫，佞人殆。'"）

那么，为什么孔子会这样说呢？

因为夏朝的历法就是今天的阴历。阴历合于农时，今天也称为农历。孔子重视民事，所以主张使用夏朝的历法。路车就是天子使用的车，周王的车共有五种，所用的装饰比较多，而殷王的车就是木制，性价比比较高，因此孔子主张使用商朝的路车。冕是祭祀的时候所用的冠，周礼有六冕，漂亮但是不奢侈，因此孔子主张戴周冕。

但是，要做到这几点，要么是国君，要么是一国的执政大臣。显然，孔子期望着颜回有朝一日会成为尧、舜、禹、汤这样的圣人，到时候能够号令天下。

对孔子的这些话，颜回是牢记在心了，可是为什么要这样做，他未必就知道。

凭借着自己的名声和人脉，孔子一直在竭力地向卫国的卿大夫们推销颜回。

有一次，一位姓宁的大夫听了孔子的推荐，决定任用颜回去管理自己的封邑。不过在正式任命之前，需要一次面试。

颜回去了，见面的礼节非常认真，宁大夫虽然觉得这有些过于拘谨，不过谨慎一点儿倒没什么坏处。所以，对颜回的第一印象还算不错。

"颜渊先生，仲尼先生推荐您来，当然错不了。不过，我想听一听您打算怎样治理我的封邑。"宁大夫说。

"非礼勿视，非礼勿听，非礼勿言，非礼勿动。凡是不符合周礼的，不要看、不要听、不要说、不要做。从我做起，如果大家也都跟我一样，我们就能……"颜回话还没说完，就被宁大夫打断了："颜渊先生，您说得很好，我觉得您适合去治理国家，我这个小小的封邑确实太屈才了。"

就这样，面试失败。

没多久，孔子又为颜回找到了一次机会，这一次是石大夫家里。

"颜渊先生，据仲尼先生说您有才有德，是他最得意的弟子。能不能说说你对治理我的封邑有什么想法？"石大夫问。

"我认为要依礼来治理。"颜回说，这一次他吸取了上一次的教训，不再说得那么详细，这也是孔子教给他的策略。

"嗯，说的是。"石大夫点点头，接着问，"譬如你治理我的封邑，有一件事情很多人反对，你会怎么处理？"

"只要我认为是对的就行了。"颜回说。

"譬如你的两个手下之间有矛盾，你会怎样去处理？"

"我只要做好自己就行了。"颜回说。

"颜渊先生，我知道你很高明、很清高，可是我这里需要管理的都是些鸡毛蒜皮的杂事，恐怕不太适合你。"石大夫说。

面试又失败了。

接二连三的面试，颜回都以失败而告终。

颜回似乎不在意这些，他只在意自己的内心，他认为自己是对的，至于卿大夫们不肯录用自己，那是因为他们是错的。

只是，孔子很郁闷。

第二八〇章

修《诗经》

子贡立功

再说子贡来到鲁国，冉有自然非常高兴，带他去见季康子。

季康子见到子贡也很高兴，就想让他做自己的家臣，子贡谢绝了。是啊，要是子贡想当家臣，又何必来鲁国呢？

就这样，子贡就待在了鲁国，平时出去逛逛市场、看看商机，为今后经商做准备。

但是，很快发生了一件事。

此时，吴国非常强大，吴王夫差要与晋国争霸，在太宰伯嚭的建议下，吴国挥师北上，已经到了鲁国边境。吴国人提出要和鲁国盟誓，鲁哀公迫于吴国人的强横实力，不得不前往鄫地去见吴王夫差。伯嚭要求鲁国用百牢接待吴王夫差，没办法，鲁国也只能照办了。

可是，盟誓之前伯嚭又提出一个新的要求："鲁国最有权势的不是季孙家吗？季孙肥也要来。"

季康子不敢去，因为担心吴国人不讲道理，把自己给囚禁起来甚至给杀了。可是他又不敢不去，不去的话万一激怒了吴国人，更麻烦。怎么办？

这个时候，季康子想起子贡来了。

"兄弟，帮个忙吧，你口才好，去吴军帮我解释一下。"季康子亲自去请子贡出马。

"那好吧。"子贡很高兴接受这样的任务，他觉得这是施展自己口才的一个机会。

就这样，子贡以季孙家臣的身份前往鄪地，去见伯嚭。

伯嚭这个时候正是大权在握，藐视天下，除了吴王夫差，看见任何人都抬着头说话，根本不把别人放在眼里。

得知季康子没有来，只派来了一个使者，伯嚭大怒。

"我们国君不远千里来到这里，就是为了增进两国的友谊。可是，贵国的执政大夫却闭门不出，这是什么礼法啊？啊？你们鲁国不是号称礼仪之邦吗？啊，不想混了？"伯嚭兜头对子贡就是一顿训斥，怒目相视。这个时候，要是子贡稍微应答不好，就有可能被杀。

子贡并不害怕，他知道，面对这样强横不讲理的人，你越是怕他，他就越是愤怒，越是瞧不起你。相反，你不怕他，你要让他理屈词穷，他反而尊重你。

"礼法？这跟礼法有什么关系吗？我家主公不来，纯粹就是害怕你们而已。"子贡上来就是一通大实话，直接把伯嚭给说愣了。伯嚭万万没有想到，特好面子的鲁国人说话这么直接，这么不讲面子。伯嚭原先的推测，季康子估计要找什么借口呢。

伯嚭不知道，眼前这个人根本就不是鲁国人。

"那什么，怕我们？我们有什么好怕的？"伯嚭虽然嘴上还是很硬，可是气势已经被打了下去。

人都是这样，如果事情按照自己的预想推进的话，气势就会越来越嚣张；但是如果事情的进展完全不在自己的预料之中，那么思路就会被打乱，气势自然就会被压下去。

这就像开车，如果一路都是直道，就会越开越快。但是，如果给司机几个意想不到的弯道，他的速度就会降下来。

"大国如果不以礼法约束自己，不以礼法来对待诸侯，那事情就麻烦了。"子贡已经看出了伯嚭的色厉内荏了，所以毫不放松，步步紧逼，"按照礼法，我们的国君已经奉命前来了，大夫自然应该留在国内镇守。说到礼法，当年太伯到吴国的时候，依然施行周礼。可是到了他儿子那一辈，就都断发文身了，这难道合乎礼法？不过都是迫于情势罢了。"

关于太伯的事情，子贡是从孔子那里学到的。不过，子贡的学习态度不好，因此不知道其实太伯已经断发文身了。但是胡说胡有理，这时候拿出来用，竟然把伯嚭说得无话可说了。

伯嚭是万万没有想到季康子家还有这么一个能说的人，更是万万没有想到这个人竟然敢跟自己这样说话，还敢反问自己。

"那什么，我不跟你说了，反正你回去告诉季孙肥，让他自己看着办吧。"伯嚭讲不出理来，干脆来蛮横的。

子贡告辞要走，突然，伯嚭叫住了他。

"那谁，你等等，你叫什么？"伯嚭问，他觉得这个人有些不寻常。

"端木赐。"子贡镇定地说。

"端木赐？你是不是孔丘的学生？"伯嚭又问，他听说过子贡的名字。

"对。"

"哦，怪不得这么有学问。"伯嚭有点儿恍然大悟的感觉，当初孔子为吴国使者解答骨节专车的事情在吴国已经尽人皆知了，所以伯嚭知道孔子非常博学。

到了这个时候，伯嚭真是对子贡刮目相看了，态度一下子温和了很多。

伯嚭对孔子很有兴趣，问了很多孔子的事情。子贡也不客气，一通忽悠，把老师吹上了天，把老师说得天文地理无所不通，七十二行无所不晓，把个伯嚭忽悠得云里雾里。

"哇，孔子怎么什么都会啊？真是圣人哪。"伯嚭惊讶地问子贡，这时候他也改口称孔子了。

"当然，夫子就是天降的圣人，所以什么都会。"子贡忽悠得眉飞色舞，这时候什么都敢说。

"兄弟，你，你不是在忽悠我吧？"伯嚭笑着问，他突然觉得有些不可思议，"你一定是夸大了。"

"嘿嘿，太宰，跟您这么说吧。我子贡就是一堆土，我老师则是一座高山，你认为我这一堆土能增加山的高度吗？"子贡继续忽悠，他的口才确实非常出色。

"那，你对孔子的知识有斟酌取舍吗？"

"夫子的知识就像是一个大酒樽，谁要是不去饮，谁才是傻瓜呢。夫子的知识，学还学不完呢，哪里还有时间去取舍呢？就像吃大餐，样样都是山珍海味，怎么挑呢？"

两人又聊了一阵，伯嚭几乎对孔子已经到了崇拜的程度。

"那，兄弟，我想请孔子来吴国做事，帮我转达一下行不？"伯嚭现在最想见的人就是孔子了。

"不瞒太宰说，夫子现在身体不好，而且对当官没有任何兴趣了。您的问候我会替您转达，至于去吴国当官，我看，还是算了吧。"子贡替孔子谢绝了，他不看好吴国和伯嚭。

"那什么，兄弟你怎么样？有兴趣跟我去吴国吗？"伯嚭现在一口一个兄弟，全然不把子贡当外人了。

"我？我再跟夫子学几年，然后再去找您吧。到时候您不要装成不认识我啊，哈哈哈。"子贡找了个理由谢绝了。

子贡告辞的时候，伯嚭依依不舍，送他出门，外带了一份吴国特产作为礼物。

子贡回到鲁国，向季康子报告了自己这趟出使的情况，并且告诉季康子："你可以不用去，吴国人不会把你怎么样。"

"既然吴国人不会把我怎么样，我看，我还是去吧。"季康子还是有些担心自己不去会招来吴国人的讨伐，所以决定还是去。

就这样，季康子最终还是去了鄫地见伯嚭。因为有了子贡在前面的铺垫，伯嚭对季康子倒是非常客气。

于是，鲁国和吴国完成了盟誓，吴国撤军。

季康子回到曲阜，认为子贡功劳最大，强烈邀请他留在鲁国出任大夫，或者在季孙家与冉有共同治理季孙家。子贡一概婉拒了，离开鲁国，回卫国去了。

回到卫国，子贡先去见了孔子，把自己跟伯嚭见面的事情跟孔子学了一遍。

"哈哈哈，太宰真是我的知己啊。我小的时候出身微贱，所以什么都学。君子会认为自己的才能太多吗？不会的。"孔子高兴地说，不管怎样，能够得到伯

第二八〇章　修《诗经》

囍的崇拜，孔子还是很高兴的。

《论语》：

> 太宰问于子贡曰："夫子圣者与？何其多能也。"子贡曰："固天纵之将圣，又多能也。"子闻之，曰："太宰知我乎。吾少也贱，故多能鄙事。君子多乎哉？不多也。"

实际上，在子贡回来之前，有关子贡出使吴国的事情就已经在卫国传开了，孔子也早就知道了。

这个时候，子贡提出来自己要去经商。

孔子知道自己是无法阻止子贡了，因为他有大把的机会在鲁国和吴国出仕，以他的名声和才能，任何国家都会欢迎他，可是他依然毫不动心。

"赐啊，既然你的志向不可改变，那就去吧。老师我不会经商，不能教给你什么，只能给你几句忠告。"孔子百感交集地说，子贡这么一个出仕的好材料，却对出仕毫无兴趣。

"先生请讲。"

"今后四处经商，少不得交朋结友。三种人要交，交了对你有好处，这三种人是正直的人、包容的人、见多识广的人。三种人不能交，交了对你有坏处，这三种人是乖僻固执的人、优柔寡断没有主见的人、忽悠谄媚的人。"

孔子所说的话出自《论语》。

> 孔子曰："益者三友，损者三友。友直，友谅，友多闻，益矣。友便辟，友善柔，友便佞，损矣。"

损友当中有一个"友善柔"，善柔的意思就是优柔寡断没有主见，具体来说就是心地过于善良而容易失去原则。可是，传统译文和解说中将善柔说成"谄媚和阴险"，因为他们认为孔子不可能说不要跟善良的人交朋友。

"弟子牢记在心。"子贡说，他知道老师所说的都是针对自己性格的教导。

"还有啊，今后你发了财有了钱，更要控制自己的欲望，检点自己的行为。三件事情是应该做的，这三件事情就是多讲究礼乐、多说别人的好话、多交高档次的朋友；三件事情是不应该做的，这三件事情就是虚荣排场、四处游荡、大摆筵席。"

"弟子牢记了。"子贡并不只是说说，他牢牢记在心里。

"去吧，今后路过的时候记得来看看老师。"孔子说着，热泪盈眶。

子路离开了、冉有离开了，如今子贡也离开了，最贴心的三个弟子都离开了，孔子感到一阵孤独。

子贡也哭了，他从孔子身上学到了太多做人的道理。虽然说孔子不懂得经商，可是子贡知道，做人是经商的基础，实际上孔子教给了他怎样经商。

子贡离开了，但是他知道无论走到哪里，他都会牵挂着孔子，就像孔子牵挂着他一样。

(《论语》："孔子曰：'益者三乐，损者三乐。乐节礼乐，乐道人之善，乐多贤友，益矣。乐骄乐，乐佚游，乐宴乐，损矣。'")

子夏入围

孔子的第二批弟子走得七七八八，颜回成了一个老大难的问题。

既然仕途没有希望，孔子一度希望颜回能够承担教学工作。但是很快他就否定了自己的想法，因为颜回是一个非常内向的人，不仅话不多，也不关心周围的变化，更不会去关心别人的想法，他显然不是一个可以做老师的人。

既然做教学工作不合适，做事务性的工作怎样呢？

孔子把这个想法跟曾皙谈过，曾皙当场表示反对。

"颜回眼里没有活儿啊，他根本不知道自己该干什么，你不让他做的，他一定不会主动做。你让他去做的，他也未必能做好。"曾皙说，孔子想想，真是这样，于是，也作罢了。

孔子还曾经想过颜回来做自己修编《诗经》的助手，可是和他谈了几次诗，结果发现他只是把自己教的诗背得滚瓜烂熟，却没有自己的理解。

"唉，我需要的是创造性思维的人啊，颜回是没法帮助我了啊。"孔子叹了一口气，颜回不是他想要的人选。

（《论语》："子曰：'回也非助我者也，于吾言无所不说。'"）

就在孔子为颜回的前途而烦恼的时候，颜回的父亲颜路来了。

"白日梦该醒醒了，礼义廉耻当不了饭吃。官没当上，别连娶老婆生孩子都耽误了，跟我回家种地去吧。"颜路要带颜回回去，话语之中对孔子也有怨气。

孔子想要挽留，却不知道如何说起。没办法，说了些注意身体、孝敬父母之类的套话，送走了颜回。

颜回看上去似乎一点儿也不沮丧，似乎已经到了超脱自我的境界。

颜回也走了，却不是像子路、冉有和子贡那样奔向美好的前途，这让孔子的心情非常郁闷。

再想想自己这些年来的颠沛流离，孔子一连几天情绪不佳。

孔子有一种乐器叫作磬，是由绳子吊起来的石头片制成的，演奏的方法类似于编钟。或者说，就是石制的编钟。

孔子心情不佳，独自在屋里击磬。磬的声音原本就单调，孔子的敲击又是有气无力，节奏全无，听上去十分难受。弟子们都听出来老师的心情不好，却没有人知道该怎么劝。

这时候，一个农夫背着草筐从门前走过，听到这半死不活的击磬的声音，皱了皱眉头，忍不住停了下来。

"嗯，这个击磬的人有心事啊！"背草筐的农夫自言自语道，声音不小，孔子在里面听得清清楚楚。

"关你什么事啊？"孔子心想，没有理会这个人的话，依然有气无力地击着磬。

背草筐的农夫却没有走开，而是继续听了一阵。

"嘿，声音铿铿的，真没劲，没有人了解自己，那就算了呗。《诗》里说得好啊，'深则厉，浅则揭'。好像涉水一样，水深就踩着石头过去，水浅就撩起衣服蹚过去。世上有什么过不去的事啊？真是的。"背草筐的农夫大声说完，跺了跺脚，走开了。

"'深则厉，浅则揭'，他说得好啊。"孔子眼前一亮，原本紧锁的眉头顿时舒展开了，"这些有什么呢？世上没有不散的筵席，成功失败、分分合合，原本就是人间正道啊。"

想通了的孔子放下了手中的槌子，站了起来，推门出去。他想看看是谁启发了他，可是他只看到一个背着草筐的背影远远地走开。

"这个人随口就能运用《诗》，他一定不是一个寻常人，如今他落到这样的一个地步，却依然不沮丧、不失落，可是我呢？"孔子自言自语，他的眼前豁然一亮，心结就此打开了。

"深则厉，浅则揭"这两句诗出自《诗经·邶风·匏有苦叶》。

这一段记载于《论语》。

> 子击磬于卫，有荷蒉而过孔氏之门者，曰："有心哉，击磬乎！"
> 既而曰："鄙哉，硁硁乎！莫己知也，斯已而已矣。深则厉，浅则揭。"
> 子曰："果哉！末之难矣。"

"先生，这段诗是什么意思？"就在孔子心情变得开朗的时候，子夏来向老师请教学问了。

"巧笑倩兮，美目盼兮。素以为绚兮。"前面两句出自《诗经·卫风·硕人》，全句的意思是：美女的笑容明媚动人，美丽的眼睛顾盼生情，不加装饰却更加动人。

"这就像画画啊，彩色都是在素色的底上作画啊。因为有了白色的底，彩色才显得生动啊。雪白的牙齿配上红色的双唇，白眼球衬托出黑眼珠，都是这个原理啊。"孔子回答。

"就像仁义为底，礼法出于其上一样吗？"子夏眨眨眼，问道。

"唉，你联想得对啊，比喻得非常恰当啊，真的是举一反三啊。商啊，你启发了我，我愿意跟你谈论《诗》。"孔子非常高兴，高兴地笑了。

这一段的原文在《论语》中：

> 子夏问曰："'巧笑倩兮，美目盼兮，素以为绚兮。'何谓也？"子曰："绘事后素。"曰："礼后乎？"子曰："起予者商也，始可以言《诗》已矣。"

孔子跟子夏谈论起《诗》来，是谈论，而不是教学。是完全平等的各抒己见，这个时候孔子发现，子夏非常有思想，很多地方与自己的看法不同，很多地方能够比自己想得更多。

踏破铁鞋无觅处，得来全不费工夫。

"商，就是你了，从明天开始，你作为我的首席助手，我们开始修编《诗经》。"孔子非常兴奋，他看到了子夏的无限可能性，他为自己的学生能够超越自己而高兴。

鲁哀公七年（前488年），孔子六十四岁，晚秋的时候，孔子决定修编《诗》，首席助手就是子夏。

诗，夏商就有，到了周朝则更加繁荣。最早，王室专门有官员负责收集各地的诗。所以，周朝的诗不仅多，而且分类清晰。到了孔子这个时代，有记载的诗已经有三千多篇。但是，这三千多篇诗鱼龙混杂，质量不一，并且对于一般人来说太过庞杂。

怎样删编呢？《史记》中有记载。

按《史记》：

> 古者《诗》三千余篇，及至孔子，去其重，取可施于礼义，上采契后稷，中述殷周之盛，至幽厉之缺，始于衽席，故曰"关雎之乱以为风始，鹿鸣为小雅始，文王为大雅始，清庙为颂始"。三百五篇孔子皆弦歌之，以求合《韶》《武》《雅》《颂》之音。礼乐自此可得而述，以备王道，成六艺。

大致的意思是这样的：古诗三千多篇，孔子按照合不合于礼义的标准，再去掉那些重复的作品，最终精选出三百零五篇，这就是后来的《诗经》。基本上，这些诗从周朝的老祖宗开始一直到春秋，还包含了一些商代的诗。《风》《雅》《颂》三个部分的第一首都很有讲究，《风》的第一首是《关雎》，《小雅》的第一首是《鹿鸣》，《大雅》的第一首是《文王》，《颂》的第一首是《清庙》。

为什么这几首诗要排在首位呢？《关雎》讲的是婚姻之礼，《鹿鸣》讲的是君臣之礼，《文王》讲的是事天之礼，《清庙》讲的是祭祖之礼。所以说，孔子选定的每一首诗，各有各的理由。

在编选的时候，子夏就问过老师这样的问题。

"夫子常说男女授受不亲，为什么要收录《国风》这种靡靡之音？"子夏问，他觉得这不符合老师所宣讲的仁德的主旨。

"孩子，一首诗淫不淫不在于诗中写到什么，而在于你心中想到什么。在我看来，国风这些诗不过是在写百姓的生活，男欢女爱有什么错吗？所以，我这三百多首诗怎么看呢？告诉你一句话：不要用邪念去看。"孔子很严肃地给子夏上了一堂课，子夏点点头。

《论语》：

> 子曰："诗三百，一言以蔽之，曰'思无邪'。"

"那，为什么要以《关雎》这样讲男女幽会的诗作为整部《诗经》的第一首呢？"子夏还要问，因为他还想去跟隔壁的女孩子幽会。

"孩子，《关雎》这首诗讲的可是至高无上的道理啊。你想象一下，诗里面的两个男女在旷野之中、山水之间，一切处于自然，难道不是天作之合？《关雎》所讲述的道理，难道不是人类最基本的生存之道？如果没有男欢女爱，人类怎么繁衍？我们还讲什么仁义？所以，《关雎》所讲的，就是人世间最美好、最崇高、最仁义的事情，这样的诗不放在第一位，什么能够放在第一位？"孔子说，眼中放射出春天般的光芒。

"哇，《关雎》实在是太伟大了，真是人类生长于天地之间的根本啊。"子夏慨叹，心中已经下定决心要去和隔壁的姑娘行一行这最伟大、最崇高的仁义。

现在，孔子已经完全沉浸在《关雎》的意境中了。

（《论语》："子曰：'《关雎》，乐而不淫，哀而不伤。'"）

孔子认为，《诗经》简直就是一部百科全书。

孔子常常对学生们说："弟子们啊，怎么不学《诗》呢？《诗》可以激发情趣，可以了解社会，可以懂得交往朋友，还可以抒发自己的不忿。近了说，可以教给你们怎样孝敬父母；远了说，可以告诉大家怎样侍奉君王；另外呢，还可以知道不少鸟兽草木的名称。"

第二八〇章 修《诗经》

基本上，一部《诗经》，就能让大家家庭和睦，事业发达，在朋友圈中八面玲珑，在官场里如鱼得水。

(《论语》："子曰：'小子，何莫学夫诗？诗可以兴，可以观，可以群，可以怨。迩之事父，远之事君。多识于鸟兽草木之名。'")

关于《诗经》，论述已经太多，此处省略十万字，只用两句话来概括:《诗经》是中国和世界历史上一部非常伟大的作品，影响了整个中华文化数千年。而如果没有孔子编修，也许我们今天已经见不到或者至少不能如此完整系统地见到祖先们的精彩作品了。

第二八一章

快乐时光

吴鲁战争

鲁哀公七年冬天,季康子决定攻打邾国。虽然大家都反对,季康子还是要干。没办法,三桓联合出兵攻打邾国去了。

鲁军侵占了邾国,并且活捉了邾国国君。邾国大夫茅成子逃到吴国,请求吴国出兵帮助邾国复国。

吴王夫差一开始有些拿不定主意,毕竟吴国和鲁国的关系一向不错,而且鲁国是传统大国,不知道实力究竟怎么样。于是,夫差让人去把在吴国政治避难的叔孙辄请来,向他询问。

"鲁国有名无实,根本没有实力,打他们,保证大王势如破竹。"叔孙辄对季孙恨得牙痒痒,听说夫差要打鲁国,双手赞成。

之后,叔孙辄把自己所知道的鲁国的情况添油加醋说了一遍,无非是鲁国国富民穷,鲁国人民厌战怕战;鲁国当官的贪污受贿、贪生怕死、不堪一击等。

"嗯,好,打他们。"夫差被叔孙辄忽悠了一通,下了决心。

从夫差那里出来,叔孙辄径直去了公山不狃那里,他们是一同来这里避难的。

"公山,好消息啊,好消息啊。"叔孙辄见到公山不狃,急忙报喜。

"什么好消息?"

叔孙辄把刚才的事情说了一遍，说这次够鲁国和三桓受的，估计不死也要脱层皮。

"兄弟，你这么做太不地道了。"叔孙辄没料到，公山不狃不仅没有高兴，反而斥责起自己来，"本来呢，君子离开自己的祖国就不应该投奔敌国。如果又为敌国出谋划策，攻打自己的祖国，那还不如上吊算了。像我们这样的情况，遇到有害于祖国的事情就应该躲起来。再说一个人离开了自己的祖国，不能因为怨恨国内的某些人就怂恿敌国祸害整个国家啊。现在你出于一点儿个人恩怨，就想灭亡自己的祖国，这不是以祖国为仇敌吗？啊，你还是个人吗？你简直就是个人渣。"

公山不狃指着鼻子痛斥叔孙辄，脸涨得通红。叔孙辄被骂得灰头土脸，脸也憋得通红。

"那，那我已经说了，该怎么办？"叔孙辄感到惭愧了，说起来，鲁国人对故乡的感情还是没的说的。

"怎么办？"公山不狃见叔孙辄有了悔意，态度也就缓和下来，"这样吧，到时候吴王一定会派你做向导，你就找个理由推辞掉，之后吴王一定会来找我，我再想办法。"

一切都在公山不狃的预料之中，夫差决定出兵，并且让叔孙辄做向导。

"哎哟，我最近身体不好，胸闷背痛还长痔疮，不是我不想去，是怕耽误了大王的大事。公山不狃身体好，让他去行不？"叔孙辄找个借口推辞了，还推荐了公山不狃。

于是，夫差让公山不狃做向导，还向他咨询鲁国的情况。

"大王，鲁国虽然平时没有什么比较亲近的国家，可是历史一再证明，一旦鲁国有难，其他国家都愿意帮助它，到时候晋国、齐国和楚国一块儿出兵去救鲁国，吴国可就成了以一敌四了，所以我看还是算了吧。"公山不狃趁机劝阻夫差。

"四国？十四国又怎么样？你说的这几个国家我都接触过，都是软蛋国家，怕它们干什么？"夫差根本不接受公山不狃的忽悠，他太了解这些中原大国的德行了。

见夫差态度坚决，公山不狃就接受了当向导的任务。

鲁哀公八年三月，吴王夫差亲自领军，率领吴军进攻鲁国，公山不狃带路。

鬼子进村，汉奸带路，这个模式就这么来的。

公山不狃故意把吴军往险道上带，一路上把吴军折腾得叫苦不迭，来到鲁国武城（今山东省费县西南）的时候，吴军已经累得筋疲力尽。

原本，公山不狃还想把吴国人再在山里遛几天，遛不动了就只能撤军了。谁承想人算不如天算，这天在山里遇上一个砍柴的人。

"你们是吴国人吗？"砍柴的人主动问。

"是，我们是来打鲁国的。"有那缺心眼的直接就说了，万一这打柴的是鲁国间谍呢？

"太好了，太好了。"打柴的高兴起来，然后说，"那你们走反了，跟我往这边走，出了山口就是武城了。"

吴国士兵一听，急忙将他带去见吴王夫差。

"你为什么要帮我们带路？"夫差问。

"嗐，我是鄎国人，不久前因为灌溉的事情跟鲁国人发生了纠纷，他们竟然把我抓过去拘留了十多天，还游街示众，我恨死他们了。"砍柴的人说。

这下，公山不狃尴尬了。

"公山啊，你带的道好像不对啊。"夫差有点儿生气，还有点儿怀疑。

"大王，不能说我是鲁国人我就该认识鲁国的道啊。这山里我也没来过啊，只能凭着感觉走啊。别说我了，咱现在去趟姑苏山，大王您认识道吗？"公山不狃倒也不怕，坦然说道。

"呃，对哦。"夫差很容易就被忽悠了。

不管怎样，现在有了砍柴人带路，吴军总算绕出了山，一个冲锋，拿下了鲁国的武城。

公山不狃早就派人回来报了信，说是吴国将要攻打鲁国。一开始还没人信，都说叛徒的话不能信。现在武城丢了，鲁国震动，于是季康子全国紧急动员，三桓联合出兵，抵抗吴国人。

公宾庚和公甲叔子率领一部分鲁军作为先锋迎击吴国人，结果大败亏输，公甲叔子和他的车右双双被活捉。

按照吴军的惯例，所有被俘军官一律杀死，可是吴王命令不要杀死公甲叔子和他的车右，理由是这两个人是同一乘车上的，证明鲁国人能共赴国难，看来这个国家无法征服。

吴王夫差连楚国和晋国都不放在眼里，为什么独独对鲁国另眼相看？因为鲁国是吴国的文化启蒙者，吴国人对鲁国始终心存敬意。

随后，吴国人继续前进，抵达泗水上游。

季康子非常惊慌了，鲁军当前的实力根本不够吴军去打，可是人家都快打到国都了，怎么办？

"主公，正面的不行，咱们来侧面的；白天打不过，咱们晚上打。"家臣微虎提出个建议来，精选三百壮士，夜里摸进吴军营地，直扑吴王夫差的大帐，杀死夫差，这样吴军群龙无首，必然溃散。

就这样，鲁军选拔了三百名壮士，其中就有孔子的学生有若。

三百壮士在傍晚时分吃了一顿好的，算是壮行，之后上路。可是就在要上路的时候，有人来劝阻季康子："主公，这三百人都是国家的精英啊，就这么稀里糊涂地去，成功的希望不大，送死的可能性不小，太不合算了。"

季康子耳朵软，觉得这话也对，立即取消了行动。

"哇，白吃了一顿好的。"三百壮士大喜，这辈子没吃过这么好的。

三百壮士虽然没有成行，可是鲁国的汉奸早已把情报送到了吴王夫差那里。吴王夫差吓得够呛，他的理解，这三百人就是三百名刺客，晚上黑灯瞎火的，三百名刺客涌进来，自己这条命还真危险。当天晚上，夫差睡得很不安生，稍有些风吹草动，就立即换个住处。

夫差决定跟鲁国人谈判结盟，不打了。条件是鲁国释放邾国国君，同时派人质前往吴国。

"太好了，太好了，和平万岁了。"季康子非常高兴，三桓也非常高兴，毕竟吴国这样的强国首先提出结盟，这是很有面子的事情。

"不，吴国人这次是仓促出兵，又走了很多弯路和山路，士兵疲惫、粮草不足，他们待不了多久就会退兵。咱们没有必要签这个城下之盟，只要坚守就行了。"子服景伯提出反对意见，这个时候，子服景伯就是鲁国最聪明的人。

"不行，我们要和平，不要战争。"三桓异口同声地说。

可是有一个问题摆在面前：派谁去跟吴国人结盟？

如果子贡在的话，肯定派子贡。问题是，子贡正在齐国做生意。

"那这样吧，既然你反对，你就去吧。去了也别回来了，顺便当人质吧。"季康子把这倒霉差事派给了子服景伯。

"合着谁提建议谁当替死鬼啊。"子服景伯暗中骂道，没办法，骂归骂，也只能去了。

就这样，子服景伯去了吴军大营与吴国人签订盟约。

"你是使者？"伯嚭问。

"对，我就是使者。"子服景伯说。

签完盟约，伯嚭又问："你们的人质呢？"

"我就是人质。"子服景伯又说。

伯嚭当时就笑了，合着鲁国就可着老实人往死里整啊。

"既然我们从今以后就是盟友，就要互换人质，请贵国派王子姑曹去鲁国做人质。"子服景伯说。

王子姑曹是夫差最喜欢的儿子，夫差当然不舍得。

"大王，我看就算了，既然签了盟约，就应该互相信任，还要人质干什么？"伯嚭提出建议，他其实挺喜欢子服景伯，他也知道子服景伯是子贡的朋友。

夫差听从了伯嚭的建议，于是子服景伯回到了鲁国。

祭祀山神

孔子一边教学，一边修编《诗经》。

子夏是孔子的首席助手，其余还有几个学生。不过与子夏相比，他们差距太大，只能做一些其他工作了。孔子非常享受这个过程，尤其是与子夏讨论《诗经》的过程，让他感受到了子夏的才华。

"先生，为什么我们要学《诗》呢？"第一天，子夏就提出这个问题。

"因为人类最早用诗来表达情感，之后用礼来约束大家，最后用音乐使人类社会达到大成。所以，要想更好地理解礼和乐，就要懂得诗。"孔子说。

(《论语》:"子曰:'兴于《诗》,立于礼,成于乐。'")

按照孔子的规划,是要从三千多篇诗中精选出三百篇。这是一个非常艰巨的工作,要从中挑选出这三百篇并不容易。为此,孔子和子夏就每一篇都进行讨论,一轮两轮三轮,不断地淘汰,最终确定三百篇。

但是到最后,还是多选了五篇,因为实在无法再删减了。

孔子和子夏的观点并不总是一致,子夏常常提出不同的意见以及对诗的不同理解,凡是孔子认为对的,都会采纳。

有一首诗来自唐,也就是晋国,诗名是"唐棣",子夏认为这首诗非常好,应该被选入《诗经》,可是孔子觉得不应该,于是,师徒二人进行了争论。

"'唐棣之华,偏其反而。岂不尔思?室是远而。'这是写男女相思的诗,如此唯美,为什么不能选入《诗经》呢?"子夏问,他丝毫不避讳地与老师争论。

这几句诗的意思是:唐棣的花朵啊,翩翩地摇摆。我岂能不想念你呢?只是由于家住的地方太远了。

"商啊,男女相思,重在情真意切,真情流露。可是这首诗只反映了虚伪的一面,为什么这样说呢?因为如果真的相思,千里之外也不算远。如果你真的爱一个姑娘,她住在秦国你也会去。如果你不爱一个姑娘,她住在城南你也嫌远。所以,这根本不是真正的相思,只是矫情做作而已,只是始乱终弃的借口而已。"孔子说,他也坚持自己的想法。

"哦?"子夏没想到孔子从这个角度来看这个问题,一时无话可说。

"还有啊,关于男女相思的诗我们已经有不少了,譬如《郑风·子衿》里的'青青子衿,悠悠我心',《王风·采葛》里的'一日不见,如三秋兮',《邶风·击鼓》里的'死生契阔,与子成说。执子之手,与子偕老'。哪一首不是感人至深?"孔子的一番话,有理有据。

"先生说得对,其实想想,这首诗根本不是男女相思的诗,而是分手的诗啊。"

这一段的原文在《论语》中。

"唐棣之华,偏其反而。岂不尔思?室是远而。"子曰:"未之思也,夫何远之有?"

关于这一段对话，历来不知道背景。其实，就是在讨论这首诗是不是该放进《诗经》中。

当一个人树立了一个伟大的目标之后，他就会活得很累。

当一个人把伟大的目标调低之后，他会发现其实没有伟大目标会活得更轻松，会发现其实人生还有很多事情比伟大目标更有意义。

孔子就是这样，他突然发现其实寄情山水才是生活的真谛。

因此，孔子常常带着弟子们去附近的山水游玩，放松心情。

"商，你知道吗？'知者乐水，仁者乐山。知者动，仁者静。知者乐，仁者寿。'智者喜爱水，仁者喜爱山；智者喜欢活动，仁者喜欢沉静。智者快乐，仁者长寿。"这一天坐在河边，孔子对子夏说。

（《论语》："子曰：'知者乐水，仁者乐山。知者动，仁者静。知者乐，仁者寿。'"）

"为什么这样说呢？"

"因为水是流动的，可以看到变化，利于观察，所以智者喜欢水；因为山是静止的，可以抑制人的欲望，利于思考，所以仁者喜欢山。为什么智者快乐呢？因为智者常有新想法；为什么仁者长寿呢？因为仁者与世无争。"孔子解释说。

"夫子，我听说南方的妹子很水灵，看上去就很机灵，这是南方水多的原因吗？"子夏问。

"谁告诉你的？"

"子贡师兄。"

"我就知道是他。"孔子笑笑说，又问，"他还告诉你什么？"

"还告诉我穷山恶水出刁民，是这样的吗？"

"是。"

"为什么呢？山水之间，应该又懂得仁又很智慧啊。"

"穷山恶水之间，生存困难，人的兽性就会多一些。他们的仁与智多半用在欺诈上了，因此就会蛮横刁钻。所以说，穷山恶水之下多是穷仁恶智。"孔子解释说，说到这里，突然想起件事来，"对了，再过几天就是九月九，你们子路师兄会过来，和我们一同祭祀山神。

九月九转眼间就到了，子路果然来了。不仅来了，还带来了一只山鸡。

见到子路，孔子非常高兴，两人有说有笑，带着子夏、子张等人登山去了。

一众人等来到了山脚下，子路大声说道："今天我们来祭祀山神，从现在开始，大家就不要喧哗了，要抱着崇敬的心情上山。"

孔子点了点头，表情严肃起来。子路的表情也严肃起来，其余人也都急忙让自己的表情变得严肃。

子路迈开步子走在最前面，身后是孔子，其余弟子都在孔子的身旁或者身后。子路知道孔子岁数大了走不快，因此步伐并不大，双臂平举，身体略前倾，小步走着。孔子也是一样的姿势，大家知道，这个走路姿势就是卿大夫们上朝的走姿，祭祀山神的时候，也应该是这样的走姿。

子夏和子张担心孔子吃力，想要上去扶扶，孔子看了他俩一眼，示意不需要他们来扶。

就这样，一众人等静悄悄地上了山，来到了山梁。

子路停了下来，大家也都跟着停了下来。

"在山梁上向山神敬献山鸡，是时候了，是时候了。"孔子高声说道。

子路在地上铺了一块布，把山鸡放在了布上。

之后，所有人跪在地上，磕了三个头，站了起来。

祭祀山神就这样结束了。

这一段故事记载在《论语》中：

色斯举矣，翔而后集。曰："山梁雌雉，时哉时哉！"子路共之，三嗅而作。

以上这一段的传统译文是这样的：孔子在山谷中行走，看见一群野鸡在那儿飞，孔子神色动了一下，野鸡飞翔了一阵落在树上。孔子说："这些山梁上的母野鸡，得其时呀！得其时呀！"子路向它们拱拱手，野鸡便叫了几声飞走了。

不得不说，这样的译文就是一个笑话。

为什么说是个笑话呢？因为确实是个笑话。

我们来看看正确的译文思路。

"色斯举矣"，色就是脸色、表情；斯，就是在这里或者在这个时候；举，是上来的意思，这里是凝重、庄重、严肃起来的意思。

"翔而后集"，翔，是翔趋的意思。翔趋是古代的一种礼容。上体稍前倾，张臂细步趋行。所谓"过之，必趋"。其中的趋，就是快步走的意思。

所以，这两句的意思就是：在这里，人们的脸色开始庄重起来，快步走上山梁，集中在一起。

"曰：'山梁雌雉，时哉时哉！'"是什么意思呢？就是孔子说："在山梁上进献野母鸡，是时候了。"

"子路共之，三嗅而作。"是什么意思？共，是供，供奉的意思。嗅是磕头的意思，在山上磕头，因为地上脏，因此不会磕到地上，而是接近于地上，看上去就像俯下身子去闻，因此叫作嗅。"而作"就是站起来。

最后，正确的译文是：（孔子和弟子们）表情现在庄重起来，上体稍前倾，张臂细步趋行，在祭祀地点集中起来。孔子说："在山梁上进献山鸡，是时候了。"子路把山鸡放到祭品摆放的地方，（大家）三次下跪磕头，然后站了起来。

第二八二章

诲人不倦

孔子论学

孔子专心致志于教学，对学生的要求就更加高了。从学问的角度来说，孔子第三批的学生绝对是精英，传承孔子衣钵的，也正是这一批人。

有一个弟子成绩很差，但是又从来不提问题，似乎什么都懂的样子，于是孔子对他感到失望。

"你要带着问题来学习，要自己想知道答案，这样才能学好学通。如果自己根本不想知道答案，根本就不知道自己为什么来学习，那我也就不知道该怎么教你了。"孔子对他这样说，目的就是要弟子们随时保持好奇心，随时明白自己是来学习的，而不是来混日子的。

所以孔子想说的就是，如果一个人没有求知欲，他就不会是一个好的学习者。

现在我们说：求知欲是最好的老师。

这个，是子路的层次。

《论语》：

子曰："不曰'如之何，如之何'者，吾末如之何也已矣。"

有的弟子学习不够努力，孔子也会批评他们。

"学习知识就像害怕够不到，又担心失去。"孔子说。

"先生的话是什么意思呢？"

"我来给你打个比方吧，你见过孩子学走路吗？孩子站起来要抓你的手，你总是不让他抓住，但是总在他的面前，于是他一直努力去抓，生怕抓不住，你则一直向后退。就这样，他学会了走路。学习就要有这样的态度，生怕自己因为不努力而失去了什么，而我就在前面诱导着你们，于是你不知不觉中就学到了知识。"孔子说，希望弟子们能有这样的学习态度——如饥似渴。

这个，是颜回的层次。

(《论语》："子曰：'学如不及，犹恐失之。'")

等到学生们有了进步，孔子又会给他们提出更高的要求。

"教导学生，不到他想弄明白而不得的时候，不去开导他；不到他想说出来却说不出来的时候，不去启发他。教给他一个方面的东西，他却不能由此而推知其他几个方面的东西，那就不再教他了。"孔子说。

前面孔子是讲学习的态度，现在开始讲学习的方法。孔子的意思，学生如果自己不想学习，就不教；自己不努力寻求答案，就不教；自己不动脑子，就不教。所以，孔子的学生都必须学会自己动脑子解决问题。在这一点上，孔子的教育方式很现代。

简单地说，孔子要求学生们逐步具备举一反三的能力。

这个，是子夏的层次。

(《论语》："子曰：'不愤不启，不悱不发。举一隅不以三隅反，则不复也。'")

学生的知识层次有高低之分，领悟能力也不一样，有的学得快，有的学得慢。因此，有的学生的自信心就受到影响，学习的热情也就降低了。

"从学习知识的角度来说，人分为四等。通过自己观察思考就懂得知识的人，是上等人，是天才；经过学习以后才知道的，是次一等的人；遇到困难再去学习的，是又次一等的人；遇到困难还不学习的人，这种人就是下等的人了。"孔子对弟子们说，他不否认人与人的区别，但是前面的三等人最终都学习到了知识，只是天资的不同决定了学习的快慢而已,因而这三种人都是值得肯定的。而最后一种是遇上困难都不肯去学习的,这就是懒惰的人,这样的人就真的是没救了。

孔子的意思,不怕笨、不怕蠢、不怕出身卑微,就怕懒。

(《论语》:"孔子曰:'生而知之者,上也,学而知之者,次也;困而学之,又其次也;困而不学,民斯为下矣。'")

"那,夫子属于第几等呢,夫子是生而知之吗?"有弟子问。

"我,我可不是生而知之啊,我就是对古时候的事情感兴趣,因此去学习古代的知识。还有啊,多问多听多看,从中接受有用的知识。"孔子说。

孔子从来不认为自己是生而知之,不认为自己是天才,不认为自己是圣人。自己的知识,都来自学习和思考。

(《论语》:"子曰:'我非生而知之者,好古,敏以求之者也。'")

(《论语》:"子曰:'盖有不知而作之者,我无是也。多闻,择其善者而从之,多见而识之。知之次也。'")

"那么,先生,学习和思考,哪一个更重要呢?"有学生问。

"都重要啊,缺一不可啊。只学习,而不思考,就会迷惘;只思考,而不学习,就会疑惑不解。既要学习,又要思考;既要思考,也不能放弃学习。"孔子说。

(《论语》:"子曰:'学而不思则罔,思而不学则殆。'")

"那,什么时候该学?什么时候该思考呢?"有学生问。

"我曾经整天不吃饭,彻夜不睡觉,去左思右想,结果没有什么进步,还不如去学习为好。所以,学习是一种捷径,能够通过学习就掌握的知识,为什么不去学习呢?当学习不足以满足你的要求的时候,你就要思考。或者学习到的知识使你困惑的话,你就要思考。譬如现在这个阶段,我的知识比你们多,你们主要就应该学习。学习到了一定的程度,你们就要思考,就要与我切磋讨论了。"孔子回答。

(《论语》:"子曰:'吾尝终日不食,终夜不寝,以思,无益,不如学也。'")

"那,除了跟先生学习之外,还有什么学习的途径呢?"有弟子问。

"每个人都可以是你的老师啊。只要有几个人在一起,通过观察他们之间的言谈举止,进行对比分析,就能发现为人处世的善与不善,发现在人际交往中的智慧和愚蠢。这里的关键是,你要能够发现别人的长处,特别是那些成功的人,每个人的成功一定都有他的道理,他一定有值得你学习的地方。"孔子说。

"可是,我不擅长发现别人的长处,怎么办呢?"

"那么,你一定擅长发现别人的短处。"孔子说。

"是啊。"

"那也可以啊,当你发现别人的短处的时候,你要对照自己是不是也有同样的问题,于是你就可以改变自己了。"

(《论语》:"子曰:'三人行,必有我师焉:择其善者而从之,其不善者而改之。'")

孔子教学坚持四个原则:不凭空臆测,不武断结论,不固执死板,不以自我为核心。

什么是不凭空臆测?就是自己不知道的不去瞎猜。什么是不武断结论?就是理由不充分的,不轻易下结论。什么是不固执死板?就是不一成不变,有错就改,有正确意见就采用。什么是不以自我为核心?就是不是什么都从自己的角度出发,而是根据学生的需求进行教学。

(《论语》:"子绝四:毋意、毋必、毋固、毋我。")

既然不凭空臆测,对那些妖魔鬼怪的东西孔子就从来不讲,毕竟那些都是传说。八卦新闻也是孔子严格排斥的,这一类东西最多就是饭后闲谈,登不上大雅之堂。

(《论语》:"子不语怪、力、乱、神。")

孔子把自己的教学内容归结为四个方面:文、行、忠、信。

文,就是诗书礼乐,提升人的素养。行,就是行为方式,与人打交道的技巧。忠就是忠于事,也就是做事要善始善终,要动脑筋想办法,把事情做到最好。信,就是对人要守信用,说到的就一定要做到。

(《论语》:"子以四教:文、行、忠、信。")

孔子把前两项称为文,因为这是外在表现。后两项称为质,因为这是内在品质。

孔子认为，质多于文，就会粗俗；文多于质，就会刻板。只有质和文配合恰当，才能够成为君子。

（《论语》："子曰：'质胜文则野，文胜质则史。文质彬彬，然后君子。'"）

孔子的渊博知识令学生们惊讶，于是有学生就问孔子是怎么学习的。

"默默地记住所学的知识，学习不觉得满足，教人不知道疲倦，这样的话，知识就会积累起来啊，这有什么难的呢？在温习旧知识时，同时在学习新知识，就可以当老师了。"

（《论语》："子曰：'默而识之，学而不厌，诲人不倦，何有于我哉？'"）

（《论语》："子曰：'温故而知新，可以为师矣。'"）

因为子夏、子游等人不仅学习，而且与孔子生活在一起，并且他们的学习比其他学生更好，有些学生就怀疑孔子是不是给他们开小灶。

对于这种想法，孔子在课堂上做了解释。

"大家以为我会对大家有所隐瞒吗？不会的，我所知道的都告诉大家了。"孔子说。

说是这样说，孔子可能也确实没有在主观上给子夏等人开小灶。但是，在一起的时间长了，自然而然地子夏等人会学到更多。

（《论语》："子曰：'二三子以我为隐乎？吾无隐乎尔。吾无行而不与二三子者，是丘也。'"）

孔子在读《诗》、念《书》、赞礼的时候，用的都是雅言。

雅言，也作夏言，说白了就是当年的官话，诗书以及各种礼仪，应该用雅言。就像后来的唐诗宋词，就算作者不懂官话，也要用官话来念才好。至于雅言是哪里的方言，已经不可考，可能是陕西，也可能是河南，还可能是山西。孔子从小在鲁国长大，能够接触到雅言的机会大致也就是官方祭祀的时候，而这种雅言经过几百年的变迁，就应该是"山东普通话"了，所以，孔子的雅言，自然就是山东普通话。具体来说，是鲁南普通话。

现在其实也是这样的，很多地方的老师在教语文的时候，就算平时讲的都是地方话，念课文的时候都应该用普通话的。

(《论语》:"子所雅言,《诗》、《书》、执礼,皆雅言也。")

子路的问题

教学生活平静却又热闹,快乐而又充实。

不过,孔子最快乐的还是离开的弟子们来探望自己的时候。其中,又数子路和子贡来的时候最为快乐。对子路和子贡,孔子深深地引以为傲。

子路在蒲地做得不错,他尽量地控制自己各种折腾的冲动。

子路基本上会定期来看望老师,也向老师请教一些问题。基本上,只要子路来,大家立即就会知道,因为他的大嗓门太具有标志性了。

每次来,子路都会带些蒲地的特产,一些给老师,一些则给这帮师弟。因此,大家都很喜欢子路来。

有一次子路来看望孔子,照例师徒二人小酌一顿。

"先生过去常常要我们做一个合格的士,那么怎样才算是呢?"子路问。

"你现在就是啊。"孔子笑呵呵地说,喝了一口酒,解释道,"相互勉励,和睦相处,朋友之间以和善的方式探讨问题,兄弟之间以和睦亲近的方式相处,就可以算是士了。"

子路想了想,好像真是这样,自己在蒲地就是这样跟大家相处的。

《论语》:

> 子路问曰:"何如斯可谓之士矣?"子曰:"切切、偲偲、怡怡如也,可谓士矣。朋友切切偲偲,兄弟怡怡。"

"那,怎么才算是一个完美的人呢?"子路又问,他需要一个更高的目标了。

"如果具有臧武仲的智慧,孟公绰的克制,卞庄子的勇敢,冉求那样多才多艺,再用礼乐加以修饰,也就可以算是一个完人了。"孔子想了想说,他知道子路的意思,因此也就按照子路奋斗的标准来说。

子路听完,嘿嘿一笑。

"先生，这个，我可真做不到啊。"子路说，他从来不是一个谦虚的人，这一次却主动认怂了。

为什么呢？

因为这几个人的标准实在是太高了，不说别人，就说冉有。冉有的才能子路是知道的，他佩服得五体投地，知道自己根本达不到那个标准。

至于其他几个人，那也是子路敬仰却无法企及的。

先说臧武仲。

在鲁国，臧家一向以聪明著称，臧武仲是臧文仲的后人，名叫臧纥，很聪明。身材矮小，鲁国人称他为侏儒。臧纥世袭了鲁国的司寇，地位仅次于三桓。一年，邾国国君的儿子庶其带着漆地和闾丘逃亡前来鲁国，季武子把鲁襄公的姑母嫁给他做妻子，对他的随从都有赏赐。当时鲁国的盗贼很多。季武子对臧纥说："您为什么不禁止盗贼？我国有四面的边境，用来禁止盗贼，您做司寇，应当从事于禁止盗贼，为什么不能？"臧纥说："您把外边的盗贼叫来而大大地给予礼遇，怎么能禁止国内的盗贼？庶其在邾国偷盗了城邑而来，您反而大肆赏赐他。上行下效。你欢迎盗贼，盗贼自然就纷至沓来，我又怎么能禁止呢？"

臧纥的一番话，说得季武子直翻白眼。

季武子想要立小儿子为继承人，又怕大儿子不高兴，结果臧纥帮他搞定了。臧纥在做这件事情之前就对人说："我知道管别人家的家事肯定没什么好结果。"可是，他还是没忍住去管了。

结果，就如臧纥自己所说的，他得罪了季武子的大儿子。后来，季武子的大儿子勾结孟孙家，把臧纥赶跑了。

被赶出鲁国之后，臧纥就逃到了齐国，齐庄公喜欢他，准备给他封邑，于是他去见齐庄公。齐庄公正准备趁晋国内乱攻打晋国，于是跟臧纥谈起这件事情来，臧纥说："我觉得您就像只老鼠，整天躲在人少的地方，晚上出来白天躲起来。人家内乱的时候你出兵打人家，等人家内乱结束了，你又该去赔礼道歉进贡，这不是老鼠是什么？"齐庄公很生气，于是打消了给他封邑的想法。

对此，孔子曾经说过："真正的聪明是很难的，像臧纥这么聪明的人，在鲁国混不下去，就是因为他的做法不顺乎人情啊。"

臧纥这个人，确实非常聪明，看问题很透彻，知道不该管季孙家的家事，甚至自己会被赶走这样的事情都预见到了，也有办法规避，可是还是忍不住要卖弄聪明。在齐国也是这样，臧纥的话虽然难听，但是后来的事态发展跟他所说的一样。

他确实非常聪明，非常有远见，可是他总是管不住自己的聪明，总是用自己的聪明跟人情世故作对，最终没有什么好结果。

所以，如果一个人不懂得怎样运用自己的聪明，那么聪明反而成了一件坏事。有所为有所不为，该直爽的时候直爽，该逢迎的时候不要反对，这样的人才是真正的聪明人。这就是孔子的意思。

所以，孔子说像臧武仲一样聪明，后面紧接着就说要像孟公绰一样克制，不滥用自己的聪明，这样就是完美的聪明。

所以，"若臧武仲之知，公绰之不欲"连在一起说是有学问的，绝不是随便说说。

再说说孟公绰的事迹。

孟公绰是孟孙家的勇士，非常著名的勇士，这一点和子路一样。但是与子路不一样的是，孟公绰非常低调，与人无争，总是给别人留足面子，因此人们都很敬重他。

孔子认为他非常大气，适合在晋国这样的大国出任大夫。

对孟公绰，子路也是非常敬佩的。

(《论语》："子曰：'孟公绰为赵、魏老则优，不可以为滕、薛大夫。'")

再说卞庄子的故事，卞庄子也是一个勇士。根据《史记》记载，一次卞庄子在路上遇上两只老虎吃一头牛，卞庄子就准备去杀两只老虎。从人劝他等一等，等两只老虎吃完之后一定会相争，到时候小的死、大的伤，不就可以轻松杀掉它们？卞庄子听了劝告，果然轻松杀了两只老虎。

坐山观虎斗，这个成语出自这里。

两虎相争，必有一伤。这个成语也出自这里。

所以，卞庄子之勇，是有勇有谋的勇，而不是有勇无谋的勇。

对卞庄子的事迹，子路也是知道的，所以他对卞庄子也是非常敬佩。

第二八二章　诲人不倦

听了子路的话，孔子也笑了，他知道这个标准确实是子路达不到的，就算努力了也达不到。

"不过，现在这个标准已经降低了。见到财利想到义的要求，遇到危难能献出生命，长久处于穷困还不忘平日的理想，这样也可以成为一位完美的人。"孔子说，基本上也算是为子路量身定做的标准了。

"呵呵。"子路又笑了，他知道老师的意思就是想说：你就是个完人了。

《论语》：

> 子路问成人。子曰："若臧武仲之知，公绰之不欲，卞庄子之勇，冉求之艺，文之以礼乐，亦可以为成人矣。"曰："今之成人者何必然？见利思义，见危授命，久要不忘平生之言，亦可以为成人矣。"

第二八三章

师徒与父子

子贡的问题

子贡这个时候在齐国、鲁国和卫国之间做生意，子贡在鲁国和卫国的人脉都很广，而齐国是一个市场经济的国家，因此子贡的生意做得很大。子贡做生意并不见钱眼开，而是遵循孔子的教导，坚持两个原则。第一个原则是共同发财，就算自己少赚甚至不赚，也不能让商业伙伴吃亏；第二个是契约原则，守商业信用，就算亏钱也不失信。

因此，子贡不仅生意越做越大，同时还非常受尊重。

每一次子贡回到卫国，都一定要来看望老师，给老师讲自己这段时间的事情，也请老师指教。

同样地，子贡每次来也都不是空手而来，不仅有礼物带给老师，也有给师弟们的，甚至还出钱翻修院子和宿舍。所以，每次子贡来，孔子的弟子们也都很高兴。

这一天子贡又来了，看见子贡来，同一期的师兄弟们纷纷打招呼，现在他们都是孔子学校的教师了。第三期的师弟们则投来羡慕和崇敬的目光，子贡的大名早就在大家的耳朵里灌满了。

孔子和子贡又是小酌几杯，几杯酒下肚，子贡的话匣子就打开了，商场和政坛的话题一个接着一个，听得孔子也是饶有兴趣。

"对了，先生以前说过要让我们做一个合格的士，那这个士的标准是什么？"子贡突然问了一个与子路同样的问题。

"你现在就是啊。"孔子笑呵呵地说，喝了一口酒，解释道，"行为处事有尊严，出使外国，不辜负君主交付的使命，这还算不上一个合格的士吗？"

子贡一听也笑了，不过他不像子路那样容易满足。

"先生，您真是过奖了。那什么，还有别的标准吗？"子贡问。

"宗族中以孝敬长辈著称，乡党中以尊敬兄长闻名。这样的，也算。"孔子想了想说。

"那，还有别的吗？"

"说到一定做到，做事一定坚持到底，倔强得像是个土老帽，也勉强可以算是吧。"

子贡知道不能再问下去，否则老爷子没话可说了。

"先生，您觉得当今这些执政的人怎么样？"

"唉！这些器量狭小的人，差得远了。"孔子叹了一口气说，然后举起了酒樽，"来来来，喝咱们的，提他们干什么，说说你的生意吧。"

"对对，不提他们。"子贡也举起了酒樽。

《论语》：

子贡问曰："何如斯可谓之士矣？"子曰："行己有耻，使于四方，不辱君命，可谓士矣。"曰："敢问其次。"曰："宗族称孝焉，乡党称悌焉。"曰："敢问其次。"曰："言必信，行必果，硁硁然小人哉，抑亦可以为次矣。"曰："今之从政者何如？"子曰："噫！斗筲之人，何足算也。"

子贡的生意做得非常好，这次从齐国回卫国，就是刚做了一笔军火生意，从齐国卖了一百乘战车给卫国，大赚了一笔。两个月前，子贡刚从南方吴国趸了一批布匹到鲁国，也是大赚了一笔。子贡对市场具有非常敏锐的判断，每次下手都是稳准狠，这一点令孔子大为叹服，不得不承认子贡是个天生的生意人。

"赐啊，看来你去经商也是天意啊。俗话说得好：强扭的瓜不甜。如果你现在还在做信阳宰，也不过就是一个平庸的家臣罢了。"孔子深有感触地说。

"是啊，我觉得上天给每个人的才能是不同的，每个人适合做的事情也是不同的。不过，做人的道理是相通的，无论做什么，做人都是最重要的。能跟着先生学习，是我意料之外的所得啊。如果没有先生的教诲，就算我现在有钱，也不过是一个被人背后嘲笑的土豪罢了。"子贡说。说完，向孔子敬酒。

师徒两个聊得高兴，看看天色将黑，子贡才依依不舍地离去，孔子一直送到大门外，直到看不到子贡的马车，这才回来。

子夏、子张、子游等人都陪着孔子送子贡，此时孔子看着这些孩子，心中想象着今后他们会有怎样的出息。这时候，突然想起颜回来，不禁皱了皱眉头。

原来，颜回回到鲁国之后依然没有起色，冉有曾经设法给他安排了一个低级职务，却被他拒绝了。因此，颜回一直在家里啃老。

"唉，颜回是命中注定要做一辈子老百姓吗？屡次出仕屡次失败。赐大概是命中注定要经商吧，他违背了他父亲的安排和我的期望去做生意，结果却是大为成功，赚得盆满钵满。"孔子像是自言自语，又像是对着身边的几个弟子在说。

（《论语》："子曰：'回也其庶乎，屡空。赐不受命而货殖焉，亿则屡中。'"）

父子关系

时间过得真快，转眼间到了鲁哀公十年（前485年），孔子已经六十七岁了。

这一天，鲁国来人了。

"谁来了？"孔子兴奋而紧张，他对鲁国的一切都感兴趣，盼望着早日回到自己的家乡。

可是，来人令他失望了。

谁来了？孔丘之子孔鲤。

"你来干什么？"孔子问，面带失望。实际上，孔子对儿子远不如对子路、子贡、子夏他们那么亲近。之所以这样，也很容易解释。

首先，孔子常年和弟子们在一起，同甘共苦，荣辱与共，与儿子反而很少见面，几乎没有沟通；其次，弟子们虽有不同的个性，但是对老师的尊重让孔子非常受用，子路的直率忠诚、子贡的贴心和善解人意、子夏的聪明好学等，都让孔子打心眼儿里喜欢。而儿子在学问上很不用心，在自己面前畏畏缩缩，这些都常常让孔子不高兴。如今儿子从鲁国来，能有什么好事呢？

所以看见孔鲤，孔子的心情远不如看见弟子们高兴。

"爹，娘死了。"孔鲤畏畏缩缩地说，原来，亓官氏去世了，她在宋国的家人派了人到鲁国报了信。

孔子有点儿为难了，虽然听说这个消息之后还是有点儿略微的悲伤，但是很快就过去了，两人之间的感情早已经不在了。现在的情况就是，要不要祭祀前妻，要不要为前妻服丧。大致想了一下，孔子做出了决定。

"她已经不是我的妻子了，也就不是你娘了。好了，住几天你就回去吧。"孔子的决定非常绝情，让身边的弟子们都有些错愕。

"可是，她始终还是我娘啊。"孔鲤脱口而出，这是他生平第一次冲撞父亲。父亲可以休掉自己的妻子，可是自己不能割断和亲娘的血脉啊。

"那也不行，如果在我这里设灵堂祭祀，算是怎么回事啊？"孔子坚持，他决定的事情，很少会改变的。

孔鲤哭了，不说话也不走。

"伯鱼，你先去休息，办法会有的，别急。"曾皙来解了这个围，让人带孔鲤去休息。

事情很快得到了解决，解决问题的是曾皙。曾皙是看着孔鲤长大的，就算孔子周游列国期间，曾皙也常常到孔家帮忙。因此，曾皙和孔鲤甚至比孔子和孔鲤的关系还要亲近一些。

所以曾皙出面去找了蘧伯玉，看看能不能在蘧家借个地方设灵堂，就算是借给鲁国来的朋友孔鲤的。这样的话，就说得过去了。

"那有什么问题？"蘧伯玉立即就同意了，私下里，他觉得孔子做得有些不近人情了。

就这样，就在蘧伯玉家设了灵堂，由孝子孔鲤主持，孔子的弟子们纷纷前去吊唁，当然名义上是吊唁朋友的母亲，而不是吊唁师母。而孔子始终没有去，他觉得事情本身就很无厘头。

三天之后，灵堂撤去，孔鲤也就回到了孔子的住处。

第二天，孔子听到有人在哭，于是问身边的人谁在哭。

"伯鱼啊。"身边人说，原来是孔鲤在哭母亲。

"嘿，太过分了，哭起来没完了？告诉他别哭了。"孔子很不高兴地说。

于是孔鲤不敢再哭了，连丧服也脱掉了。过了几天，匆匆回鲁国去了。

按《礼记》：

> 伯鱼之母死，期而犹哭。夫子闻之，曰："谁与哭者？"门人曰："鲤也。"夫子曰："嘻，其甚也。"伯鱼闻之，遂除之。

孔子与孔鲤的父子关系相当平淡，这一点是有明证的。

整部《论语》，提到孔鲤的仅仅有三处，即便是这三处，孔子对孔鲤的态度也都很寻常，甚至语带斥责，却看不出期许来。

孔子对孔鲤的学习态度非常不满，实际上孔子也不大关心儿子的学习，只是偶尔看见了说两句，多数情况下，说都懒得说。

一天，孔子在院子里散步，猛然看见孔鲤，把他叫了过来。

"你学习《诗》里的《周南》和《召南》了吗？作为一个人，要是不学《周南》和《召南》，那跟在一堵墙前面傻乎乎地站着有什么区别呢？"孔子劈头盖脸说了儿子几句，语气非常严厉。

孔鲤连大气也不敢出，站在那里不知道该怎么办，什么《周南》《召南》，根本没听说过。

"你看看你这不争气的样子，啊，看什么呢？难道我就是墙吗？"看见孔鲤的样子，孔子更是气不打一处来。

"我，我。"孔鲤吓得不知道说什么好。

"还不去把这两首诗背诵下来？去吧，愣着干什么？"孔子呵斥道。

孔鲤如蒙大赦，垂头丧气地走开了，急忙去找子路帮忙，找到了那两首诗，连夜背诵下来。至于那两首诗是什么意思，真没弄懂。

孔鲤很忐忑，生怕父亲会在某一天让他背诵和讲解那两首诗。还好，孔子后来似乎忘了这件事情，再也没有跟孔鲤提过背诵那两首诗的事情。

（《论语》："子谓伯鱼曰：'汝为《周南》《召南》矣乎？人而不为《周南》《召

南》，其犹正墙面而立也与？'"）

孔鲤不好学，而且平时的衣饰也不太讲究，这不怪他，从小就没有了娘，谁来管他的衣饰？可是，孔子最看重的就是两样：学问和衣饰。

有一次，孔子看见孔鲤的穿着很不得体，叫住了他。

"孔鲤，你过来。"孔子叫道。

孔鲤一听见父亲叫他，脑袋都疼，他就知道没什么好事。

"你看你，穿得像个叫花子一样，太不像话了。"孔子对儿子说话就没有对学生们说话那么循循善诱了，总是很严厉，"君子不能不学习，衣饰不能不讲究。衣饰不合适就是失礼，失礼就无法在这个社会上立足。让人远远地看到你的外貌就喜欢你，靠的是衣饰；让人跟你打交道之后越来越喜欢你，靠的是学问。"

孔鲤连大气也不敢出，站在那里不知道该怎么办。

按《说苑》：

孔子曰：鲤，君子不可以不学，见人不可以不饰；不饰则无根，无根则失理；失理则不忠，不忠则失礼，失礼则不立。夫远而有光者，饰也；近而逾明者，学也。

陈亢，字子禽，是从陈国来的学生，他总是怀疑孔子是不是对自己的儿子特别关心，或者留了什么绝学给儿子。于是，有一天陈亢找了个机会，来问孔鲤。

"伯鱼兄，我想问你个问题。"陈亢凑近了，神秘兮兮地问。

"什么事？"

"夫子对你有什么特殊关照吗？嘻嘻。"

"没有，绝对没有。"孔鲤笑了，苦笑。

"真没有？我不信。"

"那我想想，哦，对了，有两次。"孔鲤是个厚道人，从不撒谎。

"那你说说。"

"有一次吧，父亲一个人在院子里，我恰好路过，结果父亲问我'学《诗》了没有？'我说没有，父亲就说：'不学《诗》，就不懂得怎么说话。'从那之后，我开始学《诗》。还有一次，又是他一个人在院子里，我又是路过，父亲又是叫住我，问我学《礼》了没有，我说没有，父亲就说：'不学《礼》，今后难以立足啊。'那之后，我就开始学《礼》。大概，就是这两次吧。"孔鲤说完，笑笑，好像挺对不住陈亢。

孔鲤所说的第一件事，其实就是上面的《召南》《周南》那一次。

孔鲤没告诉陈亢的是，自从那两次之后，孔鲤只要经过院子之前，都会先偷偷看看父亲是不是一个人在院子里。如果是，那就坚决不出去。

陈亢从孔鲤那里回来，非常高兴。

"今天我知道了三件事情，知道诗很重要，知道礼很重要，知道君子疏远自己的儿子。"陈亢暗自高兴，以为得到了什么绝招。

《论语》：

> 陈亢问于伯鱼曰："子亦有异闻乎？"对曰："未也。尝独立，鲤趋而过庭，曰：'学《诗》乎？'对曰：'未也。''不学《诗》，无以言。'鲤退而学《诗》。他日又独立，鲤趋而过庭，曰：'学《礼》乎？'对曰：'未也。''不学《礼》，无以立。'鲤退而学《礼》。闻斯二者。"陈亢退而喜曰："问一得三：闻《诗》，闻《礼》，又闻君子之远其子也。"

想想看，孔鲤作为孔子的儿子，从小到大有记忆被父亲教育的次数只有两次。并且，这两次都不是正式的教育，都是孔子在院子里无事的时候看见儿子，这才训斥两句。所以，这甚至不能说是教育。孔子对学生的教育往往是针对学生的不足提出针对性的意见，帮助学生去提升自己。可是对于儿子，却没有任何的具体指导。

为什么会这样呢？

除了前面说过的孔子的前妻亓官氏的因素外，恐怕还有其他的一些因素。

譬如孔子自身太努力、太博学，因此对于儿子的期望很高，但是当儿子的表现与他的期望相差比较大的时候，就会对儿子失望乃至绝望。

事实上，古今中外杰出的教育家似乎都教不好自己的子女，孟子就坦言这一点，并且想和别人交换儿子来教育。

所以往往父辈太过出色，子女则容易平庸。很多人非常成功，于是强迫自己的儿女继承自己的衣钵，结果得到的往往是歪瓜裂枣。相反，对子女的期望放低一些，让他们自由去发展，成为一个快乐的平凡人，这或许才是正确的做法。

第二八四章

冉有立功

稀里糊涂的战争

当初孔子还在叶公那里的时候,齐国的齐景公死了。

齐景公有一堆儿子,可是他最喜欢的是小儿子公子荼。所以他一直没有立太子,临死的时候才让国家和高家两家帮助他辅佐公子荼为国君。同时,把其他的儿子都赶出了齐国。

在齐国,国家和高家是两大传统家族,都是姜太公的后人,相当于鲁国的三桓。鲍叔牙的后代鲍家和从陈国流亡来的公子完的后代陈家则是后起之秀。这四大家族分成了两派,国家和高家联手,鲍家和陈家联手。

国家和高家扶立公子荼,鲍家和陈家自然不爽,于是不久之后两边就摊牌了,由于陈家的政策比较爱民,名声非常好,因此临淄城里的百姓纷纷起来支持陈家,陈家与鲍家合兵,再加上临淄百姓的支持,于是将国家和高家赶出了齐国。

陈家的家长叫陈乞,也叫田乞,他决定从鲁国把齐景公的儿子公子阳生迎回来担任国君。

公子阳生当初从齐国被驱逐出来,来到了鲁国,投奔了季孙家。因为齐国和鲁国世代联姻,所以从国君到卿大夫都是亲戚,鲁国人流亡基本上是去齐国,齐国人流亡也基本上来鲁国。论起来,季康子还是公子阳生的表哥,季康子一看,那就亲上加亲吧，把自己的妹妹嫁给了他。季康子的妹妹风情万种，公子阳生喜欢极了。

现在，陈乞派人来接他回去，公子阳生不知道是祸是福，于是一个人悄悄地回去，老婆也没带着。回去之后被立为国君，就是齐悼公。

齐悼公登基之后的第一件事，就是派人来接老婆回齐国。季康子一看，齐国国君成自己妹夫了，这不是好事吗？当时安排人准备送妹妹去齐国。

谁知道出问题了，原来，齐悼公偷偷摸摸回齐国，也没告诉老婆，结果老婆很生气，以为老公不要自己了，于是跟季鲂侯好上了。现在知道老公做了齐国国君派人来接自己，很担心自己这段出轨史被老公知道，于是把事情告诉了季康子。

"哎呀妈呀，多亏你说了。"季康子这下不敢把妹妹送过去了，胡乱找了个借口，就是不送。

齐悼公听说季康子扣留了自己的老婆不送，大怒，出兵攻打鲁国，夺取了谨地和阐地。

为了夺回老婆，齐悼公派人到吴国，请求吴国发兵，两国从南北两个方向攻打鲁国。

吴王夫差正愁闲得慌没事干呢，收到齐悼公的邀请函，立即爽快答应了。

谁知道就在这个时候，季康子想明白了，这出轨的事情又没有录像机录下来，齐悼公怎么会知道？就算知道了，抵个赖不就过去了，何苦跟自己过不去呢？就算戴绿帽子，也不是自己戴啊。

想通了这一点，季康子主动派人去跟齐悼公和谈了。

"没问题啊，把我老婆送过来，你还是我大舅子啊，咱们是一家人啊。"齐悼公当然愿意。

于是，齐悼公派人来把老婆接去了齐国，两人恩爱如初，齐悼公紧接着就把侵占鲁国的土地还给了鲁国。

既然两家和好了，问题解决了，自然就不需要吴国出兵了。于是，齐悼公派遣使者前往吴国，表示事情解决了，和平万岁了，就不麻烦吴国出兵了。

"什么？去年请我们出兵，今年又变卦了，以为打发叫花子啊？不行，我要亲自去向你们国君问问清楚。"夫差大怒，言下之意，你们不让我们打鲁国，我们就打你们。

齐国特使有点儿发蒙，这是什么逻辑啊？

一年之后，吴王夫差兵分两路讨伐齐国。一路由夫差亲自率领，从陆路北上，另一路派遣大夫徐承率领水军由海上入侵齐国。

要打齐国，就要路过鲁国。

"齐国人让我们来打你们，可是我们正义感爆棚，我们要匡扶正义，扶弱抑强，所以我们要来打齐国。你们是跟着我们打齐国，还是跟着齐国打我们？你们看着办吧。"吴国特使来到鲁国，直接给了个选择题。

季康子一看，虽然现在跟齐国和好了，可是惹不起吴国啊。要是站在齐国那一边，吴国一定先打自己，齐国帮不帮自己还是个问题。就算帮，也干不过吴国，那不是齐国没死自己先死了？凭什么给齐国垫背呢？

所以，季康子决定好汉不吃眼前亏，跟着吴国打齐国算了。

就这样，吴国和鲁国组成联军，一举攻占了齐国的博地（今山东省泰安市南），随后进军艾陵（今山东省莱芜市东部）。

齐悼公一看，这不是无妄之灾吗？这到哪儿讲理去？

没办法，齐悼公派出部队迎战。

吴鲁联军的中军和下军都是吴军，把上军留给了鲁国人。

齐国人知道吴军十分生猛，战前唱挽歌写遗书，准备战死。

战斗开始，齐国人非常勇猛，结果鲁军根本抵挡不住。但是，吴国人比齐国人更猛，中军和下军先后获胜，随后前来支援鲁军，把齐国打得落花流水。

这一仗下来，吴军缴获战车八百乘，杀死齐军三千人，俘虏包括中军主帅国书在内的齐军将领六人。

随手，吴军将缴获的战车全部送给了鲁国。

正面战场获得全胜，但是，侧面战场上，吴军水军被齐军击败，但是船头一掉，向南侵入莒国，拿下了琅琊。

夫差并没有乘胜追击，他也没有乘胜追击的意思，他就是想过过打仗的瘾，而不是灭掉齐国。

于是，夫差主动派人前往齐国进行和平谈判。齐国人这时候哪里还有讨价还价的资本？于是只得接受吴国的条件，与吴国盟誓，承认吴国的盟主地位。

吴国撤军。

爱面子的鲁国人

齐悼公依然很爱他的老婆，一日不见都不行。可是，每当看到老婆，就想起无缘无故被吴国胖揍的委屈，这叫一个难受啊。

第二年，齐悼公终于忍不住了。

"打不过吴国人，难道还干不了鲁国人吗？不行，我要出这口气。"齐悼公派国书、高无平率领齐军进驻齐鲁边境的清地，准备随时进攻鲁国。

面对来自齐国的威胁，鲁国怎么办？

"齐国人陈兵边境，肯定是要进攻我们，怎么办？"季康子有些没主意，找来管家冉有商量。

"不怕他们，你们三个卿，留一个在国内镇守，另外两个随同国君前往边境抵抗敌人就行了。"冉有知道，齐国去年元气大伤，再加上国内权力斗争的内耗，目前也是外强中干，强大不到哪里去。

季康子去找孟孙和叔孙两家商量，提议三家出兵，结果双双遭到拒绝。

"这也正常，因为国家本来就是季孙家在管理，他们两家麻木不仁可以理解。"冉有并不感到意外，这也算是意料之中的事情。

"可是，该怎么办呢？"季康子愁眉苦脸。

"有什么难的？"冉有现在的地位接近于季康子了，"其实，以咱们一家的力量，对付齐国人一点儿问题也没有。既然那两家不愿意出兵，没关系，咱们也不用去找国君了，就用自己的兵力，在这里以逸待劳，等齐国人杀到，咱们背城一战。"

事到如今，季康子也只能如此了，不过他决定还是去找鲁哀公汇报一下。

就这样，季康子和冉有去见鲁哀公。到了朝廷外面，季康子想了想，让冉有在外面等着，自己进去。

冉有在外面等着，正在这个时候，就看见叔孙州仇和孟懿子来上朝。

"唉，老冉，齐国人要打过来了，怎么整啊？"叔孙州仇走到近前小声问，尽管不想出兵，可是事关大家的利益，也没法不关心。

冉有瞥了他一眼，心里挺瞧不起他。

"这我哪儿知道啊，这都是国家大事，都是君子们才关心的，我们这样的小人管他呢。天塌下来，个头儿大的顶着呢。我不知道，我不知道。"冉有话里带着讽刺，说得叔孙州仇脸上有些挂不住。

这时候，孟懿子也凑了过来。

"小冉，别卖关子啊，说说吧。"孟懿子也问。

冉有瞥了孟懿子一眼，又瞥了叔孙州仇一眼，总共是两眼。

"对不起，这样的事情，只能跟有能力的人说，否则，说了也没用。"冉有的这句话更不客气，闹得孟懿子也是一个大红脸。

"老冉，你的意思是我们算不上是个大丈夫，不屑对我们说是吗？"叔孙州仇问冉有。

"我可没说过，你们是卿啊，我不过是季孙家打工的，这样的事情应该你们告诉我才对啊。"冉有笑了，话里还带着讽刺。

叔孙州仇和孟懿子对视了一眼，无话可说，两人气哼哼地上朝去了。

两人进去，恰好季康子出来，点点头，擦肩而过。

退朝之后，叔孙州仇和孟懿子一商量，两人不约而同："可恶的冉有瞧不起我们，我们不能让他瞧不起，我们要出兵。"

结果，两家同时整顿军马，准备出兵，反而比季孙家准备得还要早。

激将法，冉有的激将法非常成功。

三桓现在高度一致了，三家联合出兵。不过，在冉有的建议下，依然还是在曲阜以逸待劳，放齐国人进来打。

具体的战术布置也都由冉有来进行，按照冉有的布置，鲁军出城驻扎，分为左右两军。右军由孟懿子的儿子孟孺子率领，颜羽为他驾车，邴泄为车右。左军由冉有率领，管周父驾车，樊须为车右。

"樊须，太年轻了吧？"季康子反对。

樊须，字子迟，也是季孙家的家臣，非常勇猛，性格直率单纯，有点儿像子路，今年只有二十二岁。冉有很喜欢他,去哪里都带着他。

"不碍,虽然年轻,樊须能够坚决服从命令。"冉有坚持,既然冉有坚持,季康子也就没有再反对。

三桓都在城里指挥守城。

从前作战,都是国家领导人亲自出战。现在,国家领导人都被安排在安全的地方了,冉有为什么这样安排?一来,三桓都是贪生怕死的货色,到时候一打仗带头逃跑,那仗还怎么打?二来,三桓不去,省得碍手碍脚了。

齐军果然一路杀到了曲阜城下,两军在城外摆开阵势。

鲁国军队的士气一向很低,大家都不想打仗。所以面对齐军,多数人在想该怎么逃跑。冉有下令冲锋,可是根本没人动。

"让我们冲,你怎么不冲啊?"大家都这么想,只是不说。

冉有的冷汗已经出来了,如果打了败仗,怎么办?

"你再三申明命令吧,然后率先冲锋。"这个时候,樊须给出建议。

冉有看了樊须一眼,之后按照樊须的建议进行。

冉有快速地申明了命令,无非是冲在前面的有赏,落在最后的砍头之类。三遍之后,冉有的战车率先冲锋,身旁的亲兵们跟着冲了出去,整个左军士气大振,向齐军冲杀过去。

鲁军左军杀入齐军右军,齐国人也怕拼命的,齐军右军当即大乱。

左军占据优势,右军呢?

右军呢?

右军在哪里?

右军已经消失了。

还没交战,孟孺子就直接逃命了,右军的兄弟们一看,当家的都没了,各回各家吧。齐军左军在后面追赶。林不狃是孟孙家的家臣,带着他手下的兄弟们昂首挺胸地撤退,看上去就好像打了胜仗一般。

"老大,快点儿跑吧,这样会被齐国人追上的。"手下兄弟看着心急,要求快一点儿逃命。

"唉，我们不比别人差，为什么要逃跑？"林不狃不同意，他还要面子。

"那，那就留下来跟齐国人打仗算了。"

"嘿，你以为跟齐国人拼命就显得你好吗？"林不狃还是不干，面子也要，命也要。

俗话说：死要面子活受罪。

没多久，齐国人追了上来，结果是林不狃死于非命。

死要面子活受罪，鲁国人的面子害死人。

但是，鲁国人的可爱之处在于，不仅自己要面子，还总能给别人留面子。

孟之侧是孟孙家的勇士，逃命的时候留在最后掩护大家。还好，孟之侧也活着回来了，是最后一个进入曲阜城门的。眼看着快进城了，后面也没有追兵，孟之侧反而狠狠地给自己的马抽了几鞭子，几匹马卖命地奔跑，一身大汗狼狈不堪地进了曲阜城。

曲阜城里那帮逃命回来的残兵败将看见孟之侧也这么狼狈，呵呵地笑了。

"老孟啊，以为你这么勇敢独自断后呢，原来也是逃回来的啊，哈哈哈。"大家都很高兴，因为大家都是逃兵，不用感到羞愧了。

"可不是嘛，不是我想在最后给大家断后啊，实在是这几匹马太不给力了。"孟之侧也笑笑说。

于是，大家都笑了，就好像大家都不是逃回来的，而是凯旋的。

这件事情被孔子知道之后，对孟之侧非常赞赏。

《论语》：

> 子曰："孟之反（孟之侧）不伐。奔而殿，将入门，策其马，曰：'非敢后也，马不进也。'"

为什么孔子赞赏孟之侧呢？

因为孟之侧牺牲掉自己炫耀的机会，给所有人留下了自尊，或者说叫面子。

什么是最高级的自尊？就是维护别人的自尊。

换句话说，就是吃亏是福。

按照孔子所提倡的仁，孟之侧这就是顶级的仁，没有人会不喜欢他。

鲁军右军惨败，但是左军大胜，冉有的队伍砍了八十颗齐军的人头。因为是孤军深入，齐国人不敢久留，第二天撤军了。冉有请求追击齐国人，季康子说什么也不同意，于是看着齐国军队逃出了鲁国。

在庆功会上，孟孺子还在为自己的逃跑解释呢。

"其实啊，我虽然比不上颜羽那么勇敢，可是我至少比邴泄要强啊。颜羽当时是不想逃跑的，他很勇敢。我呢，虽然想逃跑，可是我能沉住气，我不说。邴泄这伙计胆小怕死，使劲喊'快逃吧快逃吧'。"孟孺子把自己择干净，把逃跑的责任推到了邴泄的身上。

大家都笑了，反正算是打了胜仗，逃跑的事情就算了。

鲁国人，自己要面子，也愿意给别人面子。

这次齐鲁之战，功劳最大的自然是冉有。季康子从前没有想到冉有竟然还有军事才能，很奇怪他是从哪里学的。

"老冉，你的军事才能哪里学的？还是天生的？"季康子问冉有。

"是从仲尼先生那里学的。"冉有说。

自从从卫国回来，冉有一直就在想怎样把老师请回来。冉有知道，季孙家对孔子意见非常大，孔子要回来，一定要过季孙家这一关。好在，对孔子最不满的季孙斯已经不在了，而季康子对孔子的反感要小很多，所以，只要有好的由头，说动季康子请孔子回来就有可能。如今既然季康子问起来，自己正好把老师给扯出来。

"啊，孔子连这个也会？那，孔子究竟是个什么样的人？"季康子挺感兴趣，虽然父亲很讨厌这个人，可是自己并不了解这个人。不过既然冉有都这么尊重孔子，想来孔子确实是个很有学问的人了。

"我老师啊。"冉有早就准备了一套说辞，此时开始忽悠，一时间，把孔子捧上了天，眼看着季康子听得发呆，冉有最后说了，"不说别的，你就看看我们这帮师兄弟吧，我能力一般般了，好些师兄弟都比我强啊。子贡你是见过的啊，口才多好？现在做生意呢，又发大财了。如果鲁国能把他给请回来，不说老师的学问了，就这帮学生，知道老师在鲁国，今后谁不帮鲁国啊？"

"这个，那，我们把他召回来怎么样？"季康子终于说了这样的话，这是冉有期待的话。

"不行。"冉有说，说得季康子一愣。"老师是个德高望重的人，如果我们去召他回来，他一定不会回来的，那么迟早有一天别的国家会重用他，对鲁国就不好了。我的意思，我们还是找国君，然后让国君派出正式的使者请老师回来。"

"好，明天就办这个事。"

季康子第二天向鲁哀公提出了建议：请孔子回来。

"好啊。"鲁哀公倒是很愿意。

原本，很快就该派出使者，可是一件事情耽误了使者出发的日期。

原来，听说齐国人攻打鲁国，吴王夫差主动来帮忙，要和鲁国一起进攻齐国。其实，鲁国并不愿意进一步得罪齐国，何况两国还是亲戚。可是夫差说了要来，鲁国也不敢说"您别来了"，还只能表示欢迎和感谢。

就这样，夏天的时候吴国大军来到，与鲁国一同进攻齐国，大败齐国之后，吴王夫差才高高兴兴地回国了。

由于这个时候子贡也在鲁国，竟然也参加了这场战争。

第二八五章

落叶归根

告别卫国

孔子现在是归乡心切，有的时候他甚至有不顾一切要回到鲁国的冲动。

事实上，就在季康子决定请孔子回鲁国的同时，孔子差一点儿就起身回鲁国了。

事情的经过是怎样的呢？说起来，话有点儿长了。

晋国的规矩，国君的儿子长大之后，除了太子留在国内之外，其余的必须移民国外，以此来避免兄弟之间为了国君的宝座而骨肉相残。

当初晋悼公的儿子公子慭就是这样从晋国移民到了卫国。

公子慭的女儿十分出色，能文能武而且非常漂亮。一次打猎，公子慭让女儿为他驾车，结果被卫国国君的侄子太叔懿子看到，立马被迷得一塌糊涂，于是邀请公子慭父女去家里喝酒，喝酒的时候当面求亲。太叔懿子也是风流倜傥的公子哥儿，公子慭父女也都喜欢他。

按理说，两家都姓姬，按照周礼的规矩是同姓不婚。可是晋国人本来就不在乎这一点，而太叔懿子又实在太喜欢这个姑娘，于是两家也不管那些规矩了，就成了亲。

后来他们生了两个儿子，大的名叫太叔疾。太叔疾的性格长相就像他的母亲，长大之后就成了卫国有名的美男子。

太叔疾娶了宋国子朝的两个女儿，姐姐是妻，妹妹算妾，可是太叔疾就喜欢妹妹。

卫国掌权的是上卿孔圉，孔圉特别喜欢太叔疾，看着自己的女儿长到了出嫁的年龄，常常叹息找不到太叔疾这样的女婿。

机会很快有了，太叔疾的老丈人子朝在宋国的权力斗争中落败，逃亡到了国外。孔圉决定趁火打劫，派人去找太叔疾，说是你老丈人现在是宋国的敌人，而宋国和卫国关系很好，所以宋国的敌人就是卫国的敌人。为了两国世代友好，我们要跟子朝划清界限。因此，为了国家的利益，你必须把你的老婆休了。为了表彰你为国家做出的牺牲，我决定把我的女儿嫁给你。

趁火打劫，绝对的趁火打劫。别人是抢财抢物，孔圉是抢女婿。

太叔疾不敢违抗孔圉的命令，只好跟子朝的两个女儿离婚，做了孔圉的女婿。不过，太叔疾是个重感情的人，舍不得那个妹妹，于是偷偷在宋卫边境修了房子，把那个妹妹安置在那里。

孔圉的女儿如果深明大义，睁只眼闭只眼，这事情也就这样了。可是孔圉的女儿受不了，告诉了父亲。结果孔圉大怒，准备攻打太叔疾。

在下定决心攻打太叔疾之前，孔圉去向孔子请教这个问题。

"祭祀的事情，我略知一二；兴兵动武，我一无所知。"孔子这样回答，意思很明白，就是反对动武。

之后，孔子感觉到孔圉很让他失望，这样下去卫国恐怕要内乱，于是孔子决定不顾一切回鲁国。不过在收拾行李的时候被孔圉知道了，于是上门挽留，并且承诺绝不出兵攻打太叔疾，孔子这才算留了下来。

这就是上一次孔子差点儿回鲁国的过程。

后来，孔圉没有攻打太叔疾，但是把女儿给抢了回来。再后来，太叔疾跟一个有夫之妇偷情，结果几乎被捉个现行，光屁股逃走，连车也被人家扣住。这家丈夫也不是俗人，把车献给了国君。太叔疾因为这两件事情羞愧难当，逃亡到了宋国。于是，太叔家族交由太叔疾的弟弟太叔遗掌管，孔圉把女儿改嫁给了太叔遗，小叔子变老公，嫂子变老婆了。当然，这都是后话。

第二八五章　落叶归根

鲁哀公十一年冬，鲁哀公的特使终于来到了卫国。

"孔子先生，国君请您回国，一切待遇按照当年司寇的标准。"特使代表鲁哀公发出邀请，承诺了待遇。

"啊，那什么，太好了。"孔子喜出望外，这是他盼望了许多年的一天啊。

这样回去，太有面子了。

孔子盛情招待了鲁哀公的特使，当天就让弟子们收拾行囊，准备尽快出发。

第二天，孔子一边忙着收拾，一边派人去向该道别的人道别。于是，很多老朋友都来上门道别，也有挽留的，譬如孔圉。

可是这个时候，谁还能挽留住孔子呢？他已经归心似箭了。

孔子终于上路了，带着一群弟子。孔子的弟子有人留在了卫国，但是大部分随他前往鲁国。子路、高柴等人就留在卫国做官，今天也都前来送行。

送行的队伍里还有卫国的朋友们，以上卿孔圉为首，蘧伯玉等人都来了。当时的场景十分动人，孔子对自己在卫国期间受到的关照表示感谢，并且表示，卫国是他的第二故乡，他会永远想念卫国，会永远牵挂卫国的老朋友们。

"只要我在，我就一定致力于发展鲁卫两国的友好和平关系。"孔子动情地说。

孔子的车队渐渐远去，回望送行的人们，孔子的眼角湿润了。

"夫子，您喜欢卫国吗？"驾车的子夏回头问老师，子夏的眼角也是眼泪，老师归乡，自己则是离乡了。

"孩子，我怀疑如果不是在卫国，我是无法修《诗经》的。"孔子说，打心眼里，孔子喜欢子夏和子贡，喜欢卫国。

卫国，一个人杰地灵的国家。孔子大概想不到的是，他的学说将会由一个卫国人来发扬光大，而这个人就是眼前的这个孩子。孔子更想不到的是，中国历史将会由一个卫国人来改写，而这个人是他的徒孙，这个人就是商鞅。

再回首，看一看卫国，孔子已经是老泪纵横。

孔子回到了鲁国，这一年，孔子六十八岁。

从鲁定公十三年（前497年）孔子离开鲁国到卫国，到鲁哀公十一年（前484年）孔子离开卫国回到鲁国，将近十四年的时间过去了。这十四年被称为孔子周游列国的十四年，实际上大部分时间孔子在卫国。

孔子回到鲁国，首先要做的事情自然是去见鲁哀公，之后，拜会了季康子和孟懿子，却没有去叔孙家拜会。孔子的意思，国君是一定要去拜会的，季康子是鲁国执政，自然也要拜会。之所以拜会孟懿子，完全是因为两家是亲戚，应该去看看。至于叔孙州仇，似乎没什么理由去拜会，何况孔子和叔孙家的关系一向就不是太近。

孔子没去拜会叔孙州仇，这令叔孙州仇非常恼火。

孔子去了父亲和母亲的墓地祭祀，还去哥哥家里看望了嫂子。

孔子母亲的墓原本就是仓促之中埋葬的，在孔家墓地的最边上。多年来无人祭祀，看上去非常荒凉。

"我要把母亲和父亲合葬。"孔子暗想，以他现在的地位，这样做不会有人说闲话的。不过从周礼的角度，他的母亲没有名分，是不能与父亲合葬的。

鲁哀公亲自设宴招待孔子，随后季康子和孟懿子也都在家里宴请孔子，算是还礼。叔孙州仇没有宴请孔子，孔子倒也无所谓。

这一天，鲁哀公又请孔子来做客，两人聊得高兴，聊着聊着，说到了当今天下的君主。

"当今天下的各国国君，谁最贤能？"鲁哀公问。

"当今天下就不太清楚了，不过，我见过的君主中，卫灵公是最贤能的了。"孔子说，他没有拍鲁哀公的马屁，他也知道鲁哀公不需要自己拍马屁。

鲁哀公愣了一下，显然对这个回答有些意外。

"我听说他连自己家庭的事情都处理不好，怎么称得上贤能呢？"鲁哀公问，他觉得卫灵公恐怕还不如自己。

"我说的是管理朝廷，不是管理家庭。"

"那，请夫子说说他怎么管理朝廷。"鲁哀公实在不觉得卫灵公管理朝廷有什么先进事迹。

"卫灵公有个弟弟叫公子渠牟，为人忠诚而且能干，卫灵公对他委以重任。有一个叫作林国的士人，发现有才能的人就必然推荐他做官，因此卫国没有放纵游荡的士人，卫灵公非常尊重林国并且任用他；还有一个叫庆足的士人，一旦国家有大事，就必定会被推荐出来处理国家事务，事情过去之后就又让他回家归隐，卫灵公也很尊重他；还有一个叫作史鱼的大夫，因为自己的主张没有被采纳而负气出走，卫灵公就住到郊外三天，三天没有歌舞娱乐，直到请回了史鱼，他才回宫。卫灵公对贤能的士人这样尊重，所以我说他是个贤能的君主。"孔子举了几个例子来说明问题，然后看看鲁哀公。

"那，怎样才能把国家治理好？"鲁哀公换了个话题。

"让老百姓富裕长寿，这个国家就算治理好了。"孔子想了想说。

"那，怎么才能实现这个目标呢？"

"很简单啊，少收税老百姓就能富裕，少征用百姓就能减少犯罪，减少了犯罪老百姓就能长寿。"很简单，确实很简单，孔子的回答很简单。

"那样，国家不是就会穷？"

"怎么会？《诗经》里写'恺悌君子，民之父母'，你听说过儿女富有而父母贫穷的吗？"孔子反问。

鲁哀公点点头，然后笑了。

"那么，怎样才能让老百姓信服呢？"鲁哀公又换了一个话题。

"提拔正直的人居于邪恶的人之上，老百姓就会信服；让邪恶小人居于正直的人之上，老百姓就会不信服。"孔子想了想，这样回答。

鲁哀公点点头，然后笑了，苦笑。

《论语》：

> 哀公问曰："何为则民服？"孔子对曰："举直错诸枉，则民服；举枉错诸直，则民不服。"

聊天聊得很愉快，不过也就是聊天罢了。

微家兄弟

就在孔子回到鲁国的第二天，有人上门来看望他。这是两兄弟，哥哥叫微生亩，弟弟叫微生高。微家也是世代做季孙家的家臣，孔子与微生亩就是在季孙家认识的，孔子比他小个一两岁，比微生高大十多岁。

微家两兄弟和孔子家住得也近，孔子在鲁国的时候，两兄弟常常来串门聊天。这次孔子回来之后，哥儿俩结伴看望老朋友来了。

见到微家两兄弟，孔子也很高兴，三人互致问候之后，开起了玩笑。

"老丘啊，你看看你，整天闲不住，满世界转悠奔波，到处忽悠，你怎么就改不了呢？"微生亩大着嗓门说。

"忽悠啥？我就是奔波的命吧。你怎么样？过得还好吧？"孔子并不介意，问道。

"嗐，女儿出嫁了，老婆也死了，我光棍一个凑合活着吧。"

《论语》：

微生亩谓孔子曰："丘，何为是栖栖者与？无乃为佞乎？"孔子曰："非敢为佞也，疾固也。"

"老二，怎么，你还是一个人过吗？"孔子转头问微生高，他因为穷，一直没娶上老婆。

"是，街坊邻居没少给我张罗，都被我拒绝了。娶什么媳妇啊，一个人多好，一人吃饱了，全家不饿，哈哈哈。"微生高爽朗地笑了起来。

两兄弟和孔子聊了一阵，告辞走了。临走，微生高还邀请孔子去他家里吃饭。

"微生高很直爽啊。"子夏对孔子说。

"商啊，他那不是直爽，只是虚荣啊。"孔子望着微生高的背影说。

"为什么这样说呢？我看他说话很真诚的样子啊，还要请您吃饭。"

"说说而已罢了，他过去常常说请我吃饭，一开始我相信了，结果到时间他就找各种借口推了。唉，你想想，他光棍一个，家里没人做饭，他怎么请啊？"

"那，先生能给我说说自尊和虚荣的区别吗？"

"好，我给你讲一个微生高的故事吧。"孔子想了想说，"有一次，有一个人去找他借醋，他家里哪里有啊？可是他不说没有，偷偷跑到邻居家去借了醋，然后假装是自己的借给了那个人。"

（《论语》："子曰：'孰谓微生高直？或乞醯焉，乞诸其邻而与之。'"）

"我明白了，靠撒谎作假去维持自己的自尊心，就是虚荣。"子夏说。

"没错，俗话说：打肿脸充胖子，就是说他这种人。"

"那他说没有娶媳妇是因为看不上别人，这也是编的？"

"算了，不说他了，怎么说他也是我的朋友，人也不错，有些小不足，提一下也就罢了。"孔子说，还要在弟子面前为微生高留一点儿面子。

三天之后，微生亩一个人来了。

"老二怎么没有来？"孔子问，他准备接济微生高一些粮食，就等他来了。

"他死了。"微生亩说。

"啊？怎么死的？前两天不是还好好的？"孔子大吃一惊，问道。

"唉。"微生亩叹了一口气，道出了原委。

原来，因为家里穷又好面子假大方，微生高一直娶不上老婆。条件好的看不上他，条件差的他又看不上。因此，一直打光棍打到五十多岁。不久前张寡妇死了老公，就因为他上门帮张寡妇张罗老公的葬礼混熟了。张寡妇四十出头，虽然长得丑，可是好歹是个良家妇女，微生高就觉得自己有机会了。可是几番表白，张寡妇就是不松口。

昨天早上他又去张寡妇家里，要和张寡妇在郊外的小桥下约会，张寡妇见他纠缠，怕被街坊四邻看见不好，只好应承他，时间就定在傍晚时分。

微生高非常得意，把事情告诉了哥哥微生亩。微生亩觉得不太靠谱，不过去试试也无所谓。

微生高早早就去了桥下，谁知道左等不来，右等不来，眼看天色将黑，还是没等来。这时候，上游因为下雨而涨水，大水来了。

微生高原本可以上来，可是又怕张寡妇来了找不到自己，说自己爽约。又怕空手而归，被哥哥笑话，因此迟迟不肯上来。结果错过了逃生的机会，抱着桥桩活活淹死了。

"唉，可怜的老二啊，一辈子没碰过女人，却死在了女人的手上。"孔子悲痛地说。

"唉，要真是死在女人手上也算值了，可是，老二他，他这也算死在女人手上吗？"微生亩也叹了一口气。

微生亩来，除了向孔子告知噩耗之外，还想要咨询老二的后事怎么处理。

"尸首呢？尸首在哪里？"孔子问。

"还在桥下呢，还抱着桥桩呢，两只手抓在一起，谁也分不开他，还不知道怎么办呢。"微生亩说。

"这么说来，是因为没有等到张寡妇，于心不甘啊。这样吧，你去跟张寡妇说说，请她去一趟，就对老二的尸首说约会地点改在桥上了，看老二会不会松手。"孔子出了个主意，也不知道能不能灵验。

两人又商量了一阵，最后决定一切后事委托孔子主持，微生亩这才千恩万谢地走了。

"先生，微生高这算是因为虚荣而送命吗？"子夏问。

孔子瞪了他一眼，做了一个低声的手势。

子夏吓了一跳，不敢再说话。

"商啊，离地三尺有神明啊。背后说人可以，背后说鬼不行啊。我们说的每句话，鬼神都在听着，敬鬼神，敬鬼神，敬鬼神而远之啊。"过了一阵，孔子才低声说道。

子夏就觉得后背一凉，急忙回头，见身后没有微生高的鬼魂，这才略略松了一口气。

"先生，那，那我现在怎么办？"子夏有点儿紧张了。

"我们去祭祀他的那天，你多说几句好话吧。"孔子想了想说，见子夏还有点儿忐忑，宽慰他说，"老二这人活着的时候心地善良，做了鬼也不会祸害好人的，放心吧。"

"先生说得对，二大爷看上去就慈眉善目的，不是开不起玩笑的人。"子夏急忙跟着说，就好像微生高的鬼魂真的就在身后一般。

孔子暗自点头，心说商这小子真是聪明透顶，一点就通，这是当面拍鬼的马屁呢。

第二八六章

叔孙州仇的挑衅

学而时习之

子贡在齐国、鲁国和卫国做生意,知道孔子回到了鲁国,不久之后特地前来鲁国看望老师,就住在孔子的家里。

子贡来到,孔子自然是非常高兴。

不用说,孔子准备了酒菜,跟子贡边喝边聊,子夏、子游等人作陪,一来热闹,二来跟着子贡长长见识。

聊着聊着,子贡说起一件事情来。

"夫子可知道,鲁国人作战被俘虏之后,如果想赎回来,他家里要给多少酬金呢?"子贡问。

"这个我倒知道,要三十金。"孔子说,这基本上是一个通行的市场价。在鲁国,有人专门做这样的赎人生意,很多人就是这样被赎回来的。

"前段时间我做生意去了一趟郑国,恰好碰上一个鲁国人被俘之后在那里做俘虏,我就把他赎出来了。这不,这次把他也带了回来,他家人非要给我三十金的酬金,我没要。"

子贡说到这里,有些得意的样子,等着孔子表扬他。

孔子本来正要夹菜,这时候却突然停了筷子,将筷子放在了桌子上。

"赐啊，你错了。"孔子说，表情很严肃。

子贡吃了一惊，他没弄明白自己做错了什么，似乎也没见过孔子这么严肃地对自己说话，难道自己犯了什么大错？

"夫子，您的意思是？"子贡小心地问，一旁的几个师弟也都不敢再吃菜喝酒，都看着孔子。

"赐啊，赎人取酬，天经地义，各取所需。对于俘虏的家属来说，三十金能把人换回来，那是谢天谢地的事情。对于赎人的人，正因为有利可图才会去做这件事情。如今你赎了人却不收酬金，事情传出去，今后谁还会去赎人呢？所以，你是帮了这家人，实际上却可能坑了更多的人。你以为自己做了慈善，实际上却可能是做了一件坏事。"孔子一番解释，子贡等人恍然大悟。

"弟子明白了，我所做的，就是夫子所说的'善柔'吧？"子贡说。

"是啊，这世上的规则也好、惯例也好，只要是通行不悖的，一定有它的道理，不要轻易去破坏它。"孔子一边说，一边扫视了弟子们一圈。

第二天，子贡派人去了那个被他赎回来的俘虏家里，收了三十金的酬金。

听说子贡在鲁国，鲁国的卿大夫们纷纷派人来请，但是都被子贡婉拒了，因为子贡此来是专门看望老师的，其他应酬一概谢绝。

这一天，孔子和子贡正在闲聊，突然有人从卫国来，是孔圉的家臣。

"我家主人数日前不幸病故，特来报丧。"来人说，原来，孔圉去世了。

孔子急忙表示哀悼，孔圉虽然和孔子的治国理念不同，但是人品不错，对孔子也有很多关照，因此孔子对孔圉一向怀有感激之情。

孔子问了使者一些情况，无非说些节哀顺变之类的话。

"不知谥号是什么？"孔子问，按照周礼，卿大夫去世之后会有一个谥号，以评价其一生。

"谥号文。"

"好，很恰当。"孔子说。

报丧之后，使者匆匆离去。

"先生，为什么孔文子的谥号是文呢？"子贡问，孔圉的谥号是文，因此子贡尊称他为孔文子。

第二八六章　叔孙州仇的挑衅

"孔圉这个人啊，敏而好学，不耻下问。聪明而且好学，有什么不懂的愿意去请教比他地位低的人，所以他配得上这个文字。"

这一段在《论语》中，原文为：

> 子贡问曰："孔文子何以谓之文也？"子曰："敏而好学，不耻下问，是以谓之文也。"

敏而好学，不耻下问，这两个成语出自这里。

"先生，恰好我离开鲁国之后回卫国，不如我就以先生的名义给孔文子家送去丧礼，先生就不要操心了。"子贡小心翼翼地提出这样一个建议来，不确定孔子是不是愿意。

"赐啊，丧礼不仅仅是钱财的问题，而是心意的问题。你是我的弟子，替我送去是可以的，但是，丧礼你不能替我置备，否则就是对死者的不敬了。这样吧，既然你正好回卫国，我就把丧礼交给你，你到了孔文子家，多多替我表达悲切和敬意吧。"果然，子贡的担心不是多余的，孔子在这些事情上非常认真。

两人又谈论起孔圉的往事，孔子没有再笑过。

"哈哈哈。"笑声从院子里传来，孔子和子贡都皱了皱眉，这时的心情确实对笑声比较敏感，何况这笑声有些肆无忌惮。

子夏轻轻推门进来，随后关上门。

"先生，叔孙州仇来了，说要见子贡师兄。"子夏轻声说。

孔子和子贡又都皱了皱眉头，他们都不喜欢这个人，刚才的笑声应该就是他发出来的。

既然叔孙州仇来了，不见当然是不行的。

于是，孔子和子贡都站起身来，出门去迎接叔孙州仇。

叔孙州仇已经在院子里了，见孔子和子贡出来，急忙行礼，孔子和子贡也急忙还礼。

其实，孔子和子贡都不喜欢叔孙州仇，叔孙州仇也不喜欢孔子，可是礼节都要保持的。

几个人互相问了好，孔子请叔孙州仇进了厅堂，分宾主落座。

"夫子身体可好？"叔孙州仇问好。

"托您的福，还好。"孔子回答。

"啊，子贡先生，回了鲁国也不去我那里坐坐，我只好来拜访了，哈哈哈。"叔孙州仇又笑起来，这倒不是装出来的，他对子贡确实又佩服又感激。

原来，叔孙州仇和子贡之间还有一桩往事。

那还是上一次吴国和鲁国联军攻打齐国的时候，叔孙州仇是鲁军主帅。叔孙州仇知道子贡和伯嚭的交情，恰好子贡这时候在鲁国，因此叔孙州仇硬是拉上了子贡。

战斗开始之前，吴王夫差问叔孙州仇的职务是什么。

"我，我是司马。"叔孙州仇根本没上过战场，吴王夫差恰好又是一个很霸道的人，所以当时紧张得话都说不清了。

吴王夫差把准备好的甲、剑和头盔赐给他，说："为你的国君去战斗吧，指挥好你的部队。"

叔孙州仇当时傻了，不知道该怎样回答。

好在子贡就在旁边，一看这伙计一副害怕的样子，不帮帮他是不行了。

于是，子贡急忙走上前去。

"州仇敬受皮甲，听从大王号令。"子贡算是帮着叔孙州仇作了回答，然后推了叔孙州仇一下。

这时候叔孙州仇总算回过神来，急忙叩头接受了赏赐。

就因为这件事情，叔孙州仇对子贡是既敬佩又感激。

子贡是个机警的人，和叔孙州仇闲扯了几句，并不是太热情的样子。

叔孙州仇也看出来了，不过他认为子贡不是太热情的原因是孔子在一旁。

"一定是这个老东西在子贡面前说了我不少坏话。"叔孙州仇心想，寻思着怎样让孔子难堪。

"对了，刚才我在门口碰上了一个卫国人，不知是谁啊？"叔孙州仇问。

子贡看看孔子，没有回答。

第二八六章　叔孙州仇的挑衅

"啊，是孔圉的使者。"孔子说，却没有说这个使者是来干什么的，因为他不愿意展开话题。

"呵呵，夫子的外国友人很多啊。"叔孙州仇讪讪地说，他不好再追问了。

没人再搭话，气氛有点儿尴尬。

叔孙州仇喝了一口酒，掩饰自己的尴尬，同时也为自己下面的话壮壮胆。

"夫子，州仇对您非常佩服，可是，最近听到一些对您的质疑啊。"叔孙州仇说。

"哦？什么质疑？"

"有人说您虽然学富五车、才高八斗，知识渊博到国库都装不下，可是到头来还是个教书匠，您是不是很郁闷啊？还有人说您周游列国这么多年，像个丧家犬一样到处溜达，最后灰溜溜地回来，在鲁国也没有几个朋友，您是不是很失败啊？还有人说您也就是孤芳自赏、自以为是、自抬身价、顾影自怜，您的学说既然那么牛逼，却没人赏识；您的主张那么高明，却没有人认同，这是不是说明您这个人人品很差呢？"叔孙州仇一口气说了这么多，暗自得意。

子贡听了，脸色当时就变了，叔孙州仇来说这些话，显然是不怀好意的。

孔子听了，呵呵一笑，沉吟一下，这才说话。

"你所说的并不是没有道理啊，我确实是个教书匠，我也确实在鲁国的朋友不多，我的学说最终也没有得到认同，周游列国的时候确实是个丧家犬，这辈子确实也很失败。"孔子并没有否认叔孙州仇的话，但是紧接着话锋一转。"我的学问虽然没什么使用的地方，可是我经常温习，这不正是快乐吗？虽然在鲁国没几个朋友，可是常有各国友人来看望我，这不就是愉悦吗？虽然没什么人了解我、认同我，可是我不生气、不恼火、不抱怨，难道这不正是一个君子的行为吗？"

叔孙州仇原本还有些得意，现在则无言以对。想想自己，不学无术、吊儿郎当，根本不知道学习的快乐；抠门小气、举止猥琐，既没有各国友人，也没有几个国内的朋友，想找人一块儿去齐国泡妞都没人跟他去，食宿玩全包都没人去；生性促狭、睚眦必报，不懂反思，常常抱怨。想想这些，跟人家孔子确实差得太多。

"是啊，夫子的快乐不是寻常人可以理解的。不读书的人，自然不知道读书的快乐；没有朋友的人，自然也不知道朋友远道来看望的快乐；心胸狭隘的人，自然不懂得豁达人的乐观了。"子贡在旁边加了几句，摆明了在讽刺叔孙州仇不学无术、没有朋友以及心胸狭隘。

叔孙州仇尴尬了，这个时候他才发现自己真的惹错了人，纯属自取其辱。

又搭讪了几句，叔孙州仇告辞走了。

这一段被放在了《论语》的开篇：

子曰："学而时习之，不亦悦乎？有朋自远方来，不亦悦乎？人不知而不愠，不亦君子乎？"

叔孙州仇因为在去世之后的谥号为武，又被称为叔孙武叔。

孔子与叔孙州仇的这段对话被记载下来，后来曾子带领弟子编《论语》的时候，被放在《论语》的开篇。

为什么曾子选择这段话为开篇呢？

因为这是孔子一生的真实写照，这是孔子一生的总结，这是孔子作为君子的证明。

为什么这样说？

从某个角度来看，孔子对叔孙州仇的反驳是苍白的，首先，学习的目的是什么？答案在《论语》中就有，孔子的得意门生子夏说了：学而优则仕。学习的目的就是出仕，就是发挥自己的才华，而不是拿来温习的。孔子满腹经纶而没有平台去发挥，只能不断地温习，不是很失败的事情吗？同样，孔子在鲁国的朋友很少，只有卫国的朋友有时来看望，不是也很孤独吗？没有人认同你、赏识你，不是说明你做人不成功吗？

所以，这段话就是孔子一生的写照：学而时习之（学问没有发挥的地方，只能自我欣赏）；有朋自远方来（国内没什么朋友）；人不知（不受赏识和理解）。

从这个意义上说，孔子的一生真是足够失败。

可是，事情如果反过来看，就完全不同了。

"学而时习之"，可是依然很快乐；"有朋自远方来"，可是依然很快乐。

前两句的意思是孔子即便不如意，也能自得其乐，这并不容易。

但是，最重要的是最后那一句。

"人不知"，可是，不愠。

不管生活怎样对待我，我不生气、不沮丧、不抱怨，我心甘情愿，情绪稳定，落子无悔。

不错，我的一生很失败，可是我知道自己是对的，我为自己的信念、自己的理想努力过，就算失败，我坦然接受，我相信历史总有一天会证明我的正确。

要做到这一点，更不容易。

能做到这一点的，一定是个君子。

孔子的一生一直在反思，他也有困惑，也有烦恼，不断反思的结果是他发现自己的主张与环境并不相容，可是他无法改变环境。那么，是改变自己适应环境？还是坚持自己的理想并忍受挫败？孔子选择了后者。

一生奋斗，归于失败，可是孔子不抱怨。

这正是孔子最伟大的地方。

师徒分歧

孔子回到鲁国当年的年底，季康子准备改丘赋为田赋。

什么是丘赋？什么是田赋？这一点历史上从来没有说清楚过。不过可以肯定的是，这是两种老百姓缴纳税赋的方式。至于哪一种更合理，恐怕很难说清楚。不过，我们来试试说清楚。

先来说税和赋的区别，税和赋在现代已经没有区别了，并且常常放在一块儿说。可是在春秋时期这是两回事。

税就是百姓按照田亩所缴的粮食，多数按收成比例缴纳，也有按固定数额的。那么，当时的百姓分为士农工商，其中的士应该是不缴税的，工、商大致应该缴纳钱或者实物。

赋不是粮食，是类似武器、盔甲等战争物资，不是每年缴，而是有战争发生的时候缴。我们从"赋"这个字的构成也能看出来，左边一个"贝"，右边一个"武"，是与战争有关的。后来大致不再缴战争物资，而是以钱或者粮食代替，成了战争税。

那么，丘赋和田赋有什么区别呢？

丘，是小山的意思。但是《周礼·地官·小司徒》记载："九夫为井，四井为邑，四邑为丘。"

所以，丘也是一种田地划分的单位。

再来看"兵"这个字，兵在春秋时期是兵器、武器的意思。两个人顶着一个丘，就是兵。于是我们可以这样认为，丘赋就是缴纳兵器、武器、盔甲等战争物资的做法。那么相应的田赋呢，就是缴纳粮食的意思。

所以我们大致可以认为，丘赋改田赋，就是把战争时期缴纳军用物资改为每年缴纳粮食。也就是说，把不定期缴纳战争物资改为定期缴纳粮食。也就是说，把赋改成了战争税。

这样的改法，老百姓平时的负担加重了，战时的负担减轻了。那么，总体上是加重了还是减轻了呢？这就像保险公司卖给你保险一样，你平时的支出增加了，一旦发生了意外，你就不用突然大幅增加支出。而对于保险公司来说，他们的总收入一定是赚的。季孙家一定是计算过的，这样他们能够有更高、更稳定的收入。

换言之，百姓的负担一定是更大了。

在决定实施之前，季康子派冉有去向孔子请教。

"我不知道。"孔子一口回绝了。

冉有看老师不高兴，没办法只好回去复命。

"再去一趟吧。"季康子又派冉有走了一趟。

"我还是不知道。"孔子又是一口回绝。

冉有没办法，又回去复命。

"我自己去。"季康子有点儿恼火，干脆自己去走一趟。

"夫子啊，您是国家的元老啊，等着您的意见下决定呢，您怎么不给个意见呢？"季康子的态度总体还是比较谦恭的。

"哎哟，真是不好意思，你看我是搞文科的，你这有关计算的属于理科，这方面我真没研究。"孔子找了个理由，还是拒绝回答。

季康子很失望地走了。

冉有走在后面，被孔子叫住了。

"君子处理政事，要以礼法为依据：给老百姓的福利要尽量丰厚，办事尽量公平，赋税越少越好。如果这样的话，丘赋也就够了。如果不按照礼法行事，贪得无厌，就算是田赋也不够。再说了，如果你季孙想办事而又合乎法度，那么自有周公的典章可供参照。假如想任意胡为，又何必征求别人的意见呢？"孔子气呼呼地对冉有说，冉有无话，只能点头，表示会把老师的意思转达给季康子。

终于，季康子还是没有听从孔子的劝告，在第二年春天宣布实行田赋。季孙家实行田赋，叔孙、孟孙两家随后跟进，就连鲁哀公也在自己家不大的自留地上实行田赋了。

冉有作为季孙家的管家，在推行田赋这件事上非常卖力，这让孔子对冉有非常不满。

这一天，冉有上门来看望老师，于是师徒之间发生了争论，而这样激烈的争论在孔子与学生之间是从来没有过的。

"求啊，季孙推行田赋，据说都是你在具体操作，干得不错啊，挺卖命啊，人人都说你才是鲁国改革的实际执行者啊。"孔子把话题转到了田赋上，语气里带着讽刺。

"先生曾经教导弟子，食人之禄，忠人之事啊。我吃着季孙家的俸禄，当然要尽力干活了。再说了，屁股决定脑袋，先生觉得不对的事情，在人家季孙那里可能就是对的啊。"冉有解释道。

（《论语》："子曰：'事君，敬其事而后其食。'"）

"什么？我看你不过是贪图富贵而已。我告诉你，升官发财，这是人人都想的事情。可是，如果用不正当的方式升官发财，君子是不会去做的。贫穷和卑贱，是每个人都不愿意的，但是如果不能以合乎道义的方式改变，君子也不会改变的。君子如果抛弃了仁，又怎么可以叫作君子呢？君子没有哪怕一顿饭的时间背离了仁，不管是匆忙之间还是颠沛流离的时候，都不会背弃仁的。"孔子更加来气了，一通训斥。

冉有脸憋得通红，他知道自己怎么也说不过孔子。找了一个借口，匆匆离去了。

《论语》:

子曰:"富与贵,是人之所欲也,不以其道得之,不处也。贫与贱,是人之所恶也,不以其道得之,不去也。君子去仁,恶乎成名?君子无终食之间违仁,造次必于是,颠沛必于是。"

第二八七章

师徒决裂与和好

孔子翻脸

春天的时候,孔子决定将母亲和父亲合葬。

孔子带着几个弟子去了孔家祖墓的防地,侄子孔篾带着大家去了墓地。

什么都别说,干就是了。

一行人在孔子的指挥下开始挖墓,孔子母亲的墓好挖,因为当初就埋得浅。父亲的墓挖起来比较吃力,因为埋得比较深。

之后,大家将孔子母亲的棺木抬到孔子父亲的墓穴,将两个棺木合葬在一个墓穴里。这样,就算是父母合葬了。

"唉。"看着眼前的一切,孔子禁不住感慨万千,母亲辛劳一辈子,死的时候也没有个名分。如今,自己总算给娘一个归宿了,老娘地下有知的话,也可以安心了。

按照周礼的规则,人死之后有墓无坟。也就是说,人埋在地下之后,并不会起坟头。如果不是每年来祭祀的话,那么时间久了,就会找不到墓地了。

"我知道,古人墓而不坟。可是如今我是一个漂泊无定的人,说不定什么时候又出国了,到时候回来又找不到父母的墓地了。没办法,起个坟头吧。"孔子说,然后让弟子们在墓上起了一个四尺高的坟头,坟头的外面贴上了砖瓦。

坟墓工程完毕，孔子简单祭祀了父母，毕竟岁数大了，有些疲劳，于是先行走了。后续收尾清理的事情，就交给几个弟子去做了。

孔子刚走，就下起了大雨。

直到半夜，几个弟子才回来，一个个淋成了落汤鸡。

"你们怎么回来这么晚？怎么这一身都是水？"孔子问。

"夫子走之后，就下起大雨了，所以回来晚了。"一个弟子说。

"是吗？"孔子问，他在路上没有下雨，并且因为太疲倦而睡了一路，根本不知道下了雨。

"坟头被冲塌了。"另一个弟子说。

孔子双目茫然，什么话也没有说。

"夫子。"弟子们见孔子的表情，都很担心。

孔子没有回答。

"夫子。"弟子们又喊。

孔子还是没有回答。

"先生。"弟子们吓坏了，老夫子不会太过悲伤而昏过去了吧？

孔子抬头看了看弟子们，已经是泪流满面。

"古人墓而不坟，是有道理的啊。"孔子哽咽着说，内心里，他其实在担心这是不是老天对他违背周礼合葬父母的警告。如果是这样的话，是不是意味着母亲还是得不到名分呢？

一连几天，孔子的心情都很沉重。

泰山是鲁国和齐国的界山，泰山本身既不属于鲁国也不属于齐国，而是属于周王所有。一直以来，鲁国和齐国倒也没有对泰山提出领土要求，基本上这里就属于一个三不管地带。

这天，孔子听说季康子要去祭祀泰山。

"不可以啊，诸侯只能祭祀自己境内的神啊，怎么可以去祭祀泰山呢？"孔子觉得这件事情不妥，正在这个时候，冉有来了。

虽然孔子因为田赋的事情对冉有不满，但是冉有还是时不时来看望老师，也给他讲一讲这段时间的国内国外大事，他知道孔子对这些感兴趣。

第二八七章　师徒决裂与和好

"求啊,我听说季孙准备去祭泰山,有这事吗?"孔子问。

"是,是准备去。"

"求啊,泰山不是人人都能祭的啊,只有天子才有资格啊。当年齐桓公称霸想要祭泰山,都被管仲阻止了,季孙何德何能,怎么能去呢?啊,这违背礼法啊。我问你,你为什么不阻止他?"孔子说到礼法,非常激动。

"先生,您说的齐桓公那是要去泰山祭祀天地啊,季孙只是祭祀泰山而已啊。"冉有辩解说。

"怎么能这样说呢?俗话说:不是自己的鬼神而去祭祀,就是谄媚。泰山山神是鲁国的神吗?不是的话,为什么要去祭祀他呢?这不是拍马屁拍的不是地方吗?你啊,见到不符合礼义的地方却不去阻止,这不是勇敢的行为啊。"孔子见冉有辩解,更加生气。

"先生,其实我也劝了,可是他不听,我也没办法啊。"冉有早就感觉到老师对自己越来越不满,可是也没想到一来就被呵斥。

"哼,求啊,对泰山的事情,你真是还不如林放懂得多啊。"孔子更加生气,说话也更加不客气。

"那,我再试试吧。"冉有只能这么说了,可是他心里知道再劝也没用。

《论语》:

　　季氏旅于泰山。子谓冉有曰:"汝弗能救与?"对曰:"不能。"子曰:"呜呼!曾谓泰山,不若林放乎!"

　　…………

　　子曰:"非其鬼而祭之,谄也。见义不为,无勇也。"

那么,林放是谁?

林放也是季孙家的家臣,他曾经向孔子请教礼法。

"仲尼先生,我想请教礼仪的本质是什么?"有一次,林放来问。

"哇,这个问题很大啊。简单说吧,一般的礼仪,与其奢侈,不如节俭;对于丧礼来说,与其仪式齐备,不如内心悲哀。"孔子回答,实际上到了这个时候,孔子的观念已经有了很大的转变,从前,他是很讲究礼仪的形式和场面的。

《论语》：

　　林放问礼之本。子曰："大哉问！礼，与其奢也，宁俭，与其易也，宁戚。"

　　冉有终究还是没有能够说服季康子，季康子带着一拨人去了泰山，冉有自然也要随行。不过，整个祭祀活动并不特别隆重，算是半祭祀半春游的意思。
　　回到曲阜之后，冉有并没有急着去孔子那里，他知道孔子一定很生气，不如过一阵再去。
　　过了一段时间，冉有觉得事情已经过去了，于是这一天来看望孔子。
　　季孙去祭祀泰山的事情孔子当然知道，他原本就很生气，谁知道冉有这么长时间也不来看望自己，孔子就更加生气了。
　　"冉大管家，你总算想起我这个老头子来了，是不是来看我还活着没有？"孔子看见冉有，气不打一处来。
　　冉有料到了孔子会生气，可是没料到孔子这么生气。
　　"那什么，最近这段时间确实公务繁忙，这不是这个月又是工资改革吗？实在抽不出时间来。"冉有急忙给自己找理由。
　　冉有越是找理由，孔子就越生气，他很讨厌那些找借口的人。
　　"你忙，你确实忙。上次去了泰山祭泰山，是不是还惦记着秋收之后上泰山祭天啊？"孔子是哪壶不开提哪壶，冉有就怕他说这些。
　　"夫子，您看，您说的道理我懂，可是，可是，我的能力无法实行啊。"冉有也是实在想不到更好的理由了，竟然这样说。
　　"什么，你说你能力不够？能力不够，至少也要走到一半实在走不动了才停止啊。什么也别说，咱们从今天划清界限，你不再是我的学生，我也当不起你的老师了。"孔子气得拍了桌子，竟然要把冉有赶出门。
　　《论语》：

　　冉求曰："非不说子之道，力不足也。"子曰："力不足者，中道而废。今汝画。"

第二八七章　师徒决裂与和好

冉有一时之间愣住了，他万万没有想到事情会闹到这个地步。一时间，辩解也不是，走也不是。

旁边的几个师弟发现大事不妙，怎么办？

其中就数子游最为机灵，他知道在这里谁也说不上话，于是偷偷地溜了出去，溜出去干什么？找曾皙。

子游刚到门外，就看见曾皙走过来。原来，曾皙听说冉有来了，就担心他和孔子又会争辩起来，所以急忙前来。

"二大爷，您总算来了，快去救场吧。"子游看见曾皙，如同见到救星。

"怎么回事？"

"夫子和冉有师兄争起来了，要把冉师兄赶出门呢。"

曾皙一听，知道事情有点儿大了，当下快步走了进去。

进去一看，孔子气得满脸通红，指指点点，似乎还要说什么。冉有则手足无措，脸也憋得通红。

曾皙知道，现在劝孔子是没有用的，最好的办法就是赶紧让冉有走。

"嘻，冉师弟原来在先生这里，外面有人找你呢。"曾皙说完，也不管三七二十一，拽起冉有就走了。

两人到了外面，曾皙这才安抚冉有，说是先生最近心情不是太好，事情又多，所以脾气有点儿大，别当真。

冉有什么也没有说，出门上车走了。

孔子见曾皙拉走了冉有，知道这是曾皙来救场。换了别人他就该痛斥了，可是曾皙不同，孔子还真不好意思说他。

"我就没见过喜爱仁的人，也没见过讨厌不仁的人。喜爱仁的人找不到了，所以讨厌不仁的人就成了仁了，也不过就是不让别人的不仁强加到自己身上罢了。说什么他能力不够，他有一天能致力于仁吗？说不定有，不过我没见到。"对着身边的几个弟子，孔子还在大声地痛斥冉有。

几个弟子头也不敢抬，默默地听着。

《论语》：

子曰:"我未见好仁者,恶不仁者。好仁者无以尚之,恶不仁者其为仁矣,不使不仁者加乎其身。有能一日用力于仁矣乎,我未见力不足者。盖有之矣,我未之见也。"

这个时候,曾皙送完冉有,回到了孔子这里。身后,子游缩头缩脑地跟着。

"夫子,不必动这么大的气。求是错了,可是他也有难处,夫子慢慢教导他就是了。"曾皙上来劝解孔子,这里也就是他能说上话了。

孔子看了曾皙一眼,他实在没办法对曾皙发火。

"哼,他是个什么东西?以为自己当了季孙家的管家就可以牛了?"孔子气还没消,大声嚷嚷道,"他不是我的学生,我要号召大家把他赶出鲁国。"

曾皙一看,孔子这说话越来越不靠谱了,不能让这帮小师弟在这里看热闹。

"偃、商、师、参,还有那个谁,你们都出去。"曾皙下令,把一帮孔子的小弟子都赶出去了。

这一帮如蒙大赦,一个个溜了出去。

堂里,曾皙低声劝着孔子。

(《论语》:"季氏富于周公,而求也为之聚敛而附益之。子曰:'非吾徒也。小子鸣鼓而攻之可也。'")

重归于好

孔子与冉有翻脸,迅速成了孔子学校的话题。虽然冉有守口如瓶,根本不提及此事,事情还是被三桓知道了一些。季康子几次问冉有怎么回事,冉有都说为了一点儿小事而已,其实没事。

冉有之所以不愿意让别人知道是怎么回事,是因为这件事情很可能会影响孔子和三桓的关系。

冉有一段时间不敢去见孔子,他知道要解决这个事情只有一个人能做到,那就是子贡。所以,冉有暗中派人去了卫国找子贡来帮忙。

这一边,曾皙一边告诫孔子的弟子们闭嘴,不得再谈论此事,一边也暗中派人去找子贡来解决问题。他知道,孔子和冉有之间的僵局持续越久,对孔子越不利。

此时的子贡正在卫国谈一桩大生意,一天之内接连得到了冉有和曾皙派人送来的求援信,子贡大吃一惊。放下生意,立即赶到鲁国。

到了曲阜,子贡悄悄地进城,悄悄地见了冉有。

冉有把事情的前后经过说了一遍,然后叹了一口气:"唉,你说我吧,因为按照先生的要求劝季孙,惹得季孙不高兴;这边呢,因为没说服季孙,又惹得先生大发雷霆。唉,做人怎么就这么难呢?"

子贡知道冉有是个绝不会添油加醋的人,他也理解冉有的难处。

"师兄,你放心吧,我来了,一定让先生和你尽释前嫌,言归于好。"子贡拍着胸脯打包票,这时候,没把握也要假装有把握。

离开了冉有家,子贡心里有了些谱儿,一路想着策略,来到了孔子家。

迎头,撞上了子夏。

看见子贡来,子夏大喜。

"老弟,最近先生怎么样?"子贡低声问子夏。

"师兄,正想找你呢。"子夏一把拉住子贡,到了一处僻静的地方,把孔子与冉有之间的事情简单说了一遍,和冉有说的基本一样。

"你怎么看?"子贡问子夏。

"师兄,我觉得这件事情是先生太固执了,冉有师兄没有错。"子夏说,也就是在子贡面前,他敢批评老师。

"行,我知道了。"子贡说,叮嘱子夏不要对外人提起这件事情。

子夏又告诉子贡说,孔子最近心情都不太好,沮丧而易怒。

子贡的到来让孔子的心情好了很多,多日不见的笑容出现在他的脸上。照例,子贡带来了好酒和野味,师徒二人就一边喝一边聊。

子贡绝口不提冉有的事情,只是问老师最近身体可好,心情可好。

说到心情,孔子的心情一下子就不好了,当初骂走冉有,冷静下来之后,其实他也挺后悔。冉有跟随自己这么多年,可以说是兢兢业业、勤勤恳恳,现在自己能够回到鲁国，也是人家的功劳。如今说要把他赶出门，这确实有点儿过分了。

孔子很想把自己的话收回来，可是又没有这样的台阶。所以这段时间他很郁闷，因此脾气也就非常不好。

"唉，我今后不想说话了。"孔子说，他的意思是因为自己管得太宽，才导致了和冉有的决裂，所以，今后什么也不想管了。

"那怎么行？"子贡笑着说，他知道孔子的潜台词，却假装不知道。"先生您要是不说话了，我们这帮弟子学什么呢？"

"天说话了吗？天什么也不说，可是四季不是一样转换，万物不是一样生长？天说什么了？"孔子大声说道，有些激动。

《论语》：

> 子曰："予欲无言。"子贡曰："子如不言，则小子何述焉？"子曰："天何言哉。四时行焉，百物生焉。天何言哉！"

"天不说话，四季可以转换。可是，夫子不说话，君子就不知道该怎么做了。"子贡随口说道。

"唉，说什么君子，我都算不上君子啊。君子之道有三个方面，我都未能做到。仁者没有忧虑，知者没有困惑，勇者没有畏惧。"孔子又叹了一口气说。

"怎么会呢？这正是夫子的自我表述啊，夫子一直都做到了啊。"

《论语》：

> 子曰："君子道者三，我无能焉：仁者不忧，知者不惑，勇者不惧。"
> 子贡曰："夫子自道也。"

"赐啊，你就别安慰我了，我现在就很忧虑啊。"孔子苦笑着说。

"夫子有什么好忧虑的呢？国君尊您为国老，弟子们孝敬您，邻里敬重您，还有什么好忧虑的呢？"

孔子看看子贡，不再说话。

第二八七章 师徒决裂与和好

子贡知道，现在是时候解决问题了。

"先生和冉有师兄的事情我知道了，其实吧，虽说冉有没有能够阻止季孙祭泰山，可是他还是说服季孙缩小了规模，基本上搞成了农家乐。田赋这件事情吧，据说卫国也准备这么搞，大家好像还挺支持，因为这固然会增加百姓的负担，但是一旦战争来了，不用手忙脚乱。这就跟买保险一样，平时多出点儿，战时就不用那么紧张了。所以啊，也未必是坏事。"子贡说了这些，见孔子没有反驳，只是脸色有些不自然，于是接着说，"不瞒先生说，冉有师兄知道先生生他的气，不敢来见先生，派人请我来。我才见了冉有师兄，他说都是自己没有把事情解释清楚，怪不得先生生气。"

子贡一番话，既为冉有开脱了，又给了孔子台阶下。

一旁，子夏也添油加醋地帮冉有说话。

最后，孔子叹了一口气："唉，其实吧，为师也知道求不容易，赐啊，你去叫他来吧，咱们师徒几人吃个饭聊聊天吧。"

当晚，冉有来到，师徒几人开怀畅饮，酒到酣处，回想起在陈国、蔡国期间的种种艰辛，师徒几人不禁泪洒当场。

于是，事情就这么过去了，师徒重归于好。

第二八八章

老来得孙

流言止于智者

转眼间来到了夏天,孔子回鲁国已经整整一年了。

孔家终于传出了婴儿的啼哭声,孔子的孙子,也就是孔鲤的儿子出世了。

说起这个孩子,还有些曲折。

在儿子孔鲤二十一岁的时候,孔子按照孔家的传统,为他在宋国娶了一个媳妇。

可是,这个儿媳妇一直没有能够给孔子生个孙子,别说孙子,连个孙女也没有。孔子虽然对儿子不满,可是这生不了孩子的事情还是不能不着急。求医问药、祭祀祷告之类的事情做了不少,结果没有一点儿用。究竟是儿子不行,还是儿媳妇不行,还是儿子和儿媳妇都不行,也不知道。

后来孔子周游列国而去,这事情也就没精力去管了。

基本上,孔子已经做好了没有后代的心理准备。

直到孔鲤去卫国向父亲报告母亲的丧事,孔子才又想起来儿子还是个丁克。

也是机缘凑巧,就在孔子准备回鲁国的时候,一个朋友的女儿丧夫一年,朋友想要女儿再嫁人。更巧的是,这位朋友的祖上也是商人,与孔子同族。

"那,嫁给我儿子吧。"孔子想起儿子还没有生孩子,想要做最后的努力。

就这样，孔子回鲁国的时候顺便就把这个儿媳妇带了回来，按照规矩，这个儿媳妇就不是正妻，只能算妾。

别说，这个妾的肚子还真争气，当年就大了肚子，孔子松了一口气。现在，就看生的是孙子还是孙女了。

生的是孙子，孔子又松了一口气，孔家有后了。

孔子亲自给孙子取名叫孔伋，字子思。伋，是思维敏捷的意思。

孔子得了孙子，自然是孔家的头等大事，老爷子高兴，整天笑容都挂在脸上。弟子们自然也都跟着高兴，所以整个孔家都是喜气洋洋的。

但是，仅仅两个月过去，孔家的气氛就低落了下来，原来，孔鲤重病，命在旦夕了。孔鲤原本身体就不好，这一场重病下来，医生也是束手无策。

孙子出生仅仅两个月，就要失去父亲，这就足以令人沮丧了。可是，他还要失去亲娘。

为什么他会失去亲娘？因为这是孔子的安排。

"唉，我这儿媳妇命苦啊，先前嫁了一个人家，没几年老公就死了。改嫁给孔鲤，才生了孩子，准备过几年好日子，可是孔鲤又要死了，又要成寡妇了。她还年轻，我跟她父亲是朋友，不能耽搁了她的一生。"孔子说，他很疼爱小儿媳妇，不忍心看她一生就这样独守空房。

孔子替孔鲤写了一纸休书，派人将小儿媳妇送回了卫国。小儿媳妇哭得泪人一般，终究还是走了。

孔子也哭了，他知道母子分离的痛苦，可是，他不能不这样做。孙子虽然失去了亲娘，好歹还有孔鲤的正妻可以抚养他，还有爷爷可以关爱他。

小儿媳妇走后没几天，孔鲤去世了。

对于儿子的死，孔子只是伤心而没有到悲恸的地步。

按照周礼的规定，士下葬有棺有椁，孔鲤一生没有做过官，自然只能属于士。棺，就是内层的棺材，木制；椁，就是外层的棺材，可以是木制，也可以是石制。一棺一椁，实际上就是两层棺材。

可是，孔子决定只用一层棺材，也就是有棺无椁。

之所以决定这样做，是基于两个方面的考虑。

首先，对于各种礼的用物，实际上周礼中也有规定，那就是量力而为。孔子虽然享受上大夫的退休待遇，看上去还不错，但实际上并不宽裕。一来是因为国家没什么钱，上大夫的退休待遇并不高；二来，孔子对钱财看得不重，多余的粮食钱财都用来周济亲戚、乡邻和朋友了，因此家里的余粮确实不多。

其次，孔子认为礼的原则是表现真情，而形式上的东西只要具备了就行，完全没有必要搞那么高档、那么齐全。

听说孔子给儿子只用棺，弟子们觉得有些过意不去，子贡、冉有等人主动提出来他们来帮老师操办孔鲤的后事，用棺椁。

"唉，你们的心意老师领了。可是，这真不是钱的问题。说到礼，难道就是钱财玉帛这类东西吗？说到乐，难道就是钟鼓琴瑟这些乐器吗？心意到了，排场不重要。相反，排场再大，却只有虚情假意，有什么意思呢？所以，丧事，与其奢侈，不如节俭。"孔子坚持，于是，弟子们也就不再坚持了。

(《论语》："子曰：'礼云礼云，玉帛云乎哉？乐云乐云，钟鼓云乎哉？'")

最终，孔子非常低调地办了儿子的丧事，并没有让弟子们投入精力和钱财。

通过这件事情，弟子们对孔子更加尊敬了。事事处处替人着想的人，谁不尊敬呢？

可是，孔子为小儿媳妇做的这件充满人性关怀的事情，竟然引起了猜疑和流言。

曲阜城里很快流传出一种说法，说是孔子和小儿媳妇私通，孔伋不是孔子的孙子，而是孔子的儿子。

这种说法说得有鼻子有眼，乍一听似乎蛮有道理。

第一，孔鲤自从二十一岁成亲，到小媳妇怀上孔伋为止，二十七年没生个孩子，怎么这个卫国来的妾一来就命中了呢？这不奇怪吗？

第二，孩子生下来两个月就把娘赶走了，这是为什么呢？这不是要掩盖真相吗？

孩子生下来两个月，孔鲤就死了。据说，他的身体不好已经不是一年两年了，尤其是最近两年身体非常不好，他真能生孩子吗？

所有的疑问放在了一起，于是就得出结论：这个孩子根本不是孔子的孙儿，而是孔子的儿子。孔子眼看儿子身体不行，为了传宗接代，不惜与儿媳妇私通，

第二八八章　老来得孙　　　　　　　　　　　　　　　　　　　　445

生下了孔伋。可是怕事情败露，因此将孩子他娘送回了卫国。

听起来，一切都顺理成章。

这个流言很快就传到了孔子学校，也传到了孔子的耳朵里。

"夫子，这事情要不要让冉有调查一下，看看是什么人编出来的？"曾皙问孔子。

"这些话，你信吗？"孔子笑了笑，问曾皙。

"当然不信。"

"为什么呢？"

"夫子的为人，我们怎么会不知道呢？何况，如果夫子愿意，早就纳妾了。"

"是了，流言止于智者。所谓君子坦荡荡，小人长戚戚，我们又何必为这种事情去浪费时间呢？"孔子说。

（《论语》："子曰：'君子坦荡荡，小人长戚戚。'"）

编定《诗经》

孔子在卫国编修《诗经》，虽然篇目确定了，但是每篇诗的顺序却没有确定，尤其是"雅""颂"两个部分。因为"雅""颂"与"风"不同，"风"是民歌，是百姓唱出来的，内容上也比较散乱，前后顺序并不重要。而"雅""颂"不是民歌，是宫廷里的乐曲再配上歌词。所以，"雅""颂"是有很多讲究的，前后顺序的规定是比较严格的。

在卫国，虽然也曾经有过师涓这样出色的乐师，但是卫国的乐从一开始就不像鲁国这样完备，因此孔子能够得到的帮助不多。并且，孔子与卫国乐师们的交往不多，实际上交流起来也比较困难。

回到鲁国之后，孔子决定继续编修《诗经》，确定每一篇诗的位置。而要做到这些，必须要得到鲁国乐师的帮助。

鲁国因为三桓专政，土地基本上都归了三桓，国家已经养不起国家歌舞团和国家乐队。乐师们尽管还能享受一些退休待遇，但是待遇确实不高，因此纷纷自谋出路。

所有乐师都被称为师，首席乐师被称为太师，次席则称为师，再次称为少师。此外，不同的乐器使用者会以乐器名命名。

按照周礼，国君一天吃四次饭，大致除了早饭之外，每次吃饭都会有乐师奏乐，这些负责国君吃饭时候奏乐的乐师就被称为亚饭、三饭和四饭。

孔子回到鲁国的时候，除了太师挚和师冕之外，其余的乐师都已经离开了鲁国，到国外谋生去了。亚饭干去了楚国，三饭缭去了蔡国，四饭缺去了秦国，鼓方叔去了西面，不知道具体去了哪个国家。播鼓武则去了南方，也不知道具体去了哪里，少师阳、击磬襄则去了东方，也不知道具体去了哪里。

（《论语》："太师挚适齐，亚饭干适楚，三饭缭适蔡，四饭缺适秦，鼓方叔入于河，播鼓武入于汉，少师阳、击磬襄入于海。"）

孔子决定去拜访太师挚，向他求教《诗经》里的"雅""颂"与"乐"的关系，确定其位置。

既然是关于《诗经》的事情，孔子自然带上了子夏。

出发的时候，樊迟驾车，子夏先扶着孔子上了车，随后自己也上了车。上车之后坐下，眼睛直视前方，不再说话，也不用手指指点点。

原来，在乘车这件事上，孔子对每个弟子都做了要求，这个要求就是：先直立站好，然后拉着扶手带上车。在车上，不回头，不高声说话，不用手指指点点。

为什么这样要求呢？

孔子给大家的解释是：人一旦上了车，位置就比别人高，本身就构成压迫感，如果这个时候左顾右盼、指指点点，就必然给人飞扬跋扈的感觉。所以，这个时候一定要保持安稳的状态。

不仅在车上要注意举止，在任何的高处都要这样做。

"于细节处见人品，己所不欲，勿施于人，虽然这些是周礼上没有的规定，我们自己要这样要求自己，时时处处不要引起别人的不快。"孔子总是这样教导弟子们，因此弟子们都有这样的好习惯。

（《论语》："升车，必正立，执绥。车中，不内顾，不疾言，不亲指。"）

孔子和子夏到了太师挚的家里，太师挚的家有些陈旧了，不过还算整洁，太师挚的家人将孔子师徒三人迎了进去，去见太师挚。

太师挚和春秋时期的大多数乐师一样是一个盲人，在商周时期认为一个人的眼睛如果不好，那么他的耳朵就一定特别灵敏，因此乐师这个行业基本上是盲人的领域。太师挚和孔子是老相识，或者说是老朋友。两人互致问候之后，聊了几句，就进入了正题。

"仲尼先生真是谦虚了，您对音乐的造诣已经很高了。"太师挚说。

"孔丘不过是个业余爱好者罢了，怎么敢与太师相提并论呢？"孔子说。这是双方表达恭敬的程序。

"我听说先生听过韶乐，还听过武乐，不知先生有什么看法？"太师挚问，实际上是想看看孔子的水准到底怎样。

"韶乐欣赏起来美极了，有一种直抵心灵的感觉，可以说是尽善尽美。武乐欣赏起来美极了，可是却难以令人引发共鸣，尽美但是不尽善啊。"孔子说，脸上不自觉地浮现出笑容，回味起韶乐来。

"是啊，听音乐不仅仅是用耳朵，更重要的是用心啊。仲尼先生如果是一个业余爱好者的话，那一定是发烧友啊。能从韶乐中听出舜的慈祥威严，感受到百姓的欢呼和喜悦，感受到天下的和谐。从武乐中听出周军灭商的杀伐之声，感受到生命的消亡，由此产生悲悯之心。如果仲尼先生没有仁义之心，又怎么可能做到呢？"太师挚称赞起孔子来，子夏不住地点头。

（《论语》："子谓韶，'尽美矣，又尽善也'。谓武，'尽美矣，未尽善也'。"）

"奏乐的道理也是可以知道的：开始演奏，各种乐器合奏，声音优美；继续展开下去，悠扬悦耳，音节分明，连续不断，最后完成。不知我这样说，是不是准确？"孔子向太师挚请教，他所讲的就是"雅""颂"的演奏。

（《论语》："子语鲁太师乐，曰：'乐其可知也：始作，翕如也；从之，纯如也，皦如也，绎如也，以成。'"）

孔子虽然自己也喜欢演奏，可是他所能做的实际上也就是独奏，至于类似交响乐的大型乐舞，孔子是没有经验的。

"差不多吧。"太师挚的话说得比较含糊，现在他大致知道孔子的水平了。"'雅''颂'的乐曲都需要整个乐队来演奏，现在已经不太可能了，我也只能给你讲一讲了。不过《关雎》这样的'风'我倒是可以演奏给你听一下的。"太师挚说。

"哦，那就有请了。"对于无法听到"雅""颂"的乐曲，孔子有些遗憾，不过太师挚能够演奏《关雎》倒是出乎他的意料。

演奏不同的乐曲，所用的乐器是不一样的，演奏"风"这一类的乐曲，通常是用笙。果然，太师挚用笙演奏了《关雎》，整首乐曲轻快曼妙，充满活力，令人心旌摇荡。孔子闭着眼睛微笑，子夏则听得血脉偾张，满脸通红。

（《论语》："子曰：'师挚之始，《关雎》之乱，洋洋乎盈耳哉！'"）

一段时间以来，孔子常常会去太师挚那里，每次去都能够谈论几首"雅""颂"的诗，确定它们在《诗经》中的位置。

终于有一天，在孔子临走之前，太师挚告诉了他一个坏消息。

"仲尼先生，我只能帮你到这里了，因为我将要去齐国了。"太师挚说。

"为什么？"孔子吃了一惊，这确实是个坏消息。

"鲁国之大，已经放不下一张瑟了。我在鲁国基本上没有存在感了，恰好齐国有人邀请我去教授音乐，我想，我还是去吧。"太师挚说，言语之间有些悲哀。

"唉。"孔子叹了一口气，他没有劝太师挚留下，因为他知道太师挚离开是正确的。

"不过，师冕还在，你可以找他帮你，我已经跟他提过这件事了。"

"多谢太师的关照了。"孔子表示了感谢。

第二天，孔子派人给太师挚送来了谢礼，以表达这段时间以来对太师挚帮助自己的谢意。

以太师挚的年纪和地位，孔子需要上门去请教，而师冕无论在年龄上和地位上都低于孔子。因此，孔子并不会登门拜访，而是派弟子邀请师冕前来孔家。

师冕第一次来是子夏去接的，来到孔家的时候，孔子亲自在院门口迎接，陪着师冕进院子。

"前面是台阶。"孔子轻声说，因为师冕是盲人，用一根棍子探路。孔子这样提醒，师冕走起路来轻松了许多。

到了座席的位置，孔子说："下面就是席子了，请坐。"

师冕小心地坐了下去，笑了笑表示谢意。

等到所有人都坐下，孔子开始介绍。

"大师对面的是卜商。"孔子说着，示意子夏打个招呼。

"大师，卜商在这里。"子夏说，这样师冕就能确定他的位置，果然，师冕听到之后，朝子夏的位置笑了笑。

"大师的右前方是颛孙师。"孔子接着介绍。

"大师，我在这里。"子张说。

"大师左前方是言偃。"

"大师，言偃在这里。"子游说。

…………

孔子把在场的人都做了介绍，这样就等于师冕看到了所有人。

之后，大家开始讨论起《诗经》中"雅""颂"的乐曲，自然，是要向师冕讨教。

每当一个人发言的时候，孔子都要求他们先报出自己的名字来。

师冕很高兴，他感受到自己受到了尊敬，也感受到孔子弟子们的想象力和热情。

这一天过得很快，大家都非常高兴。

师冕离去的时候，孔子依然亲自送出院子，送他上车，让樊迟一路小心将师冕送回家去。

"先生，您每一步都要提醒师冕，这是与乐师相处的规矩吗？"子张这时候问孔子。

"是啊，这就是帮助乐师的方式啊。"孔子说。

《论语》：

师冕见，及阶，子曰："阶也。"及席，子曰："席也。"皆坐，子告之曰："某在斯，某在斯。"师冕出，子张问曰："与师言之，道与？"子曰："然。固相师之道也。"

在太师挚和师冕的帮助下，孔子不仅对"乐"有了更深的理解，也弄清楚了"雅""颂"各篇在《诗经》中应该放置的正确顺序。

直到这个时候，孔子对《诗经》的修编才算真正完成。

（《论语》："子曰：'吾自卫反鲁，然后乐正，雅、颂各得其所。'"）

第二八九章

孔子发财

子贡出马

就在孔子一门心思编定《诗经》的同时，鲁国又遇上了麻烦。

原来，吴王夫差本着闲着也是闲着，本着没事也要找点儿事的生活原则，率领大军来到了吴鲁边境，然后派太宰伯嚭来到曲阜见鲁哀公，要求鲁哀公前去重温两国当年的盟约，也就是说，重新再玩一次歃血为盟的游戏。

鲁哀公是真不想去，去干什么啊？无非就是陪夫差玩一下游戏，玩好了还好，玩不好就小命难保。

可是，不去也不行啊。

正在发愁，季康子来了。

"不用着急，正好子贡来了，就在冉有家里呢，让他去跟伯嚭说说情吧。"季康子带来了好消息，鲁哀公好像遇上了救星，连忙说赶紧去办。

子贡本来想先去见孔子，可是这边的事情还真是很急，于是急急忙忙去宾馆见伯嚭。

"哎呀兄弟，怎么又见到你了？"看见子贡，伯嚭非常高兴，直接叫兄弟。

"你看，本来我在齐国呢，也不知道为什么就想来鲁国，来了才知道大哥在这里，看来咱们是心有灵犀啊。"子贡多会说话，一句话说得伯嚭更高兴了。

两人落座，闲聊了几句，子贡问起伯嚭为什么来鲁国，伯嚭说是来请鲁哀公去重温盟约，好像鲁哀公不太想去。可是，不想去也要去，因为吴王夫差想要他去。

"这个吧，我认为真不该去。"子贡还是直来直去，不怕伯嚭不高兴。"盟誓是用来干什么的？是巩固信用的，所以盟誓都很庄重。一旦盟誓了，就要严格遵守啊。如今吴王要求重新盟誓，那不等于说原先的盟誓作废了？盟誓如果这么容易作废，重新盟誓又有什么用呢？所以，盟誓就跟婚礼一样，一次就行了，谁没事还不停地办婚礼啊？"子贡一番话，说得十分有道理。

"唉，老弟这话有道理。行了，也甭重新盟誓了，今天你就别走了，咱们哥俩好好喝一顿，聊聊天。"伯嚭听从了子贡的话，还要请他吃饭。

伯嚭回到吴国，把子贡的话向夫差学了一遍，夫差也觉得有道理。何况，他一向对伯嚭言听计从。

到了秋天，吴王夫差又闲不住了，带了大军来到了宋国郧地，派人去召集鲁国、卫国和宋国三国国君开会，说是要结盟。如果说上次是想找人下棋的话，这次就是想凑一桌麻将了。

鲁哀公不敢不去，于是又特地请了子贡同行，这样心里踏实一些。

因为是在宋国国土上，所以宋国国君可以不去，就派了执政官皇瑗。

比较麻烦的是卫国国君卫出公，当初吴国攻打齐国的时候曾经派人邀请卫国出兵，而卫国是齐国的盟国，不仅没有出兵，还把吴国的使者给杀了。所以，卫出公实在不敢去。最后，因为担心吴王会一怒之下入侵卫国，还是硬着头皮去了。

因为吴国和鲁国已经盟过誓了，所以两国分别和卫国、宋国盟誓，算是完成了程序，大家尊吴王夫差为盟主。

游戏是玩完了，可是夫差觉得不过瘾，于是下令包围了卫出公的住处，想要拿过去的事情来说事。

卫出公吓得半死，不知道怎么办。

子服景伯也随鲁哀公前来，见卫出公危险，非常担心夫差会杀鸡给猴看。到时候卫出公这个鸡固然死得很惨，鲁哀公这个猴恐怕也会吓得神经衰弱啊。

于是，子服景伯赶紧来找子贡。

"兄弟，赶紧找伯嚭，设法救卫国国君啊。"子服景伯和子贡也是多年的好朋友，没什么客套。

子贡没有推辞，带了五张锦去见伯嚭了。

看见子贡，伯嚭高兴；再看见那五张锦，伯嚭更高兴。

两人勾肩搭背，好像他乡遇故知一样高兴地攀谈起来。说着说着，子贡就把话题引到了卫出公的身上。

"其实呢，我家大王很想跟卫君交个朋友，谁知他来晚了。我家大王怀疑是不是自己的礼数不到啊，于是才这样挽留他，跟他解释解释。"伯嚭说，明明是要扣押人家，硬说成挽留人家。

换了别人，大致就只能顺着伯嚭的话，说些什么人家老婆生病、孩子等着他回家之类的话，请伯嚭放人。可是子贡不一样，他才不求人呢。

"太宰啊，您是真能忽悠啊。明明是要扣押人家算算老账，还说这么好听。不过呢，我觉得不应该这样，为什么呢？我听说人家卫君在来之前征求过大臣们的意见，结果有人主张来，有人主张不来，因此才来晚了。主张来的，都是您的朋友；主张不来的，都是您的敌人。您如果抓了卫出公，就等于害了您的朋友而成全了您的仇人，那些企图反对贵国的人就会更高兴。再者说了，会合诸侯的时候却把诸侯给抓了，谁还敢再相信你们？下次谁还敢再来？损害朋友，成全仇人，并且失去诸侯的信任，贵国要称霸？嘿嘿。"子贡说完，冷笑起来。

伯嚭眨了眨眼，觉得子贡说得对。

"兄弟，啥也别说了，我服你了行吧？"伯嚭高兴，当场命令撤去对卫出公的包围，然后留子贡喝酒。

这一次，子贡又救了卫出公。

子贡从盟会回到鲁国，恰好此时孔子丧子。

子贡知道孔子并不宽裕，子贡非常富有，曾经有过资助孔子的想法，但立即就被自己否决了。倒不是舍不得，而是他知道孔子是个爱面子的人，自己平时的小孝敬没有问题，如果一下子给一大笔钱，孔子一定不会接受。

这个时候，子贡如果去找鲁哀公提高孔子的待遇，鲁哀公一定不好意思拒绝。

问题是，鲁哀公确实拿不出多少钱来。

那，就去敲季孙家一把吧。

子贡决定去季康子那边想想办法。

子贡还是先找了冉有，说是要想办法给老师谋点儿福利。之后，冉有带着他去见季康子。

见子贡来，季康子非常高兴。

"子贡先生，鲁国能够不被强国所欺凌，多亏了有你啊。"季康子说，急忙让人布置酒水招待。

子贡也不客气，与冉有落座，三人说话。

子贡将这次的宋国之行做了大致的介绍，季康子一边听一边赞叹。

"子贡先生，看来吴国人就听你的啊，真是厉害。"季康子说话很客气。

"这次我来拜会，是有件急事要告知。"子贡说，很严肃的样子。

"什么急事？"

"事关季孙家和鲁国的存亡，所以，不敢不说。"子贡说，面带忧虑。

"啊，什么？快说。"季康子的脸色一下子变了，这可是大事。

子贡思考了一下，又喝了一口水，见季康子一脸焦急的样子，又顿了顿，才开始说话。

"我跟吴国太宰喝酒的时候，太宰委托我回来请我老师去吴国，所以我说，您和鲁国都很危险了。"

"为什么这么说？"

"想想啊，我老师有弟子三千，像冉师兄这样的弟子就有七八十个，我这样的四五百人。你想想看，如果吴国用我老师，而我们这些弟子一定都会去帮老师。那时候，吴国看谁不顺眼就灭谁，鲁国挨着吴国，难道不是首当其冲吗？"

"冉有，你会去帮你老师对付鲁国吗？"季康子听得有点儿紧张了，转头问冉有。

"那倒不一定，可是如果在战场上遇上老师，我是绝对不会跟老师战斗的。"

"你这么说，还真是了。那么，我还有什么办法吗？"

"有一个办法，杀了我老师，吴国人就得不到他了。"

"杀了你老师，他的学生不是都会怨恨我？再者说了，无缘无故，我凭什么杀你老师呢？"

"那还有第二种办法，吴国人吸引我老师的，无非就是封地而已。如果您能表现出对我老师的尊重来，我老师还是很爱国的啊。"

"好，你说怎么办吧。"季康子上套了。

"我听说老师的俸禄最近被削减了一半，您如果每年能够给老师一千钟粮食，老师就会很感激了。"子贡开始提条件，一钟相当于六斛四斗。

"一千太少，两千。"季康子加了一倍。

"唉，粮食不够吃了。"孔子有点儿发愁，粮食本来足够，可是这段时间有些意外的支出。

正在叹息，突然有人来报。

"先生，季孙家的车队到了。"一个弟子进来报告。

"车队？什么车队？"

"运粮食的车队，说是季孙赠送老师两千钟粮食，并且，今后年年这个时候都有。"

"啊，真的？"孔子喜出望外，迎了出去。

粮食入库了，孔子家没有足够的仓库来装，临时腾了些房子出来。

"季孙真是个好人哪。"孔子感慨，身边的子夏偷偷地笑，他知道谁才是真的好人，那就是子贡。

对于孔子来说，得到了粮食只是高兴的一个理由，由粮食看出季孙对自己态度的转变，这更加令他高兴。而从另一个角度说，有了充足的粮食，就有更多的人愿意来学习，也就能结交更多的朋友，自己的学说也就能被更多的人所接受。

对于季康子，孔子是真的非常感激。

按《说苑》：

孔子曰："自季孙之赐我千钟而友益亲，自南宫敬叔之乘我车也，而道加行。故道有时而后重，有势而后行，微夫二子之赐，丘之道几于废也。"

为什么子贡给他资助他不要，季康子给他粮食他就不推辞呢？因为季康子的地位比他高，接受了季康子的粮食并不会改变两人之间的地位关系。

得到了意外的粮食令孔子非常高兴，之后他开始规划这些粮食的分配，除了留下足够的数量之外，其余的都拿去周济亲朋邻里。

"夫子，为什么不多留一些？"子夏问，看着大部分的粮食都被人拿走，他觉得很心疼。

"商啊，我来告诉你一个道理。君子有三戒，年轻的时候，血气未定，精力旺盛，要戒色；到了壮年，血气方刚，争强好胜，要戒斗；到了老年，血气衰落，失去了进取之心，这个时候要戒贪。"孔子说。

"夫子的意思是，当你对什么的欲望最强烈的时候，就要注意在这方面有所克制？"子夏说。

"是啊，每个人的一生都是这样过来的。如果明白了这个道理，就能少犯许多的错，我也是到了年老之后才悟出这个道理，告诉你们，是希望你们能够比我强啊。"孔子说道。

《论语》：

孔子曰："君子有三戒：少之时，血气未定，戒之在色；及其壮也，血气方刚，戒之在斗；及其老也，血气既衰，戒之在得。"

以德治国

来而不往非礼也。

实际上，因为田赋以及季康子祭泰山这几件事情，孔子和季孙家的关系一度非常不好，基本没有来往。而现在，两家关系得到极大的缓和，一举破冰。

孔子亲自登门向季康子表达了感谢，季康子自然也对孔子非常恭敬。

"夫子辱临，季孙肥深感荣幸啊。"季康子隆重欢迎，酒水伺候。

宾主落座，自然也是海阔天空地交谈。

《论语》中有不少孔子和季康子的对话，主要都是发生在这个时期。

"要使百姓尊重执政者，对自己的工作尽心尽力、善始善终，用教育劝诫的方法，怎么样？"季康子问，这是他长期以来一个很头疼的问题，他总是发现有人出工不出力，磨洋工。

"您用庄重的态度对待老百姓，他们就会尊敬你；你对父母孝顺、对子弟慈祥，百姓就会忠于你；你选用贤能的人，又教育能力差的人，这就起到了教育劝诫的作用啊。如果你自己做得不好，却要求百姓做好，那你再怎么忽悠也没有用啊。"孔子说。

"哦，我明白了，俗话说：谁也不比谁傻多少，就是这个意思吗？"

"是啊，你用语言忽悠百姓，百姓就会用行动来忽悠你。"

《论语》：

> 季康子问："使民敬、忠，以劝，如之何？"子曰："临之以庄则敬，孝慈则忠，举善而教不能则劝。"

"夫子能告诉我怎样为政吗？"季康子又讨教。

"政就是正，您身为国家执政，您要是行得正，谁敢不正呢？"孔子回答。

"那么，杀掉那些犯法的人，儆戒人们守法，怎么样？"

"您执政，怎么用得着杀戮呢？只要您真心向善，老百姓就会向善。君子的德就像风一样，老百姓的德就像草一样。风吹在草上，草一定随风而倒啊。"

"那，鲁国强盗那么多，怎么办？"

"只要您不想他们当强盗，就算悬赏也没有人会当强盗啊。"孔子说。

从孔子与季康子的对话中其实我们得知孔子对季康子的看法：只要你真的想治理好国家，你就该以身作则，你做好了，国家就治理好了。相反，如果你自己都做不好，怎么治理国家？

以身作则，这是孔子对德的定义。

所以，所谓以德治国，最根本的就是以身作则。如果自身就没有德或者缺少德，怎么以德治国呢？

《论语》：

季康子问政于孔子。孔子对曰:"政者正也,子帅以正,孰敢不正。"

季康子患盗,问于孔子。孔子对曰:"苟子之不欲,虽赏之不窃。"

季康子问政于孔子曰:"如杀无道,以就有道,何如?"孔子对曰:"子为政,焉用杀。子欲善,而民善矣。君子之德风,小人之德草,草上之风,必偃。"

…………

子曰:"其身正,不令而行;其身不正,虽令不从。"

…………

子曰:"苟正其身矣,于从政乎何有?不能正其身,如正人何?"

孔子一个劲儿地向季康子灌输德的思想,季康子也不是完全不往心里去。有一天,季康子就问了孔子一个问题。

"夫子,按照您说的君子之德风。我琢磨着,如果我能够跟百姓住到一起,想问题都按照百姓的思路,在市场里和百姓交谈,在道路上发布命令,这是不是就做到了以德治国呢?"季康子问,意思就是天天出去微服私访怎么样。

"大错特错啊。"出乎季康子的意料,孔子不仅没有肯定,反而大声地否定。

"为什么?"

"你说的按照百姓的思路去思考问题,那叫作乡愿。百姓想问题的思路,就是老婆孩子热炕头,就是自己的利益,自己一家的利益。如果执政者跟老百姓一个想法,那就是与民争利了,那就不是德,而是缺德了。"孔子解释说。

这段对话的原文见于《论语》:"子曰:'乡愿,德之贼也。'"

关于这段话,传统的译法为:孔子说:"没有道德修养的伪君子,就是破坏道德的人。"

这样的译法大错特错,不知所云。

季康子使劲地想了想,不禁点点头,佩服孔子的明智。

"嗯,有道理。夫子的意思,要为民做表率,不要与民争利。"季康子说。

"不错,譬如你要百姓节俭,首先要自己节俭。"

"我明白了。那么,为什么在市场上与百姓交谈,在道路上发布命令也不对呢?"

"执政者获得信息,应该是在朝堂上。因为朝堂上庄严肃穆,人们说话都会比较严谨。可是市场上多是流言蜚语、八卦新闻,你在市场上听到的很可能不是真的。发布命令应该在祖庙,有祖先的神灵监督护佑,发布的命令严肃而谨慎。可是在道路上呢?道路上的话往往说过即忘,人们不会当真。所以,如果你在市场里和百姓交谈,在道路上发布命令,你就不是保有德,而是在抛弃德了。"孔子解释道。话比较多,但是很清晰。

"我明白了,夫子的见地确实高明,怪不得子贡、冉有都这样尊崇夫子。"季康子心服口服地说。

(《论语》:"子曰:'道听而涂说,德之弃也。'")

这句话的传统译文是这样的。孔子说:"在路上听到传言就到处去传播,这是道德所唾弃的。"

传统译文又是错得离谱,这句话的主语是君主或者当权者,意思是他们如果不在恰当的场所听取意见和发布命令,那就是放弃德的行为了。

一段时间里,孔子和季康子的关系非常好,孔子也常常去季孙家里做客。

"夫子在卫国这么多年,卫灵公这个人怎么样?"这一天聊天,季康子随口问。

"这人不咋地。"孔子也是随口说,他在鲁哀公面前称赞卫灵公,却在季康子面前贬低他。

这其实不奇怪,因为孔子岁数大了,两次谈话的时候,可能恰好从不同的角度出发,于是得出不同的结论。

"唉?"季康子有些奇怪,因为他知道孔子在鲁哀公那里称赞了卫灵公。"既然卫灵公这么糟糕,怎么他并没有丧失自己的国家呢?"

孔子愣了一下,没想到季康子还有这样的问题。不过,这样的问题难不倒孔子。

"虽然他很无道,可是大臣们很尽责啊。仲叔圉负责外交,祝鮀主管祭祀,王孙贾管理军队,这么强的阵容,怎么能丧失国家呢?"孔子也算反应机警,带着几分强词夺理,算是勉强把这个问题应对了过去。

"嗯,这么说来,就算君主能力不行,只要懂得用人,还是不错的。"季康子似乎有所领悟，然后问："冉有和子贡都是夫子的高徒，不知夫子的弟子中还有没有出色的人选，来我这里帮我治理家业？"

"不知道您这里需要怎样的？"孔子一听，暗自高兴，本来还想推荐几个人，现在季康子自己提出来了。

季康子一时也说不清楚，于是商定让冉有去办这件事。

《论语》：

> 子言卫灵公之无道也，康子曰："夫如是，奚而不丧？"孔子曰："仲叔圉治宾客，祝鮀治宗庙，王孙贾治军旅，夫如是，奚其丧？"

第二九〇章

冉雍和宓子贱

冉雍

冉有是个办事效率非常高的人,既然季康子开了口,自然要尽快去办。

原先的费邑宰就要退休了,这时候需要一个新的费邑宰,这个位置非常重要。

"我看,闵子骞最合适。"孔子首先想到的是闵子骞,之所以是闵子骞,是因为无论从出身地位还是从能力的角度说,他都胜任。

闵子骞是孔子早期的弟子,现在已经五十三岁。他有很多机会出仕,却从来没有出仕过,过着优哉游哉的生活。孔子周游列国回来之后,闵子骞也曾经来看望过孔子,还是那种宠辱不惊的性格。

冉有也觉得闵子骞很合适,并且知道季康子也很欣赏他。

冉有把孔子的想法告诉了季康子,季康子当即点头同意了。

然而,令所有人都没有想到的是,闵子骞毫无兴趣。

"多谢季孙看得上,可是我实在能力有限、精力有限、兴趣有限,麻烦您替我表示感谢,请他另寻高明吧。"闵子骞直接拒绝了。

按照周礼,这样的拒绝不代表真的拒绝,因为重大的任命通常都要婉拒两次,第三次才接受。之所以这样,是因为有些时候的任命是出于一时冲动,所以两次拒绝是为了给任命者一个后悔的机会,这样对双方都好。如果第三次任命,则证明任命者是经过慎重考虑的，这时候接受任命就可以了。

所以，使者并不意外，转身要走。

"且慢，麻烦告诉季孙，如果再派人来的话，那我就移民齐国了。"闵子骞加了这一句，加这句的意思就是说：我是真的拒绝，而不是慎重的意思。

所以，当使者把闵子骞的回复报告冉有的时候，冉有就知道只能换人了。

(《论语》："季氏使闵子骞为费宰。闵子骞曰：'善为我辞焉。如有复我者，则吾必在汶上矣。'")

闵子骞不肯去，怎么办？

孔子认为其次的人选应该是漆雕开了，漆雕开也是孔子早期的学生，一直跟随孔子，为人勤勤恳恳、老实巴交，虽然能力一般，可是岁数渐渐大了，孔子早就想给他一个机会。

"这个，也行吧。"冉有有点儿犹豫，因为他不看好漆雕开的能力。

"其实也不用担心，如果他去的话，我会让宓子贱去帮他。"孔子看出了冉有的迟疑，于是把自己的整体想法告诉了他。

"行。"冉有这次回答得爽快，因为他知道宓子贱的能力。"那先生先跟漆雕师兄说说，然后我再去跟季孙说。"

然而，孔子和冉有都没有想到的是，漆雕开也拒绝了。

"先生，我知道您是为我好，可是人贵有自知之明，我的能力我知道，这个事我真是无法胜任。到时候被炒鱿鱼的话，连累先生和冉师弟的面子都不好看。"漆雕开的话也说得很敞亮，没有任何的遮掩。

"好吧，既然你这样说，就不勉强了。"孔子说，其实在心里，他确实有些忐忑。现在，漆雕开拒绝了，孔子的心情轻松了很多。

(《论语》："子使漆雕开仕。对曰：'吾斯之未能信。'子说。")

闵子骞不肯去，漆雕开也不肯去。

"嘿，难道这个职位还推销不出去了？"孔子真没有想到会是这样的局面，不过他也挺欣慰，因为这反映出弟子们都是坚持做人原则的人。

下一个人会是谁呢？

"求，老师我现在真有点儿糊涂了，你说说还有谁比较合适？"这一次，孔子让冉有先说。

"先生，别说我自私，其实我觉得吧，冉雍比他们都合适。"冉有想了想说，冉雍和他是同族的兄弟，所以他觉得推荐冉雍有点儿惹嫌疑。

孔子一听就笑了。

"求啊，其实我也觉得他最合适，可是我有些担心的是季孙会不会有想法。"孔子说，他之所以没有主动提出冉雍，就是这个原因。

"如果是我提出来，确实不好，如果是先生提出来，应该问题不大。"

"如果这样的话，那就由我提出来吧。"

就这样，孔子亲自去见季康子，推荐了冉雍，季康子果然没有犹豫，爽快地答应了。

那么，为什么孔子这么欣赏冉雍呢？

冉雍字仲弓，是孔子的第二批学生，一直跟随着孔子。冉雍的性格沉稳，为人踏实肯干。虽然才干比不上冉有，但是比冉有好学。冉雍和冉有一样，平时话不多，口才一般。

孔子一直很喜欢冉雍，认为他很大气。

"雍是一个可以治理一方的人啊。"孔子曾经这样说，自从冉有离开之后，冉雍就接任了孔子的管家。

（《论语》："子曰：'雍也可使南面。'"）

后来子路、冉有、子贡等人纷纷出仕或经商成功，冉雍就有些沉不住气了，也希望出去做家臣，不过孔子认为没有合适的机会，劝他沉住气，等等看。

"雍啊，耕牛产下的牛犊长着红色的毛，角也长得整齐端正，人们虽想不用它做祭品，但山川之神难道会舍弃它吗？"孔子对冉雍说，红毛的牛被认为是高贵的牛，因此一定会被用来献祭给山川大河的神，而不会去耕地。

孔子的意思就是说，以你的资质，一定会有机会的，不要急。

（《论语》："子谓仲弓，曰：'犁牛之子骍且角，虽欲勿用，山川其舍诸？'"）

曾经有人质疑冉雍的口才，认为他虽然为人不错，但是口才太差。

对这样的说法，孔子非常不同意。

"口才？口才就一定得是好的吗？有的人口才好，可是不过是抬杠，是揭人短处，结果就是招人恨。只要人品好，需要什么口才？"

（《论语》："或曰：'雍也仁而不佞。'子曰：'焉用佞？御人以口给，屡憎于人。不知其仁。焉用佞？'"）

不过，最让孔子对冉雍刮目相看的，是那次关于子桑伯子的对话。

子桑伯子是孔子的老朋友，也是一个学者，独创了一个学派叫作"天体学派"。

周游列国回来之后，很多人来拜访孔子，孔子也出去见了不少老朋友。

子桑伯子住在山里，也没有车，因此孔子决定去拜访他，同行的就是冉雍。

当时恰好是夏天，天气比较热。孔子师徒出于尊重，穿戴得比较整齐。可是，子桑伯子来接待孔子的时候不仅没戴帽子，连正式的衣服也没有穿，露胳膊露大腿的看上去很不雅。不过，孔子倒不在意，很高兴地与他聊天，到很晚才回去。

"夫子为什么去见这种人呢？"回去的路上，冉雍问。

"我和他是老朋友了，我了解他。他这人心眼好，但是缺点儿礼仪，少点儿文采，我想跟他谈谈，让他增加一点儿。"孔子解释说。

实际上，孔子师徒离开之后，子桑伯子的门人也问过同样的问题。

"夫子为什么要见这种人？"子桑伯子的门人问。

"嘻，我和他几十年的老交情了。别看他一本正经的像个伪君子，实际上人很好，就是礼仪文饰烦琐点儿，我想跟他谈谈，让他去掉一些。"子桑伯子解释说。

老哥俩儿其实都挺喜欢对方，都想帮对方改正缺点。

过了几天，冉雍来向孔子请教。

"夫子觉得子桑伯子这人怎么样？"冉雍问。

"人不错啊，就是为人处世过于追求简单化。"孔子说。

"我想谈谈我对简单化的看法。"冉雍说，这几天他都在思考这个问题。

"哦？说说看。"

"如果一个执政者，基于爱护百姓、方便百姓的出发点，把事情简单化，这不是很好吗？如果仅仅是为了自己省事而把事情简单化，那就是敷衍了事。所以，把事情简单化不一定是坏事，要看他的出发点是什么。"冉雍说。

孔子听完，眼前一亮。

"雍啊，你说得太对了。"孔子由衷地赞赏，在那一刻孔子更加坚定地认为，如果让冉雍去做一个地方官，他一定能治理得很好。

《论语》：

> 仲弓问子桑伯子。子曰："可也简。"仲弓曰："居敬而行简，以临其民，不亦可乎？居简而行简，无乃大简乎？"子曰："雍之言然。"

临上任之前，冉雍照例也来向老师告别以及请教。

"要做好事，先做好人。"孔子说。他对冉雍的期望很高，所以叮嘱也就更细。

"夫子请指教。"

"就像你说的，要居敬，自己庄重才能受人尊重。因此平时就要注意衣着，出门就像去拜见贵宾一样。对待百姓要谨慎小心，使用百姓就像参加大型祭祀一样心存敬畏。还有啊，己所不欲，勿施于人。"说到这里，孔子想了想，又说，"注意不要抱怨，无论是在国君那里，还是在卿大夫那里。有问题解决问题，有困难解决困难，千万不要抱怨。官场里，最忌讳的就是抱怨。"

"夫子的教导冉雍谨记。虽然我不够聪明，也一定会按照夫子的教导去做。"冉雍用心记下孔子的话，准备回去写在袖子里。

《论语》：

> 仲弓问仁。子曰："出门如见大宾，使民如承大祭。己所不欲，勿施于人。在邦无怨，在家无怨。"仲弓曰："雍虽不敏，请事斯语矣。"

"说完了做人，再说说做事。"孔子接着说。

冉雍没有说话，只是静静地听着。

"不论是治理国家还是治理地方，依靠的都是上位者的德。所以，不仅你自己要以身作则，还要要求你手下的官员们也都做出表率。还有啊，人都会犯错，小的过错就不要去追究了。"孔子向冉雍强调德，这也是他对所有官员强调的。

"那，还有吗？"

"还有，要选拔贤人。"

"怎样知道谁是贤人呢？"

"你知道的，你就选拔；你不知道的，自然有人会来向你推荐的。"孔子说，意思是你先去做，做的过程中自然会找到办法。

《论语》：

> 仲弓为季氏宰，问政。子曰："先有司，赦小过，举贤才。"曰："焉知贤才而举之？"曰："举尔所知，尔所不知，人其舍诸？"

冉雍牢记着孔子的教导，在费邑宰的位子上做得不错。后来冉有辞去了季孙家的家宰，冉雍就接任了季孙家家宰的职位，这是后话。

宓子贱

除了最重要的费邑，季孙家的封地还有几处的主官近期退休，因此冉有继续为师兄弟们谋取职位。

宓子贱也是孔子的第二期学生，平时不显山不露水，性格很恬淡，但是孔子知道他是个有想法的人。因此，孔子建议宓子贱担任单父宰。

冉有和宓子贱不是朋友，但是了解他的为人，于是决定向季康子推荐他。

孔子的侄子叫孔篾，年轻的时候偶尔也来孔子学校学习，只可惜不是那块料。因为感念哥哥的恩情，孔子对孔篾一向也很关照。不过，孔子知道他不是做官的料，所以从来也没有打算推荐他做官。

这个时候孔篾听说孔子正在帮自己的弟子们去季孙家谋职，也动了心，可是他知道去找叔叔肯定没戏，所以直接去找冉有了。

"篾哥，找我什么事？"看见孔篾，冉有急忙说。

"求啊，哥求求你了。"孔篾也顾不上什么脸面礼节了，上来就直奔主题，央求冉有帮他也谋个职位。

恰好在单父旁边有一个小邑的邑宰空缺，于是冉有在推荐宓子贱的时候顺带着推荐了孔篾。

就这样，宓子贱成了单父宰，孔篾也混了个邑宰。

履新之前，宓子贱来向老师辞行并请教。

"处理政事，不要轻易拒绝，否则就会闭目塞听；也不要轻易允许，否则就会失去立场。你要做到像高山深渊，使人看不到顶也看不到底。"这是孔子对宓子贱的忠告，针对宓子贱的性格特点。

"多谢老师指点。"宓子贱非常高兴，上任去了。

辞别了老师，宓子贱碰上了老朋友阳昼，于是也向他请教。

"老阳，有什么忠告给我吗？"宓子贱问，他一向是个很谦虚的人。

"我没什么学问，恐怕没什么忠告。不过我知道两个钓鱼的方法，不妨告诉你。"阳昼想了想说。

"好啊。"

"如果刚放下鱼钩，就迎着鱼钩吃饵的鱼，这是阳桥，这种鱼肉薄，味道也不好；如果那种鱼若隐若现，又像要吃又像不吃，这是鲂鱼，这种鱼个头儿大，肉厚，味道也好。"阳昼说，他的方法就是这个了。

"好，我明白了。"宓子贱会意地笑了，他知道阳昼想说的是什么。

到了单父，还没有进城，当地的头头脑脑就都在路边迎候了。

"快走快走，阳桥来了。"宓子贱让驾车的直接进了城，把迎候的人们撇在了身后。

随后，宓子贱四处寻访，寻访出十九个贤人，与他们成为朋友，凡事向他们请教。具体的事务，也都分派给恰当的人去办。

有智囊团出谋划策，有手下具体操办，宓子贱在单父的生活潇洒得可以，平时就在衙门里谈天说地，弹琴唱歌。可就是这样，单父治理得不错。

后来孔子听说宓子贱干得不错，特地前去看望弟子。去单父的路上，就路过孔篾治理的城邑，孔子决定顺道去看看侄子干得怎么样。

"自从当官以来，有什么得失啊？"孔子问孔篾，他发现孔篾的气色似乎不是太好。

"叔啊，要说得到了什么，还真不知道。不过要说失去了什么，那至少有三样。"孔篾开始诉苦，一边说话一边掰指头。"第一呢，公务繁忙，没时间学习了;第二呢,工资太少,喝粥都不够,不能照顾亲戚们,因此亲戚们都疏远我了;第三呢,还是公务繁忙,没时间参加朋友们的婚礼葬礼之类,朋友们也疏远我了。唉,当官真不是人干的活儿。"

孔子斜了他一眼,没说话,走了。孔子非常不高兴,冉有给他弄了这么个差事完全是看在自己的面子上,如今不知道好好干活儿给自己争点儿面子,还一大堆不满。

继续赶路,到了单父。只看见单父到处井井有条,老百姓的情绪也都很好,孔子就知道,宓子贱的治理确实不错。

见到宓子贱的时候,宓子贱正在弹琴呢。

"不齐,治理得不错啊,怎么治理的?"孔子非常高兴,笑着问。

于是宓子贱将自己的治理方法说了一遍,孔子更加高兴了。

"当年尧舜治理天下就是这样啊,不齐啊,你的能力治理天下也没有问题啊。"孔子夸奖宓子贱,之后又问了一个问题,"我问你,自从治理单父以来,得到了什么?失去了什么?"

"这个,失去的吗?好像没有,得到的挺多,至少有三样。"宓子贱想了想说,话说出来就让人喜欢。

"说说看。"

"第一呢,当初读的书呢,现在都可以实践了,所以学问更明白了;第二呢,工资虽然不多,可是能够让亲戚们有口粥喝了,所以亲戚们更亲近了;第三呢,公事虽然繁忙,还是能抽出时间参加朋友们的活动,看望生病的人,所以朋友们更亲近了。"

同样的三件事,宓子贱和孔蔑的回答截然相反。孔子听得笑开了花,心说这样的人谁不愿意帮助呢?这才是我的好学生啊。

回到曲阜,孔子逢人就夸宓子贱:"宓不齐真是个君子啊。鲁国要是没有君子的话,怎么能出他这样的人呢?"

(《论语》:"子谓子贱:'君子哉若人。鲁无君子者,斯焉取斯。'")

后来,宓子贱不做单父宰了,孔子的另一个学生巫马期接任。巫马期治理单父的方法与宓子贱截然不同,任何事情都亲力亲为,早上天不亮就出门,晚上天黑了才回家,结果单父也治理得很好。不过,巫马期的身体有些受不了了,于是前去请教宓子贱。

"子贱啊,怎么我治理单父这么费劲,可是你就那么轻松呢?是不是老师有什么诀窍告诉你了?"巫马期好不容易抽了个时间出来,直截了当地问。

"我呢,比较注重用人;你呢,比较喜欢亲力亲为。亲力亲为,当然辛苦;善于用人,自然轻松了。"宓子贱说。

第二九一章

两个老大难

颜回

一段时间以来,孔子忙活着给弟子们安排出路。不仅季孙家,孟孙家也接受了一些孔子推荐的学生。

一时间,孔子的心情非常好,毕竟弟子们跟着自己学习并不是没有结果的。

不过,有两个老大难问题让孔子很烦恼。

一个是颜回,在孔子回到鲁国之后,颜回也来看过孔子。

"请问你找谁?"孔子在自己的家门口碰上一个满头白发的老者,于是问。

"夫子,你不认识我了?"

"你是?"孔子听着声音很熟,仔细端详了一阵,突然惊叫出来:"回,难道你是颜回?"

这就是颜回,几年时间不见,颜回已经是满头白发,脸上也有许多皱纹,连声音都有些苍老。

"夫子还认得我。"颜回笑了,脸上的皱纹更多了。

"你,你怎么这样了?"眼看着自己的得意弟子衰老成这样,孔子的眼泪都要流出来了。

"我很好啊。"颜回说。

孔子急忙让颜回进了家，吩咐子夏端了一盆热水给他洗脸，又让厨子做了几道好菜招待颜回。颜回的衣服已经很破旧，但是洗得很干净。

颜回的话依然不多，孔子也不好多问什么，大致知道颜回从卫国回来之后就跟随父亲每日种地为生，闲暇的时间都在修习礼乐诗书。

"你还快乐吗？"孔子问。

"啊，快乐。"颜回说，看上去他很饿，但是吃饭依然很节制。

基本上，孔子问一句，颜回答一句。

过了一阵，颜回告辞，说是家里还有地要去种。

孔子知道颜回是走路来的，因此让子夏驾车送他，颜回还要推辞，最终拗不过孔子，只得上了子夏的车。

从曲阜到邹地，驾车也要一个时辰，颜回走来用了大半天的时间。回去的路上，颜回还是沉默不语，子夏和他搭了几次话，也都是简单回答几个字，子夏因此也无话可说了。

颜回的家在一个狭小的巷子里，车根本进不去，于是子夏让御者在外面等，自己送颜回一直到家。

颜回的家破旧残缺，家徒四壁，锅里只有青菜汤。颜回的父亲颜路也在家，看见儿子回来，哼了一声没有说话。

子夏认得颜路，于是上前施礼，颜路瞥了他一眼。

"这是夫子让我给您的一袋粮食，还有两件衣服。"子夏从背上取下布袋，放在颜路面前。

"啊，好。"颜路的脸色似乎好了一点儿，依然一脸的不悦。

这个时候，颜回从角落里拿起一本书来，竹简做的书，边上都已经磨掉了。颜回看着书，脸上露出微笑来。

子夏又说了两句话，这才告辞出来。

回到孔子学校，子夏去见孔子。

"商啊，回家里怎么样啊？"孔子问，他很关心颜回过得怎样，因此当时就叮嘱子夏一定要送到家里。

"唉，好穷啊。小巷子都进不去车，路边都是垃圾，臭烘烘的。颜渊师兄家里

第二九一章 两个老大难　　　　　　　　　　　　　　471

好像什么都没有，锅里只有菜汤。他父亲好像也不喜欢他，见了我也不说话。师兄倒是没什么，回去就看书，好像自得其乐的样子。"子夏把自己看到的都说了一遍。

"颜回真是个贤人哪，穷成这个样子，饭也吃不饱，住在这样一个地方，还能自得其乐。唉，真是个贤人哪。"孔子叹了一口气，称赞起颜回来。

子夏笑了笑，没有说话。

(《论语》："子曰：'贤哉，回也！一箪食，一瓢饮，在陋巷，人不堪其忧，回也不改其乐。贤哉，回也！'")

孔子很想帮一帮颜回，可是想来想去，真是很难，虽说颜回人品好、爱学习，可是做官不行、教书不行、跟自己修编史料还是不行。如果让他来家里打杂，一来他一定不会来，二来孔子自己也丢不起这个人，这么个爱学习的标杆学生，最后只能打杂，情何以堪啊？

如果说直接救济颜回吧，依颜回的个性恐怕也不会接受，而且还会让人笑话。

想来想去，孔子想不出办法，没办法，只好让子夏改天再给颜回送点儿粮食去。其他的，今后慢慢想办法。

宰我

另一个老大难问题是宰我，宰我的情况跟颜回又不一样。

孔子曾经有一次聊天的时候说起自己的弟子们，按照才能的不同，列举了四个方面最杰出的一些弟子。在德行方面，是颜回、闵子骞、冉耕和冉雍；在言语方面是宰我和子贡；在政事方面是冉有和子路；在文学方面是子游和子夏。

(《论语》："德行：颜渊、闵子骞、冉伯牛、仲弓；言语：宰我、子贡；政事：冉有、季路；文学：子游、子夏。")

同样是语言才能出众，如今子贡已经名满天下了，宰我怎样了呢？

宰我语言才能出众，但是与子贡的语言才能不一样。子贡擅长察言观色，懂得见什么人说什么话，懂得照顾别人的尊严。因此，子贡的话往往有分寸，让跟他谈话的人听着舒服，不自觉地跟他亲近。所以，子贡虽然不爱学习，但是孔子很喜欢他；天下人都怕伯嚭，见了伯嚭不敢大声说话，可是子贡敢当面批评伯嚭，伯嚭听了还很受用。

所以，子贡的语言才能可以叫口才。

宰我不同，宰我的特点是逻辑分析能力超强，说出话来环环相扣，滴水不漏。并且，他往往能发现其他人话语中的逻辑漏洞，随后指出来，让你无言以对。

所以，宰我的语言才能可以叫辩才。

口才招人喜欢，辩才则往往招人讨厌。

孔子就有过几次说话不够严谨，结果被宰我抓住，弄得老夫子灰头土脸十分不快。不过孔子是个大度的人，欣赏宰我的才华，因此并不是太在意。

问题是，这世上有几个比孔子大度的人呢？

所以，宰我基本没朋友。

孔子回到鲁国之后，出门常常带着宰我。一来是子贡、冉有等人都走了，第二批弟子中也就剩宰我等几个人了，宰我还算比较能说的；二来是希望在与卿大夫们打交道的过程中给宰我表现的机会，为他的前途铺路。

"不要总是抓住别人的漏洞不放，你虽然是对的，可是别人下不来台。"孔子叮嘱宰我。

"好。"宰我说。说是这样说，能不能做到就很难说了。

说起来，老夫子为弟子们也算是殚精竭虑了。

有一次，鲁哀公请孔子去做客，想要请教关于社的问题。

社，就是土地神；稷，就是谷神。周朝时候，每个国家立国都必须有社，每年都要祭祀社和稷。因此，后来国家又称为社稷。当然，夏朝和商朝不祭祀稷，因为它们不是农业国，而谷神稷本身就是周族的祖先后稷。

神都有神主，实际上就是一块木头，上面刻上神的名字。后代叫作牌位。

孔子早就感觉到鲁哀公对三桓极度不满，有要驱逐三桓的想法。现在找孔子谈土地神，意图很明显，就是想要孔子帮助他对付三桓，因为土地代表了国家和权力。

孔子知道鲁哀公根本不是三桓的对手，他也不愿意再掺和他们之间的事情。因此，孔子自己找了个肚子疼的借口没去，而是派宰我代替自己去，说是宰我在这方面知识丰富，可以与国君聊一聊。

就这样，宰我去见鲁哀公了。临行，孔子还告诉他说话要谨慎，千万不要选边站。

宰我是个聪明人，鲁哀公和他谈社，宰我就东拉西扯。

扯来扯去，扯到了神主的材料。

"我想问问啊，这个历朝的社木都是什么？"鲁哀公突然问这样一个问题，社木就是社庙里的神主。

"我知道，夫子讲过。"宰我恰好知道，卖弄起来。"夏朝的时候用的是松，商朝用的是柏，周朝用的是栗。为什么用栗呢？就是要让老百姓战栗的意思。"

神主的材料其实没太多的讲究，一要当地有；二要材质好、使用时间长。宰我其实也不知道夏、商、周都用什么，不过他知道夏的后代杞国用的是松木，鲁国的商族人的亳社用的是柏木，而鲁国的社用的是栗木。

至于什么"使用栗木就是要使老百姓战栗"这句话，纯粹就是宰我没话找话的瞎猜。

鲁哀公的脸色略微有些变化，两人又聊了几句，宰我告辞出来了。

回到孔子这里，宰我把过程复述了一遍。

"嗯，不错。"孔子肯定了宰我的表现。

"夫子，您觉得国君要对付三桓，能成功吗？"宰我问。

"不能，因为要做成一件事情，就不要说出去。可是，现在很多人都知道他想要做什么了。"

"那，我们要不要去劝阻他？"

"人家已经决定的事情，就不要再去劝阻了。"

"为什么？"

"因为人家已经决定了，你劝也白劝。如果人家做成了，你当初的劝阻就会成为笑料；如果失败了，你当初的劝阻多半会招来怨恨或者忌恨，因为这种不听劝的人往往心胸狭隘。如果你当初没有劝他呢，那么他不论成功还是失败，都不会抱怨你。"

《论语》：

哀公问社于宰我。宰我对曰:"夏后氏以松,殷人以柏,周人以栗。曰:'使民战栗。'"子闻之曰:"成事不说,遂事不谏,既往不咎。"

既往不咎,这个成语出自这里。

"予啊,你知道吗?神主的材料其实没太多的讲究,一要当地有;二要材质好、使用时间长。你所说的'栗木就是使老百姓战栗'这句话没有根据啊,而且,这话说得不是时候。"孔子现在开始批评宰我了。

"为什么?"

"因为你这话可能引起国君的误解,要么以为你在警告他,要么以为你在讽刺他。所以,这话真是画蛇添足了。"

"是啊。"宰我回想起说完这话之后鲁哀公的表情变化,知道自己确实说错了。

那一天孔子亲自给年轻的弟子们讲课,宰我现在已经是教师,在一旁听着。

孔子讲课的主题是"仁",通篇讲仁的重要性。

"在仁的面前,就是老师,也不让他。"孔子最后总结道,仁,对于孔子来说,已经渐渐地符号化和宗教化,成为一种至高无上的理念,一种无所不包的品德。

(《论语》:"子曰:'当仁,不让于师。'")

当仁不让,这个成语出自这里。

"究竟什么是仁?"宰我有些困惑了,从前他知道,孔子所说的仁就是与人相处的道理,可是现在,"仁"究竟是什么?于是,他决定问一问孔子。

"夫子,仁真的有那么重要吗?"下课之后宰我问。

"是的,仁是君子所追求的最高境界,必须要不惜一切代价去追求。"孔子说。

"那,如果有一个仁者,有人告诉他井里有仁,他是不是也要跟着下到井里去呢?"宰我问,他的意思是说,如果仁这么重要的话,是不是要冒着生命危险去追求呢?

孔子愣了一下,他意识到这是一个很刁钻的问题,又是一个逻辑陷阱。如果说不下去吧,那不是说明仁没有那么重要?如果说下去呢,万一那个人是个坏人,引你下去之后就往下面扔石头,你岂不是成了二傻?

"为什么要这样呢?"孔子对这样的问题还是很有经验的,想了想就有了对策。

第二九一章　两个老大难

"君子可以到井边看看,但是绝不会跟着下去。你可以去骗君子,但是君子是不会上当的。"

孔子的语气,就好像宰我是个欺骗君子的骗子,而自己就是这个君子。

宰我没有再说话,他还是很困惑。

《论语》:

> 宰我问曰:"仁者虽告之曰,井有仁焉,其从之也。"子曰:"何为其然也。君子可逝也,不可陷也,可欺也,不可罔也。"

这段时间,因为孔子忙着安排弟子们的前程,去季康子那里的次数比较多。这一天,孔子又准备去季康子那里。

"夫子,您经常教育我们说'王公不聘不动',王公不上门来请都不去,怎么反而一而再地登门拜会季康子呢?"宰我的问题往往是不问则已,一问就令人傻眼。

孔子当时脑袋一大,心说这小子怎么又来这套了?孔子最怕的问题,就是别人引用他的话来反驳他,这叫以子之矛攻子之盾。

孔子还不好说我之所以违背自己从前说过的话,就是为了你们这帮兔崽子的前途。

孔子瞪了宰我一眼,心说你这小子就是比不上端木赐。

"我告诉你吧,鲁国现在的状况是礼法漫灭,以强凌弱,整个国家好像没有人管。在这样的情况下,我怎么能整天待在家里?"孔子这样回答,意思就是为了鲁国的社会和谐,我宁愿丢这个人。

孔子发现,要改变一个人的性格确实很难。有的时候,一个人就算明知道不该那样,还是忍不住要那样做。

宰我就是这样一个人,卖弄和爱与人辩论的性格终究还是无法改变。

孔子不太敢贸然推荐他出去,他担心那反而会害了他,因为很多事情都是祸从口出。带着宰我走了一段时间之后,孔子也曾经私下里询问过一些卿大夫对宰我的看法,结果人人都不喜欢他,因为他喜欢与人辩论,而且总是说得别人难以应对。不错,他说的都是对的,可是,谁愿意跟这样的人在一起呢?

孔子也曾经探过几个卿大夫的口风，可是，没人愿意任用宰我。

渐渐地，孔子对宰我失去了信心，也失去了耐心，开始有意无意地疏远他。

这个时候，孔子又想起了老子当年给自己的奉劝："聪明深察而近于死者，好议人者也。博辩广大危其身者，发人之恶者也。"

"唉，老子才是高人哪。"孔子禁不住感慨。

孔子郁闷，宰我比孔子还郁闷。

眼看才华远远不如自己的师兄弟们都有了出路，一个个干得还不错，而自己只能在孔子学校里当一个普通的教员，不仅孔子对自己越来越疏远，师兄弟们也少有跟自己来往的。

心中有结，宰我就表现出懈怠来了。讲课的时候心不在焉，不讲课的时候总是躲在房间里睡觉。

这一天，宰我大白天呼呼大睡，被孔子知道了。

"唉，朽木不可雕也，肮脏的土墙再刷也没有用，这个人，我还有什么好说的呢？"孔子叹口气，对宰我非常失望。"从前呢，我听谁说什么都相信。从今以后，我听谁说什么之后，还要看他做什么。这个教训，就是宰予给我的。"

《论语》：

> 宰予旦寝，子曰："朽木，不可雕也，粪土之墙，不可圬也。于予与何诛？"子曰："始吾于人也，听其言而信其行；今吾于人也，听其言而观其行。于予与改是。"

朽木不可雕也，这句成语来自这里。

听其言而观其行，这个成语也来自这里。

本来就心情不佳，本来就看不到前途，再被孔子这样说，宰我的情绪可想而知了。很快，他就表现出一种破罐子破摔的状态来。

孔子这个时候原本岁数已经大了，气量不如从前，再看宰我这样不争气，更加生气，说了更多难听的话。

"整天吃饱了撑的什么都不干，这样的人有什么用？不是有人下棋混日子吗？

这也比他整天无所事事睡大觉好啊。"孔子说，他其实认为下棋不是君子的爱好。

《论语》：

> 子曰："饱食终日，无所用心，难矣哉！不有博弈者乎，为之犹贤乎已。"

"对品德不去修养，对学问不去讲求，听到义不能去做，有了不善的事不能改正，这些都是我所忧虑的事情啊。"现在在孔子的眼里，宰我就没有优点了。

（《论语》："子曰：'德之不修，学之不讲，闻义不能徙，不善不能改，是吾忧也。'"）

"都四十岁了还这么让人讨厌，这辈子还有什么用？"孔子摇摇头，他现在对宰我讨厌至极。

（《论语》："子曰：'年四十而见恶焉，其终也已。'"）

所有孔子这些批评宰我的话，《论语》中都有记载。

事情到了这种地步，宰我实际上已经无法待下去了。于是，宰我辞职而去，至于去了哪里，后来没有记载。

后世为了贬低宰我，编造了宰我在齐国出任临淄大夫，跟随田常作乱杀害齐简公，结果因罪被诛三族。

据《左传》，鲁哀公十四年，田常杀害齐简公之前与齐简公的宠臣阚止相争，结果杀了阚止并且赶走了他全家，阚止的字也是子我。按合理推测，后世某些人就是依据这个浑水摸鱼、以讹传讹，说成了宰我被杀并且诛三族。

对于宰我的评价，从现代开始有了很大的变化，通过宰我的问题我们能够发现，宰我这个人很直率，绝不拍马屁。同时，宰我的逻辑能力非常强，他的逻辑推理常常让孔子感到为难。宰我不信邪，敢于质疑权威，敢于说真话，这些都是难得的优点。

但是，必须承认，强大的逻辑分析能力和辩论能力，在人际关系中未必就是好事，宰我就是一个典型的例子。

第二九二章

《春秋》和《左传》

修《春秋》

鲁哀公十三年，孔子回到鲁国的第三年。

这一年，孔子七十岁。

七十岁了，孔子突然感觉自己有些力不从心了。眼前的事记不住，过去的事忘不了。该为弟子们操劳的事也都差不多了，自己也应该休息了。

"人活七十古来稀，我已经七十了，终于能遵从自己的内心，而不越出规矩了。"孔子说，意思就是内心终于归于平和了。

（《论语》："子曰：'吾十有五而志于学，三十而立，四十而不惑，五十而知天命，六十而耳顺，七十而从心所欲，不逾矩。'"）

有人问孔子怎么不从政，孔子说："《尚书》中说，孝啊，孝敬父母，友爱兄弟，这些都会影响到政治啊。我这难道不就是从政？"

孔子换了一个角度来看待从政这件事情，超然了很多。

《论语》：

> 或谓孔子曰："子奚不为政？"子曰："书云：'孝乎惟孝，友于兄弟，施于有政。'是亦为政。奚其为为政？"

平心静气之后，孔子决定做一件平心静气的事情：修《春秋》。

什么是春秋？古人记录历史，按每年春夏秋冬记录，因此，春秋就是各国的历史记录，或者说，是历史大事记。孔子要修编的，自然是鲁国的春秋。

为什么要修《春秋》？孔子说了："夏道不亡，商德不作；商德不亡，周德不作；周德不亡，《春秋》不作。《春秋》作，而后君子知周道亡也。"（《说苑》）

简单地说，孔子要用历史来告诉后人周朝是怎样完蛋的。

要完成这项工作，需要两个方面的准备：资料和人力。

资料并不复杂，孔子与鲁哀公的关系很好，与鲁国太史的关系也很好，很容易就把鲁国的史料借了出来。

人力呢？其实人力也很简单。

孔子决定由自己来做主编，找了几个学习成绩好的学生来做助手。自然，排第一名的是子夏。

鲁国史料非常丰富，大致从鲁国建国的时候就开始了。史料的内容无非是鲁国的大事、世界的大事以及各种天文地理的变化。大致翻阅了一番，孔子觉得没有必要全部记载下来，因此决定从鲁隐公元年（前722年）开始，一直记录到鲁哀公十四年（前481年）。

孔子修《春秋》，实际上是对鲁国春秋进行一个大规模的删减，绝大多数史料被放弃，只录下一些孔子认为重要的史实。并且，文字非常简练，事件的记载也很简略，但二百余年间诸侯攻伐、盟会、篡弑及祭祀、灾异礼俗等，都有记载。

《春秋》是最早的编年史。

《春秋》最初原文仅一万八千多字，现存版本则只有一万六千多字。

孔子修《春秋》，前后只用了九个月的时间。

关于孔子修《春秋》，《史记》中记载最多：

子曰："弗乎弗乎，君子病没世而名不称焉。吾道不行矣，吾何以自见于后世哉？"乃因史记作《春秋》，上至隐公，下讫哀公十四年，十二公。据鲁,亲周,故殷,运之三代。约其文辞而指博。故吴楚之君自称王,而春秋贬之曰"子";践土之会实召周天子,而春秋讳之曰"天王狩于河阳":推此类以绳当世。贬损之义,后有王者举而开之。春秋之义行,则天下乱臣贼子惧焉。

孔子在位听讼,文辞有可与人共者,弗独有也。至于为春秋,笔则笔,削则削,子夏之徒不能赞一辞。弟子受春秋,孔子曰:"后世知丘者以春秋,而罪丘者亦以春秋。"

大致的意思就是孔子怕自己死后留不下什么东西给后人,所以用鲁国的史料修《春秋》。在《春秋》中,孔子借历史来弘扬正义,宣传周礼,譬如吴国、楚国都是自称王,《春秋》里则称吴王、楚王为吴子、楚子;践土之盟分明是晋国召周王参加,可是《春秋》记为周王巡狩于河阳。凡此种种,都是要重申礼法。所以,《春秋》一出,"天下乱臣贼子惧焉"。

其实,所谓"天下乱臣贼子惧焉"不过是自欺欺人,《春秋》之后,天下还不是该篡位篡位,该瓜分瓜分,谁怕过?

按照《史记》的说法,整个修《春秋》的过程就是孔子一个人进行,子夏等人一句话也插不上。《春秋》修完之后,孔子说了:"后代的人们如果知道我,肯定是因为《春秋》这本书了;如果有人骂我,恐怕也是因为《春秋》这本书了。"

对于春秋这段历史和历史人物,孔子的看法确实非常独到,有时候令人叹为观止。譬如,孔子对于管子、晏子和子产的评价。孔子对这三个人都很敬重乃至崇拜,但是,对于这三个人的缺点,孔子也看得非常透彻。

有一次子游问孔子:"老师您极力赞扬子产的仁惠,可以说来听听吗?"

"子产的仁惠不过是爱民而已。"孔子想了想,回答。

"爱民不就是德治了吗?不仅仅是仁惠吧?"

"子产,对于百姓来说就像一个母亲,能养活他们,却不能教化他们。举个简单的例子,到了冬天,子产用自己的车帮助百姓过河,这就是只有爱民而没有教化。"孔子说。

又有一次,子贡来请教问题。

"老师,管仲过度奢侈,晏子过度节俭,与其一起否定,不如区分一下谁更贤德,老师怎么看?"子贡的问题历来如此,他喜欢给老师出选择题。

"管仲太奢侈了,比国君还要奢侈,这让国君很难受;而晏子太节俭了,让手下很为难。真正有才德的君子,应该既不让上级难堪,又不让下级为难。"孔子的回答是各打五十大板,但是都非常有道理。

> 夫《春秋》,上明三王之道,下辨人事之纪,别嫌疑,明是非,定犹豫,善善恶恶,贤贤贱不肖,存亡国,继绝世,补弊起废,王道之大者也。故有国者不可以不知《春秋》,前有谗而弗见,后有贼而不知。为人臣者不可以不知《春秋》,守经事而不知其宜,遭变事而不知其权。为人君父而不通于《春秋》之义者,必蒙首恶之名。为人臣子而不通于《春秋》之义者,必陷篡弑之诛,死罪之名。其实皆以为善,为之不知其义,被之空言而不敢辞。夫不通礼义之旨,至于君不君,臣不臣,父不父,子不子。夫君不君则犯,臣不臣则诛,父不父则无道,子不子则不孝。此四行者,天下之大过也。以天下之大过予之,则受而弗敢辞。故《春秋》者,礼义之大宗也。夫礼禁未然之前,法施已然之后;法之所为用者易见,而礼之所为禁者难知。"

以上这一段出自《史记》,太史公司马迁狂赞《春秋》,认为所有人都要读《春秋》。

《左传》的作者

因为子夏是孔子修《春秋》的头号助手,孔子因此让子夏主攻《春秋》。等到孔子去世之后,《春秋》就传给了子夏。

后来,子夏受魏文侯的邀请,前往魏国西河收徒教学,《春秋》是最重要的教学内容。

《春秋》之后,又有了三部专门讲述春秋历史的书,就是《左氏春秋》《春秋公羊传》和《春秋穀梁传》。这三部书,都是在孔子《春秋》的基础上写成的,不过,后两种主要是"释义",也就是解释孔子的《春秋》为什么要这样写,为什么这样措辞等，注释的含义更大。而《左氏春秋》不同，这本书主要是补充历史细节，使这段历史更详尽、更饱满。因此，历史上，《左氏春秋》的地位远高于另外两部，阅读者也更多，对后代的影响也更大。

《左氏春秋》也就是俗称的《左传》。

后来所说的四书五经，《春秋》属于五经。而《左氏春秋》分为"经""传"两个部分，即每一年的开头是"经"，也就是孔子《春秋》的内容；后面更加详尽的历史记述则是"传"，所以整部书称为《左传》。

《左传》的作者是谁？这历来是一个悬案。不过，本书给出的答案是：《左传》的作者就是子夏。

很长一段时间，甚至到现代，《左传》的作者一直被认为是左丘明。左丘明是谁？古人臆断是鲁国太史，而唯一一段有关左丘明的历史记载在《论语》中。

（《论语》："子曰：'巧言令色，足恭，左丘明耻之，丘亦耻之。匿怨而友其人，左丘明耻之，丘亦耻之。'"）

这段话的意思是这样的：甜言蜜语、和颜悦色、毕恭毕敬地去讨好别人，左丘明认为这很可耻，我也这样认为；心中藏着怨恨，表面上却与别人很友好，左丘明认为很可耻，我也这样认为。

左丘明是谁？孔安国的说法是鲁国太史。其实，就是子夏。

下面，我们来看看子夏是《左氏春秋》的作者的论证。

首先我们从"左氏"说起。

春秋时，卫国有地名为"左邑"，又叫"左丘"以及"左氏"，子夏的弟子吴起就是"卫左氏中人"，子夏很可能也是左氏或者左丘人。子夏晚年失明，司马迁写道："左丘失明，厥行国语"，说的应该就是子夏。

所以，左丘明就是子夏的可能性非常大，因为失明，所以自称为左丘明。古人以地为名的情况非常多，譬如展禽，死后就被称为柳下惠。因此子夏可能在死后被弟子们称为左丘明，祝福他在另一个世界能够看到光明。

这里最大的问题只有一个，那就是孔子不可能称子夏为左丘明。怎么解释这个问题呢？最合理的解释就是，这段话里的"丘亦耻之"原本应该是"参亦耻之",也就是说,这段话应该是曾参说的,被误记为孔子所说。

而关于左丘明的那两段话,恰恰是子夏的性格,这恐怕不是一种巧合。

下面,再来看更有说服力的证据。

要写出《左氏春秋》,需要很多必要的条件,而这些条件,只有子夏一个人具备。

第一,此人手中要有大量的第一手材料。《左传》中运用最多的史料来自鲁国和晋国,《春秋》的史料主要来自鲁国,作为孔子的第一助手,这些史料子夏是具备的;而晋国史料从哪里来?魏文侯以师礼待子夏,并且邀请他到魏国讲学,魏国占有原晋国首都,因此拥有晋国史料。即便魏国不拥有这些史料,当时三晋的关系非同一般的好,子夏要从韩国或者赵国借阅这些史料也是轻而易举的。相反,如果是鲁国太史左丘明,他如何能拿到晋国的史料?

第二,此人的《诗经》一定非常好,是《诗经》,而不是《诗》。因为孔子修订《诗经》,所以,如果不是孔子的弟子,不可能了解《诗经》。《左传》中大量运用《诗经》里的诗,都非常恰当,而内容又没有超出《诗经》。作者不仅《诗经》娴熟,而且一定是孔门弟子。子夏恰恰是孔子学生中《诗经》方面的第一高手。如果是鲁国太史左丘明,即便他精通《诗》,他也不能在《左传》中把诗的使用控制在《诗经》的范围之内。

第三,此人与孔子的关系非同一般,而且不仅仅是一般弟子那么简单。《左传》中大量引用孔子的评语,证明作者曾经跟随孔子修《春秋》。而子夏恰恰是孔子修《春秋》的头号助手,如果是鲁国太史左丘明,他如何知道孔子怎样评价各个历史事件的呢?

第四,《左传》的文采四溢,显示作者的才华非常出众。事实上,子夏的才华是孔子弟子中最出色的一个。

第五,子夏的思想与孔子并不完全相同,更倾向于实用主义,而子夏的徒子徒孙恰好是一群法家,李克、商鞅、吴起等人都是他的嫡系学生,田子方、段干木等人则是一时的大贤。《左传》中,我们可以明显地看到子夏的思想贯穿全文。而鲁国太史左丘明的思想恐怕要保守得多。

譬如,孔子认为晋文公狡猾而不正直,齐桓公正直而不狡猾。在《左传》中,并没有这么写。

（《论语》："子曰：'晋文公谲而不正，齐桓公正而不谲。'"）

第六，《左传》中有大量关于孔子以及孔子弟子的记述，不仅大量记载子贡，甚至包括樊迟和有若这样并不出色的弟子。恰恰子夏和他们关系不错，而如果是鲁国太史左丘明，他会记载孔子那些不知名的弟子吗？

第七，《左传》迅速流传开来，说明作者是个大师级人物，子夏在西河讲学，是当时最大的大师，再加上有许多弟子，因此作品被迅速流传开来。而如果作者是鲁国太史左丘明，他的作品首先在流传上就有问题，因为他没有任何渠道。

第八，《春秋公羊传》和《春秋穀梁传》的作者公羊高和穀梁赤都是子夏的学生。

以上的种种证据和迹象都指向一个结论：子夏就是《左传》的作者。

《左传》对中国历史的影响其实远远大于《春秋》，也大于《论语》。《左传》不仅记述了历史，更记述了政治、军事和文化。春秋这段中国历史上最精彩的历史，如果没有《左传》，将黯然失色。

所以，某种程度上，子夏对于中国文化的贡献，并不逊色于孔子。也可以说，孔子最出色的弟子，就是子夏。

第二九三章

德行的困惑

颜回之死

孔子沉浸于《春秋》之中,每天与子夏、子游、子张、曾参这些年轻的弟子在一起讨论历史,是一件非常惬意的事情,看着孩子们的成长,孔子几乎忘记了岁月正在流逝。

可是,乐极生悲。

这一天,一个噩耗传来。

颜回死了。

"老天爷啊,你为什么抛弃了我?你为什么抛弃了我?"孔子听闻噩耗,忍不住掩面而泣。

(《论语》:"颜渊死,子曰:'噫!天丧予!天丧予!'")

孔子哭得十分伤心,就是孔鲤死的时候,孔子也没有这么伤心过。或者说,从来没有人见过孔子这样伤心。

"夫子,您太悲伤了吧?节哀顺变吧。"身边的弟子说,意思是您老人家要注意身体,别哭坏了身子。

可是,孔子并没有理会弟子们的提醒,他的伤心是弟子们所无法理解的。

"我太悲痛了吗?我的悲痛如果不留给他,给谁呢?呜呜呜。"孔子哭得更加伤心，全然不顾弟子们诧异的眼光。

（《论语》："颜渊死，子哭之恸。从者曰：'子恸矣。'曰：'有恸乎？非夫人之为恸而谁为？'"）

孔子的悲痛是有道理的，这种悲痛既是为了颜回，也是为了自己。

为什么是为了颜回呢？颜回是孔子最得意的学生，他甚至认为颜回比自己还要强，自己所强调的一切颜回都是模范执行的，颜回就是自己理想中的人格化身。可是，这样一个超级三好学生，却在碌碌无为、贫病交加中死去，这不是很悲哀的事情吗？

不错，孔子说过颜回穷并快乐着，可是事实上谁愿意受穷呢？世界上最痛苦的事情大概就是穷并强颜欢笑了。孔子始终在期待着奇迹出现的一天，期待着颜回能够成为国家栋梁，成为卿大夫，成为家财万贯的成功人士。当初孔子说如果颜回发财了，他去给颜回驾车当管家，那看似玩笑，实际上是一种期待，期待着颜回能够挣脱贫穷，获得富贵。

颜回自己呢？看上去他穷并快乐着，可是他的满头白发暴露了一切。他在人前强颜欢笑，在内心承受着人们无法想象的痛苦。

最近这些年，颜回很少来看老师，因为每当他看到冉有、子贡他们混得春风得意的时候，他就会感到惭愧。就像如今的同学会，如果从前学习最好的同学却混得最差，他是不会有任何兴趣参加同学会的。

颜回死了，颜回的梦想破灭了，孔子的梦想也就同时破灭了。

此时此刻，除了梦想破灭的痛苦，除了失去颜回的痛苦，孔子一定还内心惭愧，甚至比颜回还要惭愧，自己口中最好的学生这样死去，这难道不是自己害了他吗？如果少给他讲几句非礼勿听，多讲一些变通，他是不是会成为另外一个人呢？

对冉有、对子路、对子贡等人，孔子寻常所教导他们的都是他们的缺点不足，一步步帮助他们克服不足、发扬优点。可是，对于颜回呢？孔子什么时候针对他的缺点不足批评引导过他呢？一味地表扬、一味地拔高，看似喜爱，实际上不正是在害他吗？

这一刻，孔子一定在反思。

在这一刻，颜回的父亲颜路不仅伤心，而且心怀怨恨。

"我可怜的儿子，临死还在说什么克己复礼，克己复礼能当饭吃？克己复礼是我们贫民能做的事情吗？"颜路喃喃自语，悲痛欲绝，他认为就是孔子害了他的儿子。

颜路的家里很穷，因为儿子始终是个啃老族，满腹学问但是志向太离谱，除了啃老没有别的选择。虽然儿子活着的时候没有过过好日子，颜路还是想让他葬得体面一点儿，问题是，家里没钱，怎么办？

"有困难，找孔丘。"颜路带着一肚子的怨气来找孔子了，心说："他不是总说颜回怎么怎么好吗，既然这么好，出点儿血总可以吧？"

颜路来到孔家的时候，孔子正在悲伤。

"先生，我儿子死了。"颜路对孔子说，尽管他一肚子怨恨，可是看见孔子，底气就不足了。

"唉，可怜的孩子啊。"孔子说，他强忍自己的悲痛，想要安慰颜路，然后说自己会承担丧葬费用，可是没等他说，颜路抢过了话头。

"凭我儿子的德行，我觉得要厚葬他。"颜路说话就带着火，似乎在命令孔子。

"怎么厚葬？"孔子觉察到了颜路的情绪。

"怎么厚葬？不能只用一层棺木，要用椁。"

"用椁？"孔子忍不住看了颜路一眼，心说你穷得叮当响，还要用椁？"我觉得不妥，颜回顶多算个士，怎么能用椁？"

实际上，颜回连士也不是。

"不，就要用。"颜路赌气一样说。

"那你就用吧。"孔子有些生气了，不愿意搭理他。

"可是我没钱，先生能不能把您的车给我，我卖了车给我儿子买椁。"颜路瞪着孔子说，好像要来抢车。

孔子的火腾地上来了，反过来盯着颜路看，盯得颜路有点儿害怕了。

"颜路，我告诉你。德行不德行另说，我们说说各自的儿子吧。我儿子死了，也是有棺无椁的，凭什么你儿子死了就要用椁？再者说了，我虽然现在不是大夫了，可是我还享受大夫的级别和待遇，没有车，你让我出门走路吗？你听说过哪个大夫出门走路的？啊，我看你是脑子被驴踢了吧？"孔子发起火来，一顿痛斥，让颜路无话可说。

《论语》：

> 颜渊死，颜路请子之车以为之椁。子曰："才不才，亦各言其子也。鲤也死，有棺而无椁。吾不徒行以为之椁。以吾从大夫之后，不可徒行也。"

孔子见颜路被训得老实了，这才把语气放缓下来。

"你以为什么？你以为颜回死了我不伤心？我比任何人都伤心。你回去吧，颜回的葬礼我来操办，你不用操心了。"末了，孔子还是要为自己的弟子出钱出力。

颜路回家了，挨了一顿骂却得到一个承诺，他的怨恨少了很多。

颜回的死讯迅速传开了，同学们都很悲伤，毕竟颜回的人品是那样高尚，学问是那样优良，即便大家未必喜欢他，可是大家从内心尊重他。何况，他是老师最得意的弟子。

于是，不等孔子来说，子贡和冉有牵头，决定大家集资厚葬颜回。

"赐啊，葬礼恰当就行了，不要厚葬了。"孔子劝子贡，不希望大家破费太多。

"夫子，您就别管了。"子贡把事情都揽了下来，不想让老师为这个事情太操劳。

结果，子贡还是厚葬了颜回，包括用了椁。

"唉，颜回就像我的儿子一样，可是却不能像我儿子一样下葬。这个事情不怪我，都是他的兄弟们操办的啊。"孔子无奈地接受了这个结果，他还是觉得这样的葬礼不够恰当。

《论语》：

> 颜渊死，门人欲厚葬之。子曰："不可。"门人厚葬之。子曰："回也视予犹父也，予不得视犹子也。非我也，夫二三子也。"

颜回之过

颜回，后来的历史认为他是孔子最欣赏也是最喜欢的学生，事实上可能也是。

在颜回死后，鲁哀公和季康子曾经问过孔子同样的问题："您的学生中谁是最好学的?"

"当然是颜回了,不会迁怒于别人,也不会为自己的错误推诿,不幸的是过早地去世了。现在呢,再也找不到颜回这么好学的了。"

《论语》:

哀公问:"弟子孰为好学?"孔子对曰:"有颜回者好学,不迁怒,不贰过,不幸短命死矣!今也则亡,未闻好学者也。"

《论语》:

季康子问:"弟子孰为好学?"孔子对曰:"有颜回者好学,不幸短命死矣。今也则亡。"

孔子真的认为自己不如颜回吗?应该是真的,而且,颜回确实比孔子更纯粹、更不功利。来看看《荀子》中的一段记载。

有一天,孔子问子路:"知者怎样?仁者怎样?"

子路的回答是:"知者让别人了解自己,仁者让别人爱自己。"

"嗯,你就算个士了。"孔子说,尽管子路品位不高,可是至少还算有想法。

同样的问题,问子贡。

子贡的回答是:"知者洞察别人,仁者爱别人。"

"嗯,你就算是士里的君子了。"孔子说,子贡显然比子路要高明了。

同样的问题,问颜回。

颜回的回答是:"知者了解自己,仁者爱自己。"

"嗯,你就是高明的君子了。"孔子说,颜回的回答超出了孔子的最佳答案。

按《荀子》:

子路入,子曰:"知者若何?仁者若何?"子路对曰:"知者使人知己,仁者使人爱己。"子曰:"可谓士矣。"子贡入,子曰:"赐!知者若何?仁者若何?"子贡对曰:"知者知人,仁者爱人。"子曰:"可谓士君子矣。"

颜渊入，子曰："回！知者若何？仁者若何？"颜渊对曰："知者自知，仁者自爱。"子曰："可谓明君子矣。"

下面来分析几个人的答案。

子路的回答说明他希望得到别人的赏识，他的目的自然是做官。

子贡的回答说明他希望了解这个世界，从中找出规律去适应和利用，自然，他的目标是经商，了解别人、了解市场，在商战中获胜。

颜回的回答说明他并不关注外部世界，而只关心自己的想法。因此，颜回是个理想主义者，他只管这个世界应该是怎样，却不关心这个世界现在是怎样的，以及怎样改变这个世界。

从理想的角度来说，当然是颜回最高，子路最低，子路不追求自由，子贡追求身体的自由，而颜回追求思想的自由。

从另一个角度说，子路是俗人，子贡是贤人，颜回是圣人。

那么，孔子自己怎样回答同样的问题呢？

孔子在回答樊迟的问题时曾经说过"知者知人，仁者爱人"。此外，孔子还说过："不用担心别人不了解自己，只怕自己不了解别人。"

《论语》："子曰：'不患人之不己知，患不知人也。'"）

从这个角度说，孔子的境界基本上与子贡相当。也就是说，确实达不到颜回的境界。

可是，就是颜回这个比孔子境界还要高的人，对孔子的学说却没有多少贡献。说起来似乎不可思议，实际上却有足够证据说明这一点。

事实上，整部《论语》，提到颜回的仅仅二十一条，这与他在孔子心目中的地位相去甚远。相比较，子贡有三十八条，子路有三十九条。就是这二十一条，颜回提问的仅仅两条，没有一条与孔子有不同意见的。与子路的直言不讳和子贡的拐着弯质疑相比，颜回真是没有什么贡献。

基本上，颜回就是一个三好学生，永远听老师话的三好学生。或者说，就是个书呆子。贤是贤了，可是也确实没有什么用途。他永远在精神层面上说话，永远活在自己的梦想中。

颜回对孔子无限崇拜，比孔子本人更坚信孔子的话。

颜回曾经这样说过："对于老师，仰望他看不到顶，钻研他深不可测。看着他在前面，突然他又到了后面。老师总是循循善诱，引导我们前进。用知识来陶冶我们，用礼法来约束我们，真是让人学习起来欲罢不能。我已经竭尽了全力，大道似乎就在前面，我虽然想要追随它，却不知道从何入手。"

颜回的这段话可以说是文采飞扬，记载于《论语》：

> 颜渊喟然叹曰："仰之弥高，钻之弥坚，瞻之在前，忽焉在后。夫子循循然善诱人，博我以文，约我以礼。欲罢不能，既竭吾才，如有所立卓尔。虽欲从之，末由也已。"

循循善诱，这个成语出自这里。

欲罢不能，这个成语也出自这里。

虽然这段话说明了颜回对孔子的崇拜，可是也确实说明他在理想与现实之间有些找不到方向。

其实，对于颜回的弱点，孔子非常清楚。

有一次，孔子和子夏聊天，说起了子夏的师兄弟们。

"夫子，颜渊师兄的为人怎么样？"子夏问。

"他这人坚持原则，这点比我强。"孔子说。

"那子贡师兄呢？"

"他比我敏锐。"

"那，子路师兄呢？"

"他比我勇敢。"

"那，子张呢？"

"他比我庄重。"

"那，既然他们各自都比夫子强，为什么他们都要向夫子学习呢？"子夏问。

"我告诉你，颜回坚持原则但是不懂得变通，子贡虽然敏锐但是太好强，子路勇敢但是不知退让，子张很庄重但是不懂得妥协。他们四个人的优点放在一起，我是绝对不会去做的。真正的聪明人，要懂得进退屈伸。"孔子这样回答。

那么，只关心自己内心世界的颜回是一个自私的人吗？

某个角度来说，是的。因为他有父亲、有妻子、有儿子，他给了他们什么？没有。他完全没有尽到一个儿子、丈夫和父亲的职责，如果生活在现代，他一定是妻离子散的命运。

从另一个角度来说，又不是。因为他从来不迁怒于人，从来不拒绝承认自己的错误。自私的人往往是为了自己的利益而损害别人的利益，可是颜回不是这样的人。在他看来，利益是什么？他似乎完全不在乎自己的利益。

他是一个活在精神世界里的人。

冉耕之死

颜回的丧事刚刚结束，又一个坏消息传来：冉耕也快不行了。

冉耕字伯牛，小孔子八岁，是孔子的第一批学生。冉耕现在已经六十二岁了，按理说在那个时代这就算是高寿了，这个时候死去没有什么令人惊诧和悲哀的。

可是，冉耕得了一种怪病，浑身流脓并且发出恶臭。以现代医学来看，这就是麻风病的症状。

冉耕是冉家的人，家境也不富裕，不过还过得去，这一点与颜回不同。冉耕性格老实巴交，朴实勤劳，虽然没有跟随孔子周游列国，但是与孔子的联系不断，每次孔子回来，都会过来帮忙，孔子一直将他当成自己的兄弟一样。

听说冉耕得了这种生不如死的怪病，孔子坚持要去看望他，弟子们再怎么劝也劝不住。

"夫子，听说那种病是会传染的。"子夏劝说。

"唉，我这么老了，还怕死吗？"

孔子最终还是去看望了冉耕。

此时的冉耕已经奄奄一息，按照冉耕的要求，除了老伴能进到屋里照顾他之外，其余人都不能进去。一来担心传染；二来自己的形象太惨，不希望别人看到。

听说孔子来到，冉耕自然高兴。不过还是让家人转告孔子不能见面，孔子也就不再坚持。

两人隔着窗户说了几句话，孔子还是忍不住隔着窗户把手伸进去握了冉耕的手，旁边的弟子们看得浑身起鸡皮疙瘩。

"唉，这就是命啊，这命真不公平啊。伯牛这么好的人，竟然得这样的恶疾。这么好的人，竟然得这样的恶疾。"回去的路上，孔子一直在叹息。

（《论语》："伯牛有疾，子问之，自牖执其手，曰：'亡之，命矣夫！斯人也而有斯疾也！斯人也而有斯疾也！'"）

孔子的心情非常不好，一连几天一言不发。

这一天，是子游和子夏跟随在孔子的身边。

"我这辈子收了三批弟子，这么多人当中，真正出色的也并不多。德行出色的有颜回、闵损、冉耕和冉雍，言语出色的有宰予和端木赐，政事出色的有冉求和仲由，现在看来，就是德行出色的最没有出息，闵损无意功名也就算了，冉雍规规矩矩也还不错，可是冉耕碌碌一生，颜回贫病而死，这，究竟是因为什么呢？难道德行就真的是最没有用的？"孔子突然问两个弟子。

"弟子以为，是因为他们不懂得变通。"子夏想了想，先说了。

"那么你觉得该怎样变通呢？"孔子问。

"大节上不能超越界限，小节上有些出入是可以的。原则坚持了，方法上可以变通。"子夏说。

"嗯。"孔子点点头，没有再说什么。

（《论语》："子夏曰：'大德不逾闲，小德出入，可也。'"）

"偃，你说说呢。"孔子问子游。

"按照夫子的说法，德是用来给上位者自我约束的，仁才是我们这些平头百姓的立身之本。德是上位者亟须具备的，老百姓有没有影响不大。相反，当天下缺德的时候，一个老百姓太有德行反而是件麻烦事，是在束缚自己，几位德行修养很高的师兄恐怕就是这样，在德的方面对自己要求太高，在仁的方面做得不够。"子游说，显然他早就在思考这个问题。

子游的意思，是太监操了皇上的心。小老百姓，想想怎么养活老婆孩子，怎么与左邻右舍相处，怎样获得上司的赏识等，国家与天下那不是他们应该去操心的。

孔子看看子游，再看看子夏。

第二九四章

德和仁

子服景伯

就在孔子的弟子们为颜回办丧事的时候,发生了一件大事。

吴国是新崛起的强国,而晋国是老牌的霸主。吴王夫差想要成为新的霸主,于是委托鲁国出面约晋国人见个面,讨论一下谁来当霸主。

鲁国一来害怕吴国,二来也想让晋国人吃点儿苦头,于是听从了吴国人的请求,广发英雄帖,邀请了晋国、宋国等国家,来到鲁国与宋国交界的黄池相会。

吴王夫差和太宰伯嚭亲率三万精锐北上,晋国的晋定公和中军元帅赵简子也率领晋军精锐前来,一场争霸战就要打响。

作为东道主和名义上的召集人,鲁哀公出任相礼,也就是主持人。王室也派出正卿单平公出席,作为见证人。

临行之前,鲁哀公派人来请子贡同行,有子贡他就放心了。

"抱歉抱歉,这边还在操办颜回的葬礼,我离不开。"子贡拒绝了。

子贡不肯去,怎么办?

好在鲁国还有子服景伯,于是鲁哀公就带着子服景伯同去了。

到了黄池,吴国和晋国两国明争暗斗,差点儿打起来。吴王夫差决定去会见晋平公,于是派人来找鲁哀公,说是要他跟着去。

鲁哀公一听,这不是扯淡吗?自己是东道主、主持人,天然的中立国啊。如今跟着你去见晋平公,这不就等于你的跟班了?本来我是当裁判、当和事佬的,现在我要加入战斗了?

鲁哀公当然不愿意去,一来没面子,二来还得罪晋国。

问题是,吴国人很野蛮不讲理,不去还不行,怎么办呢?

"子贡在就好了,他一定有办法推辞的。"鲁哀公说。

"那我试试吧。"子服景伯决定出马看看,虽然口才不如子贡,好在学问比子贡大。

于是,子服景伯紧急求见太宰伯嚭。

"据我所知啊,如果是天子会合诸侯,那么诸侯的霸主就率领诸侯觐见天子;诸侯的霸主会合诸侯,那么侯爵就率领子爵、男爵进见霸主。从天子以下,朝聘时所用的玉帛也不相同。所以敝邑进贡给吴国的,是按照进贡给霸主的标准。如果贵国国君去见晋国国君,却要带着我国国君一块儿去,就等于承认晋国是霸主,而我们就成了子爵、男爵了。那这样的话,贵国还和晋国争什么呢?这样的话,以后我们就按照自己是子爵、男爵的标准给贵国进贡了。"子服景伯一通话也说得有理有据,当然中间也有瞎编乱造的,反正南蛮子也不懂。

伯嚭一听,这话有道理啊。于是跟夫差一说,就没有再强迫鲁哀公同去了。

后来吴王夫差感觉不对劲,在回国的时候把子服景伯也抓回去了。不过子服景伯又找到了伯嚭帮忙,这样吴王夫差才释放了他。

回到鲁国,子服景伯特地约了子贡来看望孔子,孔子很高兴,子服景伯虽然不是自己的弟子,但是总是像弟子一样尊重自己。

说起子服景伯,似乎知道的人不多。可是,如果熟悉《左传》,就知道子服景伯是个多么牛的人了。子服景伯不仅非常敬重孔子,还和子路、子贡关系密切。给人的感觉,子服景伯没有成为孔子的弟子,就像赵云没有参加桃园三结义一样令人遗憾。

以子服景伯的人品、口才、学识和对周礼的理解程度,以及他的出身地位,如果他是孔子的弟子,其成就和声望的排名绝对可以进入前三名。

不论在《论语》中,还是在《左传》中,都给子服景伯留下了不少的笔墨。由此可见,他在孔门之中是大受好评和肯定的。

仁

遥望夜空，孔子常常回顾自己的一生。从和母亲相依为命，到母亲去世之后哥哥对自己的关照。从一个贱民，到成为一个士，再到官居大司寇成为一个贵族。自己的一生是不幸的，也是幸运的，对这个世界更多的应该是感恩。如果自己的父亲能够地下有知，看到自己的成就，他一定会自豪的。

闭上眼睛，孔子反思自己的思想。从否定管仲到崇拜管仲，这是自己的一个进步。早年开始办孔子学校，自己的理想是成为一个卿大夫。到后来去了齐国，有了自己的治国理念，那就是以礼治国。伟大的周礼啊，完美的周礼啊。后来终于成为鲁国的大司寇，自己有了实践理想的机会，可形势比人强，自己的理想很快破灭。但是，自己并不认输，于是开始周游列国，试图说服诸侯们回到成康之治的周礼时代。可是，自己总是失败。到后来，也就只能知不可为而为之了。

到现在，一切都成了过眼云烟，自己年老体衰不复年轻时的斗志，眼光也放平了许多，心态也放平了许多，生活还要继续，不仅仅是自己的生活，还有弟子们的生活。现实令人不得不放下理想，但是理想永远存在心头。

拯救天下是没有希望了，那么就拯救自己身边的人，让自己身边的人成为君子，既能具有周礼的精神，也能获得有尊严的生活。

为此，孔子调整了自己的思路。

对于上位者，他不再强调周礼，不再说君君臣臣，因为那确实有些不切实际。他开始强调德，也就是以身作则。当上位者要求臣民们做到什么，自己首先做到，这就行了，至于是不是符合周礼，就已经不是那么重要了。

所以，对鲁哀公，对季康子，孔子说德。

孔子所说的以德治国，并不是以统治者的所谓道德来治理国家，而是统治者的以身作则来垂范百姓，治理国家。

这个时候孔子的心思都用在怎样去帮助自己的弟子们，除了给岁数大一些的弟子们找工作谋前途之外，孔子全副身心都用在为在校的弟子们服务上了。

第二九四章　德和仁

修编《诗经》和《春秋》，都是为了给学生们提供教材。

出风头、挣名气、有好处的事，孔子都让学生们去做，自己只在幕后默默地支持和指导。

"孔子真了不起啊！他学问渊博却不沽名钓誉，一门心思教学生啊。"有人这样感慨地说。

很快，有弟子把这话传给了孔子。

孔子一听，呵呵笑了。

"孩子们，你们看打仗的战车，一辆战车上三个人，一个人驾车，一个人持戟，一个人射箭。驾车的人负责掌握车的进退、速度、位置，持戟的人负责守卫，射箭的人负责攻击，杀敌立功。如果咱们在一辆战车上，我干什么？射箭？持戟？我啊，只能驾车啊，哈哈哈。"孔子说着，大笑了起来。

孔子的意思，就是我心甘情愿给你们指引方向，帮着你们去建功立业。至于老头子我自己，看着你们成长就很快乐了。

《论语》：

达巷党人曰："大哉孔子！博学而无所成名。"子闻之，谓门弟子曰："吾何执？执御乎？执射乎？吾执御矣。"

与从前一门心思教六艺，教授知识不同，现在孔子更强调做人。

"进入我的学校的学生，首先要做到在家里孝顺父母，出门在外敬重师长，言行要谨慎，要诚实可信，要广泛地去爱众人，还要亲近仁人。做到这些之后还有余力的话，再去学习文化知识。"孔子说。所以，刚入学的弟子，首先教的就是怎样做人，从内心里，从习惯上修正之后，再安排学习文化知识。

有的弟子入学时有很多毛病，那么，就要改毛病。改完之后，再说学习。

所以，孔门弟子一旦进入孔门，时间不长就能在精神面貌上和行为习惯上有大的变化，再回到家里的时候，家里人就会惊诧："怎么这么懂事了？"乡邻就会说："怎么这么有礼貌了？"

(《论语》："子曰：'弟子，入则孝，出则悌，谨而信，泛爱众，而亲仁。行有余力，则以学文。'")

与从前只顾传授知识、不重视知识的运用不同,孔子现在更注重知识的运用。

譬如《诗经》,除了学习《诗经》的背景知识和诗文的表达之外,孔子还会讲解其应用,什么样的诗句适用于什么样的场合。在《春秋》中我们就能够看到诗的恰当引用,这些都是孔子给学生们传授的内容。

孔子常常说:"把《诗经》三百篇背得很熟,让他处理政务,却不会办事;让他当外交使节,不能独立地应对;背那么多,又有什么用呢?"

(《论语》:"子曰:'诵《诗》三百,授之以政,不达;使于四方,不能专对;虽多,亦奚以为?'")

所以,孔子的理念是学以致用,光学不用,光学不会用,这些都是失败的。

到这里,再回头去看看"学而时习之,不亦说乎",就发现"学而时习之"并不是头一等的快乐,而是无法应用情况下无奈的次一等的快乐。

学习的头一等快乐是什么?"诵《诗》三百,授之以政,达;使于四方,能专对。"就是学以致用。

次一等的快乐是什么?"诵诗三百,无政可授,无使可出。"就是自娱自乐,自得其乐。

最糟的结果是什么?"诵诗三百,授之以政,不达;使于四方,不能专对。"就是学了白学,耽误时间。

所以,孔子的教学理念就可以归结为三句话了:学习第一是学做人,第二是学习知识中的方法,第三才是死记硬背的知识。

那么,怎样学做人?做一个怎样的人?

孔子给出了一个标准:仁人。

做一个仁人,做一个懂得仁的人。

什么是仁?就是与人打交道的技巧。

什么是仁人?就是一个懂得怎样与人和谐相处的人,做一个受尊重的人,做一个受欢迎的人。至少,做一个不让人讨厌的人。

一个人,只有做到了仁,才能够在社会上立足,才能够有所成就。

事实上,早在卫国的时候,孔子就开始强调"仁"了。回到鲁国之后,则是全力推进"仁"的教育。

在孔子和第一批弟子的对话中，几乎不谈仁。与第二批弟子的对话中，偶尔会谈"仁"，并且也是在周游列国之后。与第三批弟子的对话中，"仁"就是主要话题了。

这个时期，孔子就是在强调德、强调仁，将礼和乐放在了次要的位置上。

所以这个时候孔子说："人如果不懂得仁，不懂得与人相处之道，就是懂得礼又怎样呢？就算懂得乐又怎样呢？"

（《论语》："子曰：'人而不仁，如礼何？人而不仁，如乐何？'"）

叔孙豹曾经说过人有三不朽，第一等的是立德，第二等的是立功，第三等的是立言。

所谓立德，就是以自身的行动垂范天下，譬如尧、舜、禹，譬如周文王；所谓立功，就是立下功业，以自己的才能造福天下，譬如姜太公、周公旦；所谓立言，就是有很睿智或者有哲理的名言流传后世。

孔子认为，立德的人一定能够立言，但是立言的人不一定立德；同样，仁人一定是勇者，但是勇者不一定是仁人。

（《论语》："子曰：'有德者必有言，有言者不必有德。仁者必有勇，勇者不必有仁。'"）

孔子认为，仁是基础。没有这个基础，礼也就缺乏意义。但是反过来，如果只有仁而没有礼，也是不完善的。因此，在仁的基础上，应该去追求礼。

孔子曾经说过这样的话："凭借聪明才智足以得到它，但仁的水平不能保持它，即使得到，也一定会丧失。凭借聪明才智足以得到它，仁的水平可以保持它，不用严肃态度来治理百姓，那么百姓就会不敬；聪明才智足以得到它，仁的水平可以保持它，能用严肃态度来治理百姓，但使用百姓时不照礼的要求，那也是不完善的。"

（《论语》："子曰：'知及之，仁不能守之；虽得之，必失之。知及之，仁能守之，不庄以莅之，则民不敬。知及之，仁能守之，庄以莅之，动之不以礼，未善也。'"）

这一段话实际上是在讲一个创业与守成的层次，有才能的人能够成功，但是如果不懂得人际关系，没有一个圈子来支持自己，得到的也会失去。如果又有能力又懂得人际关系，可是待人傲慢，那么也就是个土豪，不会受到尊敬。又能干又懂得人际关系又谦恭，可是不守规矩，还是会被人瞧不起。

这四个层次就是知、仁、庄、礼，其中礼是最高层次，这符合孔子的一贯主张。

但是，最重要的却不是礼，而是仁。

为什么？因为如果没有知，就不会得到，当然也就不会有得而复失的痛苦；没有庄，顶多得不到尊敬；没有礼，也就是不够完善。所以，庄和礼都只是锦上添花而已。

但是，如果没有仁，你就将得而复失，并且可能连老本也搭上。

这样说来，仁才是守成的第一要素。

孔子强调仁，自然就要说不仁的缺点或者危险性。

孔子认为，作乱的人有两种，一种人是本身有暴力倾向而又贫穷的人，容易作乱。另一种虽然本身没有暴力倾向，但是因为不仁，朋友少、路子窄，名声不佳找不到工作，最后走投无路，穷到无法承受的时候，也会作乱。

(《论语》："子曰：'好勇疾贫，乱也；人而不仁，疾之已甚，乱也。'")

进一步，孔子认为，不仁的人不能长久地处在贫困中，他们会作乱；也不能长久地处在安乐中，他们会折腾。仁人可以坚守仁，有智慧的人则是知道仁对自己有利才去学习仁。不管怎样，仁是这个社会安定的基础，如果人人都懂得仁，世界就会和平了。

(《论语》："子曰：'不仁者不可以久处约，不可以长处乐。仁者安仁，知者利仁。'")

既然仁这么重要，那么，怎样才算是仁，怎样才能做到仁呢？

实际上，从一开始，孔子也是比较模糊的。

孔子首先比照自己的性格来定义仁，孔子认为自己的性格特点是刚强坚毅，内向寡言。不过为了谦虚一点儿，孔子说这样的性格就接近于仁了。

既然这样的性格才接近于仁，那么那种花言巧语、拍马屁、爱忽悠、讨人欢心的人自然就不可能达到仁了。

(《论语》："子曰：'刚、毅、木、讷近仁。'")

（《论语》："子曰：'巧言令色，鲜矣仁。'"）

对于怎样才能做到仁，一开始孔子也是有点儿说不清。所以，对早期关于仁的问题，孔子的回答并不太好。

譬如颜回问仁，孔子的回答是"克己复礼"这样的大道理。

有一次子贡问孔子："夫子，我怎样才能做到仁呢？"

"俗话说：'工欲善其事，必先利其器。'工匠想要把活做好，首先要把工具打磨好。你现在要做的，就是找机会去侍奉一个贤能的大夫，并且结交仁义之士。"孔子说。道理是没错，可是和仁似乎并没有多大的关系，只不过是孔子要借着这个话题劝子贡出仕而已。

（《论语》："子贡问为仁。子曰：'工欲善其事，必先利其器。居是邦也，事其大夫之贤者，友其士之仁者。'"）

第二九五章

樊迟和子张

樊迟

孔子很快就意识到，仁并没有标准答案。一个人是否能够处理好与他人的关系，取决于他的性格、习惯、品质等，因此不同的人要做到仁，要根据自身的缺点去改进。

此后对于弟子们关于仁的问题，孔子都要根据这个弟子的具体情况给出建议。

在孔子对于"仁"这个问题的回答中，实际上答案分成了三个层次。最基本的层次是"仁者爱人"，这只是原则，不是方法。中等的回答是"己所不欲，勿施于人"，这是通用的方法，但是并不具体。最高等的回答，是针对提问者本身的缺点不足，做出的相应的改进建议。

多数人在得到孔子的建议之后都能去改变自己，改变的程度有区别，但是都会有进步。

但是，有两个人让孔子大伤脑筋，因为无论怎样对他们说，他们都改不了。

樊须字子迟，也被称为樊迟。当初鲁国建国的时候，周公特地为他们搭配了"殷民七族"，也就是商朝的七个姓，他们到鲁国专门从事商业。其中一个姓就是樊，樊迟就是商族的后人。按理，百姓分为士农工商，各司其职，不能转换。可是到了春秋时期，各个行业之间似乎已经可以变换，譬如管子就曾经经商。

樊迟这个时候已经不是一个商人，而是一个士了。冉有率领鲁军迎战齐军的时候，特地让樊迟为车右，那时候樊迟只有二十二岁。由此可见，樊迟是个少年成名的勇士。

孔子回到鲁国之后，冉有把樊迟推荐给孔子，于是成了孔子的弟子。冉有的意思是：一来想要樊迟跟孔子学习知识，为今后的发展打个基础；二来孔子身边缺乏一个类似子路的角色，樊迟恰好合适。

樊迟很高兴，因为今后可以随时接受孔子的教导。孔子也很高兴，自己身边确实需要一个这样的人，今后出门，驾车和保护自己的事情都可以交给樊迟了。

樊迟就是子路第二，每个人都这样说，一开始孔子也这样看。

樊迟的性格比子路还要憨直，喜欢问问题，而且喜欢打破砂锅问到底，孔子喜欢他这点，但是也因此认为他不够聪明。不管怎样，自从樊迟来了，孔子去哪里都一定带着他。

一次，孔子去孟懿子家，樊迟做御者。孟懿子问孔子怎样才能做到孝，孔子回答"无违"。回家的路上，孔子把这个问答告诉了樊迟。

"那，夫子，什么是无违啊？"樊迟没听懂，没听懂就问。

"就是说父母在的时候，要按照礼制奉养他们；父母死了之后，要按照礼制埋葬他们，按照礼制祭祀他们。"孔子说，心说看来这小子的悟性不是太高。

《论语》：

> 孟懿子问孝。子曰："无违。"樊迟御，子告之曰："孟孙问孝于我，我对曰无违。"樊迟曰："何谓也？"子曰："生，事之以礼，死，葬之以礼，祭之以礼。"

孔子现在喜欢讲知讲仁，讲得樊迟云里雾里，怎么想怎么不得要领，于是就要提问。

"夫子，什么是知？"樊迟问。

"执政为民，敬鬼神而远之，这就是知了。"孔子顺口回答，樊迟眨眨眼，还是不太明白，似乎这跟自己没什么关系。

孔子的这个回答确实跟樊迟没什么关系，人家就是一个学生，讲什么执政为民呢？

"那，什么是仁？"樊迟又问下一个问题。

这一次，孔子没有顺口回答了，他也意识到刚才的回答有些随意了。

"遇到困难走在前面，看见好处走在后面，这就是仁了。"孔子回答，这个回答正是基于樊迟的缺点。樊迟虽然人很实在，但是不机灵，眼中没活儿，做事情没有主动性，这一点与子路的差距非常大，这也让孔子有些失望。

孔子的意思是，做事别怕吃亏，好处让给别人，这样就能让别人喜欢你。换句话说，就是吃亏是福。

樊迟眨眨眼，点点头，不过还是弄不明白。

《论语》：

> 樊迟问知。子曰："务民之义，敬鬼神而远之，可谓知矣。"问仁。
> 曰："仁者先难而后获，可谓仁矣。"

没弄明白怎么办？接着问。

过了两天，樊迟又找到一个机会，于是又来问同样的问题。

恰好，孔子在思考问题。

"夫子，我还是没弄明白什么是仁。"樊迟又来了。

"仁呢，就是爱人。"孔子知道樊迟反应比较迟钝，脑子不是太灵光，因此尽量给他讲得简单一点儿。孔子的意思就是说，如果你不懂得怎样与人打交道，那么就保有一颗爱心。

樊迟眨眨眼，还是没明白。

"那，知呢？"樊迟还有一个问题。

"知？就是知人。"孔子觉得这小子是个榆木脑袋，不知道什么时候能开窍。

樊迟眨眨眼，还是没明白。

孔子瞥了樊迟一眼，闭上了眼睛。继续思考自己的问题去了，之后自言自语道："举直错诸枉，能使枉者直。"

"什么？我还是不明白。"樊迟更不明白了，低声问。

孔子沉浸于自己的思索，并没有听到樊迟的问题。

樊迟见孔子没有回答，退了出来。

刚到院子里，迎头碰上了子夏。

"对了，问问子夏吧。"樊迟心想，除了老师，不就是子夏最有学问了吗？

"师兄，我刚才问夫子什么是知，老师说'举直错诸枉，能使枉者直'，到底啥意思啊？"樊迟问子夏。

"嗯，这话含义丰富啊。这话夫子曾经对我说过，意思就是任用正直的人取代不正直的人，能让不正直的人变成正直的人。想想看，当初舜拥有天下，从众人中选拔了皋陶，于是不仁的人就都离开了；后来商汤拥有天下，从众人中选拔了伊尹，于是不仁的人都离开了。"子夏确实很有学问，拿出例证来印证老师的话。

"噢。"樊迟似懂非懂，舜和汤他是知道的，可是他们跟自己有什么关系呢？老师说的是舜和汤的知，不是自己的知啊。就算自己明白了，有什么用呢？

《论语》：

> 樊迟问仁。子曰："爱人。"问知。子曰："知人。"樊迟未达，子曰："举直错诸枉，能使枉者直。"樊迟退，见子夏，曰："乡也吾见于夫子而问知，子曰：举直错诸枉，能使枉者直。何谓也？"子夏曰："富哉言乎！舜有天下，选于众，举皋陶，不仁者远矣。汤有天下，选于众，举伊尹，不仁者远矣。"

孔子上了岁数，喜欢回想过去，喜欢念旧。平时有事没事，就想起周游列国时候的弟子们，现在看看，那帮弟子都已经不在身边，难免感慨。

"唉，当年随我周游列国的弟子们，都已经走了。"孔子慨叹。

（《论语》："子曰：'从我于陈蔡者，皆不及门也。'"）

孔子不仅喜欢回想过去，还喜欢对比。自然地，就会拿樊迟和子路对比。对比的结果，自然是子路更聪明、更勤奋，也更体贴。

俗话说：没有对比，就没有伤害。

所以，孔子渐渐地不那么喜欢樊迟了，言语态度之间自然也就流露出来了。

而樊迟越学习越觉得自己笨，别人能听懂的自己听不懂，问了老师还是不懂，这不是自己笨是什么？再看看孔子对自己的态度变化，樊迟对自己的前途渐渐地失去了信心。

"我这样的人还能干什么？"夜深人静的时候，樊迟总是这样问自己。

想来想去，樊迟觉得自己不是干大事的人，可能只能当个农民伯伯了。终于有一天，樊迟忍不住对孔子说了。

"夫子，我觉得自己不是学习知识的料，我想学种地了。"樊迟说。

"种地？那我可不会，那你要向老农请教。"孔子以为樊迟向自己请教种地，因此有些恼火。

"我，我还想学种菜。"

"种菜？那我可不如老园丁啊。"孔子气得脸都发白了，这个学生太没有出息了，跟自己学习这么久，竟然要去当农民伯伯。

看见老师不高兴，樊迟没有再说什么，退了出去。

"樊迟真是个没出息的小人啊。执政的人喜爱礼仪，百姓就会很恭敬；执政的人喜欢道义，百姓就会服从管理；执政的人重视信用，百姓就会真诚相待。做到这些的话，百姓就会携儿带女来投奔你，还用得着你自己去种庄稼？"孔子说，他说得很对，不过，跟樊迟没什么关系。

《论语》：

> 樊迟请学稼，子曰："吾不如老农。"请学为圃，曰："吾不如老圃。"樊迟出，子曰："小人哉，樊须也。上好礼，则民莫敢不敬；上好义，则民莫敢不服；上好信，则民莫敢不用情。夫如是，则四方之民，襁负其子而至矣。焉用稼？"

小人，这是孔子对樊迟的评价。

不过，孔子这里所说的小人不是后世所说的小人，孔子所说的小人是指没志向、没觉悟、没知识的小老百姓，类似今天说的小市民。

问了种地的问题之后，樊迟感觉自己的问题很傻。

怎么办呢？樊迟觉得该再去问一个高端一点儿的问题，挽回一些形象。

于是，几天以后，樊迟又来问问题。

"夫子，上次我没弄明白，到底什么是仁啊？"樊迟问，他觉得这个问题比较高端，孔子一定喜欢。

孔子一看，怎么还来问仁？怎么总是弄不懂？

"仁哪，就是平时要保持端庄，办事要认认真真、有始有终，跟人交往要守信用。"孔子没好气地说，他这些依然是在指出樊迟的缺点，不过语气上很不客气。

"啊，啊。"樊迟还是回不过神来。

看见樊迟的样子，孔子更加不高兴了。

"须啊，刚才说的你要记住啊。将来就算出国了，去了野蛮民族那里，也要这样要求自己啊。"孔子说，意思是说你不是说想去种地吗？干脆去柬埔寨、索马里吧。

"啊，是。"樊迟还是没有回过味来。

(《论语》："樊迟问仁。子曰：'居处恭，执事敬，与人忠，虽之夷狄，不可弃也。'")

过了两天，樊迟感觉好像上一个问题也不好，现在他很迷茫，怎么问什么问题都不能让孔子高兴呢？

"师兄，你看我该怎么办呢？"樊迟又来向子夏请教，把自己的困惑说了一遍。

子夏想了想，帮樊迟出了一个主意。

"兄弟，夫子呢其实很喜欢我们去请教，如果什么事情没弄懂，多问几次他也不会不高兴。问题是吧，你要变换个方式去问。"子夏说，随后给了他一个具体的建议。

第二天，孔子带着一帮弟子去舞雩台游览，樊迟自然也去了。

"夫子，请问怎样才能提高德行，消除罪恶，排除不理智的行为呢？"樊迟看孔子高兴，于是上前去问。

孔子一听，你这不还是在问"仁"吗？不过这次换了几个词，说明这小子动了脑筋，不错。其实这几天孔子也在反思，他也感觉到自己对樊迟欠缺一点儿耐心。

"好啊，很好的问题啊。"孔子赞扬了樊迟一句，他要给樊迟鼓励。"先工作后收获，这不是提高德行？自我批评，不要抱怨别人，这不是消除罪恶吗？为了一时的愤怒，就不顾自己的身家性命，这就是不理智啊。"

孔子的话其实还是针对樊迟的缺点的，不过话语很温和，也很具体。先工作后收获这话早前就说过了，这次再强调。樊迟有的时候喜欢抱怨别人，所以孔子让他多反省自己。樊迟和所有勇士一样性格比较火暴，有时会因为一时的愤怒而要跟人拼命，孔子这时候也特别指出来。

"夫子，我懂了，我懂了。"樊迟高兴地说，这一次他确实听懂了孔子的意思。

《论语》：

> 樊迟从游于舞雩之下，曰："敢问崇德、修慝、辨惑？"子曰："善哉问。先事后得，非崇德与？攻其恶，无攻人之恶，非修慝与？一朝之忿，忘其身以及其亲，非惑与？"

在孔子的教导下，樊迟有了不小的进步。但是性格上的不足是很难改的，他在孔子身边的时间又远远没有子路那么长，因此樊迟最终也没能走上仕途。

不过，樊迟后来与闵子骞和宓子贱合伙办私学，传播儒学知识，也算是学有所成。

子张

相比较于樊迟的迟钝，子张的问题就是固执了。

子张学习非常努力，喜欢提问，在孔子第三批学生中算是学业优异。但是子张性格有些古板固执，爱钻牛角尖，对他人的言行较为挑剔，喜欢以高标准道德要求和评判他人。因此被认为性格有些乖僻，较难相处，在同学中人缘很不好。

孔子第三批的学生中，最出色的就是子夏、子游、子张和曾参，结果子张和其他三人的关系都不好。

子游就曾经说:"我的朋友子张嘛,可以说自我要求很高了,可是人际关系确实不敢恭维。"

(《论语》:"子游曰:'吾友张也为难能也,然而未仁。'")

曾参也曾经说:"子张外表堂堂,不过不太容易相处。"

(《论语》:"曾子曰:'堂堂乎张也,难与并为仁矣。'")

子张和子夏的关系是最糟糕的,子张认为子夏小气,子夏认为子张虚伪,两人之间因此互相瞧不起。

这个时候,因为第二批学生也没有剩下几个,所以子夏、子张这些学业优秀的第三批学生都已经担当助教的角色,给后来的学生们讲课。

这一天,子夏上课谈到怎么与人交往。下课之后,一个学生恰好碰上子张。

"唉,子夏给你们讲什么了?"子张问,他喜欢打听这个。

"讲怎样交友。"

"他怎么说的?"

"他说:'可以相交的就和他交朋友,不可以相交的就别搭理他。'"

"怎么能这么讲呢?我所听到的和他不一样:君子既尊重贤人,又能容纳众人;能够赞美善人,又能同情能力不够的人。如果我是十分贤良的人,那我对别人有什么不能容纳的呢?我如果不贤良,那人家就会拒绝我,又说什么拒绝人家呢?"子张说,摇摇头走了。

之后,这个弟子把这段对话告诉了子夏。

"伪君子。"子夏只说了这三个字。

《论语》:

子夏之门人,问交于子张。子张曰:"子夏云何?"对曰:"子夏曰:'可者与之,其不可者拒之。'"子张曰:"异乎吾所闻。君子尊贤而容众,嘉善而矜不能。我之大贤与,于人何所不容;我之不贤与,人将拒我,如之何其拒人也?"

对弟子们之间的关系,孔子早就看在眼里,谁有什么缺点、什么优点,也都了然于胸。对子张在人际关系方面的问题,孔子很伤脑筋。

子张自己其实也意识到了这一点，自己基本没朋友。他很困惑，他觉得自己总是以最高的品行标准要求自己，也要求别人，不应该没朋友啊。所以，他来求教于孔子。

"夫子，我想请教与人相处的方法。"子张说。

"凡事向前看，不要总是纠缠往事。另外呢，不要刨根问底打听别人的隐私和动机。做到这两点，就能与人相处得很好了。"孔子说，虽然没有明说这是你的最大问题，但这就是子张的最大问题。

（《论语》："子张问善人之道。子曰：'不践迹，亦不入于室。'"）

善人之道的意思是与人相善之道，就是交友的方法。践迹是纠缠往事，入于室是刨根问底打探隐私。

可是，传统的译法不是这样的，传统的译法还分了两种，第一种是：子张问做善人的方法。孔子说："如果不沿着前人的脚印走，其学问和修养就不到家。"

第二种是：子张问做善人的方法。孔子说："不循旧迹，有所创造，但是还没有入于圣人之室。"

这两种译法全都是错的，而且错得完全不着边际。

子张决定听从老师的教导，可是他还是忍不住去揪别人的过去，动不动就是"你从前怎样怎样"；他还是喜欢探究别人的动机，动不动就是"你实际上根本不是这样的，你的小算盘以为我不知道？"

更糟糕的是，子张认为自己这样做是对的，认为这不算纠缠往事，也不算打探别人的隐私。

所以，他实际上没什么改变。

"为什么还是没朋友呢？是不是我还不够明察秋毫，他们还有些错误缺点没有被我发现呢？"子张继续困惑，他并没有从自身去找问题的根源，却去找别人的原因。

带着这个问题，子张继续来问孔子。

"请问夫子，怎样做才算是明察的？"子张来问。

孔子一听，就知道子张现在走偏了。

"像水浸润物体那样慢慢浸透的坏话，像切肤之痛那样猛烈的诽谤，在你那里都行不通，那你对这种行为就算是明察了。像水浸润物体那样慢慢浸透的坏话，像切肤之痛那样猛烈的诽谤，在你那里都行不通，那你对这种行为就算是远离了。"孔子说，孔子的意思是，如果这两种行为在你面前行不通，也就是骗不了你，那么说明你是明察的。明察是什么意思？就是这两种行为已经施加给你了，不过你很聪明、很冷静，你通过分析发现这些都是不成立的，因此选择不相信。

但是，这是最好的吗？不是，这是第二好的。

最好的是什么？最好的是这些人知道这些影响不了你，所以直接放弃这两种行为，这样，你就远离这两种行为了。

简单来说，就是当你对打探别人隐私和猜度别人动机没有兴趣的时候，也就没有人来跟你说别人的坏话了。所以，检查你自己吧。

（《论语》："子张问明。子曰：'浸润之谮，肤受之诉，不行焉，可谓明也已矣。浸润之谮，肤受之愬，不行焉，可谓远也已矣。'"）

过了一段时间，子张感觉同学们依然不喜欢自己。同学们出了什么问题呢？子张想不通，于是又去问孔子。

"夫子，怎样才能提高道德修养水平和辨别是非迷惑的能力呢？"

孔子一听，这还是在说别人啊，我还要敲打他。

"师啊，对事要忠，对人要信，使自己的行为合于义，这就是崇德了。爱一个人，就希望他长命百岁；厌恶起来就恨不得他立刻死去，既要他活，又要他死，这就是迷惑。"孔子说。

孔子告诉他，说恋爱中女人爱一个男人的时候，眼里都是他的优点，什么都是好的，就是情人眼里出西施。可是一旦恨这个男人，这个男人就一点儿优点也没有了，恨不得他去死。

你呢就是这样的，你太死心眼、爱钻牛角尖，认为一个人好的时候，就什么都是好的，放个屁也是香的，恨不得他长命百岁；可是某一天突然发现这个人有什么缺点，骤然不喜欢他了，就觉得他没有一点儿优点，简直是要诅咒他死。这你能不迷惑吗？昨天全盘肯定，今天全盘否定，那不等于是自己否定自己，抽自己嘴巴子吗？所以，看一个人要一分为二，每个人都有优点有缺点，交他的优点，包容他的缺点。这样，你就不会迷惑了。

最后，孔子引用了一首诗，就是《诗经·小雅·我行其野》篇的最后两句。这首诗描写的是一个女子对她的情人从爱到恨的过程。

《论语》：

> 子张问崇德辨惑。子曰："主忠信，徙义，崇德也。爱之欲其生，恶之欲其死。既欲其生，又欲其死，是惑也。'诚不以富，亦祇以异。'"

子张还是不能改正自己，结果还是没有朋友。怎么办？继续问老师。

所以，子张又来问孔子了。

孔子一看，你这只知道问问题，给你指出了，却从来不改。既然这样，说明就是喜欢听大道理，那咱们就说大道理吧。

"夫子，怎样才算做到仁呢？"子张问。

"能够做到以下五点的，就是天下的仁人了。"孔子说，什么是天下的仁人？就是尧、舜、禹这样的人物了。

"哪五点？"果然子张感兴趣。

"恭敬、宽厚、诚信、勤勉、关爱。恭敬就不会受侮辱，宽厚就能得到别人的拥护，诚信就能得到别人的信任，勤勉就能取得成就，关爱就能领导别人。"孔子这样解说。

"太好了，我知道了。"子张高高兴兴地走了，似乎他能做到这几点，似乎他就要成为天下的仁人了。

孔子暗暗叹了一口气。

《论语》：

> 子张问仁于孔子，孔子曰："能行五者于天下，为仁矣。"请问之。曰："恭、宽、信、敏、惠。恭则不侮，宽则得众，信则人任焉，敏则有功，惠则足以使人。"

没过多久，子张又来问问题。

"子文三次做楚国令尹（宰相），没有显出高兴的样子，三次被免职，也没有显出怨恨的样子。他每一次被免职一定把自己的一切政事全部告诉给来接任的新令尹。你看这个人怎么样?"子张问。

"可算得是忠了。"孔子说,子文人品不错,孔子也承认。但是,楚国僭称王,这是孔子极力抨击的。何况,孔子一向认为楚国不是中原正统,这就影响到孔子对子文的评价,只承认他忠于职守。

"算得上仁了吗?"

"不知道。这怎么能算得上仁呢?"孔子反问。

"崔杼杀了他的君主齐庄公,陈文子家有四十匹马,都舍弃不要了,离开了齐国,到了另一个国家,他说,这里的执政者也和我们齐国的大夫崔子差不多,就离开了。到了另一个国家,又说,这里的执政者也和我们的大夫崔子差不多,又离开了。这个人你看怎么样?"子张又问。

"可算得上清高了。"孔子说,陈家在孔子这个时期就是齐国的三桓,再加上陈文子这点事基本上属于作秀和自我捏造,孔子本来就觉得他是个伪君子,不讨厌他就算不错了,所以只勉强给了个"清"的评语,只算性格评价,连表扬都算不上。

"算得上仁了吗?"子张问。

孔子瞥了他一眼,现在他知道子张问这些问题的原因了,这两个人是子张最敬佩的,如果孔子说这两个人算得上仁,子张就认为他自己算得上仁了。

"不知道。凭他也算得上仁吗?"孔子反问。

《论语》:

> 子张问曰:"令尹子文三仕为令尹,无喜色;三已之,无愠色。旧令尹之政,必以告新令尹。何如?"子曰:"忠矣。"曰:"仁矣乎?"曰:"未知,焉得仁?""崔子弑齐君,陈文子有马十乘,弃而违之。至于他邦,则曰:'犹吾大夫崔子也。'违之,之一邦,则又曰:'犹吾大夫崔子也。'违之。何如?"子曰:"清矣。"曰:"仁矣乎?"曰:"未知,焉得仁?"

对子张,孔子也是没有办法了。

第二九六章

吾道穷矣

子路和柳下惠的故事

转眼又是一年,到了鲁哀公十四年。

刚刚开春,小邾国的公子射背叛了小邾国而投靠鲁国,表示只要鲁国庇护他,他愿意把他的封邑射地献给季康子。

"天上掉馅儿饼了?太好了。"季康子十分高兴,并且表示愿意和公子射盟誓。

"盟誓就免了,这些年来的盟誓好像都靠不住。我不要盟誓,我只要子路来和我约定就行了。"公子射提了这么个要求。

"可是,子路现在不在我这里啊,在卫国啊。"季康子觉得有些为难,也有点儿没面子。

是啊,自己的面子没子路的面子大。

"那,你们自己想办法吧。"公子射不让步。

季康子想了想,既然这样,派人去卫国请子路来一趟吧。好在,季康子本人和子路的关系也不错,再说,子路也曾经做过季孙家的家宰。

派去的人很快回来了,说是子路拒绝了。

"那什么,你跟他说给他好处了吗?"季康子问。

"说了。"

"你跟他说祖国利益高于一切了吗?"

"说了。"

"你跟他说大河没水小河干了吗?"

"说了。"

"说这些都没用?"

"没用。"

"那什么,冉有啊,你亲自走一趟吧。"季康子派冉有去,毕竟是亲师兄弟,这个面子子路应该给。

就这样,冉有去了卫国,找到大师兄。

"子路师兄,您想想,公子射不相信鲁国国君和季孙,却相信您,这是多大的面子啊,走一趟吧。再者说了,这也算是为鲁国出点儿力。"冉有也只能这么说了。

"师弟啊,鲁国如果和小邾国发生战事,我不敢询问原因曲直,愿意为自己的祖国上战场,战死在城下都不会眨下眼。可是现在不是这样啊,公子射这是出卖自己的国家,我却要去促成这件事情,这不是陷我于不义吗?你也别劝我了,我不能去。"子路拒绝了,道理说出来,冉有无话可说。

就这样,子路终究没有帮季孙做这件事情。

"夫子,大师兄这样做对吗?"这一天子夏问孔子。

"我给你们讲一个故事吧。"孔子把几个弟子召集到一起,给他们讲了一个故事。

齐桓公的时候,因为听了易牙的话,说是鲁国的国宝岑鼎不错。于是,齐桓公向鲁国索要岑鼎。

齐国强大而鲁国弱小,并且鲁僖公欠齐桓公一个大人情,所以这鼎是不能不给。可是,鲁僖公又不舍得,怎么办?

"弄个山寨的给他们不就行了?"当时的执政大夫臧文仲出了个主意。

于是,鲁僖公从洛邑定做了一个山寨的给送去了。

齐桓公也是老古玩家了,一看就是山寨产品,可是鲁国人一口咬定就是真的。齐桓公于是说:"这样,你们把这鼎拿去给展禽鉴定下,他要说是真的,那就算是山寨的，我也认了。"

展禽是谁？就是柳下惠。柳下惠是个举世闻名的君子，从不撒谎。所以齐桓公信展禽，就算展禽骗他，他也认，因为他相信展禽绝不会骗他。

就这样，鲁国人把鼎又给搬回去了。

鲁僖公亲自带着鼎，去找展禽鉴定。

"这鼎是山寨的。"展禽见过真鼎，大致一看，就知道眼前这鼎是山寨的。

"展大爷，不瞒您说，这鼎真是山寨的。不过，真鼎是咱们祖上传下来的，镇国之宝啊，总不能让齐国人给抢了吧？如今齐国人就相信你的话，那什么，每个人都应该爱国不是？为了国家，为了鲁国人民，麻烦您就给出个鉴定证明。那什么，祖国人民不会忘记你的。"鲁僖公说了实话，又说了些爱国主义之类的大道理，以为展禽一定会听自己的。

"主公，你知道，我这人一辈子不说假话。"

"那，为了国家，就说一回吧。"

"主公，你有你的国家，我把诚信当成我的国家，如今你要我破坏我的国家去保全你的国家，不好意思，我做不到。"展禽断然拒绝。

"可是，你那是小国，我这是大国。"

"可是，国虽小，是我的。"

"展大爷，你看你，你……"

没办法，鲁僖公劝不动展禽，只好把真鼎拿去给了齐国。

诚信，展禽把诚信看得比自己的生命还重要。

"每个人都有自己不可动摇的原则，每个人都有自己要坚守的价值观，每个人都有自己要保卫的小国家。所以，不要被那些所谓的国家利益所迷惑。"孔子说，他对子路的做法非常赞成。或者说，子路确实践行了孔子思想的精髓。

"关于柳下惠的故事，夫子可以再讲一些吗？"子张问，他觉得自己比较像柳下惠。

"好。"孔子想了想，说道，"柳下惠曾经三次当士师，结果三次都被罢免。有人说：'你不可以离开鲁国去其他国家发展吗？'柳下惠说：'按正道处世，到哪里当官能当得长呢？如果不按正道处世，我在鲁国还能当更大的官，离开鲁国干什么呢？'"

《论语》：

> 柳下惠为士师，三黜。人曰："子未可以去乎？"曰："直道而事人，焉往而不三黜？枉道而事人，何必去父母之邦？"

"柳下惠真了不起啊。"子张说，扫视了其他几个同学一眼，似乎他自己就是柳下惠。

曾参没有反应，子游淡淡一笑。

"夫子，我知道君子有坚持有不坚持。譬如做一件事情，做到眼看就要成功了，这个时候发现这件事情是不符合仁的，是坚持做完，还是停止呢？"子夏问，他不想让子张太得意。

"这就像堆一座山，就差最后一筐土就堆成了，这时候发现这件事情不符合仁，我也要停止。就像填平一个山谷，就算只填了一筐土，如果是符合仁的，我也会坚持下去。"孔子说，意思是无论付出多大的代价，也应该去改变错误；无论付出多大的努力，也应该去做符合仁的事情。

（《论语》："子曰：'譬如为山，未成一篑，止，吾止也。譬如平地，虽覆一篑，进，吾往也。'"）

子夏得意地笑了。

曾参没有反应，子游淡淡一笑。

麒麟

春天，是动物发情的季节。这个季节，也是打猎的季节。

叔孙家的家臣鉏商猎杀了一头野兽，看上去有些像鹿，但是又不是鹿。鉏商认为这不吉利，因此把这头怪兽送给了管山林的官员。

管山林的官员心里也没谱儿，知道孔子博学，因此请孔子去看看这到底是个什么玩意儿。

孔子匆匆赶到，看到躺在地上的怪兽的尸体，脸色大变。

孔子围着怪兽转了三圈，确认无疑了，这才说："这个，就是我们传说中的祥瑞之兽麒麟。"

"啊！"在场的人都大吃一惊。

原来，麒麟是瑞兽。麟、凤、龟、龙是四大灵兽，麒麟排在第一位。每次麒麟出现的时候，就意味着有王者出现。

现在，麒麟出现了。

可是，被打死了。

这意味着什么？

"吾道穷矣！"孔子当时就长叹了一口气，麒麟被杀，意味着王者已经夭折，上天已经抛弃了周朝，自己的努力注定只是徒劳。

"怎么办？"管山林的官员也有点儿傻眼，现在这个麒麟成了烫手山芋。

"杀死麒麟就是罪过了，难道还要把它当野味吃掉？"孔子说，他认为应该将麒麟安葬，然后祭祀，以祈求上天的宽恕。

就这样，孔子带领弟子们找了一块风水宝地，将麒麟隆重安葬了。

回到曲阜，孔子宣布停止修《春秋》，他已经没有心情了。

好在，《春秋》已经修完一遍，只差润色。

孔子斗气

孔子的心情持续糟糕，一来，因为麒麟的事情；二来，年岁大了，容易想不开。

弟子们自然是竭力地想办法安慰老师，可是这需要时间。

季康子要派人出使齐国去见齐国国君，考虑到规格比较高，手下没有合适的人选使用，因此派冉有来找孔子，想要借公西华走一趟，公西华此时正在孔子这里讲授周礼。

"去吧。"孔子自然同意，这也是学而用之的机会，没有理由阻止。

"夫子，按着季孙家的规矩，但凡为季孙家出使的，都要给予补助，补助的内容就是粟米，夫子觉得该给多少？"冉有问。

"六斗四升吧。"孔子想了想说，他知道公西华的父亲已经去世了，家里只有个老娘，老娘能吃多少？而且，公西华家里很有钱，根本不需要。

冉有当时想笑，忍住了，心说真是越老越抠门儿，这点粮食在季孙家真是打发叫花子都不够。

"少了点儿吧？"冉有小心翼翼地说，他知道老夫子最近心情不好。

"那，给他十六斗。"孔子说，他觉得这就不少了。

冉有没有再说什么，告辞走了。

回去之后，冉有下令给公西华家里送去了八百斗粟米作为出差补助。这倒不是冉有故意要和孔子作对，而是按照季孙家的标准。从另一个角度来说，冉有也是想给师弟谋些福利，不拿白不拿。

公西华替季孙家出使一趟就得到八百斗粟米的补助，这事情立马在孔子学校传开了，大家好生羡慕，当然，还有人嫉妒。

孔子听说了，非常生气。

"公西赤到齐国出使，驾着豪车宝马，穿着名牌皮衣，缺你那点儿粮食吗？我听说过，君子应该给急需救济的人雪中送炭，而不是给富有的人锦上添花。"孔子说，这是他最恼火的，当然，冉有来请教自己却不听自己的，也让他不高兴。

《论语》：

> 子华使于齐，冉子为其母请粟。子曰："与之釜。"请益。曰："与之庾。"冉子于其粟五秉。子曰："赤之适齐也，乘肥马，衣轻裘。吾闻之也：君子周急不继富。"

还有一点孔子没有说出来的是，公西华给季孙家出一趟差，补助就这么多，孔子学校那么多教职员工辛辛苦苦干一年也挣不了这么多，大家会不会心理不平衡呢？

孔子越想越生气，越想越生气。

正在这个时候，管家原宪来了。

原来，自从冉雍去了季孙家之后，孔子就任命原宪接替了管家职位。

原宪的优缺点是怎样的呢？看看他和孔子的一段对话就能看出来了。

有一次，原宪来问孔子。

"夫子，请问什么是耻？"

"国家有道，做官拿俸禄；国家无道，还做官拿俸禄，这就是可耻。"孔子说。

"好胜、自夸、怨恨、贪欲都没有的人，可以算做到仁了吧？"原宪问，他就是这样的人。

"这可以说是很难得的，但至于是不是做到了仁，那我就不知道了。"孔子的意思是，你这样确实很难得，但是你与人相处的水平确实不敢恭维。

所以我们知道，原宪做事兢兢业业、踏踏实实，不过才干与几位前任有些差距，做事有些死板，与人沟通合作的能力不强。

《论语》：

> 宪问耻。子曰："邦有道，谷；邦无道，谷，耻也。""克、伐、怨、欲不行焉，可以为仁矣？"子曰："可以为难矣，仁则吾不知也。"

原宪把家里的几件事情汇报了一下，之后就要告辞出去。

"宪啊，你做管家以来一向都很辛苦，薪水也不高，现在我给你补发些奖金。"孔子心血来潮，突然说道。

"夫子不必了，我的薪水已经足够了。"原宪推辞，他是个知足的人，从来没有加薪的想法。

"不，我给你九百斗粟米。"孔子说，这比冉有给公西华的还要多一百斗，孔子就是要斗这个气。

原宪一听，眼睛瞪大了，对他来说，这简直就是个天文数字。他的第一反应是"夫子疯了"，第二反应是"这么多我怎么吃得了？非长虫不可啊"。

"夫子，太多了，不要了不要了。"原宪忙不迭地推辞。

"不，你必须拿去。自己吃不了，不知道给亲戚朋友、街坊四邻分享吗？"孔子大声说道，原宪的推辞令他有些生气。

（《论语》："原思为之宰，与之粟九百，辞。子曰：'毋！以与尔邻里乡党乎！'"）

这一边，原宪不敢再推辞，但是以家里装不下为由迟迟不领取。

第二九六章　吾道穷矣

那一边，冉有知道孔子生气，一段时间不敢再来。

十多天后，公西华从齐国回来，立即就知道了这个事。于是，公西华来和冉有商量。

"这都怪我，一开始不跟夫子商量的话，就没有后面这些事了。"冉有先做自我批评，在孔子这里总是做好事反而挨骂，也觉得该反思。

"师兄也是好意，怪不得师兄。我看不如这样，我把师兄给我的补助都捐给夫子的学校。"公西华说，他不是贪财的人。

师兄弟两个商量好了，去找孔子。

看见两人，孔子一脸的不高兴。

公西华简单说了去齐国出使的经过，怎样与齐国国君见礼等，孔子听得不住点头，忍不住表扬公西华做得好。

趁着气氛转好，公西华就把自己想要把这一趟的补助捐给学校的事情说了出来。

"其实，这也是冉有师兄的原意。师兄知道如果平白无故给学校赠粮的话不太方便，因此借着这个由头，用给我补助的名义给学校赠粮，季孙也就不会有什么好说的了。"公西华说，顺道帮着冉有解释。

"求，是吗？"孔子问冉有，语气已经很是和善了。

"是，原本是想公西师弟留下二百斗，六百斗转赠学校。"冉有急忙说，这些都是两人事先商量好的说辞。

"你看看你，你看看你，早说出来不就好了。唉，你啊，总是做了好事还让我不高兴。不过呢，你时刻为学校和师弟们着想，也是不容易。"孔子说着笑了。

"夫子说的是。"冉有急忙说。

"赤啊，既然这样，你的二百斗自己留下吧，毕竟也是你师兄的心意。"孔子又对公西华说。

"嗐，我家里没地方装了，还是这里比较需要。"公西华坚持不要。

师徒三人聊得开心，孔子索性留两人喝酒吃饭。

公西华比冉有口才好，席间一通马屁拍得老夫子心花怒放，这一阵的郁闷全都烟消云散了。

"赤啊，你说我是什么圣人啊，仁人啊，那我怎么敢当呢？我只不过向那个方向不停地努力而已。我啊,也就是尽到了一个老师的职责,教诲学生从不厌倦,也就只能这么说吧。"孔子说。酒喝得不少,但是孔子酒量很大,随时清醒,并没有在弟子们的恭维声中得意忘形。

"夫子说得对,夫子的这份清醒和谦恭,正是我们无法学到的啊。是吧,师兄?"公西华故意问冉有,变着法子拍马屁。

"那还用说?"冉有急忙附和。

"跟谁学得拍马屁不露痕迹啊?哈哈哈。"孔子大笑起来,高兴得像个孩子。

看见孔子高兴,冉有和公西华也由衷地高兴。

"看来俗话说得对,人老了,就要靠哄了。"冉有和公西华都这样想。

(《论语》:子曰:"若圣与仁,则吾岂敢?抑为之不厌,诲人不倦,则可谓云尔已矣。"公西华曰:"正唯弟子不能学也。")

公西华的粮食捐过来了,原宪的粮食还没有领走。

"夫子,我真是没什么亲戚朋友、街坊邻居可以送的,我真不要了。"原宪还是坚持不要。

既然原宪坚持不要,孔子也没有勉强,让原宪拟了一个清单,把公西华捐来的粮食给学校的教职员工和街坊邻居分了。

"对了,你二大爷呢?"孔子突然想起来,问原宪。

"还那样。"

"那什么,明天带上三斗粮食,你跟我去看看他。"孔子说。

原宪的二大爷名叫原壤,跟孔子是好朋友。就因为这层关系,原宪才进了孔子学校。

原壤与孔子的性格相反,一向率性而为,不在乎什么周礼,自己感觉怎么舒服怎么来。因此,一辈子没有出息,却也活得潇洒。不过孔子也不在乎这些,依然与他是朋友,即便孔子担任大司寇的时候,也并没有瞧不起他。

原壤母亲去世的时候,孔子也去帮助他办理丧事,亲自动手帮他清洁椁。结果这哥们可好,竟然跳到椁上面说:"好久没有唱歌了,我要唱歌了。"之后,就开始唱歌,"你的手儿就像狐狸毛一样雪白柔软啊,握着你的手我的心儿乐悠悠。"

孔子在一旁看着,就好像没看见一样,依然做着自己的事情。

"夫子,你怎么不阻止他呢?"孔子的弟子悄悄地问,其母去世了他还能唱出这样的爱情歌曲,实在太不像话了。

"我听说,亲人有亲人的相处之道,朋友有朋友的相处之道。他这样做,也许他娘在地下很高兴呢?"孔子说,他的意思是,与朋友相处,只要相处得高兴就好,至于朋友怎样与别人相处,那就是人家自己的事情了。

孔子有很多这样的朋友,他们多半是不拘礼节的人,可是性格直率乐观,跟他们在一起孔子会感觉到放松快乐。所以,过去每当心情郁闷的时候,孔子就喜欢找他们聊天喝酒,让自己的心情轻松下来。

这样的朋友已经越来越少了,多半都已经故去,因此剩下的就更加值得珍惜。

孔子和原宪来到了原壤的家,送上了粮食,原壤非常高兴,烧了几样菜,请孔子喝酒。

原壤的家已经很破旧,席子也破旧肮脏。孔子在自己家里很讲究,可是到了朋友这里就很不讲究了。

原壤将酒菜放在案子上,然后也不客气,自己一屁股就坐在席子上,两条腿伸到了前面。

春秋时期没有凳子,人们平时吃饭就是坐在席子上。所谓的坐,就是跪坐,两条小腿向后,屁股坐在小腿上。而两条腿伸直,脚丫子向前,这是非常无礼的举动。

"你这个老东西,年轻的时候你不讲孝悌,长大了又没有什么可说的成就,这么老了还不死,真是害人虫。"孔子说着,用手杖敲他的小腿。

"我要是死了,谁请你喝酒呢?哈哈哈。"原壤大笑起来,声音里带着岁月的沧桑。

孔子也笑了,一边笑一边坐了下去,也把脚丫子伸向前对着原壤。

(《论语》:"原壤夷俟。子曰:'幼而不孙弟,长而无述焉,老而不死,是为贼。'以杖叩其胫。")

第二九七章

子张和子游

子张的郁闷

既然停止了修《春秋》，孔子觉得自己该在有生之年为门下的得意门生们谋取前程了。

孔子算了算，眼下几个弟子中，公西华不用他操心，一来公西华家里有钱，二来公西华得到季康子的赏识，将来一定是季孙家的家臣或者鲁国的大夫。曾参岁数还小，不用急。樊迟性格迟钝、没眼力见，根本不是出仕的料。子张性格怪僻，在官场恐怕混不长。

数来数去，只有子游和子夏是可以出仕的。其中，子游为人比较圆滑，将来一定会有前途。子夏性格比较高傲，但是才华横溢，将来上司如果喜欢他，就一定特别喜欢他；如果讨厌他，就一定特别讨厌他。

孔子决定先把子游和子夏推荐出去。以孔子的名望和人脉，没多久，就有了下文。子夏将去担任莒父宰，子游则出任自己家乡武城的武城宰。

两个得意门生上任，照例孔子要叮嘱一番。可是孔子发现，对子游竟然没有什么话要说，因为子游为人滴水不漏，并没有什么明显的弱点。

子夏就不一样，子夏的优点和缺点都太过清楚了。

"商啊，你要做一个君子儒，不要做一个小人儒啊。"孔子说，子夏就像是他的小儿子一样，孔子对他的喜爱明显带着一种宠的味道，因此说出话来也就像跟自己的小儿子说话一样，并不用遮遮掩掩。

孔子的意思是：做事要大气一些，不要斤斤计较。

(《论语》："子谓子夏曰：'汝为君子儒，无为小人儒。'")

"是，夫子。请问，在地方治理上有些什么教导？"子夏问。

"商啊，做什么事，不要一味追求快，不要追逐小利。你知道吗，越是追求快，就越是难以达到目标；越是追逐小利，就越是成不了大事。"孔子说。

其实，孔子前后所说的话，都是针对子夏性格上的同一个不足：看重小利。

这段话的原文在《论语》中是这样的："子夏为莒父宰，问政。子曰：'无欲速，无见小利，欲速则不达，见小利则大事不成。'"

欲速则不达，这个成语出自这里。

眼看着子夏和子游都出仕了，子张有点儿沉不住气了。可是，也不好主动向孔子提出来。怎么办？只好旁敲侧击一下了。

"夫子，您看子夏和子游师兄都出仕了，您一定给他们讲了很多做官的道理，能不能给我也讲讲？"子张来问孔子，潜台词则是能不能把我也推荐出去。

"嗯，好问题。"孔子先表扬一下，他看出来子张的小心思，心说不是我不想推荐你，你那乖僻的性格不改，推荐你不仅害你，也砸我的牌子。心里这么想，嘴上不能这么说。"要多听多问，有怀疑的地方先放在一旁，其余有把握的，也要谨慎地说出来，这样就可以少得罪人；要多看，有怀疑的地方先放在一旁不做，其余有把握的，也要谨慎地去做，就能减少后悔。说话少得罪人，做事少后悔，官职俸禄就在这里了。"

孔子的话其实说得很清楚了，就是说你的性格太得罪人，现在不行。

"弟子牢记了。"子张说，见孔子没有再往下说要推荐他的事，难免有些失望。

孔子笑了笑，心想你是记住了，可是你就是不改啊。

(《论语》："子张学干禄。子曰：'多闻阙疑，慎言其余，则寡尤；多见阙殆，慎行其余，则寡悔。言寡尤，行寡悔，禄在其中矣。'")

没过几天，子张又来问问题了。

"夫子，怎样才可以治理政事呢？"子张故作深沉地问。

孔子一看，给他讲有用的道理看来是没用了，那就干脆上大道理吧。想了想，想起来管子的治国理论，干脆讲给他听吧。

"尊重五种美德，排除四种恶政，这样就可以治理政事了。"孔子也故作深沉地说。

"五种美德是什么？"

"君子要让百姓得到好处而自己不耗费；使百姓劳作而不怨恨；有所追求而不贪图财利；庄重而不傲慢；威严而不凶猛。"

"怎样叫让百姓得到好处而自己不耗费呢？"

"让百姓们去做对他们有利的事，这不就是让百姓得到好处而不掏自己的腰包嘛！选择可以让百姓劳作的时间和事情让百姓去做，这又有谁会怨恨呢？自己求仁得仁，又还有什么可贪的呢？君子对人，无论多少，势力大小，都不怠慢他们，这不就是庄重而不傲慢吗？君子衣冠整齐，目不斜视，使人见了就生敬畏之心，这不就是威严而不凶猛吗？"

"什么叫四种恶政呢？"

"不经教化便加杀戮叫作虐；不提要求只要结果叫作暴；不加督促导致超过限期叫作贼；该给别人的却拖延犹豫，出手吝啬，叫作官府。"

"嗯嗯，夫子讲得好，太好了。"子张哼哼唧唧，也不知道刚才认真听了没有，总之还不想走，想等孔子说赶明儿就推荐你去治理国家。

"师啊，刚才我所说的，都是管子当初治理齐国称霸天下的方法啊，非常实用了。"孔子故意这么说。

子张听完，告辞走了，他知道他基本上没机会用上管子的理论。

《论语》：

> 子张问于孔子曰："何如斯可以从政矣？"子曰："尊五美，屏四恶，斯可以从政矣。"子张曰："何谓五美？"曰："君子惠而不费，劳而不怨，欲而不贪，泰而不骄，威而不猛。"子张曰："何谓惠而不费？"子曰："因民之所利而利之，斯不亦惠而不费乎？择可劳而劳之，又谁怨？欲仁而得仁，又焉贪？君子无众寡，无小大，无敢慢，斯不亦泰而不骄乎？

君子正其衣冠，尊其瞻视，俨然人望而畏之，斯不亦威而不猛乎？"子张曰："何谓四恶？"子曰："不教而杀谓之虐，不戒视成谓之暴；慢令致期谓之贼；犹之与人也，出纳之吝谓之有司。"

没过几天，子张又来问问题了。
"夫子，当官应该怎样当啊？"子张问。
这次，孔子没心情给他讲大道理了。
"没事的时候不懈怠，有事的时候全力以赴。"孔子就给了这么两句，基本上，就是废话。
(《论语》："子张问政。子曰：'居之无倦，行之以忠。'")

子张很郁闷，旁敲侧击这么多下都没有用，怎么回事呢？就算是块石头，敲这么多下都该有个回响啊。怎么办呢？子张知道不能再去问什么当官执政之类的话题了，把老夫子惹烦了，反而不美。
子张想找曾参帮自己想办法，因为现在孔子身边最受宠的就是曾参了，而且曾参的父亲曾老爷子跟孔子的交情很铁，帮自己说几句话一定好使。
可问题是，自己跟曾参的关系也不怎么样。
谁能帮自己呢？子贡？不行，他跟子夏是一伙的。冉有？不行，他跟子游关系不错。公西华？算了，这个富二代根本瞧不起我。子路？拉倒吧，每次看见我他都想揍我。
想来想去，恐怕谁都不会帮自己。
"我怎么就没朋友呢？怎么就没有人帮我呢？"子张反思，反思的结果是自己的性格太固执、太爱钻牛角尖，老师说得对。"我要改。"
子张努力地改了几天，之后继续反思。
"会不会我再提醒夫子一下，夫子就会为我想办法呢？"子张这样反思，并且越想就觉得越对。
可是，该怎么问呢？
子张决定再换个问法。
子张又来问问题了。

"夫子，请问士怎样才可以叫作显达呢？"子张问。

"什么？你说的显达是什么意思？"孔子反问，第一次有人问这个问题。

"在国家做大夫必定很出名，当卿大夫的家臣也必定很出名。"

"哦。"孔子明白了，说来说去，还是来提醒自己推荐他做官啊。"你所说的这种啊，只不过是出名而已，不是显达。所谓显达，那是要品质正直，遵从礼义，善于揣摩别人的话语，观察别人的脸色，经常想着谦恭待人。这样的人不论是在朝廷做官还是在卿大夫家里做家臣都会显达的。至于出名的人，只是外表上装出仁的样子，而行动上却正是违背了仁，自己还以仁人自居毫不疑惑，这种人，在朝廷里和卿大夫那里也都会出名，不过就是出名而已。"

孔子的话里带着明显的讽刺意味，令子张非常尴尬。随便搭讪了几句，悻悻地走了。

《论语》：

子张问："士何如斯可谓之达矣？"子曰："何哉，尔所谓达者？"
子张对曰："在邦必闻，在家必闻。"子曰："是闻也，非达也。夫达也者，质直而好义，察言而观色，虑以下人。在邦必达，在家必达。夫闻也者，色取仁而行违，居之不疑。在邦必闻，在家必闻。"

子张既恼火又沮丧，他的感觉是孔子越来越不喜欢自己，这一点还是很准确的。自己并不比子游、子夏差，凭什么自己在这里当助教，那两个出去当官呢？

"既然这么看不上我，我走，我走还不行吗？"子张有了要离开的想法，可是再想想，离开了孔子这里，自己会更有前途吗？似乎不是。

猛然，子张又想到了一个办法。

在孔子学校里，子张属于教学骨干。虽然在做人上太较真儿不是一件好事，可是同样的性格用在教学上却是一个极大的优点，他对学问抠得很细，学生们在他的手下学得也都很扎实。对这一点，孔子从来不掩饰对他的欣赏，最近每年的优秀教师奖都少不了他。

相比较，子夏学问大但是很傲气，细节上不讲究。上他的课，聪明的学生能得到启发，不够聪明的学生则懵懵懂懂。所以子夏的教学和他的人际关系也是一样，有学生特别佩服他，有学生非常不喜欢他。子游学问也大，可是也非常骄傲，学生们普遍都怕他。

这一天，子张又来请教了。

"夫子，如果我想出行的话，需要注意什么呢？"子张的问题太露骨，意思是您再不举荐我，我就出走了，不跟您玩了。

孔子脸色一沉，行走江湖数十年，子张这点儿小花招见得多了。孔子有点儿生气了，心说你不从自己身上找原因，总是来试探我，现在还来威胁我，这怎么能有进步？你越是这样，我越是不敢推荐你。

"师，在这方面我确实有不少的经验教训，主要是教训。有两点很重要：第一，说话要符合身份，要言而有信；第二，行为要诚实厚道，要尊敬别人。做到这两点，就算你浪迹天涯，也能生存下去。说话不符合身份，不讲信用，做事不诚实厚道，不尊重别人。就算在鲁国，就算在曲阜，恐怕也没几个朋友吧？"孔子的话一点儿也没有客气，每一个字都在指出子张的缺点。说话要符合身份，是说子张不应该用这个方式来威胁自己；言而有信，是说子张多次承诺要改正自己的不足，却一直不改；诚实厚道尊敬别人，是说子张喜欢打探别人的隐私，说别人的坏话。最后孔子强调的是：你这些缺点不改，在鲁国很难混，最终恐怕要流落异乡。

"夫子教导得对，弟子谨记了。"子张说，态度很诚恳，每次他的态度都很诚恳。

"师啊，这两句话你要牢牢记住啊。站着，就仿佛看到'忠信笃敬'这几个字在你眼前；坐在车上，就好像这几个字刻在车辕前的横木上。做到这两点，然后就可以出行了。"孔子大声说，对子张既算是忠告，也算是警告。

子张当天就把"忠信笃敬"四个字写在了自己腰间的大带上。走到哪里都拿出来看看，人人都知道这是孔子对他的教诲。

每次子张来见孔子，孔子自然看见这几个字。

"这小子到底是以这种方式来随时提醒他自己要改正缺点呢，还是随时提醒我要推荐他呢，抑或是随时提醒他自己也提醒我呢？"孔子一时也有点儿弄不清了。总之，他要等见到子张懂得与人相处之后再推荐他。

《论语》：

> 子张问行。子曰："言忠信，行笃敬，虽蛮貊之邦，行矣。言不忠信，

行不笃敬,虽州里,行乎哉？立则见其参于前也,在舆则见其倚于衡也,夫然后行。"子张书诸绅。

逗你玩

一段时间过去,孔子很是关注子夏和子游的表现。子夏在莒父干得一般,有人夸他有人损他,并且都很激烈。

"唉,本性难移啊。"孔子叹口气,子夏这样的状况他是料到了。

子游在武城干得非常好,孔子听到的都是夸他的。至于他做了什么,不知道,总之大家都很喜欢他。

"还是这小子会做人。"孔子说,子游的状况他也料到了。

"走,看看言偃去。"孔子决定去看看子游,带着几个学生就去了。

来到武城,果然发现老百姓安居乐业,显然治理得不错。来到子游官邸的时候,就听到里面的音乐声和歌唱声。当然,都是孔子喜欢的乐。

看见老师来到,子游急忙停止了歌乐。

"偃啊,这么热闹啊?"孔子问。

"哎哟,夫子来了?"见到孔子来到,子游非常高兴,一边上前搀扶,一边解释说,"夫子说过君子治理一个地方要用礼乐啊。"

"我当然说过了。不过呢,小小武城哪里用得着这些啊,你的歌声乐声再好,他们也听不懂啊,杀鸡焉用牛刀啊?"孔子笑了,他一直很喜欢子游。

"夫子从前说过啊,君子懂得礼乐则爱人,老百姓懂得礼乐就容易管理啊。"子游回答,用老师的话反驳老师。

孔子一愣,他就知道子游说话一向滴水不漏,没想到在这里说出这样一句话来。这要是否认吧,那就是当众撒谎了；这要是承认吧,就等于自己错了。

怎么办?

孔子嘿嘿一笑,乐了。

"孩子们听好了,言偃的话是对的。我啊,刚才就是跟他开了个玩笑。"孔子对随行的弟子们说。

弟子们都笑了。

"各位师弟，我可告诉你们啊，夫子常常会开这样的玩笑，看我们是不是真正掌握了夫子的学问。"子游顺着孔子的话说，给孔子打圆场。

《论语》：

> 子之武城，闻弦歌之声，夫子莞尔而笑曰："割鸡焉用宰牛刀。"子游对曰："昔者偃也闻诸夫子曰：'君子学道则爱人，小人学道则易使也。'"子曰："二三子，偃之言是也。前言戏之耳。"

杀鸡焉用牛刀，这个成语出自这里。

前言戏之耳就是前面说的话是开玩笑的意思，虽然这不是成语，但是后来的应用非常广。譬如《三国演义》里曹操捉了张辽，本来要杀张辽，刘备为张辽求情，曹操不准也不好，准了吧，人情被刘备得了，灵机一动，说道："我亦知文远忠义，故戏之耳。"一句话，刘备的面子也给了，好人自己做了，张辽后来成了曹操的心腹大将。

唐朝白居易成名之前，求见当时的成名诗人顾况，顾况瞧不起他，说："长安物贵，居大不易。"等读到白居易的"野火烧不尽，春风吹又生"时，不由得对白居易刮目相看，改口说："有句如此，居亦何难？老夫前言戏之耳！"

看到子游的成绩，孔子的心情非常好，子游陪他四处转转，一边转，一边聊天。

"对了，有没有发现什么可造之才啊？"孔子问，他想再招几个学生。

"有一个人不错，此人叫作澹台灭明，很好学也常常给我提出好的建议。这人走路不走小路，如果没有公事的话，从不来找我。"

《论语》：

> 子游为武城宰。子曰："女得人焉尔乎？"曰："有澹台灭明者，行不由径，非公事，未尝至于偃之室也。"

"嗯，这么好的人，你问问他愿不愿意来跟我学习啊。"孔子主动说，得意门生们纷纷离开了，他也想再招几个有潜质的。

"好啊。"子游很高兴，他也正想把澹台灭明推荐给孔子呢。

澹台灭明，字子羽，比孔子小三十九岁。

第二天，子游带着澹台灭明来见孔子了。

"夫子好。"澹台灭明见到孔子，非常恭敬。可是，孔子看见澹台灭明，却有些失望。为什么？因为澹台灭明长得实在太难看了，用《史记》的话说，是"状貌甚恶"。

孔子没有见过这么难看的人，打心眼里不喜欢他。可是又不好反悔，没办法，收了这个弟子，带回了曲阜。

后来孔子知道澹台灭明和子游实际上早就认识，两家还是通家之好，可是子游却没有说过。为此，孔子的感觉有些别扭，子游为什么要隐瞒他和澹台灭明的关系呢？

"做人做到滴水不漏，到底是好事还是坏事呢？"孔子心想，他也有些困惑了。

后来澹台灭明在孔子那里一直不受重视，不久就离开了。之后去了吴国，也像孔子一样开设学校，弟子三百人，后来学生中也出了不少人才。

孔子听说澹台灭明的成就之后，曾经感慨自己以貌取人看错了人。

孔子的话记录在《史记》中，原话是"吾以言取人，失之宰予，以貌取人，失之子羽"。

以貌取人，这个成语出自这里。

第二九八章

道家的孔子

易经

麒麟被猎杀,周朝气数无法挽回,自己的主张注定难以施行。

"天命啊,天命难违啊。"孔子回首自己的一生,自己很努力了,可是还是失败,为什么?因为一切都是命中注定。

那么,什么是命中注定?人能不能知道自己的命?

孔子眼前一亮,他现在不关心人事了,他要探究天命了。

探究天命,靠什么?靠《周易》。

《易》原本是用来卜筮的,也就是算卦用的。最早的易由伏羲阐发,也就是伏羲作八卦。后来周文王演化为六十四卦并且作了卦辞,之后周公作了爻辞。因此,后来的易就称为《周易》。

孔子很早就对《周易》有研究,不过研究得并不深。直到七十一岁对天命感兴趣,才决定下大功夫研究《周易》。

删《诗经》和修《春秋》,孔子都是让子夏协助自己,因为子夏不仅聪明好学,而且有自己的观点,对孔子的帮助很大。

现在呢?子夏去了莒父,谁来做自己的助手呢?

孔子知道，研究《易》枯燥无味，并且与现实世界没什么关系，所以但凡有功利心的是干不了的。就从这点来说，能够跟他研究《易》的就不好找。

猛然，孔子想起一个弟子来，这个弟子叫商瞿，跟冉有、子贡等人都属于第二批弟子。当初孔子第一次从卫国回来的时候，商瞿去了季孙家做家臣。那时候商瞿还没有孩子，因此到处求医问药，准备为孩子奋斗一把。

恰好这个时候，季孙家派他去齐国出差，要几个月工夫。商瞿不太愿意去，生怕把生孩子的事给耽误了。

为了这件事情，商瞿来找孔子请教。孔子那时候给商瞿卜筮了一回，结果是商瞿命中应该有五个儿子。

"去吧，你命中有五个儿子，不用担心。"孔子安慰商瞿，其实他也没把握。

不管怎样，商瞿就去了齐国，回来的时候，老婆肚子已经大了。之后，商瞿老婆的肚子越来越争气，一个劲儿地生。这下，商瞿算是对卜筮奉若神明了。

后来商瞿就自己学习《易》，孔子周游列国回来之后，商瞿也常常过来看望孔子，有时候也探讨关于《易》的问题。孔子的印象，商瞿稳重专注，懂得知足，确实是研究《易》的人选。

孔子派人去将商瞿请来，问他是否有兴趣跟随自己研究《易》，商瞿果然大感兴趣，隔天去季康子那里辞去了职务，专心跟随孔子做研究。

除了商瞿，孔子又选了几个年轻些的弟子来做助手。

万事俱备，就要开工。

这个时候，子夏回来了。原来，子夏对做官实在感到厌倦，因此做了两个月的莒父宰，实在没劲，索性辞职回来接着教书。

子夏回来，孔子自然高兴。既然回来了，不妨也来加入《易》课题组。

谁知道子夏对研究《易》没有兴趣，却愿意接着研究《春秋》。孔子倒也没有勉强他，将《春秋》的资料全都给他去研究，自己带着商瞿等人研究《易》。

在开始工作的前一天，孔子特地召集所有助手吃了一顿开工宴。

"宋国有句俗话：'如果没有恒心，就不要去做巫医。'这话说得非常有道理。俗话还说：'不恒其德，或承之羞。'人不能持之以恒，免不了要遭受耻辱。所以，我这里要先告诉大家，如果对自己的恒心没有把握的人，就用不着学《易》了。"孔子先给大家把困难说在了前面，好让大家有心理准备。

第二九八章　道家的孔子

《论语》：

> 子曰："南人有言曰：'人而无恒，不可以作巫医。'善夫！""不恒其德，或承之羞。"子曰："不占而已矣。"

由于《周易》的卦辞和爻辞的字数都很少，使人不容易理解，因此孔子按照自己的理解和理念对《周易》的卦辞和爻辞进行进一步的解释，而这些解释就是彖、系、象、说卦、文言。

在《周易》中，卦象、卦辞和爻辞被称为易经，彖、系、象、说卦、文言被称为易传。如今的《周易》，是包含了经和传的。

孔子研究《周易》非常刻苦，走到哪里都带着，随时拿出来学习，因此穿竹片的绳子都断了三次，叫作"韦编三绝"。后来孔子慨叹："再给我数年时间，我就能精通《周易》了。"

按《史记》原文：

> 孔子晚而喜易，序彖、系、象、说卦、文言。读易，韦编三绝。曰："假我数年，若是，我于易则彬彬矣。"

孔子对《周易》的研究极有心得，应用起来似乎也很准确。于是孔子再次感慨："要是再早一点儿，五十岁的时候就研究《周易》，那我后来就不会犯什么大过错了。"

（《论语》："子曰：'加我数年，五十以学易，可以无大过矣。'"）

孔子对《易》到了痴迷的程度，同时也有很多自己的理解。孔子认为，任何人都能在《易》中找到自己想要的东西。所以孔子说："仁者见之谓仁，智者见之谓智，随仁智也。"（见于《周易乾凿度》）

仁者见仁，智者见智。这个成语出自这里。

孔子把《易》和自己的道德观结合起来，把《易》和周礼结合起来了，因此孔子版的《周易》不再仅仅是一个算卦的工具，同时也是劝善的教材，是一个维护周礼的教材。

但是不管怎样,《周易》总归是一个用来预测未来的卜筮工具书,所以只要研究《周易》,必然地要谈到鬼神。孔子从前从来不说鬼神,到了这个时候,这个规矩也就破坏掉了。

孔子在《易·系辞》中多次提到神,譬如"阴阳不测之谓神""蓍之德圆而神""神以知来""是兴神物以前民用""圣人以此斋戒,以神明其德夫""鼓之舞之以尽神"等。

到了这个时候,孔子的思想已经不可避免地滑向了道家。

在《易·系辞》中,孔子写道:"易有太极,是生两仪,两仪生四象,四象生八卦,八卦定吉凶,吉凶生大业。"

孔子还写道:"神无方而易无体,一阴一阳之谓道。"

上面的两句话是孔子对于《易》的理解或者说概括,如果不告诉你是孔子说的,你会以为这是老子说的。事实上,老子的学说,也是脱胎于《易》。

《周易》被认为是中华文化的渊源,代表了中华文化。不论在道家还是在儒家,《周易》都是经典中的经典。对于《周易》,孔子的贡献可以说无与伦比。

首先,孔子为《周易》作传,并且将《周易》列入"六经"(《诗》《书》《礼》《易》《乐》《春秋》),并且是众经之首,传授给学生们,对《周易》的保存和传播起到了重大作用。

其次,孔子作《易传》,从此把《易经》由一部占筮之书变为一部哲学、社会科学巨著。

自从研究了《易》,孔子就常常说"道"了。

到了这个时候,孔子的心中"道"就成了至高无上了,"仁""德""礼"就都等而下之了。

所以孔子说:"以道为志向,以德为根据,以仁为凭藉,精熟于六艺。"

(《论语》:"子曰:'志于道,据于德,依于仁,游于艺。'")

道与命当然是紧密相连的一件事情,孔子所说的命,并不是个人的命运,而是天道的必然发生。顺应天道而行,就是知命。譬如,商朝最后一个王选择了纣王,也就意味着天道放弃了商朝,而选择了周朝。这个时候,就不要为商

第二九八章 道家的孔子

朝而卖命，不要愚忠，因为表面上你在捍卫你的正统，实际上你在对抗天命。

所以孔子还说："不懂得天命，就不能做君子；不懂得礼，就不能立身处世；不懂得正确理解语言，就不能真正了解他人。"

（《论语》："子曰：'不知命，无以为君子；不知礼，无以立也；不知言，无以知人也。'"）

从前，孔子认为君子的标准是懂得周礼，遵循周礼；后来，孔子认为君子的标准是具有仁；现在，君子的标准转变为懂得道。

所以孔子又说："君子只谋求道，不谋求衣食。耕田，也免不了饿肚子；学习，俸禄就在其中了。君子只担心道不能行，不担心贫穷。"

（《论语》："子曰：'君子谋道不谋食。耕也，馁在其中矣；学也，禄在其中矣。君子忧道不忧贫。'"）

从前，交友的原则是大家都遵循周礼；后来，是与仁人交往；现在，是大家有同样的道。

所以孔子说了："道不同，就玩不到一块儿。"

（《论语》："子曰：'道不同，不相为谋。'"）

既然追求道，自然而然就向出世的方向而去，就必然走向无为而治。

所以孔子说："我想要离开这喧嚣的世界，去往天边那无人的荒野。"

"夫子不怕那里的荒蛮吗？"有人问。

"有君子在，有什么荒蛮的呢？"孔子说。

《论语》：

子欲居九夷。或曰："陋，如之何？"子曰："君子居之，何陋之有？"

后来唐代刘禹锡写了一篇《陋室铭》，就以孔子的话来结尾。《陋室铭》这样写道："山不在高，有仙则名。水不在深，有龙则灵。斯是陋室，惟吾德馨。苔痕上阶绿，草色入帘青。谈笑有鸿儒，往来无白丁。可以调素琴，阅金经。无丝竹之乱耳，无案牍之劳形。南阳诸葛庐，西蜀子云亭。孔子云：'何陋之有？'"

孔子认为，一旦明白了道，什么老婆孩子热炕头就都成了浮云。如果还在追求这一类的俗世欲望，那就算不上一个真正的君子了。

所以孔子说:"士如果留恋家庭的安逸生活,就不配做士了。"

(《论语》:"子曰:'士而怀居,不足以为士矣。'")

有了道,德也就不重要了。从前孔子总说上位者要以身作则,要说"禹稷耕稼,而有天下"。现在不是了,现在孔子说:"能够无所作为而治理天下的人,大概只有舜吧?他做了些什么呢?只是庄严端正地坐在朝廷的王位上罢了。"

(《论语》:"子曰:'无为而治者其舜也与?夫何为哉?恭己正南面而已矣。'")

既然道是如此伟大,人们就应该放下俗世的欲望去追求道,而不是期望道为自己服务。应该去弘扬道的精神,而不是利用道去获得什么。

所以孔子说:"人能够去宣扬道,不是道来帮助人。"

(《论语》:"子曰:'人能弘道,非道弘人。'")

道是人们最高的追求,在道的面前,人是如此渺小,就像宇宙中的一粒灰尘一样不足道哉。对于人来说,活着的意义就是道。为了道,可以付出一切。

所以,孔子说道:"早晨明白了道,当天晚上死去也心甘。"

这句话的原话在《论语》中,非常著名。"子曰:'朝闻道,夕死可矣。'"

道,是一个非常宗教化、符号化、神秘化的概念,其实人们很难说清楚,只是觉得它无所不包、无所不能。孔子既然对道不绝于口,必然地影响到对于仁和德的定义,使这两个概念也逐步地宗教化、符号化、神秘化。所以在孔子暮年的时候所说的仁和德实际上已经和道没什么区别,不仅万能,而且看不见、摸不着,尤其是仁这个概念。后代对这两个概念的理解继承了孔子暮年的理解,以至于其本意反而被忽略、被歪曲。

所以后人说到以德治国的时候,根本就不知道什么是以德治国,不过是一个忽悠百姓的口号而已。所以后代所说的什么道德、什么仁义,通通都是假道假德、假仁假义。

所以后来孔子认为,仁不是个具体的东西,而是一种意念、一种意志,只要你想要,它就在你身上。

孔子说:"仁难道离我们很远吗?只要我想要仁,仁就来了。"

(《论语》:"子曰:'仁远乎哉?我欲仁,斯仁至矣。'")

既然道高于生命，仁自然也就高于生命。人们用生命去追求道，自然也就该用生命去捍卫仁。

所以孔子说："志士仁人，没有贪生怕死而抛弃仁的，只有牺牲自己的性命来成就仁的。"

(《论语》："子曰：'志士仁人，无求生以害仁，有杀身以成仁。'")

杀身成仁这个成语，就是出自这里。

因为孔子的道家思想只是在暮年，并且只是在一个很小的圈子内讲道家思想，所以对于孔子前三批的学生几乎没有影响。甚至，前三批的学生几乎没有听孔子讲过道和天命。

譬如子贡就说过："夫子讲授的《礼》《乐》《诗》《书》的知识，我是看到了；夫子谈论人性和天道，我就没有机会听到了。"

(《论语》："子贡曰：'夫子之文章，可得而闻也，夫子之言性与天道，不可得而闻也。'")

就在孔子专注于《易》的当年夏天，齐国出了大事。

齐国国君齐简公在做国君之前住在季孙的家里，他有一个得力的手下叫阚止。齐简公登基之后重用阚止，这就引起了齐国权臣田常的不满。田常很担心阚止会找机会除掉自己，因此时刻防备着。

终于有一天，田常的弟弟田逆杀了人，被阚止抓了起来，田家想办法把田逆救了回去，之后田家出兵攻打阚止，两家交兵，阚止不是对手，被田家杀掉。之后，田常把齐简公也抓起来并且杀掉了。

齐国的事情发生之后，鲁国在齐国的人立即报告了鲁哀公，这个时候季康子也知道了。于是，鲁哀公紧急召见三桓开会讨论对策。三桓的管家自然也要参加，于是冉有上朝去了。

可是，冉有原本约好今天去看望孔子。因为要上朝，就派人去告诉孔子，说是因为上朝，可能晚一些到。

结果，冉有确实晚一些到了。

"怎么来这么晚呢？"孔子问，他并不是生气，而是知道冉有一向是很守时的，如果不是遇上了什么事，一定准时来的。

"朝廷上有大事,所以来晚了。"冉有说。

"我就说嘛。什么事啊?虽然我现在退居二线了,还是应该知道啊。"孔子很感兴趣地问。

确实,作为退休的国老,虽然不参加国家治理,还是有资格了解国家大事的。

《论语》:

> 冉子退朝,子曰:"何晏也?"对曰:"有政。"子曰:"其事也如有政,虽不吾以,吾其与闻之。"

冉有就把齐国的事情说了一遍,说到齐简公被杀,而季康子的妹妹就是齐简公的夫人,不知道怎样了。

听说田常杀了国君,孔子一下子来了精神。

"竟然杀国君,这是大逆不道啊。"孔子很久没有这么激动过了,虽然现在的心思主要在《易》上,可是一向的正义感并没有丢失。

实际上,鲁哀公和三桓讨论的结果是假装没看见,理由很简单,鲁国根本不是人家的对手。何况,这是人家齐国的内部事务,就算季康子的妹妹受到伤害,也只能认倒霉。

换了往常,冉有就会把讨论结果告诉孔子。然后孔子质问他为什么不据理力争,然后冉有说鲁国打不过人家,然后孔子说打不打是一回事,打不打得过又是另一回事。然后,老爷子把冉有骂一顿,冉有灰溜溜离开。

可是,冉有学聪明了。

"夫子啊,这个事情三桓还要商量,我们也插不上嘴。"冉有索性来个我也不知道,免得挨骂。

"这还有什么好商量的?唉!"孔子很义愤填膺的样子。

眼看老爷子要上劲,冉有随便问了几句好,急忙找个借口走掉了。

当天晚上,孔子没睡好,越想越觉得自己不能坐视不管。

第二天,孔子沐浴更衣,去见鲁哀公。

"主公,田常杀害了国君,大逆不道,人神共愤,是可忍孰不可忍,我认为主公应该出兵攻打田常。"孔子请求道。

"夫子，齐国可是比我们强啊，怎么打啊？"鲁哀公心说这不是拿鸡蛋碰石头吗？齐国不打我们就谢天谢地了，我们还去打人家？

"怕他们什么？田常杀害了国君，齐国百姓只有不到一半人服他。我们用鲁国的兵力，再加上齐国一半的老百姓，难道打不过他？"孔子说得慷慨激昂，鲁哀公听得一阵苦笑。

"那，夫子去跟季孙说吧。"鲁哀公说，他那几个宫廷卫队，给齐国人塞牙缝都不够。

孔子想想，觉得也是，这件事鲁哀公真做不了主。于是，孔子又去找三桓，请求他们出兵讨伐田常。结果都是一样，大家都客气地拒绝了他，都在想这个老头是不是老年痴呆了。

转了一圈下来，孔子也累得呼哧喘气，这时候冷静下来，猛然觉得自己有点儿傻。自己的事都管不过来，还管别人的事？自己国家的事还管不过来，还管外国人的事？

"唉，其实吧，因为我也做过大夫，所以才去跟他们说这些的。"孔子对弟子们解释，又像在自言自语。

《论语》：

> 陈成子弑简公，孔子沐浴而朝，告于哀公曰："陈恒弑其君，请讨之。"公曰："告夫三子。"孔子曰："以吾从大夫之后，不敢不告也。"君曰："告夫三子者。"之三子告，不可。孔子曰："以吾从大夫之后，不敢不告也。"

人老了，往往容易犯糊涂。

其实，孔子自己就说过："不当官就不管那些繁杂的事。"

当然，这句话在《论语》中说得是比较斯文的。子曰："不在其位，不谋其政。"

第二九九章

邻家孔大爷

趣事

宋国的向魋受宋景公宠信，担任司马，在宋国权倾朝野。向魋这人傲慢自大，当初孔子在宋国的时候还曾经被向魋派人包围。

终于，向魋和宋景公之间的关系变得越来越差，最终到了摊牌的时候。向魋占据曹邑叛乱，结果被宋国军队攻打，向魋逃到了卫国，之后又逃到了齐国，投靠了田常。

向魋有一个弟弟叫向耕，字子牛，因为家族世袭宋国司马，所以向耕又叫司马耕或者司马牛。司马牛这个人很诚实也很本分，哥哥被赶跑之后，他就把自己的封邑都交了出来，逃到了齐国，田常对他很好，给房子给地。后来向魋也到了齐国，司马牛觉得跟哥哥在一起就等于是哥哥的同党，就等于叛国。于是，司马牛把齐国的房子和地都交还给了田常，自己又逃到了吴国。可是在吴国待不下去，又逃到了鲁国。

在鲁国，司马牛进了孔子的学校，从此也算是孔子的学生。

司马牛总是很忧郁、很烦躁，常常自言自语，对于国家和家庭的巨变总是想不通，怎么原来还是全家忠良，突然一个晚上就都变成了逆臣叛贼了呢？

抑郁症，典型的抑郁症。

孔子发现了司马牛的问题，就决定适当地开导他。

有一次，司马牛来向孔子请教。

"夫子，什么是仁啊？"司马牛问。

"具有仁的人，说话比较慎重。"孔子说，因为他知道司马牛喜欢唠叨，想要让他少说话。

"那，说话慎重就是仁？是这样吗？"司马牛觉得有些奇怪。

"做起来很困难，说起来能不慎重吗？"

《论语》：

> 司马牛问仁。子曰："仁者其言也讱。"曰："其言也讱，斯谓之仁已乎？"子曰："为之难，言之，得无讱乎？"

"那，什么是君子？"司马牛又问了一个问题。

"君子不忧虑、不畏惧。"孔子说，又是在说司马牛。

"不忧虑、不畏惧，这就是君子吗？"

"只要反省自己，没有什么愧疚的，又有什么忧虑、畏惧的呢？"孔子说，他是希望司马牛能够通过自我反省，之后发现自己问心无愧，就不用再忧虑和畏惧了。

《论语》：

> 司马牛问君子。子曰："君子不忧不惧。"曰："不忧不惧，斯谓之君子已乎？"子曰："内省不疚，夫何忧何惧？"

孔子的开导并没有让司马牛的心情好多少，他依然整天神神道道、自言自语。其他人看他奇怪，都敬而远之。这下，司马牛更加忧郁了。

这一天司马牛碰上了子夏，他知道子夏知识渊博，于是向子夏请教。

"怎么别人都有兄弟，我就没有呢？"司马牛问子夏，他的兄弟们死的死、散的散，所以他说自己没有兄弟。

"我听夫子说，死生有命，富贵在天，一切都是天注定。如果一个君子恭敬有礼，不犯过错，那么到处都是他的兄弟啊。所以，君子何必忧虑自己没有兄弟呢？"子夏开导他，顺便把孔子最近研究《易》的心得也用上了。

《论语》：

> 司马牛忧曰："人皆有兄弟，吾独亡。"子夏曰："商闻之矣，死生有命，富贵在天。君子敬而无失，与人恭而有礼，四海之内，皆兄弟也。君子何患乎无兄弟也。"

死生有命，富贵在天。四海之内皆兄弟也。这几个成语，都来自这里。

可是，最终孔子和子夏也没有能够挽救司马牛。在投师孔子两个月后，一个没有月亮的晚上，司马牛带着满腔的疑惑和失望，在曲阜城外的一棵大树下结束了自己的生命。

"唉。"孔子叹了口气，感慨生命的脆弱。

伯高是孔子在卫国的朋友，伯高去世之后，他的家人去向孔子报丧。

"我该去哪里哭他呢？"孔子有点儿犯难，他很讲究这类问题。"本家兄弟死了，我到宗庙去哭他；父亲的朋友死了，我到庙门外去哭他；老师死了，我在内寝里哭他；朋友死了，我在寝门外哭他；一般认识的人死了，我到野外去哭他。以我跟伯高的关系，在野外哭他就显得太疏远，在内寝哭他又显得太重。怎么办呢？我是通过子贡认识他的，我就到子贡家去哭他吧。"

整来整去，老头把事情整到了子贡家里。

哭完之后，孔子派子张到伯高家去吊唁，结果在路上遇上了冉有。

"老弟，别去了，我前两天恰好在卫国，已经准备了一束帛、四匹马，以先生的名义去吊唁过了。"冉有让子张回去，他已经主动帮老师吊唁过了，并且礼送得很重，很有面子。有这样的部下，多省心啊。

这件事情，孔子应该很高兴吧？应该会表扬冉有吧？

"嘿，求这件事情办得不地道啊，这样做不是让我失礼于伯高吗？"孔子不仅不高兴，反而责怪冉有猫捉耗子多管闲事。

第二九九章 邻家孔大爷

有一天，孔子去拜会鲁哀公。来到宫门口，内侍进去通报。

很快，鲁哀公的近臣孺悲走了出来。

"夫子，实在不巧，主公今日偶感风寒，卧病在床，夫子请回，改日再来。"孺悲说。

孔子一听，既然国君有病，走吧。

孔子转身离去，孺悲也匆忙回去。

孔子没走几步，突然听到宫里传出轻快的乐曲声，还有几个女子兴奋的叫声。

国君病了，难道还有人敢唱歌跳舞？这不是找病吗？这怎么可能？

毫无疑问，鲁哀公根本就没有病，就是因为要跟美女们寻欢作乐，所以找了个生病的借口来忽悠孔子。

孔子很生气，这还不如直接说要跟美女寻欢作乐，所以请您改天来。或者至少，你等我走远了再开始啊？

这简直就是戏弄人啊。

几天之后，鲁哀公的儿子恤由突发疾病去世。因为本身是庶子，而且还未成年，所以只能按照士的规格下葬。可是，公室已经很多年没有人按照士的规格下葬了，以至于连丧礼的程序都不知道了。

怎么办？只能请教孔子了。

于是，鲁哀公派孺悲去向孔子请教。

孺悲来到孔府门外，有人进来报告说孺悲求见。

孔子一看，你上次不是忽悠我吗？虽然实际上是国君忽悠我，可是我只能记在你头上。这次别怪老夫我照方抓药，用同样的办法来回报你。

于是，孔子派子张去门口告诉孺悲，说夫子病了，请改天再来。

孔子估摸着子张差不多到门口了，开始一边鼓瑟，一边唱歌。

"啊，夫子偶感风寒，不能相见，请改天再来。"子张出来，对孺悲说。

就在这个时候，孔子的歌声传了出来。

"你看，这个，夫子还在唱歌？"

"啊，夫子说他身体不好，不能见客。"子张说。

孺悲一脸尴尬，没办法，只好回去了。

(《论语》:"孺悲欲见孔子,孔子辞以疾。将命者出户,取瑟而歌,使之闻之。")

由于原文中没有记载故事的前半段,因此人们也就不知道孔子为什么要这样对待孺悲,于是孟子就说这是"不教之教",意思就是我不屑于教你,就是在教你了。孟子就是信口说说,谁知道后人当成了真理,说这是孔子以这样的方式来教导孺悲。不过想想,似乎也对,这也算是教他做人吧。

子张送走孺悲,回来把孺悲的反应对孔子说了,然后问起孔子为什么这样做。于是,孔子把几天前孺悲忽悠自己的事情说了一遍。

"先生,我觉得以德报怨是不是好些?"子张问,他并不认同孔子的做法。

"以德报怨?那用什么报德呢?"孔子反问道,接着说,"应该是以对等的态度来回报怨,以德报德。"

《论语》:

> 或曰:"以德报怨,何如?"子曰:"何以报德?以直报怨,以德报德。"

以德报怨,这个成语出自这里。不过,孔子是不支持以德报怨的。

孺悲回去之后向鲁哀公报告了情况,两人自然知道孔子这么做的原因,情知理亏。没办法,鲁哀公再次派孺悲前往。这一次,孔子见了他。

于是,孺悲从孔子这里学习了士丧礼,并且作为标准颁布了下去。

孔子的个性,对人以礼相待,对上位者是很尊敬的。但是,如果上位者不尊敬孔子,孔子绝不会卑躬屈膝,要么以直报怨,要么拍屁股走人。

但是,对于比自己的地位低的人,孔子会多一份包容。

互乡是邹地著名的刁民,以胡搅蛮缠、抬杠碰瓷儿而著称,人人都讨厌他,不愿意和他接触。

这一天互乡来到孔府求见孔子,说是想跟孔子学习做人的道理。

守门的童子进来通报,一旁的弟子们都说这种人不见。

"让他进来吧。"出乎所有人意料,孔子答应见他。

孔子和互乡谈了一阵，互乡满意地走了。

"夫子，这样臭了大街的人，您为什么要见他呢？"子张问。

"师啊，他的名声是不好。可是他主动来见我，就说明他是想要进步。对于进步就应该肯定，而不是促使他退步，没有必要做得太过分。人家改正了错误以求进步，我们要肯定他、鼓励他改正错误，不要死抓住他的过去不放。"孔子来了一个现身说法，一方面解释怎样帮助落后的人，另一方面提醒子张的不足。

子张低头不语，若有所思。

《论语》：

> 互乡难与言，童子见，门人惑。子曰："与其进也，不与其退也，唯何甚？人洁己以进，与其洁也，不保其往也。"

传统的译文中，将"互乡难与言，童子见"译为"互乡那个地方的人很难缠，但互乡的一个童子却受到了孔子的接见"，讲不通。

孔子虽然具有一定的地位，可是一向就不以此自居，非常平易近人，在乡里就像是一个邻家大爷，看不到一点儿架子。因为对乡里的事情了解不多，所以平时遇上乡里人谈话，话也不多，喜欢听别人说。

（《论语》："孔子于乡党，恂恂如也，似不能言者。"）

平时，只要有可能，孔子就会参加乡里的各种活动。乡里人有什么困难来请求帮助，孔子都是二话不说伸出援手。并且，在乡里的活动中，孔子都非常低调地听从安排，对比自己年长的都很尊敬，遇上行走不便的，孔子都会主动让路。

（《论语》："乡人饮酒，杖者出，斯出矣。"）

因为孔子行二，乡里人不叫他仲尼先生，而是不论男女老少都叫他二大爷。乡里人遇上了困难或者困惑，常说的话就是"去找二大爷啊"。

每年乡里人会有一个驱逐疫鬼的仪式，以保佑一年中大家不得病。只要孔子在，一定会穿上朝服站在乡庙门口台阶的东面来迎接驱鬼正神，一站半天没有怨言。

(《论语》:"乡人傩,朝服而立于阼阶。")

乡里的各种礼,譬如婚丧嫁娶、成年礼等,每年都有很多,乡里人当然不会请孔子去主持,毕竟孔子非常忙,这些事情大家开不了口。不过每次都会邀请孔子去,孔子有空的话,有时也会去看看。

有一次,乡里的一个少年举行成年礼。按照周礼的规定,男子二十岁之前称为童子,二十岁的时候举行成年礼,就算成人了。成年礼之后,男子就可以戴冠,因此成年礼又叫冠礼。成年礼上,男子会获得自己的字的命名,因此成年礼又叫命名礼。

照例,孔子接到了邀请,恰好孔子有空,于是欣然前往助兴。

成年礼在乡庙举行,少年的亲戚朋友来了不少人,再加上走过路过看热闹的,现场倒也够热闹的。人们看见孔子来了,都纷纷致意:"二大爷,您来啦!"

少年跟随着他的父兄来到了现场,在自己的位子上跪了下来。之后,等待家族中德高望重的长辈给他加冠、命字。

少年看上去明显有些激动,东张西望、躁动不安的样子。

"夫子,您看这是一个求上进的孩子吗?"陪伴孔子前去的弟子问。

孔子摇了摇头。

"看不出来,你看他进来的时候,竟然和长辈并肩同行。到了自己的位子,又这样焦躁不安,我看啊,他只是急于成为成人的人。"孔子说。

孔子为什么这样说呢?

因为成年礼本身就是礼,在这样的场合更应该遵照礼的规定。根据周礼,未成年人在这样的场合要跟随在成年人的后面。到了自己的位子上,应该安静专注,恭恭敬敬地等待长辈的加冠和命名。

所以孔子认为,这个少年完全不遵守规矩,不会是一个求长进的人。

这一段在《论语》中的原文是这样的:

> 阙党童子将命。或问之曰:"益者与?"子曰:"吾见其居于位也,见其与先生并行也,非求益者也,欲速成者也。"

传统译文是这样的。阙里的一个童子,来向孔子传话。有人问孔子:"这个求上进的孩子吗?"孔子说:"我看见他坐在成年人的位子上,又见他和长辈并肩而行,他不是要求上进的人,只是个急于求成的人。"

这样的译文,只能说驴唇不对马嘴。

曾参

曾参是曾皙的儿子,聪明比不上子夏、子游、子张,但是个性沉稳大气,比几位师兄的性格都好,孔子最欣赏他的也是这一点。

孔子对于弟子们的性格特点都很清楚,有的时候也会很直接地指出来。譬如孔子就曾经说高柴木讷,曾参迟钝,子张偏激,仲由鲁莽。

(《论语》:"柴也愚,参也鲁,师也辟,由也喭。")

曾参的"参"究竟读"cān"还是读"shēn"?历来说法不一。不过,据说当今的教科书中读"shēn",其依据是"参"的发音应该遵循古文献记载,而文献记载"参"的古音是所今切,类似今音"shēn"。

但是,非常遗憾的是,正确的读音应该是前面一种,就是"cān",来说说理由。

首先,读"shēn"的理由并不充分,因为"参"在古代也是多音字,某种古籍记载它读"shēn",不等于它就不能读"cān"。就如同"贾"字,不能因为某种古文献记载读"gǔ",姓贾(音 jiǎ)的就该改成姓贾(音 gǔ)。

其次,春秋时期人们取名,名与"字"之间必须有关联,要么相近,要么互补,要么相反。譬如,端木赐,字子贡,这是相反;卜商,字子夏,这是相近;宰予,字子我,这是相同;言偃,字子游,这是相反。

曾参,字子舆,"舆"就是车,所以"参"是"骖"的简写,"骖"是拉车的马,读"cān"。

实际上,把"骖"去掉"马"字旁来做名这样的做法在春秋时期很普遍,随便举几个例子,譬如孔子,字仲尼,"尼"就是"泥"去水旁。颜回,字子渊,"回"就是"洄"去水旁。

最后,曾参二儿子名叫曾申。如果"参"读"shēn",则父子的名字同音,这样取名别说在春秋,就是在现在,也会被认为是弱智。

综上所述，曾参的名字一定念"cān"，而不是"shēn"。

曾参很恬静，与世无争，这一点很像颜回。但是同时曾参眼里有活，很勤快，这点跟子路又很像。所以孔子很喜欢他，把他也当成自己的儿子。

曾参有一个最大的特点，就是孝顺，特别孝顺。

有一次，曾参锄地的时候把瓜的根锄断了，老爹曾皙这时候也有点儿老年痴呆了，非常易怒，当时一手杖打过去，正打在曾参的脑袋上，当场将曾参打昏在地。过了一阵子曾参醒过来，挣扎着站起来，对父亲说："敬爱的父亲，刚才儿子做了错事，您老人家用力教训我，没把您累坏吧？"

之后，曾参又弹琴唱歌，以表示自己已经没事了。

这件事情传到了孔子那里，把孔子给心疼坏了。非常生气，命令守门的："曾参来了不要让他进来，我没有这样的弟子。"

曾参听说之后很纳闷儿，夫子教导我们要孝敬父母，我这不是做得很模范吗？于是，曾参请了个师兄弟去帮自己问问到底怎么回事。

"这个不懂得道理的混账东西，其实根本不知道什么是孝。"孔子的火气还没有消，所以先骂了几句，然后解释，"当年舜是个孝子，他父亲瞽叟是个糊涂虫。在他父亲需要他帮忙的时候，他随时都在；可是当他父亲跟后母要害他的时候，他跑得比兔子还快。所以，轻轻地打就忍受了，要命地打就一定逃跑。曾参在他父亲暴怒的时候还等着挨打，如果被打死了，不就是陷他父亲于不义？他这叫孝吗？再者说了，曾参是个公民啊，他父亲杀他就是犯罪，害己害父，这不是混账是什么？"

这件事，见于《说苑》。

曾参平时最喜欢跟孔子谈论的，就是孝。

"一个人怎么能看出来他到底孝不孝呢？穷人家的孩子好说，看他是不是赡养父母就行了。可是，富人家怎么看呢？父母根本不需要他来养，说不定他还啃老，怎么确定他孝不孝呢？"有一次曾参问。

"这是个好问题。"孔子首先表扬了一句，然后说，"对于你说的这种富人的儿子吧，当他父亲还在世的时候，要看他的志向是不是符合父亲的要求；当父亲去世之后，要看他的行为是不是符合父亲的期望。"

"夫子能不能举个例子呢？"曾参问。

"譬如说孟庄子吧，他就是个孝子，为什么这么说呢？因为在他父亲去世之后，他在三年之内没有变更父亲的治理方法，没有更换父亲任命的主要家臣。"

"为什么呢？"

"因为多数人都会在自己即位之后立即换上自己的人，所谓的一朝天子一朝臣。如果一即位就改变父亲的做法，就撤换父亲的臣子，这说明在父亲在世的时候他就已经跟父亲不是一条心了。相反，如果即位三年之后不做大的改变，至少是对父亲的肯定和尊重。所以我说，孟庄子是个孝子。"孔子解释。

《论语》：

> 子曰："父在，观其志；父没，观其行；三年无改于父之道，可谓孝矣。"
>
> ....
>
> 曾子曰："吾闻诸夫子：孟庄子之孝也，其他可能也，其不改父之臣与父之政，是难能也。"

孝，是孔子教学中的一个部分，孔子非常强调这一点。

不过对于孔子来说，他的实践其实并不多，甚至可以说很少。孔子从小没有父亲，十六岁丧母，孔子的孝心基本上还没有实施就失去了机会。而孔子长期在外，与儿子孔鲤关系非常平淡，可以说也没有什么机会享受儿子的孝心。

孔子得到最多的，实际上是弟子们的孝心，他把很多弟子当成了自己的儿子，从子路，到冉有、子贡、颜回、子夏、曾参等，言语之间那种父爱不由自主地泛滥出来。

孔子谈孝是比较多的，很多弟子也向他请教过孝。基本上，孔子所强调的就是对父母的孝应该是出于内心的关心和尊敬，物质上倒在其次。

譬如子夏和子游都曾经问过孝，孔子给的回答几乎是一样的。

"夫子，请问什么是孝？"子夏问。

"脸色态度是难点。有了事情，弟子替老师去做；有了酒饭，弟子让老师先吃，难道能认为这样就可以算是孝了吗?"孔子反问。

"夫子,请问什么是孝?"子游问。

"如今所谓的孝,只是说能够赡养父母便足够了。然而,就是犬马都能够得到饲养。如果不尊敬父母,那么赡养父母与饲养犬马又有什么区别呢?"孔子反问。

《论语》:

子游问孝。子曰:"今之孝者,是谓能养。至于犬马,皆能有养;不敬,何以别乎?"

子夏问孝。子曰:"色难。有事,弟子服其劳;有酒食,先生馔,曾是以为孝乎?"

孔子的这两句话,实际上正应了后来的那句俗话——久病床前无孝子。

很多人对父母是尽到了赡养的义务,但是时间久了,态度上就显得有些不耐烦。而父母这个时候最怕的,就是成为子女的包袱;最怕的,就是子女表现出来的不耐烦。

所以,孔子说的可谓一针见血。或许,这也是他的切身感受。想来,子夏和子游在这个时候就有这样的问题,而曾参没有。

孟武伯是孟懿子的儿子,孟懿子身体不好,孟武伯这一天问孔子怎样才算孝。

"对父母,要特别为他们的疾病担忧。"孔子这样说,实际上就是针对孟懿子此时的状况。或者说,就是提醒孟武伯要多关心父母的身体。

(《论语》:"孟武伯问孝。子曰:'父母,唯其疾之忧。'")

在《论语》中,孔子还有一些对孝的论述。

孔子说:"父母的年纪,不可不知道并且常常记在心里。一方面为他们的长寿而高兴,一方面又为他们的衰老而恐惧。"

(《论语》:"子曰:'父母之年,不可不知也。一则以喜,一则以惧。'")

孔子说:"父母还健在的时候,不要去远的地方打拼。"不过随后加了一句,如果去的话,一定要事先有目标,让父母知道自己去了哪里。

所以我们说,孔子对于那种盲目无原则的孝,一向是不赞成的。

(《论语》:"子曰:'父母在,不远游,游必有方。'")

孔子认为，侍奉父母，如果父母有不对的地方要委婉地劝说他们。自己的意见表达了而父母不听从，还是要对他们恭恭敬敬，并不违抗，替他们操劳而不怨恨。

这样的说法当然是有道理的，对父母要讲究态度，特别是父母年老之后。如果不是原则性的问题，就不要与父母争执。即便很重要的事情，如果能放一放的就放一放，今后有机会再说，没必要一定与父母争出个结果来。

老人通常固执，有的人还喜欢生气。所以，做子女的要理解。

从这里，我们也能看出来孔子很明白自己老了之后会有哪些毛病，他也在竭力地克制自己。

（《论语》："子曰：'事父母几谏，见志不从，又敬不违，劳而不怨。'"）

第三〇〇章
致命的打击

子路之死

到了年底，卫国出大事了。

卫国的废太子蒯聩占据了戚地，儿子卫出公当国君。卫国的国政在孔圉手中，孔圉的老婆孔伯姬是蒯聩的姐姐，同时也是卫出公的姑姑。孔圉和老婆生了个儿子，名叫孔悝（音kuī）。孔圉死后，卫国就由孔悝说了算。

孔圉有个贴身仆人叫浑良夫，高大英俊，孔伯姬早就对他垂涎三尺，后来老公死了，于是顺手牵羊，成其好事。

孔伯姬跟弟弟的感情一向不错，暗地里派浑良夫去看望弟弟。蒯聩早就知道浑良夫是姐姐的面首，因此直接把浑良夫当姐夫接待了。

"二姐夫，帮我把他赶走，让我回去当国君，保证让你当上大夫，并且，免你三次死罪，怎么样？"两人喝得高兴，蒯聩就开始利诱浑良夫。

这个条件对于浑良夫来说是无法拒绝的，于是两人就达成协议，结了盟。

浑良夫回到孔家，在床头上把这件事情对孔伯姬说了一遍，孔伯姬当即同意。

十二月的时候，蒯聩在浑良夫的帮助下，潜入了孔家，之后在孔伯姬的帮助下，胁迫孔悝结盟，要赶走卫出公，迎蒯聩回来做国君。

孔家的管家栾宁知道这件事情后，急忙带着卫出公出逃鲁国，同时派人通知子路，让子路前来救孔悝。

高柴听说孔悝被挟持，卫出公逃命，非常担心自己被牵连。怎么办？蜂刺入怀，解衣去赶。大难临头，逃命要紧。

既然决定逃命，高柴不敢停留，换了一身衣服，匆忙起身。走在路上，就感觉好像有人在追自己一样。来到城门，看见城外有军士，以为是蒯聩派来捉自己的人，不敢出去。

守门人是一个因为犯罪而被砍掉了脚的人，看见高柴犹犹豫豫、躲躲闪闪，知道他不敢走大门出去。

"喂，往那边走，有一段城墙塌了，可以从缺口出去。"守门人主动指点高柴。

"不行，君子不能翻墙的。"高柴拒绝了。

"那，另外一边有一个洞，可以钻出去。"

"不行，君子怎么能钻洞呢？"高柴又拒绝了。

"那，去我屋子里躲一躲吧。"

这一次，高柴没有拒绝，到守门人的小屋子里躲了起来。

过了一阵，高柴出来看看，发现城门内外都没有人了，这才确认自己是安全的。"你为什么要帮我？你知道我是谁吗？"高柴问。

"你以为你换件衣服我就不认识你了？看见我这脚没有，我的脚被砍了，当初就是你下的命令啊，你不是高柴吗？"守门人轻轻地说，还带着一脸神秘的笑，让高柴浑身发毛。

"那，那你为什么还要帮我？"高柴紧张地问，他怀疑这是不是守门人的圈套。

"因为我被砍脚是罪有应得啊，我记得当初你反复审理我的案子，翻看了许多法令，想要找出为我免罪的办法，可是还是没找到。宣判的时候，我看见你的脸色很难看，很可怜我。所以，虽然你砍了我的脚，我知道你内心很仁慈，行事又很公道，所以我不恨你，我敬佩你。这就是我帮助你的原因了。"守门人说得很坦然，之后催促高柴赶紧离开。

高柴逃出了楚丘，在城外恰好遇上了子路。子路听说发生了政变，孔悝被挟持，于是驾着战车赶来了。

"师兄，别去了，去了也没用。"高柴劝子路回去，他知道子路改变不了什么，却有可能搭上自己的老命。

"不行，拿人家的俸禄，怎么能见死不救呢？"子路坚持要去。

"可是，城门已经关上了，进不了城，不如观望一下再说吧。"高柴撒了个谎，还要阻止子路去。

"兄弟，我知道你是好意，可是我还是要去。你走吧，别拦着我。"子路还是坚持，驾着战车进了楚丘。

一路疾驰，子路来到了孔家，孔家的门是真的关上了。孔家的家臣公孙敢从门缝里看见子路，对他喊："你不要进来了，进来也没有用。"

"公孙敢，你拿人家的俸禄不给人卖命，还好意思拦住我吗？"子路大声喝问，他不知道，其实孔悝早已和蒯聩达成了协议，根本不用他去救命。

正在这个时候，门里有人出来，于是子路跳下战车，提着大戟，闯进门去。

孔家建了一座高楼，就是准备万一有什么事好躲避的，各国的权臣都有这么个高楼。蒯聩和孔悝都在楼里，也是防着有人来攻打。

"太子赶紧放了孔悝，劫持他也没用，我们不会让你得逞的。"子路到了楼下，大声喊着。

蒯聩不知道外面是什么人，也不敢轻举妄动，但是绝不开门，更不会把孔悝放出去。

"太子，你是个胆小鬼，再不放人，我就放火烧楼了。"子路又大声喊，开始从旁边捡柴火准备放火。

楼上的蒯聩一看，这要真的放起火来，那就不知道会发生什么了。你不就是一个人吗？以为老子真怕你？于是，蒯聩派了手下两个勇士下来迎战子路。

算算年龄，这年子路已经六十二岁了，撒尿都尿不出三尺去了，也就是仗着一股气势在这里喊叫，真正遇上两个精壮勇士，哪里能是对手？

两三个回合下来，子路就呼哧带喘了，帽子带也被对方的大戟砍断了。子路一看，知道自己今天注定要死了。

"君子死，冠不免。"子路说了人生的最后一句话，意思是君子就算是死，帽子也不能掉了。说完，子路很从容地放下大戟，将帽子带系好。可是，没等他系好，两条大戟就已经刺到，两道血光，子路倒在地上，帽子掉落一旁。

第三〇〇章 致命的打击

子路就这样死于非命。

而这个时候，孔悝正愉快地和自己的舅舅饮着酒。

此后，孔悝立蒯聩为卫国国君，就是卫庄公。

卫国政变的消息传到了孔子这里，孔子的脸色立即变得十分难看。

"高柴会逃命，仲由一定要死了。"孔子说，他太了解自己的学生了。

随后的消息证实了孔子的推测，子路战死了，而高柴逃走了。

"仲由死了？仲由死了。"孔子黯然地说，尽管他料到了结果，却依然无法接受。

"仲由死了，高柴为什么不死呢？"孔子问自己，他本来就瞧不起高柴，现在更瞧不起。

不久之后，孔子知道了高柴逃走的过程，突然明白一个道理：每个人的性格决定每个人的行为，子路战死是对的，高柴逃跑也是对的。否则，子路就不是子路，高柴也就不是高柴。

"每个人都有每个人的优点啊，就像高柴，他的公正难道不是他的优点吗？守门人不怨恨他反而帮助他，不就说明了高柴的高尚人格吗？善于执法的人树立德行，不善于执法的人制造怨恨，为什么？就因为执法公正与否啊，而高柴不就是执法公正的典范吗？"孔子这样说，他觉得高柴一下子可爱了很多。

按《说苑》：

孔子闻之，曰："善为吏者树德，不善为吏者树怨。公行之也，其子羔之谓欤？"

孔子的黄昏

其实，对于子路这样的人生结局，孔子早就有所预料。

当初，闵子骞侍立在孔子身旁的时候，总是恭恭敬敬的样子。冉有、子贡则是温和快乐的样子。可是子路呢？子路就好像屁股上了发条或者后背长虱子一样，总是一副狂躁不安的样子。

所以有一次孔子就开玩笑说："像仲由这样的，只怕不得好死吧！"

结果现在，真的一语成谶了。

（《论语》："闵子侍侧，訚訚如也；子路，行行如也；冉有、子贡，侃侃如也。子乐：'若由也，不得其死然。'"）

子路的死，对孔子的打击甚至超过了颜回的死。

如果说颜回就像孔子的儿子，那么子路就是孔子的儿子、兄弟、朋友和战友，是互相关心的兄弟，是直言相告的朋友，还是生死与共的战友。孔子与子路的感情是任何人都无法相提并论的，甚至孔子对子路有一种强烈的依赖感。几十年来，子路就守卫在孔子的身边，为孔子鞍前马后、赴汤蹈火，即便是在外地做官，子路也常常亲自或者派人来探望孔子。

如今，想起了子路的天真和鲁莽，想起了子路的真诚和热情，孔子潸然泪下。

孔子陷于一种从来没有过的伤心，在痛哭之后，他感到孤独，感到空虚，感到害怕，感到生无可恋。

孔子一下子苍老了很多，陷入了失魂落魄的状态。有的时候整天不说话，有的时候整天话不停；有的时候会突然高兴，有的时候会突然不高兴；有的时候清醒，有的时候糊涂。

每个人都很担心他，弟子们都小心翼翼地哄他开心。

但是，不是每个人都能够让孔子开心的。

每次看到子夏，孔子都会说："小子，别那么小气，别那么小气啊。"

"夫子，我现在很大方了。"子夏每次都这么说，下一次会给孔子送点儿礼物，可是孔子还是这么说他。

后来子夏知道，孔子并不是想要他的礼物，只是不放心他。

每次子游来看望孔子，孔子都会说："偃啊，别那么滴水不漏，漏一点儿吧，让别人不那么嫉妒你。"

这时候子游才知道，孔子一直在关注着自己。

"夫子，我记着呢，前言戏之耳。"子游笑着说，孔子愣了一下，然后也笑笑。

每次看到子张，孔子都会说："师啊，不要抓住别人的过去不放啊，不要抓住别人的过去不放啊。"

"夫子，弟子记着呢，您看我的腰带上写着呢。"子张说，他的腰带上密密麻麻写满了孔子的话。

每次看到曾参，孔子会习惯性地摸摸他的头。

"小子，别那么傻，别那么傻啊。"孔子说，好像曾参刚才又被他父亲打了脑袋。

"我跑，我跑。"曾参说，说完，真的跑开了。

身后，孔子嘿嘿地笑了。

真正能够让孔子不由自主地眉开眼笑的只有两个人，一个是子贡，另一个是孙子。

只要在鲁国，子贡就会每天过来看孔子，再忙也会来。子贡早就在鲁国买了房子，离孔子家很近，就为了到鲁国的时候方便看望老师。

只要离开鲁国，子贡就会告诉孔子自己什么时候回来。之后，孔子就开始数日子。

转眼开春了，孔家的气氛很有些压抑。虽然大家都尽量地想要轻松起来，可是看见衰老得不成样的孔子，谁的心情也好不起来。

这一天，子贡来看望孔子。

看见子贡来，孔子的心情照例好了很多，两人坐下，聊起了往事。子贡知道，只有这个时候，孔子才会高兴起来。

聊了一阵，子贡告辞走了，孔子一定要送，于是送到了院门口。

"赐啊！你以为我的知识是学习得多了才记住的吗？"孔子突然问。

"是啊，难道不是这样吗？"子贡只能这么说了。

"不是的。我是用一个根本的东西把它们贯穿在一起的。"孔子说，却没有说这个根本的东西是什么。

子贡笑了笑，没有追问，告辞走了。

《论语》：

> 子曰："赐也，汝以予为多学而识之者与？"对曰："然。非与？"曰："非也。予一以贯之。"

孔子看着子贡走远，直到看不到。

猛地,孔子似乎想起了什么,回过身来,快步地走向一间教室。

教室里,正是曾参在讲课。

看见孔子进来,所有人都有点儿吃惊。

"参啊,我的学说是用一个根本的东西把它们贯穿在一起的啊。"孔子大声说着。

"啊,是。"曾参不知道怎样回答。

孔子这个时候扫视了所有人一眼,似乎才回过神来曾参正在讲课。孔子略显尴尬地笑了笑,走了。

弟子们一个个目瞪口呆,不知道孔子进来就是一句话是什么意思,是老年痴呆?还是灵光一现?

"先生,夫子刚才说的根本的东西是什么呢?"有弟子回过神来,问道。

"夫子所说的根本的东西,就是'忠恕'二字吧。"曾参回答,他总不能说这是老夫子心血来潮吧?

《论语》:

> 子曰:"参乎,吾道一以贯之。"曾子曰:"唯。"子出,门人问曰:"何谓也?"曾子曰:"夫子之道,忠恕而已矣。"

有的时候,孔子会说出一些谁也听不懂的话。

周代,大户人家因为院子大,所以有大门和小门。大门两扇,叫门;小门一扇,叫户。平时不开门,只开户。遇上车马进出,或者有事情而来往人多的时候,或者有嘉宾的时候,才开门。

孔子家属于大户人家,有门有户。

有一天,弟子们洒扫院子,开了大门。

孔子站在门前,呆呆地盯着门看,好像从前从来没有见过门一样。弟子们一看这状况,知道夫子又有些不清醒了,于是都躲去一边,没人敢发出动静。

"咦,为什么进出非要走户呢?这不是一条大道吗?"孔子自言自语地说,说完,摇摇头,走了。

(《论语》:"子曰:'谁能出不由户?何莫由斯道也?'")

第三〇〇章 致命的打击

觚是一种酒器，上圆下方，中间细、两头粗。

这一天，孔子盯着家里的一个觚看了半天。子夏正好在一旁，于是过来问。

"夫子，您这是看什么呢？"子夏问。

"商？你怎么在这里？你不是在莒父吗？"孔子问。

"夫子啊，我早就辞职回来了。"子夏知道孔子这健忘症又犯了，连忙笑着解释。

"哦。"孔子眨眨眼，还是没想起来，他指指那个觚，"你看，这是个什么东西？"

"夫子，这个是觚啊。"

"觚？觚怎么长成这样了？嗯？觚都不像觚了，觚都不像觚了。"孔子喃喃自语，一边说着，一边走开了。

子夏看着孔子的背影，眼中已经湿润了。

从前那个睿智慈祥的夫子，竟然成了这个样子。

（《论语》："子曰：'觚不觚，觚哉！觚哉！'"）

有的时候，孔子会独自哭泣。

这一天，孔子站在树下独自哭泣。子张远远看见，担心孔子受凉，悄悄地走到孔子的身边，将自己的衣服披在了孔子的身上。

"夫子，天凉了，咱们回屋里去吧。"子张轻轻地说。

孔子缓缓地回过头来，眼中含着泪水。

"师啊，凤鸟不来了，黄河中不出现八卦图了，洛水也不出现九宫图了。我这一生也就一事无成了吧！呜呜呜。"说着，孔子又哭起来，像个孩子一样。

子张急忙扶住孔子。

"夫子，您看看您这么多的弟子，一个比一个有出息，您怎么是一事无成呢？"子张劝说着孔子，将他搀回了屋里。

（《论语》："子曰：'凤鸟不至，河不出图，洛不出书，吾已矣夫！'"）

什么是凤鸟？

凤鸟就是凤凰，传说凤鸟在舜和周文王时代都出现过，凤鸣岐山说的就是这件事情，它的出现象征着"圣王"将要出世。

凤鸟不至，也就是说看不到圣王的出现了。

什么是河图？

传说在上古伏羲氏时代，黄河中有龙马背负八卦图而出，它的出现也象征着"圣王"将要出世。

河不出图，也就是说看不到圣王的出现了。

什么是洛书？

传说到了尧的时候，洛水中出现神龟，背上是九宫图，它的出现，也同样象征着"圣王"出世。

洛不出书，也就是说看不到圣王的出现了。

还有一次，孔子也是在哭泣。

"夫子为什么哭？"子游问，他恰好回来看望孔子。其他人见到孔子哭，都是尽量地劝孔子，把话题引开。可是子游不一样，他宁愿引导孔子哭，他认为情绪宣泄出来比藏着好，让孔子好好哭一场才是最好的办法。

"偃啊，你觉得，百姓还有救吗？"孔子一脸迷惑地问子游。

子游有点儿蒙了，他不知道孔子究竟在想什么。

"夫子觉得呢？"子游反问。

"没救了，没救了啊。"

"为什么没救了？"子游故意问。

"不仁哪，不仁哪。"

如果换了过去，子游就会反问孔子："您不是说百姓仁不仁取决于上位者的德吗？怎么可以怪百姓呢？"

可是子游知道，现在孔子所说的并不是他的正常思维了，这些老糊涂的话就不必去和夫子争执了。相反，要让他说出来，他的心情就会畅快很多。

"为什么不仁？"子游问。

"百姓对于仁的畏惧，就好像对于水火一样啊。我见过人跳到水中淹死的，跳到火中烧死的，却没有见过为了仁而死的。百姓完了，百姓完了，完了，完了，呜呜呜。"孔子伏案痛哭，涕泗横流。

子游在一旁用手拍打着夫子的后背，眼中也已经充满了泪水。

（《论语》："子曰：'民之于仁也，甚于水火。水火吾见蹈而死者矣，未见蹈仁而死者也。'"）

第三〇一章

哲人其萎乎

孔子逝世

春天过去了,夏天来了,四月。

"赐今天该回来了。"孔子一大早就这么说,子贡去了齐国,说好今天回来。

弟子觉得有点儿不对劲,因为他们发现孔子的嗓音变得清亮,眼中带着光芒,几个月来的失魂落魄的感觉没有了。

有的弟子高兴,认为这是孔子的身体在康复。但是,年长一些的弟子很担忧,他们知道有一种现象叫作回光返照。

孔子跟每一个碰上的弟子打招呼,他竟然都能够叫上他们的名字。而在过去几个月里,除了几个最亲密的弟子之外,多数弟子的名字孔子都不记得了。

最令弟子们惊奇的是,已经拄了两个多月拐杖的孔子竟然不用拄拐杖了,他背着手,手上拿着拐杖,径直走出了院子。

孔子在院子外面的街道上来回踱步,扫视着周围,似乎又回到了熟悉的环境。

"泰山其颓乎!梁木其坏乎!哲人其萎乎!"孔子高声唱起歌来,苍凉而高亢,十分投入。歌词的意思是:泰山崩了,栋梁坏了,哲人蔫了。

唱累了,孔子又摇摇晃晃走了回来,然后面对着小门的门口坐了下来。

这个时候,子贡正急匆匆走来。其实,他昨天就回来了,可是他没有来看孔子。

因为他知道，如果自己这一次提前回来，那么今后孔子就都会期待他提前回来，反而让老人家焦急。当然，也不能晚回来。

所以，子贡在昨天到家后并没有来，而是今天一大早赶来。

子贡远远地听到了孔子的歌声，他立即意识到了问题。

"泰山崩了，我们仰望什么？栋梁坏了，我们住在哪里？哲人萎了？哲人萎了？看来，夫子的日子不长了。"想到这里，子贡加快了步伐，来到了孔子的家里。

孔子一眼就看见了子贡，立即站起来迎了过去。

"夫子。"子贡急忙要伸手去扶孔子，孔子推开了他的手。

"赐啊，怎么来得这样晚呢？"孔子好像很嗔怪地说，说完笑了。

"夫子，您的身体可好？"

"赐啊，我知道过去几个月我是什么样子，我也知道我活不了几天了。死之前，我要把后事交代给你啊。"孔子笑着说，说到死，并没有一丝的忧伤，反而是一种解脱的感觉。

子贡原本想要安慰孔子几句，可是他知道孔子向来不把生死看得那么重，所以这个时候的安慰没有意义，还不如和孔子一道直面生死。

就这样，师徒二人索性就在门口坐下来聊天了。

"赐啊，你还记得那一年，咱们准备去晋国，到了黄河边上又回来的那一次吗？"孔子问子贡。

"记得，因为赵简子杀害了两个贤人，夫子决定不去了。"

"在河边上我说过一句话，你还记得吗？"

"逝者如斯夫，不舍昼夜。是这一句吗？"

"是啊，生命就如同江河那样每时每刻都在流逝，每个人的生命都有终点，无论你是欢喜还是悲哀。"孔子感慨道。

（《论语》："子在川上曰：'逝者如斯夫，不舍昼夜。'"）

"夫子，您终于可以休息了。"子贡开起了玩笑。

孔子想起他和子贡间的那段对话，忍不住笑了。

"我这辈子没什么成就，但是能有你们这些弟子，我满足了。"孔子说，看着子贡，就像看着自己的儿子一样慈祥。

"能得到夫子的教导，是我们的幸运啊。"子贡由衷地说，他从来不敢和自己的父亲开玩笑，但是和孔子开玩笑从来没有忌讳。感觉上，孔子比自己的父亲更加亲近一些。

"记得有一次仲由问我怎样侍奉鬼神，我说：'连人都没能侍奉好，怎么能侍奉鬼呢？'仲由又问我死是怎么回事，我说：'活着的道理还没弄明白，怎么能知道死呢？'想起来，真是有趣啊。等我死后见到了仲由，就可以和他探讨死的道理了，哈哈哈。"孔子爽朗地笑着，仿佛子路就在他的眼前。

《论语》：

季路问事鬼神。子曰："未能事人，焉能事鬼？""敢问死。"曰："未知生，焉知死？"

子贡也笑了，远远地，子夏等弟子见老师和师兄聊得开心，也都走了过来。

"孩子们，既然都来了，趁着我清醒，我把后事交代了吧。"孔子大声说着，站了起来，在弟子们的簇拥下，回到了厅堂。

孔子坐在教师的位置上，弟子们坐在弟子的位置上，就好像在上课。每个人都知道，这是孔子的最后一课了。

"夏朝人将灵柩停在对着东阶的堂上，那还是处在主位上；商朝人将灵柩停在堂前东西楹之间，那是处在宾位和主位之间；周人将灵柩停在对着西阶的堂上，那就是迎接宾客的地方。我昨晚上做梦，梦见我殡在东西楹之间了。那好吧，我就按照商朝人的方式出殡吧。"孔子安排着自己身后的事情，就像给朋友出殡一样。

弟子们沉默着，没人说话。

"修编《诗经》和《春秋》，商出力最多，今后这两部书的原稿就都传给商了。"孔子说，这才是他宝贵的遗产。

子夏听了，向孔子磕了一个头。

"做《易传》，商瞿出力最多，《易》就传给商瞿了。"

商瞿向孔子磕了一个头。

"参啊，你的性格最为沉稳，为人也孝顺，今后，孔伋就交给你教导了。要教他学问，更要教他做人，要做一个君子。"孔子把孙子的事情也交代了。

曾参向孔子磕了两个头。

所有人都把目光投向了曾参，毫无疑问，他的人品得到了孔子的最高认可。

"呵呵呵。"孔子看着弟子们，笑了。

弟子们有些惊诧，夫子这个时候还笑得出来？

"哈哈哈。"孔子的笑声越来越大，而且是发自肺腑。

弟子们更加愕然，难道夫子这是要发疯的节奏？

"夫子，您，没事吧？"子贡小心翼翼地问。

"我是看到我的弟子们济济一堂，我高兴啊。你们都是我的孩子，想想看，谁在临终之前能有这么多的孩子陪伴呢？想起我能够死时弟子们都在身边，我能不高兴吗？哈哈哈。"孔子说完，又笑了起来。

子贡听完，也笑了。

大家都笑了。

但是，大家的眼中，都泛出了泪光。

孔子卧床不起。

孔子病了，病得很重，完全没有起床的力量。不过，神志很清醒。

冉有也赶了过来，并且要给孔子请医生。

"求，不要了，我知道我要死了，医生也救不了我，就让我安静地死去吧。"孔子用微弱的声音对冉有说。

冉有和子贡商量，决定听从孔子的话。因此，没有请医生。

很快，孔子病重的消息传开了。

季康子派人来慰问，并且找名医配了药送来。

按照周礼，如果是地位比你高的人送来了食物，如果是熟食的话，应该当场打开尝一尝，然后说一句赞赏感谢的话。可是，如今送来的是药，怎么办呢？

孔子让弟子收了药，对来者说："我对药性不了解，不敢尝。"

（《论语》："康子馈药，拜而受之。曰：'丘未达，不敢尝。'"）

孔子的话，完全是一种礼节。所以在季康子的使者走了之后，孔子也没有吃药。

孟懿子已经在一年前去世，他的儿子孟武伯也派人前来慰问。就连对孔子一向不友好的叔孙武叔，也派人前来慰问。

鲁哀公知道孔子病重，亲自前来探望。

知道国君要来看望自己，孔子让弟子帮助自己挣扎着变换了躺的方向，让自己的头朝东躺着。又让弟子们找出自己的朝服盖在自己身上，还拖着大带子。

孔子认为，国君来探视他，他无法起身穿朝服，这是对国君不尊重，有违于礼。这样做之后，就不会失礼于国君了。

（《论语》："疾，君视之，东首，加朝服，拖绅。"）

之后，孔子又让弟子们打扫了房间，打开窗户透空气。

乡里许多人前来探望孔子，孔子都让弟子们拦住了。孔子倒不是瞧不起他们，而是不希望他们看到自己这副病恹恹的样子。

鲁哀公十六年（前479年）四月十一日，就在孔子回光返照七天之后，老人家永远地闭上了眼睛，安详地逝去了，终年七十三岁。

伟大的思想家、政治家、教育家孔仲尼逝世了，他的逝世，是整个中华民族的巨大损失。

孔子去世，因为儿子早死，孙子尚小，所以后事就由弟子们操办。

毫无争议地，子贡和冉有牵头操办。

"咱们穿什么丧服呢？"一帮师兄弟立即遇上这个难题。

"之前老师在哀悼颜渊时，大声痛哭就好像丧子一样，但是没有穿任何丧服。哀悼子路时也是这样。我们就以悼念父亲一样去悼念夫子，但也不穿任何丧服。"子贡提了这样一个建议，大家都赞成。

孔子虽然每年得到的津贴不少，但是基本上资助了别人，因此家底并不丰厚。所以，丧礼的一应费用都是子贡来出。

丧礼的设计和司仪自然落在了公西华的身上，公西华依照周代的制度，在棺外设有帷幄，帷幄外有羽饰，灵柩上系有披带；乘车上设置崇牙状的旌旗，这是殷代的制度；用素锦缠绕旗杆，在杆上悬挂着八尺的黑色布幡，这是夏代的制度。

孔子的丧礼按照卿的规格进行，鲁哀公、季孙、孟孙、叔孙都亲自参加，鲁哀公并致悼词:"旻天不吊,不慭遗一老,俾屏余一人以在位,茕茕余在疚。呜呼哀哉!尼父,毋自律!"

悼词大意是这样的:老天没有保佑这样一位德高望重的老人长留人间,以使他保护我做好国君,丢下我一个人孤单无依,内心失落。呜呼哀哉,孔大爷啊孔大爷,我再也没有为政的法度了。

丧礼之后,孔子被安葬在曲阜城北的泗上,占地一顷。至于为什么没有安葬在祖墓,不详。或许,这是特批的一块风水宝地。

子贡带头,在孔子冢旁边搭建房屋,住下来为孔子守墓服丧。除了已经毕业的学生之外,其余的学生也都搬了过去,这就是《史记》上所说的"弟子皆服三年"。三年之后,弟子们搬离这里,不过有的弟子就在附近安家,再加上其他一些鲁国人在此安家,此处俨然成为一个居民小区,被命名为"孔里"。

后世哀荣

孔子去世之后,孔门弟子继续办学并且向鲁国以外扩散。此后战国的所有学者几乎都是孔子的徒孙,包括墨家的墨子、道家的庄子、法家的商鞅等。可以说,孔子对于战国时期文化圈的影响是独一无二的。

秦朝,孔子的所有著作均成为禁书。

到汉朝,孔子的著作才重见天日。至汉武帝接受董仲舒"废黜百家,独尊儒术"的建议之后,孔子的地位才得以恢复及提高。司马迁在《史记》中将孔子列入世家,与周朝诸侯同等次。

此后历代,孔子都受到统治者们的尊崇,即便是元朝、清朝这种异族统治时期,当然其目的不一。

历朝统治者们不断地给孔子加官晋爵,从公侯到王甚至到皇帝。清朝时期追封孔子为"大成至圣文宣王",民国时期则尊称孔子为"大成至圣先师"。

孔子学说在中国周边地区如朝鲜半岛(汉代传入)、日本(唐代定型)、越南(宋明传承)等地,都有深远的精神影响,形成了东亚儒家文化圈。

从汉朝到民国,孔子得到了数不清的赞扬和歌颂。

宋代学者邵雍写道:"孔子赞《易》自羲、轩而下,序《书》自尧、舜而下,删《诗》自文、武而下，修《春秋》自桓、文而下。自羲、轩而下，祖三皇也；自尧、舜而下，宗五帝也；自文、武而下，子三王也；自桓、文而下，孙五伯也。"这就是说，孔子整理"六经"，对三皇、五帝、三王、五伯以来文化进行了综合，所谓集大成也。

国学大师钱穆写道："孔子为中国历史上第一圣人。在孔子以前，中国历史文化当已有两千五百年以上之积累，而孔子集其大成。在孔子以后，中国历史文化又复有两千五百年以上之演进，而孔子开其新统。在此五千多年，中国历史进程之指示，中国文化理想之建立，具有最深影响最大贡献者，殆无人堪与孔子相比伦。"

宋代大儒朱熹写道："天不生仲尼，万古如长夜。"

有褒就有贬。

清朝灭亡之后，人们反思中国的落后，一些人就把账算到了孔子的头上。于是，"五四运动"就有了"打倒孔家店"的口号。

"文化大革命"开始后，中国大陆各地孔庙的文物古迹遭到了很大的破坏，"大成至圣先师文宣王"大碑被砸断，庙碑、孔庙的泥胎塑像被捣毁。

1966年11月15日，广大红卫兵同学动用雷管炸药炸开孔子的墓，一直挖到墓底，也没有看到孔子的踪影。原来，这竟然是一个空墓。

1974年，中国大陆发起"批林批孔"运动，辱称孔子为孔老二，画册《孔老二罪恶的一生》、歌曲《林彪孔老二都是坏东西》出笼。

"文革"结束后，对孔子的污名化也随之结束。如今，孔子的著作依然被奉为经典，孔子受到许多人的尊崇，但是再也没有从前的崇高地位。

中国台湾地区现在以孔子的诞辰9月28日为教师节，中国大陆则以9月10日为教师节。

在全球范围内，孔子被认为是中华文明的代表人物，受到广泛的尊敬。

第三〇二章

孔门后记

《史记》记载，子贡服丧六年才离去。以子贡的性格，服丧六年是可能的，但是绝不可能一直待在这里，而只是暂时定居这里，有需要的时候出门做生意。此外，老师病故，孔子的学校需要有人来撑持，子贡留在这里的一个重要目的就是帮助子夏、曾参等人管理学校，等到六年后一切走上正轨，子贡才离开。

离开后的子贡去了齐国定居，之后一直做生意，生意做得非常大。

无论走到哪里，子贡都是当地权贵的座上宾，而子贡必然要做的一件事情就是宣扬孔子，宣扬孔子的学说。

所以司马迁在《史记》中写道："夫使孔子名布扬于天下者，子贡先后之也。"

如果有谁质疑孔子，子贡一定会批驳他，不管他是谁。

卫国的公孙朝是子贡的朋友，有一次就质疑孔子的学问来路不正，师出无门。

"子贡啊，孔子的学问，到底跟谁学的呢？"公孙朝问。

"周文王、周武王的治国之道从来就没有消失过啊，一直就在人世间留存着。贤能的人懂得其中深刻的道理，通常人知道其中浅近的道理，所以要学习文武之道，到处都有啊，孔子何必一定要有一个固定的老师呢？"子贡反问道。

《论语》：

卫公孙朝问于子贡曰："仲尼焉学？"子贡曰："文武之道，未堕于地，在人。贤者识其大者，不贤者识其小者，莫不有文武之道焉，夫子焉不学，而亦何常师之有！"

基本上，当时的第一大"孔黑"就是叔孙州仇，总是抓住任何场合来贬低孔子。有一次，叔孙州仇在上朝的时候贬低孔子，还说孔子远远比不上子贡。当时子服景伯也在场，没好意思当场驳斥叔孙州仇，下朝之后恰好子贡来访，两人聊天的时候，子服景伯就把这事告诉了子贡。

"说我比夫子强？嘿嘿，真是井底之蛙。拿围墙来作比喻吧，我家的围墙只有齐肩高，人们能窥探到我家里，知道我家装修得不错。可是夫子家的围墙有几仞高，如果找不到门进去，你就看不见里面如同宗庙般的壮丽和国库般的富有。能够找到门进去的人并不多。叔孙州仇那么讲，不是很自然吗？"子贡说，尽管叔孙州仇很推崇他，他对叔孙州仇却很轻蔑。

《论语》：

叔孙武叔语大夫于朝曰："子贡贤于仲尼。"子服景伯以告子贡，子贡曰："譬之宫墙。赐之墙也及肩，窥见室家之好。夫子之墙数仞，不得其门而入，不见宗庙之美，百官之富。得其门者或寡矣。夫子之云，不亦宜乎？"

"话是这样说，可是这小子到处说夫子的坏话，诋毁夫子的名誉，咱们是不是要想办法让他闭嘴呢？"子服景伯问，他的地位不如叔孙州仇，但是叔孙家在三桓中排名最后，子服景伯认为只要想办法，还是能让叔孙州仇闭嘴的。

"不必了，让他去说吧。凭他也毁坏不了夫子的名誉的。别人的贤能不过是丘陵，别人可以逾越的。可是夫子的德行就像日月一样高悬在天上，谁也无法超过。就算他挥刀自宫，也不能奈何日月啊，徒然暴露自己的不自量力而已。"子贡说。

"说得也对，那就让他光屁股拉磨——转圈丢人去吧。"子服景伯笑道。

《论语》：

叔孙武叔毁仲尼，子贡曰："无以为也。仲尼，不可毁也。他人之贤者，丘陵也，犹可逾也。仲尼，日月也，无得而逾焉。人虽欲自绝，其何伤于日月乎？多见其不知量也。"

陈子禽入学很晚，因此基本没有能够接受孔子的亲自教导，对于孔子很不了解。相反，对于子贡的事迹倒是很清楚，因此非常崇拜子贡。

这一天，陈子禽当面拍子贡的马屁。

"先生，您太谦虚了，仲尼怎么可能比您强呢？"

子贡狠狠地瞪了他一眼。

"君子说话都是很谨慎的，有的时候一句话就体现出他的智慧，有的时候一句话就反映他的愚蠢。夫子的高不可及，正像天不可以拾级而上。夫子如果拥有自己的国家，那就会像人们说的那样：规范百姓，百姓就会守规矩；引导百姓，百姓就会跟随；安抚百姓，百姓就会归顺；督促百姓，百姓就会和谐。夫子活着享受荣耀，逝去令人惋惜。怎么说我能及得上他呢？"子贡大声呵斥，非常生气。

《论语》：

> 陈子禽谓子贡曰："子为恭也，仲尼岂贤与子乎？"子贡曰："君子一言以为知，一言以为不知，言不可不慎也。夫子之不可及也，犹天之不可阶而升也。夫子之得邦家者，所谓立之斯立，道之斯行，绥之斯来，勤之斯和。其生也荣，其死也哀。如之何其可及也？"

子贡处处维护孔子的名声，但是如果是孔子真的有什么过错被人指出来，子贡也绝不会矢口否认。相反，只要是事实，他就会承认。不过，孔子犯错也不是贬低孔子的理由，因为孔子是个勇于承认错误、勇于改正的人。

所以，子贡会说："君子的过错好比日食和月食。他的过错，人们都看得见；他改正过错，人们都仰望着他。"

（《论语》："子贡曰：'君子之过也，如日月之食焉。过也，人皆见之；更也，人皆仰之。'"）

冉有继续担任季孙家的管家，后来退休之后来孔子学校任教，因此《论语》中有的时候称他为冉子。闵子骞后来也曾经在孔子学校任教，因此在《论语》

中也被称为闵子。

孔子去世后，孔子学校暂时由子贡和冉有代管，教学则主要依靠子夏、子张、曾参等人。此外，冉雍、子游等人时常回来关照。

后来，弟子们感觉怀念孔子，这个时候，有人提出有若无论身高还是气质都很像孔子，不如让他坐在孔子的位置上接受大家的参拜，就当是参拜孔子。

弟子们都觉得这个主意不错，只有曾参一个人反对，认为这太儿戏。

曾参势单力薄，反对无效。于是，有若坐上孔子的位子，定期接受参拜。

渐渐地，弟子们觉得有若的气质不够，学问也不够，所以不太应该继续扮演孔子了。

有一天，弟子们准备了两个刁钻的问题来问有若。

"夫子，我们有两个问题请教。"一群弟子说。

"说吧。"有若扮着孔子的声音和腔调。

"说是有一天孔子出门，让弟子带着雨具，结果路上真的下雨了；还有一次，孔子预测到了商瞿有五个儿子。请问夫子，孔子是怎样做到这两点的？"刁钻的问题，太刁钻的问题。

"这个，这个。"有若哪里能回答这样的问题，一时张口结舌。

"喊。"大家一起起哄了，然后异口同声说道，"下去吧，这个位子不是你能坐的。"

就这样，有若又被赶了下来。

尽管扮演孔子的时间不长，尽管气质和学识与孔子有很大的差距，但是，人们也看到有若的沉稳大气和坚毅果断，能够镇得住场面。因此，子贡和冉有力推有若担任孔子学校校长。

最终，子贡和冉有把孔子学校交给了有若。有若也不负众望，担起了孔子学校的重担。

在《论语》中关于有若的记载共四章，因为他是时任校长，所以被尊称为有子。

有若的主要思想就是"孝悌是社会和谐的基础"，意思很简单，家庭主要关系理顺了，社会就顺了。家庭是社会的主要单元，家庭和谐了，社会就和谐了。

而这种和谐，就是遵守家庭等级，小的孝敬老的，年幼的尊重年长的。

当所有人都遵守社会等级的时候，社会就和谐了。

(《论语》："有子曰：'其为人也孝弟，而好犯上者，鲜矣；不好犯上而好作乱者，未之有也。君子务本，本立而道生。孝弟也者，其为仁之本与！'")

有若对礼的理解有自己的独到之处，他认为礼的运用中，最重要的就是和谐。但是不能为了和谐而和谐，和谐要遵从礼的原则。

(《论语》："有子曰：'礼之用，和为贵；先王之道，斯为美；小大由之。有所不行；知和而和，不以礼节之，亦不可行也。'")

和为贵就是有若提出来的，可是后人理解成了无原则的一团和气，与有若的原意是违背的。

很多学生对于义的含义不清楚，对于礼的本质也不清楚。有若于是提出了自己的办法，那就是类比法。

"如果你不能理解什么是义，那么你就开始做个讲信用的人，这样就接近于义了；如果你理解不了礼，那么你就做个谦恭的人，也就接近于礼了。信和义、恭和礼的关系就像亲人一样，所以，如果理解不了义和礼，遵循信和恭的原则也是可以的。"有若这样一说，就容易理解了。

可以说，有若对于孔子的学说在某些方面的理解确实很透彻。

(《论语》："有子曰：'信近于义，言可复也。恭近于礼，远耻辱也。因不失其亲，亦可宗也。'")

与孔子一脉相承，有若也是民本思想。有若担任孔子学校校长以后，常常与鲁哀公交谈，两人的关系非常好。

有一次，鲁哀公问他今年粮食收成不好，公家的财政收入不足，怎么办？

"为什么不实行彻法，只抽十分之一的田税呢？"有若说。

"现在抽十分之二，我还不够，怎么能实行彻法呢？"

"如果百姓的用度够，您怎么会不够呢？如果百姓的用度不够，您怎么又会够呢？"有若反问，他的意思是，百姓富了，国家自然就富了。

《论语》：

> 哀公问于有若曰："年饥，用不足，如之何？"有若对曰："盍彻乎？"曰：

"二，吾犹不足，如之何其彻也？"对曰："百姓足，君孰与不足？百姓不足，君孰与足？"

从有若以上的言论和对话来看，他对孔学的理解非常精到，的确具备孔子的思维方式和语言风范，担任孔子学校校长是适合的。

后来有若去世，鲁哀公亲自参加了丧礼，而主持丧礼的是子游。由此可见，有若在当时的声望还是很高的。

在孔子去世之后，孔子家的管家原宪被边缘化，于是离开了孔家，去了卫国自耕自种，生活非常艰难，住在贫民区里。后来子贡去看他，见他破衣烂衫、面带菜色，于是问他是不是病了。

"我听说啊，没有财产叫作贫，学会了道理却不能去施行，那才是病呢。像我，就是贫而已，不是病。"原宪没好气地说，换了今天，就会说这是知识分子的气节了。

子贡原本想要帮他，见此情形，失望而去。最终，原宪死于贫病交加。

高柴从卫国逃走后去了陈国，在陈国开设学校讲授儒学。

子游后来辞去武城宰，就在武城开设学校讲授儒学。子张后来也前往陈国讲授儒学。

宓子贱、巫马期、樊迟、漆雕开等人后来都纷纷开设学校传授儒学。

子夏后来回到卫国办学，因为《春秋》知识扎实，注重现实问题的解决，所以培养了一大批学以致用的弟子。其中，公羊高和穀梁赤分别写作了《春秋公羊传》和《春秋穀梁传》，与《左传》合称春秋三传。弟子李悝主导了魏国的变法，吴起主导了楚国的变法，徒孙商鞅主导了秦国的变法。可以说，子夏一系导演了战国历史，改变了中国历史。

后来，子夏被魏文侯拜为老师，前往西河开设学校。

从成就来说，子夏在孔门无人能比。

在孔门中，子夏的教学更注重细节、注重现实、注重方法。相应地，对于仁、德等比较大的概念基本没有兴趣。从另一个角度说，子夏恃才傲物，不太在乎人际关系。

《论语》中提及子夏的有二十一章。

子夏认为，仁是不用刻意去追求的。一个人志向要坚定，但是要广泛学习，不要局限于老师那点儿东西，不要局限于各种礼，但凡有用的，管他异端不异端，拿来学了再说。不要去专注于古代那些事情，要关心和研究现实的、与自己利益攸关的事情，找出答案。做到了这些，自然也就适应了社会、顺应了时代，就实现了孔子所说的仁。

子夏的原话非常著名，记录在《论语》中："子夏曰：'博学而笃志，切问而近思，仁在其中矣。'"

就因为子夏这样的思维方式，所以他培养了一批法家。

同样，子夏对于德也不是那么看重，他认为只要在大德上不要越界，小节上是可以有出入的。某种程度说，就是为了目的，手段不一定要高尚。

(《论语》："子夏曰：'大德不逾闲，小德出入，可也。'")

子夏还认为应当学以致用，而做官有余力的人，也应该来学习。

这句话就是我们人人都知道的，《论语》：子夏曰："仕而优则学，学而优则仕。"

不论在做人做事上，子夏的信条是：言而有信。

这一点，恰恰是法家的基础。

子夏认为，统治者必须取得公信之后才去役使百姓，否则百姓就会以为是在虐待他们；臣子要先取得信任之后才去进谏，否则君主就会以为你在诽谤他。

后来子夏的徒孙商鞅在变法之前就采取城门立木的方式首先建立了公信，之后才开始变法。

(《论语》："子夏曰：'君子信而后劳其民，未信则以为厉己也。信而后谏，未信则以为谤己也。'")

子夏认为，与朋友交往，言而有信才是最重要的，其他的都是次要的。

(《论语》："子夏曰：'贤贤易色，事父母，能竭其力。事君，能致其身。与朋友交，言而有信。虽曰未学，吾必谓之学矣。'")

子夏注重细节、注重眼前、注重实用。所以，即便是小事，也会非常认真。他认为如果致力于那些虚无的概念恐怕就会陷入泥潭，所以，君子不会那样做。

(《论语》:"子夏曰:'虽小道,必有可观者焉。致远恐泥,是以君子不为也。'")

就因为大道还是小道的不同,子夏和子张、子游等人长期不和,互相瞧不起。

"子夏教的那帮人,做些打扫卫生和迎送客人的事情是可以的,但这些不过是末节小事,根本的东西却没有学到,这怎么行呢?"有一次,子游就这么说,他认为子夏的格局太小,教不出什么大气的学生。

子夏听了,撇了撇嘴。

"喊,子游太过分了。君子为人为学之道,先教什么,后教什么,就像草和木一样,人和人是有区别的。君子为人为学之道,怎么可以随便胡说八道呢?能够有始有终把什么都学到的,恐怕只有圣人吧?"子夏的意思,能把小的地方学好就不错了,你那些都是大而无当的东西。

《论语》:

子游曰:"子夏之门人小子,当洒扫应对进退,则可矣。抑末也,本之则无,如之何?"子夏闻之曰:"噫,言游过矣!君子之道,孰先传焉,孰后倦焉。譬诸草木,区以别矣。君子之道,焉可诬也。有始有卒者,其惟圣人乎?"

说到子游,子游在文学上也是非常出色的,只不过他的叛逆性不如子夏,因此缺乏自己的观点,成就上不如子夏。

子游说话做事堪称滴水不漏,其中的诀窍就是"掌握分寸",他很讲究"度"。

譬如他说不论做大夫还是做家臣,对自己的君主自然要尽力,但是,劝谏的时候点到为止,不要反复说,否则就是自取其辱了。跟朋友交往也是,看到朋友不对的,点出来就行了,不要多说,否则朋友就会疏远。

实际上,子游说的是对的,非常精辟,孔子也有类似的表述。

(《论语》:"子游曰:'事君数,斯辱矣;朋友数,斯疏矣。'")

子游认为,失去了亲人,到丧礼的时候,只需要到哀的程度就行了,也就是能看出你的悲伤,却不需要哭泣的地步。

(《论语》:"子游曰:'丧致乎哀而止。'")

子游这样的说法也是非常精辟的，为什么呢？

我们来从两个方面进行解析。

丧是丧礼或者丧事，总之这是一个下葬亲人的过程。会有很多宾客前来。这个过程中，一方面，要表现出失去亲人的悲伤之情；另一方面，要招待宾朋，不能失礼。

因此，哀这个程度就是最恰当的。

从另一个方面来说，亲人从生病到去世，从去世到下葬，都是一个过程。这个过程中，人的情感是在变化的。从焦虑担心，到伤心痛哭，到了丧礼的时候，实际上已经平静了很多，已经接受了失去亲人的现实。到这个时候，更多的精力实际上已经转移到了丧礼的过程。因此，从人性自然的角度说，这个时候的悲伤程度也就是哀的程度了。

子夏注重细节，子游讲究分寸，子张则只管高屋建瓴，这就是师兄弟三人的区别。

子张教导他的弟子们说："士遇见危险时能献出自己的生命，看见有利可得时能考虑是否符合义的要求，祭祀时能想到是否严肃恭敬，居丧的时候想到自己是否哀伤，这样就可以了。"

子张还教导他的弟子们说："实行德而不能发扬光大，信仰道而不忠实坚定，（这样的人）怎么能说有德有道，又怎么说他无德无道？"

（《论语》："子张曰：'士见危致命，见得思义，祭思敬，丧思哀，其可已矣。'"）

（《论语》："子张曰：'执德不弘，信道不笃。焉能为有，焉能为亡？'"）

总之，子张的嘴里，永远是仁义道德。

最后要说说曾参。

曾参一直留在孔子学校负责教学，成为实际上的孔门正宗。后来孔子的孙子子思拜曾子为师，算是继承了孔子的学统。因此，孔曾两家世代交好。

曾参为人光明磊落，稳重大度，讲忠信和孝道，善于反思，在个人品德上几乎没有缺点，后世尊称他为曾子。

曾子著有《孝经》和《大学》。

由于《论语》是曾子弟子所编,《论语》中曾参被称为曾子。

曾子一生教学,没有出仕。

曾子去世的当晚,突然想起身下铺着一领华美的席子,是季孙送给他的大夫规格的席子。曾子认为自己一生没做过大夫,不应铺大夫的席子,于是就招呼儿子们把席子换下来。没等换上的席子铺好,他就去世了,终年七十一岁。

孔子的朝服、子路的帽子、曾子的席子,孔门师徒在生死关头想到最多的还是礼。

曾子的个性纯朴善良,好学上进,这一点跟颜回是很接近的。但是,曾子比颜回更懂得与人交往的方式,更懂得变通,更重视细节,这是两人的不同,也是两人结局完全不同的原因。设想孔子去世的时候颜回还在,孔子也是绝对不会把自己的孙子托付给他的。

曾子对颜回还是很佩服的,他曾说过:"才能高却向才能低的人请教,知识多却向知识少的人请教;有学问却像没有一样谦虚,知识很充实却像啥也不会一样低调,被人侵犯却不计较。从前我的朋友就这样做过了。"

曾子所说的这个朋友,就是颜回。

曾子大概觉得自己做不到,但是正是因为做不到,对他来说才是好事。因为颜回的做法太过度了,向比自己才能更高、知识更多的人请教,自己才能进步提高。有学问有知识,为什么不体现出来呢?学的目的不就是用吗?如果学问和知识都只能带进棺材,学来有什么意义呢?所以,知道却假装不知道,这不是谦虚。

(《论语》:"曾子曰:'以能问于不能,以多问于寡;有若无,实若虚,犯而不校。昔者吾友尝从事于斯矣。'")

颜回强调知己,可是,知己的目的是什么?还是知己。

曾子也强调知己,可是知己的目的是更好地与人交往。

所以曾子每天都要在三个方面反省自己,第一个方面是做事,为人办事是不是尽心竭力了呢?第二个方面是做人,同朋友交往是不是做到诚实可信了呢?第三个方面是学习,老师传授给我的学业是不是温习了呢?

当然,第一个方面实际上也包含了做人。曾子所看重的,是怎样做人做事、与人交往,每天反思自己、改善自己。所以,曾子一生无敌人,从国君到三桓到街坊邻里都和他关系融洽。在这一点上，可以说甚至比孔子还要高明。

（《论语》："曾子曰：'吾日三省吾身——为人谋而不忠乎？与朋友交而不信乎？传不习乎？'"）

曾子做人做事讲究分寸，认为一个人的想法要符合自己的地位，这一点上，孔子和子游都曾经有过类似的表述。

（《论语》："曾子曰：'君子思不出其位。'"）

阳肤是曾子的学生，被孟孙家任命为士师，也就是孟孙领地里的法官，阳肤在上任之前来向曾子请教，曾子对他说："肤啊，这个国家的统治早就失去了规范，百姓早就离心离德了。你如果审讯罪犯得到了真相，应当怜悯他们，而不要自鸣得意。"

曾子的意思，作为一个法官自然要审理犯罪的案子，可是，你要知道犯罪多数都是被逼的，因此要有悲悯之心。这样，罪犯才会有悔过之心，而不是更加仇恨社会。

曾子所说的，其实就是当初高柴所做的。

（《论语》："孟氏使阳肤为士师，问与曾子。曾子曰：'上失其道，民散久矣。如得其情，则哀矜而勿喜！'"）

当然，曾子也有一些相当高大上的名言传世。

曾子曾经说过："谨慎地对待父母的去世，追念久远的祖先，自然会使得老百姓日趋忠厚老实了。"

这话，显然是对上位的人说的，强调的是德。

（《论语》：曾子曰："慎终，追远，民德归厚矣。"）

曾子还曾经说过："士不可以不宏大、刚强而有毅力，因为他责任重大，道路遥远。把实现仁作为自己的责任，难道还不重大吗？奋斗终生，死而后已，难道路程还不遥远吗？"

这显然是在激励弟子们的时候说的，满眼的成语。

为什么说满眼的成语呢？看看《论语》中的原文就知道了。"曾子曰：'士不可以不弘毅，任重而道远。仁以为己任，不亦重乎？死而后已，不亦远乎？'"

对于仁的理解，曾子的解说非常有趣，也非常实用。

这一天曾子讲《诗经》，有同学就提出一个问题："孔老夫子教导我们要追求仁，您却给我们讲《诗经》，是不是在浪费时间？"

曾子这样回答："君子以文章学问来结交朋友，依靠朋友提高自己的情商，这不就是仁了？"

曾子说得非常精辟，一个人如果没本事、没知识、没钱，人们避之而不及，怎么可能有仁呢？所以，仁是需要基础的。并不是孔子所说的那样"我想有仁，仁就来了"。

（《论语》："曾子曰：'君子以文会友，以友辅仁。'"）

曾子有一个独门心经，值得每一个人去玩味。

俗话说：江山易改，本性难移。

孔子的做法是用习惯去纠正性格,譬如他对子路和冉有"闻斯行诸"的回答。

曾子呢？

一个人情绪的冲动是因为他用心脏去指挥头脑和表情，为了防止冲动，曾子的办法是用表情去控制心脏，最后用头脑去解决问题。

有一次曾子患病，以为自己就要死了。孟敬子来看望他，曾子对他说了一席话。

"鸟之将死，其鸣也哀；人之将死，其言也善。我是个快死的人了，我有几个独门心经传授给你。君子所应当重视的道有三个方面：使自己的容貌庄重严肃，这样可以避免粗暴、放肆；使自己的脸色认真尊重，这样就接近于诚信；使自己说话的言辞和语气谨慎小心，这样就可以避免粗野和悖理。至于祭祀和礼节仪式，自有主管这些事务的官吏来负责。"曾子说得十分有道理。

人一旦粗暴、放肆，就必然体现在容貌上。那么，当你能够随时保持容貌庄重严肃，也就可以反过来压制你的愤怒烦躁，使你避免粗暴、放肆。在另外的两个方面也是同样的道理。

《论语》：

曾子有疾，孟敬子问之，曾子言曰："鸟之将死，其鸣也哀；人之将死，其言也善。君子所贵乎道者三：动容貌，斯远暴慢矣；正颜色，斯近信矣；出辞气，斯远鄙倍矣。笾豆之事，则有司存。"

那么，什么是容貌、颜色？

容貌，是来自外的。

容貌包括一个人的衣着打扮、发型、动作、平时的表情等，也就是不与特定人打交道的时候一个人的状态。也就是仪态、风度。譬如一个典型的贵族，平时就是衣冠楚楚，举手投足都很规矩，面部表情要么是沉思，要么是微笑。

颜色，是来自内的。

颜色是一个人态度的表现，发怒的时候脸色会变红，有的人变白；鄙视对方的时候眼睛会看向侧面，鼻子会发出嗤的声音等。

所以，颜色是与特定人打交道时的脸色和表情变化。

一个君子与人打交道的时候应该目光平视对方，对方说话的时候要注视对方的眼睛，专注倾听，面带微笑或者带思考的表情。

出辞气，就是一个人的言辞谈吐了。

君子有他一整套的言辞体系，该直率的时候直率，该委婉的时候委婉，原则有一个：不失自尊，又不要伤对方的尊严。

恰当的言辞能够使你在处于下风的时候不粗鄙，上风的时候不狂悖。

曾子所说的三个方面是容貌、颜色和辞气，看上去似乎都是表面上的东西，但是表面的可以影响内在的，当你愤怒的时候，你能做出温和的表情，实际上反过来让你平静。这大概是曾子的教育方式，就是说，如果你没有贵族精神，那你就强迫自己装作有贵族精神，装着装着，说不定就真的有了。所以说，好的习惯能够帮助你成为好的人。

性格没有好坏之分，但是，好的习惯能够帮助你发挥出你性格中好的方面。

由此可见，曾子也是一个伟大的教育家。

第三〇三章

孔子的心路旅程

有的人崇拜孔子，有的人仇恨孔子，有的人假装崇拜孔子。

但是，有几个人真的了解孔子呢？

有的，只是稀里糊涂的爱，和无缘无故的恨。

只有当你真正了解了孔子，你才有资格去谈什么爱恨情仇。

那些把孔子奉为圣人的人，把孔子的每句话都当成了真理，似乎孔子就是真理的化身。

没有人是真理的化身，上帝也不是。

总有人把中国两千多年专制统治的愚民暴行这笔账算到孔子的头上，总有人把中国文化的倒退这笔账算到孔子的头上。

孔子只是一个学问家，一个私立学校的校长。在他的时代，他没有改变历史。在他的身后，他也改变不了历史。

孔子宣扬的是贵族文化，可是有些人偏偏要把专制集权的黑锅扣到他的头上，岂不是荒唐至极？

是时候把孔子身上的黑锅掀掉了。

所以，我们要在这里回顾总结孔子的一生了。

孔子思想学说的变化

月有阴晴圆缺，人不仅有悲欢离合，还有生老病死。

孔子也是人，孔子的思想也处在一个变化的过程中。这个变化的过程受年龄的影响、受环境的影响、受知识见识的影响、受突发事件的影响等。

可是，那些将孔子视为圣人的人无视这一点，他们认为孔子的思想和学说从来没有改变。

孔子生长在最著名的周礼国家鲁国，生计所迫，从小接触大量的丧葬祭祀，对周礼产生了浓厚的兴趣。长大之后，崇拜周公。因此，孔子最早的思想就是周礼思想，他认为周礼是完美的，是可以用来拯救这个世界的。在这个时期，礼是孔子所强调的概念。并且，孔子认为周礼应该被严格执行。

这个时期，孔子对周礼的知识掌握得很多，但是对周礼的理解并不高明。

这个时期，孔子谈论最多的就是礼，但是除了谈论三桓越礼、管子越礼等，留下的其他记载并不多。

禘是鲁国国君祭祀历代国君的礼，但是从鲁文公开始，鲁文公把他父亲鲁僖公的顺序提到了鲁闵公的前面，此后一直沿袭。鲁闵公当国君在前，祭祀的时候应该鲁闵公在前的。把鲁僖公提到了鲁闵公的前面，称为逆祀，是违背周礼的。但是，鲁僖公是鲁闵公的哥哥，所以这也说得过去。

可是，孔子认为这绝对不能接受。所以每次禘祭的时候，孔子都去看，不过看了开头就走，因为他认为后面的是违背周礼的。

（《论语》："子曰：'禘自既灌而往者，吾不欲观之矣。'"）

这一时期孔子不仅研究周礼，还进一步研究夏礼和商礼。夏礼曾经向杞国国君请教，商礼则是向鲁国的商族请教，但是他发现无论是夏礼还是商礼都已经逐渐湮灭，很多内容自己都已经无法求证了。

（《论语》："子曰：'夏礼吾能言之，杞不足征也。殷礼吾能言之，宋不足征也。文献不足故也。足，则吾能征之矣。'"）

经过对比，孔子认为周礼是借鉴了夏礼和商礼的优点，在此基础上制定的。因此孔子认为应该依据周礼来重新规范天下。

（《论语》："子曰：'周监于二代。郁郁乎文哉！吾从周。'"）

孔子自己也严格按照周礼来要求自己，这在《论语》中是有所记载的。

孔子认为君子不应该有竞争，如果说有的话，就是射礼了。射礼实际上就是射箭比赛，不过过程中非常讲谦让，射箭之前要揖让，射完之后还要下来对饮，整个过程君子风范十足。

《礼记》里就记载了孔子与朋友进行射的过程。

(《论语》："子曰：'君子无所争。必也射乎！揖让而升，下而饮。其争也君子。'")

从商朝开始，就有了资源保护的概念，对动物的捕猎是有讲究的，年幼的动物一般不许捕杀，小鱼不捞。不射巢中之鸟，就是为了避免伤害幼鸟或者鸟蛋。到了周朝，周礼中对此进行了明确的规定。

所以，孔子只用钓竿钓鱼，而不用网捕鱼。射鸟，不射在巢中歇宿的鸟。

(《论语》："子钓而不纲，弋不射宿。")

孔子在齐国两年时间，这两年对孔子的影响非常巨大，孔子对礼有了更深刻的认识，主要是接受了管子礼义廉耻的思想。懂得了变通，更重视礼的本质和内涵，而不是礼的形式。

所以孔子说："故礼也者，义之实也。协诸义而协，则礼虽先王未之有，可以义起也。故治国不以礼，犹无耜而耕也。为礼不本于义，犹耕而弗种也。"

这与管子的说法如出一辙。

孔子还说："君子以义作为根本，用礼来实行义，用谦逊的语言来表达义，用诚信的态度来完善义。这就是君子了。"

(《论语》："子曰：'君子义以为质，礼以行之，孙以出之，信以成之。君子哉！'")

从前，孔子强调礼的形式，认为人们必须不走样地执行周礼，在形式上不应该有任何的变化。

可是现在，孔子更强调要量力而行，诚意比形式重要。

"贫穷真的很糟糕，父母活着的时候不能供养，死后也不能按照礼的要求去埋葬。"有一次子路这样说。

"能够尽力让父母心情好，就算是吃蔬菜喝凉水，也是孝顺。给父母清洁身体，葬于地下，就算没有椁，也是合于周礼的啊。"孔子反驳他说，而在从前，他认为必须棺椁齐全的。

在用品上，孔子认为应该节俭；但是在礼节上，孔子还是认为要坚持原汁原味的周礼。

孔子说："用麻布制成的礼帽，符合于礼的规定。现在大家都用黑丝绸制作，这样比过去节省了，我赞成大家的做法。（臣见国君）首先要在堂下跪拜，这也是符合于礼的。现在大家都到堂上跪拜，这是骄纵的表现。虽然与大家的做法不一样，我还是主张先在堂下拜。"

（《论语》："子曰：'麻冕，礼也；今也纯，俭，吾从众。拜下，礼也；今拜乎上，泰也。虽违众，吾从下。'"）

孔子还说："奢侈了就会越礼，节俭了就会寒酸。与其越礼，宁可寒酸。"

（《论语》："子曰：'奢则不孙，俭则固。与其不孙也，宁固。'"）

后来孔子成为鲁国的大司寇，主要讲的依然是礼，他全力地试图在鲁国实施自己的学说。不过，他发现要完全恢复周礼已经是没有可能了。这个过程中，他开始考虑到仁，也就是人际关系。

在周游列国初期，孔子所极力推销的还是礼。但是随着政治理想的破灭，孔子开始反思自己，也开始更注重人际关系。同时，他也考虑在周礼无法恢复的情况下，统治者应该以怎样的方式实施统治。前者，使得孔子开始重视仁；后者，使得孔子开始讲德。

所以，在孔子从陈蔡回到卫国，他就很少讲礼，而是讲仁和德了。仁，讲给自己的学生；德，讲给统治者。

回到鲁国后，孔子所讲的依然是仁和德。

麒麟被猎杀之后，孔子认为天命已经不在周朝，自己的努力毫无意义。于是，孔子开始研究《周易》，思想急剧转向道家。这个时候，孔子主要讲道。甚至，动了隐居避世的念头。

孔子的一生，他所强调的概念分为三个阶段：礼、仁和德、道。

贯穿他一生的，是礼。尽管后来不再将礼放在第一位，但是孔子的心中礼是永远都要遵循的人生真理。

孔子说:"能用礼让来治理国家吗?有什么问题吗?不能用礼让来治理国家的话,难道是礼的问题吗?"

他的意思是,你们既然不用礼来治理国家,凭什么说礼不行呢?

(《论语》:"子曰:'能以礼让为国乎?何有?不能以礼让为国,如礼何?'")

无论在哪个阶段,孔子都以礼来要求自己,这在《论语》中有很多记叙。

譬如国君赐给食物,如果是熟食,一定当场摆好席,将食物放好,尝一尝。如果国君赐给的是生肉,那么做熟之后一定先用来祭祀祖先。如果国君赐给的是活的牲畜,一定养起来。如果是和国君一块儿吃饭,在国君举行饭前祭礼的时候,一定要先尝一尝。

这些,都是周礼的规定,孔子无论在什么时候都遵从。

(《论语》:"君赐食,必正席先尝之。君赐腥,必熟而荐之。君赐生,必畜之。侍食于君,君祭,先饭。")

有的时候,孔子虽然没有说到"礼"这个概念,但实际上依然是在说礼。

孔子说:中庸作为统治者的行为规范,是最完美的。老百姓已经很久没有见到这样的规范了。

中庸是什么?就是依照礼的原则去做。

(《论语》:"子曰:'中庸之为德也,其至矣乎!民鲜久矣。'")

孔子说:遵守约定,犯错的概率就很低了。

这里的约定,依然是周礼的意思。

(《论语》:"子曰:'以约,失之者鲜矣。'")

孔子学说中的基本概念

孔子学说中的基本概念共有十个,它们是:礼、义、仁、德、智、勇、忠、信、孝、恭。

其中,一级概念是:礼、义、仁、德。二级概念是:智、勇、忠、信、孝、恭。

要理解礼和义的概念,应该去学习《管子》里关于礼义廉耻的说明。

管子曾经说过"国之四维,礼义廉耻",请记住,礼义廉耻不是孔子提出来的,而是管子。

对于礼义廉耻的解读，此前都是含糊的，甚至是错误的。

礼义廉耻实际上是一个递进的关系，耻是基础，礼是目标。

具体的逻辑关系是这样的：人们首先要知耻，知耻之后人们就不会贪婪不应属于自己的东西，人们就会廉洁自爱，这就是廉。当人们廉洁自爱之后，人们之间就会互相尊重、互相谦让、互相爱护，这就是义。可是，义会造成混乱，譬如两车在路口相遇，互相谦让，于是谁也走不了，造成交通混乱。所以，这个时候就需要制定行为规则，这个规则就是礼。有了礼之后，人们就都知道自己应该怎样做，社会就有序而和谐了。由于礼的执行是基于义，人们是自觉自愿地去执行。在礼没有规定到的地方，人们依然会按照礼义的原则去处理。

孔子对于礼和义的理解，完全同于管子。

礼：基于义的社会规则。

义：人们廉洁自爱、互敬互让的社会关系。

仁：好的人际关系。

德：统治者以身作则。

孔子说：仁者，义之本也。

所以，仁义礼是相关联的，仁是义的基础之一，仁是针对个体的，义是针对群体的。仁没有统一的标准，义却有准确的标准。

严格地说，德既有仁的属性，也有义的属性。它是一种人际关系，但不是个人与个人的，而是个人与整体的，或者整体与整体的关系，是统治者或者统治阶层与百姓之间的关系。

智：其实孔子时代所讲的是知，而不是智。其意思也并不是智慧，而是知进退、知取舍，知人知己。

勇：也不是不怕死的意思，对于子路那种不怕死，孔子说他只是好勇。真正的勇是勇于承认错误、勇于改正错误。

忠：不是忠于人，而是忠于事。意思是做事有头有尾，善始善终。

信：是对人言而有信，相当于契约精神。

孝：就是对父母长辈老师出于内心的尊敬。

恭：就是恭敬，不倨傲、不狂妄。但不是谦虚的意思。

孔子暮年讲道，但这不是孔子学说的部分。并且，道的概念属于道家。

礼、义、仁、德，礼就像太阳，义就像阳光，仁就像水，德就像空气。

孔子论富贵

人们历来似乎都认为孔子是一个视金钱如粪土，只付出不索求的雷锋式的人物。

那么，真实的情况是这样吗？孔子真的对富贵没有兴趣吗？

当然不是，富贵也是孔子追求的目标。

孔子曾经这样说："如果富可以求取的话，就算为人仆役，我也愿意去做。如果富不是通过努力就能得到的，那就还是按我的爱好去干事。"

孔子的意思是，如果做人奴仆就确定可以富足的话，他就去做。如果没有保障，那还是干自己想干的事情。

这话有开玩笑的意味，但是很明白地表明孔子是追求富贵的。

（《论语》："子曰：'富而可求也，虽执鞭之士，吾亦为之。如不可求，从吾所好。'"）

孔子还说过："国家有道而自己贫贱，是耻辱；国家无道而自己富贵，也是耻辱。"

孔子的意思是，世道好的时候，更应该去追求富贵。

（《论语》："子曰：'邦有道，贫且贱焉，耻也；邦无道，富且贵焉，耻也。'"）

孔子承认自己追求富贵，但是是有条件的，是有底线的。如果通过不道义的手段去获取富贵，孔子宁愿不要。

（《论语》："子曰：'饭疏食饮水，曲肱而枕之，乐亦在其中矣。不义而富且贵，于我如浮云。'"）

（《论语》："子曰：'富与贵是人之所欲也；不以其道得之，不处也。贫与贱，是人之所恶也；不以其道得之，不去也。'"）

不过，说得最直接、最好的还是子贡，子贡就是一个追求富贵的人，他从来不认为追求富贵是什么说不出口的事情。相反，他认为富贵是光荣和高尚的。

有一次，子禽问子贡说："老师到了一个国家，总是设法了解这个国家的政事。

是他想得到什么呢？还是想为这个国家做什么呢？"

子贡说："老师以温良恭俭让的方式去获取他想要的。老师当然是想得到什么，这跟大家有什么区别吗？"

子贡回答问题就是这样：你以为我要遮遮掩掩，我偏不，我大大方方。

子贡的意思很清楚：是人就会追求富贵，你们能追求，凭什么孔子不能追求？孔子就是追求富贵，不过孔子的方式是温良恭俭让。

子贡说得非常对。

这段话的原文在《论语》中。

　　子禽问于子贡曰："夫子至于是邦也，必闻其政。求之与？抑与之与？"子贡曰："夫子温良恭俭让以得之。夫子求之也。其诸异乎人之求之与？"

令人啼笑皆非的是，历来的译文和解读都不愿意承认孔子追求富贵。

孔子不仅自己追求富贵，也帮助弟子们追求富贵。说句大实话，如果不是奔着富贵而来，谁来跟孔子学习呢？

所以孔子说：跟我学三年，如果还不能出仕的话，那也是很难的。

(《论语》："子曰：'三年学，不至于谷，不易得也。'")

孔子不仅追求活着时候的富贵，也追求身后的名声。

孔子说："君子很担心死后自己的名字不会被后人称颂啊。"

(《论语》："子曰：'君子疾没世而名不称焉。'")

这是一个很俗的追求吗？

这是一个伟大的追求。

孔子论君子小人

对于君子和小人的定义实际上有两个标准：一种是社会地位，卿大夫为君子，平民百姓为小人；另一种以人品为标准，遵礼守义的人为君子，否则为小人。一般孔子所说的君子和小人，是第二种标准。

孔子喜欢说君子和小人，不过这也分为不同时期。孔子教育学生的目的就是让他们成为君子，所以孔子多说君子。到孔子晚年，因为人老了性格发生变化，人变得固执狭隘、爱抱怨，这个时候爱说小人。

所以，从根本上说，孔子的学说中可以剔除掉关于小人的言论。

关于君子和小人对照的话，几乎都是孔子晚年的说法，多数都是怨言气话，虽然其中并不是全无道理，可是这种抱怨没什么意义。

何况，这个世界并不是由君子和小人构成的。也就是说，不应该把人简单地用君子和小人来界定。

更何况，伪君子还不如真小人。

所以，我们重点应该学习的是君子怎样做。

关于君子与小人，最著名的还是那句"君子和而不同，小人同而不和"。

类似意思的话还有两句。

孔子说："君子庄重而不与别人争执，合群而不结党营私。"

（《论语》："子曰：'君子矜而不争，群而不党。'"）

孔子说："君子合群而不结党，小人结党而不合群。"

（《论语》："子曰：'君子周而不比，小人比而不周。'"）

孔子说："为君子效力很容易，但要讨好他很难。不按正道去讨好他，他是不会喜欢的。但是，当他使用人的时候，总是量才而用人。给小人卖命很难，但要讨好他很容易。不按正道去讨好，也会得到他的喜欢。但等到他使用人的时候，却是求全责备。"

（《论语》："子曰：'君子易事而难说也。说之不以其道，不说也；及其使人也，器之。小人难事而易说也。说之虽不以道，说之；及其使人也，求备焉。'"）

类似这样拿君子和小人对比的话还有不少，罗列在后。

孔子说："君子可以晓之以义，小人只能晓之以利。"

（《论语》："子曰：'君子喻于义，小人喻于利。'"）

孔子说："君子关注仁义，小人关注利益。"

（《论语》："子曰：'君子上达，小人下达。'"）

孔子说："君子成全别人的好事，而不破坏别人的事。小人则与此相反。"

（《论语》："子曰：'君子成人之美，不成人之恶。小人反是。'"）

孔子说："君子不能从小聪明的角度去看他，但可以让他承担重任。小人不能让他承担重任，但可以从小聪明的角度去分析他。"

（《论语》："子曰：'君子不可小知而可大受也。小人不可大受而可小知也。'"）

孔子说："君子想的是德，小人想的是土地；君子畏惧刑罚，小人贪图恩惠。"

（《论语》："子曰：'君子怀德，小人怀土；君子怀刑，小人怀惠。'"）

孔子说："君子中没有仁的人是有的，而小人中有仁的人是没有的。"

（《论语》："子曰：'君子而不仁者有矣夫，未有小人而仁者也。'"）

孔子说："外表严厉而内心虚弱，以小人作比喻，就像是挖墙洞的小偷吧？"

（《论语》："子曰：'色厉而内荏，譬诸小人，其犹穿窬之盗也与？'"）

孔子说："当有人言辞诚恳、赞同并且亲近，你要看他是真君子呢？还是伪君子呢？"

（《论语》："子曰：'论笃是与，君子者乎？色庄者乎？'"）

孔子说："君子追究自己的原因，小人追究别人的原因。"

（《论语》："子曰：'君子求诸己，小人求诸人。'"）

孔子说："君子只怕自己没有才能，不怕别人不知道自己。"

（《论语》："子曰：'君子病无能焉，不病人之不己知也。'"）

第三〇四章

光照千秋

孔子论学习

孔子，中国最伟大的教育家，中国教育的开山鼻祖。关于教育、关于学习，孔子有着许多伟大的论述，有着许多经典的语言，有极其先进的方法。

关于学习的阶梯，孔子认为一个人首先要学的是做人，其次是做事，最后才是文化知识。换言之，就是品德、情商，最后才是智商。而现在恰好相反，只管学习文化知识，不学习做人的道理，不学习动手的能力，结果就是高分低能，结果就是精致的利己主义，结果就是有文化没修养。

从这个角度说，孔子的教育思想领先现在两千五百年。

关于学习的层次，孔子认为生而知之者是最上等的，其次是学而知之，再次是在需要的时候被迫学习，最差是需要的时候也不肯学习。孔子自认是第二等。

生而知之者并不是生下来就什么都知道，而是具有独立的思考能力、能够创新的人，是开创新知识的人。

孔子认为，只有第一等人和第四等人是不会被改变的。因为第一等人有主见，第四等人固执而害怕改变。

（《论语》："子曰：'唯上智与下愚不移。'"）

关于学习的态度，孔子认为，"知之者不如好之者，好之者不如乐之者"。

乐在其中不知疲倦才是最好的学习态度，以学习为乐趣，才是最具创造力的。而这一点，正是现在公认的先进学习方法。

关于学习的方法，孔子认为要懂得举一反三，学思结合，持之以恒。

关于教学的方法，孔子认为应该因人施教，诲人不倦、循循善诱。要求自己"毋意、毋必、毋固、毋我"，也就是"不凭空臆测，不武断结论，不固执死板，不自我核心"。

孔子还提倡"知之为知之，不知为不知，是知也"以及"过则毋惮改"。不懂不要装懂，错了就坦然去改正。

孔子不会不懂装懂，即使在弟子们的面前。孔子就曾经说过："我有学问吗？其实没有学问。有一个乡下人向我请教，我对他的问题完全没有概念。我上上下下反复思考，却一点儿头绪也没有。"

（《论语》："子曰：'吾有知乎哉？无知也。有鄙夫问于我，空空如也，我叩其两端而竭焉。'"）

曾经有一个故事叫作《两小儿辩日》，两个小孩争论早上的太阳和中午的太阳哪一个离地球近，一个说早上的太阳大，所以早上近；一个说中午的太阳热，所以中午近。孔子听了这个问题，想了半天，最后说不知道。实际上现在我们知道，太阳当然是中午近，之所以早上看着大，是因为阳光从倾斜的角度穿越大气层造成的视觉上的错觉。

有人曾拿这个故事来嘲笑孔子无知，但是，这个故事恰恰体现了孔子实事求是、敢于承认自己学识不足的精神。

圣人与黑锅

孔子在两千多年的时间里被尊称为圣人，他真的是圣人吗？

孔子从来不把自己当圣人，也从来不让别人说自己是圣人。

孔子否认自己是生而知之，只是好学并且乐在其中而已。

从"三不朽"的标准来说，"立德"的人才是圣人，这种人一定是引导天下的人，譬如尧、舜、禹、周文王、周武王、周公等。孔子显然不在这一类。

孔子没有"立德"，但是"立功""立言"都是受之无愧的。孔子修编《春秋》

《诗经》和《周易》都是"立功"，无数的名言传世，就是"立言"。

所以，孔子只能说是大号的贤人，是君子和哲人，离圣人就差临门一脚，可是确实不是圣人。

如果我们说一个神是万能的，那么他一定也是一个魔鬼；如果一个专制统治者把功劳都归于自己，那么罪恶也应该同时归于他。

历朝统治者之所以要把孔子奉为圣人，就是为了把专制暴行的罪恶也归于孔子。这就像郭德纲说过的那句话：我们的门票钱中，有一半是挨骂的钱。

要做圣人，就要同时做"背锅侠"。

所以，把孔子从圣人的宝座上拉下来，就是为了把他背上的黑锅卸下来。

要是孔子活着，他一定不会让自己做圣人，因为他一定不想去背那些黑锅。

事实上历代统治者都很清楚，不管他们追封给孔子的名头多么炫目，如果孔子真的活在他们的治下，孔子的命运一定悲惨到难以叙说。

现在，来看看孔子为他们背了些什么黑锅。

第一口黑锅：愚民。

孔子说，"民可使，由之；不可使，知之"。由于错误的断句和解读，这成为孔子愚民思想的证据。但是，正确的断句和解读下，这恰恰是孔子不愚民的证据。

在中国历史上，老子和商鞅才是愚民的倡导者，前者出于善意，后者出于恶意。两千多年来的愚民政策，正是商鞅的恶行。

不可思议的是，有很多人在批判莫须有的孔子的愚民思想，有一些人在抨击老子的愚民思想，却没有人去批判商鞅和秦始皇的愚民暴行。甚至，还有很多人歌之舞之，称颂他们的伟绩，为什么？这就是两千多年愚民教育造成的根深蒂固的后果吧。

第二口黑锅：愚忠。

很多人以为愚忠是孔子的思想，认为那些因为愚忠而冤死的人应归罪于他们受到了孔子思想的毒害。

但是，孔子从来不愚忠，并且反对愚忠。

孔子概念下的忠是忠于事，而不是忠于人。

孔子的三大偶像管仲、子产和晏婴都是不愚忠的代表人物。

孔子为了自己的理想周游列国，本身就是不愚忠。

很多人把"君要臣死，臣不得不死，君要臣亡，臣不得不亡"这句话算到孔子的头上，其实这是明朝的戏词，跟孔子没有半毛钱关系。

孔子的说法是："君使臣以礼，臣事君以忠。"意思是国君要尊重臣子，在这个基础上臣子要恪尽职守。从头到尾，孔子没说臣子要把命卖给君主。

第三口黑锅：歧视妇女。

很多人说孔子歧视妇女，说过去两千多年中国妇女地位低下都是孔子干的。

其实，孔子不仅不歧视妇女，还很尊重妇女。

孔子说过"唯女子与小人为难养"，我们已经分析过了这句话的背景，这句话就类似现在有些女人在遭受感情打击之后所说的"男人没一个好东西"一样，属于一时的感慨，并不是歧视男人的意思。说句实话，很多女人私下里其实很赞成后面那句"远之则怨，近之则不逊"。

有些人把过去女人裹小脚也算到孔子的头上，实际上那是从宋朝才开始的。

孔子对妇女的态度就是一句话：按照周礼的规定。

妇女在春秋时期地位不高，但是受尊重。

孔子对妇女也是尊重的，孔子的言论中，从来没有对妇女的轻蔑。

周武王曾经说过："我有十个能干的臣子。"孔子评论说："武王说错了，他说的十个人中有他的夫人邑姜，所以他只有九个能干的臣子。"

为什么孔子这样说？因为周礼规定夫妻一体，周武王不能把夫人当作自己的臣子，他们是平等的。

这，算不算是孔子在维护妇女权益呢？

《论语》：

> 舜有臣五人而天下治。武王曰："予有乱臣十人。"孔子曰："才难，不其然乎？唐虞之际，于斯为盛。有妇人焉，九人而已。三分天下有其二，以服事殷。周之德，其可谓至德也已矣。"

第四口黑锅：鼓吹等级制度。

周朝的制度是等级制度，因此很多人认为孔子鼓吹周礼就是鼓吹等级制度。

首先，时代不同，不应该把孔子和洛克、孟德斯鸠、华盛顿、杰斐逊等人放在一起来说。

其次，那些抨击等级制度的人，往往是不了解等级制度的人。

实事求是地讲，人类所有的制度都是等级制度，其区别仅仅在于，一种是有明文规定的等级制度，一种是没有明文规定的等级制度。

你以为现在没有等级制度吗？随便说说，譬如退休待遇，官员一个待遇，老百姓一个待遇；处级一个待遇，司局级一个待遇，都是一样的吗？

美国不是吗？参议员、众议员的待遇跟老百姓一样吗？富豪们跟老百姓的待遇是一样的吗？

政治地位有等级，经济地位有等级。如果人类社会没有等级，谁还奋斗？

有明文规定的等级制度和没有明文规定的等级制度，哪一种好呢？

先来说说中国历史。

周朝是有明文规定的等级制度，是封建贵族制度。秦汉以后是没有明文规定的等级制度，是专制集权制度。

哪一种更好呢？

毫无疑问，周朝更好。

我们来打个比方，假设有甲、乙、丙、丁四个人和十个馒头。

周朝的做法是，甲、乙、丙、丁获得的馒头数分别是四、三、二、一。甲会吃得比较撑，丁会有些吃不饱。

秦汉以后的做法是，所有的馒头归甲，甲按照心情给其他人分发。

区别在哪里？周朝的做法，虽然有不平等，但是每个人都有尊严，有基本的保障。秦汉之后的做法，只有甲有尊严，其他人只能像狗一样摇尾乞怜。

这，就是为什么秦汉之后有愚忠、大贪官、农民起义的根本原因。

再来看看现代，美国是世界上最为标榜"人人平等"的国家。但是，暴力组织"安提法"和"黑命贵"们为什么肆无忌惮、为所欲为？就是因为两党都要讨好这两个暴力组织所代表的那部分人，为什么？因为他们的手中有大量的选票。这，就是人人平等造成的恶果。

在美国，人人都知道生活最难过的是最勤劳的中产阶级，而那些好吃懒做的人享受着国家的巨大福利，为什么？因为他们手中有选票。

如果美国是明文规定的等级制度，选票只给那些纳税人，给受过高等教育的人，美国一定更富有活力，社会一定更安定。

所以，谁敢说明文规定的等级制度就一定是落后的呢？

等级制度的好坏之分不在于明文或者不明文，而在于等级之间的通道是否畅通。让勤劳者可以通过努力提升自己等级，让懒惰者降低等级，这样的等级制度，就是好的等级制度。相反，等级固化的制度就是坏的等级制度，这样的社会一定会没落、会崩溃。

春秋战国为什么会成为中华文明的井喷期？就是因为这个时期的社会等级之间的通道是畅通的，孔子本身就是一个例子，他通过奋斗，从一个普通的士晋级到了国家的执政者之一。

而孔子培养学生，也正是要帮助他们提升自己的社会等级。

第五口黑锅：禁锢思想。

秦汉以来，中国文化陷于停滞甚至倒退。无论是文化思想还是科学技术都乏善可陈，清朝与春秋相比，绝对就是一坨狗屎。

很多人把两千多年来的思想禁锢的账算到了孔子的头上，因为在他们看来，"废黜百家，独尊儒术"和八股文都是孔子的过错。

"废黜百家，独尊儒术"是西汉时期董仲舒提出来的，汉武帝开始实施的，与孔子也是没有半毛钱关系。甚至这个时期的"儒术"，与孔子所宣扬的儒家思想也已经是极为背离的，根本不是一回事。

科举制度始于隋朝，八股文则是始于明朝，跟孔子一分钱的关系都没有。你不能说八股文取材自"四书五经"，就把账算到孔子头上吧？

相反，孔子强调举一反三，强调"三人行必有我师"，这样的学习态度会是思想禁锢吗？何况，在孔子之前根本没有系统的思想。正是从孔子开始，才有了儒学的研究，才开了学习、教育和思想的先河。

我们可以说孔子是思想解放的先驱，而不是思想禁锢的凶手。

实际上，孔子是一个非常包容，不设成见的人，从他各色朋友那里就能证明这一点。在《论语》中还有一些说明孔子包容性的地方。

譬如孔子说："不预先怀疑别人欺诈，也不臆测别人不诚实，然而能事先觉察别人的欺诈和不诚实，这就是贤人了。"

孔子主张与人打交道不要带成见，不要预设别人的动机。在这样的思维下，怎么可能禁锢别人的思想呢？

（《论语》："子曰：'不逆诈，不亿不信，抑亦先觉者，是贤乎！'"）

孔子还说："人们的错误，总是来源于他的生活环境。能够察觉到自己的错误，就懂得怎样与人相处了。"

对别人的错误，孔子总是持包容理解的态度，这样的态度下，怎么会禁锢思想呢？

（《论语》："子曰：'人之过也，各于其党。观过，斯知仁矣。'"）

孔子还说："君子不因为喜欢一个人的话而推崇他，也不因为不认可一个人而不给他说话的机会。"

这话，类似于那句著名的"我不同意你的观点，但是我誓死捍卫你表达观点的权利"。

（《论语》："子曰：'君子不以言举人，不以人废言。'"）

实际上，我们来看看孔子的学生就知道了，孔子的学生各具特色，保持着自己的个性，并没有被孔子按照一个模子打造出来。

五口大黑锅，如同五座大山压在孔子的背上，一压就是两千多年。

曾经有那么多人想要打倒孔家店，却没有人试图去卸下这五口黑锅，这些孝子贤孙哪！

孔子给我们留下了什么？

最后我们来看看孔子为我们留下了些什么遗产。

留下了人类历史上最美的诗集《诗经》。

留下了人类历史上最早的、最真实的编年史《春秋》。

留下了中国哲学的巅峰之作《周易》。

留下了中国人做人的道理《论语》。

没有以上的著作，中华文化还剩下什么？

孔子让我们成为世界上最热爱学习的民族。

孔子教给我们怎样学习，教给我们怎样做人。

孔子教给他的弟子们怎样去做一个君子，在《论语》中我们可以很轻松地总结出来孔子所给出的十八条君子标准，也就是贵族精神的标准。我们来看看这十八条标准以及其简单定义是怎样的。

一、君子标准之不抱怨：遇上挫折失败不怨天尤人。

二、君子标准之反省：凡事找自己的原因和不足。

三、君子标准之知耻：不属于自己的荣誉和财富不取。

四、君子标准之守规则：守规则，并且不钻规则空子。

五、君子标准之自尊自爱：谦恭自信、珍视荣誉。

六、君子标准之自知：量力而行，知进退、知取舍。

七、君子标准之勇敢：勇于认错、勇于承担责任。

八、君子标准之包容：谅解并且不强加自己的意志。

九、君子标准之敬畏：基于信仰而对罪恶想法的排斥。

十、君子标准之诚信：对人诚实，对事遵守契约。

十一、君子标准之坚持与变通：要坚持方法和变通。

十二、君子标准之人性与孝道：尊重人性，孝敬父母。

十三、君子标准之礼节：恰当场合的恰当礼节着装。

十四、君子标准之文化修养：对文学艺术历史等的了解。

十五、君子标准之学习与创新：乐于学习独立思考。

十六、君子标准之语言：恰当准确幽默的表达。

十七、君子标准之德：欲人为，己先为。

十八、君子标准之仁：己所不欲，勿施于人。

附

《史记·孔子世家》

《史记·卷四十七·孔子世家第十七》：

孔子生鲁昌平乡陬邑。其先宋人也，曰孔防叔。防叔生伯夏，伯夏生叔梁纥。纥与颜氏女野合而生孔子，祷于尼丘得孔子。鲁襄公二十二年而孔子生。生而首上圩顶，故因名曰丘云。字仲尼，姓孔氏。

丘生而叔梁纥死，葬于防山。防山在鲁东，由是孔子疑其父墓处，母讳之也。孔子为儿嬉戏，常陈俎豆，设礼容。孔子母死，乃殡五父之衢，盖其慎也。陬人挽父之母诲孔子父墓，然后往合葬于防焉。

孔子要绖，季氏飨士，孔子与往。阳虎绌曰："季氏飨士，非敢飨子也。"孔子由是退。

孔子年十七，鲁大夫孟釐子病且死，诫其嗣懿子曰："孔丘，圣人之后，灭于宋。其祖弗父何始有宋而嗣让厉公。及正考父佐戴、武、宣公，三命兹益恭，故鼎铭云：'一命而偻，再命而伛，三命而俯，循墙而走，亦莫敢余侮。饘于是，粥于是，以糊余口。'其恭如是。吾闻圣人之后，虽不当世，必有达者。今孔丘年少好礼，其达者欤？吾即没，若必师之。"及釐子卒，懿子与鲁人南宫敬叔往学礼焉。是岁，季武子卒，平子代立。

孔子贫且贱。及长，尝为季氏史，料量平；尝为司职吏而畜蕃息。

由是为司空。已而去鲁，斥乎齐，逐乎宋、卫，困于陈蔡之间，于是反鲁。孔子长九尺有六寸，人皆谓之"长人"而异之。鲁复善待，由是反鲁。

鲁南宫敬叔言鲁君曰："请与孔子适周。"鲁君与之一乘车，两马，一竖子俱，适周问礼，盖见老子云。辞去，而老子送之曰："吾闻富贵者送人以财，仁人者送人以言。吾不能富贵，窃仁人之号，送子以言，曰：'聪明深察而近于死者，好议人者也。博辩广大危其身者，发人之恶者也。为人子者毋以有己，为人臣者毋以有己。'"孔子自周反于鲁，弟子稍益进焉。

是时也，晋平公淫，六卿擅权，东伐诸侯；楚灵王兵强，陵轹中国；齐大而近于鲁。鲁小弱，附于楚则晋怒；附于晋则楚来伐；不备于齐，齐师侵鲁。

鲁昭公之二十年，而孔子盖年三十矣。齐景公与晏婴来适鲁，景公问孔子曰："昔秦穆公国小处辟，其霸何也？"对曰："秦，国虽小，其志大；处虽辟，行中正。身举五羖，爵之大夫，起累绁之中，与语三日，授之以政。以此取之，虽王可也，其霸小矣。"景公说。

孔子年三十五，而季平子与郈昭伯以斗鸡故得罪鲁昭公，昭公率师击平子，平子与孟氏、叔孙氏三家共攻昭公，昭公师败，奔于齐，齐处昭公干侯。其后顷之，鲁乱。孔子适齐，为高昭子家臣，欲以通乎景公。与齐太师语乐，闻《韶》音，学之，三月不知肉味，齐人称之。

景公问政孔子，孔子曰："君君，臣臣，父父，子子。"景公曰："善哉！信如君不君，臣不臣，父不父，子不子，虽有粟，吾岂得而食诸！"他日又复问政于孔子，孔子曰："政在节财。"景公说，将欲以尼溪田封孔子。晏婴进曰："夫儒者滑稽而不可轨法；倨傲自顺，不可以为下；崇丧遂哀，破产厚葬，不可以为俗；游说乞贷，不可以为国。自大贤之息，周室既衰，礼乐缺有间。今孔子盛容饰，繁登降之礼，趋详之节，累世不能殚其学，当年不能究其礼。君欲用之以移齐俗，非所以先细民也。"后景公敬见孔子，不问其礼。异日，景公止孔子曰："奉子以季氏，吾不能。"以季孟之间待之。齐大夫欲害孔子，孔子闻之。景公曰："吾老矣，弗能用也。"孔子遂行，反乎鲁。

孔子年四十二，鲁昭公卒于干侯，定公立。定公立五年，夏，季平子卒，桓子嗣立。季桓子穿井得土缶，中若羊，问仲尼云"得狗"。仲尼曰："以丘所闻，羊也。丘闻之，木石之怪夔、罔阆，水之怪龙、罔象，土之怪坟羊。"

吴伐越，堕会稽，得骨节专车。吴使使问仲尼："骨何者最大？"仲尼曰："禹致群神于会稽山，防风氏后至，禹杀而戮之，其节专车，此为大矣。"吴客曰："谁为神？"仲尼曰："山川之神足以纲纪天下，其守为神，社稷为公侯，皆属于王者。"客曰："防风何守？"仲尼曰："汪罔氏之君守封、禺之山，为厘姓。在虞、夏、商为汪罔，于周为长翟，今谓之大人。"客曰："人长几何？"仲尼曰："僬侥氏三尺，短之至也。长者不过十之，数之极也。"于是吴客曰："善哉圣人！"

桓子嬖臣曰仲梁怀，与阳虎有隙。阳虎欲逐怀，公山不狃止之。其秋，怀益骄，阳虎执怀。桓子怒，阳虎因囚桓子，与盟而醳之。阳虎由此益轻季氏。季氏亦僭于公室，陪臣执国政，是以鲁自大夫以下皆僭离于正道。故孔子不仕，退而修《诗》《书》《礼》《乐》，弟子弥众，至自远方，莫不受业焉。

定公八年，公山不狃不得意于季氏，因阳虎为乱，欲废三桓之适，更立其庶孽阳虎素所善者，遂执季桓子。桓子诈之，得脱。定公九年，阳虎不胜，奔于齐。是时孔子年五十。

公山不狃以费畔季氏，使人召孔子。孔子循道弥久，温温无所试，莫能己用，曰："盖周文武起丰镐而王，今费虽小，傥庶几乎！"欲往。子路不说，止孔子。孔子曰："夫召我者岂徒哉？如用我，其为东周乎！"然亦卒不行。

其后定公以孔子为中都宰，一年，四方皆则之。由中都宰为司空，由司空为大司寇。

定公十年春，及齐平。夏，齐大夫黎𫓧言于景公曰："鲁用孔丘，其势危齐。"乃使使告鲁为好会，会于夹谷。鲁定公且以乘车好往。孔子摄相事，曰："臣闻有文事者必有武备，有武事者必有文备。古者诸侯出疆，必具官以从。请具左右司马。"定公曰："诺。"具左右司马。

会齐侯夹谷，为坛位，土阶三等，以会遇之礼相见，揖让而登。献酬之礼毕，齐有司趋而进曰："请奏四方之乐。"景公曰："诺。"于是旍旄羽祓矛戟剑拨鼓噪而至。孔子趋而进，历阶而登，不尽一等，举袂而言曰："吾两君为好会，夷狄之乐何为于此！请命有司！"有司却之，不去，则左右视晏子与景公。景公心怍，麾而去之。有顷，齐有司趋而进曰："请奏宫中之乐。"景公曰："诺。"优倡侏儒为戏而前。孔子趋而进，历阶而登，不尽一等，曰："匹夫而营惑诸侯者罪当诛！请命有司！"有司加法焉，手足异处。景公惧而动，知义不若，归而大恐，告其群臣曰："鲁以君子之道辅其君，而子独以夷狄之道教寡人，使得罪于鲁君，为之奈何？"有司进对曰："君子有过则谢以质，小人有过则谢以文。君若悼之，则谢以质。"于是齐侯乃归所侵鲁之郓、汶阳、龟阴之田以谢过。

定公十三年夏，孔子言于定公曰："臣无藏甲，大夫毋百雉之城。"使仲由为季氏宰，将堕三都。于是叔孙氏先堕郈。季氏将堕费，公山不狃、叔孙辄率费人袭鲁。公与三子入于季氏之宫，登武子之台。费人攻之，弗克，入及公侧。孔子命申句须、乐颀下伐之，费人北。国人追之，败诸姑蔑。二子奔齐，遂堕费。将堕成，公敛处父谓孟孙曰："堕成，齐人必至于北门。且成，孟氏之保鄣，无成是无孟氏也。我将弗堕。"十二月，公围成，弗克。

定公十四年，孔子年五十六，由大司寇行摄相事，有喜色。门人曰："闻君子祸至不惧，福至不喜。"孔子曰："有是言也。不曰'乐其以贵下人'乎？"于是诛鲁大夫乱政者少正卯。与闻国政三月，粥羔豚者弗饰贾；男女行者别于涂；涂不拾遗；四方之客至乎邑者不求有司，皆予之以归。

齐人闻而惧，曰："孔子为政必霸，霸则吾地近焉，我之为先并矣。盍致地焉？"黎鉏曰："请先尝沮之；沮之而不可则致地，庸迟乎！"于是选齐国中女子好者八十人，皆衣文衣而舞《康乐》，文马三十驷，遗鲁君。陈女乐文马于鲁城南高门外，季桓子微服往观再三，将受，乃语鲁君为周道游，往观终日，怠于政事。子路曰："夫子可以行矣。"孔子曰："鲁今且郊，如致膰乎大夫，则吾犹可以止。"桓子卒受齐女乐，三日不听政；郊，又不致膰俎于大夫。孔子遂行，宿乎屯。而师己送，曰："夫子则非罪。"孔子曰："吾歌可夫？"歌曰："彼妇之口，可以出走；彼妇之谒，可以死败。盖优哉游哉，维以卒岁！"师己反，桓子曰："孔子亦何言？"师己以实告。桓子喟然叹曰："夫子罪我以群婢故也夫！"

孔子遂适卫，主于子路妻兄颜浊邹家。卫灵公问孔子："居鲁得禄几何？"对曰："奉粟六万。"卫人亦致粟六万。居顷之，或谮孔子于卫灵公。灵公使公孙余假一出一入。孔子恐获罪焉，居十月，去卫。

将适陈，过匡，颜刻为仆，以其策指之曰："昔吾入此，由彼缺也。"匡人闻之，以为鲁之阳虎。阳虎尝暴匡人，匡人于是遂止孔子。孔子状类阳虎，拘焉五日，颜渊后，子曰："吾以汝为死矣。"颜渊曰："子在，回何敢死！"匡人拘孔子益急，弟子惧。孔子曰："文王既没，文不在兹乎？天之将丧斯文也，后死者不得与于斯文也；天之未丧斯文也，匡人其如予何！"孔子使从者为宁武子臣于卫，然后得去。

去即过蒲。月余，反乎卫，主蘧伯玉家。灵公夫人有南子者，使人谓孔子曰："四方之君子不辱欲与寡君为兄弟者，必见寡小君。寡小君愿见。"孔子辞谢，不得已而见之。夫人在絺帷中。孔子入门，北面稽首。夫人自帷中再拜，环佩玉声璆然。孔子曰："吾乡为弗见，见之礼答焉。"子路不说。孔子矢之曰："予所不者，天厌之！天厌之！"居卫月余，灵公与夫人同车，宦者雍渠参乘，出，使孔子为次乘，招摇市过之。孔子曰："吾未见好德如好色者也。"于是丑之，去卫，过曹。是岁，鲁定公卒。

孔子去曹适宋，与弟子习礼大树下。宋司马桓魋欲杀孔子，拔其树。孔子去。弟子曰："可以速矣。"孔子曰："天生德于予，桓魋其如予何！"

孔子适郑，与弟子相失，孔子独立郭东门。郑人或谓子贡曰："东门有人，其颡似尧，其项类皋陶，其肩类子产，然自要以下不及禹三寸。累累若丧家之狗。"子贡以实告孔子。孔子欣然笑曰："形状，末也。而谓似丧家之狗，然哉！然哉！"

孔子遂至陈，主于司城贞子家。岁余，吴王夫差伐陈，取三邑而去。赵鞅伐朝歌。楚围蔡，蔡迁于吴。吴败越王句践会稽。

有隼集于陈廷而死，楛矢贯之，石砮，矢长尺有咫。陈愍公使使问仲尼。仲尼曰："隼来远矣，此肃慎之矢也。昔武王克商，通道九夷百蛮，使各以其方贿来贡，使无忘职业。于是肃慎贡楛矢石砮，长尺有咫。先王欲昭其令德，以肃慎矢分大姬，配虞胡公而封诸陈。分同姓以珍玉，展亲；分异姓以远职，使无忘服。故分陈以肃慎矢。"试求之故府，果得之。

　　孔子居陈三岁，会晋楚争强，更伐陈，及吴侵陈，陈常被寇。孔子曰："归与归与！吾党之小子狂简，进取不忘其初。"于是孔子去陈。

　　过蒲，会公叔氏以蒲畔，蒲人止孔子。弟子有公良孺者，以私车五乘从孔子。其为人长贤，有勇力，谓曰："吾昔从夫子遇难于匡，今又遇难于此，命也已。吾与夫子再罹难，宁斗而死。"斗甚疾。蒲人惧，谓孔子曰："苟毋适卫，吾出子。"与之盟，出孔子东门。孔子遂适卫。子贡曰："盟可负邪？"孔子曰："要盟也，神不听。"

　　卫灵公闻孔子来，喜，郊迎。问曰："蒲可伐乎？"对曰："可。"灵公曰："吾大夫以为不可。今蒲，卫之所以待晋楚也，以卫伐之，无乃不可乎？"孔子曰："其男子有死之志，妇人有保西河之志。吾所伐者不过四五人。"灵公曰："善。"然不伐蒲。

　　灵公老，怠于政，不用孔子。孔子喟然叹曰："苟有用我者，期月而已，三年有成。"孔子行。

　　佛肸为中牟宰。赵简子攻范、中行，伐中牟。佛肸畔，使人召孔子。孔子欲往。子路曰："由闻诸夫子，'其身亲为不善者，君子不入也'。今佛肸亲以中牟畔，子欲往，如之何？"孔子曰："有是言也。不曰坚乎，磨而不磷；不曰白乎，涅而不淄。我岂匏瓜也哉，焉能系而不食？"

　　孔子击磬。有荷蒉而过门者，曰："有心哉，击磬乎！硁硁乎，莫己知也夫而已矣！"

　　孔子学鼓琴师襄子，十日不进。师襄子曰："可以益矣。"孔子曰："丘已习其曲矣，未得其数也。"有闲，曰："已习其数，可以益矣。"孔子曰："丘未得其志也。"有闲，曰："已习其志，可以益矣。"孔子曰："丘未得其为人也。"有闲，有所穆然深思焉，有所怡然高望而远志焉。曰：

"丘得其为人,黯然而黑,几然而长,眼如望羊,如王四国,非文王其谁能为此也!"师襄子辟席再拜,曰:"师盖云《文王操》也。"

孔子既不得用于卫,将西见赵简子。至于河而闻窦鸣犊、舜华之死也,临河而叹曰:"美哉水,洋洋乎!丘之不济此,命也夫!"子贡趋而进曰:"敢问何谓也?"孔子曰:"窦鸣犊,舜华,晋国之贤大夫也。赵简子未得志之时,须此两人而后从政;及其已得志,杀之。丘闻之也,刳胎杀夭则麒麟不至郊,竭泽涸渔则蛟龙不合阴阳,覆巢毁卵则凤皇不翔。何则?君子讳伤其类也。夫鸟兽之于不义也尚知辟之,而况乎丘哉!"乃还息乎陬乡,作为《陬操》以哀之。而反乎卫,入主蘧伯玉家。

他日,灵公问兵陈。孔子曰:"俎豆之事则尝闻之,军旅之事未之学也。"明日,与孔子语,见蜚雁,仰视之,色不在孔子。孔子遂行,复如陈。

夏,卫灵公卒,立孙辄,是为卫出公。六月,赵鞅内太子蒯聩于戚。阳虎使太子绖,八人衰绖,伪自卫迎者,哭而入,遂居焉。冬,蔡迁于州来。是岁鲁哀公三年,而孔子年六十矣。齐助卫围戚,以卫太子蒯聩在故也。

夏,鲁桓厘庙燔,南宫敬叔救火。孔子在陈,闻之,曰:"灾必于桓厘庙乎?"已而果然。

秋,季桓子病,辇而见鲁城,喟然叹曰:"昔此国几兴矣,以吾获罪于孔子,故不兴也。"顾谓其嗣康子曰:"我即死,若必相鲁;相鲁,必召仲尼。"后数日,桓子卒,康子代立。

已葬,欲召仲尼。公之鱼曰:"昔吾先君用之不终,终为诸侯笑。今又用之,不能终,是再为诸侯笑。"康子曰:"则谁召而可?"曰:"必召冉求。"于是使使召冉求。冉求将行,孔子曰:"鲁人召求,非小用之,将大用之也。"是日,孔子曰:"归乎归乎!吾党之小子狂简,斐然成章,吾不知所以裁之。"子赣知孔子思归,送冉求,因诫曰"即用,以孔子为招"云。

冉求既去,明年,孔子自陈迁于蔡。蔡昭公将如吴,吴召之也。前昭公欺其臣迁州来,后将往,大夫惧复迁,公孙翩射杀昭公。楚侵蔡。

秋，齐景公卒。

明年，孔子自蔡如叶。叶公问政，孔子曰："政在来远附迩。"他日，叶公问孔子于子路，子路不对。孔子闻之，曰："由，尔何不对曰'其为人也，学道不倦，诲人不厌，发愤忘食，乐以忘忧，不知老之将至'云尔。"

去叶，反于蔡。长沮、桀溺耦而耕，孔子以为隐者，使子路问津焉。长沮曰："彼执舆者为谁？"子路曰："为孔丘。"曰："是鲁孔丘与？"曰："然。"曰："是知津矣。"桀溺谓子路曰："子为谁？"曰："为仲由。"曰："子，孔丘之徒与？"曰："然。"桀溺曰："悠悠者天下皆是也，而谁以易之？且与其从辟人之士，岂若从辟世之士哉！"耰而不辍。子路以告孔子，孔子怃然曰："鸟兽不可与同群。天下有道，丘不与易也。"

他日，子路行，遇荷蓧丈人，曰："子见夫子乎？"丈人曰："四体不勤，五谷不分，孰为夫子！"植其杖而芸。子路以告，孔子曰："隐者也。"复往，则亡。

孔子迁于蔡三岁，吴伐陈。楚救陈，军于城父。闻孔子在陈蔡之间，楚使人聘孔子。孔子将往拜礼，陈蔡大夫谋曰："孔子贤者，所刺讥皆中诸侯之疾。今者久留陈、蔡之间，诸大夫所设行皆非仲尼之意。今楚，大国也，来聘孔子。孔子用于楚，则陈蔡用事大夫危矣。"于是乃相与发徒役围孔子于野。不得行，绝粮。从者病，莫能兴。孔子讲诵弦歌不衰。子路愠见曰："君子亦有穷乎？"孔子曰："君子固穷，小人穷斯滥矣。"

子贡色作。孔子曰："赐，尔以予为多学而识之者与？"曰："然。非与？"孔子曰："非也。予一以贯之。"

孔子知弟子有愠心，乃召子路而问曰："《诗》云'匪兕匪虎，率彼旷野'。吾道非邪？吾何为于此？"子路曰："意者吾未仁邪？人之不我信也。意者吾未知邪？人之不我行也。"孔子曰："有是乎！由，譬使仁者而必信，安有伯夷、叔齐？使知者而必行，安有王子比干？"

子路出，子贡入见。孔子曰："赐，《诗》云'匪兕匪虎，率彼旷野'。吾道非邪？吾何为于此？"子贡曰："夫子之道至大也，故天下莫能容夫子。夫子盖少贬焉？"孔子曰："赐，良农能稼而不能为穑，良工能巧而不能为顺。君子能修其道,纲而纪之,统而理之,而不能为容。今尔不修尔道而求为容。赐,而志不远矣!"

子贡出,颜回入见。孔子曰:"回,《诗》云'匪兕匪虎,率彼旷野'。吾道非邪?吾何为于此?"颜回曰:"夫子之道至大,故天下莫能容。虽然,夫子推而行之,不容何病,不容然后见君子! 夫道之不修也,是吾丑也。夫道既已大修而不用,是有国者之丑也。不容何病,不容然后见君子!"孔子欣然而笑曰:"有是哉颜氏之子! 使尔多财,吾为尔宰。"

于是使子贡至楚。楚昭王兴师迎孔子,然后得免。

昭王将以书社地七百里封孔子。楚令尹子西曰:"王之使使诸侯有如子贡者乎?"曰:"无有。""王之辅相有如颜回者乎?"曰:"无有。""王之将率有如子路者乎?"曰:"无有。""王之官尹有如宰予者乎?"曰:"无有。""且楚之祖封于周,号为子男五十里。今孔丘述三五之法,明周召之业,王若用之,则楚安得世世堂堂方数千里乎? 夫文王在丰,武王在镐,百里之君卒王天下。今孔丘得据土壤,贤弟子为佐,非楚之福也。"昭王乃止。其秋,楚昭王卒于城父。

楚狂接舆歌而过孔子,曰:"凤兮凤兮,何德之衰! 往者不可谏兮,来者犹可追也! 已而已而,今之从政者殆而!"孔子下,欲与之言。趋而去,弗得与之言。于是孔子自楚反乎卫。是岁也,孔子年六十三,而鲁哀公六年也。

其明年,吴与鲁会缯,征百牢。太宰嚭召季康子。康子使子贡往,然后得已。

孔子曰:"鲁卫之政,兄弟也。"是时,卫君辄父不得立,在外,诸侯数以为让。而孔子弟子多仕于卫,卫君欲得孔子为政。子路曰:"卫君待子而为政,子将奚先?"孔子曰:"必也正名乎!"子路曰:"有是哉,子之迂也! 何其正也?"孔子曰:"野哉由也! 夫名不正则言不顺,言不顺则事不成,事不成则礼乐不兴,礼乐不兴则刑罚不中,刑罚不中则民无所错手足矣。夫君子为之必可名,言之必可行。君子于其言,无所苟而已矣。"

其明年,冉有为季氏将师,与齐战于郎,克之。季康子曰:"子之于军旅，学之乎？性之乎？"冉有曰："学之于孔子。"季康子曰："孔子何如人哉？"对曰："用之有名；播之百姓，质诸鬼神而无憾。求之至于此道，虽累千社，夫子不利也。"康子曰："我欲召之，可乎？"对曰："欲召之，则毋以小人固之，则可矣。"而卫孔文子将攻太叔，问策于仲尼。仲尼辞不知，退而命载而行，曰："鸟能择木，木岂能择鸟乎！"文子固止。会季康子逐公华、公宾、公林，以币迎孔子，孔子归鲁。孔子之去鲁凡十四岁而反乎鲁。

鲁哀公问政，对曰："政在选臣。"季康子问政，曰："举直错诸枉，则枉者直。"康子患盗，孔子曰："苟子之不欲，虽赏之不窃。"然鲁终不能用孔子，孔子亦不求仕。

孔子之时，周室微而礼乐废，《诗》《书》缺。追迹三代之礼，序《书传》，上纪唐虞之际，下至秦缪，编次其事。曰："夏礼吾能言之，杞不足征也。殷礼吾能言之，宋不足征也。足，则吾能征之矣。"观殷、夏所损益，曰："后虽百世可知也，以一文一质。周监二代，郁郁乎文哉。吾从周。"故《书传》《礼记》自孔氏。

孔子语鲁大师："乐其可知也。始作翕如，纵之纯如，皦如，绎如也，以成。""吾自卫反鲁，然后乐正，《雅》《颂》各得其所。"

古者《诗》三千余篇，及至孔子，去其重，取可施于礼义，上采契、后稷，中述殷周之盛，至幽厉之缺，始于衽席，故曰"《关雎》之乱以为《风》始，《鹿鸣》为《小雅》始，《文王》为《大雅》始，《清庙》为《颂》始"。三百五篇孔子皆弦歌之，以求合《韶》《武》《雅》《颂》之音。礼乐自此可得而述，以备王道，成六艺。

孔子晚而喜《易》，序《彖》《系》《象》《说卦》《文言》。读《易》，韦编三绝。曰："假我数年，若是，我于《易》则彬彬矣。"

孔子以《诗》《书》《礼》《乐》教，弟子盖三千焉，身通六艺者七十有二人。如颜浊邹之徒，颇受业者甚众。

孔子以四教：文，行，忠，信。绝四：毋意，毋必，毋固，毋我。所慎：齐，战，疾。子罕言利与命与仁。不愤不启，举一隅不以三隅反，则弗复也。

其于乡党,恂恂似不能言者。其于宗庙朝廷,辩辩言,唯谨尔。朝,与上大夫言,誾誾如也;与下大夫言,侃侃如也。

入公门,鞠躬如也;趋进,翼如也。君召使傧,色勃如也。君命召,不俟驾行矣。

鱼馁,肉败,割不正,不食。席不正,不坐。食于有丧者之侧,未尝饱也。

是日哭,则不歌。见齐衰、瞽者,虽童子必变。

"三人行,必得我师。""德之不修,学之不讲,闻义不能徙,不善不能改,是吾忧也。"使人歌,善,则使复之,然后和之。

子不语怪,力,乱,神。

子贡曰:"夫子之文章可得闻也。夫子言天道与性命,弗可得闻也已。"

颜渊喟然叹曰:"仰之弥高,钻之弥坚。瞻之在前,忽焉在后。夫子循循然善诱人,博我以文,约我以礼,欲罢不能。既竭我才,如有所立,卓尔。虽欲从之,蔑由也已。"

达巷党人曰:"大哉孔子,博学而无所成名。"子闻之曰:"我何执?执御乎?执射乎?我执御矣。"牢曰:"子云'不试,故艺'。"

鲁哀公十四年春,狩大野。叔孙氏车子鉏商获兽,以为不祥。仲尼视之,曰:"麟也。"取之。曰:"河不出图,洛不出书,吾已矣夫!"颜渊死,孔子曰:"天丧予!"及西狩见麟,曰:"吾道穷矣!"喟然叹曰:"莫知我夫!"子贡曰:"何为莫知子?"子曰:"不怨天,不尤人,下学而上达,知我者其天乎!"

"不降其志,不辱其身,伯夷、叔齐乎!"谓"柳下惠、少连降志辱身矣"。谓"虞仲、夷逸隐居放言,行中清,废中权"。"我则异于是,无可无不可。"

子曰:"弗乎弗乎,君子病没世而名不称焉。吾道不行矣,吾何以自见于后世哉?"乃因史记作《春秋》,上至隐公,下讫哀公十四年,十二公。据鲁,亲周,故殷,运之三代。约其文辞而指博。故吴楚之君自称王,而《春秋》贬之曰"子";践土之会实召周天子,而《春秋》

讳之曰"天王狩于河阳"：推此类以绳当世。贬损之义，后有王者举而开之。《春秋》之义行，则天下乱臣贼子惧焉。

孔子在位听讼，文辞有可与人共者，弗独有也。至于为《春秋》，笔则笔，削则削，子夏之徒不能赞一辞。弟子受《春秋》，孔子曰："后世知丘者以《春秋》，而罪丘者亦以《春秋》。"

明岁，子路死于卫。孔子病，子贡请见。孔子方负杖逍遥于门，曰："赐，汝来何其晚也？"孔子因叹，歌曰："太山坏乎！梁柱摧乎！哲人萎乎！"因以涕下。谓子贡曰："天下无道久矣，莫能宗予。夏人殡于东阶，周人于西阶，殷人两柱闲。昨暮予梦坐奠两柱之间，予始殷人也。"后七日卒。

孔子年七十三，以鲁哀公十六年四月己丑卒。哀公诔之曰："旻天不吊，不慭遗一老，俾屏余一人以在位，茕茕余在疚。呜呼哀哉！尼父，毋自律！"子贡曰："君其不没于鲁乎！夫子之言曰：'礼失则昏，名失则愆。失志为昏，失所为愆。'生不能用，死而诔之，非礼也。称'余一人'，非名也。"

孔子葬鲁城北泗上，弟子皆服三年。三年心丧毕，相诀而去，则哭，各复尽哀；或复留。唯子贡庐于冢上，凡六年，然后去。弟子及鲁人往从冢而家者百有余室，因命曰孔里。鲁世世相传以岁时奉祠孔子冢，而诸儒亦讲礼乡饮、大射于孔子冢。孔子冢大一顷。故所居堂弟子内，后世因庙，藏孔子衣冠琴车书，至于汉二百余年不绝。高皇帝过鲁，以太牢祠焉。诸侯卿相至，常先谒然后从政。

孔子生鲤，字伯鱼。伯鱼年五十，先孔子死。伯鱼生伋，字子思，年六十二。尝困于宋。子思作《中庸》。子思生白，字子上，年四十七。子上生求，字子家，年四十五。子家生箕，字子京，年四十六。子京生穿，字子高，年五十一。子高生子慎，年五十七，尝为魏相。子慎生鲋，年五十七，为陈王涉博士，死于陈下。

鲋弟子襄，年五十七。尝为孝惠皇帝博士，迁为长沙太守。长九尺六寸。子襄生忠，年五十七。忠生武，武生延年及安国。安国为今皇帝博士，至临淮太守，蚤卒。安国生卬，卬生驩。

太史公曰：《诗》有之："高山仰止，景行行止。"虽不能至，然心向往之。余读孔氏书，想见其为人。适鲁，观仲尼庙堂车服礼器，诸生以时习礼其家，余祇回留之不能去云。天下君王至于贤人众矣，当时则荣，没则已焉。孔子布衣，传十余世，学者宗之。自天子王侯，中国言六艺者折中于夫子，可谓至圣矣！